REIZEN Magazine
Wereldreisgids

D1985018

Brazilië

Helmuth Taubald

ANWB

Inhoud

Land, volk en cultuur

Reisinformatie

Onderweg

Het zuidoosten

Inhoud

Het noordoosten

Inhoud

Het noorden

Het middenwesten

Het zuiden

Thema's

Inhoud

Alle kaarten in een oogopslag

Zwemmen onder de palmen
in de rivier door Barra de São Miguel (AL)

Rio bij nacht – het strand van Ipanema

Land, volk en cultuur

Land van uitersten en contrasten

Er is vrijwel geen land ter wereld waarvan zo veel verschillende voorstellingen en beelden bestaan als Brazilië. In reisverslagen duikt het op als veelbelovend exotisch vakantieparadijs, in de media als wetteloos getto van geweld. Hoe kritisch we ons ook opstellen, Brazilië blijft – zeker voor ons Europeanen – een eeuwige mythe. We zijn niet alleen gefascineerd door de grandioze natuur, maar ook door de bewoners van dit land.

Het gemak waarmee Brazilianen communiceren, flirten en hun gevoelens tonen is benijdenswaardig. Hun spontane opgewektheid en levensvreugde werkt aanstekelijk en fungeert voor veel reizigers als verjongingskuur. Het is alsof u in Brazilië energie kunt tanken voor de overwintering thuis. Vooral in het sterk op Afrika georiënteerde Bahia is het mentaliteitsverschil met Europa merkbaar. In Salvador, de 'heetste' stad van Brazilie, wordt meer gefeest dan ergens anders ter wereld. Als we het over vakantie in Brazilië hebben, kunnen we met een gerust hart van 'mentaliteitstoerisme' spreken.

Niet altijd zult u gelijk deelnemen aan het feest, vaak blijft uw rol beperkt tot die van toeschouwer. De meest multiculturele bevolking ter aarde betovert onze zinnen, zodat u aanvankelijk niet verder komt dan uw ogen uitkijken en u verwonderen. Vooral in grote steden als Rio de Janeiro en São Paulo voelen Europeanen zich als in een multicultureel openluchttheater. Nergens anders ziet u zoveel huidskleuren en rassen. In andere steden vallen juist de regionale etnische bijzonderheden op, zoals de blonde blauwogigen in Pomerode en Blumenau, waar veel immigranten uit Duitsland en hun nazaten wonen, de donkere, uit Afrika afkomstige bevolking in Salvador, de mensen van indiaanse afkomst in Belém en Manaus en van Franse afkomst in São Luís.

Hoewel wij naar Brazilië reizen voor nieuwe uitdagingen en andere ervaringen, voelen we ons er gelijk een beetje thuis. Ondanks alle verschillen, niettegenstaande de inheemse indiaanse bevolking en de voormalige slaven uit Afrika is de cultuur van het land overwegend Europees. De Portugese, Nederlandse en Franse invloed stamt uit de tijd van de kolonisatie, de Italiaanse en Duitse uit de periode van de immigratie. Zo was Nieuw-Holland van 1630 tot 1654 een bezitting van de West-Indische Compagnie. De toenmalige hoofdstad Mauritsstad maakt tegenwoordig deel uit van de stad Recife.

De meeste reizigers komen hier echter niet om zich thuis te wanen. Ze hebben belangstelling voor de mensen en hun andere, spontanere karakter, maar worden ook aangetrokken door de superlatieven die de natuur hen te bieden heeft: de waterrijkste rivier ter wereld, de langste kust ter wereld, het grootste regenwoud ter wereld, de grootste vochtige savanne ter wereld en de rijkste flora en fauna ter wereld. Nergens anders vindt u zo veel soorten bloeiende planten, zoetwatervissen, zoogdieren, gewervelden, primaten en insecten. Wat wilt u nog meer? Misschien de grootste stadsjungle ter wereld, midden in Rio de Janeiro?

De Braziliaanse steden vormen al net zulke toeristische trekpleisters als de natuurlijke attracties van het land. In het geval van Rio de

Duizelingwekkend hoog gaat de kabelbaan in Rio naar het Suikerbrood

Janeiro beleeft u de sensatie van een miljoenenstad midden in de natuur. De woonwijken worden onderbroken door groene heuvels, overal zijn kleine parken en pleinen en de wereldberoemde stadsstranden van Copacabana en Ipanema liggen gelijk voor de deur. Wie van contrasten houdt, kan zijn hart ophalen in het binnenland. De 'ideale stad' Brasilía wordt voor de modernste hoofdstad ter wereld gehouden en kenmerkt zich door een verbluffende architectuur. De culturele rijkdommen van de eerste hoofdstad van het land, Salvador da Bahia, zijn van volstrekt andere aard. Hier vindt u honderden belangrijke culturele monumenten uit de koloniale tijd, alleen vergelijkbaar met Ouro Preto en Olinda. Daarnaast is er de oude binnenstad, die als een van de levendigste ter wereld geschetst kan worden.

In de grotere kustplaatsen in het noordoosten hoeft u zich geen zorgen te maken om uitgaansmogelijkheden. U kunt er terecht in de binnensteden, maar ook in de vele strandtenten, waar vaak livemuziek wordt gespeeld. In het noordoosten is het niet moeilijk om contact te maken. De mensen zijn vriendelijk en open en overal vindt u gezellige trefpunten. Het vrijwel constante, tropische klimaat in dit gebied maakt dat men veel buiten leeft, of het nu op straat of op het strand is. Bijna overal wordt bier gedronken, omdat het niet alleen lekker, maar ook koel en dorstlessend is. In het noorden en noordoosten worden daarbij vis en schaal- en schelpdieren gegeten, in het zuidoosten en zuiden is ook het vlees van prima kwaliteit, waarvan u vooral in geroosterde vorm kunt smullen in een van de vele *churrascarias*. Boa viagem!

Brazilië in het kort

Feiten en cijfers

Naam: Brazilië, op zijn Portugees: Brasil, naar het brazielhout of pernambuco

Oppervlakte: 8,5 miljoen km^2, meer dan de helft van Zuid-Amerika, in grootte het vijfde land ter wereld, 250 keer zo groot als Nederland

Hoofdstad: Brasília
Officiële taal: Portugees
Aantal inwoners: 190 miljoen (01-07-2007)
Bevolkingsgroei: 1,8%
Levensverwachting: 71,7 jaar
Percentage analfabeten: 13,6%

Valuta: real (R$), meervoud *reais*. 1 real bestaat uit 100 centavos. Voor 1 euro krijgt u ongeveer R$2,50, maar de koersschommelingen zijn aanzienlijk.
Tijdzones: In Brazilië liggen drie tijdzones en het land kent zomertijd. In de zone van Brasília, Rio en São Paulo is het in nov.–mrt. 3 uur vroeger en in apr.–okt. 5 uur vroeger dan bij ons (MET-zone).
Landnummer: +55

Vlag: De vlag is in 1899 ontworpen en werd in 1968 officieel ingevoerd. De kleuren geel en groen werden overgenomen van de oude vlag uit 1822. Het geel staat voor het Habsburgse Huis, het groen voor het Portugese koningshuis van Bragança. Daarbij kwam een blauwe hemel met 27 sterren. De plaats van de sterren is die van het firmanent boven Rio de Janeiro op het moment dat de republiek werd uitgeroepen (15-11-1889 om 8.30 uur). Het getal 27 vertegenwoordigt het aantal deelstaten plus Brasília. In het midden staat de leus *Ordem e Progresso* (Orde en Vooruitgang).

Geografie

Brazilië bestaat voor 51% uit **hoogvlakten** *(planaltos)* en voor 49% uit de **laagvlakten** van de Amazone, de Pantanal, de pampa en de 7400 km lange kuststrook. Een nauwkeuriger verdeling onderscheidt **vijf grote geografische regio's**: het zuidoosten (10,85% van het nationale territorium), het noordoosten (18,27%), het noorden (45,26%), het middenwesten (18,86%) en het zuiden (6,76%). De hoogste berg van het land is met 3014 m de **Pico da Neblina** op de grens met Venezuela.

Klimaat

De jaargetijden zijn omgekeerd aan die bij ons. In de Braziliaanse **zomer** (december–maart) is het in het hele land tropisch, respectievelijk subtropisch warm. In de **herfst en de lente** is het weer in het algemeen zacht. In de **winter** (juni–augustus) kan het koel zijn in het Zuiden (0–20 °C) en het zuidoosten (10–25 °C), maar het noordoosten en noorden kennen vanwege de nabijheid van de evenaar weinig grote temperatuurschommelingen.

Geschiedenis

De officiële ontdekker van Brazilië was de Portugees Pedro Álvares Cabral (22-04-1500). In de **koloniale tijd** domineerden de door Afrikaanse slaven bemande suikerplantages de economie, vanaf 1695 werden eerst de enorme goud- en later de edelsteenvoorraden uitgebuit. In 1822 verklaarde Pedro I, de zoon van de Portugese koning João VI, het land onafhankelijk en liet zich tot **keize**r kronen. Van 1840 tot 1889 werd het keizerrijk door zijn zoon Pedro II geregeerd. De belangrijkste bedrijfstak was toen de koffiebouw en -export. In 1889 volgde de **republiek** met verschillende presidenten. Langzaam ontwikkelde zich een industrieel kapitalisme, dat sterker werd vanaf het midden van de 20e eeuw. Van 1964 tot 1985 werd Brazilië geregeerd door een militair regime. Ondanks de economische vooruitgang ging de positie van de bevolking achteruit. Na de militaire dictatuur probeerden vooral Fernando Henrique Cardoso en sinds 2003 de linkse president Luíz Inácio Lula da Silva het land uit het slop te halen.

Staatsinrichting en politiek

Brazilië (officiële naam: República Federativa do Brasil) is sinds 1889 een **federale presidentiële republiek**, opgedeeld in 26 deelstaten *(estados)* en een federaal district rond de hoofdstad Brasilía (sinds 1960). De democratische **grondwet** van 1988 regelt onder andere de directe verkiezing van de president en de verkiezing van de leden van het Huis van Afgevaardigden en de Senaat.

Economie en toerisme

In de **snelgroeiende economie** Brazilië domineert de dienstensector (54% van het bnp), gevolgd door de industrie (38%) en de agrarische sector (8%). De belangrijkste exportproducten zijn industriële producten (metaalwaren, auto's, vliegtuigen, chemicaliën, machines, schoenen en lederwaren, papier en cellulose, textiel, elektrische en elektronische artikelen) en voedingsmiddelen. Brazilië is de grootste producent en exporteur ter wereld van soja, vlees, koffie, sinaasappelsap, tabak, suiker en alcoholbrandstof uit suikerriet.

Het **toerisme** is ten opzichte van de rest van de wereld (5% van het bnp tegenover een wereldgemiddelde van 10%) nog zwak ontwikkeld, maar toont wel een opwaartse trend. Het aantal buitenlandse bezoekers steeg van 3,8 miljoen in 2002 tot bijna 6 miljoen in 2006 en bereikte daarmee een historisch record. De meeste toeristen komen uit Argentinië, gevolg door Noord-Amerikanen en Europeanen. De infrastructuur (net van luchtverbindingen en buslijnen, aantal bedden en restaurants) is goed te noemen.

Bevolking en religie

De meeste inwoners van Brazilië leven aan de kust, van wie zo'n 80% in **steden**, en van hen weer ruim de helft in grootstedelijke agglomeraties als São Paulo en Rio de Janeiro. De **gemiddelde leeftijd** van 27 jaar is extreem laag. De **etnische samenstelling** van de bevolking is gemengd: het land kent 53% blanken, 41% mensen van gemengde afkomst en 5% zwarten, de overige 1% bestaat uit Aziaten en indianen.

Met 75% **katholieken** is Brazilië het grootste rooms-katholieke land ter wereld. De rest van de bevolking bestaat uit protestanten, orthodoxen, joden en boeddhisten. Tegenwoordig worden vooral in Bahia naast het katholicisme Afro-Braziliaanse culten als *candomblé* aangehangen.

Natuur en milieu

Brazilië laat zich opdelen in zes grote ecosystemen: het uitgestrekte Amazonebekken, ten zuidoosten daarvan de vochtige savannen van het overgangsgebied Cerrado en de Pantanal met zijn uitbundige fauna, in een groot deel van het noordoosten de halfwoestijn Caatinga, langs de kusten een strook van wisselende breedte met Atlantisch regenwoud en helemaal in het zuiden de glooiende pampa.

Amazonebekken

De grootste ecologische zone van Brazilië neemt bijna de helft (49,92%) van het land in beslag. Het Braziliaanse regenwoud is het grootste en belangrijkste van de wereld. Het regenwoud dankt zijn bestaan aan de bijzondere geschiedenis van de belangrijkste rivier, de **Rio Amazonas**. Miljoenen jaren geleden stroomde deze nog de andere kant op en mondde uit in de Grote Oceaan, totdat een opheffing van een deel van de aardkorst deze uitweg blokkeerde en de rivier dwong zich om te keren. Sindsdien komt hij bij gebrek aan verval – slechts 26 m tussen Manaus en Belém – maar nauwelijks vooruit en overspant hij een enorme breedte. Driekwart van de watermassa blijft in een voortdurende kringloop ter plaatse, dat wil zeggen, na verdamping keert het water als regen in de rivier terug.

Uitsluitend dankzij deze extreem vochtige omstandigheden kon het unieke **Amazoneregenwoud** ontstaan. Het is een groenblijvend oerwoud, dat buitengewoon rijk aan soorten is en uit drie 'verdiepingen' bestaat. Onderdaan gedijt het moerassige *igapó*woud, dat regelmatig onder water staat. Karakteristiek is de *açaí*-palm. Wie met een boot over een zijarm van de Amazone vaart, kan de waterlelie Victoria regia (*Victoria amazônica)* met bloemen van 30 tot 40 cm groot niet missen. Net boven het *igapó*-woud groeit het *várzea*-woud, dat slechts bij hoogwater onderloopt. De meest voorkomende gewassen zijn hier de *jupati*-palm en de bijzonder hoge *miriti*-palm.

Nog hoger ligt ten slotte de *terra firma*, het land dat niet wordt overstroomd en dat 98% van het Amazonewoud beslaat. Biologen hebben hier meer dan 2500 boomsoorten onderscheiden, waarvan vele tot wel 60 m hoog. Andere studies wezen uit dat sommige bomen wel duizend jaar oud zijn. Ook groeien hier vele soorten palmen, de rubberboom *(caucho*), verf- en hardhout als de palissander, vruchtbomen als de paranootboom, medicinale planten en kruiden, cacaobomen en nog veel meer. Heel indrukwekkend zijn de duizend soorten varens en orchideeën.

In het Amazonegebied leven 1500 soorten vogels. Vooral de papegaaien, toekans en kolibries *(beija-flor)* zijn opvallend vanwege hun kleuren. Er zijn zo'n 15.000 soorten insecten en kleurrijke vlinders met een spanwijdte tot 25 cm. De grootste zoogdieren zijn de tapir, het wilde zwijn *(pekari)*, de jaguar *(onça)* en de poema. Verder vindt u in dit habitat talrijke soorten wilde katten, apen, luiaards, gordeldieren en miereneters. Ook de visstand is buitengewoon soortenrijk: er zijn ruim 1500 soorten geteld. Spectaculaire voorbeelden zijn de *pirarucú*, met een lengte van 2 m en een gewicht van 100 kg de grootste bekende zoetwatervis ter wereld, dan een sidderaal, die stroomstoten van 800 V kan geven, en de gevaarlijke, tot 30 cm lang piranha's met hun messcherpe tanden. Vaak worden ook rivierdolfijnen gezien.

Vochtige savannen en de Pantanal

Het tropische regenwoud in het midden van Brazilië wordt in het zuidoosten begrensd door een brede strook overgangsgebied, die Cerrado wordt genoemd. U vindt hier een combinatie van bos en grasland. Slechts 20% van dit gebied kent nog de oorspronkelijke begroeiing. Toch komen hier zo'n 10.000 plantensoorten voor en is een deel dichtbegroeid met bladverliezend vochtig bos van een gemiddelde hoogte. Een indruk daarvan krijgt u in het Parque Nacional de Brasília. De **vochtige savannen** *(campos cerrados)* overheersen echter in het centraal gelegen Hoogland van Brazilië.

De flora bestaat uit 3 tot 8 m hoge, knoestige bomen met een grove schors en leerachtige bladeren die verdamping tegengaan. De winterse droge tijd duurt tussen de vier en zes maanden. De savannen kleuren dan gelig en de bomen worden kaal. In de regentijd komt in de ondergroei een groene grasflora op en ontstaan weiden, die voor agrarische doeleinden worden gebruikt. De in Brazilië sterk ontwikkelde sojateelt concentreert zich in dit gebied en heeft de traditionele vegetatie in ernstige mate verstoord.

De fauna is behoorlijk gevarieerd. Onder de vogels bevinden zich nandoes, gieren, uilen, papegaaien en kolibries. Zoogdieren zijn onder andere miereneters, neus- en wasberen, stinkdieren, moerasherten, kleinere pampaherten, een vossensoort, manenwolven en zelfs jaguars. Tot de knaagdieren behoren het waterzwijn, de *paca* en de *agoeti*, van de buideldieren moet de ratachtige *gambá* worden genoemd. Verder zijn er ook veel slangen, hagedissen en heel veel insecten, die nog lang niet allemaal zijn benoemd.

De diepe, slechts 90 tot 100 m boven de zeespiegel gelegen **Pantanal** ligt aan de westkant van de Cerrado. Ook dit is een vochtige savanne, de grootste van de wereld zelfs, maar dit draslandgebied valt op doordat alle kenmerken van het Cerradolandschap en de Cerradofauna op klein bestek zijn bijeengebracht. Er gedijen hier vele soorten struiken, moerasplanten en open bosjes. Het bijzonderste is echter de unieke rijkdom aan diersoorten, wat de Pantanal, en dan vooral het Parque Nacional do Pantanal Matogrossense, tot het interessantste natuurreservaat en de 'Ark van Noach' van Zuid-Amerika maakt. Er zijn hier ruim duizend soorten te vinden, waaronder 650 soorten vogels. Het wemelt van de kaaimannen, waterzwijnen, herten, tapirs, brulapen en vele andere dieren. Het feit dat u de meeste dieren van vlakbij kunt observeren, bestempelt de Pantanal tot een geliefd reisdoel voor natuurliefhebbers (zie blz. 344).

De zes ecosystemen van Brazilië

Halfwoestijn Caatinga

Ten oosten van de centrale vochtige savannen ligt een gebied waar het zelden regent en dat een groot deel van het noordoosten in beslag neemt. De Caatinga is een droog, steppeachtig gebied dat bestaat uit spaarzaam, bladverliezend tropisch droogbos en doornsavanne, doornstruiken en vetplanten. Karakteristiek zijn de aanpassing van de vegetatie aan de droogte, de doornen en stekels en de grote verscheidenheid aan cactussen die op de schrale rotsgrond weten te overleven. Hier voelen alleen diersoorten zich thuis die met weinig tevreden zijn, als neusberen, miereneters en be-

Landschap in de Pantanal, het grootste moerasgebied van de wereld

paalde gordeldieren. Ook leven er hagedissen, slangen, vleermuizen en enkele vogelsoorten. In de uiterst droge Sertão, met minder dan 300 mm neerslag per jaar en een vrijwel het gehele jaar aanhoudende droogte, is een halfwoestijn met vetplanten ontstaan, waar maar heel weinig fauna gedijt. De **nationale parken** van dit gebied maken daardoor niet zozeer indruk door hun flora en fauna, maar om andere redenen. Het uitgestrekte Parque Nacional dos Lençóis Maranhenses wordt met zijn eindeloze duinen gezien als de Sahara van Brazilië (zie blz. 303). Het Parque Nacional da Chapada Diamantina in Bahia is een landschap vol fascinerende ravijnen met vele grotten en watervallen, waar u schitterend kunt wandelen.

Atlantisch regenwoud

Hoewel de gehele kuststrook vanaf Maceió in het noordoosten tot aan het zuiden bij Porto Alegro nog steeds officieel Atlantisch regenwoud *(mata atlântica)* wordt genoemd, is het bos reeds voor 93% aangetast. In het noordoosten moest bijna alles wijken voor oprukkende suikerrietplantages en toenemende bebouwing. Er zijn helaas slechts enkele mangrovebossen en hier en daar uitgestrekte palmbossen bewaard gebleven. Het interessantste dier dat u hier kunt zien is, met een beetje geluk, het met uitsterven bedreigde gouden leeuwaapje *(mico-leão)*. In het zuidoosten was vooral de koffieteelt verantwoordelijk voor de verdwijning van het regenwoud, later kwamen daar verschillende andere monoculturen bij. Bossen en weiden met extensieve veeteelt en kleinschalige landbouw moesten wijken voor duurzame akkerbouw op grote plantages met een ongecontroleerd gebruik van kunstmest, insecticiden en pesticiden, vooral voor de productie van soja. Daar

kwam nog eens de enorme urbanisatie bij. Zo bestond de deelstaat São Paulo vroeger voor 90% uit Atlantisch regenwoud, maar van de oorspronkelijke vegetatie is nog maar 6% terug te vinden.

Hoe het er vroeger heeft uitgezien aan de kust kunt u tegenwoordig eigenlijk alleen nog ervaren temidden van de weelderige vegetatie van de Costa Verde (Groene Kust) tussen Rio en Parati (zie blz. 148), maar ook dit bestaat voor een deel uit secundair bos en weiden. Dieren die hier in het wild leven zijn *agoetis*, brulapen, klauwaapjes, miereneters en uilen. Met wat geluk ziet u die ook in het Parque Nacional da Tijuca in Rio. Dat is echter geen oorspronkelijk regenwoud, maar het resultaat van een uniek herbebossingsproject in de 19e eeuw (zie blz. 127–128). De nationale parken in het zuiden, de Aparados da Serra en de Serra Geral, maken naast hun betoverende flora en fauna indruk met imponerende canyons.

Zeer karakteristiek voor het achterland van de kust zijn de ***serras***, heuvels met een gemiddelde hoogte van 800 tot 1000 m, die nog wel bedekt zijn met Atlantisch regenwoud. De Serra do Mar strekt zich achter de kust vanaf het zuiden van het land in noordoostelijke richting uit. Noordelijker en iets verder landinwaarts ligt de Serra da Mantiqueira en nog noordelijker de Serra do Espinhaço. De verschillende serra's zijn vaak door rivieren gescheiden. De grootste in het zuidoosten van Brazilië beginnende rivier is de Rio São Francisco. Deze is 2900 km lang en stroomt van Minas Gerais naar het noordoosten. Een andere belangrijke rivier in het zuidoosten is de Rio Paraíba (1061 km), die een tijd lang parallel aan de kust stroomt.

Pampa

In het zuiden van Brazilië wordt het kustgebergte steeds lager, totdat het ten slotte wijkt voor de Campanha Gaúcha, de pampa. Hier wordt voornamelijk veeteelt bedreven. Natuurliefhebbers vinden hier weinig interessants of nieuws. Landschap en klimaat doen sterk denken aan Midden-Europese weilanden. Weliswaar hoort de regio geologisch bij het hoogland van Brazilië, maar hij lijkt eerder deel uit te maken van de Paraná-Paraguaylaagvlakte. Ruwweg gaat het hier om het grondgebied van de deelstaat Rio Grande do Sul, die als hoofdstad Porto Alegre heeft. De mangrovebossen en bromelia's van Santa Catarina, de deelstaat ten noorden van de pampa, hebben hier plaatsgemaakt voor een eenzijdig groen grasland, slechts hier en daar afgewisseld met een enkele *auracaria*- of *podocarpus*-boom. Dieren die men regelmatig ziet zijn de boshond en de pampakat. Herten zijn al zeldzamer en de jaguar die men er vroeger toch regelmatig kon aantreffen, is inmiddels met uitsterven bedreigd.

Milieuproblematiek

Het door de natuur zo gezegende Brazilië is

Natuurrecords

Thema

Brazilië is in veel opzichten een land van uitersten. Wie er het *Guiness Book of Records* op zou naslaan, zou honderden bijdragen vinden. Wereldkampioen is het land in elk geval in opzienbarende scheppingen van de natuur.

De anaconda *(Eunectes murinus)*, de grootste slang ter wereld, kan wel 12 m lang worden. Hij leeft aan de oever van grote rivieren in het binnenland, is niet giftig, maar doodt zijn prooi (vissen en vogels) door die te wurgen.

De kleinste aap van de wereld, met een lichaamslengte van 13,6 cm en een 20,2 cm lange staart, is de dwergzijdeaap of *mico-leãozinho (Callithrix pygmaea)*. Hij leeft in het Amazonegebied en is met uitsterven bedreigd.

De Toca da Boa Vista, de diepste grot van Zuid-Amerika in Laje dos Negros (Bahia), is 49 km lang. Er zijn 1143 grotten in Brazilië, waarvan 437 in Minas Gerais.

Het Ilha do Bananal in Araguaia is het grootste riviereiland ter aarde. De omtrek van het 2 miljoen ha metende eiland is zelfs vanuit een vliegtuig moeilijk waarneembaar.

Er zijn zo'n 55.000 bloemplanten in Brazilië – nog een wereldrecord.

De kleinste kikker ter wereld *(Bufo pygmaeus)* is nog niet zo groot als een lucifer.

Het langzaamste dier van Brazilië beweegt zich met een snelheid van 1,8 tot 2,4 m per minuut en is natuurlijk een luiaard *(Bradypus tridactylus)*.

De oudste boom van het land (een *Cariniana legalis*) is 4500 jaar en staat in Vassununga in de deelstaat São Paulo. Met een hoogte van 55,3 m steekt hij uit boven de meeste andere kronen in de bovenste vegetatielaag van het regenwoud.

De kroon van de grootste *Anacardium occidentale* (cashewnotenboom) ter wereld meet 8400 m². Hij is zo'n 130 jaar oud en staat aan de Praia de Pirangi in de buurt van Natal.

Zo'n 3000 vleermuizen van tien verschillende soorten, de grootste concentratie van deze dieren in Brazilië, vindt u in de grot Upu Muren in Pará (Amazonas).

De grootste vochtige savanne ter wereld, de Pantanal in het Midden-Westen, strekt zich uit over 230.000 km². Er leven ruim duizend diersoorten.

De grootste vogel van Brazilië, de nandoe *(Rhea americana)*, bereikt een statige hoogte van 1,70 m.

De kleinste vogel van Brazilië, de kolibrie *(beija-flor)*, is slechts 6,5 cm lang. De bontgekleurde vliegkunstenaar weegt 1,5 tot 2,8 g.

De grootste zoetwatervis van het land, de *pirarucú (Arapaima glanis)*, weegt zo'n 20 kg en kan 2 m lang worden.

Het langste strand van Brazilië, de Praia do Cassino, is 240 km lang en ligt in Rio Grande do Sul.

tegelijkertijd een van de grootste vervuilers ter wereld. De buitensporige expansiepolitiek vanaf eind jaren zestig heeft geleid tot zeer destructieve ontwikkelingen op ecologisch gebied. Pas sinds kort vindt er een langzame omslag in het denken plaats.

Nog altijd wordt het milieu verontreinigd door fabrieken, vooral van de petrochemische en farmaceutische industrie. Ook het stijgende aantal zware vrachtwagens en bussen verhoogt de uitstoot van schadelijke stoffen. Bij het personenvervoer hebben standaard ingebouwde katalysatoren weliswaar bijgedragen tot verbeteringen, maar controles op bijvoorbeeld uitlaatgassen zijn op de lange baan geschoven. Wat het gebruik van brandstoffen betreft, is alcohol uit rietsuiker wegens opzienbarende prijsverhogingen steeds minder populair en dreigt er vanwege de handelscrisis met leverancier Bolivia ook voor aardgas een teruggang. Nadat Bolivia zijn olie- en gasproductie in 2006 nationaliseerde, stemde Brazilië er na lang onderhandelen mee in veel meer voor het Boliviaanse gas te betalen.

Behalve de industrie en het stedelijke autoverkeer is er nog een specifiek Braziliaans milieuprobleem. Het Atlantische regenwoud dat ooit de kusten bedekte, is al voor 93% verdwenen, vooral door ongebreidelde uitbreiding van de steden en agrarische ontsluiting. Wereldwijd bekend is de vernietiging van het regenwoud in het Amazonegebied, die ondanks de wetten die sinds kort zijn afgekondigd (zie thema blz. 317) steeds doorgaat. De voornamelijk illegale handel in tropisch hardhout als palissander en mahonie gaat door, de uitbreiding van weidegronden voor extensieve veeteelt leidt tot ontbossing en goudzoekers vervuilen de Amazone en zijn vele zijrivieren met giftig kwikzilver.

Sinds 1988 is milieubescherming in Brazilië een grondrecht, sinds 1989 is er de federale milieuorganisatie Ibama en sinds 2003 een ministerie van Milieu. Het probleem ligt echter niet in het wettelijke, noch in het institutionele vlak, maar bij de beperkte middelen voor staatstoezicht en de nog altijd wijd verbreide corruptie.

De kleinste vogel van het Braziliaanse regenwoud is de kolibrie

Economie, maatschappij en politiek

Het bnp van de snelgroeiende economie Brazilië staat in de top van de wereldranglijst. Sinds de volksverhuizing van het platteland naar de steden is de industrialisering met sprongen toegenomen. Toch moesten veel arbeiders, die hadden bijgedragen aan deze nationale welstand, zich tevreden stellen met een leven in sloppenwijken. De extreme discrepantie tussen arm en rijk blijft voortduren. Ook sociaal geëngageerde regeringen wisten tot nu toe weinig te doen aan deze misstand.

Trek naar de stad

Zo'n 80% van de bevolking van Brazilië woont tegenwoordig in de stad, waarvan meer dan de helft in agglomeraties met meer dan 500.000 inwoners. De explosieve groei van de metropolen, die daarop absoluut niet waren voorbereid, is historisch gezien een recent fenomeen uit de tweede helft van de 20e eeuw. In 1940 waren er slechts 12,8 miljoen stadsbewoners, tegenwoordig zijn dat er ruim 150 miljoen, bijna twaalf keer zoveel. Vroeger waren er maar weinig stedelijke centra, die vanwege de handel met het koloniale moederland allemaal aan de kust lagen. Salvador da Bahia was de eerste, gevolgd door Rio de Janeiro, João Pessoa, São Luís, Recife en Belém. Pas veel later groeide São Paulo uit tot een enorme stedelijke agglomeratie. In deze megapolis ligt nu het grootste industriële potentieel van Zuid-Amerika. De stad is qua oppervlakte drie keer zo groot als Parijs.

De groei van de steden en de vlucht van het platteland hingen op zijn minst samen met de oligarchische agrarische politiek, die zich vanaf de koloniale tijd tot op vandaag samenbalt in monoculturen op grote *fazendas*. Slechts 2% van de bedrijven neemt bijna 60% van de landbouwgrond in beslag. In de jaren zeventig werd het proces van concentratie nog eens versneld doordat de staat moderniseringskredieten verstrekte aan de toch al kapitaalkrachtige middelgrote en grote bedrijven (bekend als de 'Groene Revolutie'). Dit leidde tot het wegbezuinigen van veel arbeidsplaatsen en de ondergang van talrijke kleine boeren.

Slepende landhervormingen

Een steeds kleiner aantal op export en veeteelt gerichte grootgrondbezitters staat tegenover een steeds groeiende massa landloze boeren. Hun organisatie *Movimento dos Sem Terra* (Beweging van Landlozen) staat voortdurend in gewelddadig conflict met de invloedrijke *fazendeiros* en de op hun handen zijnde militaire politie. Pogingen van de overheid om landloze boeren te herhuisvesten in het verre Amazonegebied hebben helaas geleid tot ecologische verwoesting en nieuwe sociale ellende, aangezien de karige oerwoudgrond onvruchtbaar bleek. De laatste tijd heeft de regering van deze fouten geleerd, zonder echter een radicale landhervorming te omarmen. In 2005 werden 127.506 gezinnen met succes op het platteland gehuisvest en voorzien van grond om te bebouwen.

Toch is de ellende groot en een leven op de rand van de honger geen zeldzaamheid. Het zou in het aan grondstoffen rijke Brazilië geen probleem moeten zijn alle inwoners genoeg te eten te geven. Ondanks dat de landbouw op export is gericht, is het percentage grond dat voor de eerste levensbehoeften wordt gebruikt sinds 1970 met 30% toegenomen. Maar de bevolking is in diezelfde tijd met 80% gestegen. Zelfs dit verschil zou nog te overbruggen zijn, als de armen meer koopkracht hadden. De agrarische ondernemers stellen zich echter terughoudend op bij de productie van eerste levensbehoeften voor de eigen, minvermogende bevolking, al is de door de staat verlangde export nog minder lucratief. Brazilië is momenteel de grootste exporteur ter wereld van vlees, soja, suiker, sinaasappelsap, tabak, koffie en alcohol als brandstof. Maar van de aanzienlijke inkomsten uit het recordexportoverschot van de laatste jaren vloeit nauwelijks iets terug in de zakken van de werknemers en slechts heel weinig in de staatskas.

Eeuwig snelgroeiend

Al jaren heet Brazilië snel te groeien naar het industriële tijdperk, maar toch is het er nog altijd niet gearriveerd. In de volksmond klinkt het spottend: 'Brazilië is het land van de toekomst ... en zal het altijd blijven.' Nog scherper is de satire in de uitspraak: 'Na een wereldwijde atoomoorlog, als alle landen van de wereld zullen zijn verwoest, komt Brazilië misschien een plaatsje hoger te staan op de wereldranglijst.'

Een dergelijk gebrek aan respect komt eerder voort uit een alomtegenwoordig gevoel van chronische sociale ellende dan uit economische feiten. Want alle zwartgallige geluiden ten spijt, behoort de sterkste economie van Zuid-Amerika ook tot de grootste economieën ter wereld. Met een bruto nationaal product van US$797 miljard in 2005 staat Brazilië op de 13e plaats.

Dynamische industrie

Landbouw en veeteelt maken slechts 8% van het bnp uit, maar zijn wel verantwoordelijk voor 33% van de totale export. De overige 67% van de exportartikelen zijn industriële producten, een belangrijke indicator voor de classificatie als snelgroeiende economie. De industrie maakt 38% van het bnp uit en groeit gestaag. De belangrijkste sectoren zijn olie en aardgas, auto- en vliegtuigbouw, gevolgd door chemie, farmacie, machines, schoenen en lederwaren, papier en cellulose, textiel en elektronische artikelen. Met een totaal van 54% van het bnp is de dienstensector echter het belangrijkste onderdeel van de Braziliaanse economie.

Als men het aanzienlijke bnp van dit land evenredig over de inwoners zou verdelen, zou er voor iedereen een goed leven zijn. Neemt men de enorme inkomens- en vermogensongelijkheid in aanmerking, dan valt het land qua levensstandaard terug tot achter het Midden-Amerikaanse Costa Rica dat amper grondstoffen heeft. Wetenschappers noemen dit fenomeen 'groei zonder ontwikkeling', de volksmond spreekt van 'zieke mensen in een gezonde economie'.

Rijkdom en armoede

Wie als toerist door Brazilië reist en verblijft in de daartoe bestemde luxewijken van Rio, Recife of Fortaleza, kan bijna niet geloven wat hij van tevoren overal in de media heeft gelezen over de verschrikkelijke armoede in het land. Zelfs wie jarenlang in Brazilië woont, zal moeten zoeken naar de ellende. Het is een ellende die zich verstopt, in de *favelas*, de *morros*, de buitenwijken, het binnenland *(interior)* en op het platteland *(campo)*.

Sociale ongelijkheid

Zo is Brazilië, ondanks de duidelijke verbeteringen van de laatste jaren, nog altijd een van de landen met de grootste inkomensverschillen ter wereld. Terwijl de rijkste 10% van de bevolking maandelijks R$3200 verdient, moet de armste 10% van R$80 rondkomen. Terwijl 1% op R$9200 per maand komt, zijn er zo'n 585.000 huishoudens die vrijwel helemaal geen inkomen hebben. Hoe de betrokkenen toch kunnen rondkomen, blijft een van de grote raadsels van Brazilië. In het land dat het toonbeeld van levensvreugde is, lijdt een kwart van de bevolking aan depressies. De mensen maken zich geen zorgen om liefdesverdriet, maar om geld en schulden en om vernederingen op de arbeidsmarkt. De arbeidsomstandigheden herinneren maar al te vaak aan de tijd van de slavernij. Zo heeft de helft van de werknemers geen geldige papieren en is onbeschermd overgeleverd aan de grillen van hun *patrão*. Ondanks verboden is ook kinderarbeid in de armere delen van het land eerder regel dan uitzondering. Zo'n 9% van de kinderen tussen de 5 en de 17 gaat niet naar school. Voor velen krijgt het leven al bij de aanvang geen kans: 33 van de 1000 kinderen sterven voor hun vijfde levensjaar. De gezondheidstoestand van de meeste Brazilianen is slecht, de voeding van de arme meerderheid ontoereikend en onevenwichtig en de behuizingen zijn te klein en onhygiënisch.

Falende staat

Hoewel 97% van de Braziliaanse huishoudens elektriciteit heeft, schieten andere publieke diensten schromelijk tekort. Slechts 70% is op het riool aangesloten, amper 83% heeft stromend water en bij maar 86% komt de gemeentereiniging langs. Andere indicatoren, zoals onderwijs, gezondheidszorg, sociale zekerheid en kwaliteit van de voeding, zijn vanaf de jaren tachtig tot op heden nauwelijks verbeterd.

Van de vermogende bovenlaag wordt geen geld gevraagd, een progressief belastingstelsel is er nauwelijks en een moreel verantwoordelijkheidsgevoel ten opzichte van de sociaal zwakkeren is schaars. Maar de gedupeerden weren zich ook weinig, afgezien van incidenteel 'protestvandalisme' *(quebra-quebras)* en gewelddadige conflicten op het platteland. Daarnaast is er onder de arme bevolking nauwelijks enige neiging zich te organiseren.

De nieuwe regering

Met het aantreden op 1 januari 2003 van de in oktober 2002 tot president gekozen linkse kandidaat **Luiz Inácio Lula da Silva**, kortweg Lula genoemd, kwam er een radicale ommezwaai in de Braziliaanse sociale politiek. Zwaartepunten waren de strijd tegen de werkeloosheid en de hogere uitgaven voor onderwijs en gezondheid. Lula, medeoprichter van zowel de vakbond als de linkse Arbeiderspartij (PT), vertegenwoordigde alle hoop van de sociale outcasts en gediscrimineerden, niemand anders deed het hart van de armen zo fel kloppen. Hij begon zijn ambt als populairste politicus uit de geschiedenis van het land. Zijn optreden was vriendelijk, integer, transparant en eerlijk. 'Verwacht van mij geen wonderen!' remde hij onmiddellijk de hoge verwachtingen van zijn kiezers af, die hij met eerdere roekeloze verkiezingsbeloften daarvoor zelf had gewekt.

Kleine stapjes vooruit

Na een paar maanden aan de macht verontschuldigde hij zich al voor zijn voormalige politieke overmoed. Toen hij eindelijk aan het stuur zat, bleek pas hoe moeilijk het was een land als dit te veranderen. De Braziliaanse elite en vooral de rijksten doen er alles aan om geen stukje van hun grote deel van de koek te hoeven afstaan. De machtige grote banken, die de afgelopen jaren recordwinsten maakten, verheugen zich over de stijgende staatsschuld, die in 2006 al meer dan de helft van het bnp uitmaakte. Jaarlijks betaalt de staat 160 miljard reais aan rente, die beter aan ontwikkeling en sociale doeleinden zou kunnen worden besteed. Sociale hervormingen zijn niet dichterbij gekomen sinds de regering van Cardoso, maar de gelden worden inmiddels wel anders verdeeld en komen meer ten goede aan de armen.

De eerste drie regeringsjaren (2003-2005) brachten wel enige resulaten: 3,8 miljoen nieuwe arbeidsplaatsen, lichte verbeteringen in de inkomensverdeling, sterke verhoging van het wettelijk minimumloon, stijging van het modale inkomen van ca. R$1000 per maand, een programma voor sociale hulp *(Bolsa Familia)* voor 8 miljoen huishoudens (dat is 16% van de bevolking), een lichte stijging van het onderwijsniveau in alle leeftijdsklassen en vooruitgang in de bescherming van het milieu.

Leven van een minimumloon

Thema

Het wettelijke minimumloon *(salário mínimo)* werd in 1940 onder de regering van Getúlio Vargas ingevoerd en al in 1946 in de grondwet vastgelegd. De koopkracht was bij de invoering exact gelijk aan vandaag, maar net als toen zijn de R$380 (2007) nauwelijks toereikend voor het allernoodzakelijkste. Zelfs wie lang in Brazilië woont, kan zich amper voorstellen hoe het mogelijk is te leven van zo'n hongerloon.

Het grootste deel van de bevolking – inclusief de informele sector – moet rondkomen met het huidige wettellijke minimumloon van R$380 per maand. Met prijzen die in elke geval in grote steden als Rio de Janeiro en São Paulo op Europees niveau liggen, kan men zich afvragen of het überhaupt mogelijk is rond te komen van zo'n bedrag.

Het antwoord is eenvoudigweg 'nee', en het resultaat van dit bedrag is een 'leven' met een boodschappentas die uitsluitend is gevuld met rijst, bonen en brood zonder boter. Daarom zoeken veel Brazilianen vertwijfeld naar bijbaantjes en proberen ze op straat goedkope producten te slijten, die afkomstig zijn uit Paraguay. Zelfs het 'werk' van een straatkind kan al lucratiever zijn dan de eerzame bezigheden van een verkoopster in een eenvoudig winkeltje.

Zo kan men in kranten lezen over de 17-jarige Glauciene da Silva de Santana, die bij een stoplicht in Recife 20 reais per dag van de automobilisten bij elkaar weet te bedelen, of over de 8-jarige Vilmar Carneiro, die op dezelfde manier 15 reais per dag ophaalt. Deze kinderen hebben meer te verteren dan menige leraar in de arme deelstaat Maranhão in een maand verdient.

Alleen wie op de solidariteit van een grote familie kan rekenen, kan van uitsluitend een mimimumloon rondkomen. Zulke mensen wonen echter ver weg, in een buitenwijk of een voorstad. De woonkosten voor hun armzalige hutje of krot worden om de beurt betaald of naar vermogen gedeeld, en als dat niet genoeg is, wordt de elektriciteit gewoon illegaal afgetapt.

Om naar het werk te gaan moeten de armen vanuit hun buitenwijken vaak uren met de bus, waarbij ze de kaartjes ten minste nog vaak van hun werkgever krijgen. Kaartjes die niet gebruikt zijn, worden verkocht of gebruikt om het middageten mee te betalen. Dat spaart weer een etensbon uit, die dan in de secundaire geldstroom terechtkomt. Aangezien de porties in de populaire *lanchonetes* ruim zijn, kan men een maaltijd best met zijn tweeën delen. Voor de aldus uitgespaarde bon geeft de medewerker van het eethuisje wel een paar pakjes sigaretten, als de baas niet kijkt. Alleen door zo te rommelen, weet men te overleven.

Voor vrouwen, die gemiddeld de helft zoveel als mannen verdienen, komt daar nog bij dat ze de uitgaven voor eten, drinken en ontspanning van de partner van dat moment moeten overnemen. Kleding, die in de winkel vrijwel niet te betalen is, wordt niet zelden thuis gemaakt door de buurvrouw of een naast familielid. Goedkoper en in termijnen te betalen. De meest voorkomende oplossing is echter gewoonweg het maken van schulden, schulden, schulden en hopen dat het morgen beter wordt ...

Geschiedenis

Vanaf de officiële ontdekking in het jaar 1500 trokken veel Europese ontdekkingsreizigers naar Brazilië. Dit waren vreedzame en door wetenschap en belangstelling voor kunst ingegeven pogingen tot toenadering. Spoedig echter volgde de uitroeiing van de inheemse bevolking en de economische uitbuiting van de nieuwe kolonie met behulp van slaven. Na de suikercampagne kwam de goudkoorts en daarna de opkomst van de koffiebaronnen, die echter de weg bereidden voor het nieuwe industriële tijdperk en de vervanging van de monarchie door de republiek.

Ontdekkingsreizen

Pedro Álvares Cabral, die officieel bekendstaat als 'ontdekker' van het land, maakte in 1500 de weg vrij voor vele grote expedities door het uitgestrekte Brazilië. De eindeloze stoet avonturiers en ontdekkingsreizigers, onderzoekers, uitbuiters en piraten, kunstenaars en wetenschappers kwam vrijwel uitsluitend van onze breedten.

Pioniers en avonturiers

De eerste Europese pioniers uit de **16e eeuw** werden voornamelijk aangetrokken door de vele berichten over de indiaanse bewoners van de kuststreek. Een van hen was de Duitse avonturier **Hans Staden**. Hij bracht in 1550 negenenhalve maand door bij de Tupinambá-indianen tussen Rio en Santos en schreef daar, onder de voortdurende angst elk moment opgegeten te kunnen worden, zijn *Warhaftig historia und beschreybung eyner Landtschafft der Wilden Nacketen Grimmigen Menschenfresser-Leuthen in der Newenwelt America gelegen.* Daarin schrijft hij onder andere: '... en meteen pakken de vrouwen de dode, slepen hem boven het vuur, krabben hem zijn hele huid af, maken hem totaal wit en stoppen hem van achteren dicht met een stukje hout, zodat er niets van hem verloren gaat.' Na Stadens eerste bericht over kannibalisme volgden er nog eindeloos veel meer.

Volstrekt niet onder de indruk van deze gruwelijkheden arriveerde zes jaar later de Fransman **Jean de Léry** om de gebruiken en taal van de Tupinambás te onderzoeken. Zijn verslag viel heel anders uit: 'Uitgaand van mijn ervaringen zou ik dit volk, dat wij "wilden" noemen, meer vertrouwen en mij bij hen veiliger voelen dan bij de onbetrouwbare en ontaarde bewoners van grote delen van Frankrijk.'

Eerste expedities

In de **17e eeuw** ging de belangstelling van de Europese bezoekers niet alleen uit naar de indianen, maar ook naar onderzoek en beschrijving van de flora en fauna. De belangrijkste expeditie, die plaatsvond tussen 1637 en 1644, bestond uit een groep Hollandse wetenschappers en schilders onder leiding van **Johan Maurits van Nassau**. De landschappen van Frans Post, zoals de beelden van de Rio São Francisco, de stranden van Paraíbas en de watervallen van Paulo Afonso, worden gezien als de eerste kunstzinnige voorstellingen van het nieuwe 'tropische paradijs'. De schilder Albert Eckhout concentreerde zich daarentegen op het afbeelden van de inheemse bevolking.

In de **18e eeuw** kwam het tot een hausse van expedities, maar de *viagem philosofica* van de Portugees **Alexandre Rodrigues Ferreira** van 1783 tot 1792 markeerde het begin van

Kaart van Brazilië uit de Milleratlas, ca. 1519

een reeks reizen naar de tot dan toe onbekende delen van het nieuwe reusachtige continent. Zijn groep was de eerste die diep in het Amazonewoud doordrong en talrijke soorten voor het Museu Real da Ajuda in Lissabon verzamelde. Tegen het einde van de eeuw kreeg de wetenschappelijke belangstelling nieuwe dimensies. Zo ondernam de in 1768 door de Londense Royal Society uitgezonden ontdekkingsreiziger **James Cook** verschillende reizen, onder andere langs de Braziliaanse kust, om met behulp van de verplaatsing van Venus de afstand tussen de aarde en de zon te meten. Maar meer dan van de baan van de grote planeet was hij onder de indruk van de Baai van Guanabara bij Rio de Janeiro.

Onderzoek door geleerden

Nadat in 1808 het Portugese hof naar Rio was verplaatst, nam de belangstelling van Europese avonturiers-geleerden om dit souvereine land te leren kennen in de **19e eeuw** sterk toe. De in wetenschappelijke etnologie en botanie gespecialiseerde Duitse prins **Maximilian zu Wied**, een vriend van Alexander von Humboldt, doorkruiste tussen 1815 en 1817 het Atlantische regenwoud tussen Rio en Bahia, legde contact met de Puni-, Botucado- en Camacã-indianen, schilderde honderden aquarellen en schreef een tweedelig boek met de titel *Reise in Brasilien.*

De stoutmoedigste missie vond tussen 1817 en 1821 plaats en stond ook onder leiding van Duitsers. **Carl Friedrich Philipp Martius** en **Johann Baptist von Spix**, die waren uitgenodigd voor het huwelijk tussen de Oostenrijkse prinses Carolina Leopoldina en keizer Dom Pedro I, benutten de gelegenheid voor een grote reis door de staten São Paulo, Minas Gerais, Bahia, Pernambuco, Piauí, Maranhão, Belém en Amazonas en konden daarna aan de Beierse Zoölogische Collectie in München de destijds unieke schat van 6000 plantensoorten toevoegen.

De meest ambitieuze en belangrijkste expeditie van de 19e eeuw stond onder leiding van **Georg Heinrich Freiherr von Langsdorff**, die in Duitsland was geboren en als consul van Rusland in Rio de Janeiro woonde. Met de wens door te dringen in gebieden in het binnenland waar nog nooit blanken waren geweest, verzamelde hij een eersteklas ploeg, met onder anderen de botanicus Ludwig Riedel, de astronoom en cartograaf Nester Rubstov, de zoöloog Christian Hasse en de schilders Moritz Rugendas, Hercule Florençe en Adrian Taunay. Met financiële ondersteuning van tsaar Alexander I doorkruiste de groep van 1821 tot 1829 het gebied tussen Rio de Janeiro en de Amazone en legde een traject van 17.000 km af. De schatten die naar Petersburg werden overgebracht gingen alle vorige te boven: 100.000 planten, opgezette dieren en edelstenen, plus etnografisch materiaal, 369 tekeningen en aquarellen en duizend bladzijden met dagboeknotities.

Wellicht de beroemdste geleerde, die tussen 1831 en 1836 aan boord van zijn schip de Beagle het continent bereisde, was de Engelsman **Charles Darwin**. Sterk onder de indruk van de schoonheid van de Braziliaanse steden, en in het bijzonder van Salvador, en van de rijkdom van de tropische flora en fauna schreef hij later zijn revolutionaire theorie *On the origin of species.*

Ontsluiting van het binnenland

In de **20e eeuw** verzamelden de ontdekkingsreizigers niet slechts materiaal en deden wetenschappelijke ontdekkingen, maar legden straten, dorpen, telegraafkabels en spoorwegen aan en reisden op de nieuwe rivierboten en bergtreinen naar het onontsloten binnenland. Het meest spectaculair was de ontdekkingsreis van de ouder wordende, voormalige Amerikaanse president **Theodore Roosevelt**, die hier zijn laatste kans zag, 'om nog eenmaal jong te zijn'. Zijn groep, onder leiding van de Braziliaan Cândido Mariano Rondon, ontdekte in 1914 een tot dan toe onbekende rivier, die ze aanvankelijk Rio da Dúvida of Rivier van Twijfel noemden, tekende een kaart van het 712 km lange verloop en noemde hem tenslotte Rio Roosevelt. De man naar wie de rivier werd genoemd liet bij deze onderneming, net als vele andere deelnemers aan de expeditie, bijna het leven – ze kregen malaria en werden regelmatig aangevallen door indianen – maar uiteindelijk hoefde slechts één deelnemer achter te blijven in het water van de pas ontdekte rivier.

De hekkensluiter van de grote ontdekkingen van de 20e eeuw was de bekende Franse antropoloog **Claude Lévi-Strauss**. In 1935 werd hij naar São Paulo gestuurd om mee te werken aan de stichting van de nieuwe universiteit en een leerstoel te bezetten. Tijdens zijn verschillende reizen door het binnenland bestudeerde hij de levenswijze van de Bororo-, Caduveu- en Nhambiquara-indianen. Zijn expedities door São Paulo, Pantanal, Paraná, Mato Grosso en Amazonas droegen bij tot de grootste klassieker van de antropologische literatuur, *Tristes tropiques, (Het trieste der tropen)* en zijn autobiografische fotoalbum *Saudades do Brasil.*

Indiaanse bevolking

Recente schattingen van de archeologe Anna Roosevelt gaan uit van 5 tot 8 miljoen indianen, die, verdeeld over 1175 stammen, aan het begin van de16e eeuw in Brazilië leefden. Duizenden jaren lang leefden de inheemse bewoners vooral in het kustgebied, totdat een zeer krijgslustige stam, die naar zijn taal Tupi wordt genoemd, naar voren trad en geleidelijk aan niet alleen grote delen van de kust, maar ook gebieden langs de grote rivieren, inclusief de Amazone, ging bewonen. Toen de Portugese kolonisatoren in 1500 voor het eerst 'land zagen', waren er minstens zo veel Tupis als inwoners van Portugal (ca. 1 miljoen), maar waarschijnlijk zelfs meer.

De bijzonder hoog ontwikkelde **Tupicultuur** zat toen in de overgang tussen een bestaan als jagers en vissers en een eenvoudige agrarische samenleving met landontginning, akkerbouw en het eetbaar maken van de giftige maniok of cassave. Hoewel ook schermutselingen om beoogde akkers en jachtgebieden tot het dagelijks leven behoorden, werd het sociale leven binnen de 300 tot 2000 zielen tellende dorpen vooral gekenmerkt door een altruïstisch solidariteitsgevoel, dat in overeenstemming was met de pantheïstische opvatting van de natuur als gulle gever.

Dodelijke epidemieën

De echte, grote 'oorlog' die werd uitgevochten was afkomstig van de baardige, onstuimige mensen met een vreemde huidskleur, die in eigenaardige zeilkano's over het grote water waren opgedoken en ziekten meebrachten, land roofden, verkrachtten en de mensen knechtten. Het begon met spiegeltjes en kralen, geschenken die de indianen moesten doen geloven dat er gelijksoortige, edelmoedige en vriendelijke broeders waren geland. De eerste strijd werd dan ook gestreden zonder wapens, maar met bacteriën. De indianen werden met stammen tegelijk gedecimeerd door **waterpokken, rodehond, kinkhoest en tuberculose**. Van de oorspronkelijk 5 tot 8 miljoen mensen waren er na honderd jaar buitenlands bewind nog 4 miljoen over.

Ontheemd en geknecht

De 2 miljoen indianen die in de 17e eeuw omkwamen, stierven niet alleen aan ziekten maar ook aan de gevolgen van hen onbekende slavenarbeid en bloedige verdedigingsoorlogen. De dappere Tupis voerden een heldhaftige strijd, maar elke stam streed ongecoördineerd voor zich. Ze hadden weinig aan hun getalsmatige overmacht tegenover de beter georganiseerde en vooral beter bewapende meedogenloze veroveraars. Pogingen van de jezuïeten om de indianen te bekeren en in **missieposten** te laten wonen om hen tegen vijanden te beschermen, hadden slechts beperkt resultaat. Zowel vijandelijke stammen als genadeloze slavenjagers *(bandeirantes;* van *bandeira* = vlag) uit São Paulo hadden een grote voorkeur voor het overvallen van deze gemakkelijk in te nemen bastions. Bovendien konden epidemieën zich hier gemakkelijker verspreiden dan in de eigen verscholen dorpen, en kregen ziekten meer kans door de opgedrongen christelijke wijze van kleden, hetgeen namelijk leidde tot het dragen van ongewassen kleren. Later, toen de missionarissen niet meer werden getolereerd door de Portugese Kroon en ze het land moesten verlaten, hadden de in gettoachtige missieposten wonende indianen een nog grotere kans **tot slaaf gemaakt** te worden.

Indiaanse vrouwen dienden de blanke mannen uit Portugal voor de seks en de voorplanting, de mannen fungeerden als gids, roeier, houthakker, jager, visser of bediende. Voor de productie van goederen voor de exportmarkt zette men vanaf de 17e eeuw liever sterkere mensen uit Afrika in. De indiaan

Indianen vandaag

Volgens gegevens van het Braziliaanse Instituut voor Geografie en Statistiek IBGE, gebaseerd op de laatste volkstelling in 2000, leven er in Brazilië ca. 734.000 indianen. De meesten wonen in het noorden (29,1%). Daarna komen het noordoosten (23,2%), het zuidoosten (22%), het middenwesten (14,2%) en het Zuiden (11,5%). Nog in 1991 werden er 294.000 geteld. Daarna is het aantal in minder dan tien jaar meer dan verdubbeld.

De sterke toename van de indiaanse bevolking is weliswaar deels te danken aan de verbeterde gezondheidspolitiek van de staat, maar komt voor het grootste deel door de nieuwe mogelijkheid zichzelf indiaan te verklaren. Veel indianen zijn de afgelopen jaren naar Salvador da Bahia, São Paulo, Rio de Janeiro, Manaus, Belo Horizonte of Brasília getrokken. Anders dan men zou verwachten leeft meer dan de helft van de indianen in de stad. In 1991 woonde nog 76% op het platteland, in 2000 nog maar 48%. In de steden zijn de indianen echter van hun culturele tradities afgesneden en geïsoleerd en moeten zij zich vaak met op slavenarbeid gelijkende arbeidsomstandigheden tevreden stellen.

Oorlogsdans van Kayapós als protest tegen de bouw van een stuwdam

Thema

De officiële instantie die zich met de indianen bezighoudt, Funai (Fundação Nacional do Índio), telt uitsluitend de in dorpen en reservaten levende indianen, die vooral in het Amazonegebied leven. Deze zijn onder te verdelen in 220 stammen met 180 verschillende talen. Met 25.000 leden vormen de Ticunas in het grensgebied met Colombia de grootste groep. Samen met de overheid bekommert de Funai zich om de bespoediging van democratiseringsprocessen, die echter vanwege corruptie, incompetentie en desinteresse uiterst traag en met heel veel geruzie verlopen.

De in totaal 614 reservaten (ca. 11% van het Braziliaanse grondgebied) hebben nog lang niet allemaal een rechtsgeldige status. Enkele zijn pas in het stadium van aanwijzing, andere zijn aangewezen, maar nog niet officieel erkend, sommige zijn voorlopig erkend, enzovoorts. Het ongeduld van de indianen tegenover deze officiële vertragingspolitiek is maar al te goed te begrijpen en leidde al tot demonstratieve 'bezettingen' van hun eigen gebieden. Een reservaat dat uiteindelijk officieel als zodanig wordt erkend kan ten minste overleven, niet alleen fysiek en economisch, maar kan ook zijn culturele tradities bewaren, onderwijs geven in de eigen taal, beperkingen instellen voor toeristen, enzovoorts. Sommige stammen willen nu ook tol heffen voor wie door hun gebied wil trekken of royalty's vragen voor de instandhouding van de biodiversiteit. Andere zoeken het nog hogerop en denken aan de oprichting van een politieke partij.

Grootgrondbezitters en *garimpeiros* (goudzoekers) doen er alles aan de bezegeling van indianenrechten te verhinderen en schrikken niet terug van moordaanslagen, zoals de dood van de geëngageerde milieuactivist Chico Mendes en het regelmatig lynchen van indianen bewijzen. Veel indianen die in hun dorp geen overlevingskansen zien, maar ook niet het riskante pad naar de grote stad willen nemen, zien alleen in zelfmoord een uitweg. Onder de Guarani Kaoiwás uit Mato Grosso do Sul waren er vijftig gevallen per jaar, waarvan de meeste slachtoffers nog geen 20 waren. Ondanks vele goede projecten van de overheid (zoals het instellen van reservaten en inentingscampagnes) blijft de vervolging door de 'blanke man' aanhouden. Zes stammen worden bedreigd met uitsterven of voeren, als de Yanomamis, een vertwijfelde strijd om te overleven. Anderzijds wordt op sommige scholen aan de kinderen van de blanken inmiddels de indiaanse taal Tupi onderwezen.

Feestelijke getooide Kayapójongen

werd de slaaf van de 'armen' en kostte maar een vijfde van een geïmporteerde 'neger'. In de 18e eeuw ging de neergang van de trotse inheemse bevolking verder. Hun aantal nam weer met de helft af van 2 naar 1 miljoen. In plaats van de 5 tot 8 miljoen uit 1500, zijn er tegenwoordig nog zo'n 734.000 indianen, die nog altijd moeten strijden voor hun rechten en geen vrede vinden.

Koloniale tijd

Al in 1494, dus nog voor de 'ontdekking' van Brazilië, was er door een uitspraak van paus Alexander VI overeenstemming bereikt tussen Spanje en Portugal over de verdeling van de koloniën. In het Verdrag van Tordesillas werd de scheidslijn gelegd bij ongeveer de 48e graad westerlengte. Alles ten oosten daarvan ging naar **Portugal**, ten westen daarvan ging naar Spanje. En zo werd Brazilië, op een deel in het zuiden na, een Portugese kolonie.

Pas op 22 april 1500 bereikte de eerste Portugese vloot van karvelen onder commando van **Pedro Álvares Cabral**, die eigenlijk op weg was naar Indië, het 'Braziliaanse' grondgebied. Dit is de officiële datum van de 'ontdekking'. Het is echter niet onwaarschijnlijk dat al twee jaar eerder een andere Portugese ontdekkingsreiziger, Duarte Pacheco Pereira, was geland. Ook de Spanjaarden waren er al eerder, maar de Portugezen toonden een grotere belangstelling voor het nieuwe continent.

Brazielhout en suiker

Aanvankelijk was het hof in Lissabon vooral verrukt van de kleurige papegaaien, reden waarom het nieuwe land eerst Terra Papagalli werd genoemd. De naam Brazilië werd pas in 1503 ingevoerd, naar het felbegeerde **brazielhout** (oorspronkelijk Frans: *brésil)*. Het rode extract werd door de indianen gebruikt om hun gezicht mee te beschilderen; in Portugal kon men er koninklijke gewaden in verschillende tinten mee verven. De eigenlijke kolonisatie begon pas in 1530. Martim Afonso de Souza werd gestuurd om de Fransen te verdrijven, de invloedssfeer van de Portugese Kroon te vergroten en een nieuw bestuurssysteem in te voeren. In 1532 deelde koning João III de Braziliaanse kust op in vijftien zones, *capitanias* genaamd, en gaf deze in erfleen aan personen van adel en de gegoede burgerij om zijn eigen kosten voor de nieuwe kolonie laag te houden. Toen dit echter, op twee uitzonderingen na, niet de gewenste resultaten bracht, werd in 1549 in Salvador da Bahia een centraal Portugees gezag gevestigd, dat onder leiding stond van de eerste gouverneur-generaal Tomé de Souza.

De volgende decennia werden gekenmerkt door een stijgende immigratie uit Portugal, een toename van import van slaven uit Afrika en een gigantische uitbreiding van de **suikerrietteelt**.

Slaveneconomie

De Portugezen hadden al ervaring met de verbouw van suikerriet op Madeira en de Azoren. Er waren alleen goedkope slavenarbeid, vruchtbare tropische grond en de bouw van suikermolens (vanaf 1520) voor nodig om Brazilië al in 1600 tot **belangrijkste suikerproducent** van de toenmalig bekende wereld te maken. De enorme inkomsten vertaalden zich al snel in de culturele bloei van havensteden als Olinda-Recife in het noordoosten en de eerste hoofdstad, Salvador da Bahia (1549), destijds na Mexico de rijkste stad van Amerika.

De pracht van de kerken en de paleizen van de nieuwe Portugese bezitters was echter in feite gebaseerd op de uitbuiting van **Afrikaanse slaven**: in 1600 waren er 30.000, in 1700 150.000 en in 1800 1,5 miljoen. De eerste schepen met tot dan toe vrije mensen arriveerden in 1538. Al bij het vervoer werd er streng op gelet leden van verschillende stammen en taalgroepen te mengen, zodat de kans op een gezamenlijke opstand zo klein mogelijk was. Werkdagen van achttien uur en een uitgekiend systeem van bewaking en preventieve straffen maakten iedere gedachte aan vluchten zinloos.

Vooruitgang door goud

Toch verliep de uitbuiting van de kolonie niet zonder moeilijkheden. Andere Europese landen, die niet betrokken waren bij het Verdrag van Tordesillas, probeerden hun invloed op het nieuwe continent te vergroten. Tussen 1555 en 1565 hadden de Fransen in de Baía de Guanabara bij Rio de Janeiro hun kleine kolonie França Antártica, tot 1596 wisten ze te blijven in Paraíba en van 1612 tot 1615 in Maranhão. In 1624 vielen de Hollanders Salvador aan, waarop zij van 1630 tot 1654 een deel van de noordoostkust bezetten. Veel suikerrietplantages in dit gebied werden door bange Portugese eigenaren overgedragen en talrijke slaven maakten gebruik van de gelegenheid om te vluchten. Ze organiseerden zich in autonome verdedigingsdorpen *(quilómbos)*, waarvan vooral Palmares legendarisch werd.

Toch wisten noch de twisten om de heerschappij, noch de toenemende zwakte van het Portugese moederland het verval van de Braziliaanse kolonie te bewerkstelligen. *Bandeirantes* uit São Paulo ontsloten, op zoek naar goud en slaven, vanaf 1650 het binnenland. Recordhouder werd de *bandeirante* Antônio Raposo Tavares, die 12.000 km aflegde en doordrong tot Mato Grosso do Sul, Mato Grosso, Rondônia en Pará. De meeste belangstelling ging uit naar het goud in **Minas Gerais**, dat vanaf 1695 een regelrechte invasie van goudzoekers over zich heen kreeg. Precies op tijd – de suikerhandel was door de Hollandse concurrentie op de Antillen in een crisis terechtgekomen – was er een nieuw exportproduct waarnaar in Europa een grote vraag bestond.

Nu begon er een echte **goudkoorts**: honderdduizenden trokken naar nog onbekende gebieden in het binnenland, naar Goiás en Mato Grosso; vele planters schakelden om en lieten hun slaven goud zoeken. Meer dan de helft van alle Amerikaanse geëxporteerde edelstenen kwam in die tijd uit Brazilië en de plotselinge goudregen veranderde het gezicht en het zelfbewustzijn van het land in een handomdraai. Steden als Ouro Preto in Minas Gerais bloeiden op in barokke pracht. Rio de Janeiro, dat met zijn haven gunstig gelegen was op de uitvoerroute van goud uit Minas Gerais, loste in 1763 Salvador af als hoofdstad van het land. Een door de tandentrekker (vandaar zijn bijnaam Tiradentes) Joachim José da Silva Xavier geleide **onafhankelijkheidsbeweging** die Minas Gerais wilde losmaken van Portugal (de zogeheten *Inconfidência Mineira)* werd in 1792 neergeslagen.

Keizerrijk

Het jaar 1808 was een van de markantste en belangrijkste voor de Braziliaanse geschiedenis. Op de vlucht voor de troepen van Napoleon Boanaparte vestigde de Portugese prinsregent **Dom João VI** zich met zijn hele hofhouding, welgeteld 15.000 mensen, in het destijds slechts 50.000 inwoners tellende Rio de Janeiro. Het is niet moeilijk voor te stellen wat voor economische en politieke veranderingen dit voor het leven van de kleine Braziliaanse hoofdstad tot gevolg had. De voormalige kolonie kreeg opeens de status van een gelijkwaardig deel van het moederland. Op het Congres van Wenen in 1815 werd Brazilië gelijkgesteld aan Portugal.

Twee Pedro's

Nadat Dom João VI in 1821 naar huis terug was gegaan, verklaarde zijn zoon **Dom Pedro I** op 7 september 1822 de onafhankelijkheid en liet zich tot eerste keizer van Brazilië kronen. Brazilië is het enige land van Zuid-Amerika dat een monarchie is geweest. De vorst had meer ontzag voor Napoleon dan voor de Franse Revolutie, en muziek en vrouwen gingen hem meer aan het hart dan ingewikkelde staatszaken. Toen hij in 1831 naar Portugal terugkeerde ging de keizerskroon – na een regentschap tot 1840 – naar zijn zoon **Dom Pedro II**. Deze regeerde van 1840 tot 1889. Hij was een goed opgeleide en in vooruitgang geïnteresseerde monarch. In 1850 werd in Brazilië de invoer van slaven verboden en in 1888 werd – als laatste land ter wereld – de slavernij afgeschaft.

Machtige koffiebaronnen

De economische basis van het keizerrijk lag voornamelijk in de koffieteelt. De winning van goud en edelstenen was steeds verder teruggelopen, maar met de koffie kwam er alweer precies op tijd een nieuw reddend product. De eerste koffieplanten werden voorzichtig uitgezet in 1805. In 1831 overtrof de **koffie-export** voor het eerst de uitvoer van suiker en in 1870 werd er 167,4 miljoen kg geëxporteerd. De 'koffiebaronnen' van São Paulo ontwikkelden zich echter tot koffiebourgeoisie en gingen ertoe over in fabrieken te investeren, met name in de textielindustrie. Aan twee basisvoorwaarden was geen gebrek: grondstoffen en gekwalificeerde arbeidskrachten. Er werd genoeg katoen verbouwd en vanaf 1850 stroomden er miljoenen immigranten uit Europa toe, vooral uit Italië.

Federale republiek

Na de val van Pedro II, die na de afschaffing van de slavernij geen steun meer vond bij de *fazendeiros*, was de weg vrij voor het uitroepen van de federale republiek Brazilië (15 november 1889). Het was ook de tijd van een beginnende industriële revolutie en van het kapitalisme. De koffiebaronnen van São Paulo ontliepen de gevolgen van de wereldwijde economische crisis van 1929-1930, omdat zij op tijd in de nieuwe textielindustrie hadden geïnvesteerd.

Autoritaire presidenten

Terwijl de meeste van de dertien presidenten van de zogeheten Oude Republiek *(República Velha)* tussen 1889 en 1930 vooral de belangen van rurale grootgrondbezitters behartigden *(política do café-com-leite)*, vertegenwoordigde de *Estado Novo* onder **Getúlio Vargas** van 1930 tot 1945 de agro-industriële en industriële elite. Het bestuur was evenwel centralistisch en autoritair, en politieke repressie en censuur waren aan de orde van de dag. Na een opleving van de democratie onder de door het volk gekozen president Eurico Caspar Dutra (1946-1951), kwam Getúlio Vargas in 1951 nogmaals aan de macht, totdat hij in 1954 zelfmoord pleegde.

De ongeremde industriële ontwikkelingspolitiek begon pas goed onder de populistische president **Juscelino Kubitschek** (1956-1961). Het nieuwe motto was 'modernisering', wat culmineerde in de reageerbuishoofdstad Brasília (1960). Moderne kunst en architectuur werden gestimuleerd en een gevoel van verandering beheerste het land. De vooruitgang werd echter duur betaald door een sterkere afhankelijkheid van de buitenlandse kapitaalmarkt. De inflatie steeg en sociale problemen verergerden. De volgende president, Jânio Quadros, was nog geen jaar aan de macht en gaf het ambt al in 1961 door aan zijn vicepresident, João Goulart. Deze steunde massale demonstraties voor economische en sociale hervormingen en kwam daardoor in conflict met het leger. Op 31 maart 1964 werd hij door de militaire oppositie ten val gebracht en moest hij uitwijken naar Uruguay.

Militaire dictatuur

De **staatsgreep**, door het leger eufemistisch 'revolutie' genoemd, vormde het begin, of de generale repetitie, van de door de VS gesteunde coups in Latijns-Amerika, die wilden afrekenen met het spook van het communisme en de dreigende vakbondsstaat. Al snel waren de voorwaarden voor een totalitaire dictatuur gecreëerd, de grondwet afgeschaft, partijen verboden en het parlement van zijn macht beroofd, tot in 1968 alle macht bij de junta lag. Hoewel de repressie lang niet zo ernstig was als in Chili en Argentinië, zijn in Brazilië toch naar schatting 458 personen op politieke gronden vermoord of doodgemarteld en 12.000 mensen gevangengenomen.

Het perfide van de situatie was, dat het staatsterrorisme gerechtvaardigd leek door de verbluffende **economische resultaten**, met een jaarlijkse groei tussen 1968 en 1973 van tot 11%. De geforceerde ontwikkeling tot een zelfvoorzienende nationale industrie en een infrastructuur met vele grootschalige projecten was echter voor een groot deel gefinancierd met buitenlandse investeringen en leidde tot een schuldencrisis die nog altijd niet is opgelost. De armere lagen van de bevolking bleven intussen verstoken van de vruchten van de economische successen. Het verbod op vakbonden en de loonstop zorgden juist voor nog grotere inkomensverschillen dan voorheen.

Overgang naar democratie

Al in 1974 had de voorlaatste president van de militaire junta, generaal Giesel, in verband met de enorme problemen van het land geen andere keus dat de weg van de democratie op te gaan. Van de kant van het volk ondervond hij brede instemming, maar de elite had het moeilijk met de veranderingen. Argwanend hield men de eens gelouterde militairen in de gaten en de ene regeringscrisis volgde op de andere. In 1982 volgden eindelijk de eerste directe gouverneursverkiezingen, in 1985 de eerste burgerlijke centrale regering onder **José Sarney** en in 1989 de eerste directe presidentsverkiezingen uit de geschiedenis van Brazilië, waaruit **Fernando Collor de Mello** als winnaar naar voren kwam.

Met hem begon in 1990 een duidelijk andere economische politiek, die Brazilië het tijdperk van de globalisering moest invoeren. De macht van de oude kartels, die zonder enige concurrentie te dure producten van minderwaardige kwaliteit produceerden, moest nu eindelijk worden gebroken door een neoliberaal, op de wereldmarkt gericht marktmodel. Een als volksverlakkerij betiteld corruptieschandaal bracht nationale hoop Collor echter voortijdig en roemloos ten val. Zijn opvolgers **Itamar Franco** en **Fernando Henrique Cardoso** zetten zijn economische programma min of meer voort. Staatsbedrijven werden geprivatiseerd, tariefmuren afgebroken en vooral werd de inflatie geremd. De hoge rentestand belemmerde echter de economische groei, zodat de werkeloosheid verder toenam. In januari 2003 begon met de linkse president **Luiz Inácio Lula da Silva** een nieuw tijdperk, waarin de gerechtvaardigde hoop bestaat dat het land een flink eind uit het sociale moeras wordt getrokken.

Het Plein van de Drie Machten in Brasília symboliseert de Braziliaanse democratie

Jaartallen

vanaf 29.000 v.Chr.	Koolstofdateringen van rotsschilderingen in de grotten van Piauí tonen de oudste menselijke sporen in Brazilië aan (paleo-indianen).
100 v.Chr.	Keramiekcultuur in het Amazonegebied.
ca. 1500 n.Chr.	Tupis en Guaranís, die leven van visvangst en akkerbouw, vestigen zich in het oosten en zuidoosten van Brazilië.
1494	Verdrag van Tordesillas (7 juni) – overeenkomst tussen Spanje en Portugal over de verdeling van toekomstige koloniën. Aanvang van de handel in brazielhout en vanaf 1520 verbouw van suikerriet.
1534	Koning João III verdeelt de kuststreek in vijftien zones, *capitanias*, en schenkt ze aan mensen uit de adel en hogere burgerij.
1538	Slaven uit Afrika worden ingezet op de plantages.
1549	Salvador da Bahia wordt de eerste hoofdstad van de Portugese koloniale regering.
vanaf 1600	Rond 1600 is Brazilië de grootste suikerproducent ter wereld. Op zoek naar goud en slaven dringen de *bandeirantes* van São Paulo door in het binnenland.
vanaf 1695	Goudkoorts in Minas Gerais.
1763	Rio de Janeiro wordt de nieuwe hoofdstad.
1792	De onafhankelijkheidsstrijd van de staat Minas Gerais tegen Portugal eindigt met de terechtstelling van Tiradentes. Vanaf 1805 wordt koffie steeds belangrijker.
1808	Het Portugese hof vlucht voor Napoleon naar Brazilië en roept de kolonie uit tot regeringszetel van Portugal.
1822	Pedro I, de zoon van de Portugese koning João VI, verklaart de onafhankelijkheid van Brazilië en laat zich tot keizer kronen.
1888/1889	De wet van 13 mei 1888 maakt een einde aan de slavernij. Keizer Pedro II komt ten val en op 15 november 1889 wordt de federale republiek Brazilië uitgeroepen.

Getúlio Varnas grijpt de macht en regeert als dictator, tot hij in 1945 door het leger tot aftreden wordt gedwongen. Vanaf 1942 doet Brazilië mee aan de strijd tegen Duitsland en Italië.	**1930–1945**
De door het volk gekozen president Enrico Caspar Dutra stelt op 16 september 1946 een nieuwe democratische grondwet in werking. Geforceerde industrialisatie door de regering van Juscelino Kubitschek (1956–1962). In 1960 wordt Brasília de nieuwe hoofdstad.	**1946–1963**
Staatsgreep van het leger en militaire dictatuur. De vervolging van oppositieleden wordt in 1969 verscherpt. Tussen 1979 en 1985 begint een langzaam democratiseringsproces.	**1964–1985**
Tancredo Neves wordt door kiesmannen gekozen tot president, maar sterft kort voor zijn aantreden op 21 april 1985. José Sarney wordt president van de Nieuwe Republiek.	**1985**
De nieuwe democratische grondwet met uitgebreide burgerrechten, voor het eerst ook voor indianen, treedt in werking op 5 oktober.	**1988**
Bij de eerste directe presidentsverkiezingen op 17 december wint Fernando Collor de Mello.	**1989**
Collor treedt af na een corruptieschandaal. Zijn opvolgers zetten zijn neoliberale economische politiek en inflatiebestrijding voort.	**1992**
Invoering van de real als nieuwe valuta op 1 juli. Bij de presidentsverkiezingen op 3 oktober wint de neoliberaal Fernando Henrique Cardoso. Het Plano Real werkt: de inflatie loopt terug van 50% tot 1 à 2%. Opening naar de wereldmarkt.	**1994**
Met grote meerderheid wordt op 27 oktober de kandidaat van de vakbondsgerichte Arbeiderspartij PT, Luiz Inácio Lula da Silva (Lula) gekozen. De eerste resultaten van zijn bewind zijn het terugdringen van de werkeloosheid en de verhoging van het minimumloon.	**2002**
Zware beschuldigingen van corruptie verlammen de regering, maar deze weet het vertrouwen van de bevolking terug te winnen.	**2004**
De Braziliaanse drugsmaffia ontketent golven van geweld, die vooral in Rio de Janeiro en São Paulo enorm escaleren.	**2006**

Maatschappij en dagelijks leven

Wat onmiddellijk opvalt in Brazilië, is de unieke etnische verscheidenheid en de grote variatie in huidskleur. Ondanks rassendiscriminatie werkt de multiculturele samenleving op alle vlakken van het leven door. Alleen zo is het bijzondere temperament van de mensen en de vele uitingsvormen van het dagelijks leven te begrijpen. Het ligt niet alleen aan het weer, dat men hier zo van feesten, flirten en spelen houdt.

Smeltkroes van volken en culturen

Wie voor het eerst in Brazilië komt, zal wellicht teleurgesteld zijn over de kleuren van de natuur. Een 'eentonig' groen ligt over het hele land. Geheel anders is het beeld als het om de 'kleuren van de mensen' gaat. Vooral in metropolen als Rio en São Paulo worden de zinnen eindeloos geprikkeld door de hoeveelheid huidstinten en culturen. Het simpelweg observeren van het 'bonte' doen en laten op straat is vaak interessanter dan veel georganiseerde bezichtigingen. Het bijzondere van Brazilië vindt u op straat. Wat u hier ziet, is levende geschiedenis, het ademende resultaat van de grootste vermenging van nationaliteiten van alle tijden en alle landen.

Het sterkst gemengde volk van de wereld

Officieel telt men in Brazilië slechts vier **etnische groepen**: 53% blanken *(brancos)*, 41% kleurlingen *(pardos)*, 5% zwarten *(negros)* en 1% indianen en Aziaten. Maar onofficieel zijn er indelingen die op meer dan twintig nationaliteiten en etnische groepen uitkomen. Onder de mensen die uit Europa afkomstig zijn, vormen de 1,7 miljoen Portugezen de grootste groep, gevolgd door Italianen (1,6 miljoen), Spanjaarden (700.000) en Duitsers (250.000). Uit Azië kwamen ca. 229.000 Japanners naar Brazilië. De Europese en Aziatische invloed is het sterkste zichtbaar in het zuiden en zuidoosten. Daar leeft 83%, respectievelijk 63% van de blanken, van wie de huidskleur echter vele nuances kent.

De meeste kleurlingen *(pardos)* komen voort uit verbintenissen tussen blanken en indianen en worden *mamelucos* of *caboclos* genoemd. Vooral in het noorden is het aandeel aan de bevolking van deze mestiezen met 67% heel hoog. De indiaanse afkomst van veel Brazilianen is daar gemakkelijk aan de gelaatstrekken van de mensen te zien. Kleurlingen van blanke en zwart-Afrikaanse afkomst heten *mulatos* (mulatten). Ze vormen tot op heden een kleine groep en leven vooral in de deelstaat Bahia. Daar is ook het percentage zwarten het hoogst.

Rassen- of klassendiscriminatie?

Hoe donkerder de huidskleur, hoe lager het aanzien en de status. Blanke mannen verdienen voor hetzelfde werk bijvoorbeeld vier keer zo veel als zwarte vrouwen. In personeelsadvertenties wordt gevraagd om een **'goed voorkomen'** *(boa aparência)*, waarmee een lichte huid wordt bedoeld. Tot nu toe is het slechts één mulattin in Brazilië gelukt schoonheidskoningin te worden. Tv-reclames tonen vrijwel alleen blanken. Zwarte werknemers vormen nog altijd een onderklasse. Ze 'hebben geen moeite met zware lichamelijke arbeid,' zoals

Veel Brazilianen leven onder de armoedegrens

de voorzitter van de werkgeversbond van São Paulo, Carlos Uchoa Fagundes, het uitdrukte. De veelgeroemde *democracia racial* (rassendemocratie), motto van de officiële regeringspropaganda en grondbeginsel van de grondwet van 1946, is in de praktijk absoluut niet gerealiseerd. En als er eens een zwarte man of vrouw weet te klimmen op de maatschappelijke ladder, zoals bijvoorbeeld de voetballer en voormalige minister van sport Pelé, dan is hij een 'neger met een blanke ziel'.

In het algemeen is rassendiscriminatie in Brazilië echter eerder klassendiscriminatie. Mensen met een donkere huid worden niet zozeer benadeeld vanwege hun huidskleur, als vanwege hun lagere scholing, hun hogere deelname aan criminele activiteiten en vooral vanwege hun armoede. De rijkste 1% van de bevolking bestaat voor 86% uit blanken, voor 12,6% uit kleurlingen en voor 1,4% uit zwarten. De facto is het belangrijkste probleem van Brazilië de extreme kloof tussen arm en rijk (zie blz. 23).

Tradities en volksaard

'De hartelijke mens'

Uiteraard is het niet eenvoudig *de* Braziliaan te karakteriseren. Wat misschien helpt is te kijken naar de indrukken die *iedere* bezoeker krijgt van dit land en zijn mensen: Brazilië is open, toegankelijk, spontaan, speels, natuurlijk en vriendelijk. Waar deze karaktertrekken vandaan komen, vraagt vrijwel geen Braziliaan zich af. Een van de weinige uitzonderingen hierop was **Sérgio Buarque de Holanda**, de vader van de populaire zanger Chico Buarque. Al in 1936 schreef hij een essay, *Raízes do Brasil* (De wortels van Brazilië), dat vaak wordt gezien als standaardwerk over de Braziliaanse volksaard.

Het boek geeft uitstekende verklaringen van de **Braziliaanse mentaliteit**, met name het hoofdstuk *De hartelijke mens*. Daar schrijft hij: 'Vriendelijkheid en natuurlijkheid in de omgang, gastvrijheid, grootmoedigheid – deugden die door buitenlanders die ons ko-

Braziliaanse stadsbewoonsters zijn zelfbewust en geëmancipeerd

men bezoeken worden geprezen – zijn inderdaad typische kenmerken van het Braziliaanse karakter.' Een sleutelbegrip voor de verklaring van dit karakter is het 'op-elkaars-lipleven'. Zo zoekt men bijvoorbeeld nooit het rustigste, maar altijd het volste strand op. Brazilianen zijn eigenlijk op zichzelf aangewezen individuen, die een bijna kinderlijke angst hebben alleen gelaten te worden en daarom altijd de ander opzoeken, maar vooral de nestwarmte van de **familie**. Elias Canetti sprak ooit van Italiaanse 'nestblijvers', maar voor Brazilianen geldt hetzelfde.

Bij grote volksfeesten als het carnaval of voetbalkampioenschappen wordt de familie aan het hele land getoond. De behoefte aan intimiteit is zo sterk, dat zelfs algemeen gewantrouwde politici en presidenten altijd bij de voornaam worden genoemd (de huidige president heet in de volksmond dan ook simpelweg Lula). De spreektaal is doorspekt met verkleinwoorden (met de uitgang *-inho*) om met anderen zo snel mogelijk op vertrouwelijke voet te raken. En wie klanten tracht te werven en zaken wil doen probeert deze eerst tot *amigo* te maken, voordat men ter zake komt. Ook de wijdverbreide godsbeleving is eerder zinnelijk-concreet, intiem en familiair, dan streng, eerbiedig en geritualiseerd. Men gaat naar een gebedsdienst als naar een feest.

De natuurlijke gerichtheid op de gemeenschap heeft evenwel weinig te maken met een collectieve discipline. Zich inzetten voor grote belangen die het individu te boven gaan, of het eerbiedigen van programma's en instituties die door de staat zijn opgezet, ligt de men-

sen niet zo. Anderzijds zijn rebellie, opstand en collectief verzet de mensen, ondanks hun ellendige omstandigheden, ook vreemd. Zelfs discriminatie op basis van ras of huidskleur, die overal onderhuids aanwezig is, wordt door de grote massa van achtergestelden uit gewoonte berustend geaccepteerd.

Het ware **geluk** zit voor Brazilianen niet in het systeem of de staatsvorm, ook niet in het beroep en het werk, maar is te vinden op het particuliere en emotionele vlak. Sérgio Buarque de Holanda vat het treffend en kritisch samen: 'Uit het overwicht van particulier voordeel tegenover collectief belang blijkt duidelijk de voorkeur van het gevoel boven het verstand.'

Vrouwen – het onderdrukte geslacht?

Wie Brazilië niet kent, denkt al gauw ten onrechte aan een traditionele machocultuur. In werkelijkheid kan, op landelijke en kleinstedelijke gebieden na, al lang niet meer worden gesproken van een door mannen gedomineerd land. De vrouwen van Brazilië zijn trotse, sterke en zelfbewuste persoonlijkheden. Feminisme is hier een vreemd woord, maar **vrouwenemancipatie** is alomtegenwoordig. Steeds meer leden van het 'zwakke geslacht' proberen hun identiteit onafhankelijk van mannen te bepalen. Terwijl begin jaren zeventig de overgrote meerderheid van de vrouwen nog dacht dat ze volledig konden opgaan in hun rol van echtgenote, moeder en huisvrouw, is deze houding tegenwoordig bijna verdwenen.

Vooral de rol van huisvrouw is verworpen. Velen vinden een eigen **beroep** noodzakelijk, ook als daartoe geen financiële noodzaak bestaat. Al 41% van de banen wordt vervuld door vrouwen, die bovendien gemiddeld starten met een hoger niveau van scholing dan de mannen (40% heeft een diploma van de middelbare school, tegenover 29,2% van de mannen).

Een groot deel van de werkende vrouwen leeft niet samen met een man. In 30% van de gezinnen is er een vrouwelijk gezinshoofd. Veel vrouwen worden, nadat ze zwanger zijn geraakt, in de steek gelaten en blijven alleen achter met de **zorg** voor de kinderen. Tegenwoordig vragen meer vrouwen dan mannen een scheiding aan en het aantal huwelijken is tussen 1994 en 2004 met 10% gedaald.

Ondanks deze tendens tot emancipatie is de **gelijkberechtiging** van mannen en vrouwen, neergelegd in de grondwet van 1988, nog lang niet gerealiseerd. Zo krijgen vrouwen slechts 70% van het salaris van mannen. Deze discriminatie is het duidelijkst bij vrouwen met een donkere huidskleur. Ongeveer 80% van hen is werkzaam in slechtbetaalde beroepen, vooral als dienstmeisje of schoonmaakster (met 6 miljoen de grootste beroepsgroep van Brazilië). De laatste uitweg is de prostitutie.

Leven voor de tv

Niets heeft het dagelijks leven van de Braziliaanen zo veranderd als de televisie. Het flikkerende kastje, belangrijker dan de ijskast of het fornuis, heeft ertoe bijgedragen dat steeds meer mensen hun vrije tijd in plaats van op straat tussen vier muren doorbrengen. Het toestel staat dag en nacht aan en is een symbool van een normaal en gezond gezinsleven geworden. Wie ergens is uitgenodigd als gast, hoeft niet te hopen dat de belangstelling zich op hem richt en heeft geen andere keus dan niet alleen storend geruis, maar ook een onscherp beeld stoïcijns over zich heen te laten komen. En de kwaliteit van de programma's – zelfs als u alles kunt verstaan – is helaas geen waardige vervanging voor het verhoopte gesprek met de Braziliaanse vrienden.

De overgrote meerderheid van de bevolking kijkt naar **TV Globo**, de voor 90% uit amusement en reclame bestaande zender van een van de grootste mediaconcerns ter wereld. De hoge kijkcijfers zorgen ervoor dat 70% van alle reclame-inkomsten naar deze zender gaan. De voormalige staatszender **Canal 4** werd onder de regering Kubitschek bij Rádio Globo ondergebracht. Deze particuliere kranten- en radio-onderneming was in handen van mediamagnaat Roberto Marinho, de op een na rijkste en – na de president – op een na machtigste man van het land, gezien de opiniërende potentie van zijn zender. Zowel Collor de Mello als Cardoso zouden zonder de steun van de 'presidentenmaker' slechts met de grootste moeite aan de macht zijn gekomen. In de volksmond heette het dan ook: 'Presidenten gaan, maar Roberto blijft.' Maar in 2004 verruilde ook hij het tijdelijke voor het eeuwige en liet het imperium na aan zijn zoon.

De groei van het multimediaconcern met meer dan honderd bedrijven (verschillende kranten, zeven televisie- en 35 radiozenders, onroerend goed, enzovoorts) begon in 1962 met een staatsfinanciering van de infrastructuur, Amerikaans kapitaal en knowhow van voormalig partner Time-Life, en overheidssteun van het militaire regime, dat in 1964

WK voetbal op tv op Copacabana

met steun van Globo aan de macht kwam. Veel getalenteerde kunstenaars en technici verruilden in de loop der jaren theater, film of radio voor de televisie. In 1961 gold nog de regel 2:1, dat wil zeggen dat er op twee buitenlandse films één Braziliaanse moest worden uitgezonden. Er waren vijftien groepen kunstenaars die relatief goede Braziliaanse films maakten. Later liep dit terug tot nog maar één Braziliaanse bijdrage op 56 Amerikaanse producties.

Doch al spoedig waren het niet meer de bekende soaps uit Hollywood, die het publiek in de ban van Canal 4 hielden. De nieuwe kassuccessen heetten **telenovelas**, Braziliaanse series die schier eindeloos voortslepen en van maandag tot en met zaterdag altijd op dezelfde tijd worden uitgezonden en de natie maanden in de ban kunnen houden. Vroeger waren er zo'n veertig afleveringen van twintig minuten, nu zijn het er gemiddeld 180 van vijftig minuten.

Van 18 tot 22 uur, als bij Globo de afleveringen van drie verschillende *novelas* te zien zijn, is het moeilijk met een Braziliaan af te spreken. Alle zenders bij elkaar is er dagelijks veertien uur aan *novelas* te zien, afgezien van herhalingen en de Mexicaanse en Argentijnse series. Of het nu om indianen in het Amazonegebied gaat, sloppenbewoners in Rio, een huisvrouw uit de middenklasse in Ipanema of een professor aan de medische faculteit, niemand staat buiten de grote televisiefamilie. De technische kwaliteit van de *novelas* is zeer professioneel, het acteren acceptabel, de inhoud vaak het kijken waard. Ondanks de extreme dramatisering en het theatrale spel zijn er goede historische series, en hedendaagse onderwerpen verhelderen niet zelden en met enig resultaat sociale thema's als drugs, geweld, homoseksualiteit, enzovoorts. Hoewel de gezichtshoek overwegend is gericht op de middenklasse, willen de *novelas* alle sociale bevolkingslagen aanspreken en zijn ze vaak 'open' van opzet. Dat wil zeggen dat de afleveringen een voor een worden geproduceerd en de inhoud wordt bepaald aan de hand van reacties van het publiek. Het concept blijkt te werken en vindt navolging in het buitenland. *Novelas* uit Brazilië worden al naar zeventig landen geëxporteerd. Ook worden in andere landen eigen series gemaakt op basis van Braziliaanse of andere Zuid-Amerikaanse scripts. De eerste Nederlandse telenovelle, *Lotte*, werd in 2006–2007 uitgezonden door de zender Tien en besloeg 235 afleveringen. In het voorjaar van 2007 zond de Vlaamse VRT *Emma* uit.

Alomtegenwoordig voetbal

Lange tijd was Pelé de enige Braziliaan die de wereld toonde welk land de beste voetballers had. Tegenwoordig bereiken steeds nieuwe Braziliaanse **balkunstenaars** om beurten de hoogste top. De door de FIFA uitgereikte trofee voor wereldvoetballer van het jaar gaat al meer dan tien jaar hoofdzakelijk naar Brazilianen (Romário 1994, Ronaldo 1996, 1997, 2002, Rivaldo 1999, Ronaldinho 2004, 2005). Tijdens het wereldkampioenschap voetbal in Duitsland in 2006, dat voor Brazilië weliswaar teleurstellend is verlopen, werd Ronaldo met vijftien treffers WK-topschutter aller tijden.

Overal in de armenwijken rennen kinderen in gescheurde broek op pleinen achter het leren monster aan. Van hen heeft al menigeen het tot speler in een topclub geschopt. Hoewel de meeste beroepsspelers in vaderlandse clubs nauwelijks twee keer het minimumloon verdienen, hopen niet weinig ouders dat hun zoontje ooit de weg van Ronaldo of Ronaldinho zal gaan en biedt de bal een unieke kans de wereld te slim af te zijn en zelfs aan de valkuil van een wieg in een sloppenwijk te ontsnappen. Men moet dan wel met dynamiek, snelheid en flitsende dribbelacties de starre opstelling van tegenstanders doorbreken en aanvallen.

'Voetbal toont een heel belangrijk aspect van de Braziliaanse mens, namelijk de creativiteit,' schrijft de Braziliaanse psychoanalyticus Claudio Bastidas. Deze creativiteit hoort bij een leefregel, die met het begrip ***jeitinho brasileiro*** wordt beschreven. Dat betekent zoiets als een trucje of een foefje waarmee men zich door het leven slaat. Of het nu om voetbal of het dagelijks leven gaat, een *jeitinho* helpt om op creatieve wijze te 'dribbelen' langs de vele kleine en grote misleidingen van het bestaan.

De vaak wettelijke of bureaucratische grenzen overschrijdende *jeitinho* behoort in een onderontwikkeld land als Brazilië tot het overlevingsinstinct. Toen hier bijvoorbeeld het dragen van autogordels verplicht werd gesteld en lang niet iedereen zich dat kon permitteren, kochten velen een T-shirt met een plaatje van een autogordel. Een voorbeeld uit de voetbalwereld is het verhaal van Sandro Hiroshi uit São Paulo, die als kind zijn geboortebewijs liet vervalsen en alleen zo de armoede kon ontvluchten om aan zijn carrière te beginnen.

Op de grasmat betekent *jeitinho* de tegenstander misleiden, verwarren, langs hem heen dribbelen en plotseling scoren. Dat alles gekruid met een snufje *malandragem* (sluwheid), speelsheid en een goed humeur. *Jeitinho* is het verkleinwoord van *jeito* (manier van doen), de verkleinde, minder agressieve vorm die geen geweld kent, ook niet in voetbal. Het gaat erom, de tegenstander op elegante wijze te verslaan, het liefst met een vriendelijk lachje. Het beste voorbeeld is de dribbelkunstenaar Ronaldinho Gaúcho, in november 2005 tot beste speler van Europa verkozen. De Fransman Michel Platini, zelf drievoudig winnaar van deze titel, is niet zuinig met zijn lof: 'Ronaldinho heeft talent, gratie en overmacht, en maakt met zijn lachen het voetbal nog mooier.'

Claudio Bastidas heeft wellicht gelijk met zijn samenvattende woorden: 'Voetbal zegt veel over ons, hoe wij zijn. Het is de perfecte vertaling van onze mentaliteit.' De populaire sport definieert echter niet alleen de nationale identiteit, maar is daarnaast ook een belangrijke **economische factor**. Er zijn in Brazilië meer dan 800 profclubs, 13.000 amateurverenigingen en ruim 300 stadions, waar jaarlijks US$32 miljard wordt omgezet. Bovendien is voetbal een belangrijk communicatiemiddel, dat alle lagen van de maatschappij aanspreekt en zelfs wildvreemden onmiddellijk bij ieder gesprek betrekt.

Religie en culten

Katholicisme light

In kranten, boeken en gidsen valt steeds weer te lezen dat Brazilië met **75% katholieken** het katholiekste land van de wereld is. Maar dat die religiositeit weinig op de voorgrond treedt, merkt iedereen die een paar dagen in een of andere kustplaats verblijft en niet één keer met klokgelui of ander religieus vertoon wordt geconfronteerd. 'Waar zijn ze toch, al die katholieken?' zal men zich afvragen en onmiddellijk moeten constateren dat het er in elk Zuid-Europees stadje godsdienstiger aan toegaat dan in het zogenaamd zo katholieke Brazilië. Maar wie zou zeggen atheïst te zijn, zou verbazing opwekken, want in God *(Deus)* gelooft vrijwel iedereen, op 7% ongelovigen na. Daar blijft het echter bij, want de mis wordt hoogstens op het platteland en door de oudere generaties bijgewoond. Alles bij elkaar gaat slechts 8% van de bevolking regelmatig naar de kerk. Ten diepste overtuigd is hoogstens een vijfde van de mensen en de vermanende woorden van de paus over naleving van de tien geboden slaan al lang niet meer aan.

Deze verandering ligt voornamelijk aan het razendsnelle proces van verstedelijking van de laatste tien jaar, het meer en meer verdwijnen van traditionele familieverbanden en het hoge percentage jongeren onder de bevolking. Bovendien heeft de traditionele katholieke kerk, nadat de bevrijdingstheologie heeft moeten inbinden, duidelijk aan aantrekkingskracht verloren. Vanaf 1985 werden progressieve religieuze scholen door het Vaticaan gesloten. De prijs is een verdere **vertrouwensbreuk**. De behoeften van de gelovigen aan nabijheid en warmte, aandacht en hulp die niet werden vervuld, hebben de mensen ertoe gebracht uit te wijken naar uiteenlopende protestantse en evangelische stromingen, die in 2005 al een flinke gemeenschap van 16% van de bevolking achter zich hadden. In 1950 was dat percentage slechts 2,6%, terwijl 95% zich toen katholiek noemde.

Umbanda-altaar voor de ***exús***, de boze geesten

Protestantisme

Hoewel het katholicisme bij het uitroepen van de republiek in 1889 de officiële staatsgodsdienst van Brazilië bleef, ontwikkelde zich al tijdens het keizerrijk een tweede religie, het vanaf 1824 door **Duitstaligen** ingevoerde protestantisme. Aangezien men de Duitse religie indeelde bij de 'godsdienst van de arbeid', werd het lutherse importartikel niet als concurrentie ervaren. Als ze bij de bouw van hun gebedshuizen maar afzagen van toren, klokken en kruis, mochten de Duitsers ongestoord hun godsdienst beoefenen en even ongestoord deelnemen aan het uitroeien van de indianen. 'De indiaanvijandige houding van de protestantse kolonisten doet niet onder voor die van de katholieke Portugezen vanaf de 16e eeuw,' schreef de Duitse kerkhistoricus Hans-Jürgen Prien in 1989. Daarnaast ontwikkelde zich vanaf 1855 een tot op heden voortdurende invloed van de vrijmetselaars en vanaf 1873 van het spiritisme.

Bevrijdingstheologie

De 20e eeuw werd gekenmerkt door belangrijke veranderingen binnen de katholieke kerk van Brazilië, die verbonden zijn met de naam van de in 1909 in Fortaleza geboren priester **Dom Hélder Câmara Pessoa**, tot op heden de bekendste vertegenwoordiger van de 'bevrijdingstheologie'. Alle vormen van maatschappelijk onrecht werden in deze opvatting als 'structurele zonden' beschouwd. De Kerk *voor* de armen moest een Kerk *met* de armen, of beter nog een Kerk *van* de armen worden. Parochies in arme buurten wonnen vanaf de jaren vijftig met sprongen aan betekenis. Ze deden niet alleen van zich spreken door de strijd tegen analfabetisme, maar ook door engagement tegen sociale misstanden. De protestgeneratie van de jaren zestig stond open voor de bevrijdingstheologie, totdat het leger samen met het Vaticaan korte metten maakte met de 'socialistische intriges'. De welsprekende leiders van vroeger zijn inmiddels overleden. Dom Hélder Cámara werd destijds op gezag van Rome als aartsbisschop van Olinda vervangen door de ultraconservatieve José Cardoso Sobrinho.

Syncretisme

Ongeveer 2% van de Brazilianen rekent zichzelf tot een Afro-Braziliaanse religie, vooral in het 'zwarte' Bahia. Tijdens de kerstening in de koloniale tijd hulden de slaven uit Afrika hun goden in de gewaden van heiligen van het Iberische katholicisme, om zo aan hun eigen tradities te kunnen vasthouden. Zo ontstonden talrijke varianten van syncretistische godsdiensten, in Bahia ***candomblé*** genoemd, in Pernambuco ***xangô*** en in Rio de Janeiro ***umbanda***.

De vermenging van verschillende godsdiensten is in Brazilië een heel gewoon verschijnsel. Velen creëren en manipuleren hun geloofswereld naar hun persoonlijke ervaringen. De rijkdom aan religies en algemene tolerantie correspondeert met de rijkdom aan etnische bevolkingsgroepen en de algemene maatschappelijke chaos. Aangezien God – zoals men hier zegt - een Braziliaan is, zal Hij met deze 'Babel van religies' wel een bedoeling hebben.

Feesten en evenementen

Carnaval

Vlees is in het Portugees *carne*, en van deze stam is het begrip *carneval* ('afscheid van vlees') afgeleid. Tijdens het Europese carnaval van de 16e en 17e eeuw stond vooral het ordinaire 'bunkeren' op de voorgrond. Vlees eten was in die tijd nog iets bijzonders en werd alleen gedaan bij bepaalde feestelijke gelegenheden. Bovendien was het van belang zich de laatste dagen voor het begin van de vasten op Aswoensdag vol te proppen. Gaat men nog verder terug in de geschiedenis, tot aan de oude Grieken en Romeinen, dan ziet men daar orgiën als bacchanalen, Saturnalia en Lupercalia, die evenzeer tot de voorlopers van het carnaval behoren als de narrenfeesten en gemaskerde dansen uit de middeleeuwen.

Carnaval werd waarschijnlijk al in de 17e eeuw door de Portugezen in Brazilië ingevoerd, maar was er in elk geval in gebruik in 1723, toen nog onder de naam *entrudo*. Het was oorspronkelijk een uitgelaten en soms uit de hand lopend feest, waarbij men elkaar bespatte en besmeurde met water, poeder, kalk en alles wat maar voorhanden was. Later werd minder agressief vermaak ingevoerd, als het gooien met confetti en papieren linten. Na 1840 werd het feest steeds burgerlijker, met feestelijke bijeenkomsten in chique dansgelegenheden en de opkomst van kapitaalkrachtige carnavalsgezelschappen. In 1928 werd in Rio de Janeiro de eerste sambaschool, Mangueira, opgericht en in 1935 ging men zich voor het eerst verkleden.

Tot op heden wordt het carnaval gekenmerkt door deze twee historische tendensen: enerzijds een spontaan en ongeremd volksfeest en anderzijds een georganiseerd en keurig evenement. Tot op heden bestaan deze vormen naast elkaar, waarbij ze nu eens mengen en elkaar dan weer uitsluiten. Sinds halverwege de 20e eeuw heeft het Braziliaanse carnaval echter, vooral in Bahia en het noordoosten van het land, een sterk Afro-Braziliaans karakter en is het populaire straatcarnaval weer opgekomen. Alleen in Rio houdt men het traditionele salon- en clubcarnaval in ere.

De ruggengraat van het carnaval van **Rio de Janeiro** zijn de ongeveer vijftig sambascholen *(escolas de samba)*, die uit de verschillende wijken afkomstig zijn. Het zijn onafhankelijke verenigingen met eigen statuten en een overkoepelende organisatie. In de 'sambastad' die in 2006 werd geopend (Cidade de Samba, zie blz. 116), is door de overheid ruimte ter beschikking gesteld voor de bouw van de praalwagens. Het hele jaar bereiden de achttien topgroepen uit de zogeheten eerste divisie zich voor op hun grote optreden in het Sambódromo. Dit is een speciaal carnavalsstadion dat door architect Oscar Niemeyer is ontworpen en in 1984 werd geopend, met tribunes en aparte loges, veiligheidsvoorzieningen en hoge entreeprijzen. Gedurende twee dagen trekken hier 90.000 deelnemers langs, zo'n 3000 tot 6000 per sambaschool. Ook niet-leden en toeristen zijn welkom, als zij zich op tijd aanmelden, per kostuum een bedrag van R$500 neerleggen, een paar danspassen instuderen en het themalied uit hun hoofd leren.

Misschien zou iedere bezoeker aan Brazilië ten minste een keer moeten deelnemen aan de parade of op zijn minst de kleurrijke gekostumeerde show van dichtbij moeten zien. Ondanks de toegenomen commercialisering en een kritische jury zetten de deelnemers, die overwegend uit de onderklasse afkomstig zijn, zich met hart en ziel in. De televisie zendt de optocht live uit, de kranten drukken dagenlang de opvallendste foto's af en de radio draait wekenlang de verschillende sambawijsjes van de winnende clubs. De opzet is dezelfde als bij voetbal. Er zijn drie verschillende divisies of klassen, met promoties en degradaties en scheidsrechters die op basis van nauwkeurig omschreven criteria aangaande originaliteit, ritme, choreografie, dansen en kostuums, punten toekennen aan de allegorische wagens en de sambamelodie van dat jaar.

Zelden echter verloopt alles zonder spanningen. Het gaat om veel geld, om opbrengsten uit entree, de verkoop van kostuums, prijzen voor winnaars, uitzendrechten en reclame-inkomsten. Per slot van rekening geeft elke grote school uit de eerste divisie jaarlijks een vermogen uit aan de bouw van de praalwagen en het maken van de kostuums, hetgeen een belangrijke bijdrage aan de bestrijding van de werkeloosheid vormt.

Het grootste carnavalspodium ter wereld, dat sinds 2005 als zodanig in het *Guinness Book of Records* staat vermeld, wordt gevormd door de straten en pleinen van **Salvador da Bahia**. Tweeënhalf miljoen mensen feesten en dansen een week lang op het ritme van de talrijke, op monsterlijke vrachtwagens spelende *trios elétricos* – typerend voor het carnaval van Bahia. Vroeger domineerde ook hier het salon- en clubcarnaval, tot in 1950 twee muzikanten, Dodô en Osmar, samen met de chauffeur Aragão twee luidsprekers monteerden op een oude Ford 29 en een nieuwe (dreunende) impuls aan het straatcarnaval gaven. Het oude vehikel is nu een museumstuk in het Casa da Música aan het Lagoa do Abaeté, maar de opmars van de *trios elétricos* was niet meer tegen te houden. Er zijn inmiddels honderden bandjes op vrachtwagens en ze zien er elk jaar opvallender uit. En ook de schare deinende mensen in hun gevolg neemt ieder jaar toe.

De traditioneelste optocht gaat van de Av. Campo Grande tot aan de Av. Sete (7 km), de beide andere belangrijke stoeten gaan van Farol da Barra tot aan Ondina langs het toeristische deel van Salvador (4,5 km) en door de smalle straten van de oude stad (Pelourinho). Op de *trios elétricos* staat de top van de Braziliaanse muziekwereld, zoals Daniela Mercury en Ivete Sangalo, voor een miljoenenpubliek de laatste axé- of arrocharitmes te spelen en zingen. Op Aswoensdag wordt de sleutel van koning Momo aan de stad teruggegeven, maar in Bahia neemt men het niet zo nauw met het einde van de dwaze dagen (www.carnaval.salvador.ba.gov.br).

Een stevige concurrent voor het Bahiaanse carnaval vindt u niet alleen in Fortaleza, maar vooral in **Recife**, de carnavalshoofdstad van het noordoosten. Hier viert men het langste carnaval ten zuiden van de evenaar, namelijk tot aan het einde van de maand. In 1995 werd de *Bloco Galo da Madrugada* (zaterdagparade) vanwege de stoet van 1 miljoen mensen opgenomen in het *Guinness Book of Records*. De carnavalsfeesten worden op zo'n vijftig

Officiële feestdagen

1 januari (Nieuwjaar)
Vastenavond
Goede Vrijdag
21 april (Tiradentesdag)
1 mei (Dag van de Arbeid)
Sacramentsdag
7 september (Onafhankelijkheidsdag)
12 oktober (Dag van de Patroonheilige Nossa Senhora da Aparecida)
2 november (Allerzielen)
15 november (Dag van het Uitroepen van de Republiek)
25 december (Kerstmis)

plaatsen in de stad gehouden, maar vooral op de pleinen in het historische centrum (Recife Antigo) en op het toeristenstrand van Boa Viagem. Opvallend zijn de traditionele *frêvo-blocos* (optochten) met hun eigen combinatie van polka, quadrille, *maxixe* en Afrikaanse *lundu*.

In de nabijgelegen koloniale stad **Olinda** kunt u behalve het *frêvo*- ook het eigenaardige *maracatú*-carnaval beleven, dat een landelijke oorsprong kent. Hier trekken meer dan driehonderd groepen van kleine blaasorkesten zonder de gebruikelijke luidsprekerwagens gemoedelijk door de smalle en steile straten *(ladeiras)*. Een opvallende traditie is de parade van ruim honderd enorme poppen. Het merkwaardige gebeuren zit vol magie, folklore en fantasie en is beslist het bijzonderste straatcarnaval van Brazilië. U moet wel 's morgens of 's middags gaan kijken, want 's avonds trekt een groot deel van de bevolking zelf van Olinda naar Recife.

Tot slot een nuchtere aanbeveling: in het carnaval van Brazilië, vooral in dat van Bahia, dwalen niet alleen narren en vrolijke gezellen rond, maar ook verklede zakkenrollers, die de toeristen er onmiddellijk uitpikken en goed geoefende lange vingers hebben!

Festas Juninas

Wie tussen 12 en 29 juni door het noordoosten van Brazilië reist, zal in alle plaatsen op een **volksfeest** stuiten, dat na het carnaval het grootste feest is en intussen ook in andere delen van het land wordt gevierd. De uit Portugese traditie stammende junifeesten horen bij de feestelijkheden ter ere van Santo Antônio (12/13 juni, St.-Antonius), São João (23/24 juni, St.-Jan) en São Pedro (29 juni, St.-Petrus en Paulus).

Ondanks de religieuze achtergrond zit het bijzondere van deze feesten niet in de verschillende missen en processies ter ere van de heiligen en ook niet in de gebruikelijke tonen van de *forró*. De grote attractie is een dans met de bijzondere naam ***bumba-meu-boi***, wat zich het beste laat vertalen als 'ossenspel'. De eerste opvoering vond in 1840 plaats in Recife en in 1873 was het spektakel al de leidende folkloristische richting in Maranhão. Het is een specifiek Braziliaanse, mestieze creatie, hoewel er ook elementen van de *Monólogo do Vaqueiro* van de Portugese toneelschrijver Gil Vicentes (1502) of de Angolese *boi-de-gero-a*-cultus zijn terug te vinden. De **dans** – met rollen voor arme landarbeiders en slaven – reflecteert de verhouding tussen meester en knecht uit de tijd van de suikerplantages en de veeteelt, en is doorspekt met religieus-mystieke en satirisch-carnavaleske elementen.

De klucht over de dood en wederopstanding van een os vertelt de geschiedenis van de zwangere herderin Catirina, die zo'n trek heeft in de tong van de beste os van de *fazenda*. Daarom brengt ze haar echtgenoot Chico ertoe het uitverkoren dier te doden. De grootgrondbezitter *(capitão)* ontsteekt in woede, de moordenaar wordt aangeklaagd, de priester Matéus bidt tot God en een arts of wonderdokter brengt het rund weer tot leven. Alles wordt opgelost in een vreugdedans en de zaak wordt vergeven en vergeten. In het binnenland ligt de nadruk vooral op de religieuze implicaties van het sprookje voor arme mensen, in de steden gaat het vooral om de sociale en satirische elementen. Het koor van veehoeders (*vaqueiros)*, dat voortdurend aanwezig is, becommentarieert de gebeurtenissen, waarbij de ironie vaak overgaat in groteske of zwarte humor.

De voorstellingen vinden plaats in de openlucht. Ze boeien vooral door de spectaculaire choreografie en de kleurenpracht van de **fantasierijke kostuums**, iets wat in het straatcarnaval steeds minder wordt. Daardoor is het ook niet erg als u de betekenis van de handelingen niet precies kunt volgen. Het gaat om de visuele genoegens en choreografische enscenering, die trouwens per maand en per regio verschillen.

Parade van de eerste divisie
in het carnaval van Rio

Architectuur en kunst

Opnieuw blijkt Brazilië een land van extremen en tegenstellingen. Daar is aan de ene kant Ouro Preto met de grootste verzameling barokke architectuur en kunst van de wereld en aan de andere kant Brasília met de modernste, pas in 1960 in gebruikgenomen regeringsgebouwen van de aardbol. Bij de schone kunsten komt de muziek op de eerste plaats, hoewel de literatuur ook niet onbelangrijk is. De film heeft de afgelopen jaren een fenomenale comeback beleefd.

Architectuur en beeldende kunst

Koloniale barok

De koloniale barok is voornamelijk beïnvloed door de toenmalige Europese barok. Halverwege de 17e eeuw, ongeveer ten tijde van de wijding van het monumentale jezuïetencollege van Salvador (1657), de latere Catedral Basílica, begon de bloeitijd van de Braziliaanse architectuur. De meeste bouwwerken ontstonden in opdracht van de orden der jezuïeten, franciscanen en benedictijnen. De **praalinrichting** van de kerken nam met de grote goudvondsten toe vanaf 1695, vooral in Minas Gerais. De kerken van Ouro Preto zijn naast die van Salvador da Bahia (foto blz. 56) het waardevolste op architectuurgebied dat Brazilië te bieden heeft. Vele daarvan zijn verbonden met de naam van de beeldhouwer António Francisco Lisboa, bijgenaamd Alei-jadinho of Kleine Kreupele (zie blz. 186).

Ook op het gebied van de **schilderkunst** was Minas Gerais toonaangevend. De kerkschilderingen van Manuel da Costa Ataíde zijn bijzonder waardevol. Ook in Rio de Janeiro ontstonden belangrijke kunstwerken, vooral van de hand van Frei Ricardo do Pilar, de belangrijkste schilder van de tweede helft van de 17e eeuw. Deze kunt u onder andere bekijken in het klooster van São Bento (zie blz. 124).

Classicisme en jugendstil

Alle koloniale barokkunst stond in nauw verband met het religieuze leven. Aan die relatie kwam pas in de 19e eeuw een einde. In 1816 kwam een groep Franse kunstenaars onder leiding van Joachim Le Breton (de *Missão Artística Francesa)* op zoek naar nieuw werk naar Rio de Janeiro, wat wezenlijk bijdroeg aan de verrijking en **academisering** van het kunstleven. In 1820 werd de eerste kunstacademie opgericht (Escola Real das Artes), in 1826 de Academie voor Schone Kunsten (Academia Imperial das Belas-Artes), in 1830 vonden de eerste tentoonstellingen van plastische kunst plaats. De overheersende stijl was classicistisch, later kreeg de jugendstil veel navolging. Vooral na het uitroepen van de republiek in 1889 werden in de euforie van de nieuwe tijd vele nieuwe gebouwen neergezet met jugendstilkenmerken. Voorbeelden hiervan zijn het Teatro Amazonas, de Mercado Municipal en de Alfândega (het douanekantoor) in Manaus en het Teatro da Paz in Belém.

Modernisme

De 20e eeuw werd bepaald door het modernisme. In februari 1922 werd in São Paulo in het Teatro Municipal een veelbesproken Week van de Moderne Kunst gehouden, die wezenlijk brak met de traditionele academische conventies. De expositie toonde belangrijke werken van futuristische schilders en beeldhouwers als Anita Malfatti, Emiliano Di Cavalcanti, Vítor Brecheret, Vicente do Rego Monteiro en John Graz. De schilder die na 1930 zowel in Brazilië als in het buitenland de meeste erkenning kreeg, was Candido Portinari (1903-1962). Zijn favoriete onderwerpen waren arme, meest donkere mensen in hun harde dagelijkse leven. In de architectuur werd het modernisme vooral vertegenwoordigd door **Oscar Niemeyer** (geb. 1907). Sinds zijn toonaangevende deelname aan de bouw van de hoofdstad Brasília (1958-1960), kwam tot op vandaag het ene na het andere ontwerp van zijn tekentafel. Kenmerkend voor zijn beeldende bouwstijl zijn de ronde vormen en parabolisch gewelfde daken, duidelijk herkenbaar in de contouren van de door hem ontworpen regeringsgebouwen in Brasília (zie blz. 336, zie ook het thema op blz. 52-53). Op het gebied van de landschapsarchitectuur duikt steeds de naam op van **Roberto Burle Max** (1909-1994), die de modernistische beton- en glasconstructies met tuinen en parken vol fris groen en kleuren opfleurde.

Muziek

Brazilië is misschien wel het land dat het meeste ter wereld bezeten is van muziek. Bijna overal en altijd wordt u geconfronteerd met de tonen en ritmes van de verschillende stijlen die hier hun bakermat hebben of ingang hebben gevonden. De teksten hebben een stevige inhoud en behandelen thema's die uiteenlopen van bekende onderwerpen als lief en leed, tot problemen en noden van het dagelijks leven en de maatschappij.

Net als bij het carnaval is de ventiel- en verdringingsfunctie heel belangrijk, maar toch behandelen vele teksten ook concrete ervaringen en problemen van de massa en bieden ze praktische levenslessen. De muziek spreekt niet alleen de jeugd aan, maar de hele bevolking. Dat is de enige verklaring voor de unieke identificatie van de Braziliaan met zijn muziek en zijn idolen. Wie een keer één van de vele liveconcerten bezoekt – een must voor iedere Europeaan – bemerkt onmiddellijk de betrokken en participerende houding van het publiek. Niemand blijft stijf op zijn plaats, er wordt spontaan gedanst, gewoon op de plek waar men toevallig staat. Vrijwel altijd wordt er meegezongen. Nergens op de wereld kennen de mensen zo veel teksten uit het hoofd.

Een beschrijving van de vele muzikale richtingen is een vrijwel onbegonnen taak, maar er springen wel enkele stromingen uit. In het buitenland zijn samba en bossanova misschien het bekendst, maar deze richtingen maken maar een klein deel uit van alle Braziliaanse muziek.

Samba, bossanova en MPB

De in 1917 in de buitenwijken van Rio de Janeiro geboren **samba** is vooral populair tijdens het carnaval. Historisch en etymologisch gaat de samba terug op een Angolese dans die *semba* (navel) heet. In 1928 werd de eerste carnavalssambaschool van Rio geopend, waarna de samba zich in verschillende richtingen ontwikkelde, zoals de snelle *samba carnevalesco* of de langzame, chansonachtige *samba canção*. Deze rustige versie is naast de oudere *choro* of *chorinho* het hele jaar door te horen.

Internationaal net zo bekend is de **bossanova**, die ook in Rio ontstond. Dit is een muziekstijl en niet, zoals vaak wordt aangenomen, een dans. De laatste was een uitvinding van de Amerikaan Lennie Dale, die in Brazilië zelf weinig weerklank vond. Hoewel de bossanova van een langzame samba is afgeleid en ontstaan zou zijn door een ritmische fout van de gitarist João Gilberto, wordt hij als een muzikaal sterkere variant gezien. De bossanova is sterk beïnvloed door de in 1994 gestorven Antônio Carlos Tom Jobim, die met ruim driehonderd composities de belangrijkste musicus van Brazilië genoemd kan worden. Zijn nummer *Chega de saudade*, geschreven door zijn vriend Vinícius de Moraes en gezongen door João Gilberto, was in 1958 de eerste bossanovahit van het land. Daarna brak de bossanova internationaal door met de filmmuziek van *Orfeu negro*. Tom Jobims nummer *A garota de Ipanema* uit 1962/1963 werd wereldberoemd in de versie *The girl from Ipanema* van Astrud Gilberto, Stan Getz en João Gilberto uit 1964.

Nationale architect Oscar Niemeyer

Toen president Juscelino Kubitschek in 1958 het oude idee oppakte om midden in het land een nieuwe hoofdstad aan te leggen, was Oscar Niemeyer de eerste die de lege woestenij betrad en meteen een houten barak voor bezoeken van zijn opdrachtgevers neerzette. De totale architectuur van Brasília is met zijn naam verbonden. Zijn meesterwerk daar is nog altijd het Congresso Nacional.

Niet iedereen zag met ongeduld en verrukking uit naar Niemeyers plannen voor Brasília. Toen de minister van Defensie de angstige vraag stelde of zijn gebouwen er modern of klassiek zouden gaan uitzien, antwoordde de architect met de wedervraag of de minister in tijden van oorlog liever moderne of klassieke wapens zou inzetten. Toen de militairen in 1964 aan de macht kwamen, trokken ze met tegenzin in de door democratische ideeën en concepten bezielde kunstmatige hoofdstad.

De nog altijd niet van de wijs gebrachte oude communist en Castroaanhanger Niemeyer moest ten tijde van de militaire dictatuur uitwijken naar Frankrijk, maar keerde later terug naar zijn vaderland. Hij houdt van Brazilië en zijn geboortestad Rio, ondanks de Duitse, Portugese en Arabische wortels van zijn familie. Hij heeft het voorrecht om aan de Copacabana, in zijn kantoor op de tiende verdieping van de Avenida Atlântica 3940 (uiteraard het enige huis met een golvende gevel) te genieten van een fantastisch panorama over het strand en het Suikerbrood. Soms schetst hij het eerste ontwerp van een nieuw project in het zand, maar meestal zit hij met kunstlicht in een kleine achterkamer propvol boeken, waar hij 's morgens eerst de post doorneemt en oude vrienden of journalisten ontvangt, waarna hij zich 's middags plichtsgetrouw tot 21 uur over kaarten en tekeningen buigt.

De nog altijd kwieke en strijdlustige honderdjarige, die met trillende vingers de ene Cubaanse sigaar na de andere aansteekt en zijn secretaresse voortdurend *cafezinhos* laat brengen, heeft nog tal van projecten onderhanden, maar volgt de voortgang daarvan vanwege zijn vliegangst slechts per videoconferentie. Eenvoudiger is het toezicht op de bouwvakkers aan de Niemeyerweg *(Caminho Niemeyer)*, die wordt aangelegd aan de andere kant van de Baai van Guanabara. Zijn bekendste werk is het in 1997 gereedgekomen Museu de Arte Contemporânea in Niterói bij Rio de Janeiro, volgens sommigen een van de zeven wereldwonderen van de moderne tijd.

Ook hier zijn weer de beroemde rondingen te zien, zo kenmerkend voor Niemeyers gebouwen. Het museum doet sterk denken aan een vliegende schotel. Behalve de rondom lopende, schuine glaswand domineert gewapend beton. Met dit materiaal kunnen alle gewenste vormen worden verwezenlijkt. Het is Niemeyers verdienste de rechte lijn en de rechte hoek ten minste in zijn eigen bouwwerken vrijwel uitgebannen te hebben. Tot de meest bewonderde gebouwen van zijn hand in het buitenland behoren de zetel van de Communistische Partij van Frankrijk in Parijs (1969), de Constantina-universiteit in Algerije uit hetzelfde jaar en het kantoor van Uitgeverij Mondadori in Milaan (jaren zeventig).

Het is niet duidelijk waar Niemeyers fasci-

Thema

natie voor rondingen vandaan komt. Zijn oude, Zwitserse leermeester Le Corbusier (1887–1965) meende dat Niemeyer zich niet alleen door hemzelf, maar ook door de heuvels rondom Rio heeft laten inspireren. Zijn Braziliaanse vriend verwerpt dat standpunt niet totaal, maar wijst ook met graagte op de rondingen van het vrouwelijk lichaam. Tenslotte noemt hij zich de uitvinder van de 'vrije en zinnelijke curve'.

Vrijwel steeds werken deze vormen in de architectuur zeer harmonieus, ook als velen de overmaat aan beton somber vinden en veel gebouwen niet erg praktisch zijn. In het ufovormige kunstmuseum in Niterói bijvoorbeeld, kunnen aan de schuine wanden geen schilderijen hangen. Maar Niemeyer, zelfbewust terugkijkend op meer dan vierhonderd projecten in acht hoofdsteden van Brazilië en meer dan dertig steden in het buitenland, zit niet om een antwoord verlegen: 'Had men mij dan steeds nieuwe opdrachten gegeven?' En: 'Misschien bevalt het u, misschien ook niet – maar hebt u zo'n gebouw ooit eerder gezien?'

Meesterwerk van Oscar Niemeyer: Museu de Arte Contemporânea in Niterói bij Rio

Samba op de Praia de Forte, Salvador

Toen het nog in hetzelfde jaar weer bergafwaarts ging met de bossanova in Brazilië zelf, won de stijl in de VS juist aan populariteit. Nog 23 jaar later 'beklaagde' Jobim zich erover, dat hij in elke lift van New York zijn liedje moest aanhoren. Inmiddels bestaan er zo'n 180 versies, van onder anderen Frank Sinatra, Nat King Cole en Ella Fitzgerald en alleen al in de VS gingen er 1,2 miljoen platen over de toonbank, een succes dat alleen is overtroffen door de Beatles.

Na 1967 kwam de **Música Popular Brasileira** (MPB) op, die in het buitenland al even bekend werd als de samba en de bossanova. Aanvankelijk stond deze stijl bekend als *tropicalismo*. Het repertoire is samengesteld uit populaire, dansbare muziek uit Brazilië. De vedetten van het genre vullen nog altijd de concertzalen. Belangrijke vertegenwoordigers zijn onder anderen Gilberto Gil, Djavan, Milton Nascimento, George Ben Jor, Caetano Veloso, Chico Buarque, Raimoundo Fagner en Gal Costa.

Pagode, axé en forró

Vanaf 1995 kwam vooral in Rio en São Paulo ***pagode*** in de mode. Het begon met de succesvolle groep Raça Negra, waarna de ene na de andere band volgde. De stijl lijkt een beetje op samba, maar is eenvoudiger, met meer herhalingen, terwijl de tekst vaak een banale smartlap is. Alleen de liedjes van de populairste zanger van Brazilië, Zeca Pagodinho, die ondanks zijn naam meer te danken heeft aan de samba dan aan de *pagode*, onderscheiden zich aangenaam van andere eenheidsdeuntjes.

Tegelijkertijd ontstond in het zwarte, door Afrika beïnvloede Salvador da Bahia, het muzikale hart van Brazilië, ***axé***, gecreëerd door de onvermoeibare Daniela Mercury. Haar stijl is te karakteriseren als samba-reggae met een hoge spanning, gekenmerkt door een markante, snijdende stem en begeleid door een gemengde percussie van elektronische instrumenten uit de rockmuziek en traditionele Afrikaanse elementen als *tambor*, *cuíca*, *berimbau* en *timbau*. Bij concerten trilt de grond en de combinatie van een perfecte dans- en muzikale show maakt van de vertolkster een Bahiaans totaalkunstwerk. Inmiddels zijn er al flink wat gelijkgeaarde talentvolle zangeressen opgestaan. Met name Ivete Sangalo is de laatste jaren gestegen tot de eerste plaats.

Van alle regionale muzikale tradities wist slechts de ***forró*** uit het noordoosten zich naast *pagode* en *axé* een plaats op het landelijk podium te verwerven. Deze aanvankelijk zeer eenvoudige richting begon in de jaren veertig met Luiz Gonzaga, maar werd daarna ritmischer, sneller en melodieuzer. Een ware zegetocht door de hitparades maakte de *forró*-band Calypso uit Belém.

Funk, jazz en klassiek

Opvallend is verder de Braziliaanse **funk**, die maar weinig raakvlakken vertoont met de Noord-Amerikaanse variant. Hij ontstond in de *favelas* van Rio en São Paulo en vormde aanvankelijk samen met de beroemde of beruchte 'funkbals' *(baile funk)* een tegenbeweging tegen de burgerlijk-commerciële muziekwereld. De melodieën zijn oorverdovend schril, opzwepend en agressief, de teksten seksistisch, brutaal en ongeschikt voor alle leeftijden, de manier van dansen exhibitionistisch tot vulgair. Intussen is de Braziliaanse funk ingepakt door de media en de middenklassejeugd en van zijn scherpste kantjes ontdaan.

Last but not least wordt er in Brazilië ook 'serieuze' muziek gemaakt en verrijkt, bijvoorbeeld in de **jazz** door de musici Egberto Gismonti en Leo Gandelmann en in de **klassieke muziek** door de grote componist Hector Villa-Lobos (1887–1959).

Moderne literatuur

'Ik begrijp nog altijd niet waarom "Brazilië" in 1994 is uitgekozen tot thema van de Frankfurter Buchmesse. Onze literatuur is niet zo belangrijk. Hoeveel geaccepteerde schrijvers hebben we helemaal? Vier? Vijf? Feitelijk was er geen aanleiding om daar een heel paviljoen voor in te richten. Onze boeken zouden gemakkelijk hebben gepast op het toilet op de eerste verdieping.' Zo schreef een recensent in het gerenommeerde Braziliaanse weekblad VEJA. Bescheidenheid valt te prijzen, maar zo slecht is het met de literatuur van dit land niet gesteld. Bijna de helft van alle in Zuid-Amerika verschijnende titels zijn van Braziliaanse schrijvers; jaarlijks komen er ca. 7000 nieuwe titels uit.

De belangrijkste schrijver van de 19e eeuw was **Joaquim Maria Machado de Assis** (1839–1908). Met zijn psychologisch-realistische romans en vertellingen begon de moderne literatuurgeschiedenis van Brazilië. Klassiekers als *De psychiater en andere verhalen, Dom Casmurro, Quincas Borba* en vooral *Posthume herinneringen van Brás Cubas* worden nog steeds gelezen en zijn in de jaren tachtig allemaal in het Nederlands vertaald door August Willemsen. Ook jongere schrijvers worden regelmatig vertaald. Een kort overzicht van vertaalde Braziliaanse titels vindt u op www.pequeno.nl/indexen/CaV-1_Braz-Lit.asp.

Niet iedereen weet dat de ook bij ons zo populaire **Paulo Coelho** (geb. 1947) een Braziliaan is. Zijn esoterische romans, zoals *De alchemist*, spelen zich dan ook niet in zijn eigen land af. Ondanks de hoge notering op de bestsellerslijsten worden zijn boeken niet tot de echte literatuur gerekend.

Romans over Bahia

De succesvolste en internationaal bekendste romancier van Brazilië, die zijn land het beste heeft geportretteerd, is **Jorge Amado** (1912–2001). Het werk van deze oude communist zit ondanks de schildering van sociale problemen op de cacaoplantages vol humor en loopt over van zinnelijke en erotische scènes. Vooral de romans *Gabriela, cravo e canela* (1958, in 1985 vertaald als *Gabriela)* en *Dona Flor en haar twee echtgenoten* (1966, in 1976 verfilmd als *Dona Flor and her two husbands)* vestigden zijn wereldfaam. Meer dan twintig van zijn romans werden vertaald in 47 talen, met een totale oplage van ca. 30 miljoen exemplaren. Zo veel roem lokt ook kritiek uit. Niet zelden wordt zijn werk 'sociale kitsch', zijn voorstelling van vrouwen 'seksistisch' en zijn taalgebruik 'slordig' genoemd. Hijzelf hield zijn stijl voor 'barbaars', wat misschien de treffendste omschrijving is van zijn oeuvre, dat uitpuilt van grove scènes, bijtende humor en onwaarschijnlijke verhalen, en toch de naakte, vaak brute werkelijkheid nooit uit het oog verliest.

De binnenstad van Salvador

Teatro
Sesc Senac
Pelourinho
Culinária
Baiana
Loja de
artesanato
Sesc
TAXI

Ook in Bahia, op het eiland Itaparica, speelt de baanbrekende roman *Viva o povo brasileiro* uit 1984 (in 1991 vertaald als *Brazilië, Brazilië*) van **João Ubaldo Ribeiro** (geb. 1941). Deze kroniek is de Braziliaanse tegenhanger van *Honderd jaar eenzaamheid*. Het is de geschiedenis van het 19e-eeuwse Brazilië, de tijd van het keizerrijk en het begin van de republiek. Hoofdthema is het leven en de strijd van de slaven en de intriges van de heersende blanke macht. 'De helden van alledag', zoals de auteur het uitdrukt, moeten weer in de schijnwerpers van de geschiedenis komen te staan.

Ook de schrijfster **Ana Miranda** (geb. 1951) publiceerde een historische roman over Bahia. Het in 1989 verschenen *Boca do inferno* (in 1990 vertaald als *Hellemond)* werd onthaald als de literaire sensatie van het jaar en in een vele talen vertaald. Voor het oog van de lezer verrijst een beeld van de 17e eeuw met nauwkeurig kloppende details, uitgaande van een politieke moord in 1683. De destijds in Salvador wonende satiricus Gregório de Matos, bijgenaamd de Hellemond, bekritiseerde de kerkelijke en wereldlijke overheid met bijtende spot. De schrijfster schetst een authentiek beeld van het dagelijks leven van de stad en de spelletjes van de heersende klasse.

De Amazone als thema

De keizer van de Amazone (Civilização Brasileira) (1977) voert de lezer mee in het oerwoud rondom Manaus. De getalenteerde schrijver **Márcio Souza** (geb. 1941) beschrijft uiterst kritisch en ironisch de incompetentie rond de ontbossing van het regenwoud op gezag van overheid en leger. Ook *De regenwoudman (A Amazonia am Chamas)* (1989) speelt zich af in het Amazonegebied.

Datzelfde geldt voor *Twee broers (Dois irmãos)* (2000) van **Milton Hatoum** (geb. 1952), zoon van Libanese immigranten. Het belangrijkste thema van zijn werk, dat zich afspeelt in de buurt van zijn geboortestad Manaus, is de botsing van verschillende culturen, vooral in steden vol immigranten.

De grote stad

Een bekend thema in de moderne literatuur is het leven in de grote stad. Inmiddels woont 80% van de bevolking van Brazilië in steden. Een klassieker op dit gebied is het intussen bijna vijftig jaar oude *Dagboek van een Braziliaanse negerin* (1961) van **Carolina Maria de Jesus** (1914-1977), waarin zij in geuren en kleuren haar leven in een sloppenwijk beschrijft.

Veel romans richten zich op de problemen van de metropool São Paulo. *Dit stukje grond (Essa terra)* uit 1976 van **Antônio Torres** (geb.1940) handelt over de schrandere pogingen van een jonge landverhuizer uit het arme noordoosten om een bestaan te vinden in São Paulo. Een vergelijkbare vlucht naar de stad, maar dan door de ogen van een vrouw, is beschreven in de indrukwekkende roman *Het uur van de ster (A hora da estrela)* (1984) van **Clarice Lispector** (1925-1977). Een apocalyptisch beeld van de toekomst van São Paulo na het jaar 2000 tekent **Loyola Brandão** (geb. 1936) in zijn roman *Não verás país nenhum* (1976), (niet in het Nederlands vertaald, in het Engels verschenen als *And still the earth*; in het Duits als *Kein Land wie dieses)*. De stad barst met 60 miljoen inwoners uit zijn voegen, het openbare leven verloopt volgens strikte regels, de psyche van mensen is vervormd en de natuur verwoest.

Het leven en het geweld in een door de handel in drugs geteisterde sloppenwijk in Rio is indringend beschreven in de roman *Stad van God (Cidade de Deus)* (1997) van **Paulo Lins** (geb. 1958). De verfilming *City of God* schokte in 2002 de hele wereld.

Comeback van de film

Begin jaren vijftig probeerden Braziliaanse filmregisseurs met grote filmstudio's en kostbare rolprenten het succes van Hollywood te imiteren. Op *O cangaceiro (The bandit)* van Lima Barreto uit 1953 na, liepen deze pogingen op niets uit. Van de nood een deugd makend, volgde tussen 1955 en 1969 de ***Cinema Novo.*** Met bescheiden middelen en met de hand bediende camera's produceerde men naar het voorbeeld van het Italiaanse neorealisme maatschappijkritische films die best beroemd werden en zelfs prijzen in de wacht sleepten, maar nu alleen als cultfilms enige bekendheid genieten *(Rio quarenta graus (Rio 40 graden), Vidas Secas (Steriele levens), Deus e o diabo na terra do sol (God en de duivel in het land van de zon)* of *Macunaíma).* De brede massa van de bevolking herkende zich niet echt in deze experimentele films, waardoor ze nooit goed doorbraken.

Dat gebrek aan publiek werd beter toen men men trachtte het estetische manco van de *Cinema Novo* met veel erotiek te compenseren. In 1976 zagen miljoenen Brazilianen de verfilming van Jorges Amado's *Dona Flor e seus dois maridos.* De grootste internationale successen behaalden de roadmovie *Bye bye Brasil* (1979) en het gevangenisverhaal *Kiss of the spider woman* (1985). Daarna volgde echter het failliet, wat nog versterkt werd door de opheffing van het agentschap Embrafilme onder president Collor (1990). Vanaf toen werden nog maar twee of drie films per jaar gedraaid.

De recente **comeback** met tegenwoordig zo'n vijftig producties per jaar volgde op een subsidieregeling uit 1994 en door de regering-Lula ingestelde investeringen. Het land wordt nu overspoeld met een niet aflatende stroom goede films, waarvan enkele ook Oscarnominaties binnensleepten. *Carlota Joaquina* (1994) van Carla Camurati toont het moeilijke leven van de Spaanse prinses en echtgenote van de Portugese prins-regent João VI bij de verplaatsing van het hof van Lissabon naar Rio. Bruno Barreto's *O que é isso, companheiro? (Four days in september)* (1998) vertelt het waargebeurde verhaal uit 1969 van de ontvoering van de Amerikaanse ambassadeur in Brazilië door een links-radicale groepering.

Een grote sprong voorwaarts werd gemaakt door de films van **Walter Salles.** *Terra estrangeira* (1995) toont het leven van een Braziliaanse immigrant in Portugal. De film won dat jaar de prijs van de beste Braziliaanse film en kreeg daarnaast zeven internationale onderscheidingen. Nog bekender werd *Central do Brasil* (1998), de odyssee van een straatkind uit Rio op zoek naar zijn (stief)vader en zijn vriendschap met een ontgoochelde vrouw, die onder meer in Berlijn werd bekroond met de Gouden Beer voor de beste buitenlandse film en ook een Golden Globe in de wacht sleepte. De derde film van Salles, *Diários de motocicleta,* werd in Cannes genomineerd voor een Gouden Palm. Het is de verfilming van de reis van de jonge Che Guevara en zijn beste vriend door Zuid-Amerika in de jaren vijftig. In mei 2006 liep een korte film van Salles over de periferie van Parijs mee in de het project *Paris, je t'aime* in Cannes. De volgende twee films die Salles op stapel heeft staan gaan over voetbal *(Linha de passe)* en een verfilming van Jack Kerouacs boek *On the road.*

Nog drie andere succesvolle films van de laatse jaren getuigen van de opwaartse lijn van de Braziliaanse film. De getalenteerde regisseur **Fernando Meirelles** portretteerde met amateurs uit de favela in *Cidade de Deus* op realistische wijze het door de drugshandel geïnitieerde geweld in een sloppenwijk aan de rand van Rio. De Engelse versie *City of God* (2002) maakte de film wereldberoemd. Misère, geweld en tirannie zijn ook de thema's van *Carandiru* (2004), het door **Hector Babenco** met gevoel voor details waarheidsgetrouw weergegeven 'leven' in een afschuwelijke gevangenis in São Paulo. Met 4,7 miljoen toeschouwers leek deze film een nationaal record gevestigd te hebben, totdat in 2005 de licht weemoedige film over twee populaire smartlapzangers *A história de Zezé di Camargo & Luciano* met 6 miljoen kijkers de succesvolste kaskraker van Brazilië bleek te zijn. Achter beide films staat de bij Hollywood aanknopende studio Columbia TriStar/Buena Vista do Brasil vrijwel zeker garant voor succes.

Eten en drinken

Eten en drinken is in Brazilië naast strandbezoek openbaar volksvermaak nummer 1. De restaurants zitten ondanks crises en armoede altijd vol en zijn doorlopend geopend van 12 uur 's middags tot middernacht. Het hoofdbestanddeel is vlees, maar er zijn ook heerlijke gerechten met vis of zeevruchten te krijgen. De meeste zaken zijn eenvoudig van opzet, maar ook fijnproevers kunnen in Brazilië aan hun trekken komen.

Soorten restaurants

De meest voorkomende en drukst bezochte zaken zijn de **populaire eethuizen**, waar men in een informele omgeving al vanaf R$10 kan eten. Het aanbod is vrijwel overal hetzelfde (vlees, vis, pasta, niet erg inspirerende salades, weinig groente). Een flinke biefstuk met patat is hier het toonbeeld van een goede en gezonde maaltijd. De gerechten zijn eerder samengesteld met het oog op kwantiteit dan op kwaliteit. Eén portie is vrijwel altijd ruim voldoende voor twee personen, u bestelt gewoon *um para dois.* Geregeld en graag gaan Brazilianen ook naar een goedkope **pizzeria**. Het dikke en vette deeg ligt Europeanen echter vaak te zwaar op de maag, behalve als het in de steenoven *(a lenha)* wordt bereid.

Aan te raden zijn de uiterst populaire **zelfbedieningsrestaurants**, waar u een keuze kunt maken uit het ruime aanbod, die zelf opschept en bij de kassa afrekent naar gewicht *(à kilo).* Voor de kleine trek kunt u terecht bij een van de vele ***lanchonetes***, snackbars waar u al staande hapjes verorbert als bijvoorbeeld pasteitjes. Ook **fijnproevers** hoeven zich niet te beklagen in Brazilië. Vooral in São Paulo en Rio de Janeiro is er geen gebrek aan chiquere restaurants. Ga eens langs bij een van de sushibars van de een miljoen zielen tellende Japanse gemeenschap. Een must is in elk geval een bezoek aan een ***churrascaria*** (grillrestaurant). Voor een vast bedrag kunt u opscheppen van het rijkgesorteerde buffet en wordt er zo veel mals en mager vlees als u wilt voor u afgesneden van lange spiesen.

Als de **rekening** komt, is het nagaan van alle aparte posten beslist geen teken van kleingeestigheid, maar een in Brazilië volstrekt normaal vertoon van zelfbewustzijn en gezond wantrouwen. Een bedrag voor de **bediening** van 10% is meestal inbegrepen bij de prijs, en het is niet gebruikelijk daar nog een fooi bovenop te geven.

In de keuken

Het **nationale gerecht** van Brazilië is *feijoada*, een eenpansgerecht met verschillende vlees- en worstsoorten, spek, zwarte bonen, groene kool, maniokmeel en sinaasappel. Om het rijkelijke vet te verteren wordt daarbij graag een caipirinha gedronken. Oorspronkelijk was dit een restjesmaaltijd voor slaven, maar later werd het gerecht verfijnd. In veel restaurants en luxehotels is het uitgegroeid tot een ware culinaire belevenis.

Terwijl het Braziliaanse zuiden en zuidoosten tot aan Rio voornamelijk op vlees *(churrascos)* is gericht, staan er ten noorden van Rio steeds vaker **vis, schaal- en schelpdieren** op de kaart, die ook beter bij het strand en de palmen passen. In Espírito Santo en Bahia moet u absoluut een *moqueca* proberen, een soort vissoep met vis en zeevruchten, tomaat en kokosmelk. De Afrikaans gerichte keuken van Bahia, waarbij veel door slaven ingevoerde *dendê*-olie (palmolie) wordt gebruikt, is de rijkste en ook de pittigste van Brazilië. Wie *acarajé* probeert, een in *dendê*-olie gefrituurde deegbal met krab en veel peper, verbrandt zowat zijn mond. Met de vraag of u uw eten warm of koud *(quente ou frio)* wilt, bedoelt men, of u er veel of weinig peper in wilt.

In het noordelijk kustgebied ligt het ware paradijs voor liefhebbers van schaal- en schelpdieren. Bij ieder strandtent krijgt u goedkope oesters, langoesten, krabben en kreeften, die u niet zonder moeite met een houten knuppeltje moet openbreken. Hoe verder u doordringt in het binnenland en het Amazonegebied, hoe indiaanser de keuken wordt, die minder is beïnvloed door Europeanen en Afrikanen. Plaatselijke lekkernijen zijn vooral gebaseerd op zoetwatervis.

Wie na de vakantie thuis een paar vrienden wil laten delen in zijn Braziliaanse avonturen en daarbij wat hapjes wil serveren, kan uit de voeten met het **kookboek** van Moema Parente Augel, *Kookkunst uit Brazilië: eetcultuur en recepten*, Haarlem 1995.

Drinken

In talloze barretjes waar u moet staan *(lanchonetes)* kunt u wel vijftig verschillende soorten **vruchtensap** *(suco)* krijgen. Probeer naast sinaasappelsap ook eens iets nieuws uit, zoals *acerola* of *açaí*, beide vruchten uit het noorden van het land.

Twee derde van de Brazilianen drinkt zelf liever iets sterkers. De eerste nationale drank is **bier**, altijd ijskoud geserveerd, lekker en verfrissend. De beste merken zijn Bohémia, Skol, Antârtica en Brahma, allemaal gebrouwen in Brazilië zelf, hoewel er ook vele merken uit andere landen zijn te krijgen. De andere nationale drank, **caipirinha**, gemaakt van sterkedrank van suikerriet *(cachaça)*, stukjes limoen, rietsuiker en ijs, wordt voornamelijk gedronken door toeristen – ja, zo kunt u deze groep herkennen. Armere Brazilianen, vooral in het noordoosten, nemen genoegen met goedkopere, onvermengde **cachaça**.

Vers bereide heerlijkheden – kraampje aan de Porto da Barra in Salvador

Culinair lexicon

Algemeen

restaurant	restaurante
snackbar	lanchonete
café	café
ontbijt	café da manhã
lunch	almoço
avondeten	jantar
zout	sal
peper	pimenta
Ober!	Garçom!
Smakelijk eten!	Bom apetite!
Proost!	Saúde!

Peixe	Vis
anchova/namorado/ peixe vermelho	smakelijke zeevissen
bacalhau	stokvis
piranha/pirarucu/ surubim/poraquê/ tucunaré	smakelijke riviervissen
salmão	zalm
truta	forel

Frutos do mar	Zeevruchten
camarões	krab/garnalen
carangueijos	strandkrab
lagosta	langoest
lula	inktvis
ostras	oesters

Carne	Vlees
cabrito	lamsvlees
carne de sol/ carne seca	gedroogd vlees
churrasco	spies
filét mignon	filet mignon
picanha	biefstuk
mal passado/ ao ponto/ bem passado	rood/ medium/ doorbakken

Aves	Gevogelte
codorna	duif
frango	haan
galinha	kip
pato	eend

Massas	Pasta
espaguete	spaghetti
penne	penne
ravioli	ravioli

Legumes	Groente
abóbora	soort pompoen
aipim	soort maniokwortel
beringela	aubergine
cenoura	wortel
couve mineira	groene kool uit Minas Gerais
feijão preto	zwarte bonen
mandioca	maniokwortel
milho	mais
palmito	palmhart
pimentão	paprika
quiabo	okra

Guarnições	Bijgerechten
arroz	rijst
batatas cozidas	gekookte aardappelen
batata frita	patat
farofa	maniokmeel (droog)
pirão	maniokbrij
puré	aardappelpuree
salada (alface/ tomate)	salade (kropsla/ tomaat)

Sopas	Soep/ Stoofschotels
caldo verde	bouillon van aardappel, groene kool, rookworst en olijfolie
canja	kippensoep met groente
cozido	stoofschotel van vlees en groenten
sopa de legumes	groentesoep
sopa de cebôla	uiensoep
sopa de ervilhas	erwtensoep
sopa de aspargos	aspergesoep

Petiscos	Snacks
bolinhos de bacalhau	gefrituurde balletjes van stokvis en puree
cascinha de siri	krabbenvlees en puree
empada	pasteitje
frango à passarinho	gefrituurde stukjes haan met veel knoflook
linguiça	vette varkensbraadworst
provolone à milanesa	gefrituurde kaasballetjes

Sobremesas	Nagerechten
pudim	pudding
sorvete	ijs
torta	taart

Frutas	Fruit
abacate	avocado
abacaxi	ananas
açaí/acerola	bessen uit het Amazonegebied
ameixa	pruim
banana	banaan
cajá	vrucht uit het noordoosten
caju	cashewnoot
caquí	sharonfruit (kaki)
carambola	carambola/stervrucht
goiába	guave
kiwi	kiwi
laranja	sinaasappel
limão	limoen
mamão	papaya
maracujá	maracuja
morango	aardbei
manga	mango
melão	meloen
pêra	peer
péssego	perzik
tangerina	mandarijn

Bebidas	Dranken
água (com/sem gás)	water (met/zonder koolzuur)
água de coco	water van de kokosnoot (geen kokosmelk)
água tônica	sodawater
cachaça	suikerrietdestillaat
café (com leite/sem açucar)	koffie (met melk/zonder suiker)
cafezinho	kleine koffie in een mokkakopje
campari	campari
cerveja	bier (fles)
cha	thee
champagne	champagne
chope	bier (glas)
coca	cola
conhaque	cognac
guaraná	caffeïnehoudend sap van een Amazonevrucht, ook als zoete limonade
licor	likeur
saidera	afzakkertje
suco natural de ...	versgeperst vruchtensap van ...
uísque	whisky
vinho (tinto/branco/taça/jarra/garaffa)	wijn (rood/wit/glas/karaf/fles)
vitamina de frutas	mixdrankje van melk en vruchten

Belangrijke zinnen

De kaart, alstublieft!	O cardápio, por favor!
Wat wilt u eten?	O que gostaria de comer?
Wat wilt u drinken?	O que gostaria de beber?
Ik wil graag ...	Eu gostaria (quero) ...
Anders nog iets?	Mais alguma coisa?
De rekening, alstublieft!	A conta, por favor!
Inclusief bediening?	Gorjeta incluida?

Toeristisch hoogtepunt: per boot het Amazonegebied leren kennen

Reisinformatie

Informatiebronnen

Brazilië op internet

Hieronder staan enkele bijzonder aanbevolen Braziliaanse, Nederlandse en Belgische sites, die informatie verschaffen over het land of handig zijn voor toeristische doeleinden.

Kennis van het land

www.brazil.gov.br: Officiële site van de Braziliaanse overheid met informatie over economie, politiek en toerisme; in het Engels.

www.radiobras.gov.br: Officieel persagentschap van de Braziliaanse regering; in het Portugees.

www.noticias.nl: Site van het Platform Latijns-Amerika in Nederland voor sociaal-maatschappelijke en culturele instellingen in Nederland die zich richten op Zuid- en Midden-Amerika.

www.dutcham.com.br: Site van de Dutch Brazilian Chamber of Commerce, een instelling die de zakelijke contacten tussen Nederland en Brazilië wil bevorderen; in het Engels.

www.brazilie.net: Een website over Braziliaanse kunst en cultuur in Nederland en Nederlandse kunst en cultuur in Brazilië.

www.landenweb.net/brazilie: Achtergrondinformatie over onder andere geografie, klimaat, bloemen en planten, bevolking, geschiedenis en taal.

www.brazilie.startpagina.nl: Doorverwijspagina met links naar allerlei mogelijke onderwerpen met betrekking tot Brazilië, van recepten tot muziek.

brazilie.start.be: Doorverwijspagina die gericht is op Braziliaanse sites in België.

Toerisme

www.turismo.gov.br, www.braziltour.com: Sites van het Braziliaanse ministerie van toerisme; in verschillende talen, waaronder Engels en Duits. Informatie over reisbestemmingen, excursies, bezienswaardigheden, voorzien van kaarten en foto's.

www.brazilianembassy.nl/nederlands: Informatie over de reis, visa, enzovoorts, maar ook over het land.

www.brazilinsight.nl: Reisbulletin over Brazilië van het Verkeersbureau van de Braziliaanse ambassade in Den Haag. Deels in het Nederlands en deels in het Engels.

www.flybrasil.nl: In reizen naar Brazilië gespecialiseerd reisbureau in Almere met gunstige aanbiedingen.

www.brazilie.online: Internetreisbureau dat individuele en groepsreizen op maat voor u samenstelt op basis van zogeheten 'bouwstenen' die u naar believen kunt combineren.

www.vaibrasil.com.br: Nieuwe site van het ministerie voor toerisme, die in samenwerking met verschillende reisbureaus het toerisme wil bevorderen. Aanbevolen bestemmingen en vooral in het laagseizoen gunstige mogelijkheden; uitsluitend in het Portugees.

Verwijzingen naar nog meer websites vindt u onder andere in de rubrieken Heenreis en vervoer, Reis- en routeplanning en Accommodatie in dit hoofdstuk.

Verkeersbureaus

In Nederland

Braziliaans Verkeersbureau
Brazil Tourism Office
Mauritskade 19
2514 HD Den Haag
Tel. 070-302 3959
Fax 070-302 3951
www.brazilinsight.nl

In Brazilië

Embratur
SCN, Quadra 2, Bloco G
70712-907 Brasília-DF
Tel. 061-34 29 77 77
Fax 061-34 29 77 10
www.embratur.gov.br

Diplomatieke vertegenwoordigingen

In Nederland

Ambassade van Brazilië
Mauritskade 19
2514 HD Den Haag
Nederland
Tel. 070-302 39 59
Fax 070-302 39 50
www.brazilianembassy.nl/nederlands

Consulaat-generaal van Brazilië
Postbus 29029
3001 GA Rotterdam
Tel. 010-206 22 11
Fax 010-414 51 67
Bezoekadres:
Groothandelsgebouw
Stationsplein 45 A2.202
3013 AK Rotterdam

In België

Ambassade van Brazilië
Louizalaan 350
1050 Elsene
Tel. 02-626 17 17
Fax 02-640 81 34
brasbruxelas@beon.be

In Brazilië

Nederlandse ambassade
SES
Quadra 801, Lote 05
70405-900 Brasília-DF
Tel. 061-39 61 32 00
Fax 061-39 61 32 34
www.mfa.nl/bra

Nederlands consulaat-generaal
Praia de Botafogo, 242 - 10e verdieping
CEP 22250-040
Rio de Janeiro (RJ)
Tel. 021-21 57 54 00
Fax 021-21 57 54 54
Av. Brigadeiro Faria Lima, 1779
3e verdieping
01451-912 - São Paulo - SP
Tel. 011-38 11 33 00
Fax 011-38 14 08 02

Ambassade van België
Avenida das Nações
Quadra 809, Lote 32
70 422-900 Brasília-DF
Tel. 061-34 43 11 33
Fax 061-34 43 12 19
www.diplomatie.be/brasilianl

Belgisch consulaat-generaal
Avenida Paulista, 2073, 13e verdieping
Ed. Horsa I, Conjunto,
Nacional 1303/1310,
01311-300 São Paulo (SP)
Tel. 011-31 71 15 99
Fax 011-32 88 68 69

Kaarten

De beste kaart van Brazilië is die van de Engelse kaartenmaker **Collins** *(Collins Brazil)*, die u kunt krijgen bij gespecialiseerde reisboekhandels in Nederland en België, of is te bestellen op bijvoorbeeld www.amazon.com, waarna hij wordt thuisbezorgd. In Brazilië zijn bij de meeste krantenstalletjes wegenkaarten en stadsplattegronden te koop, de meeste uitgegeven door **Quatro Rodas**, www.guia4rodas.com.br. Deze bekende uitgever brengt ook jaarlijks een geactualiseerde hotel- en restaurantgids uit, de *Guia 4 Rodas Brasil*. Hierin staan veel adressen en ruim tweehonderd kaarten en plattegronden, waarop ook de lokale toeristische bezienswaardigheden zijn ingetekend. Andere uitgaven van Quatro Rodas zijn de *Guia Estradas*, een dikke stratengids, en de handige *Guia Brasil – Mapa Rodoviário*, met een grote wegenkaart van het hele land.

Leestips

Romans en korte verhalen

Drummond de Andrade, Carlos: *De liefde, natuurlijk*, Arbeiderspers 2001. Cyclus van veertig erotische gedichten, vertaald door August Willemsen, waarin de dichter op onverhulde en lyrische wijze de lichamelijke liefde tussen man en vrouw in al haar aspecten bezingt.

Ramos, Graciliano: *Angst*, De Geus 1997. De feiten door de ogen van de held, wat hun werkelijkheidswaarde twijfelachtig maakt. De 35-jarige Luis da Silva is immers een naar de stad uitgeweken boer uit het binnenland, een zielenpoot die ervan droomt een kerel uit één stuk te zijn. Hij probeert tevergeefs met zichzelf in het reine te komen maar als hij zijn onbegrijpelijke gedrag beschrijft, moet hij toegeven dat uiteraard heel deze ontregeling alleen in zijn hoofd zit. Ook de lezer vraagt zich af of alles wel echt gebeurd is ...

Ribeiro, João Ubaldo: *Bericht uit de vuurtoren*, Bezige Bij 2003. Het levensverhaal van een uitgetreden priester legt de wortels van het kwaad bloot.

Rosa, João Guimarães: *Diepe wildernis: de wegen*, Meulenhoff 2007. Het spannende relaas van de belevenissen van de oude grondbezitter en vroegere bandiet Riobaldo, maar ook een avontuur in taal en een grootse metafoor van het leven op aarde, bepaald door liefde, dood en de strijd tussen goed en kwaad.

Trevisan, Dalton: *De zoete vijandin*, Meulenhoff 1992. Vrijwel alle verhalen in dit boek gaan over de ongelijkheid van man en vrouw. Die maakt het hen onmogelijk om samen gelukkig te blijven. Tegelijk is er vaak ook wel iets dat ze weerhoudt elkaar te verlaten.

Updike, John: *Brazilië*, Arbeiderspers 1995. Uit een verblijf van de succesvolle auteur in Brazilië kwam een roman voort die lekker wegleest, maar de kritiek op de vele clichés is wel terecht.

Essays en verslagen

Holtwijk, Ineke: *Rooksignalen: op zoek naar de laatste verborgen indianen in Brazilië*, Atlas, 2006. In 1995 wordt twintig kilometer van de bewoonde wereld een groepje van elf onbekende primitieve indianen ontdekt, in een bos dat als een eilandje van groen in een verder kaalgekapt gebied ligt. Ze leven zoals ze al duizenden jaren deden en verdedigen zich met pijl en boog. Tien jaar lang volgde Ineke Holtwijk de emotionerende kennismaking van dit groepje indianen met onze wereld. Het is een even spannend als schokkend 21e-eeuws evolutiesprookje. En de ontmoeting met deze indianen blijkt ook een confrontatie met onze eigen normen en vanzelfsprekendheden.

Lévi-Strauss, Claude: *Het trieste der tropen*, Atlas, 2004. Magnum opus van de grote Franse etnoloog en antropoloog over zijn verblijf in Brazilië en zijn onderzoek in de jaren dertig van de vorige eeuw naar de indianen. Met mededogen, respect en humor beschrijft Lévi-Strauss het karige leven, de gebruiken en materiële cultuur van deze volkeren. Westers superioriteitsgevoel is hem vreemd, maar evenmin is hij geneigd een geïdealiseerd beeld van de 'nobele wilde' te geven.

Willemsen, August: *Braziliaanse brieven*, Privé-domein, 1985. Brazilië door de ogen van de man die in Nederland grote bekendheid heeft gegeven aan de Braziliaanse letteren. In dit boek zijn een aantal brieven gebundeld uit de vier perioden die Willemsen tussen 1967 en 1984 doorbracht in Brazilië. Het land waar voor alles andere regels gelden, of waar regels zelfs ontbreken, de zinderende steden en volle terrassen en de uitbundige bevolking.

Willemsen, August: *De goddelijke kanarie*, Thomas Rap, 1994. De geschiedenis van het Braziliaans voetbal. Niet alleen lijsten van wedstrijden maar ook de beleving door de Braziliaanse fan: vreugde en marteling tegelijk, en de bovennatuurlijke status die het voetbal in Brazilië soms heeft.

Brazilië als bestemming

Al heel lang heeft Brazilië een bijzondere aantrekkingskracht op Europeanen. Ondanks de koloniale geschiedenis die door de Portugezen werd bepaald, is er in dit Zuid-Amerikaanse land een heel specifieke cultuur en mentaliteit ontstaan, waarvan je zou kunnen zeggen dat die de Europese levenswijze aanvult. Toeristen verbazen en verheugen zich over de vaak kinderlijke lichtheid van het bestaan. De mensen zijn hier spontaner, natuurlijker, directer en speelser. Dat merkt u overal, maar met name tijdens de vele feesten en muziekuitvoeringen. Ook biedt het land zowel veel mogelijkheden voor een ontspannende vakantie aan een paradijselijk tropisch strand, als voor ecologisch, op de natuur gericht toerisme. De in kunst en cultuur geïnteresseerde reiziger komt vooral op het gebied van de architectuur aan zijn trekken. In veel steden liggen prachtige barokke gebouwen en goed bewaarde oude binnensteden.

Strandvakantie

Met een kustlijn van 7400 km heeft Brazilië stranden te kust en te keur. In de Braziliaanse winter is het in het zuiden van het land echter te koud voor het strand. Pas vanaf Rio en hoger kunt u het hele jaar van een strandvakantie genieten. In het zuidoosten is de luchttemperatuur in de zomer het hoogst, maar de watertemperatuur vaak het laagst, soms zelfs maar 18 °C. Zekerder en gelijkmatiger is het klimaat in Bahia en, vanwege de nabijheid van de evenaar, nog meer in het noordoosten. Daar liggen ook de mooiste en schoonste stranden.

Natuurbeleving

De meeste vakantiegangers kiezen voor drie spectaculaire bestemmingen, namelijk het reusachtige Amazonegebied, het grootste regenwoud ter aarde met een unieke soortenrijkdom; de Pantanal, de uitgestrektste vochtige savanne van de wereld met de grootste concentratie fauna; en de Foz do Iguaçu, de waterrijkste waterval van de wereld. Het ontbreekt hier niet aan de superlatieven. Daarnaast zijn er de laatste tijd steeds meer aanbieders van lokale ecologische excursies en sportieve avonturen in de natuur opgekomen, zowel op het water als op het land.

Kunst en cultuur

Wie naar Ouro Preto en andere oude steden in Minas Gerais reist, of naar Olinda en Recife, zal verrukt zijn van de pracht en de rijkdom van de barokke (kerkelijke) kunst in Brazilië, die slechts wordt overtroffen door de paleizen in Salvador da Bahia. Ook de moderne architectuur, vooral verbonden met de naam Oscar Niemeyer, laat zich op vele plaatsen zien, maar met name in de hoofdstad Brasília.

Daarnaast is ook de volkskunst van hoog niveau, of het nu gaat om ambachtelijke producten of om volksfeesten, die indruk maken met zowel dans en muziek als met bonte kostuums, fantasierijke praalwagens en traditionele ensceneringen (zie Festas Junias, blz. 49). De 'hogere' kunst is vertegenwoordigd in vele theaters, aansprekende balletvoorstellingen en belangrijke symfonieorkesten.

Tips voor rondreizen

3–4 weken: De klassieke rondreis

Brazilië is 250 keer zo groot als Nederland. Het is dan ook onmogelijk alles in één bezoek te leren kennen. De meeste toeristen kiezen voor onderstaande vakantie van een gemiddelde lengte met het karakter van een rondreis. Hoewel er ook directe vluchten van Europa naar het noordoosten gaan, is Rio de Janeiro voor de meesten de toegangspoort van het land. Voor langere binnenlandse vluchten is het handig om gebruik te maken van een Air- of een Mercosurpass (zie blz. 74).

De reis begint dus meestal in **Rio de Janeiro**, waarvoor u zeker drie dagen moet uittrekken. Vandaar gaat u per vliegtuig naar de watervallen van **Foz do Iguaçu**, waar u aan twee dagen genoeg hebt. Wie geïnteresseerd is in het dierenleven, zou daarna voor een weekje naar de **Pantanal** kunnen gaan. Wie echter het oerwoud wil ervaren (zonder veel dieren te zien), vliegt naar **Manaus** en vaart dan in een paar uur naar een van de vele *lodges* midden in het regenwoud. Daar kunt u enige dagen blijven. Het volgende station zou een badplaats aan de noordkust kunnen zijn. Populair is bijvoorbeeld **Fortaleza**, met zijn uitgestrekte Praia do Futuro waar grote strandbars staan. Een bezoek van een dag of twee aan het nabijgelegen stadje Canoa Quebrada kan dan niet ontbreken. Verder naar het zuidwesten wordt **Salvador da Bahia** zelden overgeslagen. Hier kunt u strandgenoegens combineren met culturele ervaringen en een kennismaking met de rijke Afro-Braziliaanse dans-, muziek- en feestwereld. In de nabije omgeving liggen het badplaatsje Praia do Forte en het fraaie eiland Tinharé met de plaats Morro de São Paulo.

1–3 weken: Cruises langs kust en Amazonegebied

Een optie die zich in toenemende populariteit mag verheugen is een kortere of langere cruise op een klassiek luxeschip *(cruzeiro)*, waarvan vele direct uit Europa afkomstig zijn. Zulke boottochten zijn er alleen in het hoogseizoen van november tot maart en zijn vaak maanden van tevoren volgeboekt (bij reservering voor eind augustus krijgt u vaak flinke korting). Rio de Janeiro ontvangt in deze tijd bijvoorbeeld 180.000 bezoekers per boot. Hieronder vindt u enkele lijnen en routes, hoewel deze jaarlijks veranderen (meer informatie bij uw reisbureau):

Island Escape: www.islandcruises.com.br, in Brazilië 22 nov.–5 mrt.; langste route: Santos, Búzios, Parati, Porto Belo, Rio de Janeiro, Ilhabela, Vitória en Florianópolis; al tijden de populairste boot bij een jong publiek dat op zoek is naar actie, met veel singles en feesten.

Costa Romantica: www.costacruzeiros.com.br, in Brazilië 17 dec.–20 mrt.; langste route: Santos, Rio de Janeiro, Buenos Aires, Punta del Este, Porto Belo, Ilhabela, Montevidéu, Puerto Madryn, Punta Arenas, Baía Garibaldi, Ushuaia, Port Stanley en Búzios; de elegantste boot van allemaal heeft een romantische sfeer en biedt een cultureel programma met begeleiding.

MSC Melody: www.msccruises.com, in Brazilië 10 dec.–2 mrt.; langste route: Rio de Janeiro, Santos, Punta del Este, Buenos Aires en Ilhabela; overwegend ouder publiek, veel echtparen, eerder romantisch-cultureel dan op strandbezoek ingesteld.

Island Star: www.islandcruises.com.br, in Brazilië 17 dec.–7 mrt.; langste route: Santos, Buenos Aires, Punta del Este, Florianópolis, Rio de Janeiro, Salvador, Ilhéus en Ilhabela; jong publiek, steeds meer gezinnen.

Costa Victoria: www.costacruzeiros.com.br, in Brazilië 18 dec.–3 mrt.; langste route: Santos, Rio de Janeiro, Porto Belo, Salvador, Cabo Frio, Maceió en Ilhabela; voornamelijk ouder publiek, veel comfort, aan boord optreden van Roberto Carlos, de Frans Bauer van Brazilië.

MSC Armonia: www.msccruises.com, in Brazilië 17 dec.–8 mrt.; langste route: Rio de Janeiro, Santos, Ilhabela, Arraial do Cabo, Búzios en Salvador; veel gezinnen op zoek naar een zon- en strandvakantie; zeer veel comfort.

MSC Sinfonia: voor het eerst in december 2006, vanaf Rio en Santos naar Rio da Prata.

Costa Fortuna: voor het eerst eind 2006, met 3470 passagiers en 522 hutten met balkon de grootste boot van het seizoen 2006/ 2007.

Grand Voyager (zuidoosten en Bahia naar Porto Seguro); **Sky Wonder** (van Brazilië naar Buenos Aires), twee debutanten van reisorganisatie CVC.

1–2 weken: Rio de Janeiro en omgeving

Slechts weinig mensen weten dat er in de buurt van het idyllische Rio de Janeiro talrijke bestemmingen te vinden zijn, die samen met een verblijf van enkele dagen in de metropool zelf garant staan voor een zeer gevarieerde vakantie. Daar is ten eerste het in drie uur met de bus te bereiken **Búzios**, een schiereiland ten noordoosten van Rio met 23 fantastische stranden en een chic uitgaansleven. Aan de andere kant van de stad komt u in twee uur met de bus langs de Costa Verde (Groene Kust) bij Angra dos Reis en het vertrekpunt voor de boottocht van een uur naar het **Ilha Grande**, een van de mooiste eilanden van Brazilië met veel Atlantisch regenwoud. Nog twee uur verder met de bus van Angra dos Reis naar het zuiden ligt het charmante koloniale stadje **Parati** en 30 km verder vindt u de sprookjesstranden van **Vila de Trindade**. Wie twee weken de tijd heeft, kan een dagtocht uit Rio maken naar de keizersstad **Petrópolis** in de bergen en eventueel een tocht van acht uur met de bus ondernemen naar het rijke barokstadje **Ouro Preto**.

Insidertocht: Helmuth Taubald, de schrijver van deze gids, leidt u persoonlijk door Rio rond in een eigen auto. Meer informatie over de diverse mogelijkheden vindt u op www.rioinsider.com (zie blz. 138).

Reizen met kinderen

Brazilië is een uiterst kindvriendelijk land. Via kinderen is het bovendien gemakkelijker in contact te komen met de toch al open en gastvrije bevolking. Voor de allerkleinsten is de lange vlucht wel een belemmering, net als de intensieve zonnestraling en de vaak hoge temperatuur.

Voor iets oudere kinderen en jongeren valt er genoeg te beleven. Afgezien van het strand, schildpadden, dolfijnen en walvissen observeren, avontuurlijke sporten, vakanties op een *fazenda* (in de buurt van Rio de Janeiro), dierentuinen (São Paulo en Rio), een safaripark (São Paulo), het lokale Disneyland Beto Carrero World (bij Penha, Santa Catarina) en de Minimundo (Miniwereld) in Gramado (Rio Grande do Sul) met miniaturen van Europese kastelen, treinen, scheepswerven, kabelbanen en nog veel meer, zijn er de verleidingen van de enorme waterparken in Rio de Janeiro (Water Planet), Arraial d'Ájuda, Recife en Fortaleza/Aquiraz, en hightechpretparken in Rio de Janeiro (Terra Encantada), São Paulo (Playcenter) en vele andere steden. En ten slotte is het contact met de ongerepte natuur in de Pantanal en het Amazonegebied ook voor kinderen spannend en avontuurlijk. De blik vanuit een veilig *lodge* recht in de bloeddorstige bek van een krokodil zal geen kind snel vergeten.

Alleenreizende vrouwen

Er zijn natuurlijk altijd berichten over afschuwelijke gebeurtenissen die zich tussen vier muren afspelen, maar in het algemeen worden de geëmancipeerde Braziliaanse vrouwen (zie blz. 41) – en zeker ook Europese vrouwen – door mannen gerespecteerd en vereerd. Bewonderende blikken en iemand nakijken op straat behoren tot het dagelijks leven. Tegelijkertijd blijft hij discreet – opdringerige toenaderingen zoals zij die uit bijvoorbeeld Italië kent, zijn schaars. Wie alleen reist, heeft beslist niet meer te duchten dan elders. Zo nu en dan flirten hoort trouwens net zo bij vakantie als bij de Braziliaanse levenswijze. Indien er toch wat vervelends gebeurt, kunnen mishandelde vrouwen sinds eind 2005 terecht voor hulp op het speciale alarmnummer 180.

Heenreis en vervoer

Vereisten

Reisdocumenten

Bezoekers uit West-Europa hebben geen visum nodig. Aan de grens of in het vliegtuig vult u een inreisformulier in, dat samen met een nog minstens 180 dagen geldig paspoort moet worden getoond en dat u tijdens uw verblijf in Brazilië moet bewaren tot u het land verlaat. Ook kinderen moeten, onafhankelijk van hun leeftijd, een pasfoto in het paspoort hebben. Wie langer blijft dan negentig dagen, kan bij de Polícia Federal een verlenging van nog negentig dagen aanvragen. U moet dan wel een ticket voor terug- of verder reizen overleggen, om het tijdelijke karakter van uw verblijf aan te tonen. Een ononderbroken verblijf van verschillende jaren *(visto temporário)* is alleen mogelijk in verband met werk en een permanente verblijfsvergunning *(permanência)* is uitsluitend te verkrijgen via huwelijk, ouderschap, een zakelijke investering van minstens US$50.000 of – voor personen boven de 50 – door een bewijs dat er voldoende pensioen of andere uitkering uit het buitenland binnenkomt.

Douanebepalingen

Bij aankomst mogen voorwerpen voor persoonlijk gebruik zonder beperkingen worden ingevoerd. Per persoon mag u van alle soorten artikelen één elektrisch of elektronisch apparaat belastingvrij importeren, maar het is raadzaam om artikelen van meer dan US$500 te registreren. Ook mobiele telefoons die niet uit Brazilië komen, moet u registreren. Geschenken tot een waarde van US$500 vormen geen obstakel, evenals belastingvrije artikelen met een maximale waarde van US$500 (echter niet meer dan drie elektronische apparaten, twintig pakjes sigaretten, enzovoorts). Sigaretten hoeft u eigenlijk niet van huis mee te brengen, daar u ze in Brazilië voor een kwart van de prijs krijgt. De invoer van vruchten, planten en zaden is verboden.

Op de luchthaven van aankomst dient u aan te geven of u meer contant geld of cheques bij u hebt dan US$10.000, of artikelen met een hogere waarde dan US$500, met uitzondering van de artikelen die u belastingvrij op de luchthaven van vertrek hebt gekocht. Wie het landt binnenkomt over de weg mag maximaal US$150 invoeren.

Wie denkt dat hij niets heeft aan te geven *(nada a declarar)*, gaat naar een andere uitgang. In het ergste geval worden niet aangegeven artikelen met een hogere waarde dan US$500 in beslag genomen, soms komt u er met een boete vanaf.

Bij de terugreis moet u de meegebrachte apparaten weer uitvoeren. Ingeval van diefstal dient u het proces verbaal *(boletim de ocorrência)* te overleggen. Verboden om uit te voeren zijn levende dieren (zoals papegaaien), dierenhuiden en -vellen, ruwe edelstenen, fossielen en natuurlijk drugs en wapens. Sommige souvenirs zijn gemaakt van zeldzame dieren of planten, wat problemen kan geven bij de uitvoer. Bovendien zou u hier ook om ethische redenen voorzichtig mee moeten zijn.

Heenreis

... met het vliegtuig

Brazilië heeft zeven **luchthavens** die rechtstreeks met Europa in verbinding staan: Rio de Janeiro, São Paulo, Porto Seguro, Salvador, Recife, Natal en Fortaleza. De belangrijkst toegangspoort (en de drukst bezochte stad) is onbetwist Rio de Janeiro. De vluchttijd uit Europa bedraagt negen tot twaalf uur. Vanuit Schiphol gaat er geen rechtstreekse vlucht naar Rio. U moet overstappen in bijvoorbeeld Parijs of Madrid, of rechtstreeks naar São Paulo vliegen.

Lijnvluchtmaatschappijen met verbindingen naar Brazilië zijn:

Reizen naar en in dit gigantische land is ondenkbaar zonder vliegtuig

Air France (www.airfrance.com, vanaf Parijs);
British Airways (www.britishairways.com, vanaf Londen drie keer per week naar Rio, dagelijks naar São Paulo);
Condor (www.condor.com, 1 keer per week Amsterdam–Salvador);
Iberia (www.iberia.com, vanaf Madrid dagelijks naar Rio en São Paulo);
KLM (www.klm.com, dagelijks Amsterdam – São Paulo);
Lufthansa (www.lufthansa.de, vluchten naar Rio en São Paulo);
TAM (www.tamairlines.com, vanaf Parijs onder andere naar Recife);
TAP Portugal (www.flytap.com, directe verbinding van Lissabon met onder andere Recife, Salvador en Fortaleza; ook voordelige tickets die een jaar geldig blijven);
Varig (www.varig.com.br, Rio en São Paulo);
Swiss (www.swiss.ch, vanaf Zürich naar Rio en São Paulo).

Bij TAM en Varig kunt u in combinatie met een transatlantische vlucht een **Brasil Airpass** voor binnenlandse vliegverkeer (zie blz. 74, Binnenlandse vluchten) kopen. Het gespecialiseerde reisbureau **Fly Brasil** in Almere, tel. 036-548 68 00, www.flybrasil.nl, verkoopt voordelige vliegtickets en arrangementen. **STA Travel** hanteert speciale tarieven voor jongeren en studenten, die in de regel een jaar geldig blijven en tegen betaling van 25–100 euro ter plaatse kunnen worden omgeboekt (informatie: www.sta travel.com).

Chartervluchten zijn te boeken via bijvoorbeeld TUI en Thomas Cook. U vliegt dan wel in een lijnvliegtuig, maar goedkoper.

... met een cruiseschip

Veel bezoekers komen met het vliegtuig naar Brazilië en gaan pas daar aan boord van een cruiseschip. De belangrijkste lijnen en routes staan hiervoor beschreven in de paragraaf Reis- en routeplanning (zie blz. 70). Maar andere toeristen steken de oceaan over in hun drijvende luxehotel. Er zijn steeds meer aanbieders op dit vlak, zodat u zich het beste bij een reisbureau thuis of op internet op de hoogte kunt stellen. Data, prijzen en routes veranderen van jaar tot jaar.

Heel bijzonder is een reis met de Duitse zeilschoolboot *Humboldt* uit Bremerhaven. Deze vaart af en toe naar Brazilië en Argentinië, waarbij u en passant de 'uitstervende' kunst van het zeezeilen leert.

Binnenlands vervoer

Binnenlandse vluchten

De beste nationale luchtvaartmaatschappijen van Brazilië zijn TAM, Varig, Gol en BRA. Beide laatste bieden, als u lang van tevoren reserveert, enorme kortingen. Ze onderhouden een groot netwerk en voldoen aan Europese veiligheidsnormen.

De prijzen voor binnenlands vliegverkeer liggen behoorlijk hoog. Als u van plan bent verschillende langeafstandsvluchten te maken, is het raadzaam al thuis een **Airpass** te kopen. Met zo'n pas hebt u recht op vier à vijf binnenlandse vluchten naar keuze, meestal binnen 21 dagen, waarbij u niet tweemaal in dezelfde richting over een bepaald traject mag vliegen. De prijs ligt rond de US$500, daarbij kunt u nog meer coupons kopen (voor ca. US$100 per traject). U haalt de pas er niet altijd uit, aangezien u hem moet kopen in combinatie met een intercontinentaal ticket van de vaak duurdere maatschappijen TAM en Varig. Als u van plan bent in Brazilië slechts twee of drie kortere vluchten te maken, is het goedkoper ter plaatse tickets van Gol of BRA te kopen. Ook zijn er vaak goedkopere nachtvluchten te vinden.

Soms is de **Mercosurpass** voordeliger dan een Airpass. U kunt de verplichte vlucht naar een buurland ook pro forma boeken en laten vervallen. Over de vele en steeds wisselende details kunt u informatie inwinnen bij reisbureaus of op de websites van de Braziliaanse luchtvaartmaatschappijen (www.tam. com.br, www.varig.nl, www.voegol.com.br, www.voebra.com.br). Met een All America Airpass kunt u afstanden in heel Noord- en Zuid-Amerika combineren (informatie: www.allairpass.com).

Bus

Langeafstandsbussen dekken een groot deel van het land, zijn goedkoop en comfortabel, met name in de met slaapstoelen of stoelen met verstelbare rugleuning uitgeruste *leitos* of *semi-leitos*. De bussen zijn echter niet aan te raden voor echt lange afstanden. Verre reizen zijn, afgezien van de constante kou onderweg, ongehoord vermoeiend en vooral zeer tijdrovend. De rit van Rio naar Salvador duurt bijvoorbeeld 29 uur! Een voordeel is wel, zeker bij streekbussen, het directe contact met de bevolking.

Kaartjes koopt u van tevoren bij een reisbureau of direct op het busstation *(rodoviária)*. Er zijn allerlei busondernemingen, die de markt en de routes onderling hebben verdeeld. Welke maatschappij welke afstand bedient, staat in deze gids steeds in het servicegedeelte van de betreffende plaats vermeld. Ondanks de vele maatschappijen geldt er een systeem van eenheidsprijzen.

Tijdens de **rit** stoppen de bussen om de drie à vier uur bij een benzinestation met een snackbar. De pauzes zijn slechts kort. Let op het nummer van uw bus, zodat u later niet in de verkeerde bus stapt. Laat geen waardevolle voorwerpen of papieren in de bus achter. Uw bagage blijft zo lang in de afgesloten kofferruimte. Bewaar uw bonnetje!

Trein

Het zwak ontwikkelde Braziliaanse spoorwegnet wordt vrijwel uitsluitend voor goederenvervoer gebruikt. Uitzondering hierop vormen de bijzondere, vaak nostalgische en avontuurlijke **toeristische treinen**. Deze lijnen maken een enorme groei door. Tussen 2003 en 2004 nam het aantal reizigers met 62,5% toe.

Uitgaand van het succes van de **tandradbaan naar de Corcovado/Cristo Redentor in Rio**, de **Linha da Inconfidência** tussen São João del Rei en Tiradentes in Minas Gerais, de **Trem da Uva** in de Serra Gaúcha (ca. 48 km) en de trein van **Curitiba naar Morretes** in Paraná, zijn steeds nieuwe trajecten geopend. Er zijn nu al negentien baanvakken, waarover in 2004 1,8 miljoen reizigers werden vervoerd. In 2007 zullen dat er na ingebruikneming van nieuwe lijnen al 3,5 miljoen zijn geworden.

Een sterke impuls voor het toerisme wordt verwacht van de **Trem do Pantanal**, die het 460 km lange stuk tussen Campo Grande en Corumbá moet overbruggen. In 2006 werd een lijn geopend die de twee historische steden **Ouro Preto en Mariana** verbindt. De **Trem da Serra**, die van Rio naar Petrópolis voortdendert, wordt momenteel opgeknapt.

Veren en schepen

In het **Amazonegebied**, vooral tussen Belém, Santarém en Manaus, is de rivierscheepvaart bijzonder goed ontwikkeld. Een boottocht kan een welkome afwisseling op uw toeristische programma zijn. Passagiersschepen varen ook op de **Rio São Francisco** (Minas Gerais, Bahia, Pernambuco) en op enkele delen van de **Rio Paraná** (Mato Grosso en Mato Grosso do Sul). Aan dek bungelen hangmatten om in te slapen (tweede klasse), in de eerste klasse legt men zich te ruste in een krappe kajuit. Comfortabeler zijn natuurlijk de **luxecruiseschepen** die in het hoogseizoen langs de kust varen (zie blz. 70).

Huurauto's

Een auto huren is alleen aan te bevelen, als u van plan bent korte tochten in de buurt van uw vakantieverblijf te maken. Grotere afstanden kunt u beter per vliegtuig overbruggen en middelgrote met de langeafstandsbus. Er zijn 2340 firma's die auto's verhuren. De kleine regionale bedrijven zijn vaak goedkoper, maar beschikken over oudere wagens en bieden minder service.

Aanbevolen verhuurbedrijven zijn (in onderstaande volgorde): Localiza (www.localiza.com.br), Hertz (www.hertz.com.br), Avis (www.avis.com.br), Unidas (www.unidas.com.br), LocarAlpha, Yes, Europcar, Ampla, Interlocadora, Rental One, Lokamig en Locarauto. De eerste vier zijn ook vertegenwoordigd op de luchthavens. Het is mogelijk om de auto tegen bijbetaling in een andere stad af te leveren.

De dagprijs voor de simpelste kleine auto met een vast aantal kilometers ligt op R$100, met een onbeperkt aantal kilometers wordt het wat duurder. Daarbij komt altijd een bedrag voor verzekering. Informeer ook naar de vaak voordeliger tarieven voor meerdere dagen of het weekeinde. Lokale adressen en telefoonnummers vindt u in deze gids bij de service-informatie bij de plaatsen.

Vereisten voor de huur van een auto zijn een minimumleeftijd van 21 jaar, een rijbevoegdheid die minstens twee jaar oud is, een internationaal rijbewijs (en voor de zekerheid ook uw nationale) en een creditcard.

Verkeersregels

Denk eraan, dat het dragen van autogordels overal in Brazilië verplicht is.

Sinds 1998 is een nieuwe verkeerswet van kracht, die wat boetes betreft als een van de strengste ter wereld geldt. Bij veel stoplichten wordt geflitst en er worden steeds vaker snelheidscontroles gehouden. Alhoewel er nauwelijks op alcohol wordt gecontroleerd, kunt u zich maar beter aan het toegestane maximum van 0,6 promille houden. Veel politieagenten proberen bij controles hun magere salaris aan te vullen. Na wat opmerkingen over en weer vragen Brazilianen waar de *jeito* (de uitweg) is te vinden, met andere woorden, hoeveel men kwijt is, wat in vergelijking met de officiële boete meestal veel voordeliger is.

Autorijden

Niet alleen de controles vormen een probleem. De toestand van de wegen is dikwijls slecht en het gedrag op de weg vaak grof en onachtzaam. Heel vaak wordt er van rijbaan veranderd zonder te knipperen, 'rechts inhalen' is normaal en verkeersregels als rechts heeft voorrang worden vrijwel niet nageleefd. Aan de andere kant is het rijgedrag zelden agressief en wordt er nauwelijks getoeterd. Er heerst een grote verdraagzaamheid, alles schuift soepel heen en weer en u hoeft alleen maar voorzichtig door te zetten.

De belangrijkste regel is met het verkeer mee te gaan, indien nodig uit te wijken of er langzaam maar zeker tussen te dringen. Verander nooit plotseling en zenuwachtig van rijrichting. 's Nachts rijden is niet aan te raden. Verkeerd afgestelde koplampen van tegemoetkomend verkeer en onverwachte gaten in de weg maken van een dergelijke rit een gevaarlijk avontuur.

Lokaal verkeer

Voor transport binnen de stad kunt u in de regel het beste een **taxi** nemen. In de grote steden is de taxi een van de belangrijkste middelen van vervoer. In Rio de Janeiro domineren de gele wagens in bepaalde buurten het stadsbeeld. De prijs voor een rit per taxi ligt beduidend lager dan bij ons. Helaas proberen veel taxichauffeurs naïeve toeristen af te zetten. Wees vooral voorzichtig met de taxi's die voor de grote hotels staan te wachten. De speciale radiotaxi's op de luchthavens zijn absoluut betrouwbaar, maar deze zijn wel weer twee keer zo duur. Let er bij gewone taxi's op dat de *taxímetro* aan staat. Toch moet u vaak meer betalen dan het bedrag dat op de taximeter staat aangegeven, omdat de chauffeur een correctietabel hanteert, die rekening houdt met de inflatie en verschillende toeslagen. De opslag op het basisbedrag bedraagt in principe echter hoogstens 10%. Overdag geldt tarief 1, aan het einde van de avond, 's nachts en op zon- en feestdagen wordt tarief 2 gehanteerd. Een chronisch probleem is het gebrek aan wisselgeld. Het is aan te raden altijd wat kleingeld en kleine biljetten bij u te hebben. Fooien zijn niet gebruikelijk, alleen wordt het te betalen bedrag vaak afgerond.

Er rijden in Brazilië heel veel **stadsbussen en minibussen**, in de grote steden ook 's nachts. Boven aan de voorkant van de bus staat het eindpunt. Haltes zijn niet altijd duidelijk aangegeven, zodat u misschien even moet informeren bij iemand in de buurt. Daarnaast stoppen de bussen vaak nog op onverwachte plekken en laten passagiers instappen bij bijvoorbeeld rode stoplichten. Meestal moet u achterin instappen, maar soms ook voorin, en door een tourniquet gaan. Daarna betaalt u bij de conducteur een relatief gering bedrag, een op de bus vermelde vaste eenheidsprijs, waarvoor u geen kaartje ontvangt. Bij uw bestemming stapt u voorin weer uit.

Tijdens de rit is het raadzaam u goed vast te houden, aangezien de buschauffeurs hier een andere rijstijl hanteren dan bij ons. Vermijd buslijnen die naar de buitenwijken gaan, vanwege het hoge risico op diefstal en overvallen. In veel steden zijn tegenwoordig kaartjes te koop die geldig zijn voor verschillende vormen van transport.

De **metro** is in vergelijking tot de bus wat veiliger, schoner en moderner. Er zijn echter maar weinig steden met een noemenswaardig metronet. Hiertoe behoren São Paulo, Rio, Recife, Porto Alegre en Belo Horizonte.

Prijzen en reservering

De prijzen voor overnachtingen liggen in het algemeen duidelijk onder het Europese prijspeil. Meestal is het net zo voordelig of zelfs goedkoper om thuis – via een reisbureau of internet – accommodatie te boeken, als ter plaatse. Dat geldt zeker voor de grotere hotels. Wie toch ter plaatse een onderkomen zoekt, kan behalve de tips die in deze gids zijn genoemd, te rade gaan bij de jaarlijks bijgewerkte hotel- en restaurantgids *Guia Brasil*, verkrijgbaar bij vrijwel iedere kiosk *(banca)*. Denk eraan dat men niet bij elke receptie Engels spreekt! Bij een vroege boeking – zeker voor het hoogseizoen – wordt vaak een aanbetaling *(depósito)* gevraagd, die u moet overmaken naar de door het hotel vermelde bank. Vraag echter altijd om korting *(desconto)*, die in het laagseizoen wel tot 40% kan oplopen, want de bij de receptie vermelde prijzen zijn slechts zelden reëel. De prijzen in deze gids gelden in principe voor een tweepersoonskamer met ontbijt, *buiten* de duurste fase in het hoogseizoen.

Hotels en pensions

In de grote steden is men meer op hotels aangewezen. Het aanbod is groot en omvat alle categorieën van comfort. Vrijwel altijd is het ontbijt bij de prijs inbegrepen. Voor het hoogseizoen, in januari en februari, en een gedeelte van juli, is het aan te raden te reserveren, maar in geval van nood is er ter plaatse altijd wel iets te vinden. In kleinere kustplaatsen worden vooral veel onderkomens aangeboden in pensions *(pousadas)*. Deze zijn veelal goedkoper dan hotels en hebben met hun terrassen en tuinen vaak veel meer sfeer. In de gebieden waar dat relevant is, zijn de bedden voorzien van muskietennetten.

Fazenda-hotels en *lodges*

Bijzonder aantrekkelijk zijn de zogeheten *fazenda*-hotels, midden in de natuur gelegen grotere complexen van kleine bungalows *(chalés)*, met sauna en zwembad en veel mogelijkheden om te wandelen, te paardrijden

Drijvende ***lodges*** vormen een spectaculaire omgeving voor een overnachting

of te sporten, en met uitstekende maaltijden. Ook de bijzondere *lodges* in het regenwoud (zie blz. 329) mogen zich verheugen in een toenemende populariteit.

Appartementen

Denk ook eens aan het huren van een appartement. De prijzen zijn lager en de persoonlijke vrijheid is groter. Vooral in Rio bieden de reisbureaus een ruime keuze.

Motels

Bij de invalswegen in de buitenwijken van de grote steden treft u steeds weer bont verlichte motels, die niet zozeer voor overnachtingen als wel voor intieme ontmoetingen dienen. Toch hoeft dat u er niet van te weerhouden voor maximaal twaalf uur een kamer te nemen om er te slapen. Het is veel goedkoper, nooit vol (zelfs niet met carnaval of oudjaar) en de motels bieden speciale voorzieningen als privésauna, whirlpool, muziekinstallatie, televisie en roomservice. U betaalt achteraf als u de sleutel teruggeeft. Normaal gesproken is dit het ontmoetingsterrein van Braziliaanse liefdespaartjes die nog niet getrouwd zijn. Aangezien mannen en vrouwen in principe bij hun ouders blijven wonen tot aan hun huwelijk, is er vanwege het ruimtegebrek weinig gelegenheid voor een liefdevol samenzijn. Daarnaast wisselen paren graag de armelijke huiselijke omstandigheden af voor een paar uur in een Frans luxebed met een glinsterend spiegelplafond.

Jeugdherbergen en hostels

Jeugdherbergen en hostels worden steeds populairder in Brazilië. De meeste liggen in het noordoosten en zuidoosten van het land. Meestal zijn ze behoorlijk comfortabel en bijna altijd goedkoper dan hotels, hoewel eenvoudige *pousadas* soms nog goedkoper kunnen uitpakken.

Wie in zo'n jeugdherberg *(albergue da juventude)* – sinds 2004 heten ze officieel ook *hostels* – wil overnachten, kan online reserveren (www.hostel.org.br, www.hihostels.com) of de adressen opvragen bij de Federação Brasileira de Albuerges da Juventude (FBAJ), Rua General Dionísio 63 (Botafogo), Rio de Janeiro, tel. 021-22 86 03 03, info@hostel.org.br.

HI-hostels zijn aangesloten bij de wereldwijde Hostelling International Association. Met een lidmaatschapskaart (HI-card) die u bij Stayokay in Amsterdam of de Vlaamse Jeugdherbergcentrale in Antwerpen kunt aanvragen, en/of een internationale studentenkaart (ISIC-kaart) krijgt u korting. De HI-card is daarnaast voor alle leeftijden voor R$35 verkrijgbaar bij de aangesloten HI-hostels en blijft een jaar geldig. Na zes tot tien overnachtingen hebt u deze kleine investering er uitgehaald.

Campings

De meeste kampeerterreinen liggen in de buurt van de badplaatsen. Het aantal campings is groot en ze zijn goed ingericht, maar niet te vergelijken met Europese standaards. De Camping Clube do Brasil (CCB), tel. 021-22 10 32 98, www.campingclube.com.br), beschikt over ruim veertig kampeerterreinen in tien verschillende deelstaten. De adressen daarvan vindt u op de website.

Wie beschikt over een internationaal kampeercarnet betaalt de helft van de officiële dagprijs, die rond de R$10–15 per persoon per nacht ligt. Vrij of wild kamperen is in Brazilië niet gebruikelijk en bovendien gevaarlijk, en zou u om de omgeving te ontzien sowieso niet moeten doen.

Op het eiland Itaparica is het niet moeilijk sport en plezier te verbinden

Sportvissen

De hengelsport is vooral zeer geliefd en wijd verspreid in het middenwesten van het land, met name in **Bonito** en de **Pantanal**. Soms moet u echter rekening houden met bepaalde verplichtingen en beperkingen. Een speciale tip voor in het Amazonebekken is **Alter do Chão**. Dit schitterende gebied aan de monding van de Rio Arapiuns betovert met zijn unieke stranden (bij laagwater), brede duinen en een overvloedige visstand. In de buurt van de grote zandbanken kunt u tot 30 kg zware pijlstaartroggen aantreffen, die 's nachts met levend aas worden gevangen. Op diepe plaatsen zwemmen grote scholen *tucunarés (Cichla tapajos)*, die met het gebruikelijke aas (garnalen en kleine visjes) kunnen worden gevangen. In Alter do Chão vindt u enkele *pousadas* en particuliere onderkomens. Vanuit Santarém bent u er in een uur met de bus of auto en in vier uur per boot.

Buggyrijden

Plankgas door de duinen van Genipabu in Natal, bij voorkeur met een chauffeur (ter plaatse zijn er tal van aanbieders, ook via de hotels). De vraag van de chauffeur of de tocht *com ou sem emoção* (met of zonder emotie) moet gaan, slaat niet op eventuele romantische gevoelens, maar op het gewenste toerental. Wie dit voor het eerst doet, zou misschien maar beter voor wat minder emoties moeten kiezen (zie blz. 279).

Zeilcharters

Een goede mogelijkheid vindt u in Angra dos Reis in de deelstaat Rio de Janeiro. Daar kunt u via bijvoorbeeld Brasil Yacht Charter, www.brasilyachtcharter.com.br, een boot huren. Het verdient aanbeveling om niet onmiddellijk uit te zeilen, maar eerst enkele dagen in Rio te acclimatiseren. Vandaar bent u in twee uur bij de jachthaven van Angra. De schepen zijn in goede staat, maar de uitrusting voldoet niet helemaal aan Europese normen. Het gebied waar u vaart is uitdagend, 's nachts wegens ondiepe gedeeltes zelfs gevaarlijk. De infrastructuur is slechts beperkt ingesteld op zeilcharters. Maar wie van de natuur houdt, gek is op brede stranden en ook bij het zeilen met de voor Brazilië zo karakteristieke onvolmaaktheden op organisatorisch gebied kan omgaan, dan wel over wat improvisatietalent beschikt, komt tijdens dit avontuur volledig aan zijn trekken.

Deltavliegen

Asa delta-vliegen en paragliding in een tandem zijn al op heel veel plaatsen mogelijk. Heel fraai is een dergelijke ervaring bijvoorbeeld in **Rio de Janeiro** (São Conrado, Praia do Pepino), een niet bepaald goedkoop, maar beslist onvergetelijk avontuur. Het groene berglandschap aan zee heeft een heel aparte bekoring (zie blz. 138).

Surfen

In **Rio de Janeiro** vindt u twee plaatsen die bijzonder geliefd zijn bij surfers. De ene ligt in de wijk Arpoador tussen Copacabana en Ipanema en de andere iets buiten de stad aan een sprookjesachtig mooi strand met de naam Prainha. In **Saquarema**, 100 km ten noordoosten van Rio, bereiken de golven een hoogte van 3 m. Hier worden geregeld internationale wedstrijden gehouden. Twee andere surfparadijzen zijn Praia da Guarda in **Garopaba** (Santa Catarina) en Itamambuca in **Ubatuba** (São Paulo).

Duiken

Het beste duikgebied van Brazilië is het eiland **Fernando de Noronha** in het noordoosten. Vanwege het heldere water hebt u er een bijzonder groot gezichtsbereik (50 m), terwijl het zeeleven met rond de 230 soorten vis en vijftien soorten koraal bepaald uniek is te noemen (zie blz. 282–286). Op de tweede plaats staat het **Parque Nacional Marinho dos Abrolhos** in Bahia. Het zicht van 8 tot 15 m is iets minder, maar daar staat tegenover dat de soortenrijkdom hier het grootste is van de hele kust. U vindt er bijvoorbeeld achttien soorten koraal (zie blz. 232–233). Op nummer drie staat **Búzios/Arraial do Cabo**, 179 km ten noordoosten van Rio, waar u verschillende goede duikscholen kunt vinden (zie blz. 143–147).

Wandelen

Er zijn in Brazilië vele nationale parken, waar u uren en dagen kunt wandelen. Een geliefde optie is het **Parque Nacional da Floresta de Tijuca** in Rio de Janeiro, het grootste stadsregenwoud ter wereld. In het noordwestelijke deel is een uitgestrekt en goed gemarkeerd net van paden uitgezet (zie blz. 127–128). Wie in Salvador da Bahia is, kan in het achterland het **Parque Nacional da Chapada Diamantina** opzoeken. Er zijn hier weinig groene delen, maar wel tal van ravijnen, grotten en watervallen. U vindt hier veel verschillende wandelroutes, die deels over oude goudzoekerspaden lopen. Bovendien kunt u hier paardrijden (zie blz. 228–231).

Edelstenen en andere souvenirs

Brazilië is tot op heden een van de landen waar de meeste **edelstenen** vandaan komen. Van smaragden, saffieren, robijnen, opalen en topazen tot 18 karaatsgoud is hier vrijwel alles goedkoper dan thuis. De grootste aanbieders op dit vlak zijn Hans Stern en Amsterdam Sauer, beide met de hoofdvestiging in Rio. Het door hen onderhouden edelsteenmuseum in Rio (Ipanema) is beslist de moeite waard. De beide huizen bieden gratis en zonder koopverplichting transfers per taxi van uw hotel naar de winkel en terug. Op straat of op de markt vindt u in het beste geval eenvoudige halfedelstenen. Deze kunnen echter ook heel mooi zijn en hun taak als souvenir met glans vervullen.

Afgezien van edelstenen vindt u in Brazilië een rijk aanbod aan kleine aandenkens. In het noorden en noordoosten, met name in Fortaleza, Belém en Santarém, zijn **hangmatten** *(redes)* echt aan te raden, die u overigens bij een verblijf in het oerwoud gelijk goed kunt gebruiken. Op de markten vindt u hier voordelig geprijsde **lederwaren, kantwerk** en gehaakte **tafelkleden,** uit hout gesneden **dierengezichten** *(carrancas)* en kleurige **zandcomposities** in flessen en potjes. In het Amazonegebied vindt u allerlei soorten **indiaanse kunstnijverheid**. Een typisch souvenir uit Salvador is de ***berimbau,*** een Afro-Braziliaans muziekinstrument dat wordt gebruikt bij *capoeira*. Wie in het zuiden rondreist, zal misschien een originele beker meebrengen waaruit de gaucho's hun thee (of vaker nog maté) drinken, een zogenaamde ***chimarrão***. Verder zijn er natuurlijk in elk toeristisch oord **T-shirts** te vinden met speciale opdrukken uit die regio. Bijna verplicht in de koffer terug zitten ten slotte **cd's met muziek**.

Kunstnijverheidsmarkt voor de São Francisco de Assiskerk in Ouro Preto

Uitgaan

Brazilianen gaan graag en veel uit. Het liefst gaan ze met het gezin of een groep vrienden naar een restaurant, maar ze zitten ook graag op straat voor een café *(cervejaria)* op de hoek en drinken biertjes in vrolijk gezelschap. In het zuidoosten van het land is bioscoopbezoek bijzonder populair. De films draaien in de originele taal (meestal Engels) en hebben Portugese ondertitels. In de kustplaatsen van het noordoosten zijn er veel minder bioscopen, maar wel veel, vaak enorme strandtenten *(barracas)*, waar 's avonds livemuziek *(música ao vivo)* wordt gespeeld. In de hoofdsteden en de metropolen hoeft u zich niet te beklagen over te weinig uitgaansmogelijkheden; het aantal danslokalen *(danceterias, boates)*, disco's *(discotecas)* en clubs *(clubes)* is aanzienlijk. Vooral in São Paulo is de keuze groter dan in alle andere steden van Zuid-Amerika. In Rio werd in de wijk Lapa bij het centrum een verwaarloosde buurt opgeknapt. In mooie villa's en zelfs in antiekwinkels kunt u dansen op de muziek van de beste samba- en *choro*-bands van de stad. In Salvador en Recife begon men al eerder met de restauratie van de oude binnenstad. In het centrum van de hoofdstad van Bahia klopt het nachtleven onophoudelijk.

In veel plaatsen is het ook de moeite waard de programma's van theaters en concertzalen in de gaten te houden, want Brazilië heeft meer dan samba en *axé* te bieden. In het Teatro Municipal van Rio de Janeiro worden bijvoorbeeld fraaie balletten opgevoerd en mooie concerten gegeven, op zondag bijna voor niets (R$1). Een bijzondere ervaring is de Sala São Paulo, een van de modernste muziektempels ter wereld (www.salasaopaulo.art.br.).

Rio de Janeiro bij nacht: sambashow in nachtclub Plataforma

Badmode

Topless- en naaktrecreatie is afgezien van op enkele nudistenstranden, in heel Brazilië taboe en provocerend, een feit waarmee u rekening dient te houden. Leden van beide geslachten vinden het veel opwindender, als niet alles te zien is en de krappe stringbikini's ('flosdraad' of *fio dental)* van de vrouwen nog iets te raden overlaten. Afgezien van bikini's bestaat de badmode uit strandschoenen zoals slippers *(havaianas*) en een eenvoudige wikkeldoek *(canga)*, die overal goedkoop is te krijgen (ook een leuk souvenir).

Reizen met een handicap

In een land als Brazilië hebben gehandicapten niet zomaar voorrang in het openbare leven. Wel zijn de mensen altijd bereid te helpen, bestaan er geen vooroordelen en wordt er niet gediscrimineerd. Gehandicapten, al dan niet in een rolstoel, zijn een normale en frequente verschijning in het straatbeeld. In de grotere steden zijn de trottoirs langzamerhand aangepast aan de behoeften van gehandicapten, maar een probleem vormen nog de meestal overvolle autobussen, hetzij bij het instappen, hetzij bij de zo goed als niet voorhanden zitplaatsen of met betrekking tot de meedogenloze rijstijl.

Drugs

Brazilië staat bekend als overslagplaats voor drugs. Het linke spul komt voornamelijk uit Colombia en wordt dan via distributiecentra in de favela's doorgevoerd naar consumenten binnen en buiten Brazilië. Ondanks door de overheid ingevoerde maatregelen voor vervolging, zijn drugshandel en drugsgebruik – vooral marihuana *(maconha)*, cocaïne *(cocaina, pó)* en crack – sterk toegenomen. De verscherpte controles aan de grens, vooral met Bolivia, en op de luchthavens leiden slechts sporadisch tot aanhoudingen. Maar let op! Het bezit van ook maar de kleinste hoeveelheid kan u in de grootste problemen brengen en zelfs tot gevangenisstraf leiden. Wie drugs koopt of – vaak zonder het te merken – krijgt toegestopt, loopt ook gevaar in een val te lopen en op de volgende hoek door de politie te worden aangehouden. Ga niet in op daaropvolgende eisen voor losgeld en wendt u tot de vreemdelingenpolitie. In geen geval moet u ingaan op de vraag voor onbekenden een pakje over de grens mee te nemen. Het zou om drugs kunnen gaan.

Toegangsprijzen

U zult al snel merken dat de hoogte van entreeprijzen voor musea, kerken en andere bezienswaardigheden uiterst gering is. Vaak hoeft u helemaal niets of slechts een kleine bijdrage van R$2 tot R$5 te betalen. Daarom is er in het reisgedeelte van deze gids na de openingstijden meestal afgezien van prijsopgaven. Alleen toegangsprijzen die opvallend hoger uitvallen zijn opgenomen.

Elektriciteit

De netspanning in Brazilië wisselt afhankelijk van de regio tussen de 110 en 220 volt. In geval van twijfel kunt u ter plaatse navraag doen. Grote hotels beschikken vaak over beide aansluitingen.

Fotograferen en filmen

Brazilianen, zowel mannen als vrouwen, laten zich in het algemeen graag fotograferen of filmen, maar toch kunt u beleefdheidshalve beter eerst om toestemming vragen. Een foto kan ook een middel zijn tot het leggen van contact. Soms, bijvoorbeeld in Salvador, vragen speciaal voor de toeristen gekostumeerde vrouwen een kleine vergoeding. In de arme wijken hebt u, afgezien van een grotere kans op diefstal, extra tactgevoel nodig. In musea en kerken is fotograferen met flits in principe niet toegestaan. Bij opnamen in het oerwoud is een statief of een extra gevoelige film noodzakelijk. In het algemeen is het licht 's morgens vroeg en aan het eind van de middag minder scherp.

Homo's en lesbo's

Sinds enige tijd is Brazilië, en in het bijzonder Rio de Janeiro en São Paulo, ook een geliefde bestemming voor homoseksuelen. Bij het zogenaamde 'gay toerisme' komt Rio na San Francisco wereldwijd op de tweede plaats. De plaatselijke *GLS*-gemeenschap is behoorlijk groot en omvat *gays, lésbicas* en *simpatizantes.* Ze ontmoeten elkaar bij Pos-to 8 op het strand van Ipanema of in de bars aan de Rua Farme do Amoedo (bijvoorbeeld in de Bofetada). Sinds eind 2005 is er zelfs een drietalige reisgids met de titel *O primeiro guia gay do Rio.* Bij het carnaval zijn er optochten en spektakels van plaatselijke travestieten, die hun thuisbasis vooral in de wijken Lapa en Ipanema hebben. De gayparades van Rio en São Paulo behoren inmiddels tot de grootste ter wereld. Homoseksuele toeristen zijn officieel welkom in Brazilië, al is het maar omdat ze gemiddeld 40% meer uitgeven dan andere gasten.

Alarm

Nationale alarmnummers (24 uur bereikbaar): **ambulance** 192, **brandweer** 193, **politie**190. Sinds eind 2005 een alarmnummer voor **mishandelde vrouwen**: 180.

Openingstijden

Banken *(bancos)* zijn in principe geopend ma.-vr. 10-16 uur, soms ook 9-17 uur (wisselkantoren nog langer), **postkantoren** *(correios)* ma.-vr. 9-17 en za. 9-12 uur. De werktijden in **winkels** zijn niet algemeen geregeld, maar vaak zijn ze in open ma.-vr. 9-19 en za. 9-13 uur. Veel **supermarkten**, **winkelcentra, drogisten, apotheken** en **bakkers** gaan echter pas om 22 uur dicht en in de grote steden zijn ze zelfs dag en nacht geopend. De meeste **restaurants** zijn vanaf de middag doorlopend geopend. Bij de vele **kiosken** *(bancas)* kunt u vaak 24 uur per dag kranten, wegenkaarten, plattegronden, ansichtkaarten en sigaretten krijgen.

Politie en controles

Helaas is de politie in Brazilië, uitzonderingen daargelaten, alles behalve uw beste kameraad. Rekrutering uit de onderste lagen van de bevolking, nauw contact met de georganiseerde misdaad en slechte salariëring hebben geleid tot een vergaande corruptie van het gehele politieapparaat. Politiecontroles dienen niet zozeer voor het bevorderen van de openbare of persoonlijke veiligheid, maar meer als middel om zich persoonlijk te verrijken. Een toerist kan zich hier het beste tegen wapenen door altijd de goede documenten bij zich te hebben in het geval hij wordt aangehouden.

Roken

Ongeveer een derde van de Braziliaanse bevolking rookt, ondanks een krachtige antirooklobby en toepasselijke campagnes. Op sigarettenpakjes staan plaatjes afgebeeld van de meest verschrikkelijke ziekten en in openbare gebouwen is het vrijwel overal verboden te roken, ook op de luchthavens. In veel grote steden, waaronder Rio en São Paulo, is roken bij wet verboden in gesloten restaurants. In de praktijk functioneert deze beperking echter nauwelijks; veel restaurants hebben speciale rookruimtes ingericht. Als altijd wordt ook hier de bekende *jeito* of *jeitinho* gebruikt, dat wil zeggen dat men altijd wel een gaatje weet te vinden om de wet te omzeilen.

Fooien

Zo langzamerhand is het in de meeste restaurants gebruikelijk om bij de rekening automatisch 10% bediening op te tellen (als dat niet het geval is staat er *gorjeta não incluida)*. Extra fooien bovenop dit bedrag worden niet verwacht. Kamermeisjes en kruiers krijgen minstens R$2, wat u echter niet elke dag geeft, maar bij aankomst en vertrek. Veel hotels tellen bij het eindbedrag een belasting *(taxa)* van 5-10%. Bij een taxirit kunt u het bedrag een beetje afronden.

Communicatie

In Brazilië spreekt men Portugees. Er zijn maar weinig mensen die daarnaast Engels spreken, alleen in de grotere hotels en bij sommige reisbureaus. Duits wordt alleen gesproken in enkele stadjes in het zuiden. Met Spaans komt u een eind uit de voeten, maar er zijn toch veel begrippen en zinsconstructies, die u in het Portugees, of eigenlijk in de Braziliaanse variant, zou moeten kennen. Neem vooral een woordenboek mee (bijvoorbeeld *Prisma Nederlands-Portugees* of *Lonely Planet Brazilian Portugese phrasebook)*. Wie de taal echt wil leren kan via internet of bij een van de taleninstituten in Nederland of België een cursus volgen.

Water

Het water in de hotels en *pousadas* is nergens geschikt om te drinken, u kunt er echter wel uw tanden mee poetsen.

Taalproblemen zijn er niet – hier weet men wat lekker is

Geld en reisbudget

Valuta

In 1994 is in Brazilië een nieuwe muntsoort ingevoerd: de real (R$). Tot nu toe is deze behoorlijk stabiel gebleken en weinig aan inflatie onderhevig geweest. Er zijn bankbiljetten in omloop van 1, 2, 5, 10 (ook van plastic), 20, 50 en 100 reais. Onder de R$1 (R$3 = 1 euro) zijn er ook munten, *centavos* geheten, die vanwege een chronisch tekort aan wisselgeld hun gewicht in goud waard zijn. Betaal in principe met kleinere bankbiljetten. Dat betekent dat u in duurdere etablissementen ieder gelegenheid te baat moet nemen om de door pinautomaten opgehoeste biljetten van R$50 in kleingeld om te zetten.

Geld wisselen

Het is verstandig een gedeelte van het benodigde geld mee te nemen in **euro's**, en deze te zijner tijd in te wisselen bij een **wisselkantoor** *(casa de cãmbio)*. Deze kantoren zijn vaak gelieerd aan reisbureaus en hanteren dezelfde openingstijden als gewone winkels. (Amerikaanse dollars hebt u niet meer nodig, behalve in zeer afgelegen of landelijke gebieden, waar er meer vraag is naar de dollar dan naar de euro.) Neem daarnaast ook een of twee internationaal erkende **creditcards** met een pincode mee, waarmee u zowel kunt betalen als contanten kunt opnemen bij geldautomaten.

De kaarten die op de meeste plaatsen worden geaccepteerd zijn Visa, Mastercard, American Express en Maestro. Bij filialen van onder andere de Banco do Brasil, HSBC en Citybank kunt u ook contant geld opnemen met de voordeliger pinpas. Geldautomaten zijn 's avonds slechts tot 22 uur toegankelijk. Uit veiligheidsoverwegingen zou u ook enkele **travellercheques in euro's** kunnen meenemen, maar bij inwisselen tegen contant geld krijgt u hier 10% minder voor.

Blokkeren van pinpas en creditcard
Bij diefstal of verlies kunt u vanuit Brazilië 24 uur per dag en 7 dagen per week onderstaande nummers in Nederland bellen. U krijgt dan zo snel mogelijk een nieuwe pas toegezonden. Geef het ook aan bij de politie!

Creditcards
American Express: 0031-20 504 86 66
Diners Club: 0031-20 654 55 11
Mastercard: 0031-30 283 75 00
Visa: 0800-022 31 10

Bankpassen
ABN-Amro: 0031-10 241 17 20
Fortis: 0031-20 588 18 81
ING: 0031-30 283 53 72
Postbank: 0031-58 212 60 00
Rabo: 0031-499 499 112

Reisbudget

De in deze gids vermelde prijzen zijn steeds vermeld in Braziliaanse valuta (R$=real/reais) De **wisselkoers** was eind 2007 2,59 real voor 1 euro. Sinds de devaluatie van de Braziliaanse real en de invoering van een flexibel wisselkoerssysteem in 1999, is Brazilië weer een betrekkelijk voordelig vakantieland, hoewel de koers sinds 2005 iets minder gunstig is. Hotel- en restaurantprijzen liggen – bij vergelijkbare kwaliteit – duidelijk onder Europees niveau. Afgezien van toeristische trekpleisters is het leven hier 50 tot 60% goedkoper dan thuis.

Voorbeelden van prijzen: mineraalwater R$1–2, koffie met melk R$1–3, uit eten vanaf R$6 per persoon, glas bier R$3, caipirinha R$3–8, pakje sigaretten R$3, openbaar vervoer R$2–3, huurauto vanaf R$120 per dag, toegangsprijzen musea, kerken enzovoorts R$2–8, bioscoop R$6–12, cd vanaf R$25, T-shirt vanaf R$15.

Reisperiode en reisbenodigdheden

Reisperiode

Brazilië is in principe het hele jaar een geschikt vakantieland, maar houd wel rekening met enkele klimatologische, regionale en seizoensgebonden bijzonderheden. Denk er in de eerste plaats aan, dat de jaargetijden omgekeerd zijn aan die op het noordelijk halfrond.

In de Europese winter

De meeste reizigers uit Europa bezoeken dit warme tropische land als het thuis winter is, ook vanwege de aantrekkingskracht van het carnaval. Van half december tot carnaval is het echter ook hoogseizoen voor de Brazilianen zelf. Aan ene kant is alles dan voller en duurder, aan de andere kant ook gezelliger en soms zelfs interessanter. In het laagseizoen kunnen de stadsstranden (afgezien van die van Rio de Janeiro) namelijk vreemd leeg en verlaten zijn en verandert dat beeld alleen op zondag. In de Braziliaanse zomer is het weer in het hele land warmer, in het noorden (het Amazonegebied) en noordoosten (Belém en São Luís) is het tussen december en april echter behoorlijk benauwd en regenachtig (regentijd). Bij gebrek aan echte seizoenen wordt deze periode door de lokale bevolking 'winter' genoemd.

Het klimaat in Rio de Janeiro

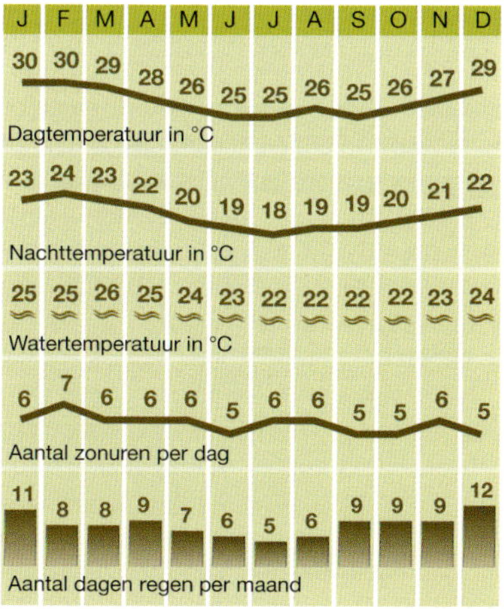

In de Europese winter

Het tweede belangrijke reisseizoen ligt in de eigenlijke wintermaand juli, een vakantiemaand in Brazilië. Wie de zon zoekt, moet van juni tot september niet naar het zuiden gaan. De temperatuur kan daar tot onder het vriespunt zakken, wat bij een gebrekkige centrale verwarming niet bepaald aangenaam is. Ook in het zuidoosten (São Paulo en Rio de Janeiro) zijn temperaturen tussen de 10 en 15 graden dan geen zeldzaamheid. Hoe verder u naar het noorden en in de buurt van de evenaar komt, hoe geringer de seizoensgebonden temperatuurschommelingen. Het noordoosten is in deze tijd van het jaar de ideale bestemming, ook vanwege de in juni en juli gehouden Festas Juninas (zie blz. 49 en 302).

In voor- en najaar

In de andere jaargetijden, dat wil zeggen in de Braziliaanse herfst en lente (net omgekeerd aan die in Europa) is het laagseizoen. De vakantieoorden zijn dan niet vol en de prijzen liggen lager. In het noordoosten blijft het klimaat constant tropisch, maar in het zuiden en zuidoosten is het een kwestie van geluk, van hoeveel mooie dagen met zon u kunt genieten.

Kleding

De beste manier om niet alleen een zonnesteek op te lopen, maar ook slachtoffer van zakkenrollers te worden, is onaangepaste kleding. Onervaren nieuwkomers zijn vaak te herkennen aan lange broeken, dikke sokken en felgekleurde overhemden. Brazilianen kleden zich echter onopvallend en sportief. Gebruikelijk (ook voor senioren) zijn korte

Afgezien van topless kunt u op het strand dragen wat u wilt

broeken, T-shirts en sportschoenen. In de buurt van het strand is vaak een zwembroek, respectievelijk bikini, met sandalen of slippers voldoende, en kunt u zo gekleed ook in veel restaurants terecht. Vrouwen knopen hoogstens nog een pareo *(canga)* om, die men overal kan kopen.

's Avonds zoekt men voor de danssalon of disco dan een iets geraffineerdere garderobe uit. Als u de tijd hebt, kunt u ter plaatse nog een paar kledingstukken aanschaffen, zodat u er minder opvallend uitziet en geen modieuze fauxpas begaat.

Al met al hechten Brazilianen veel aan een verzorgd uiterlijk. Onafhankelijk van het inkomen probeert iedereen er zo leuk mogelijk uit te zien. Vuile kleren, ongewassen haar of een gescheurde broek worden stilzwijgend afgewezen. Vooral van 'rijke' toeristen wordt een nette verschijning verwacht. Wat in Europa waarschijnlijk nog als 'reismode' zou worden geaccepteerd, stuit in Brazilië allicht op onbegrip.

In de winter (dus van juni tot september) hebt u zowel in de hoger gelegen delen van het land (bijvoorbeeld in Ouro Preto of Petrópolis) als in het zuiden warmere kleding nodig, waarbij u op zijn minst aan een trui en een jas moet denken. Voor het Amazonegebied moet u een regenjas inpakken.

Voorzorgsmaatregelen

De particuliere gezondheidszorg in Brazilië is bepaald goed te noemen en ook zijn er overal apotheken. Indien u bepaalde medicijnen nodig hebt, hoeft u deze eigenlijk niet mee te nemen, afgezien van een middel tegen muggen (voor vochtige gebieden in het binnenland), een middel om uitdroging bij diarree tegen te gaan (ORS) en een zonnebrandmiddel met een hoge beschermingsfactor. Als voorzorgsmaatregelen tegen maag-darmstoornissen en cholera is het dringend aanbevolen geen ongekookt leidingwater te drinken en in smoezelig aandoende restaurants uitsluitend drankjes zonder ijs *(sem gelo)* te bestellen. Ook consumptieijs kan bacteriën bevatten. Was of schil rauwe groente, fruit en sla voor gebruik. Belangrijk is ook handen wassen.

Vaccinaties

Er zijn voor Brazilië geen inentingen verplicht, maar het is raadzaam om behalve de in eigen land gebruikelijke maatregelen te nemen, u te laten inenten tegen hepatitis A, en als u langer blijft dan drie maanden, ook tegen hepatitis B. Een inenting tegen gele koorts is aan te raden bij langere reizen naar de volgende deelstaten: Amazonias, Acre, Amapá, Distrito Federal, Goiás, Maranhão, Mato Grosso, Mato Grosso do Sul, Pará, Rondônia, Roraima en Tocantins. Braziliaanse luchtvaartmaatschappijen zijn strafbaar als zij niet-ingeënte reizigers uit risicogebieden vervoeren naar andere delen van het land. Dat geldt ook voor maatschappijen die schepen laten varen tussen het Amazonegebied en Rio de Janeiro. Controles zijn echter zeldzaam. Voor de zekerheid kunt u echter beter uw internationale inentingsboekje meenemen. Pillen tegen malaria zijn misschien verstandig als u naar het binnenland reist, maar de beste voorzorgsmaatregel is het gebruik van een muskietennet. In geval van nood kunt u terecht bij de malariaposten van de Fundação Nacional de Saude in het Amazonegebied of medicijnen innemen die u zelf hebt meegenomen. Medische tips voor reizigers naar de tropen krijgt u bij de instanties in bovenstaand kader.

Landelijk Coördinatiecentrum Reizigersadvisering (LCR)
Op www.lcr.nl vindt u algemene informatie over vaccinaties en malariapreventie.
Landelijke vaccinatielijn voor reizigers: tel. 0900-95 84 (€0,45 per minuut)

KLM Travel Clinic
24 uur per dag telefonisch bereikbaar voor advies en informatie over reizen en gezondheid: 0900-109 10 96 (€0,80 per minuut).
Reizigers kunnen ook zonder afspraak langskomen op een van de zes vestigingen van de KLM Travel Clinics voor persoonlijk medisch advies en vaccinaties. Voor adressen zie www.klmtravelclinic.nl

Tropencentrum AMC
Meibergdreef 9, Amsterdam
Afspraken: tel. 020-566 38 00.
Reizigersspreekuur uitsluitend op afspraak.

Havenziekenhuis Travel Clinic
Haringvliet 72, Rotterdam
Vaccinaties en malaria-advies uitsluitend op afspraak, tel: 010-412 38 88

Leids Universitair Medisch Centrum
Poli infectieziekten, tropische geneeskunde en vaccinaties
Albinusdreef 2, Leiden (B2-P)
Afspraken: 071-526 36 36

Pech in het vakantieland

Ingeval u in Brazilië gebruikmaakt van een privébehandeling betaalt u contant en laat u een nota uitschrijven voor de verzekering met vermelding van ziekte en behandelwijze. In alle grotere steden zijn artsen te vinden die Engels of Duits spreken. Bij kleine probleempjes kun u ook de apotheek om raad vragen. De vele *farmácias* en *drogarías* zijn vaak het gehele etmaal geopend.

Hiv (aids)

In totaal zijn er tussen 1980 en 2005 in Brazilië 371.827 ziektegevallen geregistreerd. Het huidige aantal hiv-geïnfecteerden wordt geschat op 600.000, dat wil zeggen één geïnfecteerde op 283 inwoners. De verhouding mannen en vrouwen is 1,8 : 1. De besmetting wordt voor 42% overgedragen door heteroseksuele contacten, voor 35% door homo- of biseksuele contacten en voor 23% door vervuilde injectienaalden. Voorlichtingscampagnes hebben bewerkstelligd dat het aantal van 20.000–22.000 nieuwe gevallen per jaar sinds 2000 stabiel is. Dat aantal is bij mensen met een blanke huid zelfs enigszins teruggelopen, terwijl er sprake is van een zorgwekkende toename bij kleurlingen en zwarten. Het gebruik van condooms is steeds meer geaccepteerd en in de prostitutie inmiddels bijna regel geworden. Alles bij elkaar zijn de getallen niet minder alarmerend dan in veel landen van Afrika en Azië.

Veiligheid

Traditioneel zijn de ongevaarlijkste plaatsen voor een vakantie in Brazilië de Europees aandoende, welvarende deelstaten in het **zuiden**. Een klein risico vormen ook reizen naar het **middenwesten** (Pantanal) en het **noorden** (Amazonas). In het **noordoosten** blijft het aantal overvallen ondanks de grote armoede van de bevolking binnen de perken. Alleen in Salvador (vooral in de buurt van de carnavalsoptochten) en in Fortaleza (Praia do Futuro) is de situatie verslechterd. In de grote stedelijke agglomeraties in het **zuidoosten** (Rio de Janeiro en São Paulo) komt diefstal wel vaak voor. Ondanks verscherpte veiligheidsmaatregelen van de betreffende stadsbesturen (zoals cameratoezicht) is vooral in Rio het aantal overvallen op voorbijgangers de laatste tijd juist toegenomen. In oktober 2005 werd daar met 3436 geregistreerde gevallen een treurig record gevestigd (ter vergelijking: in januari 1991 werden er 967 gevallen aangegeven).

Houd voor uw veiligheid de volgende gedragsregels aan. Het allerbelangrijkste is geen angst te tonen, zich natuurlijk te gedragen, de ogen goed open te houden. Dieven hebben onzekere vreemdelingen onmiddellijk in de gaten en hebben een neus voor een gemakkelijke buit. Ook opvallende en onaangepaste kleding, rugzakken, bungelende fototoestellen en videocamera's, sieraden en dure horloges zijn verraderlijk, net als portemonnees in achterzakken. Draag nooit te veel geld bij u en stop het in een zak die u voor u draagt. Geef om escalatie te vermijden bij een overval direct uw geld af zonder u te verweren, ook als de daders kinderen of jongeren zijn. Op onverlichte plaatsen, in tunnels en in dichte mensenmassa's (denk aan carnaval!) is het risico op overvallen beduidend hoger. Ga aan de Copacabana in Rio nooit in de schemering of het donker in zee. Overdag moet u op het strand altijd uw spullen in de gaten blijven houden.

Wie toch bestolen is, doet aangifte bij de **Polícia do Turista** (Rio de Janeiro, Avenida Afrânio de Mello Franco 159, Leblon, tel. 021-33 99 71 70). Daar krijgt u een proces-verbaal dat u kunt gebruiken om bij uw verzekering de gestolen spullen te declareren (gestolen camera's worden bijvoorbeeld in de regel gedekt door uw reisverzekering en niet door uw inboedelverzekering). Als u in uw hotel wordt bestolen, volstaat een verklaring van de hoteldirectie.

Post

Het Braziliaanse postwezen is behoorlijk betrouwbaar en in principe bereiken brieven de geadresseerden. Stuur echter geen pakjes van enige waarde zonder deze aan te tekenen. In vrijwel elke wijk zijn postkantoren *(correios)* te vinden (ma.-vr. 9-17, za. 9-12 uur). U kunt uw post beter daar afgeven dan in een brievenbus gooien. Frankeren gebeurt op het postkantoor. U kunt daar echter ook een grotere hoeveelheid postzegels *(selos)* kopen en gefrankeerde ansichtkaarten afgeven bij de hotelreceptie. Die zorgt dan voor verdere verzending. Reken voor een brief van Brazilië naar Europa op een tot twee weken.

Telefoneren

Zowel het net voor vaste als mobiele telefonie is goed ontwikkeld en modern. Er liggen drie coaxkabels in zee en ook het systeem via satellieten functioneert prima. Helaas veranderen Braziliaanse telefoonnummers om de haverklap. **Lokale inlichtingen** bereikt u op nummer 102; het nummer voor **inlichtingen binnenland** voor andere steden is het DDD-netnummer gevolgd door 102. Overal in Brazilië ziet u **mobiele telefoons** *(celulares)*. Deze werken via gsm, waardoor u uw Europese mobiel kunt gebruiken. Bij lokale gesprekken zijn meegenomen toestellen slechts iets duurder, maar bij gesprekken naar het buitenland worden ze echt kostbaar, terwijl prepaidtelefoons daarvoor helemaal niet te gebruiken zijn. Informeer voor vertrek bij uw provider of roaming (in het buitenland bellen) mogelijk is met uw telefoon en welk net te gebruiken is. Als uw telefoon niet werkt, kunt u ook in Brazilië (op vertoon van uw paspoort) een lokale chip en sim-kaart verkrijgen.

Sinds de privatisering van het staatsbedrijf Telebras is het bij interlokale gesprekken en gesprekken naar het buitenland steeds nodig om het **netnummer van de gewenste telefoonmaatschappij** te kiezen (21, 23 of 31), en wel na de 0, respectievelijk 00. Ook bij interlokale gesprekken via de mobiele telefoon zijn deze nummers noodzakelijk. Voor **gesprekken naar het buitenland** moet u zoeken naar een Posto Telefónico, een internetcafé (R$1-2 per minuut) of een openbare telefoon, die u betaalt met een Braziliaanse of internationale telefoonkaart *(cartão telefônico pré-pago)*, wanneer u tenminste niet voor veel meer geld wilt bellen vanuit uw hotel. Het **landnummer** van **Nederland** is 0031 en van **België** 0032. Kies daarna het netnummer zonder 0, gevolgd door het abonneenummer. Vanuit Nederland of België kiest u 0055 voor Brazilië.

Voor **lokale en interlokale gesprekken** kunt u ook gebruikmaken van een telefooncel (*orelhão* = groot oor), die overal te vinden is en waar u kunt bellen met een prepaid-telefoonkaart (verkrijgbaar bij krantenkiosken). Bij veel *orelhões* zijn ook telefoongesprekken te ontvangen.

Internetcafés

Inmiddels zijn in alle toeristische plaatsen en in de middelgrote en grote steden internetcafés te vinden, vaak ook voorzien van telefooncabines. Als uw hotel niet over internetvoorzieningen beschikt, kunt u bij de receptie vragen waar het dichtstbijzijnde internetcafé ligt.

Kranten

In de toeristische wijken van Rio kunt u bij veel kiosken de belangrijkste buitenlandse kranten en tijdschriften kopen, waaronder ook enkele Nederlandse. In andere grote steden vindt u deze alleen bij grotere verkooppunten en de boekhandels van luchthavens.

Woordenlijst

Uitspraak/klemtoon

In vergelijking tot het Europese Portugees is de uitspraak van het Braziliaans, vooral in Rio en Bahia, zachter en melodieuzer. Zo worden de **x, z, ch** en **g** (voor lange klinkers: e, i) uitgesproken als [sj], de **j** als [zj] en de **ç** en **c** (voor lange klinkers) als een stemloze [s]. Harde medeklinkers worden vaak gevocaliseerd, de **l** wordt na een klinker bijvoorbeeld uitgesproken als [u] (Brasiu = Brasil), de **lh** als [ij], de **nh** als [nj]. De harde **h** blijft stom aan het begin van een woord. Aan het einde van een woord wordt de **e** vaak uitgesproken als [tsji] (vooral in Rio). De klemtoon ligt bij vrijwel alle woorden op de voorlaatste lettergreep, tenzij een accentteken (á, â) wat anders aangeeft.

Manier van spreken

Men legt zich niet graag vast in Brazilië. In plaats van 'ja' of 'nee' *(sim, não)* hoort u veel vaker 'misschien' *(talvez)* of 'zou kunnen' *(pode ser)*. Veel wordt ook tot morgen uitgesteld *(amanhã)*. Net zo ontspannen gaat het toe bij de aanspreekvormen. Afgezien van oudere of eerbiedwaardige personen *(a senhora, o senhor)* wordt net als in het Engels vrijwel alleen 'jij' *(você)* gebruikt. Het is ook gebruikelijk, zelfs bij vreemden, om iemand gelijk met 'liefje' *(amor)* aan te spreken.

In tegenstelling tot wat vaak wordt gedacht zijn Brazilianen bijzonder hoffelijk. Bij iedere kleinigheid verontschuldigt men zich *(desculpe)*, vraagt om toestemming *(com licença)* of betuigt zijn spijt (*sinto muito* = het spijt me). Alstublieft is *por favor*, dank u wel *obrigado/a* (mannen zeggen -o, vrouwen -a). Heel vaak hoort u iemand na de opening *Oi* (Hallo) vragen hoe het gaat (*tudo bem?* = alles goed?). Een serieus antwoord wordt niet verwacht, alleen een bevestigend *tudo bem*, want bij alle hartelijkheid houdt men zich tegelijk op de vlakte. In het ergste geval hoort u *mais ou menos* (meer of minder, het gaat zozo). Neem niet alles letterlijk, vooral geen uitnodigingen en beloftes. Een vriendelijk *Tschau, te ligo* (Dag, ik bel je) bij het afscheid betekent in de meeste gevallen dat deze persoon nooit meer van zich laat horen. Aandringen op details (wanneer, waar: *quando, onde*) heeft geen zin. Helaas *(infelizmente)* of: jammer *(que pena)*!

Algemeen

Goedemorgen	Bom dia
Goedemiddag	Boa tarde
Goedenavond	Boa noite
Hoe gaat het, alles o.k.?	Como vai, tudo bem?
Tot ziens!	Até logo!
Het was me een genoegen!	(Muito) prazer!
Ik spreek Engels en Duits	Eu falo inglês e alemão
Ik ben Nederlander Belg/Belgische	Eu sou holandês belgo(a)
Ik zou graag ...	Gostaria
duur/goedkoop	caro/barato
meer/minder	mais/menos
met/zonder	com/sem
vandaag/gisteren	hoje/ontem

In het hotel

een-/tweepersoonskamer	quarto solteiro/casal
toilet/bad	banheiro
kamersleutel	chave
bagage	bagagem
trap/lift	escada/elevador
etage	andar
ontbijt tot tien uur	café da manha até dez horas
bed	cama
muskietennet	mosquiteiro

Onderweg

vliegtuig	avião
vliegveld	aeroporto
bus	ônibus
busstation	rodoviária

veer, boot	balsa	maand	mês
autohuur	autolocadora	jaar	ano
huurauto	carro de aluguel	zondag	domingo
rijbewijs	carteira de motorista	maandag	segunda-feira
toeristenbureau	informação turística	dinsdag	terça-feira
plattegrond	mapa	woensdag	quarta-feira
straat	rua	donderdag	quinta-feira
plein	praça	vrijdag	sexta-feira
kerk	igreja	zaterdag	sábado
brug	ponte		
haven	porto		
strand	praia		
eiland	ilha		
meer	lagoa		
rivier	rio		
zee	mar		

Gezondheid

Help!	Socorro!
arts	médico
ziekenhuis	hospital
apotheek	farmácia
medicijn	remédio
Eerste Hulp	Pronto socorro
alarm	emergência
ongeluk	acidente
pijn	dor
slangenbeet	mordida de cobra

Tijd

uur	hora
dag	dia
week	semana

Tellen

0	zero
1	um/uma
2	dois/duas
3	três
4	quatro
5	cinco
6	seis
7	sete
8	oito
9	nove
10	dez
20	vinte
30	trinta
40	quarenta
50	cinquenta
60	sessenta
70	setenta
80	oitenta
90	noventa
100	cem
1000	mil

Belangrijke vragen en zinnen

Hoe heet u?	Como se chama? Qual é seu nome?
Hoe duur is het?	Quanto custa? Quanto é?
Hoeveel kost de kamer?	Quanto é a diária?
Hebt u een kamer vrij?	Tem um quarto livre? Tem vaga?
Waar (is)?	Onde (fica)?
links, rechts	à esquerda, à direita
rechtdoor	direto
Wanneer?	Quando?
Hoe laat?	Que horas?
Hoelang duurt het?	Quanto tempo demora?
Waarom?	Por quê?
Ik spreek geen Portugees	Eu não falo português

Koloniale parel – Parati aan de Costa Verde

Onderweg

Strandtafereel in Rio

Het zuidoosten

In een oogopslag: Het zuidoosten

Metropolen, barokke steden groene heuvels en stranden

Het zuidoosten, de dichtstbevolkte regio van het land, bestaat uit de vier deelstaten Rio de Janeiro (RJ), São Paulo (SP), Minas Gerais (MG) en Espírito Santo (ES). De landschappen hier zijn zeer divers, wat mogelijkheden biedt voor een gevarieerde vakantie.

De belangrijkste toegangspoort voor buitenlanders is nog altijd Rio de Janeiro. Op deze geografische breedte vindt u op de hele wereld niets vergelijkbaars. In een dagtocht kunt u de oude keizerlijke zomerresidentie Petrópolis bezoeken. Drie andere bestemmingen in de buurt, de chique badplaats Búzios, het groene eiland Ilha Grande en het koloniale stadje Parati, behoren tot de hoogtepunten van Brazilië (zie blz. 153).

De niet zo gezellige en drukke metropool São Paulo wordt minder vaak bezocht door toeristen, hoewel deze stad het grootste aanbod op het gebied van recreatie, cultuur en uitgaan van het hele land te bieden heeft en opwindend en verrassend genoeg is. In de staat São Pauo liggen enkele fraaie kustplaatsen, maar de aantrekkelijkste plek is het groene eiland Ilhabela.

In het heuvelachtige binnenland van Minas Gerais liggen de meeste barokke koloniale steden van Brazilië, die nogal afsteken tegen de moderne hoofdstad Belo Horizonte. De grootste toeristische trekpleister is het barokke sieraad Ouro Preto, ook een hoogtepunt voor heel Brazilië. Kleiner en musealer is het leuke plaatsje Tiradentes, rustiger en authentieker Diamantina.

De staat Espírito Santo stond tot nu toe in de schaduw, maar heeft in het bijzonder voor natuurliefhebbers het een en ander te bieden. De sympathieke hoofdstad Vitória en het nabijgelegen Vila Velha zijn het waard om een tussenstop te maken op weg naar Bahia, net als het vlak aan de grens gelegen strand-, duin- en ecologische paradijs Itaúnas.

Hoogtepunten

1 Rio de Janeiro: *Cidade maravilhosa* (fantastische stad) met het Suikerbrood, de Corcovado en de legendarische Copacabana (zie blz. 100).

2 Búzios: Moderne badplaats met allure, een opwindend nachtleven en vele fraaie stranden (zie blz. 143).

3 Ilha Grande: Groen eiland met Atlantisch regenwoud, idyllische baaien, oude indianenpaden en zeiltochten op een groot piratenschip (zie blz. 148).

4 Parati: Museaal koloniaal stadje uit de 17e eeuw, waar uit de voormalige haven voor goud en slaven excursieboten naar de eilanden in de baai vertrekken (zie blz. 153).

5 Ouro Preto: Goed bewaard gebleven barokke stad uit de tijd van de goudzoekers met historische straatjes en kerken vol pracht en praal (zie blz. 184).

Aanbevolen routes

Costa Verde: Aan de Groene Kust tussen Rio en Parati komt het Atlantische regenwoud tot aan de zee. Daarnaast zijn er hier 2000 stranden en liggen er 365 eilanden voor de kust. Het is een van de weelderigste en bekoorlijkste stukken kust van Brazilië. Bussen doen er vier uur over om van Rio naar het koloniale Parati te rijden en tweeënhalf uur naar Angra dos Reis. Vandaar kunt u in een uur met de veerboot naar het zeer groene Ilha Grande (zie blz. 148).

Reis naar de barok: Bezoek de drie rijkste en best bewaarde barokke steden van Brazilië: Tiradentes, Ouro Preto en Diamantina. De gemakkelijkste en snelste manier om deze steden te bereiken is per bus uit vanuit Belo Horizonte, de hoofdstad van Minas Gerais. Vanuit Rio is op zijn minst een uitstapje naar Tiradentes (325 km) en/of Ouro Preto (398 km) verplicht. Sinds 2006 is er zelfs de mogelijkheid via de oude wegen voor goudtransport in de staten Rio de Janeiro, São Paulo en Minas Gerais in totaal 177 gemeenten en hun geschiedenis en cultuur te leren kennen. Dit fantastische toeristische project is nog in de opbouwfase, maar informatie is te vinden op www.estradareal.org.br (zie blz. 184).

Reisplanning

Slechts weinig mensen beseffen dat men in **Rio en nabije omgeving** ook een langere en zeer gevarieerde vakantie van minstens twee weken kan doorbrengen. Afgezien van de schitterende metropool met een levendig centrum, 50 km strand en het grootste stedelijke regenwoud van de wereld, kunt u zich vermaken in strandparadijzen als Búzios, het groene Ilha Grande, het koloniale Parati en de keizerlijke residentie in de bergen Petrópolis. Wie nog wat verder reist naar de barokke steden van **Minas Gerais** in het binnenland, kan zijn verblijf in het zuidoosten van Brazilië nog verrijken met heel bijzondere kunst en cultuurgeschiedenis.

Tips

Carnaval in Rio: Als u in januari of februari in Rio bent, mag u in geen geval de optocht van de eerste klasse in het Sambódromo missen (zie blz. 117).

Nostalgische rit met de oude tram in Rio: Avontuurlijke tocht door de historische kunstenaarswijk Santa Teresa (zie blz. 127).

Jardim Zoológico, Zoô Safári en Slangenmuseum: Bezoek in São Paulo de op vier na grootste dierentuin ter wereld met de vrij rondlopende wilde dieren en de giftigste slangen (zie blz. 170).

Diamantina: Het barokke diamantstadje in Minas Gerais is authentieker dan het toeristische Ouro Preto en het museale Tiradentes (zie blz. 190).

1 Rio de Janeiro

Kaart 108, 120, 134

De Cariocas – de inwoners van Rio – noemen de stad *Cidade maravilhosa*, 'fantastische stad'. Talrijke 'suikerbroden', veel groen en brede stranden doorbreken de zee van huizen. Vaak kunt u niet geloven in een stad van 6 miljoen mensen te zijn. De Oostenrijkse auteur Stefan Zweig schreef ooit: 'Overal is de natuur uitbundig en toch harmonieus en midden in de natuur ligt de stad zelf. Er is geen mooiere op aarde.'

Atlas: blz. 14, F4

Diep beneden het vliegtuig strekt zich de eindeloze zee van lichtjes uit van de ontwakende stad, hoog verrijzen de heuvels waar de armen wonen, het beeld van Christus en het Suikerbrood.

Wie voor het eerst deze buitengewone stad bezoekt, zal hem met zeer gemengde gevoelens tegemoet treden. Te veel heeft men al gehoord en gelezen om er onverschillig tegenover te staan. In het vliegtuig naar New York bereidt men zich voor op het Vrijheidsbeeld, naar Parijs op de Eiffeltoren, maar naar Rio op het verlies van zijn horloge. Het heeft geen zin te zeggen dat het hier helemaal niet zo gevaarlijk is. Als er wat gebeurt, is dat meestal op de eerste dag.

En zo verstopt de angstige toerist nog voor de landing zijn kostbaarheden in het nek- of heuptasje, bij de uitgang van de luchthaven haast hij zich naar een taxi en kan hij alleen nog maar hopen de laatste horde van zijn aankomst goed te doorstaan. Maar alles verloopt rustig, geen overval, geen ongeluk, geen verkeerschaos en niet één keer de verwachte ergernissen bij het betalen. De op fooi beluste chauffeur praat alleen een beetje te veel, over de *show de mulatas*, de *Pão de Açúcar*, de *Corcovado* en nog veel meer, terwijl de reiziger zich de laatste slaap uit de ogen wrijft.

Bij het hotel aangekomen, voelt hij zich weer vrij en veilig, beschermd tegen het vermeende 'vijandelijke gebied' dat hem omringt. Vanuit zijn kamer kijkt hij naar enkele krottenwijken op de heuvels, beangstigend dicht bij zijn toevluchtsoord en de naastgelegen luxewoningen van de rijken. Maar dan valt de blik van de reiziger op de zee en het strand, vaak de enige plaats waar hij zich de eerste dag ietwat schuchter durft te vertonen.

Maar zijn opvallend bleke kleur en zijn uit de toon vallende strandkleding wijzen hem al snel aan als pas gearriveerde toerist. Zo trekt menige nieuwkomer zijn spijkerbroek en sokken pas aan de rand van het water uit. Ook bedekkend badgoed als een badpak wekt in het land van de bikini's bevreemdend. Vaak worden het gat in de ozonlaag en de kracht van de tropische zon onderschat en draagt men het brandmerk van de eerste dag de hele vakantie mee.

'S Middags slaat, zo leert de ervaring, de

Veiligheid

Het gevaar in Rio slachtoffer te worden van een beroving is helaas hoog, vooral in de wijk Copacabana. Om het risico te vekleinen kunt u het beste zo weinig mogelijk meenemen, geen rugzak dragen, niet in het donker gaan zwemmen en niet te voet door tunnels gaan. Geef in geval van nood uw spullen zonder tegenstand af. Aan te raden is u de eerste dagen te laten vergezellen door een (privé)gids die de stad goed kent (zie blz. 138).

Onderweg met de auteur

Centraal gelegen
Arpoador, de kleine wijk tussen Copacabana en Ipanema, is heel geschikt als uitvalsbasis. Vandaar bent u zo op beide stranden, en kunt u te voet naar de vele bars en restaurants in de beide wijken (zie Accommodatie blz. 133).

Mooi uitzicht
Hoogtepunten van een bezoek aan Rio zijn de unieke panorama's van het **Suikerbrood** en de **Corcovado** (zie blz. 101 en 105). Ook de busrit rond de Baai van Guanabara naar **Niterói** wordt beloond met een fantastisch uitzicht (zie blz. 114).

Reis door de tijd
Bij een wandeling door het historische Centrum zetten banketbakker **Confeitaria Colombo** en de oude bibliotheek **Real Gabinete Português de Leitura** u terug in de 19e eeuw (zie blz. 123). In de pittoreske wijk **Santa Teresa** (zie blz. 125) kunt u uw wandeling door het verleden voortzetten.

Droomstranden
Wie Copacabana beu is, moet **Posto 9 in Ipanema** (zie blz. 110) eens opzoeken. Daar gebeurt altijd van alles, het is het belangrijkste ontmoetingspunt van de stad voor studenten. Wie op zoek is naar rust en genoegens van de natuur, vindt aan de zuidkant van de stad de mooiste en groenste baai van Rio, **Prainha** (zie blz. 110).

Muziekcafés
In de wijk **Lapa**, vlak naast het centrum, klopt het muzikale uitgaanshart van Rio. U vindt er talrijke muziekcafés in mooie oude villa's. Rio Scenarium in de Rua do Lavradío is een van de beste en bekendste. Tussen authentieke antieke stukken spelen de beste bands samba, *chorinho* en bossanova (zie blz. 125).

vermoeidheid toe en wordt het programma voor Suikerbrood en Corcovado naar goed Braziliaans gebruik tot morgen uitgesteld. In plaats daarvan worden de eerste voorzichtige schreden in de straten gezet, nieuwsgierig en angstig tegelijk. Maar het multiculturele openluchttheater krijgt de reiziger al snel in zijn greep. De levendige handel en wandel van mensen van overal vandaan en van allerlei huidskleuren laat hem niet meer bijkomen van verbazing. Op straat zijn nog net geen sambadansende stellen te zien, maar de dagelijkse gang van zaken is al opwindend genoeg. Helaas wordt de vreugde getemperd door schokkende taferelen. De ongewone aanblik van slapende straatkinderen midden op de verder zo keurige stoep, bedelende daklozen voor luxewinkels en banken en dubieuze gestalten, waarvan men nog niet weet hoe (on)gevaarlijk ze zijn, maken de eerste wandeling vaak tot een klemmende belevenis. Als de reiziger 's avonds dan toch in een van de grote *churrascaria's* zit en het ene smakelijk stuk vlees na het andere van lange spiezen op zijn bord laat snijden, is de wereld weer in orde. Gesterkt en benieuwd kan het grote avontuur Brazilië eindelijk beginnen.

Pão de Açúcar (Suikerbrood)

Kaart: blz. 108
De wereldberoemde **Pão de Açúcar** **1** (Suikerbrood) bestaat, net als de meeste andere hoogtes van Braziliës 'hoofdstad van de bergen', uit tot 900 miljoen jaar oud gneis. Door de geologische scheiding van Zuid-Amerika en Afrika ruim 100 miljoen jaar geleden, kwamen de gneislagen van de Zuid-Amerikaanse aardschol aan de oppervlakte. Maar pas in de afgelopen 1,8 miljoen jaar ontstonden door erosie de huidige bekende vormen.

Pão de Açúcar betekent letterlijk Suiker-

Uitzicht op Rio met de Corcovado en het Suikerbrood

Het mooiste strand tussen Pão de Açúcar en Corcovado is dat van Copacabana

brood. Toen in de 16e eeuw in Rio suikerriet werd verbouwd en verwerkt, zag men een gelijkenis van rietsuikerbroden met de opvallende rots bij de toegang tot de Baai van Guanabara. De rots is altijd markeringspunt en herkenningsteken voor de scheepvaart geweest en is tot op heden het bekendste symbool van de stad. Veel toeristen menen zelfs dat dit de enige rots van Rio is, en zijn later verbaasd als er nog veel meer blijken te zijn.

U kunt in twee etappes naar boven met de **kabelbaan** *(bondinho)*, die op zich al een attractie vormt. Het eerste traject tot aan de Morro da Urca kwam gereed in 1912, het tweede stuk tot aan de Pão de Açúcar in 1913. Het werk van de Duitse firma Poligh Heckel uit Keulen was destijds een gewaagd project – alleen in Spanje en Zwitserland was er al iets dergelijks – dat internationaal prestige verleende aan Brazilië, dat als enigszins achterlijk werd beschouwd. Nadat de concessie in 1969 verliep, werd er binnen drie jaar een nieuwe verbinding gebouwd. Tot op vandaag vervoert deze in plaats van 124 mensen, 1360 kabelbaanreizigers per uur. De cabine is transparant aan de zijkant, waardoor u al bij de tocht naar boven een schitterend uitzicht over de stad hebt.

De steile kabels werden pas echt wereldberoemd door twee grote kunstzinnige prestaties. In 1967 reed er een Duitser op een motor over de kabels en in 1977 balanceerde de Noord-Amerikaanse koorddanser Steven McPeak van Morro da Urca tot aan de top van de Pão de Açúcar. Ruim 200 miljoen mensen over de hele wereld volgden het spektakel via de meda. Twee jaar later wekte de kabelbaan opnieuw opzien door de James Bondfilm *Moonraker*.

Boven ontvouwt zich op 394 m hoogte een

betoverend uitzicht. Links kunt u uitkijken over de stranden van Copacabana, Ipanema en Leblon tot aan de rots van Gávea, rechts ziet u de Baai van Guanabara liggen met de aangrenzende wijken Botafogo, Flamengo en Glória. Daarachter ligt het Centrum en aan de overzijde van de lange brug de buurstad Niterói. Midden in dit panorama verrijst de majestueuze Corcovadorots met de figuur van Cristo Redentor (Christus Verlosser). Zo veel verhevenheid kan de wonderlijkste uitwerking op het gemoed hebben. In een oud gastenboek staat met bibberend handschrift geschreven: 'Ik kwam hier met het idee een einde te maken aan mijn leven. Boven aangekomen was ik zo gegrepen, dat ik mijn voornemen heb opgegeven' (kabelbaan: tel. 021-25 46 84 00, www.bondinho.com.br, dag. 8–22 uur, de beste tijd is 's morgens of tegen de avond bij zonsondergang, R$35; met bus 511 of 512 van Copacabana of Ipanema tot Urca, of per taxi, niet ver).

Corcovado en Christusbeeld

Kaart: blz. 108
Het gigantische Christusbeeld is naast het Suikerbrood het bekendste symbool van Rio de Janeiro. Overal in Rio is, zelfs 's nachts, het beeld te zien dat als een baken boven op de 704 m hoge **Corcovado** **2** ('bochel') staat. Vanaf de top kunt u helemaal rondom kijken en ontrolt de hele stad zich aan uw voeten.

Het idee voor een Christusbeeld op de berg schijnt geopperd te zijn door de Franse priester Pierre Marie Bos, tijdens een verblijf in Rio halverwege de 19e eeuw. In 1922 werd de eerste steen gelegd, waarna een bedrag van – omgerekend naar de huidige maatstaven – 6 miljoen reais werd ingezameld en er vijf jaar lang werd gebouwd. Op 12 oktober 1931 werd het beeld eindelijk gewijd. De toenmalige president Getúlio Vargas sprak emotionele woorden en kardinaal Dom Sebastião Leme Cintra richtte een vroom, maar tot op heden niet verhoord gebed tot de betonnen figuur om het land te leiden en van alle kwaad te bevrijden.

Ook niet-gelovige bezoekers zullen gegrepen worden door de eenvoud en verhevenheid van dit monument. De figuur is 38 m hoog en spreidt zijn armen 29 m breed uit. Het beeld is voornamelijk het werk van de Braziliaan Heitor da Costa Silva, wiens ontwerp werd gekozen uit vele inzendingen van architecten. Alleen voor de modellering van het hoofd en de handen werd de Franse beeldhouwer Paul Landowski aangetrokken. In 2007 werd het Christusbeeld tot een van de zeven nieuwe wereldwonderen gekozen.

De top van de Corcovado wordt ontsloten door een asfaltweg, die door de beboste berg omhoogslingert (tot 18 uur geopend), en een tandradbaan, de Trem do Corcovado, vanaf Cosme Velho (in het weekend af en toe tot 22 uur in bedrijf). Het steile tracé werd al in 1885 aangelegd door een Zwitserse firma. Tot 1911 reden er stoomlocomotieven uit de Verenigde Staten en Duitsland. In dat jaar werd het traject geëlektrificeerd en werden Zwitserse locomotieven ingezet, die in 1975 zijn vervangen door moderne SLM-treinen uit het Zwitserse Winterthur. Langs het traject liggen tien verschillende thematische beeldentuinen.

Eenmaal boven, hoeft u alleen nog maar in de lift te stappen, daarna twee roltrappen te nemen en dan kunt u genieten van het hoogste **panorama** over heel Rio de Janeiro. Een betere 'gids' dan deze 'Christusberg' kunt u zich

Wolkenloos panorama
Als de hemel bedekt is en de Christus op de Corcovado in wolken is gehuld (wat regelmatig voorkomt), is er het alternatief halverwege de Corcovado te stoppen bij het uitkijkpunt **Dona Marta** (uitsluitend te bereiken per taxi). Dit punt ligt onder de wolkengrens en biedt een vergelijkbaar goed uitzicht op de stad. Bovendien is het er rustiger en is de toegang gratis. Vanaf de parkeerplaats aan de andere kant van het voornaamste uitkijkterras ligt een **helihaven** voor helikopterrondvluchten. Ook hier is het uitzicht over Rio geweldig.

niet wensen. De blik glijdt over het Suikerbrood naar de Baai van Guanabara met de 14 km lange brug naar Niterói. Links daarvan ziet u de hoogbouw uit het centrum liggen, aangrenzend de historische wijk Santa Teresa, daarachter de armere noordelijke zone en de schaduwen van de randgemeentes van de Baixada Fluminense. Het duidelijkste tekent zich de rijkere zuidzone aan de voet van de Corcovado zich af, de woonwijken en stranden van Leblon, Ipanema en Copacabana, het binnenmeer Rodrigo de Freitas met de paardenrenbaan en de botanische tuin daar in buurt. In tegenovergestelde richting, achter de rug van het Christusbeeld, ligt het grootste stedelijke oerwoud ter wereld, het Parque Nacional da Tijuca (tandradbaan: Estação Trem Corcovado, Rua Cosme Velho 513, tel. 021-25 58 13 29, www.corcovado.com.br, dag. 8.30–18.30 uur, R$35, bus 583 vanaf Copacabana; 's middags beter licht om te fotograferen).

Stranden en strandwijken

Kaart: blz. 108

Een van de bijzonderheden van Rio is dat de meeste stranden niet buiten de stad liggen zoals elders, maar pal voor de deur. U hoeft vanuit uw hotel alleen maar de straat over te steken en kunt ondanks de ligging midden in de stad op veel plaatsen onbekommerd te water gaan en van het strand genieten. Op gevaarlijke stromingen wordt u geattendeerd met rode waarschuwingsborden. De meeste Brazilianen kunnen trouwens niet zwemmen en liggen alleen maar urenlang in de zon. Overal zijn parasols en strandstoelen te huur, waarvoor u echter wel van tevoren een acceptabel huurbedrag moet afspreken. Ook de prijzen voor drankjes liggen op het strand vaak veel te hoog. Baden aan de vervuilde stranden in de Baai van Guanabara (Botafogo, Flamengo, Ilha de Paquetá, enzovoorts) is niet verstandig.

Praia do Leme

Een rondgang langs de stranden begint aan het einde van de Avenida Atlântica in Leme, de kleine en rustige wijk naast Copacabana. Vooral op zondag is het goed wandelen, als van de **Praia do Leme** **3** tot aan Leblon een deel van de boulevard is afgesloten voor gemotoriseerd verkeer. Begin bij de Morro do Leme, waar u een stuk om de rots kunt lopen om naar de vissers te kijken en te genieten van het weidse uitzicht over de baai, een van de mooiste vergezichten van de stad.

Praia de Copacabana

Na 1 km, ter hoogte van de Avenida Princesa Isabel bij hotel Meridien, komt u in het legendarische Copacabana, dat in een aparte paragraaf wordt behandeld (zie blz. 112). Aan het einde van dit strand, na ongeveer 3 km, liggen enkele oude vissersboten en een landtong met daarop een vesting (Forte de Copacabana), vanwaar u een prachtig uitzicht over dit deel van het strand hebt. Hier ligt ook een filiaal van banketbakkerij Confeitaria Colombo. Vroeger stond hier de kerk Igreja de N.S. de Copacabana, die de wijk zijn naam heeft gegeven.

Praia de Arpoador

Daarna verdwijnt de zee voor enkele ogenblikken uit zicht, totdat u het Parque Garota de Ipanema hebt doorkruist en de betoverende, kleine **Praia de Arpoador** **4** bereikt. Vanaf de hoogte van enkele rotsen kunt u uitkijken over deze hele baai, van Arpoador over Ipanema tot aan Leblon. Dit is de beste plek van de stad om 's zomers te borrelen bij zonsondergang. Op zon- en feestdagen komen hier veel armere badgasten uit de noordelijke wijken met de bus naartoe, waardoor het wat gevaarlijker wordt.

Praia de Ipanema

De weg langs het strand gaat in Ipanema over in de chique Avenida Vieira Souto, tot op heden de duurste woonstraat van Rio. Op een gegeven moment vallen ook aan de **Praia de Ipanema** **5** de doorgenummerde strandposten van beton op. Deze dienen niet alleen voor de reddingsbrigade en de hygiëne, maar zijn ook referentiepunt voor afspraken. Op het strand bij Posto 8 verzamelen zich homo's en travestieten, bij Posto 9 komen studenten uit de

Stefan Zweigs 'mooiste stad van de wereld'

Thema

De in Wenen geboren schrijver Stefan Zweig vluchtte in 1936 voor de nazi's naar Brazilië. Enthousiast geworden over zijn nieuwe Zuid-Amerikaanse vaderland, schreef hij in 1941 het werk *Brazilië. Land van de toekomst*. Zijn verliefde omschrijving van Rio de Janeiro is nog altijd van toepassing.

'Bijna vierhonderd jaar geleden, in 1552, schrijft Tomé de Souza, als hij in Rio landt: *'Tudo é graça que dela se pode dizer'* (Alles, wat men erover kan zeggen, is schoonheid). Men zou het eigenlijk niet beter kunnen uitdrukken dan deze ruwe soldaat. De schoonheid van deze stad, dit landschap laat zich echt nauwelijks omschrijven. Woorden schieten tekort, fotografie schiet tekort, omdat de stad te veelzijdig, te onoverzichtelijk, te onuitputtelijk is; zelfs een schilder, die Rio met al zijn duizenden kleuren en taferelen in zijn geheel zou willen afbeelden, zou aan één leven niet genoeg hebben. De natuur heeft hier hier namelijk in een eenmalige bui van verkwisting van de bouwstenen van landschappelijke schoonheid alles op een hoop gegooid, wat zij anders zuinig over alle landen verdeelt en afzondert. Er is de zee, maar een zee in al zijn vormen en kleuren, groen aanschuimend aan het strand van Copacabana uit de eindeloze verte van de Atlantische Oceaan, bij Gávea weer grimmig opspringend tegen eenzame rotsen en dan weer in Niterói vlak en blauw zich vlijend op het gladde zandstrand of liefdevol de eilanden omspoelend. Er zijn bergen, maar elke top en iedere helling is anders gevormd, ontoegankelijk steil, grijs en rotsig de ene, groen en flauw hellend de andere, spits gepunt de Pão de Açúcar en als door een gigantische hamer platgeslagen de Pedra da Gávea, gespleten en getand de bergketen van Dedo de Deus, de Vinger Gods. Ieder eigenzinnig zijn eigen vorm bewarend en toch alle verbonden in een broederlijke kring. Er zijn meren, zoals de Lagoa Rodrigo de Freitas en die van Tijúca, die de bergen, het landschap en te zelfder tijd de elektriciteitsdraden van de stad weerspiegelen, er zijn watervallen, koel en schuimend van de rotsen omlaagstortend, er zijn beken en rivieren, water in al zijn onvoorstelbare vormen. Er is groen in alle toonaarden, oerwoud tot het randje van de stad met woekerende lianen en ondoordringbaar dichte begroeiing, er zijn parken en verzorgde tuinen, die elke boom, elke vrucht, elke struik uit de tropen in een ogenschijnlijke warboel, maar toch doordachte ordening verbinden. Overal is de natuur uitbundig en toch harmonieus, en midden in de natuur is er de stad zelf, een stenen woud, met zijn wolkenkrabbers en kleine paleizen, met zijn avenues en pleinen en bonte, oosterse steegjes, met zijn negerhutten en gigantische ministeries, met zijn badstranden en casino's – een alles-tegelijk, een luxestad, een havenstad, een zakenstad, een buitenlanderstad, een industriestad, een ambtenarenstad. En boven dat alles de zalige hemel, diepblauw overdag als een reusachtige tent en 's nachts bezaaid met zuidelijke sterren; waar de blik ook gaat in Rio, hij wordt met iets nieuws verblijd.

Er is – wie hem eenmaal heeft gezien, zal mij niet weerspreken – geen mooiere stad op de aarde.'

Agglomeratie Rio de Janeiro

Bezienswaardigheden

1 Pão de Açúcar (Suikerbrood)
2 Corcovado met Christusbeeld
3 Praia do Leme
4 Praia de Arpoador
5 Praia de Ipanema
6 Praia do Leblon
7 Praia São Conrado
8 Praia da Barra
9 Prainha
10 Copacabana
11 Copacabana Palace Hotel
12 Parque do Flamengo
13 Igreja de N.S. da Glória do Outeiro
14 Museu Histórico Nacional
15 Palácio da Ilha Fiscal
16 Cidade de Samba
17 Brug tussen Rio en Niterói
18 Niterói
19 São Francisco
20 Jurujuba
21 Ilha de Paquetá
22–31 zie kaart blz. 120
32 Lapa
33 Santa Teresa
34 Parque Nacional da Tijuca
35 Jardim Botânico
36 Maracanãstadion
37 Jardim Zoológico
38 Museu Nacional
39 Feira de São Cristóvão

Accommodatie

1–9 zie kaart blz. 134

Eten en drinken

10–14 zie kaart blz. 134
15 Porcão Rio's
16 Sol e Mar
17 Porcão
18 Casa da Feijoada
19 Espírito Santa
20 Vegetariano Social Club
21 Mezzanino

16
R. Livramento Cabral
Av. Venezuela
Av. Rodrigues Alves
Praça Mauá
Ilha das Cobras
15
21
Ilha Fiscal
GAMBOA
R. do Camerino
Pres. Vargas
Uruguaiana
R. Uruguaiana
R. 1 de Março
Pç. 15 de Novembro
Details zie kaart Centrum blz. 120
Pç. Onze de Julho
Central
Av. Presidente Vargas
CENTRO
Pç. da República
Pç. da República
R. da Carioca
R. da Assembléia
Av. Rio Branco
Carioca
Av. Presidente Antônio Carlos
14
Av. Gen. Justo
Aeroporto Santos Dumont
R. Marquês de Sapucaí
R. Visconde do Rio Branco
Av. República do Chile
Av. Franklin Roosevelt
Av. Presidente Wilson
Cinelândia
Av. Mém de Sá
R. da Relação
Av. Salvador de Sá
R. Frei Caneca
R. do Catumbi
R. do Riachuela
Av. Augusto Severo
Av. Beira Mar
Av. Infante Dom Henriqu
32
L. do Catumbi
19
33
CATUMBI
GLÓRIA
Glória
13
Baía de Guanabara
12
Catete
R. Itapiru
CATETE
FLAMENGO
Praia do Flamengo
Lg. Do Machado
LARANJEIRAS
R. das Laranjeiras
R. Pinheiro Marbado
R. Paissandu
Flamengo
R. Cosme Velho
R. das Laranjeiras
Estrada do Mirante de Dona Maria
Av. Oswaldo Cru
URCA
1
Botafogo
Av. das Nações Unidas
Av. Rui Barbosa
15
R. S. Clemente
Praia de Botafogo
Av. Portugal
R. Real Grandeza
R. Voluntários da Patria
R. Gen. Severiano
Av. Reporter Nestor Moreira
16
Av. Pasteur
COSME VELHO
R. S. Clemente
R. Arnaldo Quintela
R. Gen. Polidoro
21
Praia Vermelha
BOTAFOGO
Morro da Babilônia
R. Pinheira Guimarães
Morro São João
Lad. do Leme
Av. Princesa Isabel
LEME
Morro do Leme
LAGOA
Arcoverde
Lad. dos Tabajaras
Av. Atlântica
3
R. Toneleiros
Posto 1
Siqueira Campos
Av. Nossa Senhora de Copacabana
11
Posto 2
Morro dos Cabritos
R. Figueiredo Magalhães
10
Details zie kaart Copacabana blz. 134
R. Pompeu Loureiro
R. Barata Ribeiro
Posto 3
COPACABANA
Posto 4
Atlantische Oceaan
Cantagalo
R. Raul Pompéia
Av. Nossa Senhora de Copacabana
Av. Atlântica
Posto 5
17
General Osório
18
ARPOADOR
R. Francisco Otaviano
Parque Garota de Ipanema
4
N
0
500 m
1 km

middenklasse samen (een bekend marihuanapunt).

De tocht gaat verder langs de kortere, en voor zwemmen minder geschikte **Praia do Leblon** 6. De gelijknamige wijk is een chique woonwijk voor de midden- en hogere klasse. Van verre is de Morro Dois Irmãos (Twee Broers) zichtbaar, die vaak voor het Suikerbrood wordt aangezien en het inofficiële kenmerk van de regio is.

Praia de São Conrado

Na een paar kilometer over de Avenida Niemeyer (neem hier een bus, minibus of taxi) komt u na de Favela do Vidigal en een paar motels bij de **Praia São Conrado** 7. Dit strand is echter enigszins vervuild en kent geen achtergrondbegroeiing. Aan het einde ervan, waar het strand inmiddels Praia do Pepino heet, landen de deltavliegers en ultralightvliegtuigen, die van de nabijgelegen rots Pedra Bonita zijn vertrokken. Avontuurlijke geesten kunnen meevliegen in een tandem. Stadinwaarts ligt tegen een grote heuvel de uitgestrekte favela Rocinha. Met 120.000 bewoners is dit de grootste sloppenwijk van Zuid-Amerika, die zelfs met een speciale gids te bezichtigen is (zie Favela-excursies, blz. 138).

Praia da Barra

Nog een paar kilometer naar het westen ligt de wijk Barra da Tijuca. Deze wijk voor de nieuwe rijken is in de jaren zeventig van de vorige eeuw aangelegd en bestaat uit vele verdiepingen tellende flatgebouwen, die van alle mogelijke veiligheidsmaatregelen zijn voorzien. Deze wat kunstmatig aandoende woonwijk, die vaak met Miami of Californië wordt vergeleken, staat in toenemende belangstelling van welgestelde Braziliaanse gezinnen met kinderen. Er zijn veel grote winkelcentra, een pret- en een waterpark, fitnesscentra, fastfoodrestaurants en een Hardrockcafé. Alles ademt hier de *American way of life*. De 15 km lange, zeer schone en nette **Praia da Barra** 8 is intussen, in elk geval in het weekend, niet alleen een van de populairste stranden voor de Cariocas geworden, maar ook een verzamelplaats voor surfers en kitesurfers.

Prainha, Abricó en Grumari

Pas na een halfuur rijden wordt het weer rustiger, op de verrukkelijke, kleine **Prainha** 9, het geliefdste trefpunt voor surfers van Rio. Dit strand in een lieflijke baai met natuurlijke beschutting is slechts 100 m lang, maar het water is glashelder, op de achtergrond ligt een met oerwoud bedekte berghelling en in een vlak bij zee gelegen *barraca* (strandtent) wordt bier en heerlijke vis opgediend. Vlak voor de

Badplezier aan de Praia de Ipanema

Prainha kunt u in Recreio dos Bandeirantes nog het **Casa do Pontal** bezoeken, het grootste museum voor kunstnijverheid van Rio, met 4500 objecten, overwegend miniaturen van klei, gips en hout (do.-zo. 9.30-17 uur, R$10). Een paar bochten voorbij de Prainha ligt de kleine **Praia do Abricó,** het enige naaktstrand van Rio. Dit is door slechts enkele rotsen gescheiden van de lange **Praia de Grumari**. Bij de rotsen aan het einde is dit strand het mooiste. Daar staan ook enkele strandtenten. Op zon- en feestdagen kunt u dit stuk vanwege de verkeerschaos beter mijden.

Copacabana

Kaart: blz. 134
Nergens gaat de zon zo groots op als aan het strand van **Copacabana** 10, het beroemdste

stadsstrand van de wereld. Aan de 4 km lange, halfronde baai leven tegenwoordig zo'n 170.000 mensen dicht op elkaar. Nergens zijn Brazilianen qua sociale en culturele afkomst zo verschillend als hier. Volgens de Journal Globo is de bevolking 'een combinatie van Nice en Bangladesh'. Op het eerste gezicht zou je werkelijk kunnen geloven in de veelgehoorde stelling van een klasseloze Copacabaanse maatschappij, op zijn minst wat betreft het onbekommerde naast elkaar leven van arm en rijk, zwart en wit, jong en oud. Slechts weinigen weten dat Copacabana de wijk is met de meeste renteniers van Brazilië (25% tegenover een gemiddelde van 8% in het hele land). De Avenida Atlântica die langs het strand voert, een van de chicste adressen van Rio, wordt 'gedeeld' door miljonairs en prominenten in luxueuze appartementen met bedelaars, straatkinderen en hoeren.

Lange tijd bleef Copacabana achter de bergen vrijwel onontdekt, totdat er een tram kwam en er tunnels vanuit het centrum werden aangelegd. Toen in 1923 het invloedrijke **Copacabana Palace Hotel** **11** zijn deuren opende, stonden er slechts enkele kleine villa's in de buurt. Maar toen de rijken vanaf halverwege de jaren veertig wegtrokken uit Santa Teresa, kozen velen voor een nieuw onderkomen aan het water. In de jaren vijftig en zestig was de wijk al de chicste van de stad. Op de bals van de high society speelden ook de bekendste muzikanten van Brazilië.

In de jaren zeventig begon echter de invasie van de lagere middenklasse. De deftige villa's werden afgebroken en maakten plaats voor flats met kleine woningen. In de volgende decennia raakte de wijk steeds meer in verval. Het dieptepunt werd bereikt, toen de wijk in 1992 zijn honderdste verjaardag vierde en overvallen, inbraken, volksgerichten en drugsoorlogen het straatbeeld bepaalden. Inmiddels is de middenklasse vertrokken naar het naastgelegen Ipanema en Barra da Tijuca, Copacabana overlatend aan de armen en criminelen.

Toen de bezoekersaantallen van buitenlandse gasten dramatisch terugliepen, was het tijd voor een radicale ommekeer. De comeback van Copacabana werd door de toenmalige burgemeester César Maia, bijgenaamd 'de architect van de rijken', ingeleid met de woor-

Het strand van Copacabana – de favoriete zonnebank van Rio

Verering van het lichaam

Thema

Niet lang geleden wilde men een verbod uitvaardigen op de beroemde ansichtkaarten uit Rio met minuscule stringbikini's en strakke, mooie billen. De gouverneur en andere moraalridders zagen daarin een aanmoediging van het sekstoerisme. Maar veel Braziliaansen protesteerden, omdat ze trots zijn op hun lichaam en er niets verkeerds in zien om dat te tonen. Ten slotte hebben ze zich heel wat geld en moeite moeten getroosten om zo'n figuur te krijgen.

Terwijl de heren voornamelijk druk zijn met het aankweken van spierbundels, bekommeren de dames zich vooral om de vorming van een perfect *Brazilian body*, dat in een stringbikini overtuigt. Onmisbaar voor dit schoonheidsideaal zijn, ronde, gladde billen, strakke dijen en een vlakke buik. Moeilijke gevallen stappen zonder enige bedenking naar een plastisch chirurg; sinds Ivo Pitangui is Rio het mekka van het schoonheidstoerisme. Borstvergrotingen met siliconen zijn de normaalste zaak van de wereld. Mediasterren gebruiken zulke ingrepen zelfs openlijk als marketinginstrument.

Vier tijdschriften zijn volledig gericht op het thema plastische chirurgie. *Corpo & Plástica* kopt met 'Narcose zonder angst!' en de concurrentie van *Plástica & Beleza* geeft het klemmende advies de lievelingsbikini mee te nemen naar een consult over liposuctie. De onophoudelijke stroom propaganda heeft effect: in Brazilië worden jaarlijks meer dan een half miljoen schoonheidsoperaties uitgevoerd, terwijl dat er vijf jaar geleden nog maar 200.000 waren. De gemiddelde leeftijd van de patiëntes is 35 jaar, het aantal meisjes tussen de 15 en 18 jaar die 'iets' aan zich hebben laten 'doen' stijgt echter explosief. Volgens lokale artsen zal Brazilië recordhouder VS wat betreft het aantal schoonheidsklinieken binnenkort inhalen.

Van de 20.000 fitnessstudio's die Brazilië rijk is, staan er heel veel in de strandwijken in het welvarende zuidelijke deel van Rio. Daar strijdt men niet alleen om de ijdelheid te bevredigen en een concurrentievoordeel te behalen op seksegenoten, maar vecht men ook tegen de steeds duidelijker zichtbare resultaten van een voedingspatroon met veel calorieën en vetten en de heersende fastfoodcultuur. Het zal geen bezoeker van dit land kunnen ontgaan, dat de slanke mulattin van weleer inmiddels geschiedenis, legende en mythe is geworden.

Maar zelfs als de vormen steeds ronder worden – ook bij mannen – hechten de Cariocas grote waarde aan lichaamsverzorging en presentatie. In geen stad ter aarde wordt zoveel gedoucht als in Rio. De cosmeticamarkt heeft zijn omzet de afgelopen tien jaar bijna zien verdubbelen en overal in de stad verschijnen chique modezaken. Ook de vrouwen uit de onderklasse met weinig geld kleden zich modebewust en vooral op tassen en schoenen wordt pas in laatste instantie bezuinigd. Een navelpiercing of een kleine tatoeage kan iedereen zich wel permitteren. En in het ergste geval zijn op het strand de verplichte beschaafde bruine huidskleur en vooral de *marcinha de praia*, de piepkleine streepjes wit onder de minusule bikini, gratis verkrijgbaar.

den: 'We moeten de openbare ruimte teruggeven aan het volk.'

Intussen is de wijk haast niet meer te herkennen. Het strand is helder verlicht en de promenade wordt door camera's bewaakt. Door Oscar Niemeyer ontworpen strandtenten met ondergrondse keukens, douches en wc's staan er uitnodigend bij. Talrijke parkeerplaatsen moesten wijken voor een doorgaand fietspad, dat ook gebruikt wordt door vlotte, op tweewielers patrouillerende agenten en talrijke joggers en skaters. Copacabana lijkt toch al op een uniek sportcomplex. Overal wordt gevoetbald, aan beachvolleybal gedaan of op turntoestellen getraind.

's Avonds is er in Copacabana minder te doen dan u wellicht zou denken. Er zijn restaurants met tafels op straat, maar geen sambashows zoals in Lapa (zie blz. 125). Sekstoeristen komen daarentegen aan de Avenida Atlântica en in de megadisco Help volledig aan hun trekken.

Niettegenstaande de bedenkingen van de Cariocas tegenover deze zondige wijk laten ze eenmaal per jaar hun angsten vieren en wordt de droom van een klasseloze maatschappij ten minste voor één nacht verwerkelijkt. Traditioneel komen hier op **oudejaarsavond** 2 miljoen mensen samen om in sportieve of feestelijke witte kleding het grootste vuurwerkspektakel van de wereld te volgen, om bloemen en andere offergaven te schenken aan de godin van de zee Iemanja en daarna tot in de vroege uurtjes een carnavalesk feest te vieren. *Feliz ano novo!*

Rondrit langs de Baai van Guanabara

Kaart: blz. 108

Iedereen staat versteld over de omvang van deze baai. Bij het begin van de baai bij het Suikerbrood is hij amper 2 km breed, maar daarna verbreedt hij zich tot 24 km en uiteindelijk dringt hij tot voorbij Rio 26 km diep het land in. Toen de Portugese zeevaarder Gaspar de Lemos hier op 1 januari 1502 met zijn eskader binnenvoer, meenden allen de Hof van Eden gevonden te hebben. De beschutte ligging van de baai maakte de regio ook strategisch interessant. Het minste wat deze verdiende was dan ook een eigen naam. Rio de Janeiro betekent in het Nederlands Januaribaai. In de 16e eeuw betekende het Portugese woord 'rio' zowel rivier als baai.

In het begin werd het gebied voornamelijk verkend door Fransen die op zoek waren naar het felbegeerde brazielhout, waarmee men eindelijk verschillende tinten rood voor koninklijke gewaden kon maken. In 1555 ontstond vlak bij het Suikerbrood de eerste Franse nederzetting, die men Henriville noemde. In 1565 werd de door Nicolas Durand de Villegaignon geleide kleine kolonie France Antarctique veroverd door Portugese troepen onder aanvoering van Estácio de Sá, en werd op deze plaats de stad Rio de Janeiro gesticht.

Tegen het einde van de 16e eeuw ging de helft van de totale houtexport naar Portugal via Rio. In de 18e eeuw kwam daar de verscheping van het goud uit Minas Gerais bij en werd Rio het economisch centrum van Brazilië, en vanaf 1763 ook de hoofdstad. Lang voordat Copacabana en de andere zuidelijke wijken vorm kregen, ontwikkelden zich het historische centrum en de belangrijkste delen van de stad rond de westelijke kant van de baai. In deze buurt ligt ook de nog altijd belangrijke haven (de gehele baai geldt als de grootste natuurlijke haven ter wereld). Belangrijkste uitvoerartikelen zijn auto's, petroleum, chemicaliën, textiel en levensmiddelen. In de werf van buurstad Niterói worden schepen en zelfs olieplatforms gebouwd en onderhouden.

Helaas is de baai ook nog altijd de grootste vuilnisbelt van Rio. Elke seconde stroomt er 15.000 liter vervuilde smurrie het water in. Hoewel er sinds 1995 al een miljard dollar is uitgegeven aan een ontgiftingsproject, wordt nog 75% van het rioolwater ongezuiverd afgevoerd en ook olietankers dragen hun deel bij aan de vervuiling van het milieu.

Hoewel u dus aan de baaistranden van Botafogo en Flamengo en op het mooie eiland Paquetá niet in zee moet gaan, is de veelbezongen golf toch een van de boeiendste landschappen van de wereld. Het beste overzicht hebt u op het Suikerbrood of als u de hele baai rondt. Vanaf de Avenida Atlântica in Leme (ongeveer bij hotel Meridien) rijdt de gewone stadsbus 740D (richting Charitas) langs onderstaande bezienswaardigheden.

Parque do Flamengo

Aan het strand van Flamengo ligt het **Parque do Flamengo** 12, een van de bijzondere prestaties van de bekende landschapsarchitect Burle Marx (1909–1994). Deze zoon van een Braziliaanse vrouw en een Duitse Jood had ook een belangrijk aandeel in de aankleding van Brasília. De grond van het 120 ha grote park werd pas in de jaren zestig van de vorige eeuw gewonnen uit zee. Het is een geliefd recreatiegebied, dat helaas wel wat gevaarlijk is.

Igreja de N.S. da Glória do Outeiro

Tussen Flamengo en het Centrum verrijst op een rots links van de weg als een vuurtoren een mooie kleine kerk, de **Igreja de N.S. da Glória do Outeiro** 13 uit 1739, een belangrijk historisch monument in Braziliaans-Lusitaanse barok met een achthoekige grondvorm. De wanden van het sobere interieur zijn verfraaid met oude *azulejos* (beschilderde tegels).

De door José Cardoso Ramalho ontworpen processiekerk bracht de koninklijke familie in 1808 al gelijk na aankomst van de Portugese Kroon in verrukking en diende sindsdien als prestigekerk voor de heersende klasse (voor doopplechtigheden, huwelijken en dergelijke). De kerk is op vrijwel alle oude afbeeldingen van Rio te zien. 's Avonds is hij al van verre zichtbaar, dankzij de in 1993 aangebrachte, smaakvolle belichting (Ld. de Glória 135, Glória, ma.–vr. 9–12, 13–17, za./zo. 9–12 uur).

Tegenover de kerk staat rechts van de weg een imposant **monument voor de gevallenen uit de Tweede Wereldoorlog**, in de volksmond de Soldatenkruk genaamd. Brazilië sloot zich in 1942 aan bij de geallieerden. Verschillende Braziliaanse oorlogsschepen zijn voor de Italiaanse kust door de Duitsers tot zinken gebracht.

Museu Histórico Nacional

Na enkele meters ziet u rechts het Museu de Arte Moderna (Museum voor Moderne Kunst) liggen, een klein stukje verder volgt het vliegveld voor binnenlands verkeer Santos Dumont en vlak daarna ligt links aan de Praça Mal. Âncora het **Museu Histórico Nacional** 14 (Nationaal-Historisch Museum). Het gebouw van dit interessante en grote museum maakte ooit deel uit van een vesting, maar herbergt nu een schat aan schilderijen, meubels, uniformen, wapens, koetsen en munten. Sinds de renovatie in 2005 documenteert de moderne expositie de geschiedenis van Brazilië vanaf de prehistorie via de inheemse bevolking tot de tegenwoordige tijd (di.–vr. 10–17, za./zo. 14–18 uur).

Palácio da Ilha Fiscal

De bus rijdt nu over een verhoogde weg *(Perimetral)*, met links het centrum en rechts de baai. Op een eilandje (Ilha Fiscal), dat vroeger werd gebruikt voor in- en uitklaring van schepen, ziet u het **Palácio da Ilha Fiscal** 15, een groenig, neogotisch kasteeltje als uit Duizend-en-een-nacht. Hier werd op 9 november 1889 het laatste bal van het keizerrijk gegeven. Nadat hij tijdens de feestelijkheden gestruikeld was, riep Pedro II dat de keizer misschien kon vallen, maar het keizerrijk nooit. Vlak daarna werd de republiek uitgeroepen. De teleurgestelde vorst stierf een jaar later in Franse ballingschap (do.–zo. om 13, 14.30 en 16 uur per boot vanaf Espaço Cultural da Marinha, Centro, R$8).

Cidade de Samba

Een klein stukje verder kunt u vanaf het viaduct het oude havengebied *(zona portuária)* zien liggen, waarvan de pakhuizen en opslagplaatsen sinds de komst van containers in onbruik raakten en vervielen. Na lang aandringen van de Groene Partij maakt het stadsbestuur zich sinds kort druk om hergebruik van dit verlaten terrein. Een eerste stap in die richting was de bouw en de opening in 2006 van de enorme **Cidade de Samba** 16 (Sambastad) in de Rua Rivadávia Correa 60 in de wijk Gamboa, een project dat R$100 miljoen heeft gekost. Daar bouwen nu veertien sambascholen uit de eerste klasse in grote hallen aan hun praalwagens. Het is de bedoeling dat hier het hele jaar door samba- en carnavalsshows zullen plaatsvinden.

Brug Rio-Niterói

De bus rijdt verder over de 14 km lange **brug tussen Rio en Niterói** 17. Deze is gebouwd onder het militaire bewind als 'symbool van de beslissing van het Braziliaanse volk alle hindernissen op de weg naar een volledige economische en sociale ontwikkeling uit de weg te ruimen'. Al kort na de opening ontstonden er ernstige fileproblemen. Inmiddels is de verkeersdichtheid in de spits zo'n vijfmaal zo groot als voorzien. Nadat de tekortkomingen en veiligheidsproblemen steeds nijpender werden, is de brug in 1997 geprivatiseerd.

Niterói

Nadat u de brug bent overgestoken, komt u in de buurstad **Niterói** 18 (459.451 inwoners). Vlak voor het centrum ligt rechts, een beetje verstopt in een hal, de **Mercado São Pedro,** de grootste vismarkt van deze deelstaat. In vele winkeltjes bieden allerlei vissers hun vangst te koop aan. Gemiddeld wordt er 50 ton vis per week verkocht, met Pasen zelfs 150 ton. Op de eerste verdieping liggen enkele eenvoudige, maar populaire visrestaurants (di.–za. 6–17, zo. 6–12 uur).

Zodra de bus bij het strand van Icaraí komt (ten zuiden van het centrum), ziet u op een rotspunt het in 1996 geopende, opvallende **Museu de Arte Contemporânea** (Museum voor Hedendaagse Kunst) liggen, dat op een vliegende schotel lijkt. Dit is de grootste toeristische attractie van Niterói en ver buiten de deelstaat Rio de Janeiro bekend. In een enkele maand januari trok het museum 22.000 bezoekers, waarvan de helft uit het buitenland. Binnen worden wisselende tentoonstellingen van middelmatige kwaliteit geëxposeerd. Het eigenlijke kunstwerk is het futuristische gebouw zelf, een van de overtuigendste prestaties van de architect Oscar Niemeyer en inmiddels het embleem van de stad (di.–zo. 11–18 uur).

Van de lange **Praia de Icaraí,** de bekendste wijk van Niterói, hebt u een schitterend uitzicht op Rio. De bergen van de buurstad, onder andere het Suikerbrood, Dois Irmãos, Pedra da Gávea, Corcovado en Pico da Tijuca, verrijzen in perfecte harmonie en vormen vooral bij zonsondergang een overweldigende aanblik. De Cariocas gaan zelfs zo ver dit uitzicht het enige te noemen dat Niterói te bieden heeft. Deze laatste stad neemt echter volgens een onderzoek van de VN wat levensstandaard betreft de derde plaats van Brazilië in en laat daarmee de beroemde buurman ver achter zich. Niet weinig prominenten zijn om die reden al verhuisd naar de andere kant van de baai.

São Francisco en Charitas

Op zijn weg naar het eindpunt bereikt de bus na Icaraí de populaire uitgaanswijk **São Francisco** 19. Links liggen vele goede restaurants en chique bars. Heel mooi is de Devassa, maar het beste eet u in het Italiaanse zelfbedieningsrestaurant Família Paludo. Na de volgende bocht naar links rijdt u door de wijk **Charitas**, waar op mooie zomerdagen het populaire strand met zijn vele rustieke bars vooral bezocht wordt door gewone mensen. Sinds 2005 is er in Charitas ook een modern **veerstation** (Estação Hidroviária). Ook dit is een opvallend werk van Niemeyer, met op de eerste verdieping een goed panoramarestaurant. Met de snelboot (een catamaran) bent u in een paar minuten op de centrale Praça 15 de Novembro in Rio. Het eindpunt van de bus ligt vlak achter het veerstation. U kunt hier overstappen op bus 33 met bestemming Jurujuba/Fortaleza, om uw tocht rond de baai te voltooien.

Fortaleza de Santa Cruz

Na een paar minuten komt de bus door het vissersdorpje **Jurujuba** 20. In het net zo eenvoudige als voortreffelijke visrestaurant Celinas (dat ietwat verscholen ligt) serveert men een uitstekende *moqueca* en goede caipirinha's. Als u doorrijdt, ziet u bij de twee idyllische stranden Adam en Eva (ze heten echt zo!) een bord staan waarop u in verschillende ta-

Tip: Carnaval in Rio

Carnaval in Rio is een belevenis. Nergens anders ter wereld wordt dit feest met meer pracht en praal en erotiek gevierd. Vlak na Nieuwjaar begint de stad zich al voor te bereiden. Vanaf begin januari kunt u ieder weekend (vr./za./zo., meestal 19–23 uur) zonder toegang te betalen in het open Sambódromo bekijken hoe de beste sambascholen van Rio zich voorbereiden op het carnaval. Getraind en gefeest wordt er ook (meestal zaterdagavond vanaf 22 uur) in de zogeheten *quadras*, die vaak ver weg in de betreffende wijken liggen. Geïnteresseerden kunnen via hun hotel een groepsbezoek boeken (ook vanwege de veiligheid), bijvoorbeeld bij sambaschool Mangueira (Rua Visconde de Niterói 1072, Mangueira, tel. 021-38 72 67 86, www.mangueira.com.br, za. vanaf 23 uur, R$12). Hoogtepunt van het carnaval is de optocht van de eerste klasse in het **Sambódromo** aan de Avenida Presidente Vargas in het centrum. In twee avonden trekken er veertien sambascholen met elk ca. 4000 deelnemers langs. Ook toeristen kunnen meedoen, als zij een kostuum kopen (R$180–900). Informatie over voorverkoop van kaarten via Riotur of www.carnaval.com. De beste plaatsen zijn te vinden in de voor toeristen gereserveerde Sector 9 (R$500). De optocht van de winnende groepen de zaterdag daarop is veel goedkoper.

Uitgelaten wordt er ook gefeest in de **clubs**, vooral in de Scala Rio (Rua Afrânio de Melo Franco 296, Leblon, tel. 021-22 39 44 48, zeven avonden tot aan Aswoensdag). Het **straatcarnaval** is in vergelijking met het noordoosten niet erg uitbundig. Het concentreert zich in Ipanema, Lapa, Santa Teresa en in het centrum voor het Teatro Municipal.

len welkom wordt geheten. Het gaat hier om de weg naar het **Fortaleza de Santa Cruz** op het uiterste puntje van de Baai van Guanabara.

De eerste steen van deze machtige vesting werd in 1555 gelegd door de Fransen, die zich hier als eersten vestigden. In 1567 werd het kasteel veroverd door de Portugezen en daarna verschillende keren uitgebreid. De vesting is te bezichtigen onder leiding van het militair bestuur, de uitleg tijdens de rondleiding gaat echter uitsluitend in het Portugees. De plaats zelf is misschien boeiender. Van aanzienlijke hoogte kunt uitkijken over de Atlantische Oceaan, de toegang tot de baai met het tegenoverliggende Suikerbrood en de Baía de Guanabara landinwaarts. Vanuit deze plaats werd Rio ontdekt, veroverd en bevochten. Verschillende roestige kanonnen getuigen nog van dit onrustige verleden (di.–zo. 9–16 uur).

Terugtocht naar Rio

Eén manier om terug te gaan is de bus terug (nummer 33 naar Charitas en daar overstappen op bus 740D naar Rio (bestemming Leme, laatste rit tegen 22.30 uur). Een andere, afwisselende manier is de snelboot vanaf het veerstation in Charitas naar de Praça 15 de Novembro in het Centrum van Rio (alleen ma.–vr., laatste overtocht 20 uur, R$6). Wanneer u hier in het weekeinde bent, neemt u bus 33 naar het Centro van Niterói en pakt u daar de gewone veerboot *(balsa)* naar de Praça 15 de Novembro (dag. het gehele etmaal, overdag regelmatig, na 24 uur eenmaal per uur, R$3).

Uitstapje naar het eiland Paquetá

Een aanrader is een dagtochtje naar het mooie kleine eiland **Ilha Paquetá** **21** in de Baai van Guanabara, waar auto's hebben plaatsgemaakt voor fietsen en paard-en-wagens (30 min./R$15). De Portugese koning Dom João VI resideerde hier tijdens zijn verblijf in Brazilië in de bezienswaardige Solar de Rei. Enkele statige villa's herinneren nog aan die tijd, net als de kapel São Roque uit 1698.

THEATRO MUNICIPAL

Ook de stranden zijn bijzonder mooi, vooral Moreninha en José Bonifácio. U kunt er echter niet zwemmen (veerboten vanaf Estação das Barcas, Praça 15 de Novembro, Centro, zes keer per dag tussen 7.10 en 23 uur, 1 uur, R$7).

Wandeling door het historische Centrum

Kaart: blz. 120

Het Centrum van Rio moet u bekijken op een doordeweekse dag, of desnoods op zaterdagochtend. Zondags is het er uitgestorven.

Praça Floriano

De stadswandeling begint op de **Praça Floriano** 22, het belangrijkste plein in het Centrum van Rio. Vanwege de vele bioscopen die hier in de jaren twintig hun deuren openden, wordt het plein ook Cinelândia genoemd, wat tevens de naam van het metrostation is. Onmiddellijk springt het **Teatro Municipal** in het oog, de in 1909 geopende stadsschouwburg in de stijl van de Parijse Opéra. Het is een van de uitbundigste gebouwen van Rio en vanbinnen rijkelijk voorzien van kristal, marmer uit Carrara en kunstzinnige plafondschilderingen. Let ook op het actuele theateraanbod (mrt.–dec.). Er worden regelmatig klassieke concerten en balletvoorstellingen gegeven (rondleidingen ieder heel uur, ook in het Engels, ma.–vr. 10–17 uur, R$5; zo. om 11 uur klassieke concerten voor slechts R$1).

Vanaf het Teatro Municipal gezien verheft zich schuin rechts op het plein nog het witte **Palácio Pedro Ernesto** uit 1923, tegenwoordig de zetel van de gemeenteraad (Câmara Municipal) en eindpunt van tal van demonstraties. Links daarvan zit het café met de langste traditie van de stad, het door zijn gele kleur opvallende **Amarelinho,** een ideale plek om het doen en laten op het plein te bekijken.

Aan de andere kant van de grote Av. Rio Branco staat het indrukwekkende classicistische gebouw van de **Bibliotéca Nacional** 23 uit

Het Teatro Municipal in Rio

Rio de Janeiro, Centrum

Bezienswaardigheden

1-21 zie kaart blz. 108
- 22 Praça Floriano (Cinelândia)
- 23 Bibliotéca Nacional
- 24 Catedral Metropolitana
- 25 Largo da Carioca
- 26 Praça Tiradentes
- 27 Real Gabinete Português de Leitura
- 28 Confeitaria Colombo
- 29 Igreja de N.S. da Candelária
- 30 Mosteiro de São Bento
- 31 Praça 15 de Novembro

32-39 zie kaart blz. 108

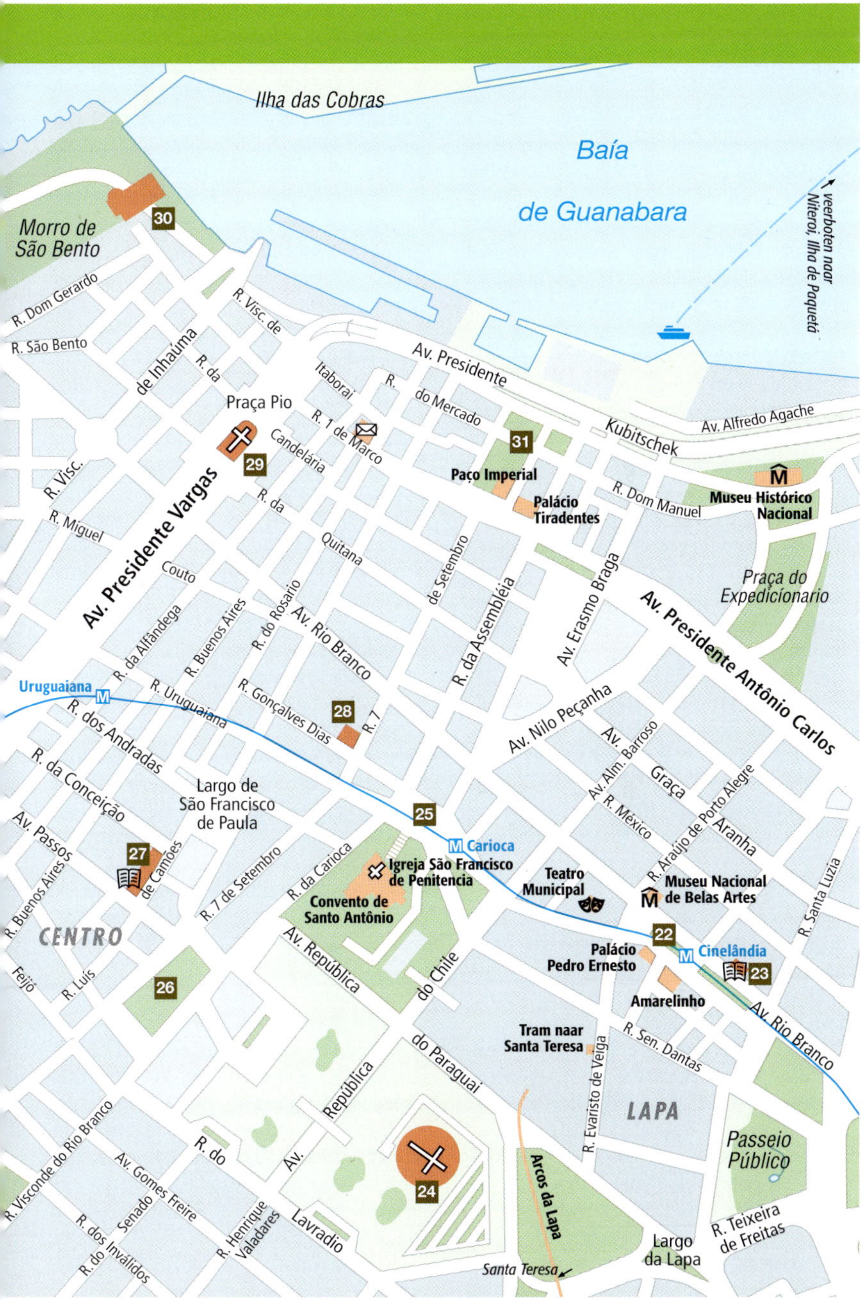
Ilha das Cobras
Baía
de Guanabara
veerboten naar
Niterói, Ilha de Paquetá
Morro de
São Bento
30
R. Dom Gerardo
R. São Bento
R. Visc. de
de Inhaúma
R. da
Praça Pio
29
Candelária
R. da
Itaboraí
R.
do Mercado
R. 1 de Março
Av. Presidente
Kubitschek
Av. Alfredo Agache
31
Paço Imperial
Palácio
Tiradentes
R. Dom Manuel
Museu Histórico
Nacional
Praça do
Expedicionario
R. Visc.
R. Miguel
Couto
Av. Presidente Vargas
Quitanda
de Setembro
R. da Assembléia
Av. Erasmo Braga
Av. Presidente Antônio Carlos
R. da Alfândega
R. Buenos Aires
R. do Rosario
Av. Rio Branco
Uruguaiana
R. Uruguaiana
R. dos Andradas
28
R. Gonçalves Dias
R. 7
Av. Nilo Peçanha
Av. Alm. Barroso
Av.
Graça
R. da Conceição
Largo de
São Francisco
de Paula
25
R. México
R. Araújo de Porto Alegre
Aranha
Av. Passos
27
de Camões
R. Buenos Aires
R. 7 de Setembro
R. da Carioca
Carioca
Igreja São Francisco
de Penitencia
Convento de
Santo Antônio
Teatro
Municipal
Museu Nacional
de Belas Artes
R. Santa Luzia
CENTRO
Av. República
do Chile
22
Palácio
Pedro Ernesto
Cinelândia
23
Feijó
R. Luís
26
Amarelinho
Av. Rio Branco
Tram naar
Santa Teresa
R. Sen. Dantas
do Paraguai
República
R. Evaristo de Veiga
LAPA
Passeio
Público
R. Visconde do Rio Branco
R. do
Av.
24
Arcos da Lapa
Av. Gomes Freire
Senado
R. dos Inválidos
R. do
R. Henrique
Valadares
Lavradio
Largo
da Lapa
R. Teixeira
de Freitas
Santa Teresa

1910. Met een archief van 3 miljoen titels is het de grootste bibliotheek van Zuid-Amerika en de achtste ter wereld. De boeken zijn niet te zien, maar een blik in de enorme foyer met zijn hoge classicistische zuilen is de moeite waard (ma.-vr. 9-18 uur). Links naast de bibliotheek ligt het **Museu Nacional de Belas Artes** (Nationaal Museum voor Schone Kunsten) uit1908, met een verzameling Europese schilderkunst uit de 17e en 18e eeuw en werken van Braziliaanse kunstenaars uit de 19e en 20e eeuw (di.-vr. 10-18, za./zo. 14-18 uur, R$5).

Catedral Metropolitana

Verlaat de Praça Floriano, ga links langs het Teatro Municiopal door de Av. Treze de Maio en daarna naar links naar de modernistische **Catedral Metropolitana** 24 (1964-1976), die plaats kan bieden aan vele duizenden mensen. Slechts weinig Cariocas kunnen de betonnen piramide waarderen, die eerder aan een koeltoren doet denken en in Rio ook wel spottend de 'Bijenkont' wordt genoemd. Binnen in de kathedraal (doorlopend geopend) maken de vier in kruisvorm aangebrachte kleurige glasramen echter wel indruk, en ook de dimensies van de ruimte zijn overweldigend. Ondanks de grootte, karakteristiek voor alle representatieve gebouwen uit de tijd van de militaire dictatuur, is de kerk bijna altijd leeg. Niemand woont in het Centrum en alleen als de paus komt, zit de kathedraal vol.

Largo da Carioca

Wanneer u weer terugkeert naar de Av. Treze de Maio, ligt aan uw linkerhand een groot plein, de **Largo da Carioca** 25. Met de hoge kantoren eromheen is dit het absolute zakelijke centrum van de stad.

Het hoger gelegen complex **Igreja e Convento de Santo Antônio** vormt hiermee een scherp contrast. De kloosterkerk (1608-1620) behoort tot de oudste van de stad. Opvallend zijn het luisterrijke gouden altaar, de *azulejos* aan de zijmuren en het Duitse orgel dat links en rechts in het schip zit (ma.-vr. 8-18, za. 8-10.30, zo. 9-11 uur). Een bijzonder bezienswaardig gebouw in Rio is ook de aangrenzende, in 2002 gerestaureerde **Igreja da Ordem Terceira de São Francisco da Penitência** (1657-1747). In deze franciscanenkerk is vrijwel geen millimeter cederhout te vinden, die niet met bladgoud is bedekt. Bij de bouw waren drie van de meest vooraanstaande kunstenaars van Brazilië betrokken: de houtsnijder Manuel de Brito, zijn broer de beeldhouwer Francisco Xavier de Brito en de schilder Caetano da Costa Coelho. De plafondschilderingen van Costa Coelho zijn het eerste in perspectief geschilderde werk van Brazilië (di.-vr. 9-13, 14-16 uur).

Rua da Carioca

Aan het einde van het plein loopt naar links de Rua da Carioca, een van de oudste straten van Rio, die bijna was afgebroken door de militaire junta. Het wemelt hier van de mensen van verschillende kleuren en van de zonderlinge winkeltjes en cafés. Een van de curiositeiten is **Cine Iris** op nummer 49, de oudste bioscoop van de stad met fraaie gietijzeren trappen, die in 1909 werd geopend. Helaas draaien er tegenwoordig alleen nog maar goedkope porno- en tekenfilms.

De **Praça Tiradentes** 26 aan het einde van de Rua da Carioca, die al in de 17e eeuw werd aangelegd, is eveneens een stuk oude stad vol sfeer. Vroeger was dit een van de belangrijkste culturele en politieke centra van het land, maar het raakte langzaam in verval. In 1996 werd het plein na een periode van bijna honderd jaar in oude glorie hersteld. Midden op het plein staat weer als nieuw het ruiterbeeld van Pedro I, het oudste openbare monument van Rio de Janeiro.

Real Gabinete Português de Leitura

Een van de grootste attracties in het historische Centrum van Rio – het **Real Gabinete Português de Leitura** 27 – ligt een stukje achter de Praça Tiradentes in de Rua Luis de Camões 30, rechts langs het Teatro João Caetano. Dit is misschien wel de mooiste openbare bibliotheek van de wereld. In het aangezicht van de ca. 350.000, in open kasten opgestapelde boeken voelt u zich als in een fascinerende en tegelijkertijd overweldigende scène

Boeken uit vijf eeuwen in het Real Gabinete Português de Leitura

van Kafka. Het zijn voornamelijk waardevolle en tot vijfhonderd jaar oude banden van Portugese oorsprong, waarvan vele in 1837 door Portugal werden geschonken aan het gelieerde keizerrijk. Het tussen 1880 en 1887 in Portugese manuelstijl opgetrokken gebouw, waarvan de eerste steen in 1880 werd gelegd door keizer Pedro II, had tot doel de vriendschap en gemeenschappelijke taal van de twee landen te onderstrepen (www.realgabinete.com.br, ma.–vr. 9–18 uur, fotograferen toegestaan, hardop spreken en rondlopen vermijden, aangezien er aan de tafels wordt gestudeerd).

Confeitaria Colombo

Loop van de Praça Tiradentes terug door de apotheekstraat Rua Sete de Setembro, die vooral het bekijken waard is vanwege de fraaie historische gevels. Nadat u de Rua Uruguaiana bent overgestoken, gaat u linksaf de kleine Rua Gonçalves Dias in. Vrijwel meteen zit op nummer 32 de traditionele **Confeitaria Colombo** 28, het mooiste koffiehuis en vrijwel het enige café-restaurant van Rio. De zaak werd in 1894 gesticht door twee Portugezen en overwegend in Europese jugendstil ingericht met een groot bovenlicht en ornamentele versieringen aan de lampen en spiegellijsten. Het mooiste zijn de acht reusachtige Belgische spiegels, die de zaal tot in het oneindige vergroten. Er is geen bekend schrijver – zoals Machado de Assis – en geen belangrijk staatsman geweest, die hier niet wat heeft genuttigd. Tegenwoordig is het eerder een representatieve, dan een drukbezochte plaats, want als de winkels sluiten en de binnenstad uitsterft, sluit ook het koffiehuis. Maar overdag zit het er vol toeristen, de taartjes zijn dan ook verrukkelijk (ma.–vr. 9–20, za. 9–17 uur).

Igreja de N.S. da Candelária

Als u weer even terugloopt en dan rechtsaf slaat, komt u weer in de Rua Uruguaiana. Dit is een van de drukste voetgangers- en winkelstraten van de stad. De vele goed bewaard gebleven gevels maken het de moeite waard ook af en toe omhoog te kijken. Vlak voor het einde ziet u links de ingang van de Mercado Popular, een interessante, levendige bazaar waar vervalste en gesmokkelde waren worden verkocht.

Kostbaar marmer en fresco's in de Igreja de N.S. da Candelária

Na een paar meter kruist de winkelstraat de drukke Avenida Presidente Vargas. Rechts ziet u gelijk de imponerende **Igreja de N.S. da Candelária** 29 (1775–1877) liggen, de grootste historische kerk van Rio. Het gebouw is geïnspireerd op de Sint-Pieter in Rome, maar kent geen stilistische eenheid. De façade met kunstige bronzen portalen heeft barokke trekken met renaissancistische elementen, het interieur is classicistisch en rijkelijk versierd met marmer in verschillende tinten, schilderijen en beelden. Indrukwekkend is de 70 m hoge koepel, die 630.000 kg weegt en uit 1400 stenen bestaat (ma.–vr. 8–16, za. 9–12, zo. 9–13 uur).

Igreja do Mosteiro de São Bento

Loop zo'n 500 m over de Avenida Rio Branco naar de Praça Mauá, sla dan rechtsaf de Rua D. Geraldo in en ga na 100 m naar links over een steile weg omhoog. Het klooster **Mosteiro de São Bento** 30 werd in 1590 gesticht door twee benedictijner monniken en kwam in 1596 gereed. Het is vanbinnen niet te bezichtigen. Naast het klooster ligt de kloosterkerk, waarvan de bouw in 1633 begon en pas in 1798 voltooid werd.

De sobere façade staat in scherp contrast met de pracht en praal binnen in de kerk. Het filigraanwerk van hout dateert uit de periode 1694–1734. Vrijwel al het houtsnijwerk is bedekt met een dun laagje bladgoud, dat na een grondige restauratie in 2005/2006 een nieuwe glans kreeg. Vooral het hoofdaltaar en de acht zijaltaren zijn bijzonder overdadig versierd. Vanwege de spaarzame verlichting is het kerkinterieur nogal donker. Voor R$20 doen de monniken voor vijf minuten het licht aan (dag. 8–11, 14.30–18 uur, kerkdiensten met gregoriaans gezang uitsluitend zo. 10 uur).

Praça 15 de Novembro

De Avenida Rio Branco brengt u terug bij de Rua do Ouvidor, die tussen 1808 en 1905 de belangrijkste winkelstraat van Rio was. Hier, en in de kleine Travessa do Comércio, komen veel werknemers samen voor een drankje na het werk, respectievelijk happy hour (ma.–vr. 19–24 uur).

Achter de bogen die het einde van de Travessa aangeven, ligt de **Praça 15 de Novembro** 31. Hier valt de blik gelijk op een groot, wit gebouw, het **Paço Imperial**. In dit paleis zetelde vanaf 1808 de Portugese Kroon, die uit angst voor Napoleon de wijk had genomen naar het Braziliaanse vicekoninkrijk. Tot 1889 was dit het belangrijkste regeringsgebouw van het keizerrijk, nu is het een cultureel centrum. Erachter staat het imposante classicistische **Palácio Tiradentes** uit 1926. Tot 1960 bood dit paleis onderdak aan het Braziliaanse parlement, sindsdien zetelt hier het parlement van de staat Rio de Janeiro. Het paleis is te bezichtigen, waarbij u zelfs de plenaire zaal kunt bekijken (ma.–vr. 9–17 uur).

Muziekwijk en kunstenaarswijk

Kaart: blz. 108

Lapa

Tussen Centro en Santa Teresa ligt de oude bohemienwijk **Lapa** 32, waar de laatste jaren veel bars en muziekcafés zijn geopend. Het belangrijkste plein onder de **Arcos da Lapa**, een in 1750 gebouwd, 270 m lang aquaduct met 42 bogen waarover nu de oude tram rijdt, was tot begin jaren veertig zoiets als de Place Pigalle in Parijs. Toen zich steeds meer homo's en travestieten (Madame Satã) in het uitgaansleven stortten, liet de toenmalige politiecommisaris op aandringen van conservatieve burgers tussen 1942 en 1943 alle cabarets sluiten. Nadat daar in 1946 nog het voor heel Brazilië geldende verbod op casino's bijkwam, zette het verval van deze wijk in, vooral omdat intussen Copacabana sterk in opkomst was gekomen. Sinds enkele jaren beleeft Lapa echter een fantastische comeback en inmiddels is de wijk weer hét uitgaanscentrum van Rio. In het weekend komen er duizenden bezoekers uit de zuidelijke zone en Barra. De grote meerderheid bestaat uit hoogopgeleide singles onder de 35.

Alles begon in de **Rua do Lavradío**, toen enkele met faillissement bedreigde antiekhandelaren samba- en *chorinho*-groepen lieten optreden. De drie verdiepingen tellende Rio Scenarium in deze straat (nr. 20) is inmiddels de populairste muziek- en danssalon van de stad (tel. 021-38 52 55 16, www.rioscenarium.com.br, di.–za. 19–2 uur, gezelliger vanaf 22.30 uur, R$18). In 2005 opende op nr. 170 de modern-rustieke bar Céu Aberto, een ideale plek voor een biertje zonder harde muziek.

Zo'n 100 m verder stuit u op de **Rua Mem de Sá**, waar het ene goede café naast het andere ligt, steeds met uitstekende Braziliaanse livemuziek. Gelijk links aan de overkant ligt de chiquere Estrela da Lapa (nr. 69, tel. 021-25 07 66 86, ma.–za. vanaf 19 uur, toegang R$15–20, afhankelijk van de band), een paar meter verderop de kleine Carioca da Gema (nr. 79, tel. 021-22 21 00 43, ma.–za. vanaf 19 uur, vr./za. tafel reserveren, R$18) en daarnaast het net zo kleine Café Cultural Sacrilégio (nr. 81, tel. 021-22 22 73 45, di.–za. vanaf 19 uur, vr./za. tafel reserveren, R$12–17, afhankelijk van de dag van de week).

Een belangrijke bijdrage aan de revitalisering van de wijk leverde de Chileense kunstenaar Selarón. Het bekendste is zijn trap, de **Escadaria do Selarón**. Sinds 1988 is hij onvermoeibaar bezig de 215 treden te bekleden met een mozaïek van tegels uit tot nog toe 42 landen. Hij is altijd blij als iemand hem een nieuwe tegel brengt. Verder zit hij op de trap naast zijn atelier en schildert steeds opnieuw een zwangere vrouw – hij maakte al ruim 20.000 doeken met hetzelfde motief.

Santa Teresa

Vlak bij het Centrum ligt op de heuvels de oude kunstenaarswijk **Santa Teresa** 33. Deze wijk wist zijn oorspronkelijkheid tot op heden te bewaren en is een ideaal toevluchtsoord voor liefhebbers van pittoreske taferelen. Naast veel kunstenaars en intellectuelen, wonen hier de meeste immigranten uit Europa die zich in Rio hebben gevestigd. Zo voelde ook de Britse treinrover Ronald Biggs zich hier lange tijd thuis. De wijk wordt gekenmerkt door steile, kronkelende straatjes met klinkers, honderd jaar oude, enigszins vervallen huizen en villa's, diverse cafés en restaurants en enkele leuke kleine kunsthandels. Overal heerst een sfeer van rust en tijdloosheid.

Vergeet niet in Santa Teresa een bezoek te brengen aan het **Museu Chácara do Céu** (te voet te bereiken, duidelijk aangegeven). In deze villa, midden in een groot tropisch park dat is aangelegd door Burle Marx, woonde ooit de ondernemer, diplomaat en kunstverzamelaar Raymundo Ottoni de Castro Maya (1894–1968). Naast kostbaar 18e- en 19e-eeuws meubilair, uit onder andere Frankrijk en China geïmporteerd, kunt u er waardevolle schilderijen bewonderen van buitenlandse en Braziliaanse schilders (onder anderen Portinari en Di Cavalcanti). Indrukwekkend zijn de beelden van het oude Rio op de eerste verdieping (wo.–ma. 12–17 uur).

Niet ver achter het museum ligt het **Parque das Ruinas**. In het herenhuis, dat nu een gerestaureerde ruïne is, organiseerde de aristocrate Laurinda Santos Lobo tot 1946 de belangrijkste salon van haar tijd. Vanaf het terras naast de ruïne hebt u het allerbeste uitzicht op het totale Centrum van Rio: onder andere de Arcos da Lapa, de kathedraal, het hoofdkantoor van Petrobras, vliegveld Santos Dumont en de brug naar Niterói.

Rechts op de heuvel kunt u het **Convento de Santa Teresa** uit 1751 zien liggen, een van de oudste karmelietessenkloosters van Brazilië. Het compacte, uiterst sobere gebouw lijkt met zijn getraliede ramen net een gevangenis. Een bezichtiging is niet mogelijk, aangezien de nonnen er leven in de strenge geloofstraditie van de Spaanse heilige Teresa Sanchez de Ahumada van Ávila, ook wel Santa Teresa d'Ávila genaamd. De naam van het stadsdeel is afkomstig van deze heilige.

Parken en tuinen

Kaart: blz. 108

Volgens een studie van de Verenigde Naties zou Parijs de groenste en João Pessoa in Brazilië de op een na groenste stad ter wereld zijn. Wie in Rio komt, gaat echter twijfelen aan het waarheidsgehalte van deze bevindingen. De stad heeft 1105 parken en plantsoenen te bieden, en daarnaast het grootste stedelijke regenwoud ter wereld, het 3200 ha metende Nationaal Park Floresta da Tijuca. Het eerste openbare park van Brazilië was de in 1783 geopende Passeio Público in Rio, in 1808 volgde de grote Botanische Tuin. Toen Charles Darwin in 1832 Rio bezocht, kwam hij bijna niet bij van verbazing: 'Iedere vorm, elke schakering overtreft wat schoonheid betreft zodanig alles wat een Europeaan in zijn eigen continent heeft gezien, dat hij niet weet hoe hij zijn gevoel onder woorden moet brengen.' Wat hij zag was het toen nog authentieke Atlantische regenwoud *(mata alântica)*, dat niet lang daarna moest wijken voor uitbreidende koffieplantages, totdat er niets meer van overbleef dan een kaal, aangetast rotslandschap. Maar tegen het einde van het keizerrijk werden grote stukken land herbebost, evenals in de eerste jaren van de republiek en daarna – na een fase van vernietiging onder het militaire bewind – in de jaren tachtig van de 20e eeuw.

Afgezien van de talrijke parken en tuinen is er in Rio vrijwel geen straat, die niet door fiere bomenrijen wordt omzoomd. Vooral aan de strandboulevards, maar ook elders in de stad, spreiden amandelbomen *(amendoeira)*, die oorspronkelijk uit West-Azië komen, hun schaduw uit. Daarnaast ziet u veel flamboyanten uit Madagaskar met oranje-rode bloemen (oktober–januari) en casuarina's uit Australië. In totaal is slechts 16% van de bomen van Brazilaanse afkomst. De meest voorkomende inheemse boom is de *ipé*, waarvan de opvallende bloemen (juni–september) geel, roze of paars kunnen zijn. Inmiddels is een wet uitgevaardigd, dat bij nieuwe aanplant uitsluitend inheemse soorten mogen worden gebruikt.

Parque Nacional da Tijuca

De kaalslag van de oorspronkelijke regenwouden in de omgeving van Rio, en in het bijzonder tijdens de koffieteelt aan het begin van de 19e eeuw, scheelde de stad zo veel water, dat minister Almeida Torres in opdracht van keizer Pedro II het land van de koffiebaronnen terugkocht en vanaf 1861 met herbebossing begon. Men wilde de oorspronkelijke

Tip: Hobbelen naar Santa Teresa

Voor de reis van Rio-Centrum naar Santa Teresa neemt u bij voorkeur de stokoude tram uit 1896, in zekere zin het kenteken van deze tweehonderd jaar oude wijk. Er zijn nog veertien wagons, die rijp voor het museum zijn en waarvan er steeds vier op twee trajecten worden ingezet. Deze trambaan is het laatste deel van een tramnet van 400 km dat tot 1970 nog in gebruik was in heel Rio. Tot voor kort was een ritje vanwege de vele favela's in de omgeving een tikkeltje gevaarlijk, maar tegenwoordig wordt de tram door de politie bewaakt.

Bij het eindpunt aan de Largo do Carioca (Terminal dos Bondes, Rua Prof. Lélio da Gama, dag. 8–21 uur, vertrek elk kwartier, ritprijs slechts R$1), vertrekken de lijnen *(bonde)* met bestemming Paulo Matos en Dois Irmãos in de richting van Santa Teresa. Beide lijnen rijden eerst over het oude aquaduct Arcos da Lapa, klimmen dan steil omhoog langs mooie oude villa's en scheiden hun wegen op de Largo dos Guimarães in het hart van Santa Teresa. Daar kunt u wat om u heen kijken, hetzij onmiddellijk, hetzij naderhand, als u gelijk de tram weer terug neemt. Aan de straat voor en na het plein liggen veel aantrekkelijke kunstwinkeltjes en restaurants. Het populairste is de voordelige en sfeervolle Bar do Mineiro (maandag gesloten), het mooiste de folkloristisch ingerichte Espírito Santa met een terras buiten (maandag gesloten).

Wat de passagiers tijdens de tramrit te wachten staat, werd al in 1949 op schrift gesteld door de Tsjechen Jiri Hanzelka en Miroslav Zikmund in hun boek *Zuid-Amerika*: '... wankele wagens, museumstukken, die abusievelijk nog eenmaal op de rails zijn gezet en nu door de zijstraten van Rio ratelen. Ondertussen is het moeilijk vast te stellen of de *bonde* dan wel de vracht meer lawaai maakt. Voor twintig cent brengt hij iedereen door Rio, zolang die over genoeg tijd, geduld, trommelvliezen met weerstandsvermogen en de grijptechniek van een aap beschikt. De tram van Rio kenmerkt zich namelijk hierdoor, dat men er eerder hangend dan staand of zittend in rijdt.' En waarlijk krijgt het wordt 'opstapje' hier een heel nieuwe betekenis. Wie namelijk op het opstapje (of treeplank) staat of hangt, hoeft niets te betalen. Op het aquaduct wordt dat echter wel doodeng.

toestand zo veel mogelijk herstellen, zodat elf slaven in dertien jaar tijd zo'n 80.000 bomen aanplantten, waaronder mahonie, palissander, paranoot, eucalyptus en araucaria. Het resultaat was overweldigend en overtrof alle verwachtingen. Het bos werd dichter en weelderiger dan het regenwoud in het Amazonegebied, hoewel slechts enkelen de natuurlijke rijkdom aan de rand van de stad werkelijk op waarde wisten te schatten.

Pas in de jaren zestig van de vorige eeuw begon de belangstelling voor het groene gebied in het hart van de stad toe te nemen, wat in 1967 leidde tot de stichting van het **Parque Nacional da Tijuca** 34. Het nationale park bestaat uit drie delen. In het zuidoosten liggen de bij bergbeklimmers geliefde tafelberg **Pedra da Gávea** en de rots **Pedra Bonita**, waar deltavliegers zich verzamelen. In het oosten ligt de beboste en tot wandelen nodende Serra da Carioca met de **Corcovado**, de Painerasweg en vele uitkijkpunten, waaronder de Vista Chinesa. Het mooiste kunt u echter wandelen in het verder weg gelegen noordwestelijke deel, de uitgestrekte en van een uitstekend netwerk van paden voorziene **Serra da Tijuca** (parkingang: Praça Afonso Viseu, Alto da Boa Vista, dag. 9–18 uur, bus 454 vanaf Copacabana). De interessantste tocht is de beklimming van de 1021 m hoge **Pico da Tijuca**, niet alleen het hoogste punt van het nationale park, maar ook van heel Rio de Janeiro. Het pad erheen is van een gemiddelde moeilijkheidsgraad. Eén van de wegen door het park brengt u dicht in de buurt, daarna moet u een klein stukje over een pad door het bos en ten slotte over enkele in de rotsen uitgehakte treden tot aan de top. Het uitzicht over de Baai van Guanabara tot aan de Vinger van God bij Petrópolis is overweldigend (6 uur, R$50, voor gidsen zie Klimmen, blz. 138).

Jardim Botânico

De **Jardim Botânico** 35 uit 1808 in het gelijknamige stadsdeel achter de Lagoa Rodrigo de Freitas is met meer dan 8000 soorten tropische planten en een oppervlakte van 137 ha een van de grootste botanische tuinen van Zuid-Amerika. Direct na verplaatsing van het hof uit Lissabon naar Rio legde Dom João VI de tuin aan, die een groene oase van schaduw en rust te midden van de bedrijvige grote stad is geworden. Sommige bezoekers zijn echter teleurgesteld dat alles hier keurig netjes op ordentelijke afstand staat en helemaal niet lijkt op wat men van een geheimzinnige tropische jungle verwacht.

Een wandeling door de beroemde **allee** met de 30 m hoge koningspalmen bezorgt u echter een verheven gevoel. Bezienswaardig zijn ook de **kassen** met orchideeën en bromelia's. Een deel van de flora vertegenwoordigt de belangrijkste ecosystemen van Brazilië (Atlantisch en Amazoneregenwoud, cerrado, enzovoorts, zie blz. 16–19), maar de meeste planten en bomen zijn van buitenlandse herkomst. In 2006 werd nog de **Jardim dos Beija-Flores** aangelegd, waar bloeiende planten vogels moeten aantrekken. Afgezien van vogels, die hier met 140 soorten zijn vertegenwoordigd, hebt u grote kans hordes zwarte brulapen tegen het lijf te lopen. Eveneens nieuw is het **cultureel centrum**, dat is gewijd aan bossanovacomponist Tom Jobim. De botanische tuin was namelijk de plaats waar hij zich het liefste terugtrok. Ook het **cactushuis** *(cactário)* is een bezoekje waard.

Vreemd genoeg kunt u op het terrein ook nog de ruïne van een oude **kruitfabriek** bezichtigen. Binnen is een expositie over het productieproces te zien. Bij de ingang van de

botanische tuin kunt u een plattegrond krijgen waarop 53 attracties zijn aangegeven met toelichting in het Engels. Onder de bomen staan bordjes met daarop de naam en achtergrondinformatie. Aan het einde van uw wandeling kunt u bijkomen in een gezellige cafetaria. In het bijgebouw daarnaast zit een kunstwinkel, die beslist de moeite waard is (di.–zo. 9–17 uur, ingangen aan de Rua Jardim Botânico 920 en 1008, R$6, bussen met bestemming Jardim Botânico).

De koningspalmen in de Jardim Botânico steken 30 m de lucht in

De arme noordelijke zone

Kaart: blz. 108

Als u op Rio komt aanvliegen, ziet u een eindeloze zee van lichtjes. Het lijkt of de piloot eeuwig over de voorsteden blijft zweven, die u – eenmaal in de zuidelijk zone aangekomen – nooit meer terugziet. Vrijwel geen toerist waagt zich verder weg van het Suikerbrood dan het Centrum, Lapa en Santa Teresa. De noordelijke wijken liggen dan ook verder van zee, hebben geen toeristische infrastructuur en staan bekend als akelig, arm en gevaarlijk. Dat klopt allemaal slechts ten dele. Wat zeker waar is, is dat het echte Brazilië niet is te vinden in Ipanema of Copacabana, maar buiten de afgesleten paden van het massatoerisme.

Om precies te zijn bestaat de agglomeratie Rio de Janeiro *(Região Metropolitana)* niet alleen uit een noordelijke en een zuidelijke zone, maar ook nog uit een westelijke en een oostelijke zone, plus de nog verder noordelijk

Favela's – hangplekken met uitzicht op zee en drugsoorlogen

Het begon met een mooie bloeiende plant, daarna werd het de naam voor de sloppenwijken van de armen en verstotenen. Als knoppen liepen ze uit en als zweren woekerden ze daarna op de groene hellingen van Rio vlak bij de woonwijken van de rijken aan zee. Aanvankelijk waren de bewoners welkome goedkope arbeidskrachten, maar met de groeiende economische crisis kwamen de handel in drugs en het geweld.

Precies 20 reais kostte de allereerste 'kaart' (december 2005) van de favela Rocinha, die niet door de gemeente of de bewoners werd gemaakt, maar door de sociaal bewogen schilder Jorge de Salles. Lange tijd gold de grootste favela van Zuid-Amerika (120.000 bewoners) als ongevaarlijk en werd er zelfs sightseeing voor toeristen georganiseerd. Maar de laatste tijd zorgt de sloppenwijk voor vette krantenkoppen. Vlak achter de Twee Broeders, die op het Suikerbrood lijken, ligt de naburige favela Vidigal, die met Rocinha in een langdurige oorlog om de controle over de drugshandel is verwikkeld.

Het linke goedje is meestal afkomstig uit Colombia, komt via Paraguay Brazilië binnen, vindt zijn weg naar de favela's van de grote steden en wordt daar verwerkt tot kleine pakketjes en aan lokale afnemers in de omringende wijken van de midden- en bovenklasse afgezet. Een niet gering deel gaat per schip naar Europa, vooral naar Amsterdam en Lissabon. Wat betreft de omzet is de drugshandel een van de sterkste bedrijfstakken van het land. De kinderen en jongeren die in de favela opgroeien, vormen de grootste groep dealers. In Rio zijn er meer dan 6000. Voor R$300 tot R$500 per maand wagen zij iedere seconde hun leven, zodat slechts weinigen hun 18e levensjaar bereiken.

En alles begon zo anders. De benaming 'favela' gaat terug op een bloeiende plant in Bahia, die groeide op de heuvels waar het republikeinse leger zijn kamp had opgeslagen tijdens de Canudosoorlog tegen een separatistische, religieuze sekte. De zegevierende soldaten kregen als beloning een stuk grond op een helling in het centrum van Rio (Morro da Providência), bouwden daar in 1897 hun houten hutten en gaven de eerste armenwijk van het land de naam favela. Bij hen voegden zich vrijgelaten slaven en daklozen, wier huizen hadden moeten wijken voor de stadsvernieuwingsprojecten van burgemeester Pereira Passos. Vanaf de jaren dertig ontstonden steeds meer favela's, vaak op gezag van het stadsbestuur. De grootste stroom migranten kwam in de jaren vijftig en zestig, toen er steeds meer goedkope arbeidskrachten werden gezocht. Tegenwoordig zijn er in de agglomeratie Rio 681 favela's met 283.306 behuizingen en 1,2 miljoen inwoners.

De huizen zijn intussen van baksteen en meestal helemaal niet zo armzalig ingericht en de bergen bieden een prachtig uitzicht op zee. Alleen bij zware regen bestaat er gevaar op verzakking. Bij de bouw wordt weinig waarde gehecht aan veiligheid en de buurt wordt van generatie op generatie voller. Het stadsbestuur probeert bedreigde bewoners in sociale woningbouw in de buitenwijken te huisvesten, maar de meeste mensen willen niet van het ene getto naar het andere verhuizen. Ook loopt nu een project van de re-

Thema

gering-Lula om alle grond en huizen voor het eerst in het kadaster op te nemen en te legaliseren. De stad zorgt voor elektriciteit, water en riolering, niet in de laatste plaats om voet aan de grond te krijgen in het door drugsbazen beheerste niemandsland. Particuliere en overheidsinitiatieven proberen de jongeren te binden met vrijetijds- en culturele programma's, om ze te onttrekken aan de invloed van de drugswereld. Internationale bemoeienis leidde al tot de muziek- en dansgroep Afro-Reggae. Sinds 1993 beslecht deze met groot succes conflicten, heeft al 2000 aanhangers om zich weten te scharen en zelfs drugshandelaars 'omgeschoold' tot welzijnswerkers.

Maar eenvoudig is het niet. De hoge werkloosheid treft de onderkant van de samenleving en de donkere favelabewoners het sterkst. Gebroken gezinnen belemmeren de ontwikkeling van de kinderen, die al snel worden meegesleurd door geweld en criminaliteit. Velen werken voor een karig loon in eenvoudig dienstverband en proberen een bescheiden, maar fatsoenlijk leven te leiden. Maar ook zij moeten zich bij problemen in plaats van tot de politie, tot 'hun' drugsbaas wenden. De overheid houdt zich meestal afzijdig, afgezien van politie-invallen waarbij wild in het rond wordt geschoten en een paar bandieten voor eventjes worden opgepakt.

Toch zien de autoriteiten de realiteit van de favela's nu wel onder ogen. Vrijwel niemand rept nog van afbraak of algemene herhuisvesting. Sommigen willen muren optrekken om verdere uitbreiding, vaak in de groene gordel, te voorkomen. Burgemeester Cesar Maria, van beroep architect, droomt van een toekomstige *Méditerranée popular*, vergelijkbaar met de lieflijke kustdorpjes in Spanje, Italië, Frankrijk of Tunesië. Er is alleen enkele jaren een economische groei van 4,5% voor nodig. Hij woont niet ver van Rocinha in een luxewoning en verzamelt daar al architecten, die de gigantische verbouwing moeten realiseren en de sociale last van de staat met een droomproject moeten afwentelen.

Gezicht op de favela Rocinha

gelegen voorsteden van de Baixada Fluminense. In totaal leven er 9,6 miljoen mensen, verdeeld over 30 districten en 153 stadsdelen. Deze gids beperkt zich tot de noordelijke zone, omdat die wat betreft bevolkingsaantal en koopkracht het belangrijkste deel van de stad is. Om de zone echt te leren kennen gaat deze gids niet diep genoeg, er wordt slechts ingezoomd op de twee wijken gelijk achter het centrum, waar de meeste belangrijke toeristische attracties te vinden zijn.

Maracanãstadion

Deze bestemming is wereldwijd bekend. Talloze bussen met het opschrift Maracanã rijden erheen en er is ook een gelijknamig metrostation. Het **Maracanãstadion** 36 was ooit het grootste voetbalstadion van de wereld. De voor de bouw (1948–1950) gebruikte 50.000 zakken cement komen overeen met de massa van twee bergen van de omvang van het Suikerbrood. Het officiële recordaantal bezoekers van 183.341 werd behaald op 31 augustus 1969, bij een wedstrijd tussen Brazilië en Paraguay. Sinds januari 2006 zijn er geen staanplaatsen meer, alleen nog maar 90.000 stoelen, maar niemand blijft hier rustig zitten. Wie het plaatselijke enthousiasme voor voetbal kent, gevoegd bij het spreekwoordelijke Braziliaanse temperament, zal zich kunnen voorstellen in wat voor heksenketel deze plaats kan veranderen. Helaas zijn de laatste jaren uitbarstingen van geweld tussen fans van verschillende clubs schrikbarend toegenomen. Toch kan het bijwonen van een wedstrijd een bijzondere belevenis zijn, alleen al vanwege het dolenthousiaste publiek. Op dagen dat er niet wordt gespeeld, kunt u het stadion ook bezichtigen, zowel van boven als van de rand van de heilige mat. Wat architectuur betreft, is dit oude gebouw niet erg interessant. Het moet het hebben van mythen. In de entreehal documenteren foto's en trofeeën de Braziliaanse voetbalgeschiedenis. Bij een bezoek ontvangt u bovendien een uitstekend gemaakte, meertalige brochure met tekst en foto's (ingang Portão 16, tel. 021-22 99 29 41, ma.-za. 9–17 uur, R$18; entreebiljetten voor wedstrijden vanaf R$12; te bereiken per taxi of metro of bus met bestemming Maracanã).

Jardim Zoológico

In het park Quinta da Boa Vista in de wijk São Cristóvão. ligt op slechts enkele minuten per taxi van het stadion de **Jardim Zoológico** 37. In de dierentuin, de oudste van Brazilië (1888), leven zo'n 2000 dieren, waaronder 200 reptielen, 300 zoogdieren en bijna 1500 vogels uit de hele wereld (di.-zo. 9–16.30 uur, R$6). Het niet geheel ongevaarlijke Quinta da Boa Vistapark is een van de mooiste, en met 155.000 m² ook het grootste park van Rio, met grotten, vijvers en een miniatuurtrein, die bezoekers het terrein rondrijdt.

Museu Nacional

Niet veel verder, en ook nog binnen het park, staat het **Museu Nacional** 38. Van 1808 tot 1889 resideerden de keizerlijke families van Pedro I en II in dit gebouw, dat daarom ook wel 'paleis van de twee Pedro's' wordt genoemd. In 1891 werd hier de eerste republikeinse grondwet afgeroepen en een jaar later maakte de nieuwe tijdelijke regering, die niets van keizerlijke gebouwen wilde weten, een museum van het paleis. Tegenwoordig zijn er meer dan 4000 objecten te bezichtigen. De verzameling in het zoölogisch-botanische deel wordt beschouwd als bijzonder waardevol en in de archeologisch-etnologische afdeling zijn onder andere Egyptische mummies en voorwerpen van vele indianenstammen te zien. Wereldwijd bekend is ook de rariteitenbibliotheek met 1800 titels. Maar in zijn algemeenheid is het museum slecht geordend, is er te weinig uitleg en zijn belangrijke delen ervan bouwvallig of zelfs afgesloten (di.-zo. 10–16 uur).

Centro de Tradições Nordestinas Luiz Gonzaga

In hetzelfde stadsdeel wordt in een grootscheeps gerestaureerd stadion een grote 'dansmarkt' gehouden, die bekendstaat onder de naam **Feira de São Cristóvão** 39 of Feira Nordestina. Hier, in São Cristóvão, wonen veel arme migranten uit het noordoosten van Braziliё, die in het stadion hun waren aanbieden of er de gelegenheid te baat nemen om goedkoop boodschappen te doen. Het is echter niet zomaar een markt, maar meer een volks- en ontmoetingsfeest van de *nordestinos*, die hier hun culturele en muzikale tradities koesteren. In het weekend spelen op twee grote podia uitstekende *forró*-bands, waarop uitbundig wordt gedanst. Zo'n honderd restaurants serveren voordelige specialiteiten uit de noordoostelijke keuken, waarbij één gerecht overigens altijd voldoende is voor twee personen (vr. en za. van 19 uur tot 's avonds laat, zo. 12–22 uur).

i **Riotur:** Av. Princesa Isabel 183 (Copacabana), tel. 021-25 41 75 22; ook op de internationale luchthaven, tel. 33 98 50 50; www.rio.rj.gov.br/riotur (ook in het Engels), ma.–vr. 9–18 uur.
Computerinformatiepalen: Voor de grote hotels en op strategisch belangrijke punten.
Alô Rio: Telefonische informatieservice in het Portugees en het Engels, tel. 021-25 42 80 80, ma.–vr. 9–18 uur.
Internet: www.riodejaneiro.com (economie, politiek, cultuur en toerisme; in het Engels), www.riodejaneiro-turismo.com.br (officiële toeristische site).

Vrijwel alle toeristen kiezen terecht een hotel in Copacabana of in het strategisch nog gunstiger gelegen Arpoador, een kleine wijk tussen Copacabana en Ipanema. Wie hier zijn accommodatie kiest, zit gelijk aan het strand. Bovendien zijn er veel restaurants in deze buurt.
Copacabana Palace 11: Av. Atlântica 1702 (Copacabana), tel. 021-22 55 70 70, fax 021-22 35 73 30, www.copacabanapalace.orientexpress .com. Grandhotel (223 kamers) aan het strand met een lange traditie, dat dan ook kan bogen op een lange lijst illustere gasten. R$1600.
Sofitel 1: Av. Atlântica 4240 (Copacabana), tel. 021-25 25 12 32, fax 021-25 25 12 30, www. accorhotels.com.br. Misschien wel de nummer 1 van Rio, 388 kamers, de meeste met balkon en panoramazicht op het Copacabanastrand, rustige ligging aan het einde van het strand, vlak bij Ipanema. R$600.
Pestana Carlton Rio Atlântica 2: Av. Atlântica 2964 (Copacabana), tel. 021-25 48 63 32, fax 021-22 55 46 10, www.pestanahotels. com.br. Modern, aantrekkelijk, goed verzorgd hotel aan het strand, 228 kamers, die aan de voorkant met balkon (reserveren). Vanaf R$450.
Luxor Regente 3: Av. Atlântica 3716 (Copacabana), tel. 021-25 25 20 70, fax 021-22 67 76 93, www.luxor-hotels.com/regente. 225 ruime kamers, aan het strand met een mooi uitzicht. Vanaf R$320.
Arpoador Inn 4: Rua Francisco Otaviano 177 (Arpoador), tel./fax 021-25 23 00 60, www.ipanema.com/hotel/arpoador-inn. Klein hotel met 50 kamers tussen Ipanema en Copacabana. Aan de straatkant luidruchtig, aan de zeezijde echter een van de mooiste accommodaties van Rio. Daar zijn de kamers rustig, hoort u alleen de golven, geen autoverkeer tussen hotel en strand, prachtig uitzicht op de Praia de Ipanema, ook vanuit het (ontbijt-)restaurant, beste zonsondergang van de stad. R$450 (zeezijde), R$300 (straatzijde).
Parthenon Arpoador 5: Rua Francisco Otaviano 61 (Arpoador), tel. 021-32 22 96 00, fax 021-32 22 96 05, reservasarpoador@accorhotels .com.br. Modern, beschaafd en rustig hotel van de Accorketen, 56 grote kamers met kookgelegenheid, bad, airconditioning, kabel-tv, cd-speler en laptopaansluiting. Binnen het complex een zwembad, sauna en fitnessruimte. Bevoorrechte ligging tussen de stranden van Copacabana en Ipanema. Vanaf R$300.
Atlantis Copacabana Hotel 6: Rua Bulhôes de Carvalho 61 (Arpoador), tel. 021-25 21 11 42, fax 021-22 87 88 96, www.reservhotel. com.br. Middenklassehotel met 87 kamers in een rustige zijstraat, gunstig gelegen tussen de stranden van Copacabana en Ipanema (elk op vijf minuten lopen). Gezellig dakterras met bar, zwembad, sauna en uitzicht op de Praia de Ipanema. Zeer behulpzame receptie, waar men Engels spreekt. R$180.
Hotel Santa Clara 7: Rua Décio Vilares 316 (Copacabana-Peixoto), tel. 021-22 56 26 50, fax 021-25 47 40 42, www.hotelsantaclara. com.br. Gezellig, klein familiehotel met slechts 25 ka-

Rio de Janeiro, Copacabana

Bezienswaardigheden

1–21 zie kaart blz. 108
22–31 zie kaart blz. 120
32–39 zie kaart blz. 108
11 Copacabana Palace

Accommodatie

1 Sofitel
2 Pestana Carlton Rio Atlântica
3 Luxor Regente
4 Arpoador Inn
5 Parthenon Arpoador
6 Atlantis Copacabana Hotel
7 Hotel Santa Clara
8 Ché Lagarto Hostel (HI)
9 Camping Clube do Brasil-10

Eten en drinken

10 Carretão
11 El Cid
12 Siqueira Grill
13 Cervantes
14 Marius
15–21 zie kaart blz. 108

mers en smaakvolle inrichting; in een zeer rustige zijstraat. Alleen het ontbijt, dat u op de kamer krijgt geserveerd, laat te wensen over. R$150.

Ché Lagarto Hostel (HI) 8: Rua Anita Garibaldi 87 (Copacabana), tel. 021-22 56 27 78, fax 021-22 56 27 77, www.chelagarto.com. Bij jongeren zeer geliefd partyhostel uit 2004, 11 kamers (deels met uitzicht op zee), 64 bedden. Mooie ligging in rustige zijstraat. Lawaaierig zijn alleen de frequente feesten (Bar Code, DJs Lounge). 2 pk met bad R$100, slaapzaal voor 4–8 personen R$40 p.p. Een tweede gebouw ligt in de Rua Paul Redfern 48 (Ipanema), tel. 25 12 80 76, 2 pk R$130, slaapzaal R$45 p.p.

Camping Clube do Brasil-10 9: Estrada do Pontal 5900 (Recreio), tel. 021-24 90 34 00, www.campingclube.com.br. Zeer fraai gelegen met veel schaduw, vlak bij het aantrekkelijke strand van Recreio, maar wel ver ten zuidwesten van de stad. Directe bussen naar Copacabana (1 uur) en het centrum (1,5 uur). R$20 p.p.

Braziliaanse keuken

Carretão 10: Rua Siqueira Campos (Copacabana), groot filiaal in de Rua Ronald de Carvalho 55 A, tel. 021-25 42 21 48, 11–24 uur. Betere *churrascaria* met een prettige sfeer, voordelig menu van R$25 p.p., vr./za. R$28.

El Cid 11: Rua Ministro Viveiros de Castro 15/hoek Av. Princesa Isabel (Copacabana), tel. 021-22 75 45 97, 12–4 uur. Uiterst eenvoudig, klein restaurant, maar beroemd om de kwaliteit van zijn vleeserechten, zoals filet mignon of *picanha* voor R$35 (voldoende voor 2 pers.).

Siqueira Grill 12: Rua Siqueira Campos 16-B (Copacabana), tel. 021-22 55 34 46, 11–24 uur. Een van de beste zelfbedieningsrestaurants van de stad, met een groot, gevarieerd buffet en overheerlijk vlees van het spit. Tweede restaurant in de Rua do Catete 239 (Catete), tel. 22 85 34 42. R$3/100 g.

Cervantes 13: Av. Prado Junior 335 (Copacabana), tel. 021-22 75 61 47, di.–do. 12–4, vr.–zo. 12–6 uur. De beste vleessandwiches van de stad (R$10), goed voor de kleine trek in de vroege ochtend.

Marius 14: Av. Atlântica 290-A en 290-B (Leme), tel. 021-25 43 63 63, ma.–vr. 12–16 en 18–24 uur, za./zo. 12–24 uur. Twee dicht bij elkaar gelegen restaurants, die opvallen door hun gezellige, rustieke sfeer. De kwaliteit van het voedsel is daarentegen niet beter dan bij concurrent Porcão (zie onder). Op nummer A krijgt u vis, schaal- en schelpdieren (menu R$140), nummer B is een *churrascaria* met vlees (R$80).

Porcão Rio's 15: Av. Enfante Dom Henrique (Aterro do Flamengo), tel. 021-34 61 90 20, dag.

12–0.30 uur. Goede *churrascaria* aan de Baai van Guanabara met uitzicht op het water. Veel groepen (menu R$60).

Sol e Mar 16: Av. Nestor Moreira 11 (Botafogo), tel. 021-22 95 18 96, 12–2 uur. Uniek restaurant aan de Baai van Guanabara; kom voor 20 uur voor een plaatsje met uitzicht op het Suikerbrood; goede keuken met vis, schaal- en schelpdieren, wel tamelijk duur (ca. R$45).

Porcão 17: Rua Barão da Torre 218 (Ipanema), tel. 021-25 22 09 99, dag. 12–0.30 uur. Goede *churrascaria*, tevens een groot buffet met bijgerechten en salades (menu R$55).

Casa da Feijoada 18: Rua Prudente de Morais 10, Loja B (Ipanema), tel. 021-25 23 49 94, dag. 12–24 uur. Zaterdag is traditioneel *feijoada*-dag, maar hier kunt u het nationale gerecht van Brazilië elke dag krijgen. R$32 p.p., inclusief cocktail en nagerecht.

Espírito Santa 19: Rua Almirante Alexandrino 264 (Santa Teresa), tel. 021-25 08 70 95, www.espiritosanta.com, di.–zo. 11.30–24 uur. Nieuw restaurant uit 2005 aan de trambaan, binnenplaats en terras met fraai uitzicht op het oude Santa Teresa, artistieke aankleding, creatieve gerechten (specialiteit: *peixe à bamgalou*, R$22), lekkere salades en voorgerechten, schoon (ook de toiletten).

Vegetariano Social Club 20: Rua Conde de Bernadotte 26 (Leblon), tel. 021-22 94 52 00, ma.–za. 12–24, zo. 12–18 uur. Trendy designrestaurant met vegetarische heerlijkheden uit Brazilië en de rest van de wereld. R$18.

Mezzanino 21: Ambitieus project naast het dalstation naar het Suikerbrood, waarvan in 2006 met de bouw is begonnen. Niet te missen bij een bezoek aan het Suikerbrood.

Internationale keuken

Rio heeft uitstekende buitenlandse restaurants. Aangezien de meeste reizigers waarschijnlijk liever de inheemse keuken leren kennen, volgen hier slechts enkele korte tips (het eerstgenoemde restaurant is steeds het chicste en duurste).

Indisch: Natraj, Av. General San Martin 1219 (Leblon), ma.–za. vanaf 19, zo. vanaf 13 uur. R$35.

Rajmahal, Rua General Polidoro 29 (Botafogo), ma.–vr. vanaf 18, za./zo. vanaf 12 uur. R$30.

Italiaans: Capricciosa, Rua Vinícius de Morães 134 (Ipanema), dag. 18–2 uur. R$30.

La Trattoria, Rua Fernando Mendes 7-A (Copacabana), dag. 12–1 uur. R$20.

Japans: Sushi Leblon, Rua Dias Ferreira 256 (Leblon), dag. 12–16 en vanaf 19 uur. R$40.

Miss Tanaka, Rua Pacheco Leão 758 (Jardim Botânico), ma.–vr. 18–24, za./zo. 13–1.30 uur.

Mexicaans: Guapo Loco, Rua Rainha Guilhermina 48 (Leblon), dag. vanaf 12 uur. R$25.

Thais: Nam Thai, Rua Rainha Guilhermina 95 (Leblon), di.–vr. 12–16 en 19–1, za.–ma. vanaf 19 uur. R$35.

Zazá Bistrô Tropical, Rua Joana Angélica 40 (Ipanema), ma.–za. vanaf 19.30 uur. R$35.

Rio Sul Shopping Center: Rua Lauro Müller 116 (Botafogo, vanaf Copacabana/Av. Princesa Isabel gelijk rechts na de tunnel), tel. 021-25 45 72 00, www.riosul.com.br, ma.–za. 10–22, zo. 15–21 uur. Groot winkelcentrum dat aan Europese normen voldoet, met veel boetieks en andere winkels op vier etages; ook cafés, restaurants en bioscopen. Zeker bij regen een goede optie.

Feira do Hippie: Praça General Osório (Ipanema), zo. 9–19 uur. Vroeger een hangplek voor hippies, nu een gerespecteerde kunstnijverheidsmarkt. Bezoek- en bezienswaardig, maar niet bepaald goedkoop. Lederwaren, kleding, sieraden, aardewerk, prenten, meubels, enzovoorts.

Modern Sound: Rua Barata Ribeiro 502 (Copacabana), tel. 021-25 48 50 05, www.modernsound.com.br, ma.–vr. 9–21, za. 9–20 uur. Grootste en best gesorteerde aanbod van cd's in Brazilië, ook internationale titels, die thuis maar moeilijk te krijgen zijn. Er komen slechts kenners, die weten wat ze willen – even luisteren is niet mogelijk.

Muziekwijk Lapa: Stadsdeel waar het uitgaansleven van Rio is geconcentreerd. Voortdurend komen er nieuwe mooie cafés met goede Braziliaanse livemuziek bij (voor adressen zie Lapa, blz. 125).

After Work Party: Rua do Ouvidor/Travessa do Comércio, de mooiste straatjes van de binnenstad nabij Praça 15 (Centro), met tafels buiten en dansen in diverse cafés, met name gezellig wo.–vr. vanaf 19 uur.

Conversa Fiada: (1) Rua Maria Quitéria 46 (Ipanema), tel. 021-22 47 86 09, dag. 12 uur tot de laatste gast vertrekt. (2) Av. Ataúfo de Paiva 900, Lj. B, tel. 021-25 12 97 67, dag. zie boven. Twee *botequims* van een nieuwe keten, bierkroegen van een zekere stijl, middenklassenpubliek en buitenlanders.

Hard Rock Café: Shopping Città America, Av. das Américas 700, 3e et. (Barra da Tijuca), tel. 021-21 32 80 00, www.hardrockcafebrasil.com.br, vanaf 12 uur, 's avonds disco of liveoptredens, inrichting volgens het wereldberoemde recept. Toegang: mannen R$25, vrouwen R$15.

Oi Noites Cariocas: Morro da Urca (Urca), www.oinoitescariocas.com.br, alleen vr./za. in de zomer, te bereiken per kabelbaan. Feest op de eerste rots onder het Suikerbrood met livemuziek, disco, dans en bars, mooi uitzicht op Rio bij nacht. Toegang vanaf R$85.

Discoteca Help: Av. Atlântica (Copacabana). Gezien het aantal buitenlandse bezoekers moet deze disco als eerste genoemd worden. 364 avonden per jaar (niet op oudejaarsavond) verdringen zich hier honderden mannen 'op zoek naar avontuur' en evenzovele bereidwillige vrouwen (geen toegang in korte broek, R$30).

Claro Hall: Av. Ayrton Senna 3000 (Barra da Tijuca), tel. 021-21 56 73 00. Modernste en grootste podium met plaats voor 8000 bezoekers. Topbands. Voor programma zie dagbladen.

Canecão: Av. Venceslau Brás 215 (Botafogo, bij winkelcentrum Rio Sul, nabij Copacabana), tel. 021-25 43 12 41, www.canecao. com.br, di.–do. 21 uur, vr./za. 22 uur, zo. 20.30 uur. Grote concertzaal met veel tafels, regelmatig optredens van de sterren van de Braziliaanse populaire muziek. Kaarten aan de kassa. R$20–50.

Plataforma: Rua Adalberto Ferreira 32 (Leblon), tel. 021-22 74 40 22, dag. 22 uur. Sambashows voor toeristen, met carnavalskostuums, demonstraties *capoeira* en indiaanse dansen, helaas nogal kitscherig en pijnlijk slecht. Toegang R$120.

Starbrazil: Av. Afrânio de Melo Franco 296 (Leblon), tel. 021-25 11 23 91, dag. 22 uur. Superspektakel voor toeristen met meer dan zestig dansers en andere kunstenaars, gelijk aan Platafoma (zie boven), maar iets vlotter, moderner en internationaler, behalve samba ook Afrikaanse en Caribische ritmes. Toegang R$120.

Teatro Municipal: Praça Floriano, tel. 021-22 99 17 17. Vrijwel dagelijks (behalve in de zomermaanden) dans, ballet, concerten of toneel. Informatie over programma en aanvangstijden in de dagbladen, kaarten aan de kassa.

Feesten/evenementen

Carnaval (eind febr.): Grootste en aantrekkelijkste carnavalsoptocht ter wereld, zie Tip blz. 117).

Grande Prêmio Brasil (aug., datum variabel): Belangrijkste internationale paardenrennen van Brazilië, Jockeyclub, Gávea.

Tim Festival (okt., datum variabel): Muziekfestival met jazz en rock, Museu de Arte Moderna.

Dia do Samba (2 dec.): Vanaf station Central do Brasil in het centrum rijdt een sambatrein naar de voorstad Oswaldo Cruz. In elke wagon speelt een sambaband, bij het eindpunt gaat het feest verder.

Réveillon (31 dec.): Grootste oudejaarsfeest van de wereld op het strand van Copacabana. 2 miljoen overwegend in het wit geklede mensen, 20 minuten durend vuurwerk, verschillende muzikale podia en dansen.

Stadsbezichtiging: Helmuth Taubald, heltau@ ig.com.br,www.rioinsider.com, mobiel 92 41 37 82 (vanuit Europa 00 55 21, binnen Brazilië van plaatsen buiten Rio 0 21 21). De in Rio levende schrijver van deze gids organiseert op maat gemaakte excursies, waarbij u een authentiek beeld van de stad krijgt. Prijsvoorbeeld: dagtocht voor 2 personen 150 euro.

Favela-excursie: Marcelo Armstrong, tel. 021-33 22 27 27, mobiel 021-99 89 00 74, fax 021-

33 22 59 58, www.favelatour.com.br. Bezoek aan de favela's Rocinha en Vila Canoa incl. sociaal project, duur ca. 3 uur. Marcelo spreekt Engels, Frans en Spaans, R$65 p.p.

Fietsverhuur: Special Bike, Rua Visconde de Pirajá 135 B (Ipanema), tel. 021-25 21 26 86, huurfiets R$15/uur, R$60/dag. Er ligt 140 km aan fietspaden in Rio, een record voor Brazilië. De tweewieler is vooral bedoeld voor sportieve activiteiten en niet als transportmiddel. Vrijwel alle fietspaden lopen langs de stranden. Aan de boulevard van Copacabana zijn zondags fietsen te huur.

Deltavliegen: Konrad Heilmann, tel. 021-98 43 90 06, www.airadventures.net; perfect Engels en Duits sprekende deltavlieger, voormalig Braziliaans kampioen, sinds 1987 actief. Deltavliegen en paragliden in een tandem (15–20 min.), ca. R$250 (incl. transfer vanaf hotel).

Ricardo Lima, tel. 021-78 14 41 03, zeer professionele piloot, die maximaal gebruikmaakt van de wind. Deltavliegen en paragliden in een tandem (15–20 min.), ca. R$250 (incl. transfer vanaf hotel), gratis foto's.

Meer aanbieders aan de Praia do Pepino (São Conrado), start van de baan op de Pedra Bonita (alleen bij opwaartse zeewind).

Wandelen: Rio Hiking Tours, Rua Almirante Alexandrino 3226/404 (Santa Teresa), tel. 021-22 45 40 36, www.riohiking.com.br. Wandelingen onder begeleiding in het noordwestelijke deel van Nationaal Park Tijuca. De klim naar de 1021 m hoge Pico da Tijuca is niet bijzonder zwaar en wordt beloond met een weids uitzicht. Gids voor halve dag R$60, hele dag R$90.

Brasil Eco Travel Center, Rua Visconde de Pirajá 572, 2e verd. (Ipanema), tel. 021-25 12 88 82, ma.–vr. 9–18 uur. Wandelingen onder begeleiding in het noordwestelijke deel van Nationaal Park Tijuca. Halve dag R$60, hele dag R$90.

Boottochten: Macuco Rio, tel. 021-22 05 03 90, www.macucorio.com.br. Vertrek Marina da Glória, 2 uur R$100. Met een rubberboot door de Baai van Guanabara of langs de Atlantische stranden en eilanden.

Saveiros Tour, tel. 021-22 25 60 64, www.saveiros.com.br, dag. 9.30 en 11.30 uur vanaf Marina da Gloria, Aterro do Flamengo, 2 uur R$32. Tochten in een langzame schoener.

Surfen/windsurfen/kitesurfen: Surfschool Jürgen Oliveira, Barra da Tijuca, tel. 021-92 65 91 78. Duits gesproken, snelcursus 3 dagen van 2 uur.

De beste plaatsen om te surfen liggen in Arpoador (tussen Copacabana en Ipanema) en iets buiten de stad op het sprookjesachtige Prainhastrand (bus of minibus tot Recreio en kort stukje per taxi).

Aan het begin van het strand van Barra, bij de Praia do Pepê, is het wind- en kitesurfen de afgelopen tijd in de mode gekomen. Juli–dec. windsnelheid tot 50 km/uur.

Klimmen: On The Rocks Aventuras, Shopping Rio Design (Leblon), tel. 021-25 29 84 76, www.ontherocks.com.br. Kletteren onder begeleiding inclusief uitrusting.

Aribira Aventuras, tel. 021-22 35 37 16, www.aribira.com.br. Klimmen en kletteren op alle hoge rotsen van Rio, zoals de Corcovado, het Suikerbrood en de Morro da Urca. Alle moeilijkheidsgraden. Ook expedities in het binnenland.

Casa do Alpinista, tel. 021-22 86 95 64, www.guiadaurca.com. Klettertochten in Rio.

Arte Radical, tel. 021-25 37 25 94, www.arteradical.com. Klettertochten in Rio.

Golfen: Gávea Golf & Country Club, Estr. da Gávea 800 (São Conrado), tel. 021-33 23 60 50. Ook toegankelijk voor niet-leden, met een handicap onder 24. Prachtig gelegen (8 holes) met vaak smalle fairways en tamelijk kleine greens en roughs. Een rondje met caddie kost R$350.

Helikoptervluchten: Helisight, Rua Conde Bernadote 26, Loja 119 (Leblon), tel. 021-25 11 21 41, www.helisight.com.br. Vertrek dag. tussen 9 en 17 uur van de drie helihavens Morro da Urca (eerste rots bij het Suikerbrood), Lagoa en Morro Dona Marta, daar informatieborden met routes en prijzen (bijvoorbeeld 7 min. R$150 p.p.).

Waterpark: Rio Water Planet, Estrada dos Bandeirantes 24000 (Vargem Grande), tel. 021-24 28 90 00, www.riowaterplanet.com. br, do.–zo. 10–17 uur (laagseizoen alleen za./zo.). Glijden op alle snelheden, golfslagbad, glijden op

rubbervlotten, kuurbaden, restaurant. R$50.
Pretpark: Terra Encantada, Av. Ayrton Senna 2800 (Barra), tel. 021-24 21 94 21, www.terra-encantada.com.br, juli en dec.–feb.: di.–za. 14–21, zo. 12–21 uur (de andere maanden ma.–wo. gesloten). Attracties als in Disneyland voor alle leeftijden. R$15.

Vliegtuig: Aeroporto Internacional Antônio Carlos Jobim, kortweg Galeão genoemd, ligt op het Ilha do Governador, 15 km ten noorden van het centrum, tel. 021-33 98 50 50. Deze luchthaven met twee terminals handelt alle internationale en ook de meeste binnenlandse vluchten af. Helaas moet u voor São Paulo en enkele andere steden binnen Brazilië naar het centraal gelegen regionale vliegveld, Aeroporto Nacional Santos Dumont, tel. 021-38 14 70 70. Van beide vliegvelden vertrekken elke 30 tot 40 minuten comfortabele vliegveldbussen van de maatschappij *Real* (rode streep op de voorkant) naar de strandwijken en -hotels (R$6). Er rijden twee soorten taxi's van de luchthavens naar de stad. Voor de duurdere speciaaltaxi's moet u in de aankomsthal bij de balie een vastgestelde prijs betalen (afhankelijk van het stadsdeel waarheen u wilt). Buiten wachten de gewone gele taxi's, die slechts half zoveel kosten (u kunt de prijs uitrekenen als u bij de balie binnen de prijs navraagt en dan door tweeën deelt).
Taxi: Bij gewone taxi's moet u erop letten dat de *taximetro* is ingeschakeld (ma.–za. van 6–21 uur geldt tarief 1, ca R$1,20/km; 's nachts en op zon- en feestdagen, de hele maand december en op bergwegen geldt het 20% hogere tarief 2). Wie in de betere hotels heeft geboekt, kan informeren of een gratis transfer naar het vliegveld bij de service is inbegrepen.
Bus: Langeafstandsbussen vertrekken van het *rodoviária* Novo Rio in São Cristóvão, ten noorden van het centrum bij de haven, tel. 021-32 13 18 00, www.novorio.com.br. Regelmatige verbindingen (meestal dagelijks) naar alle belangrijke steden van Brazilië, bijvoorbeeld Belo Horizonte (6x per dag.), Ouro Preto (dag. 23.30 uur), São Paulo (13x per dag), en veel bestemmingen binnen de deelstaat Rio de Janeiro, bijvoorbeeld Angra dos Reis (21x per dag), Búzios (8x per dag), Mangaratiba (7x per dag), Parati (20x per dag), Petrópolis (elk halfuur). Voor langere afstanden zijn nachtbussen met slaapbanken *(leito)* of ligstoelen *(semi-leito)* aanbevolen.
Huurauto: De serieuze autoverhuurbedrijven beschikken alle over een balie op de luchthaven. In de stad zijn ze te vinden aan de Av. Princesa Isabel in Copacabana, bijvoorbeeld Unidas, Av. Princesa Isabel 166, tel. 021-36 85 12 12, fax 021-22 95 36 28, en Avis, Av. Princesa Isabel 350, tel. 021-25 43 84 81, fax 021-25 43 84 88.

Stadsverkeer
Lijnbus: Vrijwel overal rijden frequente lijnbussen, ook 's nachts; de bestemmingen, respectievelijk wijken aan het eindpunt staan aan de voorkant vermeld; bij het instappen gaat u door een tourniquet en betaalt u bij de conducteur een werkelijk gering bedrag.
Minibus: Minibusjes rijden vaak op dezelfde trajecten als lijnbussen, maar zijn veelal goedkoper en sneller.
Metro: Er zijn twee lijnen, die Copacabana met het Centrum en de noordelijke zone verbinden; zeer modern, schoon en betrouwbaar; dag. 6–23 uur.

Omgeving van Rio

Kaart blz. 145

Niet alleen de hoofdstad Rio, maar de hele deelstaat is een reisbestemming vol superlatieven. Nergens anders vindt u zo veel toeristische hoogtepunten vlak bij elkaar. Van Rio in noordelijke richting bent u zo bij de keizersstad Petrópolis en de mondaine badplaats Búzios aan de kust. In zuidwestelijke richting ligt Ilha Grande, een van de mooiste en groenste eilanden van het land. En slechts een klein stukje verder ligt het schilderachtig aan zee gelegen koloniale plaatsje Parati.

Dagtocht naar Petrópolis

Dit uitstapje is niet handig op een maandag, aangezien de meeste bezienswaardigheden dan gesloten zijn. De reis naar **Petrópolis** 1 vanaf Rio gaat met bussen van maatschappij *Fácil* (tel. 021-22 63 87 92, vanaf *rodoviária* Novo Rio, elk halfuur, reistijd 1,5 uur, R$14). Na 68 km bent u terechtgekomen in een volstrekt andere wereld, de Serra de Petrópolis, een van de dierbaarste vakantieoorden van Cariocas die de stad moe zijn. De blanke midden- en hogere klasse van Rio waardeert deze regio vanwege de gezinsvriendelijke infrastructuur, bestaande uit talrijke *pousadas* en *fazenda*-hotels met comfortabele *chalés*, sauna, zwembad en forellenvijver. Bovendien vanwege de vele wandel-, fiets- en ruiterpaden in een betoverend berglandschap met groene dalen, rivieren, watervallen en frisse, zuivere lucht en niet in de laatste plaats vanwege de veiligheid.

Keizer Dom Pedro I wist dit bekoorlijke, weelderig groene, frisse berglandschap al op waarde te schatten. In 1830 kocht hij hier, halverwege de toenmalige goudroute naar Minas Gerais, een *fazenda*, die later onder zijn zoon en opvolger Dom Pedro II de zomerresidentie van de Braziliaanse keizerlijke familie zou worden.

Duitse kolonisten die zich hier al eerder hadden gevestigd, zoals bouwmeester Friedrich Köler, verpachtten hun landerijen aan het keizerlijke hof en maakten op die manier de weg vrij voor het ontstaan van een nieuwe stad. Deze werd Petrópolis genoemd, naar zijn geestelijke stamvader Dom Pedro. Vanaf het begin was het een stad van Europeanen: na de Duitsers kwamen de Italianen, Fransen, Engelsen, Zwitsers en ten slotte toeristen uit de hele wereld. Hier leefden en stierven – door een dubbele zelfmoord – ook de Oostenrijkse schrijver Stefan Zweig en zijn vrouw. Hun huis, het **Casa de Stefan Zweig,** ligt aan de Rua Gonçalves Dias 34 (Valparaíso). Sinds 2006 is er in dit huis een museum over leven en werk van de bekende auteur ondergebracht (zie ook Thema blz. 107).

Palácio Imperial en Museu Imperial

De belangrijkste attractie van de stad is het keizerlijke paleis, gebouwd tussen 1845 en 1855 naar een ontwerp van de architect Friedrich Köler. Het neoclassicistische exterieur van dit bouwwerk komt bescheiden over. Vanbinnen, waar het huidige Museu Imperial of Keizerlijk Museum is gevestigd, verbergt het paleis waardevolle schatten: schilderijen van het oude Rio en de keizerlijke familie, feestelijke gewaden, sieraden en vooral de gouden keizerskroon uit 1841, die met 639 briljanten en 77 parels is bezet. Tijdens een rondgang door de prachtige zalen krijgt u een levendig beeld van de keizerlijke manier van leven van die tijd, aangezien het meubilair vrijwel volledig bewaard is gebleven. Bekijk daarna in een bijgebouw de oude koetsen en de stoomlocomotief Leopoldina. U kunt wat gebruiken in het aantrekkelijke kleine eetcafé (Rua da Imperatriz 220, tel. 024-22 37 80 00, www.museuimperial.gov.br, di.-zo. 11-17.30 uur, audiotour in het Engels voor R$3, toegang R$8).

Catedral de São Pedro de Alcântara

Vanaf het museum hoeft u maar een klein stukje naar rechts en dan even naar links te lopen, tot u de kathedraal in het oog krijgt. De kerk, die tussen 1884 en 1939 is opgetrokken in Franse neogotische stijl en herkenbaar is aan zijn 70 m hoge ranke spits en de vele kleurige ramen, is een waar architectonisch meesterwerk. Dankzij het vele licht dat binnenvalt en de spaarzame decoratie komt het gebouw licht en vriendelijk over. In de Capela Imperial zijn de stoffelijke resten van Dom Pedro II, zijn gemalin Teresa Cristina Maria, prinses Isabel en haar man graaf d'Eu bijgezet (Rua São Pedro de Alcântara, di.-za. 8-12 en 14-18 uur).

Palácio de Cristal

De derde attractie, die wederom maar een paar passen verwijderd ligt van de vorige, is het in 1884 gereedgekomen Kristalpaleis aan de Rua Alfredo Pachá (duidelijk aangegeven). De constructie van ijzer en glas werd in 1879 in Frankrijk vervaardigd. Oorspronkelijk was het bouwwerk bestemd voor bloemen- en vogeltentoonstellingen en gebruikte het hof het bij feestelijkheden als balzaal, maar tegenwoordig vieren alleen nog de Serrabewoners van Duitse oorsprong er eind juni/begin juli hun jaarlijkse *Bauernfest*. Tijdens het zomerfestival in januari/februari vinden hier (en elders) concerten en toneelvoorstellingen plaats. Iedere laatste vrijdag van de maand kunt u om 20 uur een romantisch serenadeconcert bijwonen (di.-zo. 9-17 uur).

Onderweg met de auteur

Strandleven

In **Búzios** is het een bijzonder genoegen in een open buggy over het strand te razen. 's Avonds zou u eens naar de megadisco Privilege moeten gaan (zie blz. 146). De luxueuze badplaats is echter behoorlijk duur. Wie zoals de Cariocas moet sparen voor zijn vakantie en toch van de zon aan de Costa do Sol wil genieten, kan ook naar de buursteden **Cabo Frio** en **Arraial do Cabo** reizen. In elk geval is het de moeite waard vanuit Búzios een boottocht naar deze plaatsen te maken (zie blz. 147).

Boottocht rondom Ilha Grande

Dé grote attractie op Ilha Grande aan de Costa Verde is een tocht om het eiland in een **schoener**. De meeste adrenaline krijgt u bij het ronden van de oostkaap, waarbij de wilde zee tegen de boot klotst, tot aan de gevangenisruïne aan de zuidkant (zie blz. 150).

Suikerrietborrel

In **Parati** krijgt u de beste cachaça van Brazilië, nog eens wat anders dan het goedkope, ook in Nederland verkrijgbare bocht van Pitú. Op verschillende plaatsen kunt u alle merken kopen (zie Winkelen blz. 156).

Robinson Crusoe-eilanden

Op de eilanden **Sapeca, Catimbau** en **Algodão** in de Baai van Parati kunt u zich voelen als Robinson Crusoe. Boten kunnen badgasten vanaf Parati naar deze plaatsen brengen (zie Boottochten blz. 156). Een vergelijkbaar ruige sfeer kenmerkt de heerlijke stranden van het 30 km verder gelegen **Trindade** (zie blz. 157).

Museu Casa de Santos Dumont

Van de kathedraal loopt de Avenida Koeler parallel aan een beek langs fraaie oude villa's, waaronder het Casa da Princesa Isabel (nr. 42) en het Palácio Rio Negro (nr. 255). De weg passeert dan de groene Praça da Liberdade (op dit

Petrópolis – koloniaal huis uit de 19e eeuw

plein is ook de toeristeninformatie gevestigd), tot u verder rechtdoor het gebouw van de Universidade Católica met een bloemenklok ervoor bereikt. Gelijk rechts daarvan staat op de helling het unieke zomerhuis uit 1918 van de Braziliaanse luchtvaartpionier Santos Dumont (1873–1932).

Steeds meer mensen denken tegenwoordig dat hij het vliegen heeft uitgevonden, en niet de gebroeders Wright. In 1906 verhief zijn dubbeldekker 14Bis zich in Parijs voor de ogen van talrijke getuigen in de lucht en legde in 21 seconden 220 m af. De Wrights lieten, zij het al in 1903, hun toestel in Amerika van een hoogte afglijden en haalden slechts 37 m. Bovendien waren er geen geautoriseerde getuigen. Hoe het ook zij, vast staat dat Dumont de uitvinder van het polshorloge was. Het stoorde hem om in de lucht met zijn handen aan het stuur steeds opnieuw in zijn zakken naar zijn horloge te moeten graaien. Ook andere dingen getuigen van zijn pioniersgeest, zoals de smalle trap in zijn huis, waarvan de treden enkel kunnen worden beklommen met de rechtervoet voor. Ook de douche die verhit wordt met alcohol uit suikerriet is een curiositeit. Het hele huis in Frans-alpiene stijl is bijzonder leuk. In de woon- en werkkamer zijn plattegronden, tekeningen, modellen en trofeeën te zien, boven liggen slaapvertrek en bad. Een keuken had hij niet nodig, zijn eten liet hij komen uit het naastgelegen Palace Hotel, waar tegenwoordig de Katholieke Universiteit zit.

De aanvankelijk zo vindingrijke en levenslustige dandy Santos Dumont bracht zich in 1932 om het leven, nadat een opstand in São Paulo tegen het autoritaire centrale bewind van Vargas door legervliegtuigen moest worden gebombardeerd. Voor Santos Dumont was vliegen een liefhebberij, nooit had hij kunnen denken dat daarmee oorlogen zouden worden gevoerd (Rua do Encanto 22, di.-zo. 9.30-17.30 uur, R$3).

2 Búzios

Búzios (Armação dos Búzios), een klein plaatsje op een schiereiland van slechts 8 x 2 km met 23 stranden, ligt 179 km ten noorden van Rio en is dé internationale badplaats van Brazilië. Het voormalige vissersdorp leeft tegenwoordig voor 80% van het toerisme, waarin 2000 mensen hun brood verdienen. In het hoogseizoen komen er op ieder van de 22.140 inwoners twee gasten uit vijftig verschillende landen, vooral uit Europa en de VS. Slechts de helft komt uit Brazilië zelf. 6% van alle buitenlanders kan niet om Búzios heen. 210 dagen zon per jaar en een gemiddelde temperatuur van 26 °C staan garant voor een sprookjesvakantie op prachtige stranden.

Beschermde natuur

Ondanks aanzienlijk toerisme komt Búzios bepaald niet over als een Braziliaanse uitgave van Saint-Tropez. Hoewel er sinds veertig jaar een partnerschap met de Franse badplaats bestaat en de burgemeesters elkaar over en weer bezoeken, is Búzios veel oorspronkelijker en natuurlijker gebleven. Dankzij milieubeschermende maatregelen kon men de ontwikkeling van hotel- en beddenbunkers op tijd verhinderen. Zo mag bijvoorbeeld geen huis uit meer dan twee verdiepingen bestaan en op ieder perceel mag er maar één begrensd oppervlak bebouwd zijn. Op die wijze wist het vroeger zo geïsoleerde vissersdorp veel van zijn oorspronkelijke charme te bewaren, ook na de grootscheepse publiciteitsstunt van het grootste sekssymbool van de jaren zestig.

De grote promotie-affaire

Brigitte Bardot, het onofficiële kenmerk van Búzios, lacht de bezoeker op vrijwel elke folder toe. Zij was het die in 1964 met de hele 'handel en wandel' is begonnen – of liever: dat was het marketingidee van de destijds in Parijs levende en met een Française getrouwde projectontwikkelaar Luis Reis. Nadat hij half Búzios had opgekocht, hoefde hij enkel BB op een betaalde vakantie te sturen om de internationale reiswereld op volle krachten te laten draaien en de hippies eindelijk van het schiereiland te verdrijven. Omdat de filmster gelijk een affaire begon met de in Búzios levende Marokkaan Bob Zagury, knoopte zij onmiddellijk enkele maanden aan haar verblijf vast.

Rua das Pedras

's Avonds flaneert een eindeloos lijkende bezoekersschaar over de chique Rua das Pedras. Ook bekende persoonlijkheden als Pelé, topmodel Giselle Bündchen, zangeres Nina Hagen, Mick Jagger en Bill Gates hadden hier al eens een afspraakje. In en om de centrale boulevard met de grote rechthoeken van klinkers vindt u zelfs op zondag geopende boetieks en veel goede restaurants, cafés en muziekzalen.

De mooiste stranden

Er valt een heleboel tegen Búzios in te brengen: te duur, te snobistisch, te on-Braziliaans, te vol, enzovoorts. Maar wat tot op heden boven alle kritiek is verheven en ondanks het massatoerisme niet verloren is gegaan, is de schoonheid van de stranden, die gezamenlijk misschien wel de mooiste van Brazilië zijn. Elk strand heeft zijn bijzonderheden en zelfs naaktrecreatie is mogelijk (aan de Praia Olho de Boi).

Vanaf het stadje zijn de wat landschap betreft schitterende stranden **Azeda** en **Azedinha** gemakkelijk lopend te bereiken. Beide worden ook bezocht door de lokale bevolking. De rustige en heldere zee is ideaal om te snorkelen. Zeer idyllisch is het volgende strand, **João Fernandes**. Palmen, fijn zand, spiegelglad water en een paar bars en visrestaurants liggen er uitnodigend bij. Overdag is dit hét internationale trefpunt van het schiereiland. Slechts enkele meters verder volgt de kleinere en niet afgescheiden **Praia de João Fernandinho**. Even dicht bij de stad, maar dan in de andere richting, ligt het mooie strand van **Tartaruga** met zijn bergvegetatie, koraalriffen en vele *barracas*, waaronder een bar met levende muziek aan zee met tafels en stoelen half in het water.

Aan de andere kant van het schiereiland behoort de Praia do **Forno** tot de mooiste stranden. Deze ligt aan een kleine baai met riffen en is heel geschikt om te duiken. Zeer bekoorlijk is de Baai van **Ferradura**, die op een lagune lijkt en in trek is bij zwemmers, snorkelaars en zeilers. Het verste weg van de Rua das Pedras maar desondanks het drukste strand is **Geribá**, dat aantrekkelijk is omdat het zo uitgestrekt en breed is. 's Zomers trekken jongeren hier bij voorkeur naartoe. Vaak treden er bands op en ook oudjaar wordt hier gevierd. De sterke branding trekt veel surfers. Geribá is het hele jaar druk, terwijl de andere stranden in het laagseizoen, vooral door de week, leeg blijven en de enkele gasten dan voortdurend worden lastiggevallen door strandventers.

Vlak in de buurt, vanuit Geribá te bereiken over een klein paadje, ligt het sieraad van het hele schiereiland, het geïsoleerde piepkleine strand van **Ferradurinha** tussen de rotsen en met een rustige zee. Niet iedereen kent of zoekt dit – het is nog een geheimpje, een vleugje Stille Zuidzee, met alles wat daarbij hoort.

Nabije omgeving

De regio rond Búzios, die vanwege de vele lagunes Região dos Lagos, en vanwege het hoge aantal zonuren Costa do Sol wordt genoemd, is het populairste vakantiegebied van de inwoners van Rio. Als gevolg van de bescheiden prijzen gaan de meesten naar het 155 km van Rio gelegen **Cabo Frio** (126.800 inwoners) of het naburige **Arraial do Cabo** (23.800 inwoners). Deze fraai in de duinen ingebedde plaatsen zijn ook te bezoeken tijdens een dagtocht per boot uit Búzios (zie Boottochten blz. 147).

i **Pórtico:** Toeristenbureau, Trevo de Cem Praças, tel. 022-26 23 20 99, www.visitbuzios.com.br, dag. 8–18 uur.

Informatie: Praça Santos Dumont 111, Centro, tel. 022-26 23 20 99, dag. 9–21 uur.

Let op: In het hoogseizoen absoluut op tijd reserveren!

Le Relais La Borie hotel: Rua das Gravatás 1374 (Geribá), tel. 022-26 23 14 98, fax 022-26 23 23 03, www.laborie.com.br. Royaal complex (als een resort) aan het strand met zwembad en bar, verzorgde kamers. R$530.

Villa Três Marias: Rua Três Marias 40, tel. 022-26 23 15 40, fax 022-26 23 17 40, www.brasilien-geheimtipp.de. Prachtige hoeve aan het strand van Manguinhos, ver van de Rua das Pedras; slechts 3 kamers van verschillende grootte en kwaliteit, sommige met een groot balkon en fraai uitzicht op zee. R$500.

Pousada Byblos: Alto do Humaitá 8, tel./fax 022-26 23 11 62, www.byblos.com.br. Goed geoutilleerd hotel aan het strand, zeezicht, terras, zwembad, 10 minuten lopen naar de Rua das Pedras. R$400.

Pousada do Martin Pescador: Ens. do Gancho, lote 15-A (3 km van het centrum), tel. 022-26 23 14 49, fax 022-26 23 25 47, www.martinpescador.com.br. Bijzonder aanbevolen, verzorgd, schoon en goed bewaakt complex in ko-

Rio de Janeiro en omgeving

loniale stijl, u voelt zich als in een scheepvaartmuseum. Zeer rustige ligging op een berg met uitzicht op zee, 400 m naar het dichtstbijzijnde strand en 600 m naar het Tartarugastrand. Zwembad, biljart, gratis internet. Engels gesproken. R$200.

Casa da Gárca: Av. José Bento Ribeiro Dantas 1354, Casa 25, ca. 80 m van de Praia dos Ossos, tel./fax 022-26 23 14 62, www.buzios.at. Schitterend hotel met ruime suites en eigen balkon, enkele met uitzicht op zee; zwembad, barbecues, kabel-tv met internationale programma's, attente en gastvrije service, transfers met eigen vissersboot naar de baai. R$200.

Pousada Santa Fé: Praça Santos Dumont 300, tel. 022-26 23 64 04, www.pousadasantafe.com. Centraal gelegen, smaakvol ingericht oud huis in de buurt van de Rua das Pedras aan een gezellig plein (in het hoogseizoen soms luide muziek tot 's avonds laat); acht grote kamers (enkele met vier bedden), voortreffelijk ontbijt (eigen bakkerij). R$150.

Brigitta's Guest House: Rua das Pedras 131, tel./fax 022-26 23 61 57, www.buziosonline.com.br/brigitta, www.buziosturismo.com/brigittas. Slechts vier comfortabele kamers, centrale ligging tussen Rua das Pedras en stadsstrand, prettig restaurant (schaal- en schelpdieren en specialiteiten van de grill). Engels en Duits gesproken. R$100.

Búzios Hostel: Rua Marissol 35, tel. 022-26 23 60 24, www.buzioshostel.com. Per bus uit Rio uitstappen aan de hoofdweg bij Shopping 5000, hoek Rua Marissol. Uitstekend HI-hostel met 34 bedden. 2 pk R$70, slaapzaal R$32 p.p.

Country Camping Clube: Rua Maria Joaquina Justiniano de Sousa 895 (Praia Rasa), tel. 022-26 29 11 55, fax 022-26 29 11 22, www.buzioscamping.com.br. Goed uitgeruste camping in een mooie parkachtige om-geving, 1 km van het strand en 12 km van het centrum, ook huisjes voor 2 personen voor de prijs van een kampeerplaats, het hele jaar open. R$20 p.p.

Estância Don Juan: Rua das Pedras 178, tel. 022-26 23 21 69 (in het hoogseizoen reserveren), do.–di. 12–23, wo. 18–23 uur. Bekendste *churrascaria* van de stad, goede kwaliteit van de vleesgerechten, stijlvolle inrichting, attente bediening. *Picanha* (lendenbiefstuk) voor R$35.

O Solar do Peixe Vivo: Orla Bardot 994, tel. 022-26 23 18 50, dag. 20.30–23.30 uur. Romantische, landelijke inrichting en sfeer, 25 gasten per avond (wel reserveren), telkens zes hoofdgerechten uit de uitstekende keuken voor R$30.

Boom: Rua Manoel Turíbio de Farias 110, tel. 022-26 23 62 54, dag. 12–23 uur. Uiterst populair zelfbedieningsrestaurant met een ruime keuze aan vlees van de grill, pasta, sushi, groente en salades. Smaakvolle, modern-rustieke inrichting, goed georganiseerd en professioneel geleid (R$4/100 g).

Groen en blauw zijn de kleuren van Búzios

Een ander goed zelfbedieningsrestaurant, **Buzin** genaamd, ligt aan dezelfde straat op nr. 273, dag. 12–24 uur.

Bar dos Pescadores: Manguinhos (tegenover Clínica Búzios), ma., di. en do.-zo. 12–18 uur, jan. en feb. dag. 12–19 uur. Midden in de vissersgemeenschap, alle vis vers gevangen, aan zee met tafels onder de bomen. R$20.

Vrijwel het gehele uitgaansleven speelt zich af in en om de Rua das Pedras en aan de Orla Bardot. In het laagseizoen zijn veel bars, cafés en disco's gesloten. Regelmatig komen er nieuwe clubs bij, terwijl andere verdwijnen.

Privilege: Av. José Bento Ribeiro Dantas, 550, Orla Bardot, tel. 022-26 23 02 88. Absoluut hoogtepunt van een verblijf in Búzios, hoort bij de top tien van Brazilië, grote zalen, terras, kleine chalets en buitenruimte, moderne inrichting, goede shows en performances, verschillende muzikale stijlen, zeer aantrekkelijk publiek, gesloten tussen carnaval en Pasen. Toegang R$50.

Crêperie Chez Michou: Rua das Pedras 90, dag. 12–2 uur (jan./feb. tot 5 uur). Muziekcafé in de openlucht, meest gewilde traditionele ontmoetingspunt in tropische stijl.

Deep: Rua da Praia 27, achter de Rua das Pedras op de weg naar het strand, dag. vanaf 20 uur. Kleine discoclub, gezellige sfeer.

Legends of Rock: Rua Manoel Turíbio de Farias 71. Klein café, live rockmuziek, clips, ontspannen sfeertje, Engels gesproken.

Havana Bistro: Rua das Pedras 101. Levende muziek (wo. sambashow) en een ruime keus aan sigaren.

Tartaruguinha: Orla Bardot 440. Gezellige sfeer, goede combinatie van muziekcafé en restaurant.

Búzios Sailing Week (apr.): Zeilevenement waaraan ook gasten uit St.-Tropez meedoen.
Festival Internacional de Jazz & Blues (juli): Internationaal muziekfestival in de cafés Pátio Havana en Chez Michou, gratis.
Festival Internacional de Cinema (dec.): Internationaal filmfestival.

Boottochten: Tour Shop, Orla Bardot 712, tel. 022-26 23 27 63, www.buzios nauta.com.br. Aanbevolen 3 tot 4 uur durende boottochten langs sprookjesachtige baaien tot aan Cabo Frio en Arraial do Cabo (inclusief afhalen per bus, eten in een *churrascaria*, korte stadsbezichtiging in Cabo Frio en bikinishoppen). R$60 p.p.
Buziosnauta, Orla Bardot 712, tel. 022-26 23 90 05. Avontuurlijke excursie langs de kust in grote rubberboot, 2,5 uur, vertrek om 9.30 en 13 uur, R$50 p.p. (ook duiktochten).
Strandtochten: Tour Shop (zie Boottochten). In open vrachtwagens (trolleys) langs twaalf stranden (met stop om te duiken) en twee uitkijkpunten, 2 uur, vertrek om 9, 12 en 15 uur van Orla Bardot, R$50 p.p.
Duiken: Mar Azul en Casamar, Rua das Pedras 242, tel. 022-26 23 24 41, www.casamar.com.br. Internationale standaard met briefing ook in het Engels, afvaarten tussen 10 en 15 uur, 30 min. duiken, R$80–180. Onder andere excursies naar de interessantste duikgebieden bij de eilanden Gravatas, Filhote en Âncora.
Zeilen: Stormy Sailing School, Av. Maurício Dutra 303, Praia Manguinhos. Zeiltochten.
Windsurfen: Happy Surf, Av. José Bento Ribeiro Dantas 843, Lt. 1, happysurf@mar.com.br. Surfschool en plankverhuur.
Yucas Beach Club, Rua Maurício Dutra 365, Praia Manguinhos. Verhuur van windsurfuitrusting.
Golfen: Búzios Golf Club & Resort, Campo, tel. 022-26 29 12 40. Beste, maar moeilijkste golfbaan van Brazilië (18 holes/72 par). Niet eenvoudig vanwege de aanhoudende wind uit het noordwesten. Greenfee R$80, weekend R$100, 7 dagen R$$400.

Vliegtuig: TEAM, tel. 021-33 28 16 16, www.voeteam.com.br, vliegt 1x per week van Rio naar Búzios, heen vr. 20.20 uur vanaf Aeroporto Santos Dumont, terug zo. 18.05 uur, slechts 19 stoelen, vliegtijd 25 min. R$350 per vlucht.
Bus: Busstation aan de Estrada da Usina Velha 444, tel. 022-26 23 20 50. *Viação 1001* rijdt 7x per dag naar Rio, 3 uur, R$24.

Costa Verde

De Costa Verde tussen Rio de Janeiro en Parati (265 km) wordt terecht aangeprezen als *riveira* of *caribe brasileira*. Kustweg BR101 loopt voor het grootste deel dicht langs het weelderige Atlantische regenwoud. Nergens anders in Brazilië, waar al 92% van de kustbossen verloren is gegaan, is het regenwoud zo intact gebleven. Langs het traject rijgen de idyllische baaien en aantrekkelijke plaatsjes zich aaneen, terwijl voor de kust maar liefst 365 eilanden liggen. De drukstbezochte plaatsen in dit gebied zijn het groene eiland Ilha Grande en het betoverende koloniale stadje Parati (zie blz. 153).

Voorbij een aantal weinig opwindende voorsteden van Rio komt u na ongeveer 90 minuten bij **Itacuruçá** 2 (82 km), met een gelijknamige eiland in de Sepetibabaai. De volgende plaats is **Mangaratiba** 3 (105 km), waar u veerboten naar Ilha Grande, een Club Méditerranée en een heerlijk vakantieresort vindt. **Angra dos Reis** 4 (151 km) wordt beschouwd als het kleine Monaco van Brazilië. De plaats was al vroeg welvarend (bananen-, rietsuiker- en koffieplantages en cachaçastokerijen), en ook nu vindt u er dure villa's, jachthavens en luxueuze vijfsterrenhotels. De stad zelf is echter noch in architectonisch opzicht, noch wat betreft het landschap bijzonder interessant. In de buurt staat bovendien de enige kerncentrale van Brazilië, die 50–65% van de in de deelstaat Rio de Janeiro benodigde energie levert. Hoewel het probleem van het kernafval nog niet is opgelost, wordt er gebouwd aan een derde fabriek. Als Brazilianen Angra dos Reis ophemelen, bedoelen ze daarmee eerder de streek en de eilanden voor de kust, dan het stadje zelf. Van de haven van Angra dos Reis bent u in een uur op Ilha Grande.

... in Itacuruçá:
Hotel Pierre: Praia da Bica (eilandstrand), reserveren tel./fax 021-26 88 15 60, www.hotelpierre.com.br. Heerlijk resort met 51 kamers, zwembaden, sauna en verschillende watersportmogelijkheden. 2 pk R$350.
... in Mangaratiba:
Club Méditerranée: Village Rio das Pedras, tel. 0800-7 07 37 82, www.clubmed.com.br. In het hoogseizoen vaak overboekt, groot complex van de bekende Franse keten met talrijke sport- en recreatievoorzieningen, 324 kamers. 2 pk R$1300 (volpension).
Portobello Resort Safari: tel. 021-27 89 80 00, fax 021-26 89 31 00, www.hotelportobello.com.br. Luxe resort aan het strand, 152 kamers, smaakvolle aankleding, uitgestrekt terrein en safaripark met exotische dieren, mogelijkheden voor watersporten en boottochten. 2 pk R$500.

Bus: Comfortabele interlokale bussen van de maatschappij *Costa Verde* rijden van het busstation in Rio (*rodoviária* Novo Rio) langs de kust tot aan Parati.

3 Ilha Grande

Van de 365 eilanden in de baai voor Angra dos Reis wordt het Ilha Grande (Grote Eiland) het drukste bezocht. Met een kustlijn van zo'n 150 km en 106 stranden is dit het grootste eiland van de regio, dat toeristisch ook het beste is ontsloten. Toch heeft het in verschillende opzichten zijn oorspronkelijke karakter weten te bewaren, wat te danken is aan strenge natuurbeschermende maatregelen, maar ook aan een ongewone geschiedenis.

Eeuwenlang woonden hier Tupinambá-indianen (van wie de paden nog steeds worden gebruikt bij wandeltochten). Hoewel de Portugezen het eiland al in 1502 ontdekten, begon de daadwerkelijke kolonisatie pas tussen 1725 en 1764. Daarvoor meerden er alleen maar piratenschepen uit Frankrijk, Engeland, Holland, Spanje, Portugal en Argentinië aan. Tussen 1903 en 1994 diende het eiland vrijwel uitsluitend als gevangenis. Het beruchte tuchthuis Cândido-Mendes werd vooral tijdens de militaire dictatuur in negatieve zin beroemd.

Als gevolg van zijn geïsoleerde positie bleef het eiland tot op heden dun bevolkt en werd nauwelijks inbreuk gemaakt op de schatten van de natuur. De weelderige vegetatie is te danken aan speciale klimatologische omstandigheden. Vooral de zondvloedachtige plensbuien zijn gunstig voor de groei van het Atlantische regenwoud. Al vanaf de veerboot ziet u

Ilha Grande

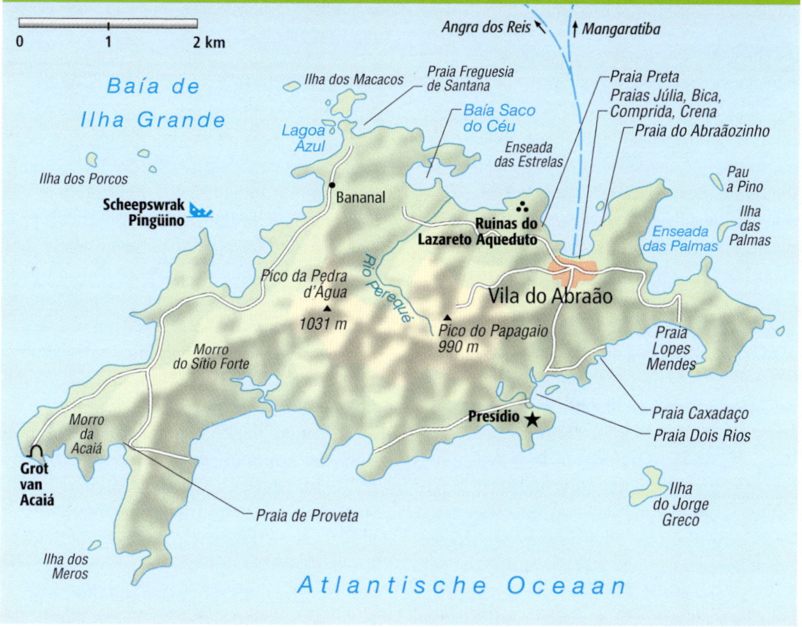

een uniek groen tapijt liggen, een stukje 'Amazonewoud' midden in de oceaan.

Vila do Abraão

De hoofdstad (4000 inwoners) van Ilha Grande ligt ingeklemd tussen bergen en is omringd door weelderige natuur. Zo'n honderd restaurants en cafés en talrijke *pousadas* onthalen en herbergen er de eilandgasten. Op enkele uitzonderingen na zijn de meeste onderkomens rustiek en eenvoudig en moet u niet rekenen op bijzondere luxe. Ook zijn er geen geldautomaten op het eiland, maar vrijwel overal kunt u wel terecht met een creditcard.

De bescheiden infrastructuur van Vila do Abraão is niet toereikend om de toevloed van soms wel 15.000 dagjesmensen op te vangen. Uit milieuoverwegingen zouden dat er maximaal 7500 moeten zijn. De stroom toeristen leidt tot problemen, bijvoorbeeld bij de afvalverwerking. Veel blijft eenvoudigweg ergens liggen. Ook de sanitaire voorzieningen zijn niet ingesteld op zo veel gasten. Dientengevolge zijn het stadsstrand en de stranden in de buurt van de stad in het hoogseizoen nogal vies. In 2006 is men begonnen met een grote campagne om het milieu te ontzien, waardoor een gedeeltelijke oplossing van de problemen valt te verwachten. Onder andere is een wettelijke inkrimping van het aantal bezoekers op komst.

Strandwandelingen

Een korte wandeling leidt langs de kleine stranden Júlia, Bica, Comprida en Crena en een stuk door het regenwoud naar het schilderachtige strand van **Abraãozinho** (6 km heen en terug). Daar kunt u er ook voor kiezen door te lopen naar Palmas en Lopes Mendes. Een andere wandeling in tegengestelde richting gaat naar de **Praia Preta** met zijn karakteristieke zwarte zand (4 km heen en weer).

Onderweg is het de moeite waard een stukje omhoog te lopen naar een waterval *(cachoeira)* en een oud aquaduct.

Zeiltocht in een schoener

De meeste attracties van Ilha Grande zijn uitsluitend bereikbaar per boot. U kunt kiezen uit talloze excursies. Het meest gewild zijn dagtochten waarbij verschillende baaien worden aangedaan en die telkens gelegenheid bieden tot zwemmen, snorkelen en duiken. Populair aan de **noordkant** van het eiland is vooral de tocht via Lagoa Azul, Saco do Céu en Japariz naar Freguesa de Santana (met een kleine kerk uit 1796 het belangrijkste culturele erfgoed van het eiland). Aan de **zuidkant** zijn de bestemmingen meestal de Praia de Lopes Mendes, met een lengte van 3 km het langste strand van het eiland, en de Praia Dois Rios, waarin twee rivieren uitmonden en nog wat puinhopen van het oude tuchthuis staan. Dit werd pas in 1994 gesloten, daarvoor zaten er zware criminelen en drugsbazen, maar ook politieke gevangenen. Het is wellicht het akeligste deel van Ilha Grande, ook vanwege het spookachtige gehucht daar. De sluiting van de gevangenis ontnam de bewoners hun middelen van bestaan, waarop zij vertrokken.

Wandelingen

Minstens zestien wandelpaden doorkruisen Ilha Grande. Het langste voert in een week het hele eiland rond. Van Vila do Abraão gaat een zandweg naar het surfstrand **Lopes Mendes** (6 km heen en terug, op de terugweg een flink stuk bergopwaarts). In trek is ook de 13 km lange wandeling naar **Bananal**, langs de Ruínas do Lazareto en Saco do Céu. In Bananal kunt u 's zomers overnachten. Andere, steilere paden gaan omhoog naar de 902 m hoge **Pico do Papagaio**. Het duurt ongeveer drie uur tot aan de 50 m brede top, waarbij u loopt over smalle, steile paadjes door het struweel en u enkele bergbeken moet oversteken. Bij goed weer kunt u vanaf de top de grenzen van São Paulo, de Gavearots in Rio de Janeiro en de Serra dos Orgãos bij Petrópolis/Teresópolis in de verte zien liggen. Het pad is goed gemarkeerd, maar bij de lastige stukken is een gids een uitkomst. De beste maanden om te wandelen zijn mei–juli en oktober/november, omdat het weer in die periode zacht is en er weinig neerslag valt.

Duiktochten

Na Fernando de Noronha en de Costa do Sol wordt Ilha Grande beschouwd als het beste duikgebied van Brazilië. Het heldere water in deze buurt en de buitengewone rijkdom aan soorten vis *(badejo, peixe agulha, carapau, parati, robalo* en nog veel meer), koralen, sponzen, zeesterren, zee-egels, kwallen en inktvissen maken het duiken tot een fascinerende ervaring. De beste plaatsen om te duiken zijn **Enseada das Palmas, Lagoa Azul** en voor de eilanden **Pau a Pino, Ilha dos Meros, Ilha do Abraão** en **Ilha do Jorge.**

Bijzonder aantrekkelijk is de beroemde **Grot van Acaiá,** die door ervaren duikers bereikt kan worden via een 15 m lange onderwatercorridor. Een uitdaging vormen ook de vele scheepswrakken op de zeebodem, waarvan er al zestien zijn ontdekt. Vooral de resten van de in 1959 gezonken ***Pingüino*** voor de Baai van Sítio Forte trekken veel mensen. Het wrak ligt 18 m diep en de zichtwijdte bedraagt er 8 m.

Centro de Informações turísticas: Rua da Praia (Vila do Abraão, kleine kiosk op de kade), tel. 024-33 61 55 08, hoogseizoen: dag. 9–13, 15–19 uur, laagseizoen: 9–11, 15–17.30 uur.
Internet: www.ilhagrande.com.br (met veel *pousadas*).

Let op: Om zeker te zijn van het gewenste onderdak in het hoogseizoen is het verstandig tijdig te reserveren (en aan te betalen).
Pousada do Canto: Praia do Canto (Vila do Abraão), tel. 024-32 63 11 31, fax 024-33 61 50 18. Goed verzorgd, tamelijk nieuw pension met elf comfortabele kamers, opmerkzame service, hartelijke sfeer, zwembad, rustige ligging aan het einde van het stadsstrand, enkele minuten lopen naar de mooie stranden Júlia, Bica, Comprida en Crena, 800 m tot de kade. R$190.

Het water in – zeiltocht om Ilha Grande

Pousada Água Viva: Rua da Praia 26 (Vila do Abraão), tel./fax 024-33 61 51 66, www.ilhagrande.com.br/aguaviva. 14 kamers, centraal aan het stadsstrand en de aanlegsteiger. R$100 (hoogseizoen het dubbele).

Pousada Solar da Praia: Rua da Praia 32 (Vila do Abraão), tel./fax 024-33 61 50 43, www.solardapraia.com.br. 12 kamers, centraal aan het stadsstrand en de aanleigsteiger, gezellig complex met veel groen. R$100.

Pousada D'Pillel: Rua do Bicão 51 (Vila do Abraão), tel. 024-33 61 50 75, in Rio: 021-25 92 46 79, www.ilhagrande.com.br, trefwoord *onde ficar* ('waar overnachten')/*pousadas*. Fraai complex met veel groen, kamers met ventilator, koelkast en elk twee balkons, riant ontbijt in open hutten met uitzicht op het oerwoud, slechts 5 min. van het strand, de eigenaar spreekt Engels en Spaans, geeft veel tips en bekommert zich om zijn gasten. R$90.

Holândes Hostel (HI): Rua da Assembléia (Vila do Abraão), tel. 024-33 61 50 34, reserveren in Rio: 021-38 33 79 79, www.holandeshostel.com.br. Goed geleide jeugdherberg met 28 bedden, gebruik van keuken en wasserette, rustige ligging in het oerwoud ver boven de stad, enigszins lastige klim via trap. 2 pk R$50, slaapzaal met acht bedden R$20 p.p., daarnaast duurdere chalets.

Campings: Er zijn dertien officiële kampeerterreinen op het eiland; wild kamperen is sinds 2006 niet toegestaan. Goed is de grote, schaduwrijke camping Toca do Guaiamum, Rua Getúlio Vargas 351 (Vila do Abraão, 30 m van het strand), tel. 024-33 61 53 14, vanaf R$10 p.p., ook kamers en suites.

Casarão da Ilha: Rua da Praia 20 (Vila do Abraão), tel. 024-33 61 54 01, wo.–ma. 12–24 uur. Zeer goed beklant vis-, schaal- en schelpdierenrestaurant aan de boulevard met tafeltjes buiten, specialiteit is *peixe a casarão* (R$64).

Lua e Mar: Rua da Praia (Vila do Abraão), tel. 024-33 61 51 13, di.–zo. 11–23 uur. Vis, schaal- en schelpdieren, mooi aan het strand gelegen (u zit buiten), eenvoudig en populair. *Peixe à moda* kost R$46.

Sotéro Café & Travel Centre: Rua Alice Kury 101 (Vila do Abraão), 2e verd. (van de straat af gezien onopvallend). Gezellige cocktailbar en café met televisiehoek, internet, cd-muziek en speciale internationale gerechten van rond de R$20.

São Sebastião (20 jan.): Kerkelijk feest ter ere van St.-Sebastiaan.
São Pedro (29 juni): Processie op zee met boten.

Avontuurlijke vakanties: Ilhagrande Adventure, Rua Getúlio Vargas 35 (Vila do Abraão), tel. 024-33 61 55 90, www.ilhagrandeadventure.com.br. Het reisagentschap voor kajakken, trek- en wandeltochten, speedbootvaren, duiken, snorkelen, mountainbiken, zeilen en surfen. Reserveren van accommodatie op tel. 019-34 55 09 86.
Schoenertochten: Phoenix Turismo, tel. 024-33 61 58 22, www.phoenixturismo.com.br. In een grote en schaduwrijke schoener zeilt u naar de Lagoa Azul en Lagoa Verde, zonder tijdrovende middagpauze, zoals bij andere touroperators, vertrek dag. 10 uur, R$40.
Duiken: Ilhagrande Adventure (zie Avontuurlijke vakanties).
Sudoeste SW Turismo, Rua da Praia 647 (Vila do Abraão), tel. 024-33 61 55 16, www.sudoestesw.com.br. Verhuur van uitrusting en goede Engelssprekende leraren.
Wandelen/Trekken: Gidsen via Ilhagrande Adventure (zie Avontuurlijke vakanties) en Sudoeste SW Turismo (zie Duiken).

Bus: Tussen Rio de Janeiro en Angra dos Reis: bussen van *Costa Verde*, tel. 021-25 16 24 37, 21x per dag, 2,5 uur, R$20, aansluitend naar de veerboot een taxi nemen of naar de weg vragen (terug staat de bus direct bij de veerhaven). Tussen Rio de Janeiro en Mangaratiba: bussen van *Costa Verde*, tel. zie boven, 7x per dag, 2 uur, R$15, aansluitend veerboot.
Veerboot: Vanaf Angra dos Reis dag. 15.30 uur, terug 10 uur, duur van de overtocht 1 uur, R$5; vanaf Mangaratiba ma.–vr. 8 en 9 uur, za./zo./feestdagen 8 uur, terug ma.–vr. 10, za. en zo. 17.30 uur, duur van de overtocht 1 uur, R$5. De vertrektijden zijn aan veranderingen onderhevig, daarom altijd navraag (laten) doen bij centrale veerinlichtingen in Rio de Janeiro, tel. 021-40 04 31 13. Wie de boot mist, kan zich ook in een privéboot laten overzetten, R$15 p.p.

Regenwoudidylle op Ilha Grande

4 Parati

Kaart: blz. 155
Parati (29.550 inwoners) ligt in het uiterste zuiden van de deelstaat Rio de Janeiro. Dit onder monumentenzorg vallende cultuurstadje uit de koloniale tijd is naast Ouro Preto in Minas Gerais en Olinda in Pernambuco een van de weinige goed bewaarde toonbeelden van historische architectuur. Meteen al bij aankomst voelt u zich teruggezet in de tijd. Niet voor niets werden tegen dit decor al 35 films, 21 *telenovelas* en verschillende videoclips opgenomen, onder andere door Paratiliefhebber Mick Jagger.

Bezoekers komen in de eerste plaats naar Parati voor de oude villa's, de straatjes en pleinen, de kerken en de dromerige, romantische sfeer van de oude stad. In de verkeersluwe straten trekken naast de folkloristische souvenirwinkels vele interessante cafés en restaurants de aandacht, evenals de festivals die regelmatig worden gehouden. De inwoners leven hier vrijwel uitsluitend van het toerisme. Er zijn veel mooie *pousadas* en u hebt er een breed aanbod aan bootochten naar enkele van de 65 eilanden voor de kust, of natuurexcursies door het omringende Atlantische regenwoud.

Geschiedenis

'Aquilo é para ti' ('Dit is voor jou'), was volgens de legende de oorsprong van de naam van deze plaats. Bij de verdeling van de aarde tussen God en de duivel liet de eerste dit strookje land geringschattend over aan zijn rivaal. Dit bleek een grote vergissing. Aanvankelijk leefden de plaatselijke Guaianá-indianen nog heel eenvoudig van de visvangst – 'parati' was in hun taal de naam van een vis – maar daarna verspreidde zich de faam van het gezonde klimaat van deze streek. Een zieke indiaan hoefde er maar heen te gaan, om snel genezen te zijn. Spoedig kwamen de rijken uit São Paulo en heel Brazilië hier genezing zoeken. In 1646 werd ten slotte een stadje gesticht. Later bleek de gunstig gelegen haven nog meer voorspoed te brengen. Via deze haven werd het pas ontdekte goud uit Minas Gerais verscheept naar Rio de Janeiro en Lissabon.

De aanleg van een verbindingsweg tussen de beide deelstaten in 1725 maakte de 'goudhaven' van Parati opeens onbelangrijk. Dat leidde tot een geleidelijke neergang van het stadje, totdat in de 19e eeuw een nieuwe bloeiperiode begon. Het was de start van het tijdperk van de koffie uit de Vale do Paraíba en van de rietsuiker, respectievelijk de daaruit gedistilleerde cachaça, met in 1863 al 150 stokerijen. Tegenwoordig zijn er nog drie in bedrijf. In een daarvan, de 8 km verderop gelegen Engenho da Boa Vista, woonden ooit de grootouders van Heinrich en Thomas Mann, en tot haar 7e ook hun moeder. Het huis (Casa Mann) is alleen vanbuiten te bezichtigen, maar er zijn plannen er ooit een cultureel centrum van te maken.

Het Parati van de 19e eeuw werd een levendige overslagplaats. In het jaar van de onafhankelijkheid van Brazilië (1822) kwamen er volgens een oude kroniek *'160.914 cabeças de homens e animais'* door het dorp, letterlijk vertaald '160.914 mensen- en dierenhoofden'. Tegenwoordig komen er slechts toeristen, 250.000 per jaar. In 1820 kon men zich al veroorloven de wegen te verharden, een zeldzaamheid voor die tijd. In de stad stonden al vierhonderd koloniale woningen (de meeste van één verdieping), met ornamenten en smeedijzeren hekken en karakteristieke gekleurde raamlijsten en gevels. In 1844 kreeg Parati stadsrechten. Het aantal huizen en kerken nam verder toe, tot rond de eeuwwisseling tussen de 19e en de 20e eeuw een nieuwe fase van neergang inzette, opnieuw als gevolg van een verminderd strategisch belang van de haven. Er bleven slechts 600 zielen achter in de ooit zo welvarende stad achter, voor het merendeel ouderen.

Parati dreigde volstrekt in vergetelheid te verzinken, tot men in de jaren vijftig eindelijk de historische en toeristische waarde ontdekte. In 1966 werd de stad zelfs tot nationaal erfgoed verklaard. Serieuze economische activiteiten zijn er niet meer, wat de plaats een nogal kunstmatig museaal karakter verleent.

Bezienswaardigheden

Breng in ieder geval een bezoek aan het **Casa da Cultura** 1 in de Rua Dona Geralda, hoek Samuel Costa. Tot eind 20e eeuw diende het huis met twee verdiepingen als woonhuis, magazijn, school en club, totdat het in 2004 werd omgetoverd tot cultureel centrum. Op de begane grond worden exposities gehouden, op de eerste verdieping hangen foto's van inwoners van Parati en in een andere zaal staan vitrines met objecten die geschonken zijn en u met een koord op ooghoogte kunt takelen. Verder is er een kunstnijverheidswinkel, een cafetaria, een boekhandel en een computer waarop u de geschiedenis van de stad en de belangrijkste bezienswaardigheden kunt zien (ma./wo. 10–18.30, vr./za. 13–21.30 uur, R$5).

De meest geschilderde, respectievelijk gefotografeerde straat van Parati is de kleine, pittoreske **Rua do Fogo** 2, de mooiste blik op de stad met de **Igreja de Santa Rita** hebt u in de **haven** 3 en het plein met de grootste architectonische schoonheid is de **Praça do Matriz** 4. De in 1722 door 'vrije' slaven gebouwde Igreja de Santa Rita, met binnen barokke en rococo-elementen, is de oudste en opvallendste kerk van de stad. Naast de jezuïetenkerk staat het Museu de Arte Sacra. Andere kerken in Parati zijn de **Igreja de N.S. das Dores** 5 uit 1800, destijds voor de adel, de neoclassicistische **Igreja Matriz de N.S. dos Remédios** 6 in het derde gebouw uit 1873 voor de blanke burgerij en de in 1725 gewijde kleine **Igreja do Rosário** 7 voor slaven bestemd die de Afro-Braziliaanse culten waren toegedaan en die ook meehielpen aan de bouw. Hoewel het de enige kerk is met een verguld altaar, komt hij sober over.

Bij een wandeling door het centrum kunnen u bepaalde huizen niet ontgaan, die door hun bijzonder fraaie gevels opvallen, zoals de Sobrados dos Bonecos, dos Abacaxis en do Príncipe. Het oudste nog bewaarde huis ligt vlak bij de Igreja de Santa Rita aan het begin van de **Rua Marechal Santos Dias (ou da Matriz)**, waar een inschrift op de originele houten balken op de bouw in het 'gouden' jaar 1699 wijst.

Bij de Morro do Forte, ongeveer 1 km van het centrum verwijderd, ligt de stadsvesting **Defensor Perpétuo** 8 uit 1703. Behalve de oude vesting kunt u er het Museu de Artes e Tradições Populares bekijken (wo.-zo. 10–12, 14–17 uur).

Informação turística: Av. Roberto Silveira 1 (bij de toegang tot de stad), tel. 024-33 71 18 97, dag. 9–21 uur.
Internet: www.paraty.com.br (omvangrijke site over geschiedenis, ecologie, cultuur en toerisme; veel *pousadas* met foto's, ook in het Engels).

Pousada do Sandi 1: Largo do Rosário 1 (Centro histórico), tel./fax 024-33 71 21 00, www.pousadadosandi.com.br. Stijlvol koloniaal huis uit de 18e eeuw met 26 kamers, een van de beste adressen van de stad, met restaurant. R$360.
Pousada Pardieiro 2: Rua do Comércio 74 (Centro histórico), tel. 024-33 71 13 70, www.pousadapardieiro.com.br. Een koloniaal huis met onopvallend exterieur, maar zeer fraai interieur. De 26 comfortabele kamers liggen alle aan de patio met tuin, hangmatten, zwembad en bar. R$280.
Pousada do Ouro 3: Rua Dr. Pereira 145 (Centro histórico), tel./fax 024-33 71 13 11, www.pousadaouro.com.br. Stijlvol koloniaal huis uit de 18e eeuw met 26 comfortabele kamers, binnenplaats met tropische tuin en zwembad. Hier logeerden Mick Jagger, Tom Cruise en andere grootheden. R$200.
Pousada Canoeiro 4: Av. Otavávio Gama, tel. 024-33 71 13 22, fax 024-33 71 14 58. Goed onderhouden complex met veel groen en een zwembad, 30 kamers in verschillende huisjes. Enigszins terzijde gelegen (een paar honderd meter van het historische centrum) en daarom heel rustig. Vanaf R$90.
Casa do Rio Hostel 5: Rua Antonio de Oliveira Vidal 120, tel. 024-33 71 22 23, www.paratyhostel.com. Goed HI-hostel met 45 bedden, gemeenschappelijke keuken, wasserette, verhuur beddengoed, ontbijt, jeeps en boten voor uitstapjes, 5 min. lopen van het busstation. 2 pk R$45, slaapzaal met 6 bedden R$30 p.p.
Camping Beira Rio 6: Rua do Pontal 1, tel.

Parati

Bezienswaardigheden

1 Casa da Cultura
2 Rua do Fogo
3 Haven
4 Praça do Matriz
5 Igreja de N.S. das Dores
6 Igreja Matriz de N.S. dos Remédios
7 Igreja do Rosário
8 Fortaleza Defensor Perpétuo

Accommodatie

1 Pousada do Sandi
2 Pousada Pardieiro
3 Pousada do Ouro
4 Pousada Canoeiro
5 Casa do Rio Hostel
6 Camping Beira Rio

Eten en drinken

7 Banana da Terra
8 Sabor da Terra
9 Val's Lanches

024-33 71 19 85. Groot terrein met veel bomen en schaduw aan de oever van een rivier. R$15 p.p.

Banana da Terra 7**:** Rua Dr. Samuel Costa 208, ma./wo./do. 17–24, vr.–zo. 12–16, 19–24 uur. Smakelijke specialiteiten van vis, schaal- en schelpdieren met gebruik van regionale toevoegingen als banaan en cachaça. R$40.
Sabor da Terra 8**:** Av. Roberto Silveira 180 (invalsweg), dag. 11.30–22 uur. Drukst bezochte zelfbedieningsrestaurant van de stad (R$3/ 100 g), gevarieerd buffet, zaterdag *feijoada*.
Val's Lanches 9**:** Rua Marechal Deodoro 21, dag. 17–1 uur. Prettig café met goede snacks (ca. R$10), mooi terras buiten naast de kerk aan de haven.

Parati staat bekend om zijn uitstekende **cachaça** (sterkedrank van suikerriet). Behalve de vijf plaatselijk gedistilleerde merken worden er nog 300 uit de rest van het land verkocht. Verkooppunten:
Empório da Cachaça: Rua Dr. Samuel Costa 145 (Centro histórico), dag. 10–23 uur.
Porto da Pinga: Rua da Matriz (Centro histórico), dag. 10–12, 14–23 uur.

Café Paraty: Rua do Comércio 253, dag. 9–23 uur. Groot café met livemuziek (MPB, jazz en bossanova).
Dinho's Bar: Praça Matriz, wo.–ma. vanaf 21 uur, vr./za. vanaf 22 uur. Origineelste muziekcafé van de stad met livebands.
Paraty33: Rua Maria Jácome de Melo 357, dag. 12–24 uur. Cocktailbar, dag. vanaf 19 uur livemuziek.

Teatro Espaço: Rua Dona Geralda 327, tel. 024-33 71 15 75, do.–zo. 21 uur. Beroemd poppentheater voor volwassenen en jongeren vanaf 14 jaar, toegang R$35.

Feesten/evenementen
Festa do Divino Espírito Santo (2e helft mei): Religieus feest van Portugese oorsprong, typische dansen en processies,viering in de Matriz de N.S. dos Remédios.
Procissão Marítima de São Pedro (zo. na 29 juni): Zeeprocessie van São Pedro naar Ilha do Araújo.
Festa Literária Internacional de Parati (3 dagen begin juli): www.flip.org.br. Internationaal literair festival op vele plaatsen in de stad met lezingen, podiumdiscussies, filmvoorstellingen, muzikale shows en een alternatief multimediaspektakel onder de naam *OffFlip*.
Exposição de Arte Popular (2e helft aug.): Tentoonstelling van populaire kunst.
Festa da Pinga (3e weekend aug.): Traditioneel volksfeest rondom de cachaça.
Festa de N.S. dos Remédios (eind aug./ begin sept.): Feest ter ere van de beschermheilige van de stad.
Festa de São Benedito (2e week nov.): Volksfeest ter ere van de beschermheilige van de slaven, met processies en kerkdiensten.

Boottochten: Paraty Tour, Av. Roberto Silveira 11, tel. 024-33 71 13 27, www.paratytour.com.br. Per boot door de Baai van Parati, met bezoek aan de eilanden Sapeca, Catimbau, Algodão en de stranden Lula en Vermelha, duur 5 uur, R$25 p.p., incl. frisdrank en heerlijke vruchten.
Excursies in de natuur: Jeep e Cavalos Tours, Rua Antônio Vidal 120, tel. 024-33 71 22 23. Uitstapjes in de omgeving (*fazendas*, watervallen) per jeep, motor of paard.

Bus: Het *rodoviária* ligt buiten het centrum in de Rua Manoel S. Pádua, vandaar verbindingen naar Angra dos Reis (*Colitur*, tel. 024-33 71 12 24, 26x per dag, 2 uur, R$7), Rio de Janeiro (*Costa Verde*, tel. 021-25 16 24 37, 20x per dag, 4 uur, R$22) en São Paulo (*Reunídas Paulista*, tel. 024-33 65 12 80, 4x per dag, 5 uur, R$30).

Trindade

Wie bij Parati naar mooie stranden op het vasteland zoekt, zal een flink stuk buiten de stad moeten gaan voor hij wat vindt. De mooiste bestemming op dit vlak is **Vila de Trindade** 5,

In Parati kunt u uitstekende cachaça (suikerrietbrandenwijn) kopen

30 km ten zuiden van Parati. Het dorp is te allen tijde bereikbaar per minibus en verschillende keren per dag met een lijnbus. In de jaren zeventig was het dorp een onbekend hippieoord, maar tegenwoordig zijn er al meer dan twintig *pousadas* en vele restaurants en cafés. U zult er echter vergeefs zoeken naar apotheken, benzinestations of geldautomaten. Doordat de weg inmiddels is geasfalteerd, weten steeds meer bezoekers Trindade te vinden. Desondanks is het, tenminste in het laagseizoen, nog mogelijk oases van rust en verlatenheid vinden op de vijf verschillende stranden.

Het eerste strand is het vooral bij surfers geliefde **Cepilho.** Daarna komt de **Praia Grande** met de beste toeristische voorzieningen. Een drukbezocht café is de aan het eind van het strand gelegen Bar Canto da Lua. Op het derde strand, **Praia do Rancho**, zijn nog vissers en vissersboten te vinden. Op het vierde, **Praia do Meio**, zit u direct op het zand. Het water is er zeer helder en vrijwel roerloos. Vanaf hier is het 20 minuten lopen naar de **Praia do Cachadaço**, waar de zee eveneens heel kalm is. Vanaf de Praia do Meio loopt een pad, waarover u in 30 minuten bij een groot, door rotsen omgeven **waterbekken** bent. Door talloze scholen vis omsingeld ligt u hierin als in een reusachtige badkuip. Vanaf de Praia do Rancho kunt u zich in vissersboten laten overzetten (R$10). Vlak voor het eindpunt van deze tocht, komt u langs een uitsluitend vanuit zee bereikbaar strandje, waar de gasten vaak alle kledingstukken laten vallen.

São Paulo

Kaart 163, 166

São Paulo is een onoverzichtelijke, chaotische, drukke en griezelige, maar tegelijkertijd een spannende, opwindende en verrassende stad. Hier komen verschillende Manhattans samen, alleen zijn de wolkenkrabbers iets minder hoog. Stranden en groene bergen als in Rio zijn er niet, maar daar staat het breedste aanbod aan cultureel en uitgaansleven van heel Zuid-Amerika tegenover.

Atlas: blz. 8, D1

De megapool van Brazilië bruist dag en nacht. De bevolkingskolos lijkt voortdurend op instorten te staan. Hier wonen 10,4 miljoen mensen, in de hele agglomeratie zelfs 18 miljoen. Bijna een kwart daarvan woont in favela's en sloppenwijken, erflast van de toevloed van landverhuizers in de jaren tachtig van de vorige eeuw, die niet is tegemoetgetreden met afdoende maatregelen in de woningbouw en de infrastructuur.

Daarbij gaat het hier om de rijkste stad van het land. Groot-São Paulo is verantwoordelijk voor een kwart van de nationale industriële productie, respectievelijk 10% van het totale bbp. Ook veel internationale bedrijven hebben zich juist in São Paulo gevestigd. Het is de stad van het werk, in elk geval overdag wordt overal in São Paulo daarvoor het bewijs geleverd. Misschien ten onrechte geldt echter in Brazilië de uitdrukking, dat in São Paulo wordt gewerkt en in Rio de Janeiro wordt geleefd. De Paulistas compenseren hun gebrek aan strand met cultuur en gastronomie. Er zijn 121 theaters, 272 bioscopen, 70 musea en ruim 12.000 restaurants met specialiteiten uit de hele wereld.

Geschiedenis

Waarom werd het niet Rio met zijn haven, waarom niet Vitória met zijn erts, waarom niet Recife met zijn rietsuiker of Belém met de rijkdom van het Amazonebekken? Wat onderscheidt de geschiedenis van São Paulo van andere mogelijke kandidaten voor de titel wereldstad? Het begin van deze stad verschilde nauwelijks van andere koloniale nederzettingen. Pas laat, in januari 1554, kwam hier op initiatief van de hoogste missionaris van Brazilië, Manuel da Nóbrega, een groep jezuïeten, onder wie José de Anchieta, naartoe. Ze bouwden een kleine kapel en begonnen de indianen uit het nabijgelegen dorp Piratininga te bekeren. De eerste mis vond plaats op 25 januari, de dag van de bekering van de apostel Paulus. En zo stond het dorp voortaan bekend als São Paulo de Piratininga.

Het wilde de jezuïeten in het begin nog niet zo lukken. Terwijl het noordoosten van Brazilië in 1600 al de grootste producent van rietsuiker ter wereld was, leidden de ongeveer 2000 Paulistas in 1580 ondanks de uitbuiting van indiaanse slaven nog steeds een bescheiden leven, dat gebaseerd was op akkerbouw en een zelfvoorzienende economie. Uiteindelijk begonnen ondernemende inwoners van São Paulo – op zoek naar goud en slaven – met krijgstochten naar het binnenland. Profiterend van de ervaringen van de missionarissen in de omgang met indianen, richtten de *bandeirantes* zich op de jacht, de onderwerping van en de handel in indianen en verbreedden ze tegelijkertijd hun actieradius tot aan Minas Gerais.

Onderweg met de auteur

Stadspanorama

Het ***Centro antigo*** (historisch Centrum) is al lang niet meer het economische hart van São Paulo, sinds in de jaren vijftig de grote verhuizing naar de Av. Paulista begon. Maar levendig is het er nog altijd en vele culturele monumenten herinneren aan zo'n 450 jaar geschiedenis. Een overzicht van het geheel krijgt u in het **Edifício Itália** (zie blz. 162). Vooral in de schemering is het uitzicht mooi. Daarna smaakt een cocktail in de aloude **Bar Brahma** een paar straten verder des te beter (zie blz. 165).

Internationale kunst

Schilderijen van Braziliaanse en beroemde Europese meesters – voor kunstliefhebbers is een bezoek aan het **Museu de Arte de São Paulo (MASP)**, het belangrijkste kunstmuseum van Zuid-Amerika, een must (zie blz. 165).

Gevoel voor Tokio

Azië midden in Brazilië? In de Japanse wijk Liberdade kunt u de gekleurde lantaarns van de **Rua Galavão Bueno** bewonderen (zie blz. 168).

Groene oase

Een wandeling door het grootste recreatiegebied van de stad, het **Parque do Ibirapuera**, doet enigszins denken aan Central Park in New York (zie blz. 169).

Levendige markt

Een drukke handel is te zien in de markthal van de **Mercado Municipal Paulistano**, waar de mensen ook 's avonds laat graag een afzakkertje drinken.

Een lust voor de oren

Wie nog nooit in New Orleans is geweest, kan dat in São Paulo inhalen in de **Bourbon Street Music Club**. Meer experimentele muziek beluistert u bij voorkeur in de **Sala São Paulo**, een van de meest bijzondere concertzalen ter wereld (zie blz. 171).

Natuurgevoel

Op **Ilhabela** voor de kust van São Paulo is de ruige Baai van Castelhanos altijd de moeite waard, of het nu per boot voor de kust of in een tereinwagen door het beschermde natuurpark is. Vandaar kunt u een tochtje maken naar de waterval **Cachoeira do Gato** (zie blz. 175). U geniet het beste van de zonsondergang met een caipirinha in Bar Nova Iorqui (zie Restaurants blz. 177).

Sportievelingen

Wie zijn genoegens haalt op het sportieve vlak, kan op **Ilhabela** de korte Trilha da Água Branca bewandelen of in zee bij Fome, Jabaquara of Poço gaan snorkelen. Echte duikers gaan naar het **Ilha das Cabras** of zoeken naar goud in de gezonken wrakken (zie blz. 177).

Dankzij het nomadische bestaan van de *bandeirantes* verloor de stad, die toch het uitgangspunt was geweest van hun rooftochten, steeds meer aan betekenis. Toen tegen het einde van de 18e eeuw de goudvondsten in Minas Gerais terugliepen, probeerden de Paulistas het met de teelt van suikerriet. De oogst was schamel, het experiment van voorbijgaande aard, maar men had belangrijke ervaringen opgedaan, die in de eeuw van de koffie te pas zouden komen.

Het eerste koffieplantje werd voorzichtig uitgezet in 1805, in 1850 werd 2250 ton koffie geëxporteerd, in 1870 3400 ton en in 1893 al 167.400 ton. De tweede helft van de 19e eeuw was ook de tijd van de grote immigratiegolf uit Europa, met in totaal een miljoen immigranten. De helft daarvan – overwegend Italianen – ging naar São Paulo. Terwijl andere steden, zoals Rio de Janeiro, met de afschaffing van de slavernij in een economische crisis geraakten, profiteerden de *fazendeiros* van São

Wereldstad São Paulo

Holambra, Nederlandse enclave

Thema

São Paulo is het hart van de Braziliaanse economie. Wat de veel lossere Cariocas in Rio de Janeiro uitgeven, wordt eerst verdiend door de hardwerkende Paulistas, aldus een bekend Braziliaans gezegde. De metropool met zo'n achttien miljoen inwoners is de hoofdzetel van – veelal buitenlandse – auto- en chemieindustrie, ict- en technologiebedrijven, banken, verzekeraars en levensmiddelenfabrikanten.

Maar op een kleine twee uur rijden ten noorden van São Paulo in de richting van Campinas, bevindt zich ook een klein stukje Nederland: Holambra, gesticht door Nederlandse immigranten. Het wat saaie heuvellandschap verandert hier in kleurrijke begroeiing. Planten en bloemen zijn de motor van de plaatselijke economie. Holambra is met 40% van de nationale productie hét nationale centrum voor bloemen en planten.

In 1948 zocht een groep vrijgezelle katholieken van de Katholieke Nederlandse Boeren en Tuinders Bond zijn geluk in Brazilië, zoals zovelen na de Tweede Wereldoorlog naar overzee vertrokken. Ze stichtten in samenwerking met de Braziliaanse overheid de nederzetting Holambra, een samenvoeging van Holland-Amerika-Brazilië. Aanvankelijk wilden ze zich toeleggen op de melkveehouderij. De Nederlandse koeien waren echter niet bestand tegen de tropische hitte en de daarmee samenhangende ziekten. Ook het verbouwen van typisch Nederlandse gewassen mislukte, waardoor de boeren de eerste jaren vooral een armlastig bestaan leidden. Dat veranderde toen ze overschakelden op het kweken van Nederlandse bloemen en planten als gladiolen, tulpen, chrysanten en viooltjes. Vooral door de import van de vooruitstrevende Nederlandse kweektechnieken was de bloemen- en plantenteelt zeer succesvol.

Sinds 1992 is Holambra een officiële Braziliaanse gemeente en tegenwoordig behoort het bruto inkomen per hoofd van de bevolking tot de hoogste van de staat São Paulo. Inmiddels wonen er zo'n 10.000 mensen, voor een groot deel nazaten van de Nederlandse grondleggers van de stad. Het aantal Nederlandse families bedraagt ongeveer 400. Het stadje is vrijwel geheel in Nederlandse stijl aangelegd, met Nederlandse huizen, molens, klompen en een Braziliaanse in Hollandse klederdracht die bezoekers bij de entrée in de stad verwelkomt. Behalve de belangrijkste producent van bloemen en planten is Holambra een toeristische trekpleister van formaat, met een Nederlandse bakker, winkels waar Delfts blauw wordt verkocht en restaurants met zuurkool, rookworst en kroketten op de menukaart. In het plaatselijke museum is via een fototentoonstelling met beelden van de inwoners zelf de geschiedenis van de stad te zien.

Holambra staat in Brazilië bekend als Cidade das Flores, de stad van de bloemen. De producten worden verkocht via een op Nederlandse leest geschoeide bloemenveiling, de eerste en grootste van Zuid-Amerika. De bloemenproductie kent zijn hoogtepunt in september tijdens de drie weken durende Expoflora, een bloemen- en plantenshow die jaarlijks zo'n 280.000 bezoekers trekt. Meer informatie, onder meer over andere evenementen, vindt u op turismoholambra.com.br.

Paulo van de massale toestroom van werkwillige en gekwalificeerde arbeidskrachten uit Europa. De winsten stegen met sprongen en het gezicht van de stad veranderde razendsnel: er kwamen spoorwegen (naar de haven van Santos), trambanen, elektriciteit, handelshuizen, banken, culturele instellingen en vooral fabrieken.

De 'koffiebaronnen' benutten de technische mogelijkheden van de opkomende industriële revolutie en investeerden in textielfabrieken, vooral omdat de grondstof katoen ruimschoots voorhanden was. Steeds meer immigranten kwamen nu op deze nieuwe sector af. Zo begon de eeuw van de industrie, de daling van de koffieprijs en de economische crisis van de jaren dertig versterkten die trend. Vanaf 1950 kwam een nieuwe immigratiegolf op gang, met loonarbeiders uit het noordoosten van het land. Dat was een impuls voor de ontwikkeling van een nieuwe economische tak, de auto-industrie, die werd gestimuleerd door de regering-Kubitschek (1956–1961).

Tegenwoordig is men op het reusachtige industrieterrein van Groot-São Paulo (ABC) van vrijwel alle markten thuis: metaalbewerking, chemie, elektriciteit, communicatie, transport, enzovoorts. De eerste positie in de koffiebranche heeft São Paulo moeten afstaan aan Minas Gerais, maar de 19e-eeuwse koffieadel en de Italiaanse werknemers hebben de weg bereid voor São Paulo's promotie tot derde metropool van de wereld.

Wandeling door het historisch centrum

Kaart: blz. 163

Edifício Itália

Een eerste indruk van het Centrum krijgt u het beste in Restaurant Terraço Itália op de 41e verdieping van het **Edifício Itália** 1, het hoogste gebouw van Brazilië aan de Avenida Ipiranga 334, metro República. Op 165 m hoogte kijkt u uit over een zee van huizen. Vooral aan het begin van de avond, als de lichtjes van de stad een voor een aangaan, is het beeld fraai. Bijzonder opvallend is het S-vormige **Edifício Copan**, een in 1966 door Oscar Niemeyer ontworpen woontoren met 38 verdiepingen en 1160 appartementen (ma.-vr. 12–15, 19–24 uur, za./zo. 12–16, 19–1 resp. 23 uur; minimale consumptie R$25 p.p., tussen 14–15 uur geen verplichte consumptie).

Praça da República

Vanaf het Edifício Itália kunt u al de **Praça da República** 2 zien liggen, een van de markantste plekken van het historische centrum. Aan het begin van de 19e eeuw diende dit plein nog als pleisterplaats voor kuddes vee en lastdieren. Nu worden op het groene terrein markten en evenementen gehouden. De Av. Ipiranga voert langs het plein. Sla dan rechts af de voetgangersstraat Rua Barão de Itapetininga in.

Teatro Municipal

Aan het einde van deze straat staat links het **Teatro Municipal** 3 (Stadsschouwburg) te pronken. Net als dat in Rio doet het theater enigszins aan de Parijse Opéra denken. De bouw begon in 1896, de opening vond plaats in 1911 en in 1992 werd het gebouw gerestaureerd. Afgezien van plafond- en muurschilderingen, bevat het sculpturen van Italiaanse meesters uit de 19e eeuw en kostbaar meubilair en grote kroonluchters uit Europa (Praça dos Ramos, tel. 2 23 30 22, di./do. 12–13 of 13–14 uur).

Viaduto do Chá en Palácio do Anhangabaú

De weg gaat verder over de ijzeren brug **Viaduto do Chá** 4 (1892, gerestaureerd en verbreed in 1938). De naam Chá slaat op een poging van lang geleden (1820) om in de ondergelegen vallei van de Anhangabaú thee *(chá)* te verbouwen. Rechts ziet u het imposante **Palácio do Anhangabaú** 5. Het paleis is in de jaren veertig van de vorige eeuw door Italiaanse architecten ontworpen en dient sinds kort als zetel van het stadsbestuur.

São Paulo, Centrum

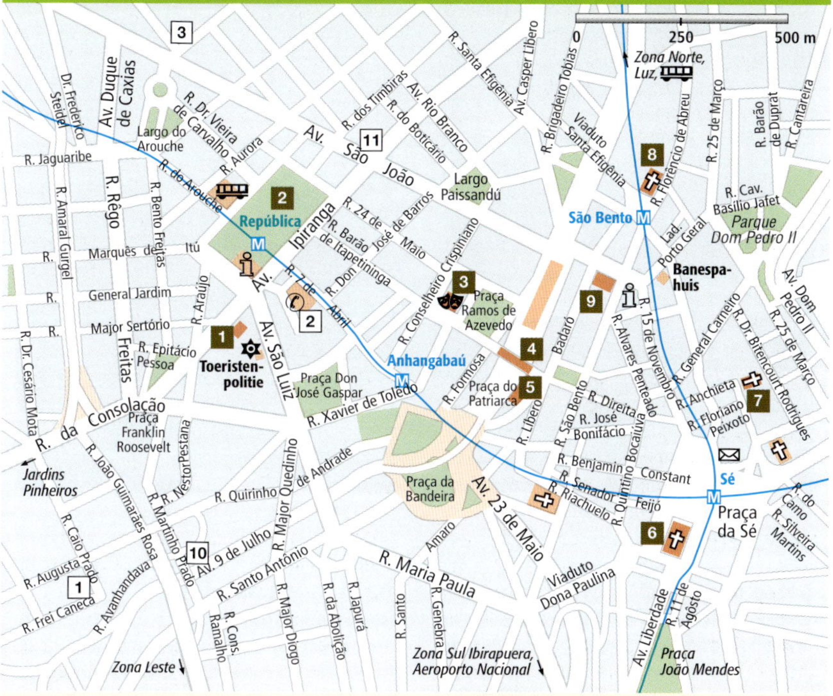

Bezienswaardigheden

- 1 Edifício Itália
- 2 Praça da República
- 3 Teatro Municipal
- 4 Viaduto do Chá
- 5 Palácio do Anhangabaú
- 6 Catedral da Sé
- 7 Capela de Anchieta
- 8 Basílica de São Bento
- 9 Edifício Martinelli
- 10–19 zie kaart blz. 166

Accommodatie

- 1 Pergamon
- 2 Gran hotel Corona
- 3 São Paulo Hostel
- 4–6 zie kaart blz. 166

Eten en drinken

- 7–9 zie kaart blz. 166
- 10 Famíglia Mancini
- 11 Bar Brahma

Het plein voor de kathedraal is een ontmoetingspunt voor de armen van São Paulo

Catedral da Sé

Via de straat die op het viaduct aansluit, de Rua Direita, komt u al spoedig uit op de Praça da Sé. Loop tussen de huizenhoge palmen door naar de ingang van de neogotische en deels neobyzantijnse **kathedraal** 6 (1913–1954), die plaats biedt aan 8000 gelovigen. Het kerkpaleis is 111 m lang, 46 m breed en heeft een koepel van 65 m hoog en twee torens die elk 92 m de lucht in steken. Voor de bouw was 400 ton marmer nodig. Binnen ziet u hoge zuilen, een Italiaans orgel met 10.100 pijpen, enorme kroonluchters en kleurige vensters (dag. 7–19 uur).

Capela de Anchieta

Aan de andere kant van het plein leidt de kleine Rua Pátio do Colégio naar de **Capela de Anchieta** 7 (met een historisch museum en het fraai in het groen gelegen Café do Pátio). Hier begon de geschiedenis van de stad, toen de jezuïet José de Anchieta in 1554 door indianen een kapel liet bouwen. Nadat deze in 1896 instortte, werd hij vervangen door een replica (di.–zo. 9–17 uur).

Basilica de São Bento

De wandeling gaat nu door de kleine Rua Anchieta naar de voetgangersstraat Rua 15 de Novembro. Ga daar rechtsaf naar de Praça Antonio Prado, nog een kleine stukje door de Rua São Bento tot aan de gelijknamige Largo met de **Basilica de São Bento** 8 (gewijd in 1650, later afgebroken en herbouwd in 1912–1922). Bijzonder detail aan de neobyzantijnse façade is de oudste klok van de stad uit 1921. Het interieur komt door de gebruikte warme bruin- en okertinten bijzonder harmonieus over. De plafondschildering toont de geschiedenis van de kerk en het kloosterleven van São Bento. Het orgel (pas in 1954 gewijd) heeft 6000 pijpen en komt net als de ramen uit Duitsland (ma.–wo. 6–18.30, do. 11.30–18.30, vr. 6–18.30, za./zo. 6–12 en 16–18 uur; zo. om 10 uur dienst met gregoriaans gezang).

Edifício Martinelli

Een stukje terug in de Rua São Bento valt rechts de neoclassicistische, roze gevel van het **Edifício Martinelli** 9 op. Deze 130 m hoge wolkenkrabber van dertig verdiepingen was toen hij af was in 1925 het hoogste gebouw van Brazilië. Hij was in gebruik als casino, luxehotel, balzaal en bioscoop, maar raakte in de jaren vijftig in verval. Na een lange periode van restauratie kwam het gebouw in 1992 onder monumentenzorg. Tot slot van de wandeling kunt u in dezelfde straat op nr. 677 een bezoek brengen aan de **Bar Brahma**, een oud café met een lange traditie (adres zie Restaurants blz. 171).

Belangrijke musea

Kaart: blz. 166

Pinacoteca do Estado

De **Pinacoteca do Estado** **10** (1896) ten noorden van het oude centrum toont de permanente tentoonstelling Vistas do Brasil – Coleção Brasiliana met Braziliaanse landschappen uit de 19e eeuw. Verder ziet u er 1200 andere voorwerpen, waaronder beelden en waardevolle schilderijen, onder andere van Cândido Portinari en Di Cavalcanti (Praça da Luz 2, di.-zo. 10–17.30 uur).

Museu Paulista

Een flink stuk ten zuidoosten van het centrum ligt het Palácio do Ipiranga (1890), waar het **Museu Paulista** **11** met 125.000 objecten uit verschillende eeuwen Braziliaanse geschiedenis is ondergebracht. In de Franse tuin voor het museum verklaarde keizer Pedro I Brazilië onafhankelijk van Portugal. Zijn stoffelijk overschot ligt in de Capela Imperial (Praça da Independência, Ipiranga, di.-zo. 9–17 uur).

Avenida Paulista

Kaart: blz. 166

In de bekendste straat van heel Brazilië is alle rijkdom van de stad samengebald. De grote kantoren, winkels en banken herinneren aan Wall Street, de architectuur aan Fifth Avenue en de ontsluiting aan Broadway. In de eerste decennia na de aanleg in 1891 ontwikkelde de straat zich nog rustig. De koffiebaronnen en de opkomende burgerij bouwden hun eclectische paleisjes tussen de bananenbomen en reden er in de eerste auto's. Maar met de razendsnelle ontwikkeling van de jaren vijftig kwam alles wat geld had uit het oude Centrum naar de nieuwe prestigieuze straat. Nostalgische en romantische types hadden het nakijken, want de verticalisering van de avenue met torenflats van glas en beton was niet meer te stuiten. Alle belangrijke ondernemingen en banken hebben hier inmiddels een vestiging. Over een lengte van krap 3 km staat het ene kantoor naast het andere. Overdag is de verkeersstroom ononderbroken, en 's avonds rijdt er alles wat naar de omliggende chique uitgaanswijken op weg is. Ook worden er vele evenementen gehouden, zoals de marathon, het oudjaarsfeest en de Parada Gay.

Museu de Arte (MASP)

Wie overdag over de Avenida Paulista slentert, kan niet om een bezoek aan het **Museu de Arte** **12** heen, het belangrijkste kunstmuseum van Zuid-Amerika. Wie uitstapt bij metrostation Trianon-MASP, wordt al onder de grond met enkele tentoongestelde beelden lekker gemaakt voor het moois boven de grond. Het museum bestaat al sinds 1947, maar verhuisde pas in 1968 naar de Avenida Paulista. Tussen 1947 en 1987 werd het geleid door de gerenommeerde Italiaanse kunstcriticus Pietro Maria Bardi, die na de oorlog een onvermoeibare telegramjacht over de hele wereld begon, om snel en voordelig meer dan 5000 hoogstaande werken te verwerven. De belangrijkste expositie is die op de 2e verdieping, waar zo'n honderd schilderijen van de renaissance tot het impressionisme hangen, onder andere van Rafael, Titiaan, Cranach, Rembrandt, Velazquez, Goya, Monet, Renoir, Cézanne, Van Gogh, Gauguin en Toulouse-Lautrec. Ook zeer de moeite waard zijn de oude Braziliaanse landschappen van Debret, Di Cavalcanti, Eckhout, Portinari, Post, Segall en Taunay (Av. Paulista 1578, tel. 32 51 56 44, www.masp.art.br, di.-zo. 11–18 uur).

Agglomeratie São Paulo

Bezienswaardigheden

1–9 zie kaart blz. 163
10 Pinacoteca do Estado
11 Museu Paulista
12 Museu de Arte
13 Liberdade
14 Vila Madalena
15 Jardins
16 Higienópolis
17 Parque do Ibirapuera
18 Jardim Zoológico
19 Slangenmuseum

Accommodatie

1–3 zie kaart blz. 163
4 Renaissance
5 Pousada Dona Zilah
6 Formule 1

Eten en drinken

7 Fasano
8 D.O.M.
9 A Figueira Rubaiyat
10–11 zie kaart blz. 163

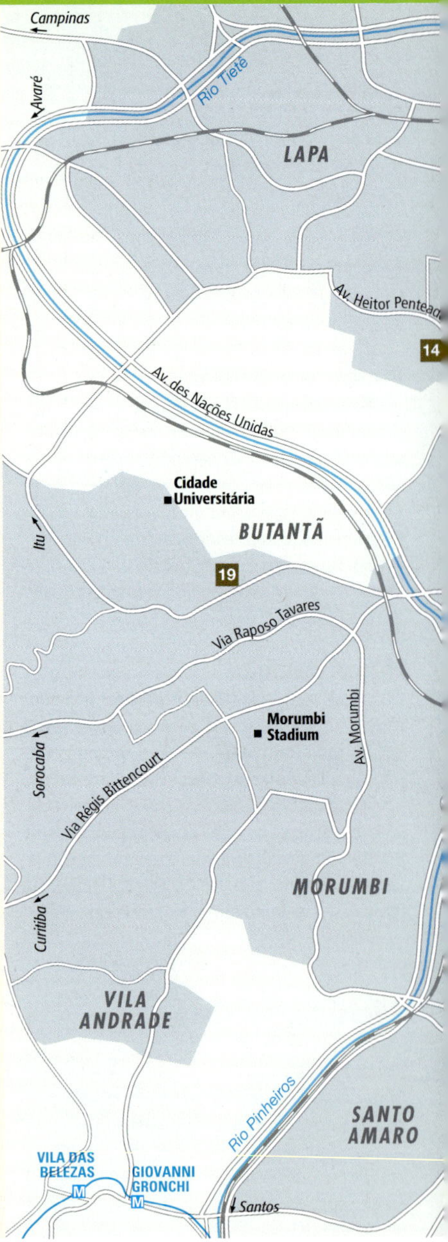

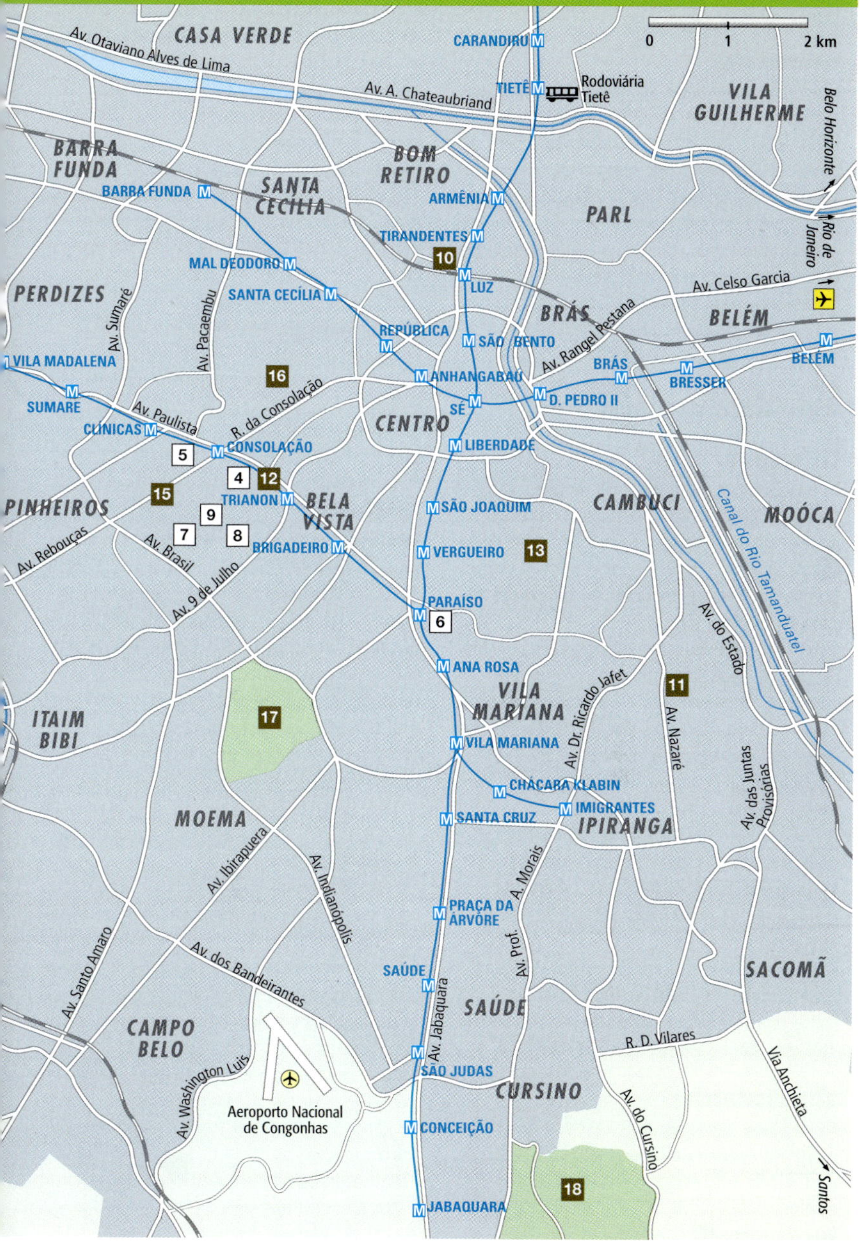
0
1
2 km
CASA VERDE
Av. Otaviano Alves de Lima
Av. A. Chateaubriand
CARANDIRU
TIETÊ
Rodoviária Tietê
VILA GUILHERME
Belo Horizonte
BARRA FUNDA
BARRA FUNDA
SANTA CECÍLIA
BOM RETIRO
ARMÊNIA
PARI
Rio de Janeiro
TIRADENTES
MAL DEODORO
LUZ
SANTA CECÍLIA
Av. Celso Garcia
PERDIZES
Av. Sumaré
Av. Pacaembu
BRÁS
Av. Rangel Pestana
BELÉM
REPÚBLICA
SÃO BENTO
VILA MADALENA
ANHANGABAÚ
BRÁS
BRESSER
BELÉM
SUMARÉ
Av. Paulista
R. da Consolação
SÉ
D. PEDRO II
CLÍNICAS
CENTRO
CONSOLAÇÃO
LIBERDADE
TRIANON
BELA VISTA
PINHEIROS
SÃO JOAQUIM
CAMBUCI
Canal do Rio Tamanduateí
MOÓCA
Av. Rebouças
Av. Brasil
BRIGADEIRO
VERGUEIRO
Av. 9 de Julho
PARAÍSO
Av. do Estado
ANA ROSA
Av. Dr. Ricardo Jafet
VILA MARIANA
ITAIM BIBI
Av. Nazaré
VILA MARIANA
CHÁCARA KLABIN
Av. das Juntas Provisórias
IMIGRANTES
MOEMA
SANTA CRUZ
IPIRANGA
Av. Ibirapuera
Av. Indianópolis
A. Morais
PRAÇA DA ÁRVORE
Av. Prof.
Av. Santo Amaro
Av. dos Bandeirantes
SAÚDE
Av. Jabaquara
SACOMÃ
SAÚDE
CAMPO BELO
R. D. Vilares
Av. Washington Luís
SÃO JUDAS
CURSINO
Via Anchieta
Aeroporto Nacional de Congonhas
CONCEIÇÃO
Av. do Cursino
Santos
JABAQUARA
4
5
6
7
8
9
10
11
12
13
15
16
17
18

De interessantste wijken van São Paulo

Kaart: blz. 166
São Paulo bestaat uit 96 districten, die regelmatig van aanzien, modetrends en bewoners veranderen. Het is niet gemakkelijk, hier de meest bezienswaardige wijken uit te distilleren. Een van de toeristische hoogtepunten is in elk geval de Japanse wijk Liberdade. In het chique, maar ook alternatieve Vila Madalena vindt u ateliers, galeries, boekhandels, cafés en koffiehuizen. In Jardins liggen de duurste winkels en chicste restaurants, in Higienópolis de modernste en elegantste huizen. Breng ook een bezoek aan het Parque do Ibirapuera, ook vanwege de artistieke attracties.

Liberdade

In São Paulo wonen 465.000 mensen van Japanse en 50.000 van Koreaanse herkomst, en vrijwel de helft daarvan woont in **Liberdade** 13, de grootste Japanse gemeenschap buiten Japan. Het **Museu Histórico da Imigração Japonesa** op Rua São Joaquim 381 documenteert met veel foto's en objecten de geschiedenis van deze in de jaren veertig van de vorige eeuw ontstane wijk. De **Rua Galvão Bueno** doet met zijn lantaarns aan Tokio denken en is een unieke zee van rode kleuren en lichtjes. De hele week wordt er druk gehandeld. Veel kleine winkeltjes verkopen Aziatische producten, vooral elektronische apparatuur, kleding en kunstig beschilderd porselein. Op zondag wordt op de **Praça da Liberdade** een grote kunstnijverheidsmarkt gehouden. Ook zijn er veel massage- en acupunctuursalons en karate- en judoscholen. En uiteraard kunt u hier uitstekende sushi en sashimi eten, vooral in het onovertroffen **Kinoshita** (Rua da Glória 168, ma.–za. 11.30–14, 18.30–22 uur).

Vila Madalena

In de jaren zestig en zeventig van de vorige eeuw woonden er vanwege de nabijheid van de Universiteit van São Paulo heel veel studenten in deze wijk, maar daarna veranderde **Vila Madalena** 14 in een buurt voor de jetset, die heden ten dage wordt gekenmerkt door woningspeculatie en chique cafés. Naar verluidt treft u hier ook de hoogste concentratie 'mooie mensen' – blank uiteraard. Toch is er wel het een en ander over van de vroegere kunst- en alternatieve scene. Er zijn veel ateliers, designwinkels, galeries, boekhandels, koffiehuizen, cafés en restaurants. Een leuke wandeling gaat bij voorkeur op zaterdagmiddag door de **Rua Fradique Coutinho** (nr. 934: Ateliê Piratininga, nr. 953: Galeria Gravura Brasileira), dan rechtsaf naar de **Rua Aspicuelta** (nr. 87: Marcenaria Baraúna) en daarna naar links naar de **Rua Harmónia** (nr. 233: Marcenaria Trancoso, nr. 478: Satiko). Aansluitend kunt u even snuffelen op de antiek- en rommelmarkt op de **Praça Benedito Calixto**. Verwonder u niet over de vele homo's op dit plein; het is een traditionele ontmoetingsplaats.

Jardins

Jardins 15 is de chicste wijk van São Paulo, met de meeste luxezaken en goede restaurants. De **Rua Oscar Freire** is vergelijkbaar met Madison Avenue in New York. Als het budget het toestaat, kunt u zich na het rondkijken trakteren op een consumptie in een van de beroemdste gelegenheden van de stad, hetzij het Italiaanse Fasano, het stijlvol-moderne D.O.M. of Figueira Rubaiyat, met de in het interieur opgenomen vijgenboom (zie Restaurants blz. 171).

Higienópolis

De wijk **Higienópolis** 16 ligt hoger dan de andere en was daardoor van oudsher beter beschermd tegen zowel overstromingen als de vele epidemieën die eind 19e eeuw de kop opstaken. Zo kwam het woord 'hygiëne' terecht in de naam van dit stadsdeel, dat vanaf het begin mondainer en welvarender was dan veel andere. Sommige oude villa's hebben de tand des tijds doorstaan, maar het meeste zult u elegante, moderne en stijlvolle appartementencomplexen aantreffen, zoals u ze alleen in Manhattan kunt vinden. Op de grote oude **Praça Buenos Aires** waant u zich soms in Central Park. Vlak in de buurt ligt de prettige,

De Japanse wijk Liberdade

kleine **Praça Villaboim** met veel winkels en altijd goed gevulde restaurants.

Parque do Ibirapuera

Kaart: blz. 166
Aan parken ontbreekt het niet in São Paulo. Een park dat u niet mag overslaan is het in 1954 aangelegde **Parque do Ibirapuera** **17**. Het architectonische deel is gebaseerd op een ontwerp van Oscar Niemeyer, het groene deel is ontsproten aan de pen van Burle Marx. Met 160 ha is dit het grootste en ook drukst bezochte park van de stad. Vaak vinden er openluchtconcerten of sportwedstrijden plaats. Het terrein bestaat uit groene delen, wegen en paden, drie vijvers en acht (kunst)paviljoens. Het belangrijkste daarvan is het **Museu de Arte Moderna,** het eerste museum voor moderne kunst in Zuid-Amerika (1948, pas in 1968 overgebracht naar het park) met ca. 2700 olieverfschilderijen, gravures en beelden van Europese en Zuid-Amerikaanse 20e-eeuwse kunstenaars (Portão 3, tel. 011-55 49 96 88, www.mam. org.br, di./wo./vr. 12–18, do. 12–22, za./zo. 10–18 uur).

Een architectonisch meesterwerk, ook van Oscar Niemeyer, is het in 1951 geopende Pavilhão Lucas Nogueira Garcez, kortweg **OCA** genoemd. Het interessante interieur vol bochten en hellingbanen met een natuurlijke lichtinval door de toepassing van veel patrijspoorten, wordt gebruikt voor gelegenheidstentoonstellingen van plastische kunst (di.–zo. 10–21 uur). In het **Pavilhão da Bienal** ten slotte, weer een werk van Oscar Niemeyer (1962), worden de kunst- en architectuurbiënnale en de Fashion Week gehouden. São Paulo is de stad van de mode. Hier begon de carrière van Gisele Bündchen, het duurste model van de wereld.

i **Central de Informações Turísticas (CIT):** Praça da República (Centro), tegenover Rua 7 de Abril, dag. 9–18 uur; andere kantoren onder meer op luchthaven Guarulhos, op busstation Tietê en aan de Av. Paulista (tegenover Parque Trianon).

Tip: Jardim Zoológico, Zoô Safári en Slangenmuseum

De **dierentuin** van São Paulo 18 is de op vier na grootste ter wereld. Hij ligt in een mooi park van 82 ha met veel Atlantisch regenwoud. Er leven ca. 3000 dieren van ruim 400 soorten, waaronder slangen, krokodillen, roofdieren, apen (zoals de *mico-leão-dourado)*, papegaaien (bijvoorbeeld de *arara azul)*, olifanten en giraffen (Av. Miguel Stéfano 4241, Água Funda, metro Jabaquara, tel. 011-50 73 08 11, www.zoologico.sp. gov.br, di.-zo. 9–17 uur, R$12).

Slechts 2 km verder ligt het terrein van de **Zoô Safári**. In dit safaripark rijdt u 4 km in een klein busje, waarbij u talrijke vrij levende wilde dieren van vlakbij kunt zien, zoals grote troepen apen, die gretig op uw auto klauteren om een banaan te bemachtigen (Av. do Cursino 6338, Vila Morães, metro São Judas, tel. 011-63 36 21 31, wo.-zo. 9.30–16.30 uur, R$12).

Ook drukbezocht is het beroemde **Slangenmuseum** 19 van Butantan, waar u zowel achter glas als in de open lucht ruim zestig van de giftigste slangen ter wereld kunt bekijken. In het bijbehorende slangeninstiuut worden 24 soorten medicijnen geproduceerd, voornamelijk antisera (Instituto Butantan, Av. Vital Brasil 1500, Butantan, tel. 011-37 26 72 22, www.butantan.gov.br, di.-zo. 9.30–16 uur, R$6).

Programmaboekje: Maandelijks verschijnt de uitstekende, Engelstalige gids *São Paulo This month*, verkrijgbaar bij kiosken en in hotels.
Internet: www.cidadedesaopaulo.com

Pergamon 1**:** Rua Frei Caneca 80 (Consolação), tel. 011-31 20 20 21, fax 011-31 20 39 09, www.pergamon.com.br. Modern designhotel uit 1999 met 123 kamers, hedendaags meubilair uit de werkplaatsen van autochtone kunstenaars, ondanks de afmetingen en de kosmopolitische sfeer niet onpersoonlijk, voortreffelijk restaurant. R$220.
Gran Hotel Corona 2**:** Rua Basílio da Gama 101 (in de buurt van Praça da República), tel. 011-32 14 00 43, fax 011-32 14 45 03, www.grancorona.com.br. Rustig middenklassehotel met 84 comfortabele kamers. R$170.
São Paulo Hostel 3**:** Rua Barão de Campinas 94 (bij metrostation República), tel. 011-33 33 08 44, www.hostel.com.br. Beste en modernste HI-hostel van de stad in een gerestaureerd gebouw, 125 bedden in 45 kamers. 2 pk R$70 en slaapzalen met 4 bedden R$30 p.p.
Renaissance 4**:** Alameda Santos 2233 (Jardins), tel. 011-30 69 22 33, fax 011-30 64 33 44, www.renaissancehotels.com. Dit in 1988 geopende Marriotthotel wordt beschouwd als een van de beste en interessantste van de stad; geen gebrek aan modern design. Vanaf R$200.
Pousada Dona Zilah 5**:** Alameda Franca 1621 (Jardim Paulista), tel. 011-30 61 54 13, www.zilah.com. Gerenoveerd oud privéhuis, achttien eenvoudige, maar keurig ingerichte kamers, in rustige straat vlakbij de levendige Av. Rebouças. R$120.
Formule 1 6**:** Rua Vergueiro 1571/1591 (metro Paraíso), tel. 011-50 85 56 99, fax 011-50 85 56 94, www.formule1.com.br. Tamelijk nieuw hotel van de succesvolle budgetketen Accor. Zeer kleine (12 m²), maar uiterst comfortabele kamers. Nog twee adressen in de buurt: Rua da Consolação 2303, tel. 011-31 23 77 55 en Av. 9 de Julho 3597, tel. 011-38 86 46 00. Een vierde hotel uit 2006 ligt aan de Av. São João in het historische centrum. Slechts R$75.

Fasano 7**:** Rua Vittório Fasano 88 (Jardins), tel. 011-38 96 40 77 (absoluut reserveren!). Een van de chicste restaurants van de stad met een uitstekende, geraffineerde Italiaanse keuken (vanaf R$70) en heerlijke wijnen.

D.O.M. [8]**:** Rua Barão de Capanema 549 (Jardins), tel. 011-30 88 07 61, 12–24 uur. Elegant en trendy eetpaleis met internationale specialiteiten en Braziliaanse bijgerechten, zoals *rabalo com tucupi* voor R$70.

A Figueira Rubaiyat [9]**:** Rua Haddock Lobo 1738 (Jardim Paulista), tel. 011-30 63 38 88, za. 12–1, zo.–vr. 12–15.30 en 19–0.30 uur. Braziliaanse keuken met internationale invloeden, goede *picanha argentina* (R$69); attente bediening, mooie zitplaatsen onder het glazen dak en een 14 m hoge, 300 jaar oude vijgenboom, de *figueira* die de zaak zijn naam gaf.

Famíglia Mancini [10]**:** Rua Avanhandava 81 (Bela Vista), tel. 011-32 56 43 20, dag. 11–2 uur. Traditioneel en populair restaurant met goede Zuid-Italiaanse keuken (vanaf R$40) en de kleurigste inrichting van de stad, in het weekend rijen wachtenden (reserveren niet mogelijk).

Bar Brahma [11]**:** Av. São João 677 (Centro), tel. 011-33 33 08 55, dag. 11.30 uur – open einde. Een restaurant met een lange traditie, in de stijl van de jaren zestig, gerenoveerd in 2001, Duitse invloed, zowel café als restaurant (chateaubriand: R$30), gemengd publiek, mooie afsluiting van de beschreven stadswandeling door het centrum.

Mercado Municipal Paulistano (Mercadão): Av. Nova Cantareira 686 (Par que Dom Pedro II), tel. 011-62 03 88 50, ma.–za. 6–18, zo. 8–13 uur. Per dag lopen er 14.000 mensen door de markthal, die samen 350.000 kg levensmiddelen kopen. Daarnaast zijn er veel smakelijke en goedkope eethuisjes (zoals de stand van Mané met zijn enorme mortadellasandwiches). Voor veel nachtbrakers is de markt ook de laatste halte op weg naar huis. Het in 1933 geopende gebouw is op zichzelf attractief genoeg, vooral de 55 kleurige ramen zijn opmerkelijk.

Het uitgaansleven van São Paulo is het meest veelomvattende van Brazilië. De chiquere clubs liggen in de wijken **Vila Olímpia** en **Vila Madalena**, waar overwegend jongere gasten uit de conservatieve midden- en hogere klasse komen.

Bourbon Street Music Club: Rua dos Chanés 127 (Moema), tel. 011-55 61 16 43, di.–zo. vanaf 21 uur, levende muziek vanaf 23.30 uur. Beste jazz-, soul- en bluescafé van de stad biedt plaats aan 400 gasten, geïnspireerd op New Orleans en geopend door B.B. King. Het publiek is boven de 25. Toegang R$25.

Show Bar Lounge: Rua Cardeal Arcoverde 1393 (Vila Madalena), tel. 011-38 13 14 33, www.showbarlounge.com.br. Een van de populairste disco's van de stad met pop, rock en forró. Toegang R$25.

São Cristóvão: Rua Aspicuelta 533 (Vila Madalena), dag. 12–2.30 uur. Midden in het chique Vila Madalena een eenvoudig en populair café, dat beroemd werd door zijn voetbaldecoraties. De muren zijn behangen met foto's, shirts en krantenartikelen.

Kijk voor actuele programma's van de theaters en concertzalen in de kranten, met name in de *Folha de São Paulo*.

Sala São Paulo: Praça Júlio Prestes s/n (Bom Retiro), tel. 011-33 37 54 14, www.osesp.art.br, kassa ma.–vr. 10–18, za. 10–16, zo. (behalve tijdens concerten) 9–16 uur; kassa sluit 2 uur voor aanvang. Een van de modernste concertzalen van de wereld met 1501 stoelen, gebouwd in het oude station Júlio Prestes uit 1938 en geopend in 1999. De vijftien beweegbare panelen zorgen voor een perfecte akoestiek. De Sala is de thuisbasis van het Orquestra Sinfônica do Estado de São Paulo. Ook wie niet zo van klassieke muziek houdt, zou eens een kijkje moeten nemen in deze tempel (rondleidingen ma.–vr. 12.30, 16.30, za. 14, zo. 13 uur).

Teatro Municipal: Praça Ramos de Azevedo (Centro), tel. 011-32 22 86 98. Klassieke omlijsting voor verfijnde concerten, kooruitvoeringen en balletten; kaarten aan de kassa, dag. 10–19 uur.

Olympia: Momenteel in restauratie, www.olympia.com.br. Braziliaanse en internationale rock- en popconcerten.

Credicard Hall: Av. das Nações Unidas 17 955 (Santo Amaro), tel. 011-68 46 60 00, www.credicardhall.com.br. Podium met 12.000 stoelen.

Tom Brasil Nações Unidas: Rua Bragança Paulista 1281 (Santo Amaro), tel. 011-56 44 98 00, www.tombr.com.br. Namen uit de nationale en internationale muziekwereld.

Feesten/evenementen

Stichting van de stad (25 jan.): In Bela Vista/Bexiga wordt een koek gebakken, waarvan de omvang correspondeert met de leeftijd van de stad. Binnen 10 seconden is alles op.

Carnaval (feb.): Vrijdag- en zaterdagavond optochten van de Grupo Especial in het Sambódromo, bijna net zo kleurig als in Rio.

Bienal Internacional (eind mrt.–juni), grootste expositie van beeldende kunst in Zuid-Amerika, Parque do Ibirapuera, Pavilhão da Bienal.

Parada do Orgulho GLST (juni): Sinds 2004 de grootste homo- en lesbomanifestatie van de wereld met 2 miljoen deelnemers en 20 *trios elétricos*. Av. Paulista (bij het MASP) tot aan de Rua da Consolação, afsluitende show op de Praça da República (informatie: tel. 011-33 62 23 61, ma.–vr. 10–18 uur). Verder ontmoet de homogemeenschap elkaar elke zaterdag op de kunstnijverheidsmarkt op de Praça Benedito Calixto en 's avonds in de cafés van Jardins (hoek Rua Consolação/Alameda Franca).

Mostra Internacional de Cinema (okt.): Internationaal filmfestival met veel onafhankelijke films in verschillende zalen (zie aankondiging in kranten en op posters).

TIM-Festival (okt./nov.): Freejazzfestival, plaatsen en data wisselen van jaar tot jaar, zie aankondiging in kranten en op posters.

Corrida de São Silvestre (31 dec.): Traditionele hardloopwedstrijd vanaf Av. Paulista.

Stadsbezichtiging: Check Point, Rua Jacques du Cerceau 84 (Penha), tel. 011-60 91 13 16, www.checkpoint.com.br, organiseert excursies van zes uur, ook in het Engels, R$1600 (4 pers.).

Helikoptervluchten: Helimarte, Campo de Marte (vertrek), tel. 011-62 21 32 00, www.helimarte.com.br.

Vliegtuig: Het Aeroporto Internacional de São Paulo ligt in Guarulhos, 30 km ten noordoosten van het centrum, tel. 011-64 45 29 45. Transfer per vliegveldbus, tel. 64 45 25 05, www.airportservice.com.br, R$25 (lijnen naar de Praça da República, het busstation en naar vliegveld Congonhas) of per taxi. Wie van de internationale luchthaven direct met de langeafstandsbus verder wil reizen zonder naar het centrum van São Paulo te gaan, kan gebruikmaken van het busstation in het plaatsje Guarulhos, ca. 14 km van de luchthaven. Informatie over busmaatschappijen, bestemmingen en dienstregelingen: tel. 011-64 22 02 22, www.portaldeguarulhos.com.br/rodoviaria.htm. Afgezien van steden binnen de deelstaat São Paulo zijn de belangrijkste bestemmingen Goiás, Maranhão, Mato Grosso, Minas Gerais, Pará, Paraná en Rio de Janeiro.

Het Aeroporto de Congonhas in Santo Amaro, 14 km van het centrum, tel. 011-50 90 90 00, verwerkt de meeste binnenlandse vluchten, waaronder shuttles naar Belo Horizonte, Brasília, Curitiba, Rio de Janeiro en Porto Alegre.

Bus: São Paulo beschikt over drie grote busstations. De meeste langeafstandsbussen vertrekken bij *rodoviária* Tietê (metro Tietê), tel. 011-32 35 03 22; dag. verbindingen met alle grote steden, zoals Belo Horizonte (*Cometa*, tel. 011-38 68 58 00, 3x per dag, 7 uur, R$65), Brasília (*Real Expresso*, tel. 011-21 42 71 00, 5x per dag, 14 uur, R$110), Curitiba (*Cometa*, tel. zie boven, 4x per dag, 6 uur, R$50), Florianópolis (*Viação 1001*, tel. 011-62 21 95 96, dag. om 19.55 uur, 11 uur, R$80), Porto Alegre (*Itapemirim*, tel. 011-21 21 75 13, 4x per dag, 18 uur, R$135), Rio de Janeiro (*Viação 1001*, tel. zie boven, 12x per dag, 5,5 uur, R$70), Salvador (*São Geraldo*, tel. 011-21 09 13 33, om 9.30 en 21.40 uur, 32 uur, R$210). Bussen naar Foz do Iguaçu vertrekken van *rodoviária* Barra Funda, tel. 011-33 92 21 10 (*Expresso Kaiowa*, tel. 011-33 92 76 06, om 16, 20.45 en 21 uur, 16 uur, R$120), net als de lijnen naar Mato Grosso en Mato Grosso do Sul (Pantanal). Van Terminal Intermunicipal Jabaquara, tel. 011-50 12 22 56, vertrekken bussen naar de zuidelijke kuststrook van São Paulo, beginnend bij Santos.

Huurauto: Talrijke autoverhuurders op de luchthavens en busstations.

Barretos – grootste rodeo ter wereld

Thema

De kolos stampt, stoot en steunt. Hij ramt zijn hoorns in het hout, perst zijn flanken tegen de planken, spant zijn lichaam tot het barst, zet zich schrap en kookt van woede. Een ton spieren, hoeven, hoorns en toorn. Boven zijn kop zoemt een zwerm bijen. Iemand zit hem op zijn huid, provoceert hem tot bloedens toe. De stier is razend. Rodeo: dat zijn koeien, paarden, *churrasco*, macho's, meisjes en machetes.

In Barretos, 422 km ten noordwesten van São Paulo, wordt jaarlijks de grootste rodeo van de wereld gehouden, die zelfs de Texanen naar de tweede plaats heeft verdrongen. Het Festa do Peão de Boiadeiro met zijn 1 miljoen bezoekers verandert de provinciestad (104.000 inwoners) tussen 20 en 31 augustus in een reusachtige mierenhoop. De traditie bestaat al sinds 1956, wat geen wonder mag heten in een land dat inmiddels de meeste runderen ter wereld fokt. Toen in 1913 de eerste vleesfabriek van Zuid-Amerika in Barretos werd gebouwd, was hier niets te doen aan ontspanning en vermaak, totdat de arbeiders de rodeo ontdekten.

Er treden zo'n 400 cowboys en stieren en driemaal zo veel paarden in het strijdperk. De onbetwiste cowboykoning is meervoudig wereldkampioen Adriano Moraes uit het Zuid-Braziliaanse plaatsje Matão. De hoefijzervormige arena, het door Oscar Niemeyer ontworpen Parque do Peõe, is met een oppervlakte van 4000 voetbalvelden en 35.000 zitplaatsen wereldrecordhouder. Op alle internationaal erkende disciplines – van *bullriding* via het berijden van wilde paarden tot het vangen van jonge runderen met een lasso – staat een premie. Het evenement is echter niet alleen maar een ruitershow. Op het podium spelen onophoudelijk topbands uit het hele land, de laatste keer 300 uur achter elkaar. Maar het liefste hoort het volk de sentimentele smartlappen van de *musica sertaneja*. Bij het hele rodeocirus komt nog een typisch Braziliaans aspect. Net als het Braziliaanse voetbal heeft alles zijn eigen, even uitgelaten als pompeuze manier van doen: met clowns in de pauze, de Heilige Maagd, de rijdende Padre Pedro, het tandeloze lachen van door de zon verweerde gezichten, het stoere loopje van macho's van buiten de stad, de zwarte kokkinnen en de koele geblondeerde schoonheden, die zich bij de verkiezing van Miss Cowboy als melkvee laten voorleiden.

Dat alles gebeurt tegelijkertijd en naast elkaar. Terwijl er hier wordt geflirt, gedanst, gedronken of gegeten, vindt enkele meters verderop een strijd op leven of dood plaats. De stier steigert en stokt, bokt en buigt, gooit zijn hoeven in de lucht, schuimt, schudt en schokt. Als de *toureiro* in het stof ligt, blijft hij toch in de overwinning geloven. De enthousiaste menigte brult en wappert met sombrero's en flessen drank. En de nachtlucht gist van koeienvlaai, paardenmest, zweet, urine en cachaça.

Vooral in het zuiden van het land worden nog veel meer rodeo's gehouden. De bekendste zijn die van Uruguaiana (Rio Grande do Sul, 1e helft maart) en Balas Nova (Paraná, begin mei). Maar ook in de noordoostelijke plaatsen Surubim en Caruaru (beide in Pernambuco, september) vertonen de cowboys hun kunsten.

Stadsverkeer

Stads- en minibussen: Zo'n 15.000 voertuigen bedienen de 1291 buslijnen, maar niet meer 's avonds laat. Dan moet u – ook uit veiligheidsoverwegingen – een taxi nemen.

Metro: Het net is in verhouding tot de omvang van de stad nog zwak ontwikkeld. In het Centrum vertoont het echter minder gaten en vormt het het beste alternatief voor het overbelaste verkeer op straat, dag. 6–24 uur (kaartverkoop 6–22 uur).

Uitstapje naar Ilhabela

Atlas: blz. 8, E/F1

De kustplaatsen van de staat São Paulo zijn minder interessant dan die van Rio de Janeiro of van het noordoosten. Het is hier koeler, minder tropisch en bovendien duurder. Rijke Paulistas, waaronder veel gezinnen en jongeren, geven een hoop geld uit in de overvolle trendy badplaatsen Guarujá, Maresias en Camburi. Een aanrader is echter het groene Ilhabela, ca. 190 km van São Paulo.

Op wat in het Nederlands terecht Mooi Eiland wordt genoemd, vindt u 43 prachtige stranden. Er komen echter niet alleen maar badgasten, maar ook zeilers, surfers, duikers, bergklimmers en wandelaars. Met 332 km² en een omtrek van 180 km is dit het grootste zee-eiland van Brazilië. Ongeveer 85% van het oppervlak is bedekt met Atlantisch regenwoud en staat onder natuurbescherming. In het hoogseizoen kan het er behoorlijk druk zijn, als zich bij de 21.000 inwoners nog eens een veelvoud aan toeristen voegt. Slechts de vooral in de zomer hinderlijke *borrachudos* (kriebelmugjes) en het aanhoudende gezoem van langpootmuggen brengen sommigen ertoe Ilhabela voortijdig te verlaten. De officiële naam van het eiland is Ilha de São Sebastião, maar het staat bekend onder de naam van de hoofdstad Ilhabela Vila, dat in de volksmond weer kortweg Vila wordt genoemd.

Vila

In de belangrijkste plaats van het eiland staan enkele koloniale gebouwen, zoals de **Prefeitura** (het stadhuis), het **Fórum** (gerechtsgebouw), de **Cadeira Pública** (gevangenis) en de barokke kerk **Igreja N.S. d'Ajuda** met plafondschilderingen van Santini ('do Italiano'). De drukste straat is de pittoreske **Rua do Meio**, waaraan kleurige beschilderde huizen en veel cafés, restaurants, winkels, een internetcafé en het Casa de Cultura (waar wisselende exposities worden gehouden) staan. Aan de **pier** liggen twee restaurants. Een kunstwerk van *azulejos* (tegels) toont hoe de stad er vroeger uitzag.

De stranden

Wie het hele eiland wil leren kennen, zou er een tocht van twee dagen omheen moeten maken. De best ontsloten stranden liggen aan de **westzijde** tegenover het vasteland. Op het zuidelijkste puntje ligt de Praia dos Frades. Verder naar het noordwesten volgen de schitterende baaien van Veloso en Curral. Het laatste strand is het populairste en drukst bezochte van Ilhabela. Dichter bij Vila wordt het steeds stadser, zoals op de stranden van Engenho d'Água met zijn fietspad en Ponta da Pequeã met zijn sportterreinen.

Helemaal in het **noorden** van het eiland liggen de beroemde stranden van Pinto en Armacão, zo geïsoleerd dat u de wereld bijna zou vergeten. Naar Fome en Saco do Poço gaan de meeste mensen per boot. Veel stranden liggen op loopafstand, maar daarnaast zijn er bus-, jeep- en bootverbindingen, ook naar de verder weg gelegen stranden aan de **oostkust**. Die staat in zijn geheel onder natuurbescherming. Bijzonder opwindend is de fraaie Baai van Castelhanos, waar de wilde branding ideaal is om te surfen. 's Zomers, als de verbindingsweg droger is, kunt u kiezen voor een avontuurlijke, maar bijzonder mooie tocht van een uur in een terreinwagen. Van hieruit kunt u ook in 45 minuten lopen naar de Cachoeira do Gato, de bekendste waterval van het eiland (duidelijk aangegeven, toegang R$5).

Actieve vakanties

Het populairste **wandelpad** is de slechts 2100 m lange en goed gemarkeerde *Trilha da*

Ilhabela

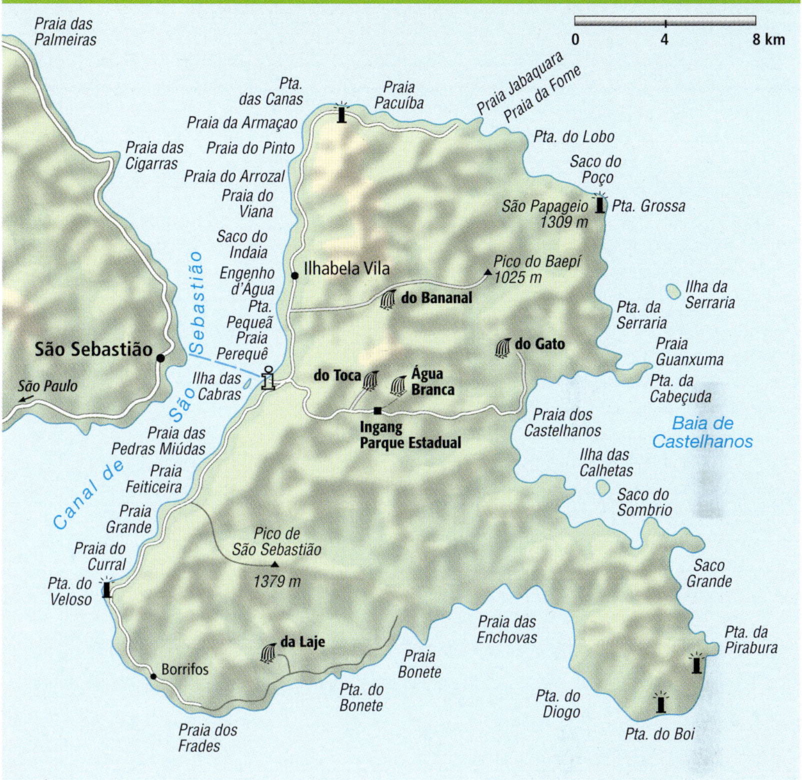

Água Branca. Onderweg kunt u zich verfrissen onder een waterval (start bij het wachthuisje van het Parque Estadual aan de Estrada dos Castelhanos). Lastiger is de 13 km lange, beboste *Trilha do Bonete*, heen 3-4 uur, eventueel overnachten of terug per boot. Voor **alpinisten** zijn er veertien flinke hobbels, vooral de toppen van de São Sebastião (1379 m), São Papageio (1309 m) en Pico de Baepí (1025 m). U moet wel vertrekken met droog weer, een goede gids, een adequate uitrusting en in veel gevallen de toestemming van de parkleiding.

Zeilers vinden de omstandigheden rond het eiland ideaal. Niet voor niets draagt dit de bijnaam Capital da Vela. In juli wordt de *Semana Internacional da Vela* gehouden. De beste plaatsen om te zeilen zijn Ponta das Canas in het noorden en de stranden van Pinto, Armaçao en Feiticera. **Duikers** kunnen met enkel een snorkel in de baaien van Fome, Jabaquara en Poço vele scholen vis zien zwemmen. Professionelere sporters zoeken vooral het Ilha das Cabras op. Ook kunt u op zoek gaan naar het wrak van een van de meer dan vijftig schepen die hier zijn vergaan. Het meest dramatisch was het ongeluk van de Spaanse oceaanstomer Princípe de Astúrias, die in carnavalsnacht 1916 doormidden brak en 455 opvarenden mee naar de diepte nam, samen met de goudreserves van veel vluchtelingen uit Europa.

Secretaria de Turismo: Rua Almirante Tamandaré 651, tel. 012-38 96 10 91, www.ilhabela.sp.gov.br, ma.–vr. 9–18 uur.

Mercedes: Av. Leonardo Reale 2220 (Praia de Mercedes), tel. 012-38 96 10 71, www.hotelmercedes.com.br. Mooi, parkachtig complex aan zee vlak bij Vila; 49 comfortabele kamers, 2 zwembaden, goed restaurant, steiger. R$180.

Pousada Casa Amarela: Av. Almirante Tamandaré 376 (Praia de Itaquanduba), tel. 012-38 96 19 93, fax 012-38 96 29 42. Aan het strand, 13 kamers, ca. 4 km van Vila. Vanaf R$160.

Pousada Ecológica Recanto da Cachoeira: Rua Benedito Garcês 180, tel. 012-38 96 30 98, www.ecoilha.com.br. In de buurt van het Parque Estadual, ver van het strand, met meditatieruimte en vegetarische keuken. R$130.

Camping Palmar: Av. Princesa Isabel 2150 (Barra Velha), tel. 012-38 95 83 36, camping palmar@backpacker.com.br. Grasveld voor 100 tenten, veel schaduw, 500 m van het strand. R$70 (2 pers.).

Ilha Sul: Av. Riachuelo 287 (Feiticeira), tel. 012-38 94 94 26 (reserveren kan handig zijn), in het hoogseizoen dag. 13–23 uur, mrt.-dec. alleen vr.–za. Goed visrestaurant (bijvoorbeeld *anchova* R$65), maritieme inrichting.

Nova Iorqui: Av. Perimetral Sul 18 322 (Frades). Favoriet vis- en zeevruchtenrestaurant (R$40) met de mooiste zonsondergang van het verre zuiden; tevens *pousada* en verhuur van chalets.

Batatas: Rua da Padroeira 12 (Vila, naast de kleine kerk), dag. 18–23 uur. Specialiteit is gevulde aardappelrösti (R$15), ook Thais, met gitaarmuziek van een muzikant die hier al jaren woont.

Avonturenpark *(arvorismo)*: Eco Point, Rua dos Carijós 2100 (Barra Velha), tel. 012-38 95 10 17, www.ecopoint.com.br. In 11 etappes over 20 hoge hangbruggen van boomkruin naar boomkruin. Tevens zwemmen, sauna, wandelen en bergbeklimmen. Dagprijs R$25.

Mountainbiken: Lokal Adventure, Av. Princesa Isabel 171 (Perequê), tel. 012-38 96 57 70, www.lokaladventure.com.br, R$6/uur, R$28/dag. Fietsverhuur. Een moeilijk, maar veel betreden pad is de *Trilha do Bonete*.

Zeilschool: BL-3, Praia Engenho d'Água, tel. 012-38 96 12 71, www.bl3.com.br. Beginnerscursus (4 dagen van 3 uur) R$400.

Duikschool: Colonial Driver (Ilha das Cabras), tel. 012-38 94 94 59, R$200, inclusief uitrusting en les.

Bus: Neem op het vasteland een bus naar het kustplaatsje São Sebastião. Vanuit São Paulo gaat daar 6x per dag een bus heen (*Litorânea*, 4 uur, R$35), vanuit Rio de Janeiro 2x per dag (*União*, 7 uur, R$60).

Veerboot: Vanuit São Sebastião varen er personenveren *(lanchas)* via Perequê naar Vila, tel. 012-38 92 15 76, dag. om de 20 min. van 7 tot 17 uur, 15 min., R$5. 's Zomers kunnen aan het begin van het weekeinde of een lang weekend lange wachtrijen voor de boot ontstaan.

Transport op het eiland: Vanaf busstation Ilhabela, Rua Dr. Carvalho 136, tel. 012-38 95 87 09, zijn er goede verbindingen met de verschillende plaatsen op het eiland.

Op Ilhabela leven grote zwermen rode ara's

Minas Gerais

Kaart
blz. 183

Goud, zilver, diamanten en smaragden – dat was de stof van de dromen van de *bandeirantes* (zie blz. 29) uit de 17e en 18e eeuw, dat was ook de stof, waaruit nieuwe vermogens ontstonden die in Brazilië nog altijd hun gelijke niet hebben gevonden. Minas Gerais betekent 'algemene mijnen'. De vele baroksteden die in deze staat ontstonden, zijn wat architectonische pracht betreft nauwelijks te overtreffen.

Belo Horizonte

Kaart: blz. 180
Belo Horizonte (2,2 miljoen inwoners) werd pas gesticht in 1897 en is – net als later Brasília – geheel op de tekentafel ontworpen. De moderne stad bezit een hoge levensstandaard en maakt indruk met enkele imposante gebouwen, 27 openbare parken, talrijke musea en een uitgebreid uitgaansleven. Toch is de stad geen toeristische trekker, maar eerder een gunstig gelegen uitgangspunt voor een bezoek aan de barokke stadjes in de nabije omgeving.

Praça da Liberdade

Op de in de 19e eeuw naar Frans voorbeeld aangelegde, parkachtige **Praça da Liberdade** **1** komen de inwoners van Belo Horizonte graag samen om te sporten (joggen), demonstreren of naar de markt te gaan (donderdag en zondag kunstnijverheid, vrijdag bloemen, zaterdag antiek en levensmiddelen). Een lange oprijlaan met palmen leidt naar het neoclassicistische **Palácio da Liberdade**, waar de deelstaatregering zitting heeft (laatste zo. van de maand 9–17 uur). Rondom het plein staan nog andere interessante gebouwen, waaronder de moderne, door Oscar Niemeyer ontworpen **Bibliotéca Pública** (openbare bibliotheek), het eveneens van zijn hand afkomstige woonhuis **Edifício Niemeyer** uit de jaren vijftig, vijf ministeries en het boeiende **Museu de Mineralogia Professor Djalma Guimarães**. Hier kunt u 800 verschillende mineralen bekijken, van goud en diamanten, via amethisten en smaragden tot saffieren, aquamarijnen en topazen (Av. Bias Fortes 50, Funcionários, tel. 32 71 34 15, di.–zo. 9–17 uur, filmen en fotograferen toegestaan).

Pampulha

De grootste attractie van Belo Horizonte wordt gevormd door de bijzondere, 8 km ten noordwesten van het centrum gelegen wijk **Pampulha** **2** (bus 2004 van Av. Afonso in het Centrum; ma. veel gesloten). In de jaren veertig gaf de toenmalige burgemeester en latere president Juscelino Kubitschek de nog tamelijk onbekende architect Oscar Niemeyer de opdracht een nieuwe woonwijk vorm te geven. Voor de landschappelijke inrichting rondom het kunstmatige meer (Lagoa da Pampulha) tekende Burle Marx. Aan de 18 km lange oeverpromenade Av. Otacílio Negrão de Lima kwamen verschillende gebouwen te staan, die hun schepper al snel in het hele land beroemd maakten. Het **Casa do Baile** kreeg ronde vormen, die correspondeerden met de Lagoa. Het gebouw diende eerst voor dansvoorstellingen, werd later een casino en is momenteel een cultureel centrum met tentoonstellingen op het gebied van architectuur, stedenbouwkunde en design (nr. 751, tel. 031-32 77 74 43, di.–zo. 9–19 uur, toegang gratis). In het **Museu de Arte da Pampulha**, ook bekend onder de naam Palácio de Cristal, worden wisselende kunstexposities gehouden (tel. 031-34 43 45 33, di.-zo. 9-19 uur, toegang gratis).

Het architectonische hoogtepunt is echter onbetwist de futuristische **Igreja de São Francisco de Assis**. Na de voltooiing in 1943 bleef deze kerk, waarvan de parabolische vorm de weg bereidde voor latere projecten in Brasília, nog veertien jaar gesloten. De kerkelijke overheden zagen in het bouwwerk een symbool van het communisme, want de lijn van de klokkentoren en de façade wekte gemakkelijk associaties met hamer en sikkel. Tegenwoordig zijn in de gerestaureerde kerk kunstige *azulejos* (tegels) en de veertien kruiswegstaties van Cândido Portinari te bewonderen (dag. 8-17 uur, R$1).

Aan de andere kant van de Lagoa ligt aan dezelfde oeverpromenade de **Jardim Zoológico e Botânico**, niet alleen een dierentuin met ongeveer 900 dieren van 200 soorten, maar ook een botanische tuin (di.-zo. 8.30-16 uur, R$1). In de buurt ligt het **Parque Ecológico Francisco Lins do Rego**, met 30 ha het op een na grootste park van de stad. Er zijn veel planten en bomen uit verschillende ecosystemen (Atlantisch kustregenwoud, Cerrado en Amazoneoerwoud) aangeplant. Door het park lopen fiets- en wandelpaden (tel. 031-32 77 72 89, vr.-zo. 8.30-17 uur, di.-do. uitsluitend na aanmelding).

Voetbalfans kennen Pampulha vooral door het machtige en zeer fraaie **Mineirãostadion** aan de Av. Antônio Abrahão Caram 1001 (tel. 031-34 99 11 00, bezichtiging dag. 8-17 uur, als er geen wedstrijd is). Vlak ernaast ligt het kleinere, multifunctionele stadion **Mineirinho.**

i **Belotur:** Rua Pernambuco 284 (Centro), tel. 031-32 77 97 77, www.belotur.com.br, ma.-vr. 8-18 uur. Hoofdkantoor van de plaatselijke toeristeninformatie met informatie, brochures en kaarten. Bijkantoren op de beide vliegvelden en het busstation.

Guia Turístico Belo Horizonte: Aanbevolen, maandelijks verschijnende stadsgids (ook in het Engels en Spaans), gratis verkrijgbaar bij kiosken en informatiekantoren.

Onderweg met de auteur

Architectuurreis met contrasten

Terwijl in het moderne **Belo Horizonte**, en met name in **Pampulha** de futuristische bouwwerken van Oscar Niemeyer zijn te bewonderen (zie blz. 178), bieden de oude goud- en diamantsteden het rijkste arsenaal aan barokke (kerkelijke) kunst van de wereld. In **Ouro Preto** wandelt u in het spoor van de Braziliaanse Michelangelo, Aleijadinho (zie blz. 185, 186). De pracht van zijn werk werd slechts overtroffen door de later gebouwde Igreja Matriz de N.S. do Pilar in dezelfde stad.

Goud en edelstenen

In Minas Gerais zit u dicht bij de bron. In het **Museu de Mineralogia Professor Djalma Guimarães** in Belo Horizonte kunt u 800 soorten mineralen bekijken (zie blz. 178). Diamantina bezit het **Museu do Diamante** (zie blz. 190) en Ouro Preto's **Museu de Sciência e Técnica** is zelfs het grootste edelsteenmuseum van Brazilië (zie blz. 185). Zo'n 5 km van Ouro Preto ligt de **Mina de Ouro da Passagem**, de oudste en grootste goudmijn van het land. Sinds de sluiting in 1985 kunt u de mijn in kleine transporttreintjes bezoeken (zie blz. 186).

Souvenirs

Minas Gerais staat bekend om de rijkste en beste keuze aan **cachaça** van het land. Vergeet de Nederlandse variant en probeer de plaatselijke merken. **Kunstnijverheid** die weer eens wat anders is, namelijk gemaakt van afvalproducten, vindt u in het dorp Bichinho, 6 km van Tiradentes, met name in de Oficina de Agosto (zie Winkelen blz. 190).

Secretaria de Estado de Turismo de Minas Gerais: Praça da Liberdade, tel. 031-32 72 85 67, www.turismo.mg.gov.br, ma.-vr. 8-18 uur. Officieel toeristenkantoor voor de hele deelstaat Minas Gerais.

Belo Horizonte

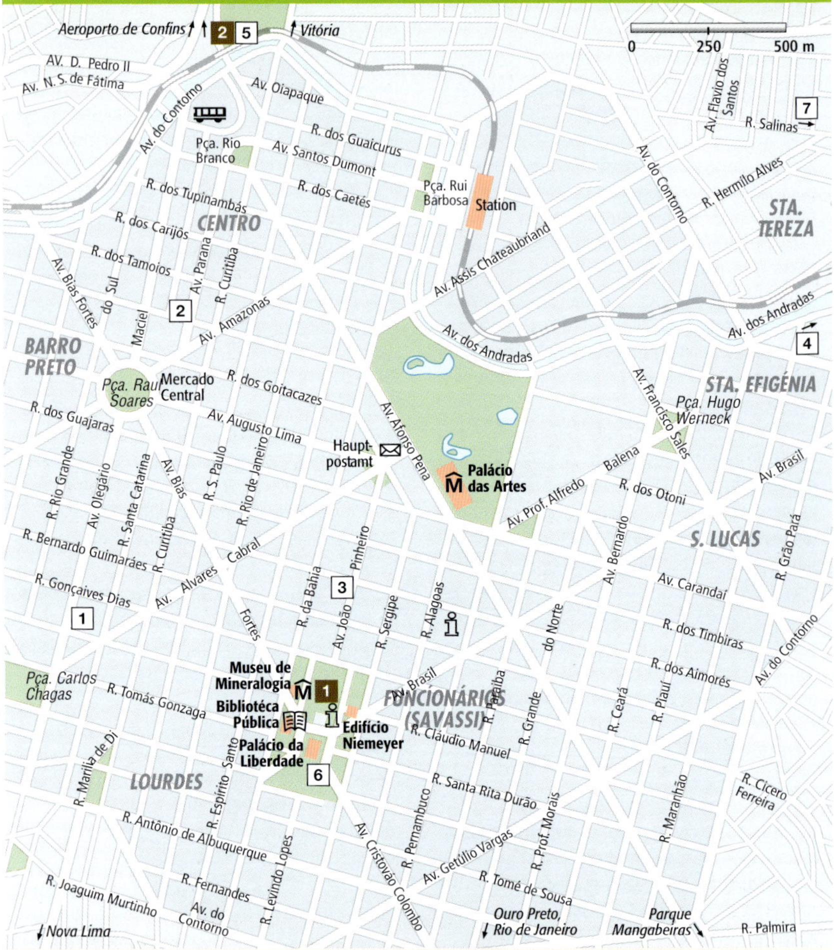

Bezienswaardigheden

- 1 Praça da Liberdade
- 2 Pampulha

Accommodatie

- 1 BH Platinum
- 2 Pampulha Palace
- 3 Ibis
- 4 Chalé Mineiro Hostel

Eten en drinken

- 5 Xapuri
- 6 Nini
- 7 Bolão

BH Platinum [1]: Avenida Olegário Maciel 1748 (Lourdes), tel. 031-21 25 38 00, reserveren tel. 0800 7 02 33 20, www.promenade.com.br. Een van de modernste hotels van de stad in een rustige wijk en toch dicht bij de bezienswaardigheden. 70 comfortabele kamers, sauna, fitness, restaurant. R$220.
Pampulha Palace [2]: Rua Tupis 646 (Centro), tel. 031-32 71 59 74, www.hotelpampulha.com.br. Ouder hotel uit 1959, 88 comfortabele kamers van verschillend formaat, 150 m van de Mercado Central. R$120.
Ibis [3]: Av. João Pinheiro 602 (Lourdes), tel. 031-32 24 94 94, www.accorhotels.com.br. In 2003 geopend hotel met 130 comfortabele kamers, goed voorbeeld van het beproefde recept van de Ibisketen (goed, mooi, goedkoop). R$100, ontbijt optioneel (R$10).
Chalé Mineiro Hostel [4]: Rua Santa Luzia 288 (Santa Efigênia), tel./fax 031-34 67 15 76, www.chalemineirohostel.com.br. Keurig HI-hostel met 54 bedden, goed onderhouden zwembad, grill, tv-kamer, gemeenschappelijke keuken. 2 km ten oosten van het centraal gelegen Parque Municipal, vlak bij het gezellige Savassi. Te bereiken met bus 9801 (Saudade/Santa Cruz) uit de Rua dos Caetés bij het *rodoviária* (waar bussen van de maatschappij *Unir* vertrekken). Geen toegang na 22 uur. R$55 (2 pk), R$20 (slaapzaal), ontbijt niet inbegrepen.

Xapuri [5]: Rua Mandacaru 260 (Pampulha), tel. 031-34 96 61 98 (in het weekend reserveren), di.-do. 12–23, vr. en za. 12–2 uur. Heel groot, sfeer van een *fazenda*, lange houten tafels in de tuin onder een palmdak. Beste restaurant van de stad voor de specialiteiten van Minas Gerais, bijvoorbeeld *lombinho com tutu* voor R$35.
Nini [6]: Av. Cristóvão Colombo 631 (Funcionários, nabij Palácio da Liberdade), di.-zo. 12–15 uur. Klein en informeel restaurant, gemengde kaart, aanbevolen: *cozido de cordeiro* (lamsstoofpot) voor R$25 of *frango com quiabo* (kip met groenten) voor R$20.
Bolão [7]: Praça Duque de Caxias 288 (Santa Tereza), bijna 24 uur per dag geopend, zo. vanaf 18 uur gesloten. Ongekroonde spaghettikoning (ca. R$20), ongedwongen sfeer; eenvoudig maar origineel, veel tafels op de stoep.

Feira de Arte e Artesanato: Av. Afonso Pena (Centro), zo. 8–14 uur. Grootste straatmarkt voor kunstnijverheid van Zuid-Amerika, 3000 kramen over een lengte van 1 km met 60.000 bezoekers per zondag.
Mercado Central: Av. Augusto de Lima 744 (Centro), ma.-za. 7–18, zo. 7–13 uur. De 400 kramen verkopen van alles, van groente en fruit, via bloemen en medicinale planten tot kunstnijverheid en religieuze artikelen. Ook goede en voordelige cachaça's, die u ter plaatse kunt proeven voor u ze koopt.

Het drukke uitgaansleven van de stad speelt zich voornamelijk af op en in de **Praça Diogo de Vasconcelos** en de **Rua Pernambuco/Rua Tomé de Souza** in de wijk Funcionários. De hele buurt heeft de populaire bijnaam **Savassi**, naar een traditionele banketbakker op het plein.
Café com Letras: Rua Antônio de Albuquerque 781 (Savassi), zo.-do. 12–24, vr./za. 12–1 uur. Gezellige boekhandel-annex-koffiehuis met artistieke toon, levende muziek en heerlijke hapjes.
Krug Bier: Av. Paulo Camilo Pena 736 (Belvedere), ma.-vr. 18–1, za./zo. 12–1 uur. Trendy café met eigen brouwketels in de zaak en bier volgens Duits recept. Heel druk tijdens borreltijd (happy hour) (max. 500 gasten). Tevens muziek en dans.
Alambique Cachaçaria e Clube do Chalezinho: Alameda da Serra 18 (Estoril), do.-zo.avond. Discotheek, meest romantische adres van de stad, vooral voor paren.
Nasala Lounge & Disco: Ponteio Lar Shopping, BR 356 nr. 2500, Loja 120 D (Santa Lúcia), do.–za. vanaf 23 uur. Discotheek, chique tent met modieus publiek, een van de levendigste uitgaansgelegenheden van de stad, zowel cd's als en goede dj's.
Armazém: Av. Raja Gabablia 3200 (Estoril), dag. vanaf 19 uur. Grote dansgelegenheid met dansvloer en levende *forró*-muziek.

Feesten en evenementen

Campanha de Popularização do Teatro e da Dança (jan./feb.): Ruim honderd toneel- en dansvoorstellingen gedurende 53 dagen op 34 locaties, grootste evenement van Minas Gerais in zijn genre, ca. 200.000 bezoekers.

Axé Brasil Extra (begin apr.): Grootste *axé*-feest van Brazilië met 12 bands uit Bahia, twee dagen lang opzwepende ritmes vanaf een enorm podium in het Estádio Independência (Horto), 80.000 bezoekers.

Carnabelô (eind juni–begin juli): carnaval buiten het seizoen met *trios elétricos*, Av. Afonso Pena (Centro).

Festa Nacional da Cachaça (begin juli): groots drankfeest, de stad staat bekend om de beste cachaça's van Brazilië.

Arraial do Belô (3 dagen aan het begin van 2e week juli): volksdansen in het kader van de Festas Juninas, Praça da Estação, Centro.

Pop Rock Brasil (2 dagen in 2e week sept.): Een van de grootste rockfestivals van Brazilië met nationale en internationale groepen, Afwisselend in Mineirão of Independência.

Excursies: Marco Túlio Saldanha, tel./fax 031-34 47 02 44, mobiel 031-99 06 70 98. Stadsbezichtigingen in Belo Horizonte en excursies naar baroksteden in personenauto's of minibusjes. Engels gesproken.

Recreatiepark: Verde Folhas, Rua 11 nr. 170, Recanto da Aldeia, Brumadinho, 35 km van Belo Horizonte, te bereiken vanaf *rodoviária* Belo Horizonte met bus 008 van *Casa Branca*, 3x per dag om 8, 15.30 en 18.30 uur, tel. 031-35 75 31 29, di.–zo. 9–18 uur. Recreatiegebied met waterval (15 m), zwemvijver, avontuurlijk boomkruinpad (600 m) enzovoorts, toegang zonder activiteiten gratis, met activiteiten (boompad, raften, abseilen, wandelen en kletteren) R$60 p.p.

Vliegtuig: Er zijn twee luchthavens, Aeroporto Internacional Tancredo Neves (Confins), tel. 031-36 89 27 00, en Aeroporto de Pampulha, tel. 34 90 20 01.

Bus: Busstation Estação Rodoviária ligt aan de Praça Rio Branco s/n, tel. 031-32 71 30 00. Vandaar (of van het erachter gelegen busstation

Basílica Bom Jesus do Matosinhos in Congonhas

voor bestemmingen dichtbij) vertrekken bussen naar Ouro Preto *(Pássaro Verde*, tel. 031-32 80 94 10, 17x per dag, bijna 2 uur, R$50), Tiradentes *(Viação Sandra*, rechtstreeks slechts 1x per week, vr. 17 uur, 4 uur, R$40; anders bus naar São João del Rei, aldaar regelmatige aansluitingen), Diamantina *(Pássaro Verde*, tel. zie boven, 6x per dag, 5 uur, R$48) en Rio de Janeiro *(Útil*, tel. 0300-3 13 15 32, 6x per dag, 7 uur, R$65).

Omgeving van Belo Horizonte

Congonhas

In de voormalige goudgraversstad **Congonhas** 1 (82 km van Belo Horizonte) is tegenwoordig nog maar één attractie te zien, die echter wel horden bezoekers uit de hele wereld trekt. Het gaat om de belangrijkste werken van Aleijadinho, op het terrein van de Basílica do Senhor Bom Jesus do Matosinhos (di.-zo. 6–18 uur). Op de trappen voor de ingang staan spekstenen beelden van de twaalf apostelen *(Doze Profetas*, 1796–1805). Onderaan liggen zes kleine paviljoens of kapelletjes *(Capelas dos Passos)* met 66 sculpturen van cederhout (1796–1799), die de kruiswegstaties verbeelden.

Bus: Te bereiken van Belo Horizonte vanaf Estação Rodoviária aan de Praça Rio Branco met bussen van maatschappij *Viação Sandra* (16x per dag, 80 min., R$15).

Circúito das Grutas

Van de drieduizend Braziliaanse grotten liggen er tweeduizend in Minas Gerais, waarvan vijfhonderd in een regio in de buurt van Belo Horizonte die Circúito das Grutas wordt genoemd en die twaalf gemeenten omvat. De drukst bezochte (druipsteen)grotten zijn de **Gruta da Lapinha** 2 (50 km), de beroemde **Gruta Rei do Mato** 3 (65 km) en de zeere fraaie **Gruta de Maquiné** 4 (126 km).

Bus: Naar alle bestemmingen rijden meermaals per dag bussen vanaf het Estação Rodoviária aan de Praça Rio Branco in

Belo Horizonte. Alle lokale reisbureaus hebben excursies op het programma staan (bijvoorbeeld Pampulha Turismo, Av. Amazonas 3825, Belo Horizonte, tel. 031-33 72 77 77, www.pampulhasnet.com.br).

5 Ouro Preto

Kaart: blz. 187
Wie maar weinig tijd heeft en niet bovenmatig is geïnteresseerd in oude architectuur, zou ten minste Ouro Preto (Zwart Goud) niet mogen overslaan. Vanuit Rio de Janeiro is het stadje met de bus in zeven uur te bereiken (398 km). Er zijn ook nachtbussen met slaapplaatsen.

Ouro Preto behoort tot de in kunsthistorisch opzicht interessantste bestemmingen van het land, nog voor Parati en Olinda. U vindt hier het meest homogene en compleetste arsenaal aan barokke kunst van Brazilië. De stad, die sinds 1933 onder monumentenzorg valt en in 1980 door de Unesco tot werelderfgoed is verklaard, is werkelijk een uniek historisch openluchtmuseum.

De spectaculaire culturele carrière van Ouro Preto begon met de eerste goudvondsten in 1699, een jaar na de stichting van het toenmalige Vila Rica door de *bandeirante* Antônio Dias, en eindigde amper honderd jaar later met de uitputting van de goudvoorraad en een gebrek aan verdere mogelijkheden om uit te breiden. In deze ene eeuw ontstond echter een geweldige hoeveelheid barokke kunst, cultuur en architectuur. Op een klein oppervlak samengepakt liggen talrijke historische straatjes met typerende ronde kinderhoofdjes, rijgen goed bewaarde herenhuizen met beroemde smeedijzeren balkonhekjes en witte gevels zich aaneen en staan er vele prachtige kerken en musea. 's Avonds bekoort Ouro Preto vooral door zijn romantische straatlantaarns in stegen en op pleinen, door het gezellige, studentikoos-alternatieve uitgaansleven in de Rua Conde de Bobadella en door de uitnodigende, rustieke restaurants met heerlijke gerechten uit Minas Gerais.

Praça Tiradentes

Vrijwel iedere stadsbezichtiging begint op de majestueuze **Praça Tiradentes** 1, met in het midden een **monument** dat herinnert aan de man die zijn naam aan het plein gaf. In 1792 werd in Rio de Janeiro op huiveringwekkende wijze een van de grootste nationale helden van Brazilië terechtgesteld, de voor de onafhankelijkheid van Portugal strijdende Tiradentes ('tandentrekker'), die eigenlijk Joaquim José da Silva Xavier heette. Zijn afgeslagen hoofd werd openbaar te kijk gezet op het grote plein van Ouro Preto om de bevolking af te schrikken. Schaarse getuigenissen van deze grootse onafhankelijkheidsstrijd zijn te zien in het **Museu da Inconfidência**, dat aan de Praça Tiradentes is gevestigd in het voormalige raadhuis, het Palácio Municipal. Het museum toont de grafurnen van twaalf opgehangen vrijheidsstrijders, meubiliar, porselein en zilveren voorwerpen, maar ook heiligenfiguren en houten beelden van Aleijadin-

Het oude raadhuis aan de Praça Tiradentes herbergt een museum

ho (nr. 139, di.–zo. 12–17.30 uur, R$7). Aan hetzelfde plein staat op nr. 20 het interessante **Museu de Sciência e Técnica**, met de grootste verzameling edelstenen en kristal van Brazilië (di.–zo. 12–17 uur, R$2).

Aleijadinhotocht

De Praça Tiradentes is het uitgangspunt voor een kleine Aleijadinhotocht (zie ook blz. 186), *Circúito Aleijadinho* genaamd. Met een enkel entreekaartje (R$8) kunt u één museum en drie kerken bezichtigen. De belangrijkste, de **Igreja de São Francisco de Assis** 2 (1776–1812) ligt aan de Largo de Coimbras, een klein stukje onder de Praça Tiradentes. Deze werkelijk bijzonder mooie kerk, volgens de Franse kunsthistoricus Germain Bazin 'een van de meest volmaakte artistieke monumenten van de westerse wereld', is helemaal gebouwd onder leiding en met medewerking van Aleijadinho. Hij ontwierp niet alleen het achthoekige grondplan, maar maakte ook de beelden in het portaal van de façade, evenals het houtsnijwerk van het koor en de zes andere altaren van de hoofdkapel (di.–zo. 8.30–11.45, 13.30–16.45 uur).

Achter de kerk komt u via de Rua das Mercês bij de **Igreja de N.S. das Mercês e dos Perdões** 3 (1740–1773). Ook het interieur van deze kerk werd ontworpen door Aleijadinho, maar het is hoognodig aan restauratie toe. Niet veel verder vindt u in de **Igreja Matriz de**

N.S. da Conceição de Antônio Dias 4 (1727-1760) de graven van de grote kunstenaar en zijn vader. Het interieur getuigt afgezien van de acht zijaltaren niet van bijzonder veel pracht en praal. De sfeer in de kerk is echter wel indrukwekkend, vanwege het spel van licht en kleuren. Door de blauwe ramen in het portaal waar u binnenkomt stromen lichtbundels binnen, die vallen op de rode kleuren van de wandtapijten. In de sacristie is het **Museu do Aleijadinho** ondergebracht, met enkele beelden van zijn hand (di.-za. 8.30-11.45, 13.30-16.45 uur, zo. 12-16.45 uur, R$4).

Aleijadinho

De voornaamste attractie van Ouro Preto zijn de kerken, die vrijwel allemaal verbonden zijn aan de naam van een enkele kunstenaar: Antônio Francisco Lisbôa, liefkozend **Aleijadinho** ('kleine kreupele') genoemd. De belangrijkste barokke beeldhouwer en houtsnijder van Brazilië werd geboren op 29 augustus 1730 als zoon van de Portugese bouwmeester Manuel Francisco da Costa Lisbôa en de Afrikaanse slavin Isabel. Tot aan zijn dood in 1814 was hij verwikkeld in een onvermoeibaar creatief proces. Hij had misvormde handen, die hij aan een op lepra lijkende aandoening had overgehouden, waardoor hij later zijn gereedschap moest laten vastbinden. Ondanks deze handicap bracht hij talloze meesterwerken voort, veelal van hout of zandsteen.

De ongewone hoeveelheid werken bracht een kunsthistoricus uit São Paulo er in 1996 toe alles wat op naam van Antônio Francisco Lisbôa stond, destijds een veelvoorkomende naam, toe te schrijven aan verschillende kunstenaars. De toeschrijving aan één beeldhouwer was volgens hem iets wat was bedacht ten tijde van de dictatuur van Getúlio Vargas (1930-1945), met als doel de culturele identiteit van Brazilië op te krikken. Het wetenschappelijke debat woedt nog volop, maar een eenduidige verklaring valt niet te verwachten.

Andere bezienswaardigheden

Een andere kerk die u beslist zou moeten zien, maar waaraan Aleijadinho niet heeft meegewerkt, ligt aan een ander groot plein. De **Igreja Matriz de N.S. do Pilar** 5 (1730-1741), met een tienhoekige grondvorm, wordt beschouwd als een van de rijkst bewerkte kerken van Brazilië. Voor de decoratie zijn 434 kg puur goud, 400 kg zilver en 472 engelenbeelden gebruikt. De meeste werken, vooral het houtsnijwerk van het koor, zijn van de hand van Francisco Xavier de Brito, een van de leraren van Aleijadinho. Onder de kerk zit het **Museu de Arte Sacra** (di.-zo. 9-10.45, 12-16.45 uur, R$3).

Wandel nu terug door de Rua Dr. Getúlio Vargas naar de Rua São José. Op nr. 12 staat een fraai wereldlijk bouwwerk, het **Casa dos Contos** 6, waar vroeger het gevonden goud werd gesmolten, gewogen en aangeslagen. Nog altijd kunt u hier de smeltovens bekijken, evenals meubilair dat bewaard is uit de 18e en 19e eeuw (ma. 14-18, di.-za. 10-18, zo. 10-16 uur). In de **Mina do Chico Rei** 7, een goudmijn op Rua Dom Silvério 108 (Antônio Dias), krijgt u een nog betere indruk van het zware leven van de goudgravers (dag. 8-17 uur). Wie geïnteresseerd is in mijnbouw, zou zeker ook een kijkje moeten nemen bij de Mina de Ouro da Passagem iets buiten de stad (zie onder).

Uitstapjes in de omgeving

De **Mina de Ouro da Passagem** (5 km van Ouro Preto, 4 km van Mariana) is de oudste mijn van Brazilië (uit 1719) en bovendien een van de grootste ter wereld. Sinds de mijn in 1985 is gesloten, kunt u hem in kleine mijntreintjes bezichtigen (tel. 031-35 57 50 00, www.minasdapassagem.com.br, dag. 9-17 uur, R$20).

Het 14 km verderop gelegen historische stadje **Mariana** (46.710 inwoners) is de oudste plaats van Minas Gerais (vanaf 1711 dorp en later hoofdstad). Een bezoek aan het plaatsje is de moeite waard vanwege het orgel van de Duitse orgelbouwer Arp Schnittger uit 1701, een geschenk van de Portugese koning João V. Elke zondag om 12.15 uur kunt u in de luisterrijke Catedral Basílica da Sé (1711-1760) de

Ouro Preto

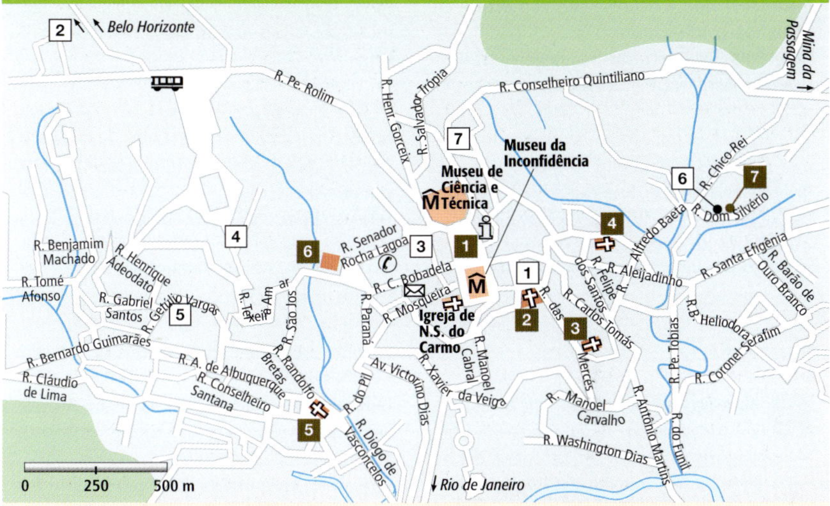

Bezienswaardigheden

1. Praça Tiradentes
2. Igreja de São Francisco de Assis
3. Igreja de N.S. das Mercês e dos Perdões
4. Igreja Matriz de N.S. da Conceição de Antônio Dias
5. Igreja Matriz de N.S. do Pilar
6. Casa dos Contos
7. Mina do Chico Rei

Accommodatie

1. Pousada do Mondego
2. Hotel Pousada do Arcanjo
3. Hotel Colonial
4. Brumas Hostel

Eten en drinken

5. Piacere
6. Boca da Mina
7. Casa do Conto

overweldigende klanken van dit instrument beluisteren.

Secretaria de Turismo: Praça Tiradentes 41, tel. 031-35 59 32 69, www.ouro preto.com.br, dag. 8–18 uur. Bijkantoor bij de ingang van de stad, Rua Padre Rolim, tel. 031-35 51 26 55, daar ook hulp bij het zoeken naar accommodatie, dag. 8–20 uur.

Let op: Met Pasen en tijdens het winterfestival van de studenten (1–31 juli) is het absoluut noodzakelijk te reserveren!

Pousada do Mondego 1**:** Largo de Coimbra 38 (nabij Praça Tiradentes), tel. 031-35 51 20 40, www.mondego.com.br. Goed onderhouden koloniaal huis uit 1747 met 22 kamers en 2 suites; ingericht met historisch meubilair en kunstvoorwerpen; zwembad, sauna, Schotse whiskybar en restaurant; ondanks centrale ligging zeer rustig met fraai uitzicht op het dal en op de Igreja do Carmo. Vanaf R$210.

Hotel Pousada do Arcanjo 2**:** Rua São Miguel Arcanjo 270, tel. 031-35 51 41 21, www.arcan johotel.com.br. Eerste hotel van Minas Gerais dat zich toelegt op historische opheldering, borden tonen de gebeurtenissen van de *In-*

confidência Mineira en ook het personeel is getooid met oude accessoires; 24 zeer comfortabele kamers; Schotse bar, wintertuin en open haard. R$150.
Hotel Colonial 3: Travessa Cônego Camilo Veloso 26 (nabij Praça Tiradentes), tel. 031-35 51 31 33, www.hotelcolonial.com.br. Onder monumentenzorg vallend huis uit de 18e eeuw met 18 kamers. R$100.
Brumas Hostel 4: Rua Padre José Mar-cos Pena 68, tel. 031-35 51 29 44, www.brumas hostel.com.br. Keurig HI-hostel met 45 bedden, gebruik van keuken en wasmachines (R$8); fantastisch uitzicht over Ouro Preto; slechts 150 m van het busstation. 2 pk R$70, slaapzaal R$30.

Piacere 5: Rua Getúlio Vargas 241, di.–za. 19–24, zo. 12–16.30 uur. Groot Italiaans designrestaurant in een kelder uit de 17e eeuw met stenen muren, kaarslicht en beschaafde achtergrondmuziek; er wordt gekookt onder de ogen van de gasten; succesnummer is *fettucine da casa* voor R$30.
Boca da Mina 6: Rua Dom Silvério 108A, tel. 031-35 51 17 49, dag. 9–17.30 uur. Ca. 5 km van het centrum bij de goudmijn, gezellige inrichting met houten balken en muren van baksteen, typische streekgerechten als *frango com quiabo* voor R$25 (voldoende voor 2 pers.).
Casa do Conto 7: Rua Camilo de Brito 21, dag. 11.30–23 uur. Weelderig buffet uit Minas (R$3/100 g) in een slavenhut uit de 18e eeuw met stenen wanden en een zowel historisch als modern decor.

Grote **kunstnijverheidsmarkt** in de open lucht op de Largo de Coimbra, dag. van 9–18 uur.

In Ouro Preto wonen veel studenten, waardoor er veel cafés en muziekcafés zijn, zoals de **Barroco** in Rua Conde de Bobadela 106 en de **Ponte dos Contos** in Rua São José 56. Het grootste en populairste trefpunt voor studenten en scholieren is het **Centro Acadêmico da Escola de Minas** aan de Praça Tiradentes; alle Braziliaanse muzikale genres, na middernacht propvol. De meeste en de beste cachaça's vindt u in de **Cachaçaria Bardobeco,** Trav. da Arieira 15, romantische sfeer met muren van natuursteen en houten balken.

Procissão dos Passos (Pasen): Beroemde processies, kerkdiensten en bloementapijt, 30.000 bezoekers uit Brazilië en de rest van de wereld.
Semana da Inconfidência Mineira (16–21 apr.): Herdenkingsweek van de onafhankelijkheidsbeweging van de mijnstreek.
Festival do Inverno (juli): www.festinverno.unibh.br (met programma). Winterfestival, studentenfeest van Minas Gerais met 40.000 gasten, kamers reserveren noodzakelijk.
Tudo é jazz (eerste weekend sept.): Jazzfestival met Braziliaanse en buitenlandse vertolkers, R$100/dag, 3 dagen R$240.
Semana do Aleijadinho (14–18 nov.): Feestweek ter ere van de beeldhouwer Antônio Francisco Lisbôa.

Bus: Het *rodoviária* 8 de Julho ligt op Rua Padre Rolim 661, vandaar zijn er verbindingen naar onder andere Belo Horizonte (*Pássaro Verde*, tel. 031-35 51 10 81, 12x per dag, 2 uur, R$16) en Rio de Janeiro (*Útil*, tel. 031-35 51 31 66, dag. om 22 uur, 7 uur, R$50).

Tiradentes

Het charmante, verkeersluwe **Tiradentes** 5 met slechts 5759 inwoners is het best bewaarde stadje van heel Minas Gerais. U hebt al snel het gevoel in een koloniaal barokmuseum te zijn. De stad kwam heel snel op tijdens de goldrush en is sindsdien nauwelijks veranderd. Zo vormt Tiradentes het perfecte decor voor vele *telenovelas* die zich afspelen in de slaventijd. Alles is er lieftallig, opgeruimd, gewit en zorgvuldig geconserveerd. Het sterk museale karakter van de plaats mag sommigen afschrikken, maar de meeste bezoekers komen juist daarvoor. In het centrum heeft het bloeiende toerisme een negatief effect op de veel te dure *pousadas* en restaurants en de ontelbare kunstnijverheidswinkeltjes. Op de achtergrond liggen de bergen en bossen van de Serra São José, die sinds 1990 onder natuurbescherming staan en in tegenstelling tot die bij Ouro Preto niet mogen worden bebouwd. De bergstreek nodigt uit tot sportieve activiteiten als wandelen, paardrijden en fietsen.

Bezienswaardigheden

Op de Largo das Forras in het centrum staan veel koetsjes (40 min. langs de attracties, R$25 voor 4 pers.). Het is echter meer aan te raden, het kleine plaatsje op uw gemak te voet te verkennen. Uitgangspunt daarbij is de Largo das Forras, waarvandaan u de Rua Direita inslaat. Aan deze straat liggen veel souvenirwinkels, maar ook de **Igreja N.S. do Rosário dos Pretos**, de oudste kerk van de stad, die in 1708 door en voor slaven is gebouwd. In de beide zijaltaren staan beelden van zwarte heiligen (di.–zo. 9–12 en 14–17 uur). Een stukje verder ligt het **Casa de Padre Toledo**. Hier vond de eerste bijeenkomst plaats van de onafhankelijkheidsbeweging van de mijnwerkers.

Al snel komt u bij de bijzonder fraaie kerk **Matriz de Santo Antônio** (1710, gerenoveerd in 2002). De vergulde altaren maken dit godshuis tot een van de rijkste kerken van het land. Er werd een halve ton goud voor gebruikt. Een pronkstuk is het felgekleurde Portugese orgel uit 1788. De façade en het portaal behoren tot de laatste werken van Aleijadinho (dag. 9–17 uur).

De weg terug gaat door de Rua da Câmara met de **Sobrado Ramalho,** een van de oudste huizen van de stad, waar tegenwoordig het *Instituto do Patrimônio Histórico e Artístico Nacional (Iphan)* is ondergebracht en waar regelmatig exposities worden georganiseerd. Weer bij de Rua Direita aangekomen, stuit u op de oude **Cadeia** (gevangenis), tegenwoordig het **Museu de Arte Sacra**. De Rua da Cadeia gaat omlaag naar de rivier **Córrego Santo Antônio**, die u kunt oversteken bij de Rua do Chafariz. Aan de overkant staat de de imposante fontein **Chafariz de São José** uit 1749. Rondom de fontein krioelt het altijd van de toeristen die er hun waterflesje willen vullen. Aan het eind van de Rua do Chafariz ligt de **Villa Paolucci**, een van de mooiste hotels van de streek op een oude *fazenda*, met op de achtergrond de bergen van de Serra São José. Hier staan gidsen klaar om u te begeleiden bij wandelingen of ruitertochten, bijvoorbeeld naar het Balneário de Águas Santas (natuurbad en meer).

Uitstapje in de omgeving

Een populair uitstapje is een tochtje met de oudste nog functionerende stoomlocomotief ter wereld, uit de tijd van de keizers. Hij ploetert 12 km, respectievelijk een halfuur, door de Serra São José naar **São João del Rei**. Dit plaatsje (78.620 inwoners) was niet een van de rijkste en voornaamste, maar in het historische centrum vindt u toch enkele straten met klinkers, goed bewaarde villa's, kerken en bruggen uit de 18e eeuw. Bij dit uitstapje is de weg zelf het eigenlijke doel (stoomlocomotief Maria Fumaça, tel. 032-33 71 84 85, dag. heen 10, 15 uur, terug 13, 17 uur, enkele reis R$12, retour R$20).

Secretaria Municipal de Turismo: Rua Resende Costa 71/hoek Largo das Forras, Centro, tel. 031-33 55 12 12, www.portaltiradentes.com.br, dag. 9–19 uur.

Let op: De kamers in het centrum zijn duidelijk duurder dan die iets verder weg liggen.

Solar da Ponte: Praça das Mercês s/n, tel. 032-33 55 12 55, fax 032-33 55 12 01, www.solardaponte.com.br. Mooi complex, 18 kamers, rustig, groot zwembad. Vanaf R$320.

Pousada Pequena Tiradentes: Av. Governador Israel Pinheiro 670, tel. 032-33 55 16 64, www.pequenatiradentes.com.br. Nummer 8 op de lijst van beste *pousadas* van Brazilië; 62 kamers, ook suites met bad en open haard; op de bovenverdieping meer privéruimte; twee zwembaden (met waterval), bar, sauna en thermisch bad voor 20 pers. met whirlpool. Het hele complex ziet eruit als een koloniaal dorp uit de 18e eeuw met kleine steegjes; vanaf R$300.

Tip: Diamantina

De oude diamantstad **Diamantina** 6, aan het andere uiteinde van de goudroute naar Rio de Janeiro, is in architectonisch opzicht niet zo rijk als Ouro Preto en ook niet zo museaal als Tiradentes, maar toch een tip voor reizigers die over minder uitgesleten paden willen gaan. Hier gaat het leven nog zijn gewone gang, er is geen massatoerisme en er komen maar weinig buitenlanders. Dat ligt deels aan de ongunstige ligging verder het binnenland in, 298 km ten noorden van Belo Horizonte (bussen 6x per dag). De weg is wel adembenemend mooi, vooral het stuk tussen Curvelo en de bergen van de Serra do Espinhaço.

Het door studenten gedomineerde stadje met 44.260 inwoners geeft rust en stemt tot inkeer. De voormalige bloei was te danken aan de winning van diamanten, waarvan u een goede indruk krijgt in het **Museu do Diamante**, Rua Direita 14 (di.–za. 12–17.30, zo. 9–12 uur). De machtigste en meest luisterrijke kerk van Diamantina is de **Igreja do Carmo** (1758–1765) in de Rua Bonfimmet, met een verguld orgel van 600 pijpen.

In de kerken van deze stad worden regelmatig barokconcerten gegeven, terwijl door de straten vaak serenadeoptochten trekken die *vesperata* worden genoemd (mrt.-okt. 2 zaterdagen per maand). Een mooi, centraal gelegen verblijf is de Pousada Relíquias do Tempo (Rua Macau de Baixo 104, tel. 038-35 31 16 27, www.pousadareliquiasdotempo.com.br (gerestaureerd gebouw uit de 19e eeuw, meubilair uit die tijd, 18 kamers, R$120).

Pousada Quinta do Conde: Rua Padroeiro Santo Antônio 80, Cascalho (2 km van het centrum gelegen), tel. 032-33 55 15 23, www.quintadoconde.com.br. 10 kamers met folkloristische aankleding. Zwembad, grill en een fontein, waar vanaf 16 uur de traditionele thee wordt opgediend. R$100.

Tragaluz: Rua Direita 52, ma.–vr. 19–22.30, za./zo. 12–24 uur. Een van de beste restaurants van de stad in een gerestaureerd koloniaal huis; grote, fraai ingerichte eetzaal, uitstekende en fantasierijke specialiteiten uit Minas Gerais voor R$30.

Quinta de Cabo Vila: Rua Martins Paolucci 20 (Centro), do.–zo. 12–22 uur. In het geel gekleurde voorhuis voelt u zich als bij oma thuis; het gezellige, in Iberische stijl ingerichte restaurant biedt naast Portugese specialiteiten ook internationale heerlijkheden. R$30.

Sapore d'Italia: Rua São Francisco de Paula 13 (Centro), ma.–vr. 19–23, za./zo. 12–24 uur. Oude kunst, betegelde muren en Italiaanse smartlappen creëren de sfeer van een oude taveerne. Goede pastagerechten, zoals spaghetti met broccoli voor R$25.

Uai: Praça do Chafariz 73, dag. 12–22 uur. U zit aan rustieke tafels met de voeten in het zand, ongedwongen sfeer, creatieve variaties op de keuken van Minas Gerais. R$25 (voldoende voor 2 pers.).

Ateliê do Zé Damas: Rua do Chafariz 130, tel. 032-33 55 15 78, dag. 8–17 uur. Bont beschilderde kunstnijverheid.

Oficina de Agosto: In het dorp Vitoriano Veloso (ook wel Bichinho, district Prado), Rua São Bento 419, tel. 032-33 53 70 80, 6 km van Tiradentes, vandaar bereikbaar per bus van maatschappij *Viação Presidente*, ma.–vr. 4x per dag, za./zo. 2x per dag. Ateliers, werkplaatsen en winkels, waar kunst wordt gemaakt van afvalproducten (stof, hout, metaal of karton), een interessant alternatief voor de folkloristische kitsch van de souvernirwinkels.

Aniversário da Cidade (19. jan.): Verjaardag van de stad.

Descendimento da Cruz (avond van Goede Vrijdag) en **Festa da Ressurreição** (paaszondag): Religieuze spelen en processies.
Encontro de Harley-Davidson (juni): Bijeenkomst van liefhebbers; de oude bestrating trilt van de zwaarste machines.
Festival de Gastronomia (aug.): Koks uit heel Brazilië tonen hun kunsten.

Trektochten: Caminhos e Trilhas, Rua dos Inconfidêntes 207, tel. 032-33 55 24 77. Wandelingen en trektochten door de Serra de São José (Trilha do Carteiro 3,5 uur; Cachoeira do Mangue 2 uur; Travessia do primeiro Paredão da Serra 4,5 uur).

Paardrijden: Caminhos e Trilhas, zie Trektochten. Fazenda do Menino Maluquinho 1,5 uur; Calçada dos Escravos 2 uur; Vitoriana Velloso/Bichinho 3 uur)
Fietsen: Caminhos e Trilhas, zie Trektochten. Trilha dos Macacos–Bichinho 3,5 uur; Estrada da Caixa D'água 2,5 uur, vertrek 9 en 13 uur, dag. 8–19.30 uur.

Bus: Langeafstandsbussen vertrekken vrijwel allemaal in het naburige, grotere São João del Rei. Daar komt u met bussen van de maatschappij *Viação Presidente*, tel. 032-33 71 65 68, dag. elk halfuur van 5 tot 22 uur, 40 min., R$3.

Kerk uit de goldrush – de Igreja Matriz de Santo Antônio in Tiradentes

De kust van Espírito Santo

Kaart 15/16, 24

De kleine staat Espírito Santo leidde lange tijd een schaduwbestaan, maar dat wordt de laatste tijd steeds minder. Langs de 400 km lange kust liggen duinen, lagunes, riviermondingen, Atlantische regenwouden, groene heuvels, bergen en enkele nationale parken. De interessantste plaatsen zijn de hoofdstad Vitória, de buurstad Vila Velha en het strand- en ecologische paradijs Itaúnas.

Vitória

Atlas: blz. 16, D2

De hoofdstad van de staat Espírito Santo lijkt in veel opzichten op het 521 km zuidelijker gelegen Rio de Janeiro. Bij een panaroma vanaf het Ilha do Boi of van de Pousada da Praia (vlak bij Praia do Canto) dringt zich deze vergelijking snel op. De miniatuuruitgave van de grote zusterstad met 292.300 inwoners (Capixabas genaamd) ligt ook ingebed tussen kust en bergen (maar is – hoewel je het haast niet merkt – een van 34 eilanden van een archipel) en beschikt net als Rio over vele parken (Parque Moscoso, da Fonte Grande, dos Olhos) en bossen (Horto de Maruípe), een aan het Suikerbrood herinnerende 296 m hoge piek (Pedra dos Olhos), een grote brug naar de naburige stad (Terceira Ponte naar Vila Velha) en een lange strandboulevard met joggers en fietsers à la Copacabana. Alleen is het leven in Vitória veel rustiger en geregelder. Er rijdt bijvoorbeeld niemand door het rood. Vitória is een welvarende stad.

Geschiedenis

De eerste Portugezen vestigden zich op dit eiland in 1551, maar de volgende honderd jaar bleef de nederzetting bedreigd door talrijke overvallen van zowel indianen als Engelsen, Fransen en Hollanders. Toen Vitória in 1823 stadsrechten kreeg, telde de stad nog steeds niet meer dan 5000 inwoners. De economische ommekeer kwam met de expansie van de koffieteelt, die zich vanaf 1830 vanuit Rio uitbreidde naar de buurstaat, later 95% van de regionale economie bepaalde en uiteindelijk de haven van Vitória in de Eerste Wereldoorlog tot tweede koffie-exporthaven van het land maakte. Uit deze tijd stamt een groot deel van de stadsontwikkelingsprojecten, als verharding van de wegen, straatverlichting, viaducten en vooral de 3,3 km lange en 70 m hoge brug naar het vasteland, waarvan de bouw 11 jaar duurde. Vanaf 1942, toen er een spoorverbinding met Minas Gerais was aangelegd, werd Vitória ook nog de belangrijkste exporthaven voor ijzererts. Van de economische bloei getuigt heden ten dage een van de modernste havens ter wereld, die in het noorden van de stad is aangelegd bij de Tubarãobrug. Op de economische groei volgde een explosie aan bouwactiviteiten: op de lijst van de meeste wolkenkrabbers ter wereld staat Vitóroia met één wolkenkrabber op 1146 inwoners op nummer 10.

Rondwandeling door het historische centrum

Om een indruk te krijgen van het historische deel van de stad, kunt u het beste een wandeling maken door de bovenstad *(Cidade Alta)*. Het centrum is gemakkelijk te voet te verkennen. Alle toeristische bezienswaardigheden zijn – een zeldzaamheid in Brazilië – herkenbaar aan speciale bordjes. Uitgangspunt voor de wandeling is een trap (de Escadaria Bárbara Lindemberg) bij de oude haven (Av. Jerônimo Monteiro) in de benedenstad *(Cidade Baixa)*. Bij het beklimmen hebt u zicht op het monumentale **Palácio Anchieta,** sinds 1551 een jezuïetencollege en vanaf de 18e eeuw zetel van de deelstaatregering (ma.–vr. na aanmelding, tel. 027-33 21 35 00). Via de Rua Comandante Duarte of de Rua São Gonçalo komt u bij de **Igreja de São Gonçalo** (1707–1715) en daarna via de Rua Carneiro Araújo bij de **Capela de Santa Luzia**, een in koloniale stijl met barokke elementen opgetrokken kapel uit het stichtingsjaar van de stad (1551), waar tegenwoordig een kunstgalerie in zit (ma.–vr. 8–12, 14–18 uur). Hier hebt u een fraai uitzicht over de Baai van Vitória. Tegenover de kapel begint de Rua José Marcelino, die naar de **Catedral Metropolitana** (1918–1970) leidt. Het machtige godshuis in neogotisch-neobyzantijnse stijl heeft kunstige vensterramen (zo.–vr. 6–11, 14–17.30 uur). Als u het plein oversteekt en de oudste trap van de stad (Escadaria São Diogo) afdaalt, komt u op de lieflijke **Praça Costa Pereira,** een plein uit de jaren twintig van de vorige eeuw, omzoomd door acht enorme, ongeveer honderd jaar oude palmen. Aan de Praça staat de oudste schouwburg van Espírito Santo, het **Teatro Carlos Gomes** uit 1927, dat met zijn 500 zitplaatsen een replica wil zijn van de Scala in Milaan, met neoclassicistische en jugendstilkenmerken. Binnen imponeren de kristallen kroonluchters en de schitterende Franse spiegels.

Stranden

Aan de mooie, 6 km lange **Praia do Camburi**, het belangrijkste strand van de stad, komen op zondag de Capixabas samen. Hier staan de meeste hotels, veel cafés en restaurants, en zo'n vijftig kiosken. De waterkwaliteit is vanwege de nabijheid van de haven helaas buitengewoon slecht. Meer naar het zuiden, aan de **Praia do Canto**, vindt u goede mogelijkheden voor watersport, ook vanwege de nabijheid van de jachthaven. De beste stranden om te zwemmen en te duiken liggen op de eilanden **Ilha do Frade** (Praia das Castanheiras) en **Ilha do Boi** (Praias da Direita en Praia da Esquerda; klein, schoon water) en in de buurstad Vila Velha (Praia da Costa, zie blz. 195).

Onderweg met de auteur

Mooie uitzichten

Op de 154 m hoge heuvel met het **Convento da Penha** krijgt u een prachtig panoramisch overzicht van Vila Velha en de Baai van Vitória (zie blz. 195). Ook het uitzicht van het hotel **Pousada da Praia** bij de Praia do Canto en het uitzicht vanaf het **Ilha do Boi** is opwindend (zie blz. 193).

Badplezier

Een van de beste badstranden van Espírito Santo is de **Praia da Costa** in Vila Velha (zie blz. 195). Twee stukken kust in Itaúnas behoren tot de bekendste van Brazilië: de **Praia de Itaúnas** (met 30 m hoge duinen) en het strand aan de monding van de rivier **Riacho Doce**, 16 km verder naar het noordoosten aan de grens met Bahia (zie blz. 196).

Sport en actie

Reisbureau **Casinha de Aventuras** in Itaúnas heeft de beste mogelijkheden voor een avontuurlijke vakantie dicht bij de natuur, hetzij te voet, per boot, te paard of in een terreinwagen (zie Excursies blz. 197).

Uitgaan

De kans in Vitória in de zogenaamde **Bermudadriehoek** bij de Praia do Canto te verdwijnen is niet gering: hier komt de halve stad en staat het ene café naast het andere (zie Uitgaan, blz. 194).

Secretaria de Turismo (Setur): Av. N.S. da Penha 714, 3e verd. (Praia do Canto), tel. 027-33 80 22 25, ma.–vr. 8–18 uur. Toeristeninformatie voor de gehele deelstaat. **Internet:** www.vitoria.es.gov.br (officiële site van de regering).

Best Western Canto do Sol: Av. Dante Michelini 3957 (Praia de Camburi), tel.

027-33 95 17 00, www.hphoteis.com.br. 169 comfortabele kamers; zwembad, sauna, tennisbaan, bar, restaurant, gunstige ligging bij het hoofdstrand. R$160.

Ibis Vitória: Rua João da Cruz 385 (Praia do Canto), tel. 027-33 45 86 00, reserveren 0800-703 70 00, www.ibis.com.br. Comfortabel hotel van de beproefde Franse keten Accor; 140 kamers (de even nummers met uitzicht op het strand van Camburi), geen ontbijt. R$120.

Príncipe Hostel: Av. Dario Lourenço de Souza 120 (Ilha do Príncipe), tel. 027-33 22 27 99, hotelp@terra.com.br. HI-hostel met 51 bedden, badkamer en beddengoed, slechts 200 m van het busstation. R$50 (2 pk), R$30 (1 pk).

Lareira Portuguesa: Av. Saturnino de Brito (Praia do Canto), tel. 027-33 45 03 29, ma.–za. 11.30–15 en 18.30–24, zo. 11.30–15 uur. Zoals de naam aangeeft gespecialiseerd in gerechten uit Portugal, bijvoorbeeld *bacalhau* voor R$90, folkloristische aankleding.

Pirão: Rua Joaquim Lírio 753 (Praia do Canto), tel. 027-32 27 11 65, ma.–za. 11–15, 18–22 uur, zo. 11–17 uur. Beste streekgerechten in Vitória; voornamelijk vis, schaal- en schelpdieren, bijvoorbeeld *moqueca* (visstoofpot met kokos) voor R$80 (voldoende voor 2–3 pers.), moderne inrichting.

Feira de Artesanato: Kunstnijverheidsmarkt die elk weekend wordt gehouden op de Praça dos Namorados (bij Praia do Canto).

De meeste cafés liggen in de zogenaamde 'Bermudadriehoek' (Triângulo das Bermudas), de zone tussen de straten João da Cruz, Joaquim Lírio en Aleixo Neto in de wijk Praia do Canto, waaronder café **Wall Street**, Rua João da Cruz 195, beneden bierkroeg, boven dansen. Andere populaire dansgelegenheden zijn **Dona Penha**, Av. Dante Michelini 301, en **Swingers**, Av. N.S. da Penha.

Festa da Penha (8 dagen na paaszondag): Processie naar Vila Velha.

Procissão marítima de São Pedro (29 juni): Scheepsprocessie vanaf Praia do Suá.

Van Vitória tot Vila Velha ligt het ene mooie strand na het andere

Vital (3 dagen in nov.): Groot speciaal carnaval, Praia do Camburi.

Boottochten: Naar de eilanden do Boi en do Frade (schone stranden), vanaf de Iate Clube bij de Praça dos Namorados (Praia do Canto).

Vliegtuig: Het Aeroporto de Vitória/ Eurico Sales ligt 10 km ten noordoosten van het centrum, tel. 027-32 35 63 00; transfer per vliegveldbus of taxi.
Bus: Het busstation (Terminal Rodoviária) ligt op het Ilha do Príncipe, 1 km ten westen van het centrum, tel. 027-32 22 33 66. Verbindingen met onder andere Belo Horizonte (*Itapemirim*, tel. 027-33 22 09 80, dag. 8.55, 22.40 uur, bijna 9 uur, R$50), Rio de Janeiro (*Águia Branca*, dag. 12.30 en 22.50 uur, 8 uur, R$50), Salvador (*Águia Branca*, dag. 17 uur, 18 uur, R$155).

Vila Velha

Atlas: blz. 16, D2
Zo'n 10 km ten zuiden van Vitória, bereikbaar over drie verschillende bruggen naar het vasteland, ligt Vila Velha, in 1535 gesticht en 346.000 inwoners tellend. De 23 km lange kust van Vila Velha wordt omzoomd door mooie en schone stranden, waaronder de drukbezochte **Praia da Costa,** die tot de beste van Espírito Santo behoort. 's Zomers komen hier veel badgasten uit het binnenland. Net zo gewild en levendig is het eveneens stedelijke strand van **Itapuã.** Vanaf het *rodoviária* in Vitória rijden regelmatig bussen met bestemming Vila Velha naar de Praia da Costa bij het klooster (zie onder) en bussen met bestemming Itapuã naar de Praia de Itapuã, dat overigens een bruisend uitgaansleven kent. Heel rustig daarentegen zijn de zuidelijke, brede stranden van **Barra do Jucu** en **Ponta da Fruta.**

Convento da Penha

Het heremietenklooster uit 1558 is het belangrijkste religieuze monument van Vila Velha. Tussen 1639 en 1643 is de oude kapel vernieuwd en vergroot en in de 18e eeuw kwamen er nog nieuwe gebouwen bij. In 1945 is het hele complex gerestaureerd. Binnen treft u Portugese heiligenbeelden en waardevolle muurschilderingen aan, waaronder de oudste van Zuid-Amerika, een afbeelding van O.L.V. van Penha. Het klooster ligt idyllisch op een 154 m hoge rots met een fantastisch uitzicht op Vila Velha en de hele Baai van Vitória (tel. 027-33 29 04 20, dag. 5.30–16.30 uur).

Museu Vale do Rio Doce

In het mooi gerestaureerde en kleurig uitgelichte gebouw van het oude station wordt niet alleen de geschiedenis van de spoorweg tussen Vitória en Minas Gerais belicht, maar vindt u ook veel hedendaagse kunst uit binnen- en buitenland (schilderijen, beelden en foto's). Maandelijks komen hier meer dan 5000 bezoekers (Pátio da antiga Estação Pedro Nolasco, Argolas, Vila Velha, tel. 027-32 46 14 43, ma.-do. 10–18, vr. 12–20, za. 10–20 uur).

Itaúnas

Atlas: blz. 24, E3/4
Het dorpje Itaúnas (2807 inwoners), 270 km ten noorden van Vitória en dicht bij de grens met Bahia, wordt met zijn omringende grondgebied beschouwd als de mooiste toeristische regio van de deelstaat. De oorspronkelijke, ruim driehonderd jaar oude nederzetting aan de andere kant van de Rio Itaúnas werd in de jaren zeventig van de vorige eeuw begraven door 'wandelende' duinen. Het oude dorp was nog een toevluchtsoord voor hippies en alternatievelingen, die weg wilden van de beschaving. De nieuwe plaats, die slechts twee hoofdstraten en een centraal plein met de Igreja de São Sebastião telt, komt echter niet minder oorspronkelijk over. In het laagseizoen is het hier echt eenzaam, maar in de zomer en in juli komen er duizenden jongeren op de 'hoofdstad van de *forró*' af. Steeds meer vissers leven nu van het toerisme. Natuurlijke grenzen belemmeren echter een al te grote expansie: het stadje ligt ingeklemd tussen twee

duinen, een eucalyptusbos en een natuurpark.

Parque Estadual de Itaúnas

Het staatspark beslaat een gebied van 3674 ha en omvat diverse ecosystemen, zoals de spaarzame *restinga*-vegetatie, Atlantisch regenwoud, mangroven, duinen en vochtige savannen. De fauna van de ondergelopen gebieden is goed te bestuderen op de smalle brug over de Rio Itaúnas op weg naar de duinstranden. U kunt het park lopend doorkruisen, maar ook een paard, fiets of buggy nemen. Alle activiteiten en excursies zijn te organiseren via reisbureau Casinha de Aventuras (zie onder), evenals uitstapjes naar verder weg gelegen stranden.

Stranden

De uitgestrekte **Praia de Itaúnas** met 30 m hoge zandduinen en het strand aan de monding van een rivier, de **Riacho Doce**, 16 km ten noordoosten aan de grens met Bahia, worden tot de mooiste van Brazilië gerekend. Het laatste strand is te bereiken over een zandweg dwars door eucalyptusplantages, of nog beter te paard over het strand, iets wat vooral bij volle maan een heel bijzondere ervaring is. Overal op de brede, verlaten stranden stuit u op *pedras negras* (zwarte stenen), waardoor de zee vaak donker van kleur is. In de taal van de Tupis heten deze stenen *itaúnas*, vandaar de naam van de plaats. Van september tot maart komen hier vier van de vijf Braziliaanse soorten **zeeschildpadden** eieren leggen. Deze worden door de staat beschermd in het kader van het Projeto Tamar (zie ook Thema blz. 223).

Casinha de Aventuras: Rua Paulino Guanandy s/n, bij de parkingang, tel. 027-37 62 50 81, www.casinhadeaventuras. com.br. Belangrijkste toeristische agent ter plaatse (zie ook Excursies blz. 197).

Pousada das Araras: Rua Manuel Joaquim A. Jr., tel. 027-37 62 52 73, www.pousadaararas.hpg.com.br. 12 kamers met ventilator, enkele met wintertuin; bij het

zwembad mooi uitzicht op Parque Estadual de Itaúnas; bar met snacks en soep. R$100.

Pousada A Nave: Rua Ítalo Vasconcelos s/n (1 km van het strand), tel. 027-37 62 51 02, www.anave.tur.br. 13 kamers met veranda; de eigenaar is beeldhouwer en heeft al het meubilair zelf gemaakt. Met bar, ecologisch reisbureau (Nave Tur) en camping (zie onder), in de buurt van forrócafé Buraco do Tatu. 2 pk R$70, slaapzaal R$30 p.p.

Camping A Nave: Rua Ítalo de Vasconcelos s/n (1 km van het strand), tel. 027-37 62 51 02. Beschaduwd terrein met zand en gras voor 120 tenten, veel natuurliefhebbers, ecologisch reisbureau. Vanaf R$10 p.p. Behorend bij een charmante pousada (zie boven).

Dona Tereza: Rua Denerval Leite da Silva s/n, dag. 12–22 uur. Een van de oudste en meest traditionele reastaurants in de buurt, behalve vlees- ook smakelijke visgerechten, zoals *moqueca* voor R$38 (voldoende voor 2 pers.).

Aan de kust van Espírito Santo komen surfers aan hun trekken

Restaurante do Cizinho: Rua Adolfo Pereira Duarte s/n, dag. 12–24 uur. Regionale en internationale vis-, vlees- en pastagerechten, specialiteiten als *filet com queijo e banana* (R$20) en *penne shoyo* (R$18). Gezellige, rustieke omgeving, attente bediening.

Excursies: Casinha de Aventuras, Rua Paulino Guanandy s/n, bij de ingang van het park, tel. 027-37 62 50 81, www.casinhadeaventuras.com.br. Te paard over het strand tot Riacho Doce (4 uur, R$35), 1-daagse buggytochten over de stranden van de Costa Dourada en Riacho Doce (4 pers., R$260), kanoën of kajakken op de Rio Itaúnas tot de Rio Angelim (2 uur, R$25 p.p.), mountainbiken (R$25) en verschillende excursies door het park van Itaúnas te paard, te voet of per terreinwagen.

Festas do Ticumbi en do Alardo (jan.): Religieuze folkloristische feesten met ingestudeerde voorstellingen.

Festival Nacional de Forró (2e helft juli): Optredens van bekende bands uit het hele land.

In sommige cafés wordt veelvuldig *forró* en *axé* uit Bahia gespeeld, zoals de **Bar Forró**, Rua Denerval Leite da Silva s/n, de **Bar Fuxico** en **Buraco do Tatu** (beide in de Rua Ítalo Vasconcelos s/n) en de **Forró do Coco** in de Av. Bento Damher s/n, die in het laagseizoen de enige optie is. De openingstijden wisselen voortdurend, informeer dus ter plaatse.

Bus: Langeafstandsbussen naar Belo Horizonte en Vitória vertrekken van het station van het 20 km verderop gelegen stadje Conceição da Barra. Daarheen rijden afhankelijk van het seizoen 4 tot 7x per dag bussen van de maatschappij *Viação Mar Aberto*, tel. 027-37 62 20 93, 45 min., R$5.

Het carnaval van Salvador da Bahia is een van de meest spectaculaire van het land

Bahia

In een oogopslag: Bahia

Tropische stranden en Afro-Braziliaanse ritmes

Sinds de restauratie van het historische gedeelte (Pelourinho) is **Salvador da Bahia** na Rio de Janeiro de interessantste stedelijke reisbestemming van Brazilië. De voormalige hoofdstad heeft een rijk architectonisch verleden, een uiterst creatieve, door Afrika beïnvloede muzikale gemeenschap en feesten die dag en nacht doorgaan, ook op de vele tropische stranden. Wie de dynamische inwoners van Salvador leert kennen, heeft al snel de indruk dat het nergens ter wereld levendiger en temperamentvoller toegaat dan hier.

In de nabije omgeving zijn er echter ook verschillende mogelijkheden voor een rustiger programma ter contrast. Het zuidelijk van Salvador gelegen eiland Tinharé met het oude vissersdorp **Morro de São Paulo** is nog echt authentiek en heeft zowel een gave natuur als verlaten stranden te bieden. Alleen in het hoogseizoen is het er soms behoorlijk vol. Niet ver ten noordoosten van Salvador ligt het idyllische kustplaatsje **Praia do Forte**. Het stadje is bekend geworden door het Tamarproject, dat de deelstaatregering heeft opgezet om de zeeschildpadden te redden. In het binnenland, ca. 120 km naar het noordwesten, liggen de oude goudgraverssteden **Cachoeira** en **São Felix**.

Nog dieper in de bergen, 425 km van Salvador, ligt het nationale park **Chapada Diamantina**, een gebied vol kloven en grotten dat uiterst geschikt is om te wandelen. Een ander nationaal (marien) park, de **Abrolhosarchipel**, is het op een na beste Braziliaanse duikgebied. Nergens aan de Zuid-Amerikaanse Atlantische kust vindt u een grotere rijkdom aan soorten zeefauna.

Voor een zon- en strandvakantie heeft Bahia alles te bieden wat uw hartje begeert. Gezellig druk is het in het kleine **Porto Seguro**. In het hoogseizoen komen hier veel Paulistas en Cariocas, bovendien vliegen er veel Euro-

peanen direct naartoe. Een tikkeltje rustiger en wat landschap betreft spannender zijn de aangrenzende kleinere plaatsen **Arraial d'Ajuda** en **Trancoso**. Een speciale tip is de nog tamelijk onbekende kustplaats **Ilhéus**, in Brazilië zelf bekend door de romans van Jorge Amados en als centrum van de cacaoteelt. Nog 65 km naar het noorden is het badplaatsje **Itacaré** zich sinds kort aan het ontwikkelen tot zowel een trendy oord voor prominenten als centrum van ecotoerisme.

Hoogtepunten

6 **Salvador:** De hoofdstad van Bahia met zijn levendige historische centrum (stadswandeling!), rijke Afro-Braziliaanse cultuur, tropische stranden en het heetste carnaval van de wereld (zie blz. 202).

7 **Porto Seguro, Arraial d'Ajuda en Trancoso:** De populairste badplaatsen met een kosmopolitische flair (zie blz. 234).

Aanbevolen routes

Estrada de Coco: De Kokospalmenweg loopt van Salvador langs de kust naar het 60 km verder gelegen, gezellige plaatsje Praia do Forte, langs het hippiedorp Arembepe en de sprookjesachtige Praia de Guarajuba. Het is een zeer aangenaam uitstapje in de dichtbegroeide omgeving van de grote stad, dat prima te doen is met de bus (zie blz. 222).

Van Arraial d'Ajuda naar Caraíva en Monte Pascoal: Zo'n 70 km ten zuiden van Arraial d'Ajuda ligt een heel ouderwets dorp, dat de toegangspoort tot Nationaal Park Monte Pascoal vormt. U wordt er door Pataxó-indianen ontvangen, wier voorouders al in 1500 de Portugese 'ontdekkers' verwelkomden. Het uitstapje gaat verder per terreinwagen of buggy en behelst ook een veerboottochtje over een rivier (zie blz. 238).

Reisplanning

Bij een rondreis door Brazilië mag Salvador da Bahia net zo min ontbreken als Rio de Janeiro.

Tips

De veelzijdigste muzikale scene van Brazilië: Het zwarte, Afrikaans gekleurde Salvador da Bahia is het muzikale hart van heel Brazilië. In de 'stad met de 365 kerken' worden daarnaast ook vele concerten van gewijde muziek gegeven (zie blz. 213).

Adopteer een schildpad: De idyllische kustplaats Praia do Forte is de zetel van het overheidsproject ter redding van de zeeschildpadden (Tamar). U kunt het museum bezoeken, een *tartaruga* 'adopteren' en 's nachts met een bioloog in een terreinwagen naar de nesten rijden (zie blz. 223).

De stad verdient een oponthoud van enkele dagen. In de nabije omgeving kunt u nog twee dagen doorbrengen in het kleine Praia do Forte (bereikbaar per bus) of in Morro de São Paulo op Tinharé (overtocht per boot). Eventueel kunt u een paar dagen doorbrengen in de zuidwestelijke kuststrook rond Porto Seguro, Arraial d'Ajuda, Trancoso, Ilhéus of Itacaré (naar al deze plaatsen gaan lijnbussen). Een bezoek aan de nationale parken is vooral een aanrader voor reizigers die graag willen wandelen of duiken.

Klimaat en reistijd

Bahia is het hele jaar een aantrekkelijke reisbestemming. De gemiddelde temperatuur aan de kust is 25 °C en kent slechts enkele afwijkingen. De meeste neerslag valt in de relatief koelere wintermaanden juni, juli en augustus. Het hoogseizoen ligt tussen Kerstmis en carnaval; alles is dan duurder en u moet overal voor reserveren. De rest van het jaar is het op veel plaatsen, behalve in de hoofdstad Salvador da Bahia, behoorlijk rustig. Van april tot juni zijn zelfs vele *pousadas* en restaurants gesloten.

6 Salvador da Bahia

Kaart 204/205, 214/215

De hoofdstad van Bahia (2,5 miljoen inwoners) heeft niet alleen de tropische stranden te bieden die de andere kustplaatsen in het noordoosten ook hebben, maar ook de rijkste koloniale architectuur, religieuze schilderkunst en goudsmeedkunst van Brazilië. Daarbij komt een levendige Afro-Braziliaanse traditie met veel feesten, rituelen, dansen en de meest ritmische muziek van het hele land.

Stad van zwarten

Atlas: blz. 26, E3

De meerderheid van de bevolking van Salvador is zwart, een aandeel dat in de rest van het land maar 5% bedraagt. Hun voorouders kwamen van de 16e tot de 19e eeuw uit Afrika en werkten als slaven op de plantages. Het was bijzonder zwaar werk, waarvoor de indianen niet sterk genoeg werden bevonden en dat de Afrikaanse slaven gemiddeld ook maar negen jaar volhielden. De achtergestelde sociale positie van de zwarten is ondanks de afschaffing van de slavernij in 1888 tot op heden niet wezenlijk veranderd.

Hun culturele en religieuze identiteit is echter nooit gebroken. In meer dan duizend cultplaatsen *(terreiros)* worden Afro-Braziliaanse rituelen als ***candomblé*** uitgevoerd. Hoogtepunten zijn de feesten ter ere van de godin van de zee Iemanjá en de oppergod Oxalá. Karakteristiek is het syncretisme dat uit de gedwongen kerstening is voortgekomen: actieve aanhangers van *candomblé* bezoeken ook katholieke diensten. Hun als slaven gehouden voorouders namen uit lijfsbehoud de religie van hun bazen aan, maar onderhielden tegelijkertijd hun eigen culten. Hun Afrikaanse goden, de vijftien *orixás*, camoufleerden ze door die de namen van katholieke heiligen te geven.

Ook bij dans en muziek zijn de Afrikaanse tradities tot op heden hoog gehouden. De voormalige slavendansen *caxambú*, *congada*, *cambaquerê*, *alujá*, *jongo*, *samba* en *lundú* hebben in de loop der tijd wel enkele aanpassingen ondergaan. De laatste jaren zijn in het kader van de internationalisering van de zwarte culturele identiteit veel invloeden uit het Caribisch gebied geïntegreerd. Zo ontstonden combinatieritmes als *samba-reggae*, *afoxé*, *fricote*, *deboche*, *levada* en vele andere. Jaarlijks komen er nieuwe stijlen en dansen bij. Ook politieke uitingen van de zwarte identiteit worden steeds duidelijker kenbaar gemaakt. De band Olodum, de populairste *bloco afro* van Salvador, neemt hierin het voortouw.

Ook de krijgsdans *capoeira* stamt uit de tradities van de slaven. De oorsprong gaat terug op een inwijdingsrite van de Macupestam uit Zuid-Angola, waarbij de jongens de *n'golo*-dans moesten opvoeren. Het destijds gebruikte muziekinstrument ter begeleiding, de *m'bolumbumba* lijkt veel op de later in Brazilië gebruikte *berimbau*, een instrument dat bestaat uit een houten boog, een snaar en een klankkast.

Kunsthistorische rijkdom en sociale armoede

Op 1 november 1501 ging Amerigo Vespucci aan land op de plaats die in 1549 door Tomé de Souza, de eerste Portugese gouverneur-generaal, zou worden uitgeroepen tot hoofdstad van Brazilië: São Salvador da Bahia de Todos os Santos (Heilige Verlosser van de Allerheiligenbaai). Verwelkomd door zo'n duizend mensen landde zijn vloot op 29 maart 1549 in de huidige haven van Barra. Tegen de verwachting in ontmoette hij nauwelijks weerstand. De Fransen waren alweer afgedropen en de Tupinambá-indianen hielpen zelfs bij de bouw van het eerste fort. Vier jaar later, toen Tomé de Souza naar Portugal terugkeerde, was Salvador al uitgegroeid tot een kleine stad, met een plein, twee regeringsgebouwen en zes straten.

Suiker, goud en diamanten

De welvaart was de eerste eeuw afkomstig van de teelt van suikerriet langs de rivieren die uitmondden in de Allerheiligenbaai. De gunstig gelegen exporthaven breidde zich gestaag uit. De economische bloei van de regio vond eind 17e eeuw zijn neerslag in de bouw van paleizen, kerken en kloosters. Nadat in 1763 Rio de Janeiro de positie van hoofdstad had overgenomen, daalde de economische groei van Bahia en Salvador, maar nog in de 18e eeuw werden in Chapada Diamantina in het binnenland goud en diamanten ontdekt, die via Salvador hun weg naar het buitenland vonden. Afgezien van traditionele producten als suiker, tabak en leer, werden in de haven aan het begin van de 19e eeuw ook edelstenen verscheept.

Industrie, migratie en sociale problemen

Een sterke industrialisatie begon eigenlijk pas in de jaren zestig van de 20e eeuw. Al spoedig kwamen er meer werkzoekenden op af dan de stad aankon. Van de tien grootste steden van Brazilië is alleen Fortaleza nog sneller gegroeid. Een nieuwe ontwikkeling in de binnenlandse migratie heeft de problemen nog aanzienlijk verscherpt. Tot eind jaren zeventig trokken de migranten uit het arme noordoosten naar de beide grote metropolen São Paulo en Rio de Janeiro. Sinds de armenwijken daar 'overvol' zijn, zoekt men werk in de hoofdstad van zijn eigen deelstaat. In Salvador zijn er nu 540 *favelas*, vijf keer zoveel als twintig jaar geleden. De sociale problemen zijn gigantisch: de lonen liggen 40% onder die van São Paulo, ca. 16% van de volwassenen is analfabeet, bijna 20% van de woningen heeft geen stromend water en een derde van de bevolking is onder de 15 jaar.

Onderweg met de auteur

Oude stad met flair

Pelourinho is de interessantste wijk van Salvador, zowel architectonisch en kunsthistorisch, als met het oog op het bruisende uitgaansleven. Het mooiste plekje is op het plein of de binnenplaats **Largo Quincas Berro d'Água**. Drink daar in de Habeas Copos een caipirinha en laat u verrassen door wat er op het podium wordt geboden. Ook wie niet zo van kerken houdt, zou de met goud overladen **Igreja de São Francisco** niet mogen overslaan (zie Stadswandeling, blz. 207–211).

Stranden – ook om te wandelen

De Praias van **Itapoã, Stella Maris** en **Flamengo** zijn de mooiste stranden van de stad. Een leuk tochtje is met de bus naar Flamengo en vandaar over het strand naar Stella Maris te lopen. Nog onbekend is de **Lagoa do Abaete**, een lagune waar de Bahianen 's zondags graag recreëren (zie blz. 214–216).

Fraaie doelen in de omgeving

Op het heerlijke eiland **Tinharé** met het stadje **Morro de São Paulo** kunt u de hectiek van de grote stad achter u laten, vooral als u kwartier maakt in de Pousada Natureza (zie blz. 220–222). Ook het dichtbijgelegen **Praia do Forte** is een echte natuurlijke oase, waar u zelfs uw 'eigen' zeeschildpad kunt dopen (zie blz. 222). In **São Felix** in het binnenland van de Recôncavo draaien in het wit geklede Bahianen nog altijd wereldberoemde sigaren voor de firma Dannemann en kunt u over de oudste spoorbrug van Brazilië naar de buurstad **Cachoeira** reizen. Dat is een reis in de tijd, want opeens bent u in een oude goudzoekersstad. U kunt er overnachten in een klooster (zie blz. 226–227).

Salvador, Pelourinho

Bezienswaardigheden

1 Largo do Pelourinho
2 Igreja N.S. do Rosário dos Pretos
3 Igreja da Ordem Terceira do Carmo
4 Convento do Carmo
5 Casa de Jorge Amado
6 Largo Quincas Berro d'Água
7 Terreiro de Jesus
8 Museu Afro-Brasileiro
9 Catedral Basílica
10 Igreja e Convento de São Francisco
11 Elevador Lacerda
12 Tandradbaan – Plano Inclinado Gonçalves
13 Mercado Modelo
14 Igreja N.S. da Conceição da Praia
15 Museu de Arte Moderna
16 Solar do Unhão
17 Museu de Arte Sacra
18 Museu de Arte da Bahia
19 Museu Carlos Costa Pinto
20–22 zie kaart blz. 214/215

Accommodatie

1 Convento do Carmo
2 zie kaart blz. 214/215
3 zie kaart blz. 214/215
4 Pousada do Boqueirão
5 Hotel Pelourinho
6 zie kaart blz. 214/215
7 zie kaart blz. 214/215
8 Laranjeiras Hostel
9 zie kaart blz. 214/215

Eten en drinken

10 Conventual
11 Casa da Gamboa
12 Dona Chika-ka
13 Encontro dos Artistas
14 Galpão
15 Solar do Unhão
16 Mercado Modelo
17 zie kaart blz. 214/215

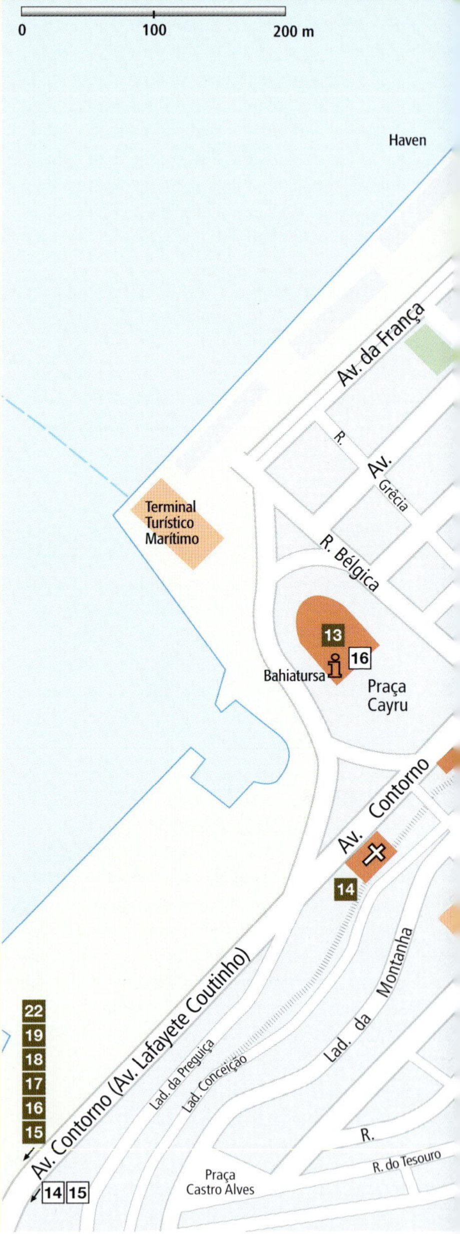

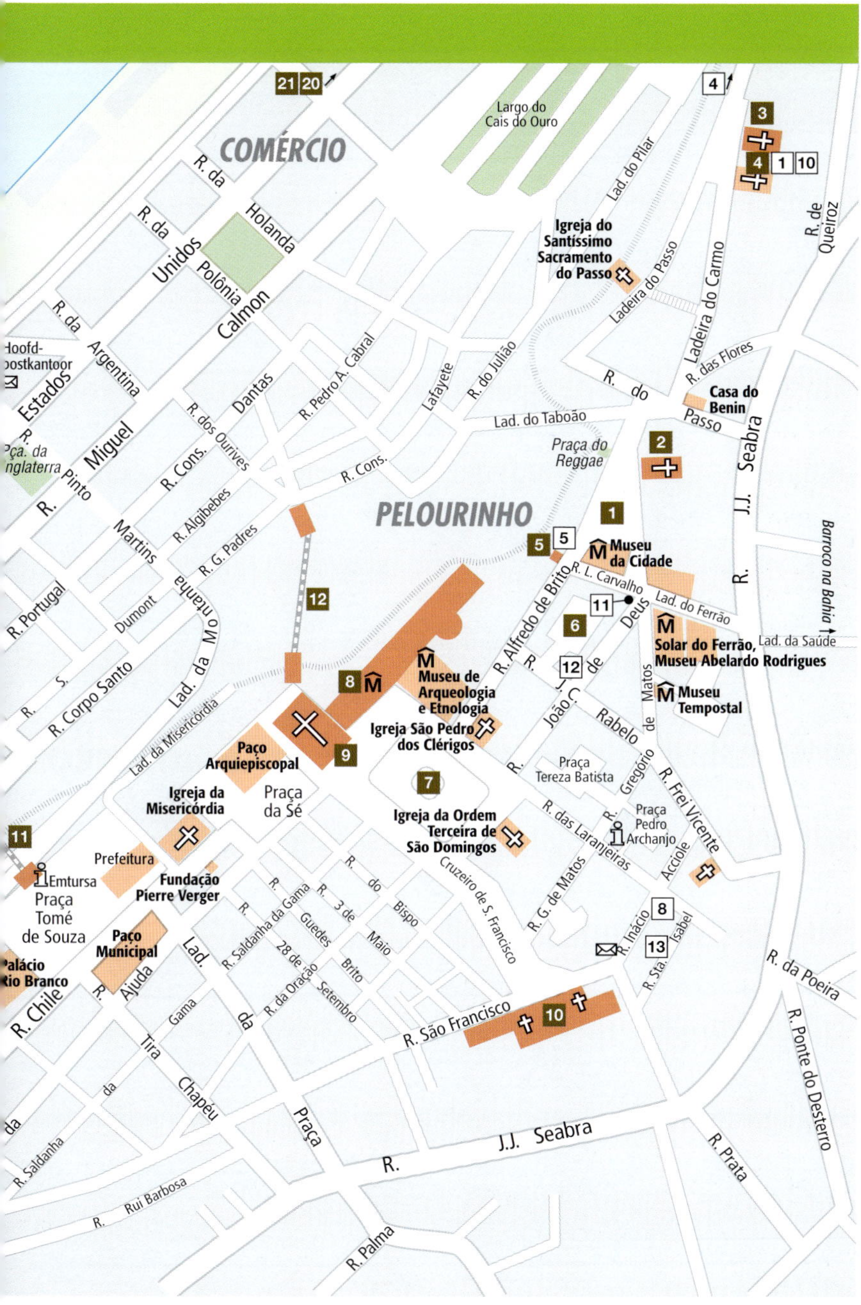
COMÉRCIO
PELOURINHO
Largo do Cais do Ouro
Igreja do Santíssimo Sacramento do Passo
Casa do Benin
Praça do Reggae
Museu da Cidade
Solar do Ferrão, Museu Abelardo Rodrigues
Museu Tempostal
Museu de Arqueologia e Etnologia
Igreja São Pedro dos Clérigos
Paço Arquiepiscopal
Praça da Sé
Igreja da Misericórdia
Igreja da Ordem Terceira de São Domingos
Praça Tereza Batista
Praça Pedro Archanjo
Prefeitura
Fundação Pierre Verger
Emtursa
Praça Tomé de Souza
Paço Municipal
Palácio Rio Branco
Hoofd-postkantoor
Pça. da Inglaterra
Barroco na Bahia
R. da Holanda
R. da Polônia
R. Estados Unidos
R. da Argentina
R. Miguel Calmon
R. Pinto Martins
R. Cons. Dantas
R. dos Ourives
R. Cons.
R. Pedro A. Cabral
Lafayete
R. do Julião
Lad. do Taboão
Lad. do Pilar
Ladeira do Passo
Ladeira do Carmo
R. das Flores
R. do Passo
R. J.J. Seabra
R. de Queiroz
R. Alfredo de Brito
R. L. Carvalho
Lad. do Ferrão
Lad. da Saúde
R. J. C. Rabelo
R. João de Deus
R. Gregório de Matos
R. Frei Vicente
Acciole
R. das Laranjeiras
R. G. de Matos
R. Inácio
R. Sta. Isabel
R. da Poeira
R. Ponte do Desterro
R. Prata
R. Algibebes
R. G. Padres
R. Portugal
Dumont
Lad. da Montanha
R. S.
R. Corpo Santo
Lad. da Misericórdia
R. Chile
R. Ajuda
Lad. da Praça
Cruzeiro de S. Francisco
R. do Bispo
R. 3 de Maio
R. Guedes Brito
R. Saldanha da Gama
R. 28 de Setembro
R. da Oração
R. São Francisco
Gama
Tira Chapéu
R. Saldanha da
R. Rui Barbosa
R. J.J. Seabra
R. Palma
21 20
1 2 3 4 5 6 7 8 9 10 11 12 13

De oude stad Pelourinho

Begin jaren negentig was de kunsthistorisch belangrijkste wijk van Salvador tegelijkertijd de gevaarlijkste en meest vervallen wijk van de stad. Zelfs een korte rondrit per taxi op klaarlichte dag deed bij de chauffeur het angstzweet uitbreken. Maar sinds Bahia, een van de armste deelstaten van Brazilië, onder invloed van het autoritaire bewind van de conservatieve gouverneur Antônio Carlos Magalhães, zich meer en meer op het toerisme richt, is ook het aanzien van Pelourinho merkbaar veranderd.

De restauratie

Sinds augustus 1992 zijn veel van de drieduizend historische gebouwen uit de 17e–19e eeuw kleurrijk opgeknapt, worden donkere stegen en pleinen verlicht en zijn er verschillende politiebureaus bijgekomen. Pas nu is de historische rijkdom van de voormalige aristocratenwijk, die in 1985 door de Unesco als cultureel erfgoed op de Werelderfgoedlijst is geplaatst, zonder grote veiligheidsrisico's op zijn waarde te schatten.

Helaas is de restauratie, die 30 miljoen dollar heeft gekost, opgebracht door de Unesco, de Wereldbank en enkele afzonderlijke landen, heel slecht uitgevoerd. Over mankementen is simpelweg een laag verf gesmeerd en veel critici zien in het nieuwe Pelourinho niet veel meer dan een Hollywoodimitatie van een stad. De kleuren houden het precies een jaar, waarna het oude, vervallen voorkomen van deze wijk weer 'hersteld' tot het volgende likje verf, alsof Pelourinho zich niet wil overgeven aan de toeristische commercialisering.

Korte stadswandeling

Largo do Pelourinho

De wandeling start op het beroemde grote plein, **Largo do Pelourinho** **1**, in het hart van de wijk. Pelourinho betekent 'schandpaal'. Tot 1834 stond hier een zuil, waaraan slaven werden afgeranseld. Het is een ongewoon plein, alleen al wat betreft de structuur: het is driehoekig en loopt schuin af.

In heel Bahia versmelten Afrikaanse en christelijke tradities

Igreja N.S. do Rosário dos Pretos

Aan de lage kant van het plein valt een blauw geschilderd en 's avonds stemmig belichte **kerk** **2** in het oog. Deze werd tussen 1704 en 1781 door slaven en vrijgelatenen, verenigd in de 'Broederschap van zwarten uit Congo en Angola' 's avonds naast hun gewone werk gebouwd en verschafte hen de mogelijkheid hun eigen religieuze rituelen te onderhouden *(candomblé)*. Heiligenbeelden met een zwarte huidskleur in de zijaltaren bevestigen deze achtergrond. Nog altijd wordt er elke dinsdag om 18 uur een Afro-Braziliaanse dienst gehouden. De perspectiefschildering op het plafond is van de schilder José Joaquim da Rocha, die zich aan de kant van de onderdrukten schaarde en zijn standpunt in enkele motieven liet doorschemeren (di.–zo. 6.30–12 en 14.30–19 uur).

Igreja da Ordem Terceira do Carmo

Niet ver achter het plein gaat de Ladeira do Carmo steil omhoog naar een in 1636 gestichte en na een brand in 1789–1806 weer opgebouwde **karmelietenkerk** **3**. Afgezien van de grote plafondschildering à la Michelangelo en enkele Arabische invloeden in de architectuur, zijn de werken van de donkere beeldhouwer Francisco das Chagas het interessantst. Deze voormalige slaaf leed aan lepra, wat artistiek tot uiting komt in de gezichten van de beelden van drie heiligenaltaren. Ook de patrones van de kerk in een nis op het hoogaltaar werd door hem gesneden. Terwijl het Kindje Jezus naar een levend model werd gemaakt, moest de kunstenaar de Moeder Gods naar een plaatje maken – geen blank meisje wilde destijds voor een zwarte man poseren. Zijn belangrijkste beeld is de Christusfiguur in een ruimte onder de sacristie. Bij dit houtsnijwerk (1758) wilde hij zo realistisch mogelijk te werk gaan. De figuur is levens-

Olodum – ritme en rebellie van de zwarten

Thema

De *bloco afro* Olodum, oorspronkelijk gewoon een carnavalsvereniging in de destijds vervallen wijk Pelourinho, werd al snel een belangrijk cultureel instituut, dat wezenlijk bijdraagt aan de verbreiding en commercialisering van de zwarte culturele identiteit en traditie. Niemand van de 800 leden had bij de oprichting op 25 april 1979 aan zo'n toekomst durven denken.

De organisatorische aanloopproblemen waren dermate groot, dat binnen vier jaar de *bloco* (carnavalsgroep) al weer van het toneel verdween en de opheffing van de groep op handen was. Maar de grote crisis bleek een grote verandering in te luiden. Militante vertegenwoordigers van de zwarte beweging maakten in 1983 van de carnavalsgroep een cultureel instituut met als doel de herovering, erkenning en verbreiding van de Afrikaanse cultuur in Brazilië. De nieuwe ideologie was op drie principes gebaseerd: de strijd tegen racisme, de strijd tegen geweld en de strijd voor sociale herintegratie van Pelourinho. Jaarlijks koos de *bloco* een thema uit de zwarte geschiedenis.

De doorbraak kwam in 1987 met het thema Egypte. Het lied *Faraó* van Luciano Santos was al snel in de hele stad bekend. De blanke middenklasse en de media spitsten de oren toen de farao's en zelfs de piramides bleken te worden ingelijfd bij de zwarte cultuurgeschiedenis. Toen Olodum ging deelnemen aan internationale congressen van ngo's (niet-gouvermentele organisaties), was de sprong naar wereldwijde bekendheid snel gemaakt.

Het voor politieke contacten en sociale projecten verantwoordelijke deel van de groep, met 26 directeuren, noemt zich Fundação Olodum en deed van zich spreken door de inzet voor de mensenrechten van zwarten en vrouwen (SOS Racismo, Mulher Negra) en door te werken met straatkinderen (Escola Criativa Olodum, Projeto Axé, Banda Mirim, Bando de Teatro Olodum).

Het andere, commercieel gerichte deel van de groep, met eveneens 26 directeuren, zorgt voor de economische basis van de sociaal-politieke activiteiten van de Fundação. De 2000 leden van de *bloco* betalen jaarlijks contributie om mee te mogen doen aan de optocht en voor de vervaardiging van de kostuums. De Banda Olodum, die uit 150 muzikanten bestaat, brengt elk jaar een cd uit en gaat regelmatig op toernee naar het buitenland. Het doel van de band is de verbreiding van de samba-reggae en de mensen tegelijkertijd bewust te maken van de Afrikaanse oorsprong van deze muziek.

De werelfaam van de Banda Olodum stoelt in belangrijke mate op een uiterst effectieve deal met de Noord-Amerikaanse popzanger Paul Simon. Olodum zag af van een honorarium voor de percussiebegeleiding op een van zijn platen en verzekerde zich in ruil daarvoor van een optreden van Paul Simon in Bahia, waarvan de opbrengsten naar Olodum gingen. De zanger kwam, trad op en gaf daarna nog verschillende concerten in de VS samen met Olodum, eenmaal zelfs voor meer dan 100.000 bezoekers in Central Park in New York. Een betere marketing kon de groep zich niet wensen. Voor de volgende tournees naar Europa, Canada, Afrika en Zuid-Amerika was de grote broer niet meer nodig.

Onopgesmukte Braziliaanse levensvreugde bij het carnaval van de ***bloco afro***

groot, de wonden zijn verbazingwekkend echt en de bloeddruppels bestaan uit honderden schilfertjes robijn (ma.–za. 9–13 en 14–18 uur).

In het gerestaureerde **Convento do Carmo** **4** direct naast de kerk zijn sinds kort het eerste historische luxehotel van Brazilië en een voortreffelijk restaurant gevestigd.

Casa de Jorge Amado

Ga nu met een lichte bocht terug door de Ladeira do Passo, de parallelstraat van de Ladeira do Carmo, geniet van het uitzicht op de Largo Jubiabá en steek dan de Largo do Pelourinho omhoog over.

Boven aan het plein staat naast het niet zo interessante Museu da Cidade het **Casa de Jorge Amado** **5**, dat aan de bekendste schrijver van Brazilië is gewijd. Hij bracht zijn leven voor het grootste deel door in Salvador en was altijd een vurig voorvechter van zijn geboorteplaats. 'Ik ben Salvador dankbaar. Alles wat ik weet – of bijna alles – heb ik geleerd van het volk van deze stad.'

Schenk vooral aandacht aan de grote collectie foto's, waarop de schrijver is te zien samen met grootheden uit de hele wereld, onder anderen met Jean Paul Sartre, Simone de Beauvoir, Gabriel Garcia Marquez, Anna Seghers, Harry Belafonte, Yves Montand, Marcelo Mastroianni, Sophia Loren en Lina Wertmüller (www.fundacaojorgeamado.com. br, met informatie in het Engels, ma.–za. 9–18 uur).

Recht tegenover het museum, aan het begin van de Rua Alfredo de Brito, ligt op nr. 20 het eenvoudige **Hotel Pelourinho**, waar de schrijver lange tijd woonde en die het toneel was van zijn roman *Suor*. Als u op de binnenplaats de trap naar boven neemt, krijgt u een mooi uitzicht op de zee, de haven, de vesting Monte Serrat en de Igreja do Bonfim.

Terreiro de Jesus

Halverwege de Rua Alfredo de Brito maakt u een korte omweg (tweemaal naar links) naar de **Largo Quincas Berro d'Água** **6**. Dit zorgvuldig gerestaureerde plein charmeert door zijn architectonische structuur. Veel gezellige cafés noden tot een verpozing, terwijl er op een klein podium optredens plaatsvinden (zie blz. 218). Ga hierna terug naar de Rua Alfredo de Brito en loop de straat uit tot een groot plein, de **Terreiro de Jesus** **7**. Het plein is herkenbaar aan een oude Franse fon-

Rijk met goud gedecoreerd: de São Francisco heeft de bijnaam Gouden Kerk

tein in het midden, waarvan de beelden de vier grote rivieren van Brazilië symboliseren.

Hier staat het interessante **Museu Afro-Brasileiro** 8. Ook als u teleurgesteld wordt in de verwachting wat meer te weten te komen over de sociale aspecten van de slavernij, dan krijgt u in ieder geval enkele foto's van de krijgsdans *capoeira* te zien. Des te rijker vertegenwoordigd zijn godsdiensthistorische objecten over *candomblé* en de godenwereld van de Bahianen. Let speciaal op de 27 grote panelen van cederhout van de Bahiaanse kunstenaar Carybé met afbeeldingen van de Afro-Braziliaanse goden, de *orixás* (ma.-vr. 8-17 uur).

Naast het museum staat de grote kathedraal van Salvador, de imposante **Catedral Basílica** 9. Nadat de jezuïeten in 1759 uit Brazilië waren verdreven, werd deze kerk de zetel *(Sé)* van de aartsbisschop, waarmee zijn positie binnen de katholieke kerk blijvend werd opgewaardeerd. De eerste jezuïetenkerk was al gelijk in 1549 gewijd. Toen de missionarissen in 1657 met de bouw van de huidige kathedraal begonnen, ontbeerden zij een grote architect.

Dat is al meteen te zien aan de wanverhouding tussen de afmetingen van de onheilspellende voorgevel en de nietige torens. Maar men beschikte over enorme financiële reserves. Zo kon men zich in 1701 de tot dan toe ongekende luxe veroorloven de gehele voorkant met wit Italiaans marmer te bekleden – plus de kansel en de binnenwanden van het schip. In 1746 werden boven de drie portalen buiten nog de beelden van de drie beschermheiligen van de orde aangebracht: Francisco Borja, Ignatius van Loyola en Franciscus Xaverius.

Desondanks komt de kathedraal streng over. Binnen weten alleen het gouden hoofdaltaar, de kunstige zijaltaren en de ongebruikelijke schilderingen van de Franse jezuïet Carlos Belleville te bekoren. Het is te zien, dat hij enkele jaren in China doorbracht. De hemelsblauwe kleur moet hij daar hebben betrokken, want die was in die tijd nog niet te krijgen in Europa. Ook de motieven zijn duidelijk anders dan die van de oudere schilderingen (ma.-za. 8.30-11.30 en 13.30-17.30, zo. 10.30-12.30 uur).

Igreja e Convento de São Francisco

Na het verlaten van de kerk steekt u het Terreiro de Jesusplein over. Loop via de Cruzeiro de São Francisco naar de massieve gevel van de **franciscanenkerk** **10**, neergezet 1708–1713. Door de rechterzijdeur komt u in het *portaría* (kerkportaal), waar op het plafond een perspectiefschildering van José Joaquim da Rocha is te zien. De kerk heeft de bijnaam Gouden Kerk, omdat hij als geen ander in Brazilië vol is – of beter: overvol – met verguld houtsnijwerk, putti en heiligenbeelden. Aan de kansel hangen rondborstige naakte engelen. Het is moeilijk voorstelbaar hoe de franciscanen hier in rust konden bidden.

Sinds kort wordt de kerk 's avonds ook nog eens verlicht, hoewel alleen op bepaalde plaatsen. Bij het deel dat is uitgelicht wordt toelichting gegeven over de kerkhistorie, om 20 uur zelfs in het Engels. Het spektakel heet Som e Luz en er worden vierhonderd speciale lampen voor gebruikt (dag. 8–17 uur, Som e Luz: wo.–ma. om 19, 20 en 21 uur, steeds 30 min., R$8).

Buiten het historische centrum

Elevador Lacerda en Plano Inclinado Gonçalves

Ook Salvador heeft de voor vele steden in Brazilië zo karakteristieke verdeling in een boven- en een benedenstad. Ze worden verbonden door de bekende **Elevador Lacerda** **11** (lift uit 1872, in 1930 vernieuwd), een van de kenmerken van de stad, die ook veelvuldig op ansichtkaarten staat afgebeeld (dag. 5–24 uur, reistijd 30 sec.). Op de bovenaan gelegen **Praça Tomé de Souza** (ook wel bekend als Praça Municipal) hebt u een fantastisch uitzicht op de haven, de baai en het eiland Itaparica.

Er is ook een **tandradbaan** **12** *(Plano Inclinado Gonçalves)*, die vanaf de Praça da Sé naar beneden gaat. Vanwege het mooie uitzicht is deze wellicht te prefereren (ma.–vr. 7–19, za. 7–13 uur). De benedenstad *(Cidade Baixa)*, vroeger en gedeeltelijk nog altijd het commerciële hart van Salvador, is stukje bij beetje aan de zee ontrukt en strekt zich daarom een eind langs de kust uit.

Mercado Modelo

Beneden aangekomen is het maar enkele passen tot het voormalige douanekantoor uit 1861, waar sinds 1912 de grootste **markt voor kunstnijverheidsproducten** **13** van Bahia wordt gehouden. Op een podium voor het gebouw worden regelmatig demonstraties *capoeira* gegeven. De restaurants op de eerste verdieping hebben een mooi uitzicht op de zee en de oude haven te bieden (ma.–za. 9–18, zo. 9–12 uur; neem vooral ook een kijkje in de kelder).

Igreja N.S. da Conceição da Praia

Vlak in de buurt , 200 m rechts van de lift Lacerda, ligt nog een andere interessante kerk. Hij werd gebouwd tussen 1739 en 1870 en naar de beschermheilige van de stad ook **Kerk van de Onbevlekte Ontvangenis** **14** genoemd. Haar beeltenis, in 1855 gemaakt door Domingos Pereira Baião, is net zozeer een van de bezienswaardigheden van de kerk als de plafondschildering (1773) van de Portugese schilder José Joaquim da Rocha. Dit werk is misschien wel de beste perspectiefschildering van heel Brazilië. De architectuur en de spaarzame decoraties van het ruime interieur wijzen op een combinatie van Chinese stijlkenmerken, late barok en rococo. Doordat voor de gevel buiten Portugees marmer is gebruikt, dat voor het maken van beelden minder geschikt is, is deze nogal karig uitgevallen. Bouwmeester Manoel Cardozo Saldanha, een leerling van de Duitser Johann Friedrich Ludwig uit Schwäbisch-Hall, loste dat op door in navolging van de Duitse barokarchitectuur de kerktorens enigszins te draaien ten opzichte van de rest van het gebouw (za.–ma. 7–11.30, di.–do. 7–11.30 en 15–17 uur).

Museu de Arte Moderna im Solar do Unhão

Ongeveer 1 km verder, aan de kustweg Av. do Contorno richting Barra, komt u bij een **Mu-**

seum voor Moderne Kunst 15, waar wisselende exposities worden gehouden (di.-zo. 13-19 uur) en dat is ondergebracht in het interessante **Solar do Unhão** 16. Dit bestaat uit een *Casa Grande* (herenhuis), vier *galpões* (loodsen) en *senzalas* (slavenverblijven).

Het is een van de oudste complexen van dit type in Brazilië. De Portugese koopman Gabriel Soares de Souza nam het in de eerste helft van de 16e eeuw in gebruik voor zijn suikerproductie. Later diende het als overslagplaats voor de handel met Portugal. In 1816 zat hier de eerste manufactuur van snuiftabak van Amerika, vanaf 1926 was het gewoon een pakhuis, sinds eind jaren veertig een cacaofabriek en ten slotte vanaf eind jaren zestig een drukbezocht cultureel centrum (ma.-za. 12-24 uur). In de gewelven beneden zit het sfeervolle restaurant Solar do Unhão, dat 's avonds folkloristische voorstellingen programmeert (zie blz. 217).

Andere musea

In de buurt (maar niet meer behorend tot de benedenstad) liggen nog drie musea. Vanaf Solar do Unhão kunt u gemakkelijk lopen naar het in de Santa Teresakerk ondergebrachte **Museu de Arte Sacra** 17 in de Rua do Sodré 276, met de grootste en belangrijkste verzameling kerkelijke kunst van Brazilië (ma.-vr. 11.30-17.30 uur).

Van dit punt kunt u met de bus of de taxi naar de Av. Sete de Setembro 2340 in de wijk Vitória, waar u het **Museu de Arte da Bahia** 18 vindt, een interessant museum voor niet-gewijde kunst met meubilair, porselein, keramiek en schilderijen uit de 17e-20e eeuw. Veel mensen bezoeken het museum echter voornamelijk voor een 4 m hoog portaal uitMexico uit 1674. Bijzonder indrukwekkend zijn het slangenmotief op het portaal – in de pan-Amerikaanse versie op te vatten als allesomvattend vruchtbaarheidsmotief – en de uitgesneden maskers in de houten deur (di.-zo. 14.30-18.30 uur).

In dezelfde straat (nr. 2490) ligt ook het **Museu Carlos Costa Pinto** 19. Deze bedrijvige verzamelaar verwierf in 25 jaar meer dan drieduizend siervoorwerpen van porselein, zilver, brons, goud, kristal en ivoor, als ook schilderijen, sieraden, meubilair, enzovoorts, om daarmee de levensstijl van de welvarende Bahiaanse elite door de eeuwen heen te documenteren. Er zijn informatieborden in het Engels en op de binnenplaats zit een prettige cafetaria (wo.-ma. 14.30-19 uur, R$6).

Boa Viagem en Bonfim

De andere bezienswaardigheden van de benedenstad liggen de andere kant op. Behalve per taxi kunt u er komen met bussen in de richting Boa Viagem en Bonfim (vertrek onder aan de Lacerdalift).

De vesting Monte Serrat

Het eerste doel is de vesting die iets boven de Praia de Boa Viagem ligt, het **Forte de Monte Serrat** 20, gebouwd tussen 1583 en 1587 en een van de mooiste vestingen van Salvador. De militaire roem van het fort is desondanks nogal bescheiden: het viel tweemaal in handen van de Hollanders, in 1624 en in 1638 (dag. 9-16 uur).

De kerk van Bonfim

Niet heel veel verder, een halfuur lopen, komt u bij de bekendste bedevaartskerk van Salvador, de **Igreja de N.S. do Bonfim** 21 (1745-1754) in Itapagipe. Het exterieur daarvan heeft, behalve de fraaie belichting 's avonds, niet veel te bieden. Binnen vallen de schilderijen van José Teófilo de Jesus in de sacristie en in de zijgangen op, evenals de plafondschilderingen van Antônio Joaquim Franco Velasco. In een bepaalde afbeelding portretteerde hij zijn echtgenote met het Kind op schoot, aanleiding tot een schandaal. Het gebruik van levende modellen voor zulke verheven onderwerpen gold als hoogst ongepast (dag. 6.30-12 en 14-18 uur).

Het belang van de kerk ligt in zijn syncretisme. Naar men zegt zijn Afrika en Brazilië op deze plek getrouwd. De opvallendste gebeurtenis is de *Lavagem do Bonfim* op de tweede zondag in januari, respectievelijk de **processie** op de donderdag daarvoor, die gaat

Tip:
De veelzijdigste muzikale scene van Brazilië

Het zwarte, Afrikaanse Salvador da Bahia is het muzikale hart van Brazilië. Wie hierheen reist, komt niet alleen voor de stranden, maar ook voor de vele feesten en concerten. Dat hier het grootste straatcarnaval van de wereld wordt gehouden, is al opgenomen in het *Guiness Book of Records*. Tijdens carnaval treden op podia op het strand en op vrachtwagens met luidsprekers, die *trios elétricos* worden genoemd, de beste bands van het land op. De meeste daarvan komen uit Salvador zelf. Overheersend is de bijzonder ritmische *axé*, een uitvinding van zangeres Daniela Mercury, die naast nieuwkomer Ivete Sagalo nog altijd een van de grootste sterren van het land is.

Wie hier buiten de carnavalstijd komt, kan in de dagbladen lezen waar en wanneer er concerten worden gegeven. Het bijwonen van een concert is een onvergetelijk gebeurtenis. Eén mogelijkheid bestaat in elk geval het hele jaar door (behalve vlak na carnaval). Iedere dinsdagavond treedt om 21 uur op de Praça Tereza Batista in Pelourinho de wereldwijd bekende percussiegroep Olodum op (zie blz. 208, kaarten op tijd reserveren, bijvoorbeeld in het Casa do Olodum, ma.-vr. 9-18 uur, R$40).

Maar Bahia en Salvador staan niet alleen voor *axé* en hete percussieritmes. In de stad van de 365 kerken heeft ook de sacrale muziek de tand des tijds doorstaan en sinds kort zelfs aan terrein gewonnen. Dat laatste is te danken aan de inspanningen van de Duitse priester Hans Bönisch. Hij richtte in Salvador in het stadsdeel Saúde, niet ver van Pelourinho, in de Rua Jogo do Carneiro 34 de culturele vereniging Barroco na Bahia ('Barok in Bahia') op (tel. 071-32 41 60 31, www.barroconabahia.com.br) en startte in het huis ernaast een gelijknamige *pousada* (www.pousadabarroco.com.br). In de kathedraal organiseert hij geliefde zondagse concerten, waarbij u in het stomende Bahia kunt genieten van Bach en Beethoven (zo. 11 uur, toegang gratis).

van de Igreja da Conceição da Praia naar de Igreja do Bonfim (12 km). Daarbij wordt het beeld beheerst door in het wit geklede aanhangsters van *candomblé*. Na de processie wordt er tot vrijdagochtend doorgedanst op de muziek van *trios elétricos*.

Overal worden u de **lintjes** *(fitinhas)* van de Senhor do Bonfim in allerlei kleuren aangeboden. Terwijl iemand deze met drie knopen om uw pols bindt, mag u drie wensen doen. Deze komen echter alleen uit, als u het bandje net zo lang draagt tot het er vanzelf afvalt.

Stranden en strandbars

Salvador is ook beroemd vanwege zijn stranden. Die binnen de Baai van Todos os Santos liggen, zijn echter vervuild en niet geschikt om te zwemmen. Aan te raden is daarom het populaire strand van **Ribeira** bij de Bonfimkerk in de *Cidade Baixa*. Het strand van **Boa Viagem** bij Forte Monte Serrat biedt een goede blik op de skyline van de stad. De mooiste stranden liggen – afgezien van Barra – verder weg in het noordoosten van de stad en zijn te bereiken over de Avenida Oceânica met de bus *Via Orla*.

Barra

Barra 22 is de chique toeristische wijk van Salvador. Het strand wordt altijd druk bezocht, zowel door stadsbewoners als door de vele Braziliaanse en buitenlandse badgasten, die zich hier allemaal op een behoorlijk smal reepje zand verdringen. Het water is ondanks de nabijheid van het centrum en de haven opmerkelijk schoon. Het strand ligt onder aan een vesting en een beroemde **vuurtoren** *(farol)*, die de toegang tot de Baía de Todos os Santos (Allerheiligenbaai) markeert en vroeger als baken diende voor de schepen uit Portugal. Op

Salvador, agglomeratie

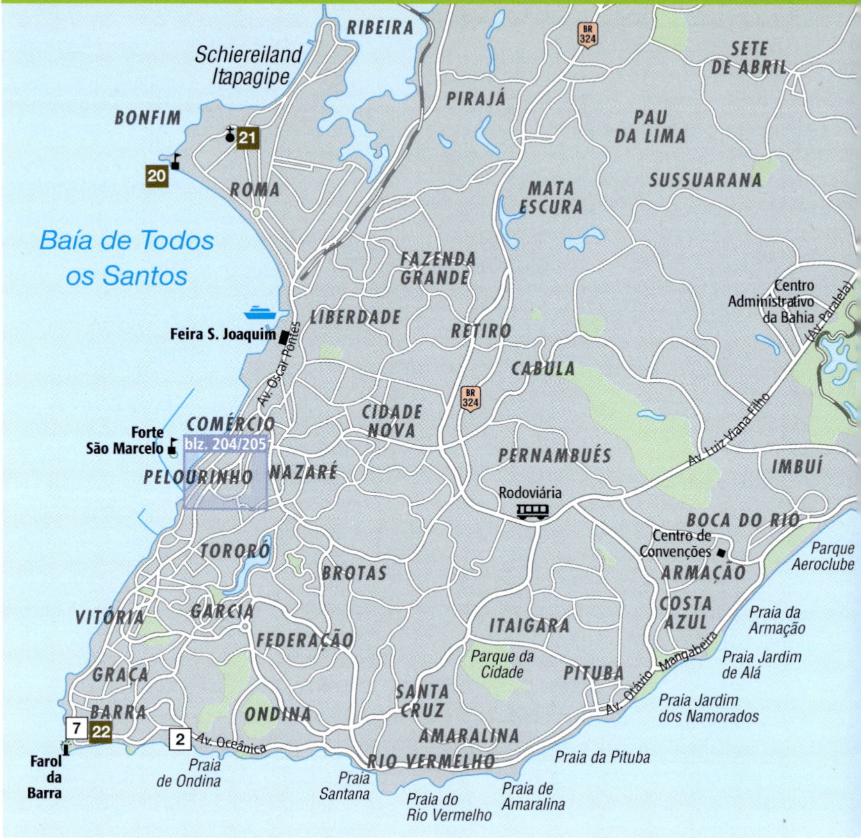

deze opvallende plaats viert de stad ook **oudjaar**. Ongeveer een half miljoen mensen woont het jaarlijkse vuurwerk en de muzikale optredens bij. Op **nieuwjaarsdag** zingt Daniela Mercury dan altijd tijdens het zogeheten Zonsondergangconcert (gratis). Langs de kuststrook ten noordoosten van Barra liggen tot aan Piatã geen noemenswaardige badstranden. Daar staat een bruisend uitgaansleven tegenover met betaalbare prijzen, vooral in de stadsdelen **Rio Vermãelho, Pituba** en **Boca do Rio.**

Piatã, Itapoã, Stella Maris, Flamengo

Deze verder van de stad gelegen stranden zijn, afgezien van gevaarlijke stromingen, geschikt om te baden. Op een licht vervuild stukje bij de vuurtoren van Itapoã na is het water betrekkelijk schoon. Aan de rand van de zee staan steeds meer palmen en een enkel geval zijn er ook duinen te zien. Strandtenten, vaak met levende muziek en dansgelegenheid doemen regelmatig op. Een voorbeeld is de Casquinha de Siri op het strand van Piatã. Wie graag een stuk wil wandelen, kan met de bus naar Flamengo rijden en van-

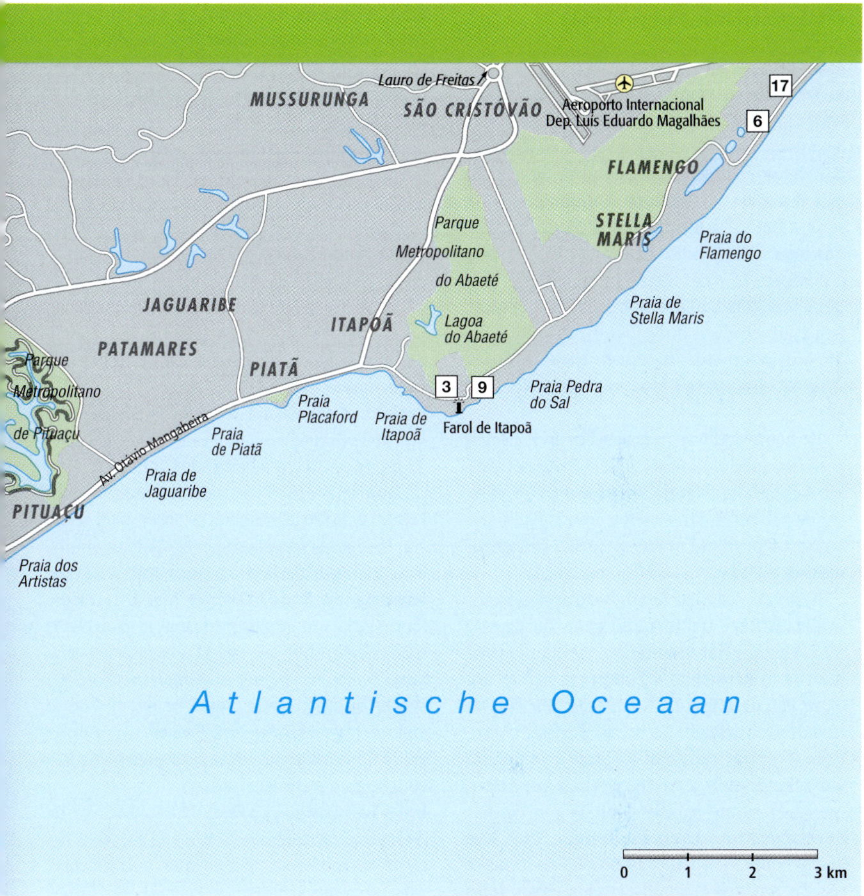

daar over het strand teruglopen naar Stella Maris.

Lagoa do Abaeté

Ingeval u op zondag in Itapoã bent, zou u eens een uitstapje naar de Lagoa do Abaeté kunnen maken, een door duinen omgeven en met sagen omweven lagune, waarop de inwoners van Salvador bijzonder trots zijn. Op zondagmiddag is de oever hét ontmoetingspunt van de stad. Overal wordt gemusiceerd en er zijn talloze mogelijkheden om te eten, drinken, dansen en flirten.

Bezienswaardigheden

20 Forte de Monte Serrat
21 Igreja de N.S. do Bonfim
22 Barra

Accommodatie

2 Bahia Othon Palace
3 Pousada Encanto de Itapoãn
6 Pousada Eckerlino 7 M.Villa Verde
9 Camping Ecológico Praia de Itapoãn

Eten en drinken

17 Cabana da Cely

Het eiland Itaparica

Atlas: blz. 26, E3

In de Allerheiligenbaai liggen 38 eilanden, waarvan **Itaparica** het meest wordt bezocht (een dagtocht). Met 239 km² is dit na Ilhabela (São Paulo) het grootste eiland in de oceaan van Brazilië. Ondanks de nabijheid van de stad is het eiland een waar ecologisch paradijs, met een rijke flora en fauna, enkele nog onaangetaste stranden en enige visserij. Hoe het leven op het eiland er vroeger aan toeging, wordt beschreven door João Ubaldo Ribeiro, die hier opgroeide, in zijn briljante kroniek *Brazilië, Brazilië* (zie Moderne literatuur, blz. 58).

De hoofdstad Itaparica werd in de 17e eeuw gesticht door Hollanders. De oudste getuigenis daarvan is de **Igreja São Lourenço** uit 1610. Uit de 18e eeuw dateren nog enkele koloniale huizen. Opvallend is vooral de **São Lourenço-vesting** uit 1711.

In plaats van naar het in historisch opzicht interessantere hoofdstadje gaan de meeste mensen naar **Mar Grande**, dat sneller per veerboot is te bereiken. 's Zomers is het er erg druk. Van de direct achter de Mercado Modelo in Salvador gelegen Terminal Turístico Marítimo (ook wel Terminal da França genaamd) vertrekken met korte intervallen veerboten naar het eiland (tussen 6 en 18 uur, in het hoogseizoen tot later, 30–40 min., R$4). Van Mar Grande bent u ook sneller op de mooiste van de zeventien eilandstranden, zoals **Tairu** en vooral **Cacha-Pregos** op de zuidpunt, 40 km verderop.

i **Emtursa:** Gemeentelijke toeristeninformatie, Praça Municipal (naast de ingang van de lift), tel. 071-33 21 31 27, ma.–vr. 9–18 uur.

Bahiatursa: Toeristeninformatie van Bahia, www.bahia.com.br, kantoren in Pelourinho (Rua das Laranjeiras 12, tel. 071-33 21 21 33, dag. 8.30–21 uur), in de Mercado Modelo, in Shopping Barra, aan de Porto da Barra, op het vliegveld en het busstation.

Convento do Carmo [1]: Rua do Carmo 1 (Pelourinho, naast de Igreja de N.S. do Carmo), tel. 071-33 27 84 00, fax 071-33 27 84 01, www.conventodocarmo. com.br. Eerste historische luxehotel van Brazilië in een oud, liefdevol gerestaureerd klooster uit de 16e eeuw. Project van de Portugese Gruppe Pestana, 79 kamers; tevens fantastisch restaurant (Conventual, zie onder). R$800–1200.

Bahia Othon Palace [2]: Av. Presidente Vargas 2456 (Ondina), tel. 071-32 03 20 00, fax 071-32 45 48 77, www.othon.com.br. Comfortabel hotel met 300 kamers, ligging aan zee tussen het centrum en de betere stranden aan de rand van de stad. R$480–550.

Pousada Encanto de Itapoãn [3]: Rua Nova Canaã 48 (Itapoã), tel. 071-32 85 35 05, fax 071-32 85 35 05, www.encantodeitapoan.com.br. Chique accommodatie met 12 modern ingerichte, comfortabele kamers; zwembad, 50 m van het mooie Itapoãstrand (bij de vuurtoren); Braziliaans-Britse leiding; huur-auto's. R$240.

Pousada do Boqueirão [4]: Rua Direita do Santo Antônio 48 (10 min. lopen naar oude stad/Pelourinho), tel. 071-32 41 22 62, fax 071-32 41 80 64, www.pousadaboqueirao. com.br. Werkelijk schitterend ingericht met veel hout en kunstnijverheid; ruime kamers (tip: kamer 1), ontbijtterras met uitzicht op zee en de haven. Engels gesproken. R$200.

Hotel Pelourinho [5]: Rua Alfredo de Brito 20 (Pelourinho), tel./fax 071-32 43 23 24, www.hotelpelourinho.com. Sympathiek oud gebouw met 30 kamers; eenvoudig, maar met lange traditie (hier woonde Jorge Amado); mooi uitzicht op de baai; soms gehorig als gevolg van concerten in de buurt. R$160.

Pousada Eckerlino [6]: Rua Carlos Conceição 116 (Villas do Atlântico, 10 min. van de luchthaven, 30 km tot Pelourinho met een rechtstreekse bus), tel. 071-33 79 21 39, fax 071-33 79 09 18, www.pousada-eckerlino.com. Eenvoudig en klein, fraai complex, rustig gelegen met tropische tuin. Slechts 200 m van twee palmenstranden, aldaar veel strandbars, in het weekend zeer levendig. Zwitsers-Braziliaanse leiding. Goede verzorging. R$150.

Mansão Villa Verde [7]: Rua da Palmeira 190 (Barra), tel. 071-32 64 35 97, fax 071-32 64 35

97, www.salvador-apart.com. In 2002 geopend complex onder Duitse leiding, vrolijk ingerichte en comfortabele appartementen met keukenblok, daarom geen ontbijt. R$145.

Laranjeiras Hostel [8]**:** Rua Inácio Acciole 13 (Pelourinho), tel. 071-33 21 13 66, www.laranjeirashostel.com.br. Enige HI-hostel in het centrum; goed onderhouden huis met rustige 2 pk voor R$55–75 en aan de straatkant gelegen slaapzalen (die daardoor wat lawaaieriger zijn) voor R$25–30 (p.p.); Engels gesproken.

Camping Ecológico Praia de Itapoã [9]**:** tel. 071-33 74 01 02. Camping op het strand onder de palmen, maar niet overal schaduw; bereikbaar per bus en klein stukje lopen (staat aangegeven); rechtstreekse bus naar het centrum (ruim 1 uur). R$10 p.p.

... in Pelourinho:

Conventual [10]**:** Rua do Carmo, tel. 071-33 27 84 28, dag. 12–15.30 en 19–23 uur. Hier in het publiek-toegankelijke restaurant van het als hotel functionerende Convento do Carmo zit u als een monnik tussen historische muren, drinkt u heerlijke Portugese wijn en smult u van vis, schaal- of schelpdieren, zoals *bacalhau* voor R$65.

Casa da Gamboa [11]**:** Rua João de Deus 32, tel. 071-33 21 33 93, ma.–za. 12–15 uur en 19–24 uur. Uitstekende Bahiaans-Italiaanse keuken, zeer stijlvolle inrichting met schilderijen van lokale kunstenaars. Een *moqueca de camarão* kost R$55.

Dona Chika-ka [12]**:** Rua João Castro Rabelo 10, tel. 071-33 21 17 12, ma.–za. 18–24 uur. Smaakvolle zaal op de eerste verdieping, ook tafels buiten. Voortreffelijke Bahiaanse gerechten zoals *moqueca* voor R$40.

Encontro dos Artistas [13]**:** Rua Santa Isabel 12, tel. 071-33 21 17 21, 10–2 uur. Klein familierestaurant met artistieke inrichting en degelijke Bahiaanse dagelijkse kost. R$25 (voldoende voor 2 pers.).

... in de benedenstad:

Mercado Modelo [14]**:** Praça Visconde de Cayru 250, twee restaurants op de 1e verd., ma.–za. 10.30–19, zo. 10.30–14 uur. Grote veranda met schitterend uitzicht op zee en de oude haven, typisch Bahiaanse gerechten R$35.

Galpão [15]**:** Av. do Contorno 660, tel. 071-32 66 55 44, ma.–za. 12–15 en 19–24 uur. Een van de betere restaurants, in een gemoderniseerd pakhuis waarvan de oude muren voor het terras boven de baai zijn blijven staan. De Franse recepten worden verrijkt met vruchten uit Brazilië. Schotels gemiddeld R$60. Op een pier in de buurt ligt het populaire Japanse restaurant **Soho**.

Solar do Unhão [16]**:** Av. do Contorno s/n, tel. 071-33 29 55 51, ma.–za. 12–24 uur, zo. 12–19 uur. Aan de baai in een sfeervol keldergewelf, 's avonds folkloreoptredens (niet op zo.). De uitstekende keuken is typisch Bahiaans. R$50.

... in Lauro de Freitas:

Cabana da Cely [17]**:** Villas do Atlântico, Av. Luís Taroquinio Pontes 33. Geweldige sfeer, veel jongeren van de universiteit in de buurt, voortreffelijke *moqueca*-gerechten voor de bescheiden prijs van R$30 (voldoende voor 2 pers.).

Mercado Modelo: Praça Visconde de Cairú 250 *(Cidade Baixa)*, tel. 071-32 41 28 93, ma.–za. 9–18, zo. 9–12 uur. De grootste kunstnijverheidsmarkt van Bahia met meer dan driehonderd kramen. Een populair souvenir is de ook op kofferformaat verkrijgbare *berimbau*, het begeleidingsinstrument dat wordt gebruikt bij *capoeira*. De laatste tijd doen ook de schildpadartikelen van Tamar het goed.

Pelourinho: Sinds de buurt min of meer is opgeknapt, speelt veel van het uitgaansleven van Salvador zich af in de wijk Pelourinho. Een traditioneel hoogtepunt zijn de concerten die Olodum elke dinsdag geeft op de Praça Tereza Batista, vanaf 21 uur, voorverkoop in Casa do Olodum, ma.–vr. 9–18 uur, R$40.

Nog veel meer, meestal gratis muziek- en dansvoorstellingen in de openlucht op de volgende pleinen: Largo do Pelourinho, Largo Quincas Berro d'Água, Praça Pedro Archanjo, Terreiro de Jesus en Praça do Reggae. Het programmaoverzicht staat op aanplakbiljetten in de stad.

Barra: Rondom Porto da Barra is het behoorlijk toeristisch. Leuker en authentieker is de

Avond in Pelourinho, de levendige oude stad van Salvador da Bahia

Jardim Brasil aan de Rua Belo Horizonte, met veel populaire cafés en restaurants. Prominenten en iedereen die dat wil worden begeven zich naar de chique gelegenheid Pereira, Av. 7 de Setembro 3559, tel. 071-32 64 64 64, dag. 18–1, do.–zo. ook 12–15 uur.

Pituba: In de French Quartier is dag. goede jazz en blues te horen in de stijl van New Orleans, tevens gerechten uit de zuidelijke staat; Av. Otávio Mangabeira 2323, Jardim dos Namorados, ma.–za. 17–2 uur. In dezelfde straat op nr. 2471 ligt de mooie disco Fashion Club met wisselende soorten muziek, do.–za. 22–6, zo. 19–1 uur.

Boca do Rio: In het maffe Pimentinha gebeurt er elke dag van de week wel iets; de inrichting is cool, dag. vanaf 18 uur, R$5 (tafels buiten gratis).

Piatã: In de Casquinha de Siri, een enorme overdekte strandbar, treden dag. vanaf 22 uur prima bands op, met dansvloer in de open lucht en veel tafels; tel. 071-33 67 12 34, www.casquinhadesiri.com.br.

Festa de N.S. dos Navegantes (1 jan.): Zeeprocessie ter ere van de beschermheilige van de zeelieden, vanaf de kade bij de Igreja N.S. da Conceição da Praia (benedenstad) tot de Igreja da Boa Viagem op het schiereiland Itapagipe.

Festival de Verão (jan.–begin feb.): Zomerfeest met vrijwel dagelijks muzikale shows, goede podia op het strand, de beste bands uit Salvador en de rest van het land, toegang gratis.

Iemanjáfestival (2 feb.): Feest ter ere van de godin van de zee Iemanjá, scheepsprocessie en straatfeest met topbands (Praia Rio Vermelho).

Carnaval (eind feb.): Volgens het *Guinness Book of Records* het grootste straatcarnaval ter wereld. Optochten van de Av. Campo Grande tot de Av. Sete (7 km), van de Farol da Barra tot Ondina (4,5 km) en door de smalle straten van de oude stad (Pelourinho). Homo's en travestieten ontmoeten elkaar op maandag op de Praça Municipal. Actuele informatie: www.portaldocarnaval.ba.gov.br en www.carnaval.salvador.ba.gov.br.

Micareta (apr.): Extra carnavalsfeest buiten het seizoen.

Independência da Bahia (2 juli): Grote optocht door de stad van heel veel *blocos* naar aanleiding van de onafhankelijkheid van Bahia (van Lapinha door Pelourinho tot Campo Grande).

N.S. da Conceição da Praia (8 dec.): Kleurrijke processie in de benedenstad.

Boottocht naar Ilha Itaparica: Vertrek achter de Mercado Modelo tot Mar Grande (met de snelboot, *lancha*, 40 min.) of vanaf de haventerminal São Joaquim, Av. Jequitaia, tot Bom Despacho (met de veerboot 45 min., met de catamaran 15 min.).

Georganiseerde excursies: Stadsbezichtiging en boottochten, onder andere bij twee Duitstalige aanbieders in Pelourinho: **Tours Bahia**, Largo do Cruzeiro de São Francisco 4–6, tel. 071-33 22 43 83, www.toursbahia.com.br; **Schöne Reise Turismo**, tegenover Tours Bahia op nr.7, tel. 071-33 21 31 82, www.schonereise.com.br.

Excursie naar het binnenland: Bodo dos Santos neemt u onder het motto 'In het spoor van de edelsteendelvers' mee naar onder andere Cachoeira en São Felix en de Chapada Diamantina (zie blz. 228–231), tel. 071-34 84 40 53, bodobahia@yahoo.com.br.

Vliegtuig: Het Aeroporto Internacional Luís Eduardo Mahalhães ligt 30 km ten noordwesten van het centrum in São Cristóvão, tel. 071-32 04 10 10; verbindingen met alle grote steden van Brazilië, binnen Bahia ook met Porto Seguro en Ilhéus; directe vluchten van/naar Europa met TAP en Condor. Transfer met vliegveldbus S002 naar Pelourinho via Rio Vermelho, Barra en Vitória, Opschrift: Praça da Sé/Aeroporto, tot 22 uur elke 20–45 min., reistijd 1–1,5 uur, R$5; of per taxi, de goedkopere staan in de tweede rij, anders Ligue Taxi, tel. 071-33 57 77 77, of Teletaxi, tel. 071-33 21 99 88.

Bus: Het busstation (*rodoviária*) ligt aan de Av. António Carlos Magalhães (Iguatemi), tel. 071-34 60 83 00; informatie beneden bij de Central de Informações, tel. 071-34 60 83 00, dag. 6–22 uur; hier een tabel met de nummers van de kassa's van de verschillende maatschappijen op de eerste verdieping.

Busverbindingen binnen Bahia: Ilhéus (*Águia Branca*, tel. 071-40 04 10 10, 3x per dag, 7 uur, R$60–90), Itacaré (*Águia Branca*, tel. zie boven, ma./wo./vr. 22.45 uur, 8 uur, R$65), Porto Seguro (*Águia Branca*, tel. zie boven, dag. 21 uur, 11 uur, R$90), Praia do Forte (*Linha Verde*, 2x per dag, 1,5 uur, R$10; tot het begin van de stad: 7x per dag).

Nationale busverbindingen: Belo Horizonte (*São Geraldo*, tel. 071-34 50 44 88, 1x per dag, 24 uur, R$160), Fortaleza (*Itapemirim*, tel. 071-34 50 19 46, 1x per dag, 24 uur, R$150), João Pessoa (*Progresso*, tel. 071-34 60 00 00, wo./vr. 19 uur, 14 uur, R$120), Maceió (*Bonfim*, 2x per dag, 10 uur, R$85), Natal (*São Geraldo*, tel. zie boven, 2x per dag, 19 uur, R$150), Recife (*Itapemirim*, tel. zie boven, 2x per dag, 11 uur, R$100), Rio de Janeiro (*Itapemirim*, tel. zie boven, 2x per dag, 26 uur, R$200; of *Águia Branca*, tel. zie boven, 2x per dag, 30 uur, R$185–225) en Vitória (*Águia Branca*, tel. zie boven, 1x per dag, 19 uur, R$185).

Huurauto: Verschillende verhuurders op het vliegveld met direct beschikbare auto's, onder andere Localiza en Avis.

Boot: Verbindingen naar Morro de São Paulo (zie blz. 220–222).

Openbaar vervoer in de stad: Er is een goed netwerk van lijn- en speciale bussen. De laatste zijn twee tot drie keer zo duur en herkenbaar aan een 'S'. Enkele belangrijke lijnen vertrekken van Pelourinho/Praça da Sé (S011 in noordoostelijke richting langs de stranden tot Praia do Flamengo, S002 naar de luchthaven, S004 naar het busstation) en van Av. da França tegenover de Lacerdalift in de *Cidade Baixa* (de andere kant op naar Ribeira en Bonfim). Het metronet is met 6 km nog niet erg ontwikkeld; een uitbreiding met 12 km staat op stapel. De boot- en veerverbindingen naar Itaparica staan vermeld bij de betreffende paragraaf (zie blz. 216).

De nabije omgeving: het eiland Tinharé

Atlas: blz. 26, E3
Wie na een paar dagen grote stad wil bijkomen van de vele indrukken, vindt in de buurt van Salvador veel mogelijkheden. Aan de ene kant is er het authentieke eilandstadje Morro de São Paulo, in de andere richting het natuurparadijs Praia do Forte en in het binnenland *(Recôncavo)* de oude goudgraverssteden Cachoeira en São Felix.

Morro de São Paulo

De kleine hoofdstad van het eiland Tinharé, **Morro de São Paulo**, is een van de oudste vissersdorpen van Bahia. Tegenwoordig leven de ca. 2000 inwoners hoofdzakelijk van het toerisme, dat sinds de jaren tachtig flink is toegenomen. Er zijn veel *pousadas* en restaurants, want in de Braziliaanse zomer kan het behoorlijk druk zijn. Toch bieden de nog ongerepte groene natuur van het autoloze eiland en de geïsoleerde stranden zelfs in het hoogseizoen genoeg ruimte voor wie behoefte heeft aan rust. In de jaren zeventig was Morro de São Paulo een toevluchtsoord voor hippies uit de hele wereld. Tegenwoordig is het toeristische profiel niet meer zo eenduidig en lijkt het in zijn combinatie van Woodstock en jetset op andere internationale badplaatsen in Bahia, zoals Arraial d'Ajuda. U zou het eiland ook met het Ibiza van 25 jaar geleden kunnen vergelijken. De geschiedenis van het eiland begon met de ontdekking door de Portugees Martim Afonso de Souza in 1531. Later kwamen er Hollandse en Franse piraten en weer later missionarissen uit Portugal.

Stranden en attracties

De stranden zijn voor een deel doorgenummerd, te beginnen bij de hoofdstad. In de richting van de oceaan worden ze steeds eenzamer. De **Primeira Praia** wordt gekenmerkt door 500 m wit zand en rustig water, maar is vervuild en heel vol gebouwd. Van de heuvel met de vuurtoren **Farol do Morro** (1835) kunt u zich via een touw in zee laten zakken *(tirolesa)*. In de buurt van de vuurtoren ligt de ruïne van het **Fortaleza de São Paulo** (1630). 's Middags kunt u op die plaats dolfijnen waarnemen, terwijl u 's avonds kunt genieten van een schitterende zonsondergang. Bij de haven staat de kleine **Igreja da N.S. da Luz** (1845).

Een stukje verder ligt de **Segunda Praia**. Ook hier is het gebied erachter door wildgroei gekenmerkt, maar op het strand wordt veel gefeest. Er zijn vele muziekcafés en er worden feesten bij maanlicht *(luaus)* gegeven. De natuurlijke poeltjes, die door het koraalrif worden beschermd, veranderen bij laagwater in aquaria. Op het door duikers bezochte **Terceira Praia** is het al aanmerkelijk rustiger, iets wat nog meer geldt voor het **Quarta Praia** met poe-

Rotskust bij de hoofdstad van het eilandparadijs Tinharé

len vol vis en een apart gedeelte voor topless en naakt zonnen. De **Quinta Praia**, een verlaten lang palmenstrand is nog een echte idylle, terwijl het aangrenzende **Praia Garapuá** tussen de riffen bomvol snorkeltoeristen zit.

Uitstapjes naar andere eilanden

Atlas: blz. 26, E3

Nog rustiger dan op de stranden 3–5 (Terceira–Quinta) van Tinharé is het op het naburige eiland **Ilha de Boipeba**, waar 20 km aan verlaten stranden liggen. Hier kunt u wandelen: van de Praia Boca da Barra bij de hoofdstad Velha Boipeba bent u in een halfuur op de Praia Tassimirim en de Praia Cueira; anderhalf uur duurt het naar het palmenstrand van Moreré en twee uur naar het afgelegen oude vissersdorp Bainema.

Vanuit Morro de São Paulo op Tinharé kunt u een dagtochtje maken met de boot (en zelfs de tractor). De overtocht duurt 2 uur. Enkele pensions organiseren rechtstreeks vervoer uit Salvador met een catamaran, bijvoorbeeld de *pousada* Tassimirim (vertrek 9 uur, overtocht 3,5 uur, R$110 p.p.).

Ook een uitstapje naar het **Ilha Cairu**, het derde bewoonde van de 26 eilanden voor de monding van de Rio Una, is zeer de moeite waard. De hoofdstad Cairu is de op een na oudste plaats van Bahia. Naast een historisch centrum en het Convento de Santo Antônio uit 1650, heeft de plaats nog een curiositeit te bieden: de pijpenverzameling van Gilson Meireles, die hij uit vondsten van opgravingen heeft samengesteld. De modellen van de Tupis en andere volken zijn zeker interessant, maar vooral de stukken van Egyptische en Fenicische herkomst zijn bijzonder. Voor de enthousiaste verzamelaar was dit het bewijs dat het niet de Portugezen waren, die als eerste voet op Braziliaanse grond hebben gezet, respectievelijk op Baziliaanse grond hebben gerookt.

... in Morro de São Paulo:
Pousada Natureza: Praça da Amendoeira 46, tel./fax 075-36 52 13 61, www.hotelnatureza.com. Prachtig complex in Moorse stijl met 10 standaard- en 3 luxesuites (met whirlpool buiten zonder inkijk) en 2 bungalows (1 met keuken en terras); bij het dorp, maar toch rustig; op de helling met prachtig uitzicht (zonsondergang!). De eigenaar weet alles van Bahia en verhuurt onder andere catamarans en motorboten. R$130–240.
Pousada Colibri: tel. 075-36 52 10 56, www.pousada-colibri.com. Een van de beste *pousadas* van het eiland, leuke bungalows met veranda; zwembad, restaurant met bar; mooie, rustige ligging in de heuvels met fantastisch uitzicht op zee; gastvrije eigenaar regelt transfer vanaf de steiger met een lastezel, mogelijkheden tot sporten en excursies (bijvoorbeeld met de beste paarden van het eiland). Vanaf R$110.
... op Ilha de Boipeba:
Pousada Tassimirim: Praia Tassimirim (15 min. van het centrum), tel. 075-36 53 60 30, www.ilhaboipeba.org.br. Fraai pension aan de strandweg, 14 kamers (gedeeltelijk met uitzicht op zee). R$140 (incl. diner).

O Casarão: Praça Aureliano Lima 190 (centrum), tel. 075-36 52 10 22, dag. 17–23 uur, vanaf 20.30 uur *capoeira*-show. Stijlvol restaurant van de gelijknamige *pousada*; internationale en Bahiaanse keuken. R$30.
Ponto de Encontro: Rua Caminho da Praia (centrum), dag. 12–24 uur. Gezellig café en galerie-restaurant met stemmig licht, elektronische achtergrondmuziek en kleine shows; onder andere vegetarische gerechten, bijvoorbeeld *risoto á cravo neto*. R$20.

Ilha do Mar: Rua da Biquinha 11, 1e strand, tel. 075-36 52 11 04, dag. 8–20.30 uur. Reisbureau bemiddelt in eilandexcursies (Moreré, Boipeba en Cairu), duikexpedities en rijtochten (de beste paarden zijn echter van Pousada Colibri, zie boven).

Boot: Vanaf Terminal Turístico Marítimo in Salvador is de gemakkelijkste manier naar het eiland te reizen per snelboot *(lancha)*, 2x per dag, 1,5 uur, R$55, of catamaran, 3x per dag, 2 uur, R$55. De reis via Valença is weliswaar goedkoper, maar omslachtig en duurt langer.

Praia do Forte

Atlas: blz. 26, E3
Zo'n 60 km ten noordoosten van Salvador kunt u in het kleine **Praia do Forte** – net zoals in Morro de São Paulo – bijkomen van de grote stad en enkele dagen heerlijk ontspannen. In het weekend en tijdens de vakanties kan het hier echter behoorlijk druk zijn.

De weg erheen gaat over de nieuwe **Kokospalmenweg** *(Estrada de Coco)* parallel aan de kust. Na 40 km geven wegwijzers de richting aan naar de wereldberoemde **hippie-enclave** *(Aldeia Hippie)* Arembepe. Destijds kwamen Janis Joplin, Mick Jagger en Roman Polanski nogal eens langs. Tegenwoordig staan er op het verlaten strand achter de duinen twintig eenvoudige hutten zonder water en licht, waarin nog zo'n vijftig kunstenaars wonen. De nostalgische plaats is nog slechts een soort museum van verloren tegencultuur, die officieel echter de gezwollen titel Patrimônio Cultural da Região draagt. Niet ver hierna ligt de **Praia de Guarajuba,** een van de mooiste en schoonste stranden van de noordkust van Bahia. Niet veel verder bent u op uw bestemming.

Beschermde natuur

Praia do Forte staat bekend om een geslaagd

Tip: Adopteer een schildpad

Jaarlijks komen zo'n 600.000 bezoekers naar **Praia do Forte** voor de zeeschildpadden. **Tamar**, de overheidsorganisatie die deze dieren beschermt, heeft hier haar hoofdkantoor. In totaal zijn er langs de hele Braziliaanse kust twintig vergelijkbare projecten in acht deelstaten, waaronder in het nabije dorp Arembepe. Vier van de zeven op de wereld bekende zeeschildpadsoorten nestelen op de kust van Bahia. Van september tot maart komen ze hun eieren leggen in het warme zand. In april kruipen de eerste kleinen uit hun eieren en zoeken hun weg naar zee. Van de duizend kleintjes bereikt slecht één dier de volwassen leeftijd. Een vrouwtje keert na 25 jaar terug naar haar geboortegrond om precies daar op haar beurt haar eieren te leggen.

Tegen betaling van R$100 kunt u een schildpad dopen en symbolisch adopteren. In ruil daarvoor krijgt u een T-shirt en een certificaat. Biologen geven deskundige voorlichting aan geïnteresseerden en begeleiden groepen die 's avonds naar de nesten gaan. De excursie, die om 20 uur begint, heet *Tartarugas by night* (R$45, en voor adopteren nog R$100). Ook buiten de legtijd kunt u het Tamarproject bezoeken. In het museum staan verschillende aquaria en reservoirs met schildpadden, vissen en zelfs haaien (www.projetotamar.org.br, toegang R$8).

Daarnaast zit in Praia do Forte een vestiging van het **Projeto Baleia Jubarte**. In augustus en september kunt u in boten langszwemmende walvissen bekijken. Er werden er al zo'n zeventig geteld.

samengaan van ecologie en toerisme. Het oude vissersdorpje telt slechts 7000 inwoners, maar ontvangt 's zomers een veelvoud aan toeristen. Vrijwel al het land is eigendom van Klaus Peters, een Paulista van Duitse komaf. Ook het luxueuze EcoResort is van hem. In het stadje vindt u talrijke goede onderkomens van niveau, maar ook eenvoudige *pousadas* voor alternatief toerisme.

Het 12 km lange, door kokospalmen geflankeerde hoofdstrand behoort met de rustige zee, het koraalrif, de duinen, de lagunen en de watervallen tot een beschermd landschap. Dankzij Klaus Peters en de in 1981 gestichte particuliere **stichting Garcia d'Ávila** is de stad met talrijke bepalingen gered van lelijke bebouwing en speculatie. Zo moeten hotels en pensions aangepast zijn aan de plaatselijke architectuur en het landschap en mogen ze niet hoger worden dan een uitgegroeide palmboom. Indien kap noodzakelijk is, moeten er voor iedere gevelde boom vier nieuwe worden geplant. Op hun beurt mogen de bewoners hun huizen alleen doorgeven binnen de familie. Zo blijft de oude oorsprong bewaard, terwijl er ook nieuwe en steeds chiquere vakantiecomplexen bijkomen.

Afgezien van een betoverend mooi landschap kan Praia do Forte bogen op het enige feodale kasteel in Amerika, het boeiende **Castelo de Garcia d'Ávila** uit 1551, de residentie van de toenmalige vertegenwoordiger van de koning. De gerestaureerde resten van de ooit zo machtige vesting zijn 's avonds mooi uitgelicht. Het kasteel ligt op een klif boven de zee (dag. 9-18 uur).

i **Internet:** www.praiadoforte.org.br. **Bahiatursa:** Informatiebureau aan het begin van de Av. ACM, dag. 8.30-16.45 uur.

Praia do Forte EcoResort: Av. do Farol s/n, tel. 071-36 76 40 00, fax 071-36 76 11 12, www.ecoresort.com.br. Groot vakantieresort met zowel nieuwe als gerestaureerde oude huisjes in een schitterend, uitgestrekt park (16 ha) met tropische vegetatie en enkele dieren. Het ligt aan een lang, maar smal zandstrand met een rustige zee. Mogelijkheden voor watersporten en wandelingen, ook kuur-

Langs het 12 km lange hoofdstrand van Praia do Forte groeien kokospalmen

baden op basis van zeewater en algen, Goede prijs-kwaliteitverhouding. Een deel van de inkomsten gaat naar de stichting Garcia d'Ávila en komt ten goede aan de armere lokale bevolking en ecologische projecten in de buurt. R$650, met halfpension R$800.

Porto da Lua: Cond. Aldaia do Pescador, Lote 6/7, tel. 071-36 76 10 29, fax 071-36 76 10 29, www.portodalua.tur.br. Enige hotel aan het strand vlak bij het schildpaddenproject, mooi complex met 26 kamers. R$260.

Pousada dos Artistas: Praça dos Artistas, tel. 071-36 76 11 47, www.pousadadosartistas.tur.br. Aantrekkelijk pension met veel groen en bloemen; op de 1e verd. kamers met veranda. R$120.

Praia do Forte Hostel: Rua da Aurora 3, tel. 071-36 76 10 94, www.albergue.com.br. Wordt beschouwd als een van de beste HI-hostels van Brazilië, mooi aangelegd rond een groene patio, verzorgde kamers. 2 pk R$50, slaapzaal R$25–30 (p.p.).

Aan de hoofdstraat **Alameda do Sol**, ook wel Av. ACM genoemd, ligt het ene restaurant na het andere. Aanraders zijn **Fata Morgana**, **Noronha**, **O Europeu** en **Terra Brasil**, ook wat betreft de prijs-kwaliteitverhouding. Gerechten rond de R$20–30, voldoende voor 2 pers.

Bus: Vanuit Salvador gaat de *Linha Verde* 2x per dag naar het centrum van Praia do Forte, 1,5 uur, R$10; tot het begin van de stad 7x per dag, de resterende 2 km moet u lopen of een minibus nemen.

De Recôncavo

Cachoeira

Atlas: blz. 26, E2

Zo'n 116 km voorbij Salvador, in het gebied van de vruchtbare Recôncavo, ligt het kleine **Cachoeira** (30.000 inwoners), wat architectonische rijkdom betreft een van de belangrijk-

'Mama Afrika' in Bahia

Thema

Bahia (561.000 km², 14 miljoen inwoners) is misschien wel de interessantste staat van Brazilië voor toeristen. Wat aantrekt, zijn de vele tropische stranden en badplaatsen, de feesten van Salvador, maar vooral het slag mensen dat er woont en dat het meeste tegemoetkomt aan de verwachtingen van de Europese reiziger.

Het spreekwoordelijke Braziliaanse temperament komt hier wel bijzonder sterk tot uitdrukking, waarschijnlijk door de eeuwenlange invloed van slaven uit Afrika. Bahia kent het grootste aantal mensen met een relatief donkere huidskleur van Brazilië. Ook de rijke culturele en religieuze tradities van de Afrikaanse landen van herkomst kwamen mee en zijn tot op heden herkenbaar in allerlei Afro-Braziliaanse mengvormen. Daartoe behoren bijvoorbeeld *capoeira*, van oorsprong een krijgsdans, de verschillende rituelen van de *candomblé* en de talloze dansen en muzikale stijlen met een uitgesproken aandeel van de percussie. Het carnaval van Bahia, en met name dat van Salvador, is zonder twijfel het levendigste en muzikaal veelzijdigste van het hele land.

Daar staat tegenover dat u vrijwel overal de indruk krijgt, dat de 'ontdekking van het langzame leven' in Bahia geen enkel probleem schijnt te zijn. Het gaat er uiterst ontspannen aan toe en kalmte is het hoogste levensmotto, of het nu in het restaurant, op straat, of op het werk is. Iemand die rent, zo gaat het gezegde, is of een zakkenroller of iemand die zojuist is bestolen. Het is een feit dat het Bahiaanse, Afro-Braziliaanse temperament voornamelijk in de vrije tijd en vooral bij muziek tot leven komt.

Een van de oorzaken ligt in de geschiedenis van Bahia. Noodzakelijke hervormingen werden eeuwenlang 'vergeten' of door de oude, conservatieve oligarchie tegengehouden. En dat terwijl Bahia, dat tot het arme en achtergebleven deel van het noordoosten behoort, juist zo'n gunstige uitgangspositie had. Het was het eerste deel van het land dat werd ontdekt, de hoofdstad Salvador was al in 1549 het bestuurscentrum van de Portugese koloniale macht en de staat kende al heel snel een florerende economie, gebaseerd op suikerriet en veeteelt. De verdreven indianen werden vervangen door miljoenen slaven uit Afrika. Maar de economie verstarde in monoculturen op *latifundas*, die vrijwel geheel onder controle stonden van twee grote families (D'Ávila en Guedes de Brito), die niet geïnteresseerd waren in de modernisering van hun bedrijven. In de 19e eeuw ontwikkelde zich een bescheiden tabaks- en wolindustrie, maar de verhoopte goudvondsten beperkten zich tot de Chapada Diamantina en de regio rond Cachoeira. Ook de bloei van de cacaohandel in de 20e eeuw bracht alleen het gebied rond Itabuna en Ilhéus tot welstand. Pas sinds de jaren zeventig begon Bahia met succes met de inhaalslag van de verloren eeuwen van stagnerende feodale economie. Tegenwoordig wordt 40% van het bnp opgebracht door de industrie, met name door de petrochemische fabriek in de Recôncavo, de grootste fabriek van het noordoosten. Er is echter nog geen sprake van 'plotselinge rijkdom van de kleine lieden'. Een derde kan lezen noch schrijven en de meesten verdienen nog altijd niet meer dan het minimumloon.

ste provinciestadjes van Zuid-Amerika. In dit museale plaatsje, na Salvador de oudste nederzetting van Bahia, ademt alles geschiedenis en getuigt van een bloeiend verleden. Toen was de suiker- en tabaks-, maar vooral gouden diamantstad eeuwenlang een van de rijkste van Brazilië. De alomtegenwoordige stilstand van de tijd in dit van God verlaten plaatsje aan de oever van de Rio Paraguaçu, omringd door lieflijke bergen, heeft natuurlijk ook een archaïsche en idyllische kant.

De barokke gevels vol pracht en praal zijn al sinds lang aan het afbrokkelen en wachten op een dringend noodzakelijke restauratie, waarmee in 1994 een langzame start is gemaakt. Alleen de cellen van het **Convento N.S. do Carmo**, het eerste karmelietenklooster van Brazilië uit de 17e eeuw, werden al eerder gerenoveerd en dienen nu als comfortabel onderdak (Pousada do Convento). De **Capela da Ordem Terceira do Carmo** (1695–1745) ernaast was en is het luisterrijkste wat Cachoeira aan barokke architectuur te bieden heeft. Er zijn nog meer kerken. Onder de civiele bouwwerken valt het **Casa de Câmara e Cadeia** (1698–1712) op, een representatief barok gebouw waar tegenwoordig het stadhuis in zit. Ertegenover zijn in het **Museu Regional de Cachoeira** oude koloniale meubelen te zien (dag. 8–12, ma.–vr. 14–18 uur). Bijzonder is het **Museu Hansen Bahia** in de Rua 13 de Maio 13. Hier kunt u expressionistisch houtsnijwerk (vaak met havenmotieven) van de Duitse kunstenaar Karl Heinz Hansen bekijken, die lange tijd in Cachoeira woonde (di.–vr. 9–17, za./zo. 9–14 uur).

São Felix

Atlas: blz. 26, E2

Aan de overkant van de rivier ligt de zusterstad **São Felix** (13.200 inwoners). De twee steden zijn verbonden door een hachelijke, 356 m lange brug van hout en staal. De **Ponte Dom Pedro II** is de oudste spoorbrug van Brazilië en werd in 1885 geopend door keizer Pedro II. Ook auto's en voetgangers mogen (nog) van de brug gebruikmaken.

De geschiedenis van São Felix is verbonden met Duitsland. De eerste burgemeester van de stad was in 1889 **Gerhard Dannemann**, een geïmmigreerde sigarenfabrikant uit Bremen. Zijn sigarenhuis heeft inmiddels vestigingen op vele plaatsen in de wereld, met Duitsland als hoofdkantoor. Het eerste handelshuis, dat in 1873 in São Felix verrees, werd in 1989 in oorspronkelijke staat hersteld. Sindsdien dient het als cultureel centrum van de stad (Centro Cultural Dannemann). In de sigarenfabriek kun u bekijken hoe sigaren met de hand worden gedraaid (Av. Salvador Pinto 29, tel. 075-34 25 22 08, di.–za. 8–12 en 13–16.30 uur).

De legendarische ***capoeira*** is een combinatie van dans en zelfverdediging

Toeristeninformatie: Praça da Aclamação, Cachoeira, dag. 8–18 uur.

Pousada do Convento do Carmo: Praça da Aclamação, Cachoeira, tel. 075-34 25 17 16, pousadadoconvento@hotmail.com. Het klooster is beneden nogal spartaans, maar boven juist heel comfortabel. Groene binnenplaats, zwembad. R$100.

Bus: Busstation in São Felix, tel. 075-34 25 14 01, maar de bussen stoppen in Cachoeira. Van en naar Salvador met *Santana* of *Jauá*, 10x per dag, 2 uur, R$12. De twee plaatsen zijn in één dag te bezichtigen.

Nationale parken

Atlas blz. 26

De twee belangrijkste nationale parken van Bahia zijn een absolute must. De Chapada Diamantina wordt gekenmerkt door overweldigende ravijnen, grotten en watervallen en is een ideaal gebied om te wandelen en paard te rijden. Onderwatersporters kunnen beter naar de visrijke archipel van het Parque Nacional Marinho dos Abrolhos gaan.

Chapada Diamantina

Lençóis

Atlas: blz. 26, D2

Om dit gebied te verkennen is Lençóis (9000 inwoners) een heel geschikt uitgangspunt. Dit diamantzoekersstadje valt sinds 1973 onder monumentenzorg en heeft veel van zijn oude flair weten te bewaren. Het ligt idyllisch midden in het groen. Getuigenissen van het verleden zijn bijvoorbeeld de **Ponte dos Arcos Romanos** (1860), de **Igreja Senhor dos Passos** (19e eeuw), de **Mercado Municipal** (eind 19e eeuw gebouwde markthal, nu cultureel centrum), het **Antigo Prédio da Prefeitura** (oud raadhuis uit de 19e eeuw, gerestaureerd, cultureel centrum) en het **Casa de Cultura Afrânio Peixoto** uit de 19e eeuw, geboortehuis van de bekende Braziliaanse auteur met een klein museum.

Parque Nacional da Chapada Diamantina

Atlas: blz. 26, D2–3

Dit nationale park maakt deel uit van een uitgestrekt berglandschap met diepe ravijnen. Het beslaat een derde van Bahia en ligt op 425 km van Salvador bij Lençóis. Ruim 600 miljoen jaar geleden lag hier de zee. Afzettingen van zand veranderden in zandsteen, waaruit later door erosie grote, door kloven doorsneden rotsformaties ontstonden.

Al in de 17e eeuw ontdekten de *bandeirantes* uit São Paulo hier goud. Na de berichten van de Duitse expeditie van Von Spix en Matius, begon vanaf 1820 de zoektocht naar diamanten. Dat bereikte zijn hoogtepunt tussen 1844 en 1870. De economische en culturele bloeitijd van de diamantmijnbouw is weliswaar lang voorbij, maar het landschap blijft betoveren door de eigenaardigheden van zijn natuur. Kale hoogvlaktes, ravijnen in diverse tinten bruin, steile rotswanden en donkere holen worden afgewisseld met het droge groen van de dalen, de vele rivieren en de watervallen. De meeste mensen komen hier om te wandelen, paard te rijden en zich als in het Wilde Westen te voelen. U kunt u al in Salvador aansluiten bij een excursie van verschillende dagen. Anders zijn er talrijke mogelijkheden voor excursies die vertrekken in Lençóis.

Morro do Pai Inácio

Atlas: blz. 26, D2

Vanuit Lençóis zal niemand een bezoek aan deze berg willen overslaan. Hij ligt slechts 25 km van het stadje en is hét kenmerk van de Chapada Diamantina. De berg ligt aan de doorgaande weg 242 naar het westen. U kunt hem zonder al te veel moeite in een halfuur beklimmen om boven op 1170 m hoogte van een fantastisch panorama te genieten.

Grotten

Een bezoek aan de verschillende grotten is een absolute aanrader, maar doe dit wel onder deskundige leiding. De **Gruta do Lapão** vlak bij Lençóis is een van de grootste kwartsgrotten van Brazilië. U kunt er 1 km in doordringen. De meeste grotten liggen echter bij

Iraquara, 82 km verder gelegen en bijgenaamd Cidade das Grutas (Grottenstad). De belangrijkste zijn de **Gruta da Torrinha** (uitgebreide formaties), **Lapa Doce** (40 m hoge tunnel en veel labyrinten), **Lapa do Sol** (met oude inscripties) en **Gruta da Pratinha** (met een onderaardse rivier waarin u kunt zwemmen).

Bij Itaité, een streek ongeveer 40 km van het stadje Andaraí, ligt een 42 m diep ondergronds meer, de **Poço Encantado** ('betoverde put'). Van april tot september verlicht een sterke bundel zonnestralen tussen 9 en 13 uur de bodem van het meer, wat sprookjesachtige weerspiegelingen veroorzaakt. Van december tot februari bewerkstelligt het maanlicht tussen 22 en 2 uur een vergelijkbaar schouwspel. Net zo'n ondergronds meer, maar kleiner en minder diep, de **Poço Azul** ('blauwe put'), ligt 67 km van Andaraí. U kunt de verschillende corridors zwemmend verkennen. De beste tijd ligt tussen februari en oktober van 12 tot 15 uur. Een gids en goede uitrusting zijn onmisbaar.

De Fumaçawaterval

Atlas: blz. 26, D3

Net zo beroemd als de grotten zijn de vele watervallen *(cachoeiras)* van deze streek. De indrukwekkendste is de **Cachoeira da Fumaça** in de Vale do Capão. Met een hoogte van 340 m is hij in Brazilië de waterval die het diepste naar beneden stort (vooral tijdens de regentijd van november tot februari interessant). De kracht van het water is zo hevig dat er zo'n dicht nevelgordijn ontstaat, dat alles in rook gehuld lijkt te zijn. Dit verklaart de naam *Fumaça* ('rook'). Boven kruipt u zo dicht mogelijk naar de afgrond, om alles goed te kunnen zien.

Wandelpaden

Vanuit Lençóis is een **eendaagse wandeling** uitgezet, die 6 uur lopen over wandelpaden en 2 uur klauteren over rotsen langs de rivier behelst. Onderweg komt u de kleine watervallen Cachoeirinha en Cachoeira da Primavera tegen, stopt u om te zwemmen in de Poço Halley, komt dan bij de Salão das Areias Coloridas met zijn kleurige zand, maakt u pret op de natuurlijke glijbaan van Ribeirão do Meio en belandt u uiteindelijk bij de waterval Cachoeira do Sossego met zijn roze rotswanden in een smalle kloof.

De wellicht boeiendste, maar ook zwaarste wandeling gaat over de **Trilha do Vale do Pati** (informatie over gidsen en overnachtingen bij de reisbureaus). Wie niet wil wandelen, kan dit gebied ook doorkruisen in een terreinwagen over een weg vol gaten en kuilen. Het 50 km lange pad verbindt het **Capãodal** met het stadje **Andaraí** en geeft een veelomvattend beeld van de landschappelijke eigenaardig-

Onderweg met de auteur

Lençóis

Het kleine diamantzoekersstadje **Lençóis** is nog echt idyllisch: morbide charme, tijdloosheid, half vervallen monumenten, een mooie ligging in een groene omgeving en slechts weinig toeristen, die de stad als uitvalsbasis kiezen voor excursies door Nationaal Park Chapada Diamantina (zie blz. 228).

Chapada Diamantina

Heel indrukwekkend is de **Cachoeira da Fumaça,** met 340 m de hoogste waterval van Brazilië (nov.–feb.). Een van de grootste kwartsgrotten van het land is de **Gruta do Lapão**. Het ondergrondse meer **Poço Encantado** betovert door de reflectie van het invallende licht. Zwemmen in de **Poço Azul** is een fantastische ervaring (zie blz. 228–231).

Nationaal Zeepark Abrolhos

Nergens anders ter wereld kunnen duikers zoveel soorten **koralen** bij elkaar zien: in totaal achttien. Een daarvan komt uitsluitend hier voor. Deze kan 25 m hoog worden en een doorsnee bereiken van 50 m. Ook de **zeefauna** van de archipel is uniek. Nergens in de zuidelijke Atlantische Oceaan zijn er zo veel soorten, het zijn er meer dan 1300 (zie blz. 232–233).

Tafelbergen en kloven in de Chapada Diamantina

heden van de Chapada Diamantina. Ongeveer 13 km van Andaraí ligt bovendien nog de geheimzinnige, half vervallen voormalige goudzoekerskolonie **Xique-Xique do Igatu**. Tot op heden herinneren nog vele van de 400 overgebleven inwoners van het spookdorp zich de talrijke avontuurlijke verhalen uit de goede oude tijd. Tegenwoordig is vrijwel alles verlaten en vervallen, maar toch staat er een goed hotel.

Internet: www.guialencois.com
Bahiatursa: Mercado Municipal, Lençóis, ma.–vr. 9–12 en 16–22 uur, za./zo. 10–12 en 18–22 uur. Overal is de folder *Trilhas e Caminhos* verkrijgbaar, waarin een uitstekende **kaart** is opgenomen. Zeer informatief is ook het **boek** *A visitor's guide to the Chapada Diamantina mountains*.

Portal Lençóis: Rua Chácara Grota s/n (Alto da Cidade), tel. 075-33 34 12 33, fax 075-33 34 12 33, www.portalhotel.tour.br/lencois. Het betere hotelcomplex met 84 kamers en bungalows, zwembad, fitnessruimte en joggingpad. R$340.
Hotel Canto das Águas: Av. Senhor dos Passos 1 (Centro), tel. 075-33 34 11 54, fax 075-33 34 12 79, cantodasaguas@gd.com. br. Charmant en comfortabel onderkomen, heerlijk gelegen aan de rivier, 44 kamers, werkelijk prachtig zwembad, voortreffelijk restaurant. R$200–320.

Pousada Vila Serrano: Rua Alto do Bonfim 8, tel. 075-33 34 14 86, fax 075-33 34 14 87, www.vilaserrano.com.br. Schitterend ecologisch complex met veel groen, charmante huisjes in koloniale stijl en smaakvol ingerichte kamers, geleid door een Zwitsers-Braziliaans koppel. R$130.

Terra Chapada: Praça Horácio de Matos 20, Lençóis, tel. 075-33 34 13 04, www.terrachapada.com.br. Een van de beste touroperators, 1- tot 7-daagse tochten naar alle attracties onder leiding van Engels- en Duitssprekende gidsen, tevens sportief en ecologisch toerisme, dag. 8–22 uur; daarnaast organiseren ook vrijwel alle *pousadas* excursies.

Vliegtuig: Lençóis beschikt over een vliegveld, waar toestellen uit Rio, São Paulo en Recife en van *Oceanair* (tel. 0300-7 89 81 60, www.oceanair.com.br) uit Salvador en Brasília (ma.–vr.) landen.

Bus: Van en naar Salvador met *Real Expresso*, tel. 075-33 34 11 12, 2–3x per dag, 6 uur, R$35. Wie hier vanuit Cachoeira naartoe wil, moet eerst terug naar Feira de Santana en daar overstappen; er rijden slechts twee bussen per dag, een 's middags, de andere 's avonds laat.

Parque Nacional Marinho dos Abrolhos

Atlas: blz. 24, F3
Het **Nationale Mariene Park van de Abrolhos** beslaat 910 km² en staat sinds 1983 onder bescherming. In het gebied liggen vijf eilanden. Het ligt op 70 km, respectievelijk 38 zeemijl voor de kust van de Bahiaanse kustplaats **Caravelas**, die dan ook het beste uitgangspunt is voor een verkenning van dit nationale park. Er vertrekken dagelijks maximaal vijftien kleine excursieboten, die een vergunning moeten hebben van de milieuorganisatie Ibama. Het is niet aan te raden op stap te gaan met individuele gidsen die niet door de overheid zijn erkend.

U kunt kiezen uit dagtochten (7.30–17 uur) in snelle *lanchas* (heenreis 2,5 uur) en tochten met overnachting aan boord in langzamere *saveiros* (heenreis 6–7 uur). Tussen de eilanden Redonda en Siriba wordt voor anker gegaan om te duiken. Het laatste eiland is het enige waar u aan wal mag gaan (er loopt een wandelpad van 1,6 km).

Ontstaan en naamgeving

De eilanden zijn ontstaan tijdens een vulkaanuitbarsting van ongeveer 50 miljoen jaar geleden, wat nog altijd te zien is aan de grillige rotsformaties, de steile kusten en de vele grotten. De Portugese ontdekkingsreizigers, en met name Amerigo Vespucci, vreesden de gevaarlijke riffen en waarschuwden voor de gevaren van schipbreuk met de kreet *abre os olhos* ('houd je ogen open'), waaruit de naam Abrolhos uit voortgekomen zou zijn.

Flora en fauna

De vegetatie op de eilanden is bepaald karig en bestaat voornamelijk uit laagblijvende grassen *(gramíneas)* en enkele palmen. De voornaamste attractie boven water zijn behalve enkele wilde berggeiten *(cabras)* de vele zeevogels. De belangrijkste zijn de krompotige jan-van-genten *(atobás)*, fregatvogels *(fregatas)* en roodsnavelkeerkringvogels *(rabos de palha*, ook wel *grazina* genaamd).

Onderwaterwereld

De meeste bezoekers zijn geïnteresseerd in avonturen onder water. De jongste onderzoeken wijzen uit, dat er nergens in de zuidelijke Atlantische Oceaan een dergelijke soortenrijkdom aan **fauna** is te vinden, meer dan 1300 soorten. U hoeft geen professionele duiker te zijn om deze te kunnen bewonderen. In de buurt van de eilanden is het water maar 6 m diep en kunt u uitstekend met snorkels uit de voeten. Het wordt iets moeilijker om de *Rosalina* te bekijken, een goed geconserveerd vrachtschip dat in 1939 op 2 km voor de eilanden is gezonken.

Een andere attractie wordt gevormd door de geweldige **koraalriffen** *(Mussismilia brasilensis)* die zijn gevormd uit een koraal dat uniek is voor dit gebied. De riffen hebben de vorm van paddenstoelen – heten daarom ook wel *chapeirões* – en kunnen bij een groei van 6 cm per eeuw (!) een hoogte bereiken van 25 m en een doorsnede van 50 m. Eenvoudiger koralen vindt u bij **Recifes das Timbebas**, een ideaal gebied voor duikers, dat slechts 11 km voor Alcobaça ligt. Er komen in totaal achttien verschillende soorten koralen in vele kleuren voor, wat een Braziliaans record is. Het meest gezien is het kogelvormige *Cérebro*-type van de species *Mussismilia*, die alleen in Brazilië voorkomt. Wat kleuren betreft is het vuurkoraal *(coral-de-fogos)* het interessantst. Het is echt niet noodzakelijk om te duiken om deze ocaanbewoners te kunnen bewonderen, vaak ziet u ze ook zo.

Nog indrukwekkender is de ongehoorde **rijkdom aan vis**: talloze scholen sardines *(sardinhas)*, tandbaars *(meros)*, schelvis *(badejos-quadrados)*, papegaaivissen *(peixes-papageio)*, engelvissen *(peixes-anjo)*, morenen *(moréias)* en af en toe groene zeeschildpadden. De zeer strenge natuurbeschermingsmaatregelen, zoals een vis- en vangstverbod, zorgen ervoor dat de vissen zo dichtbij komen, dat ze uit de hand eten. Nog een bijzonderheid van deze regio zijn de honderden zeldzame **bultruggen**, die tussen juli en november uit Antarctica naar het warmere water van Bahia zwemmen om daar te paren. Elk jaar zijn het er meer dan het jaar ervoor.

Bijzondere inwoner van P. N. Marinho dos Abrolhos: de zeeschildpad

De dieren zijn absoluut niet schuw, maar enige nervositeit is niet te loochenen als men de hand op de rug van een dergelijk, 16 m lange en tot 20 ton zware kolos legt. De dieren laten zich ook regelmatig bekijken vanuit een boot.

De beste **reistijd** is vanwege het betere zicht onder water (8–15 m) de zomer. Als u echter ook walvissen wilt zien, is november de beste maand van het jaar voor een bezoek aan dit gebied.

Abrolhos Turismo: Reisbureau, Praça Doutor Imbaffey 8 (Centro), Caravelas, tel. 073-32 97 11 49, fax 073-32 97 11 09, www.abrolhosturismo.com.br, dag. 7–19 uur. Naast bemiddeling voor accommodatie op het vasteland worden ook excursies aangeboden (zie Activiteiten hiernaast).

Aangezien u hoogstens één nacht in Caravelas zult blijven, kunt u het beste accommodatie zoeken aan de **hoofdstraat** Rua das Palmeiras/Av. Adalício Nogueira bij de kade, bijvoorbeeld in de zeer acceptabele **Pousada Liberdade**, nr. 1551, tel. 073-32 97 20 75, www.pousadaliberdade.com.br. 2 pk R$70.

Boottochten/onderwatersport: Aanbiedingen via Abrolhos Turismo (zie boven), dagtocht naar de Abrolhos (7.30–17 uur) voor R$200 p.p., incl. boottocht, uitrusting, leraar, 30–40 min. duiken en snacks; tevens tochten met overnachting.

Bus: De langeafstandsbussen rijden slechts tot Teixeira de Freitas, aansluiting naar Caravelas met *Brasileiro*, tel. 073-32 88 35 60, 5x per dag, 2,5 uur, R$10. Van Teixeiro de Freitas in noordelijke richting naar onder andere Ilhéus en Porto Seguro ook met *Brasileiro*. Van en naar de zuidelijk gelegen steden São Paulo, Belo Horizonte en Rio de Janeiro rijdt maatschappij *São Geraldo*.

6 Porto Seguro, Arraial d'Ajuda en Trancoso

Atlas blz. 24

In de buurt van Porto Seguro, Arraial d'Ajuda en Trancoso zetten de Portugese ontdekkingsreizigers onder leiding van Pedro Álvares Cabral op 22 april 1500 voor het eerst voet op Braziliaanse bodem. De gehele kuststrook werd op 22 april 1996 uitgeroepen tot 'museum'. De meeste toeristen komen hier echter eerder vanwege de mooie stranden en de vele feesten, dan vanwege het verleden.

Porto Seguro

Atlas: blz. 24, F1

Deze stad is de afgelopen tien, vijftien jaar uitgegroeid tot hét toeristische centrum van Bahia. Op maar twee uur vliegen van São Paulo worden hier 's zomers de overwegend jonge Paulistas en Cariocas bij bosjes per charter binnengevlogen, evenals talrijke bezoekers uit de rest van Zuid-Brazilië. Ook zijn er verschillende directe vluchten van en naar Europa. De infrastructuur is voorbeeldig. Het bloeiende stadje bestaat vrijwel uitsluitend uit *pousadas*, die langs de zee als paddenstoelen uit de grond schieten. Er komen steeds meer nieuwkomers bij: had het plaatsje in 1980 slechts 5000 inwoners, nu zijn het er al 95.000. Het massatoerisme speelt zich vooral af aan de enigszins verder weg gelegen stranden van de benedenstad *(Cidade Baixa)*. Niet veel mensen zijn bovenmatig geïnteresseerd in de bovenstad *(Cidade Alta)*, die echter een zeer bezienswaardige oude kern heeft.

Historisch centrum

Van de kruising Trevo do Cabral in de benedenstad (met het monument voor Pedro Cabral) loopt u snel over een paar trappen naar de bovenstad. Naast de ruïne van het eerste jezuïetencollege van de voormalige Portugese kolonie staat de goed bewaarde **Capela de São Benedito** (1549–1563), ook wel Igreja do Colégio dos Jesuitas genoemd. Een stuk verder, op een groot plein, verrijst de **Igreja de N.S. da Pena** (1535, uitgebreide verbouwing 1730). Op het hoofdaltaar onder het Christusbeeld kunt u het oudste heiligenbeeld van Franciscus van Assisi in Brazilië zien, dat in 1503 door Gonçalo Coelho werd meegebracht uit Portugal (9.30–18.30 uur, zo. gesloten).

Direct naast de kerk staat het Paço Municipal uit 1772. Destijds diende het als gevangenis, maar nu herbergt het gebouw het **Museu de Porto Seguro**. Met multimediale middelen wordt de geschiedenis van de 'ontdekking' van Brazilië getoond, waarbij vooral veel aandacht is besteed aan de ontmoeting van de indiaanse en de Portugese cultuur en gebruiken (dag. 9–18 uur). Midden op het plein staat het belangrijkste historische monument van de stad, de zogeheten **Marco do Descobrimento** (Gedenksteen van de Ontdekking). De marmeren zuil werd ofwel in 1503 door Gonçalo Coelho, ofwel in 1526 door Cristóvão Jacques naar Brazilië meegenomen.

Als u nog een stukje verder loopt, komt u bij de oudste bewaard gebleven kerk van Brazilië, de **Igreja N.S. da Misericórdia** uit 1526. Naderhand is de kerk in barokke stijl aangepast (7.30–17 uur). Een klein stukje terug hebt u van het hooggelegen *Centro histórico* een weids uitzicht over de kuststrook waar alles begonnen is.

Benedenstad

Het *festa* gaat hier het klokje rond, zoals u dat

verder alleen in Salvador aantreft. Overdag feest men op de stranden, 's avonds vooral in de **Passarela do Álcool,** die eigenlijk Av. Portugal heet en uitsluitend uit cafés, cocktailbars en kunstnijverheidswinkeltjes bestaat. Niemand kan hier om een *capeta* heen, een net zo sterke als smakelijke cocktail van *guaraná*, gecondenseerde melk, kaneel, ananas, wodka en ijs. Na een paar glazen (de werking wordt vaak onderschat) denken veel gasten dat dit kleine stadje het meest geanimeerde uitgaansgebied van Brazilië is. Voor elke avond is er een nieuw adres om te dansen en te feesten op het opzwepende ritme van de *axé* (zie blz. 236).

Stranden

Overdag trekt iedereen naar de gigantische *cabanas* op het strand, in het bijzonder van de **Praia de Taperapuã** 7 km verderop. Daar doen jongeren rijendik aan *lambaeróbica* of andere modieuze dansen, aangevoerd door professionele voordansers op speciale podia. Rustiger gaat het toe op de mooie stranden van **Rio dos Mangues** (9 km) en **Ponta Grande** (11 km). Het mooiste en meest authentieke strand, iets verder in noordelijke richting, is **Santo André**. Nog veel aantrekkelijker zijn echter de stranden die ten zuiden van Porto Seguro liggen, bij de naburige steden Arraial d'Ajuda en Trancoso (zie blz. 238–240). Deze zijn van Porto Seguro te bereiken via een asfaltweg (de verlenging van de *Linha Verde*), als ook met de veerboot en daarna 4 km over een zandweg.

Internet: www.portosegurotur.com.br
Toeristeninformatie: Praça Ribeiro Coelho, tel. 073-32 68 13 90, ma.–za. 9–21 uur.

In het hoogseizoen is het aan te raden te reserveren tussen 23 december en eind februari.

Vela Branca Resort Hotel: Av. Dr. Antônio Ricaldi 177 (richting stranden), tel. 073-32 88 23 18, fax 073-32 88 23 16, www.velabranca.com.br. Luxehotel naast het historische centrum met uitzicht over de stad, groot zwembad en sportvelden. R$170.

Onderweg met de auteur

Porto Seguro

In de nog zeer authentieke historische **bovenstad** krijgt u een goede indruk van de eerste vestiging in Brazilië door de koloniale heren. In de **benedenstad** is de speciale cocktail *capeta* in de **Passarela do Álcool** een absolute must (zie blz. 234–235).

Wandelen over droomstranden

Vanaf **Arraial d'Ajuda** kunt u bij eb over Pitinga en Rio da Barra naar Trancoso een **strandwandeling** maken. De weg voert langs verlaten droomstranden met kokospalmen en roze-paarse rotswanden (zie Activiteiten, blz. 239). 's Avonds gooit men in het hoogseizoen in Arraial d'Ajuda de remmen los. De meeste en beste cafés en restaurants liggen aan de **Estrada do Mucugê**, de weg naar het hoofdstrand. Ook de zogeheten **Broadway** werkt 's nachts nog altijd als een magneet (zie blz. 238).

Trancoso

Het bijzondere van Trancoso is niet alleen het bont gemengde modieuze publiek, maar de buitengewoon mooie **stranden**, die in vergelijking tot die van de buursteden nog fraaier zijn. Zo zijn bijvoorbeeld zowel het stadsstrand als het stuk bij Sítio do Rio da Barra (zie blz. 240) schitterend. 's Avonds komt iedereen elkaar weer tegen op de **Quadrado**. Op dit unieke plein vindt u allerlei soorten cafés en restaurants (zie blz. 240). Een absolute aanrader is een **dagtocht** via Caraíva naar Nationaal Park Monte Pascoal en een bezoek aan de Pataxó-indianen. Dit volk verwelkomde al in 1500 de Portugezen die hun grond 'ontdekten'.

Hotel Estalagem: Rua Marechal Deodoro 66 (rivieroever), tel./fax 073-32 88 20 95, www.hotelestalagem.com.br. Rustiek en kleurrijk hotel binnen historische muren, comfortabele en individueel ingerichte kamers. R$75, met veranda R$95.

Pousada do Alemão: Rua do Golfo 124, tel./fax 073-32 88 28 81, www.hotelpousadadoalemao.com.br. 15 kamers, centrale ligging. R$50.
Porto Seguro Hostel: Rua Cova da Moça 720 (richting stranden), tel. 073-32 88 17 42, www.portosegurohostel.com.br. Goed HI-hostel, hoewel het aan de weg ligt, met een klein zwembad. 2 pk R$50, slaapzaal 5/6 pers. R$24.
Camping Mundial Praia: Av. Beira Mar, KM 4, Praia de Mundaí, tel. 073-36 79 22 87. Comfortabel terrein met schaduw. R$18 p.p.

Anti$Caro: Rua Assis Chateaubriand 26, Centro, tel. 073-32 88 26 83, ma.–za. 19–24 uur (hoogseizoen ook 13–16 uur). Traditioneel restaurant in een oud huis uit de 18e eeuw, ingericht met antiek familiebezit van de uit Rio afkomstige eigenaars. De naam 'anti-duur' is slechts ten dele gerechtvaardigd: vis in champagnesaus kost R$65 (wel voldoende voor 3 pers.) en vleesgerechten liggen rond de R$40. Wel opgediend met zilveren bestek.
Pirata do Porto: Rua do Golfo 31, dag. 11–23 uur. Kent eveneens een lange traditie. Bekend om de smakelijke visgerechten, bijvoorbeeld *filét com molho de camarão* voor R$30.

Nergens in Brazilië vindt u zoveel winkels met bedrukte **T-shirts**. Een bijzonder origineel souvenir is een flesje met dé cocktail van de streek, ***capeta***, verkrijgbaar in de uitgaansstraat Passarela do Álcool.

Afgezien van de **Passarela do Álcool in het centrum** zijn de belangrijkste uitgaansgelegenheden de volgende grote (strand)tenten en amusementscomplexen, waar men juist op bepaalde avonden komt: **Axé Mói** (ma.), **Transilvánia** (di.), **Barramares** (grootste strandtent van Brazilië, wo.), **Tôa-Tôa** (do.), **Ilha dos Aquários** (een eiland in de Rio Buranhém, vr.) en **Alcatraz** (za./zo.). De volgorde kan wel eens veranderen, kijk voor de actuele stand van zaken op www. portonight.com.br.

Festa do Descobrimento (18–22 apr.): Ontdekking van Brazilië, opvoering van de eerste katholieke mis op Braziliaanse bodem, muzikale shows.

Boottochten: In een schoener naar de zandbanken en koraalriffen van Recifes de Fora; met stop om te zwemmen, op de riffen te klimmen (stevige schoenen nodig!) en te snorkelen. Duur 4 uur, R$20, veel aanbieders. Afvaart: Av. 22 de Abril/Av. Portugal.
Ecologische excursies: Aanbevolen is **Brazil Travel,** Av. 22 de Abril 186, tel. 073-32 88 18 24, www.braziltravel.com.br. Aangeboden worden boottochten op de Rio Buranhém, jungleverkenningen en een bezoek aan het indianen-

De droomstranden bij Porto Seguro nodigen uit tot ontspanning en vermaak

reservaat Jaqueira; Engels en Duits gesproken.

Vliegtuig: Het kleine vliegveld ligt 3 km ten noordwesten van het centrum, tel. 073- 32 88 18 77, verbindingen met alle grotere steden van Brazilië, transfer per taxi.

Bus: Het *rodoviária* ligt 2 km van het centrum; verbindingen met onder andere Belo Horizonte *(São Geraldo*, tel. 073-32 88 11 98, 2x per dag, reistijd 18 uur, R$110–135), Ilhéus *(Rota*, tel. 073-32 88 37 91, 4x per dag, 7 uur, R$40), Itacaré *(Rota*, tel. zie boven, 5x per dag, 7,5 uur, R$40), Rio de Janeiro *(São Geraldo*, tel. zie boven, 1x per dag, 18 uur, R$150), Salvador *(Águia Branca*, tel. 073-32 88 10 39, 1x per dag, 11 uur, R$110–165), Vitória *(Águia Branca*, tel. zie boven, 3x per dag, 11 uur, R$60–85).

Veerboot: Richting Arraial d'Ajuda, Praça dos Pataxós, vertrekt elk kwartier een veerboot, na 24 uur 1x per uur, 10 min., enkele reis gratis. Naar Arraial d'Ajuda is de veerboot de beste verbinding, naar Trancoso is de weg met de bus sneller, ondanks de 80 km; wel vaart *Águia Azul* ca. 1x per uur.

Arraial d'Ajuda

Atlas: blz. 24, F2
Vrijwel iedereen die tegenwoordig naar Porto Seguro reist, brengt ook een bezoek aan Arraial d'Ajuda, enkele kilometers ten zuiden van Porto Seguro en daarvan gescheiden door de Rio Buranhém (over te steken per veerboot). De naam van het stadje gaat terug op de beschermheilige, Nossa Senhora d'Ajuda, naar wie ook de kleine **jezuïetenkerk** (1549–1551) is vernoemd. Het water dat voor de bouw benodigd was, schoot plotseling tevoorschijn uit een bron in de buurt. Deze **Fonte Sagrada** ligt op de helling onder de kerk. Sindsdien is het *Água Santa* ('heilig water') het doel van een grote jaarlijkse bedevaart in augustus. Men gelooft dat wie uit de bron drinkt, steeds opnieuw terug zal keren naar Arraial.

Nog niet zo lang geleden was dit een slaperig stadje. Nu biedt het plaatsje de oudere buurstad Porto Seguro in elk opzicht stevige concurrentie. Er wonen slechts 11.500 mensen, maar daar komt elk jaar een veelvoud aan toeristen bij. In wat misschien wel de bontste badplaats van het land is, zijn er nog steeds hippiegemeenschappen uit de jaren zeventig, verdringen de rugzaktoeristen zich in reggaecafés en dwarrelen nudisten tussen natuurliefhebbers. Maar ook popsterren als Gal Costa, Caetano Veloso en Gilberto Gil en acteurs als Sophia Loren, Richard Gere en Robert de Niro streken neer in de chiquere *pousadas* met sauna en zwembad, de Franse en Japanse gourmetrestaurants of op de levendige **Praia de Mucugê**. Ook hier gaat de trend in de richting van het exclusieve en chique.

Arraial d'Ajuda bestaat vrijwel uitsluitend uit vreemdelingen, die uit andere delen van Brazilië of uit Europa zijn gekomen om hier *pousadas*, cafés, restaurants of kleine winkeltjes te openen. Vooral aan de **Estrada do Mucugê,** de weg naar het hoofdstrand (en daarom ook *caminho do mar* genaamd), staat het ene etablissement naast het andere.

Altijd gezellig is ook de **Broadway** tussen de Igreja de N.S. d'Ajuda aan de ene kant en de bruisende Praça São Brás aan de andere kant. Iedereen loopt elke avond heen en weer over deze 200 m lange promenade, onzeker over de vraag of hij zijn caipirinha nu staand of zittend, voor een geluidsbox met blues, jazz of reggae zal opdrinken. Aangezien men toch overal alles hoort, maakt het eigenlijk niets uit waar u gaat zitten. Het enige devies is: zien en gezien worden.

Wie daar geen zin in heeft, gaat rustig naar de **Blue Bar** in de Rua Bela Vista 54, drinkt enkel de beste cocktails en geniet van het mooie uitzicht (ma.–za. 16–24 uur).

Arraial d'Ajuda Eco Resort: Ponta do Apaga Fogo, tel. 073-35 75 85 00, fax 073-35 75 10 10, www.arraialresort.com.br. Groot hotel met de gezellige sfeer van een *pousada*, 120 suites, rustiek en toch elegant-luxueus, rijkelijk en met veel kleur ingericht met indiaanse kunstnijverheid. R$550.
Baixú Village Apart Hotel: Estr. do Mucugê 337, tel./fax 073-35 75 30 61, www.baixuvillage.com.br. Zeer luxueus en stijlvol, gezellige kamers (vooral de kleinere) met grote veranda's, bij het zwembad een sprookjesachtig uitzicht op zee. R$160.
Aurora Park: Estr. do Arraial 1619 (Praia de Araçaípe), tel. 073-35 75 10 01, fax 35 75 20 26, www.aurorapark.com.br. Mooi complex met 20 kamers aan het strand. R$120.
Pousada Cheiro Verde: Caminho da Praia 448, tel./fax 073-35 75 10 66, www.cheiroverde.com.br. 16 landelijk ingerichte en toch comfortabele kamers, vlak bij het strand van Mucugê (200 m) en de Broadway (400 m). R$75.
Arraial d'Ajuda Hostel: Rua do Campo 94, tel. 073-35 75 11 92, www.arraialdajudahostel.com.br. Een van de beste HI-hostels in Brazilië met zowel mooie kamers als zalen. 2 pk R$65–90, slaapzaal R$25–35 p.p.

Rosa dos Ventos: Alameda dos Flamboyants 24, tel. 073-35 75 12 71, do.–di. 17–24 uur. Klein, gezellig en romantisch met een fraaie tuin. Uitstekende keuken, waar men bijvoorbeeld *filét de badejo com abóbora e espinafre* (schelvis met pompoen en spinazie) voor R$40 voor u bereidt.

Erva-Doce: Caminho da Praia 200 (Pousada Erva-Doce), tel. 073-35 75 11 13, ma.–za. 14–24 uur, laagseizoen vanaf 17 uur. Rustieke inrichting, half open. Sushi en grillspecialiteiten voor R$20–35.

Manguti: Estrada do Mucugê 99, tel. 073-35 75 22 70, dag. 13–24 uur. Groot, traditioneel restaurant met een regionale keuken. Een populair gerecht is *nhoque com filé* (gnocchi met rundvlees). Gerechten variëren tussen R$15 en R$40.

N.S. d'Ajuda (6–15 aug.): Religieus feest ter ere van de beschermheilige van de stad, met bedevaart.

Rodeo (eerste weekend okt.): Populair ruiterfeest, met saloons en winkels uit het Wilde Westen.

Arraial d'Ajuda Eco Parque: Estrada do Arraial d'Ajuda 3499, tel. 073-35 75 15 00, dag. 10–17 uur (naseizoen afwijkend). Enorm wellnesscentrum en kuuroord. Volwassene R$40, kinderen 1–1,30 m R$22, tot 1 m gratis.

Boottochten: In een schoener naar Curuípe en Caraíva of in een catamaran naar het Nationaal Marien Park van de Abrolhos; reserveren in reisbureaus aan de Estrada do Mucugê, bijvoorbeeld Arco Íris Turismo, tel. 073-35 75 16 72.

Strandwandelingen: Van Arraial d'Ajuda via Pitinga en het strand van Rio da Barra naar Trancoso, langs verlaten droomstranden met kokospalmen en roze-paarse rotswanden, 2–3 uur (alleen bij laagwater).

Veerboot: Vanuit Porto Seguro kunt u het beste de auto- en personenveer nemen *(balsa)*, elke 15 min., vanaf 24 uur elk uur, overtocht 10 min., aansluitend 4 km naar het centrum (met de bus of te voet langs het strand of over de grote zandweg).

Trancoso

Atlas: blz. 24, F2
Hier gaat het er al veel rustiger aan toe. Het dorp van 6000 inwoners bestaat eigenlijk voornamelijk uit twee voetbalvelden, waarlangs twee rijen vrolijk geschilderde oude huisjes staan. Daarin zitten talrijke cafés, kunstnijverheidswinkels, restaurants en *pousadas*. Ervoor staat de kleine jezuïetenkerk São João Batista uit 1656. Toch blijkt dit plein, **Quadrado** genaamd, een enorme aantrekkingskracht op toeristen te hebben.

Onder de vakantiegangers valt het hoge aantal speciale subculturen op, of het nu om homoseksuele mannen en vrouwen gaat, om liefhebbers van punk en piercings, hasj- en cocaïnegebruikers, nudisten enzovoorts. Het toeristische profiel wordt daarnaast bepaald door het hoge aandeel buitenlandse bezoekers. Niet weinigen van hen vonden het dorp zo aantrekkelijk, dat ze er zijn gebleven en er zelf een *pousada*, café of restaurant zijn begonnen.

Aan internationale uitstraling en een zekere luxe op de met met nangka's *(jaqueiras)* beboste heuvels van Trancoso hoeft het u dan ook niet te ontbreken. Daarnaast is ook het oorspronkelijke karakter van het vroegere vissersdorp en dat van de hippiegemeenschap uit de jaren zeventig tot op heden merkbaar. Misschien ligt het geheim van de verbazingwekkende aantrekkingskracht van het magische plein wel aan deze combinatie van de teruggetrokken mythen van de jaren zeventig met de kosmopolitische geest van de jaren negentig. Elke avond kruipen in de cafés op het plein vreemdelingen, inwoners en passanten van diverse pluimage en met zeer verschillende budgetten dicht op elkaar, waarbij elke anonimiteit onmiddellijk overboord wordt gezet. Tenslotte heeft men elkaar al zo vaak gezien, misschien wel ontdaan van alle kleding op de Praia de Nudismo.

Het is echter van belang vast te stellen, dat er wellicht niemand naar Trancoso zou willen komen, als de **stranden** van dit gebied niet zo buitengewoon mooi waren. Het stadsstrand voor de oude pier, de Praia dos Nativos, is heel levendig en staat vol bars, iets wat intussen ook geldt voor de een stukje zuidelijker gelegen Praia dos Coqueiros. Niet ver weg ligt de Sítio do Rio da Barra, een landgoed onder de palmen met een *pousada*, bar en restaurant. Veel rustiger zijn de stranden in het zuiden, zoals Ponta de Itapororoca en Ponta de Itaquena. Bij eb kunt u wadlopen naar Arraial d'Ajuda (3 uur) en Praia do Espelho (4 uur).

Club Med Trancoso: tel. 0800-707 37 82 (gratis), fax voor reserveringen 021-25 43 95 85. Het eind 2002 geopende complex is het meest luxueuze van de drie Club Meds in Brazilië. Het ligt op een terrein van 27 ha, heeft 250 appartementen, restaurants, twee zwembaden, tennisbanen, een fitnesscentrum en biedt daarnaast mogelijkheden tot watersporten, een Mini Club Med voor kinderen en een kuuroord. R$700.
Pousada Estrela d'Água: Praia dos Nativos, tel./fax 073-36 68 10 30, www.estreladagua.com.br. Voormalige villa van zangeres Gal Costa, tegenwoordig een van de meest bijzondere *pousadas* van Brazilië, met een tropische tuin en een romantische sfeer; tevens uitstekend restaurant. R$580.
Pousada Capim Santo: Rua do Beco 55 (Quadrado), tel./fax 073-36 68 11 22, www.pousadacapimsanto.com.br. Zeer comfortabel onderkomen, 9 suites (met muskietennetten), tropische tuin, zwembad. R$160-200.
Pousada Calypso: Parque Municipal (bij de Quadrado), tel./fax 073-36 68 11 13, www.pousadacalypso.com.br. Royaal, parkachtig complex met felgekleurde huisjes, slechts weinig kamers, mooie veranda's, whirlpool. R$140.

Sabor da Bahia: Praça São João (Quadrado), tel. 073-36 68 14 23, dag. 12-22 uur. Populair restaurant aan het grote plein, binnen en buiten, bonte decoratie, ontspannen sfeer. Visgerechten ca. R$60, vlees *(picanha)* R$50 (voldoende voor 2 pers.).
Capim Santo: Praça São João (Quadrado), tel. 073-36 68 11 22, ma.-za. 17-22 uur. Een van de beste (vis)restaurants ter plaatse, rustiek, in een mooie tuin, behoort bij de gelijknamige *pousada*. Gerechten ca. R$45.
Sabor do Mundo: Parque Municipal (bij de Quadrado, naast Pousada Calypso), wo.-zo. 17-23 uur. Internationale kaart, Nederlandse leiding. R$35.

Trancoso heeft 's zomers een bruisend nachtleven, maar in het laagseizoen is vrijwel alles gesloten. Alleen de **Pára-Raio** blijft het hele jaar open, alle mogelijke muzikale richtingen, za. vaak live, op het voorplein van de Quadrado, dag. vanaf 19 uur. Bijzonder fraai in een palmentuin ligt de **Bossa Bar** van de hier wonende zangeres Elba Ramalho, goede muziek (MPB, *forró*, samba), vaak optredens van grote sterren, aan de Quadrado, dag. vanaf 22 uur (uitsluitend hoogseizoen).

Bus: Elk uur van 7 tot 19.30 uur naar Arraial d'Ajuda en Porto Seguro, reistijd 1 uur, R$6. De nieuwere route over de asfaltweg is sneller en comfortabeler.

Caraíva en Monte Pascoal

Atlas: blz. 24, F2 en E2
Zo'n 70 km ten zuiden van Arraial d'Ajuda, respectievelijk 42 km van Trancoso, ligt op een schiereiland het dorpje **Caraíva**. Het archaïsche gehucht van 800 zielen kent straten noch auto's en ook geen elektriciteit, maar wel enkele *pousadas* (met generatoren!) en enkele eenvoudige restaurants. De weg ernaartoe is niet eenvoudig, misschien kunt u daarom het beste een georganiseerde tocht per terreinwagen of buggy boeken. Dicht bij het eindpunt moet u uitstappen en met een boot of kano de Rio Caraíva oversteken om bij het dorp te komen. Het grote plein lijkt op de Quadrado van Trancoso, omgeven door lemen hutten en een kleine witte kerk. Eenmaal per jaar worden daar bij de geboortedag van het dorp alle huwelijken en dopen tegelijk afgehandeld. De weelderige mangroven en het fraaie, verlaten strand hebben een grote bekoring.

Onmiddellijk ten zuiden hiervan ligt het

Parque Nacional de Monte Pascoal met de 536 m hoge, gelijknamige berg. Op het strand daar, **Barra do Caí**, zetten de officiële ontdekkers van Brazilië onder leiding van Pedro Álvares Cabral op donderdag 22 april 1500 om 10 uur voor het eerst voet op Braziliaanse bodem. Ze werden met een broederlijke ceremonie begroet door de **Pataxós**.

Hun nakomelingen, nog ca. 500 gezinnen, wonen in de **Aldeia Barra Velha**. Zo'n 25 traditioneel beschilderde jonge indianen ontvangen hier toeristen uit de hele wereld, vertellen over hun geschiedenis, dansen, zingen en bieden typische gerechten aan. Zij ontvangen daarvoor 30% van de excursieprijs van R$120 p.p.

Het vruchtbare land rond de Monte Pascoal

De Cacaokust

Atlas blz. 26

Ongeveer halverwege Porto Seguro en Salvador ligt de sympathieke stad Ilhéus (220.000 inwoners) en 39 km verder naar het noorden de toeristische nieuwkomer Itacaré. De regio met veel schitterende stranden stond ooit bekend om zijn cacao, die voor grote welvaart zorgde. Tegenwoordig is men steeds meer afhankelijk van het toerisme.

Ilhéus

Atlas: blz. 26, E3

In 1746 werden de eerste cacaoplantjes ingevoerd uit het Amazonegebied. Zij deden het eeuwenlang erg goed en brachten de plaats grote welvaart. Het **Museu Regional do Cacau** in het centrum documenteert de geschiedenis van deze tak van economie (ma.-vr. 14–18 uur, dec.-mrt. ook 9–12 uur). Iets dergelijks krijgt u te zien in het nieuwere Museum van de Stadsgeschiedenis, ondergebracht in het neoclassicistische **Palácio Paranaguá** (1898–1907) aan de Praça J.J. Seabra. Bij een bezoek aan **Fazenda Primavera** (20 km in de richting van Itabuna, bezichtiging in groepen via reisbureaus) of de schitterende plantage **Fazenda Lagoa Pequena**, die sinds een bepaalde *telenovela* Renascer heet, krijgt u een goede indruk van de vroegere levensstijl van de cacaobaronnen. U kunt er zelfs overnachten (BA-262, 37 km in de richting van Uruçuca).

In 1989 tastte een uit het Amazonegebied afkomstige **schimmel** *(vassoura de bruxa* of heksenbezem) vrijwel de gehele oogst aan en veroorzaakte een zware crisis. Meer dan 30.000 gezinnen werden werkeloos en de sociale problemen van de ooit welvarende stad namen ernstige vormen aan, tot het stadsbestuur eindelijk het **toerisme** als bron van inkomsten ontdekte. Daarna werd alles te gelde gemaakt wat te doen had met cacao en de schrijver Jorge Amado, die hier een deel van zijn jeugd doorbracht (1926–1937).

De oude stad Jorge Amados

Sinds 2002 wordt het hele historische centrum Quarteirão Jorge Amado genoemd. Het woonhuis van de familie Amado uit 1920, op nr. 21 van de fraai gerestaureerde Rua Jorge Amado, noemt zich tegenwoordig **Casa de Cultura Jorge Amado** en dient als museum met foto's, documenten en boeken van zijn hand (ma.-vr. 9–12 en 14–18 uur).

Ook Amado's oude stamkroeg wordt druk bezocht, de legendarische **Bar Vesúvio** aan de centraal gelegen Praça Dom Eduardo. Het café werd enkele jaren geleden opnieuw ingericht nadat het van eigenaar was overgegaan, maar de oude charme is bewaard gebleven. Vrijwel iedere nieuwe bezoeker van Ilhéus drinkt hier zijn eerste caipirinha en ook het eten is van goede kwaliteit. De oude banketbakkerij uit 1856 werd na 1919 een traditioneel ontmoetingspunt voor cacaobaronnen en vormt de achtergrond voor een van de beroemdste romans van Amado, *Gabriela*. Dit is een portret van de cacao-industrie in de jaren twintig, en tegelijkertijd een meeslepende liefdesgeschiedenis tussen de eigenaar en de kokkin van de Vesúvio. De schrijver erkende dat alles voor hem was begonnen in Bar Vesúvio. Aan de muur hangt een door hem geschilderde opdracht, die getuigt van zijn verbondenheid met het café.

Drie kerken

Vanuit Bar Vesúvio kijkt u uit op de machtige **Catedral de São Sebastião** (1931–1967). Elk jaar vindt op de naamdag van Sint-Sebastiaan in januari de *Lavagem da Igreja* plaats, een Afro-Braziliaans ritueel, waarbij brandweermannen niet alleen de kerk, maar ook de uitzinnige menigte natspuiten (ma.-vr. 9- 11.30 en 14-18 uur, za./zo. 9-11 uur).

De oudste kerk van Ilhéus is de in 1556 voltooide en later verscheidene malen gerestaureerde **Igreja de São Jorge** aan de Praça Rui Barbosa. Deze herbergt een klein museum voor gewijde kunst. De stoep voor de kerk bestaat nog uit klinkers, die tijdens de jaren van voorspoed door cacao uit Europa zijn geïmporteerd.

De derde interessante kerk is de neogotische **Igreja N.S. da Piedade** uit 1916, die 's avonds stemmig met roze lampen wordt belicht. U kunt op deze hoger gelegen plaats (Alto do Ceará) genieten van een mooi uitzicht op de stad, de haven en de kust (dag. 8-18 uur).

Stranden en bronnen

De stranden van Ilhéus die dicht bij de stad liggen, de Praia da Avenida en Praia do Cristo, zijn flink vervuild. De noordelijke kuststrook heeft weliswaar een prachtig, 44 km lang strand, de **Praia do Norte**, maar dat is moeilijk toegankelijk en slecht ontsloten. Naar het zuiden voert daarentegen een moderne asfaltweg vlak langs de zee. Hier liggen kilometerslange schone stranden met kokospalmen en muziekbars.

De gezelligste (ten dele ook 's avonds) zijn de **Praia dos Milionários**, de aangrenzende **Praia Cururupe** en de stranden van **Batuba** en **Cai n'Água** bij het 19 km verderop gelegen Olivença. Een speciale attractie van dit laatste oord is ook het **Balneário de Tororomba**, een door een natuurlijke bron gevoed natuur- en kuurbad met mineraalhoudend water, dat geneeskrachtig zou zijn (alleen in het hoogseizoen, di.-zo. 8-17 uur, rechtstreekse bus uit Ilhéus).

De betoverde lagune

Een bijzonder dagtochtje, 34 km in tegenovergestelde, noordelijke richting, heeft als bestemming de **Lagoa Encantada**, waarover vele legenden de ronde doen. De lagune (15 km²) staat onder natuurbescherming, is omgeven door 437 ha Atlantisch regenwoud en kent een zeldzame flora en fauna. Alleen al de reis twee uur stroomopwaarts per boot over de Rio Almada is een klein avontuur, aangezien u volgens de legende muildieren zonder kop, weerwolven en drijvende eilanden kunt tegenkomen.

Onderweg met de auteur

Ilhéus

In de traditionele **Bar Vesúvio**, een voormalig trefpunt voor cacaoplanters, kunt u zich enigszins verplaatsen in de wereld van de jonge Jorge Amado, want dit was zijn stamkroeg. Dit is de beste plaats om zijn roman *Gabriela* te lezen, die zich vrijwel helemaal in deze bar afspeelt (zie blz. 242).

Stranden en bossen

Aanbevolen stranden zijn Batuba en Cain'Água, vlak bij Olivença 19 km ten zuiden van Ilhéus. Daar in de buurt ligt ook het **Balneário de Tororomba**, een openluchtbad dat door een natuurlijke bron wordt gevoed. Een dagtocht die zeer de moeite waard is, voert naar de **Lagoa Encantada**. Deze lagune, rond welke allerlei verhalen zijn gesponnen, ligt midden in het oerwoud (zie blz. 243).

Itacaré

In dit ecologische paradijs, dat pas sinds kort in de belangstelling is komen te staan, vindt u ideale omstandigheden voor natuurvriendelijk toerisme. De meeste van de vijftien stranden in deze gemeente zijn namelijk alleen te voet te bereiken. Echte **wandelavonturen** beloven de paden naar Prainha, São José, Arruda, Jeribucaçu, Engenhoca, Havaizinho en Camboinha (zie blz. 247).

i **Secretaria de Turismo (Setur):** Informatiekiosk, Praça Dom Eduardo, www.ilheus.ba.gov.br, www.jorgeamado.org.br, dag. 9-19 uur.

Lezen: *Gabriela* van Jorge Amado

De bekende schrijver Jorge Amado werd in 1912 op een cacaoplantage in de buurt van Ilhéus geboren. In *Gabriela* schetst hij een monument voor zijn geboortestreek. De roman gaat over de cacaohandel in de jaren twintig van de vorige eeuw, maar is ook een liefdesgeschiedenis tussen de kokkin en de eigenaar van de nog altijd bestaande Bar Vesúvio.

Onderstaande fragmenten maken duidelijk, waarom Jorge Amado ook wel de Boccaccio van Brazilië wordt genoemd. Zijn af en toe triviale liefdesroman en atypische, seksistische voorstelling van de 'gewillige mulattin' maakten hem bij de vrouwen van Bahia niet altijd even geliefd.

Toen het regenseizoen al twee weken voorbij was, viel de regen nog aldoor. De planters die verspreid in de stad woonden, hielden elkaar op straat staande, keken wild om zich heen, vroegen met bibberstem:

'Houdt dat dan nooit op?'

Sinds mensenheugenis had men niet zo veel water bij nacht en dag, zonder tussenpozen, uit de lucht zien vallen.

'Nog een week, en de oogst is naar z'n ouwemoer ...'

In dat jaar 1925 had de oogst zich uitzonderlijk goed voorgedaan, geweldiger dan in alle voorafgaande. Met de vaste hoge marktprijs van de cacao betekende dat welvaart, overvloed voor heel die streek. Lukte het, dan zouden de zonen van kolonels in de voorname hogescholen van de grote steden gaan studeren, magnifieke herenhuizen zou men optrekken langs nieuwe wandellanen, uit Rio zou men weelderige meubels laten aanrukken; het aantal winkels zou toenemen en in een wip beklant raken, de handel zou groeien en bloeien, de drank in kroegen en bars bij stromen vloeien, vrouwen uit alle hemelstreken aangesneld zouden hier belanden, de speelbanken zouden joelen van het hazardspel: kortom, het werd één en al vooruitgang, de fameuze civilisatie! [...]

De 'Vesuvius' was de oudste bar van de stad. Ze besloeg de benedenverdieping van een fraai huis op het pleintje tegenover zee, waar de kerk van Sint-Sebastiaan stond. Aan de overzijde van het plein had men kort voordien het nieuwe bioscooptheater 'Ilhéus' geopend. De 'Vesuvius' lag voortreffelijk buiten de winkelstraten, waar de drie voornaamste concurrenten van Nacib floreerden: Café Ideal, de bar 'Chic' en de 'Gouden Druppel'. Als de bar in verval geraakt was, dan kwam dat door de eerste eigenaar, de Italiaan, die bezeten was door de cacaoplantages en niets deed om klanten aan te trekken; zijn oude grammofoon lag in stukken, bedekt met spinnenwebben. De stoeltjes en tafeltjes waggelden, het biljartlaken was gescheurd. Het uithangbord, dat een vulkaan in werking voorstelde, hing onherkenbaar verbleekt. Nacib had het hele zootje voor een grijpstuiver gekregen. Toen de Italiaan verdween, nam hij alleen de kapotte grammofoon en zijn operaplaten mee.

Nacib liet alles fris opschilderen, kocht tafels en stoelen, speeltafeltjes voor triktrak en damspel, liet het biljart nieuw bekleden, en zette nog een reservebiljart neer achter in het zaaltje, waar gepokerd werd. [...]

Spoedig kwamen hele families opdagen, aangelokt door de ijsjes en vruchtensappen. Maar als Nacib tegen het borreluurtje zijn spe-

Thema

cialiteiten liet aanrukken, dan stroomden de klanten bij scharen naar binnen. [...]

Alles liep op rolletjes; en nu ging vandaag die stomme Filomena er vandoor. Wie moest haar vervangen? Het denkbeeld om de gezusters Dos Reis in dienst te nemen kon geen stand houden. [...] Hij moest vandaag absoluut een kokkin opschommelen die van alle markten thuis was, anders ... [...]

Nacib had dorst, hij ging in de keuken uit de waterkan drinken. [...] Hij bemerkte weer het pakje, waar een katoenen jurk en schoentjes in zaten, dat hij voor zijn keukenprinses had meegebracht. Hij nam het ter hand en aarzelde eventjes.

'Ik zal het op de drempel van haar kamer neerleggen', dacht hij ten slotte; 'dan ontdekt ze het morgenochtend als ze wakker wordt ...' [...]

De deur van Gabriela's kamer stond half open. Misschien vanwege de warmte. De oude Filomena had zich steeds achter drievoudige grendels verschanst: ze was bang voor dieven en vooral voor dieven die haar heiligenbeelden zouden wegkapen!

Nacib kon, door nieuwsgierigheid gedreven, niet nalaten binnen te stappen. Hij was hoogst opgewonden. [...]

Gabriela bewoog in haar slaap. De lappendeken bedekte haar nauwelijks. Uit haar gescheurde combination stak een van haar borsten half naar buiten. Nacib bemerkte weer die geur van anjelieren, hij was zo in de war, dat de grond onder zijn voeten leek te deinen. [...]

Hij legde het pakje aan de voet van het bed neer. In dat moment schokte Gabriela wakker en sloeg de ogen op. Nacib voelde zich zwaar beklemd, hij stotterde:

'Ik kwam u een cadeautje brengen. Ik ... ik wou het tegen uw bed aanzetten. Ik ... ik was net even binnengekomen.'

Gabriela had zich half opgericht, ze glimlachte:

'Dank u meneer. Gode lone 't u.' [...]

Nacib, die alle zelfbeheersing verloor, greep haar bij de armen. Zij trok hem tegen zich aan. En mompelend tussen haar kussen door kreunde de stem van Gabriela:

'Knappe jonge man ...'

In de kathedraal van Ilhéus worden Afro-Braziliaanse tradities in stand gehouden

Eden Village: Av. Antônio Lavigne KM 01 (São Domingos), tel. 073-36 39 70 04, fax 073-36 39 28 60, www.edenvillagebahia.com.br. Nieuw apart.hotel-*pousada* aan het mooie Noorderstrand richting Itacaré, vertrouwelijke sfeer, ook geschikt voor langer verblijf (8 aantrekkelijk gemeubileerde appartementen); gunstig gelegen voor gasten die zowel Ilhéus als Itacaré willen bekijken. R$110-200.

Hotel Praia do Sol: Praia do Sol (4,5 km in de richting van Olivença), tel. 073-32 34 70 00, fax 073-32 34 70 08, www.praiadosol.com.br. Smaakvol hotel met 102 aantrekkelijke kamers en zwembad aan een van de beste stranden. R$100.

Pousada Encontro das Águas: Av. 2 de Julho 393, tel. 073-36 34 87 46. Gezellig, eenvoudig hotel met 19 kamers, dicht bij centrum en zee, de badstranden liggen wat verder weg. R$50.

Boca du Mar: Av. Lomanto Júnior 15 (Pontal), tel. 073-32 31 32 00, www.bocadumar.com.br, di.-zo. 11.30-2 uur. Groot restaurant buiten aan de Baai van Pontal met mooi uitzicht op de stad. 's Zomers vaak concerten voor wel 5000 mensen. Internationale keuken, heerlijke specialiteiten met zeevruchten, bijvoorbeeld *mariscada* voor R$65.

Vesúvio: Praça Dom Eduardo 190, Centro, tel. 073-36 34 21 64, dag. 11-1 uur. Vroegere stamkroeg van Jorge Amado, ruimte binnen en tafels op de stoep; Arabische en Bahiaanse keuken (bijvoorbeeld goede *moquecas* voor R$40); vanaf 18 uur livemuziek, di. 21.30 uur opvoering van de liefdesgeschiedenis uit Amado's roman.

De 'cacaostad' verleidt met kleine, maar bepaald obscene souvenirs, die in heel Brazilië bekend en geliefd zijn – laat u verrassen (verkoopkiosk Praça Dom Eduardo, www.chocolatecaseiro.com.br, dag. 8-22 uur).

Excursies en avontuurlijke tochten: Het breedste aanbod, ook met Engelssprekende gidsen, heeft **Encantur**, Rua Jorge Amado 102, Edifício Ilhéus Empresarial, Centro, tel. 073-21 01 39 00, fax 21 01 39 39, www.encantur.com.br; ook een kantoor op het vliegveld, Loja 10, tel. 073-36 34 36 00; tevens verkoop van bustickets en reserveren van vluchten.

Boottochten: Naar Lagoa Encantada incl. baden onder een waterval, tel. 073-36 39 14 94, 9–17 uur, R$35 p.p., of over de Rio Engenho langs de mangrovebossen tot een dorp met een kleine kapel, tel. 073-36 32 30 34, ca. 4 uur, vertrek aan het einde van de Av. Lomanto Jr. Morro, R$15 p.p.

Vliegtuig: De luchthaven ligt 3,5 km naar het zuiden in de richting van Olivença, tel. 073-32 31 89 62. Vluchten van TAM, tel. 073-32 34 52 59, en BRA, tel. 073-32 31 99 98 (dag. naar São Paulo en Salvador).

Bus: Het *rodoviária* ligt 4 km westelijk, richting Itabuna, tel. 073-32 31 61 12; onder andere bussen naar Itacaré *(Rota*, tel. 073-36 34 31 61, vrijwel elk uur van 7 tot 21.45 uur, 1,5 uur, R$9), Porto Seguro *(Rota*, tel. zie boven, 4x per dag, 5,5 uur, R$35), Salvador *(Águia Branca*, tel. 073-36 34 41 21, 2x per dag, 7 uur, R$65).

Itacaré

Atlas: blz. 26, E3

Het kleine Itacaré (18.000 inwoners) is pas de laatste jaren 'ontdekt'. In het hoogseizoen zit de stad vol jongeren, surfers, prominenten en natuurliefhebbers. Zelfs dood gewaande hippiegroepen leven weer op in deze smeltkroes van subculturen. De toeloop is zo snel gegroeid, dat er op tijd weer aan de rem moest worden getrokken om het ecologische potentieel van de regio niet door nieuwbouw te verstoren. Gemeentelijke instanties en reisagenten zetten in op natuurvriendelijk toerisme, hoewel dat vaak niet zo lucratief is. Het is te hopen, dat de plaats zijn oorspronkelijke karakter zal weten te bewaren. Het stadje werd aan het begin van de 18e eeuw gesticht als missiepost. Alleen het oude centrum aan de haven rondom de Igreja de São Miguel uit 1723 herinnert nog aan die tijd.

Stranden

Itacaré heeft een naam opgebouwd onder surfers. Ook liefhebbers van strandwandelingen komen hier aan hun trekken. De vijftien stranden in de regio worden in drie groepen verdeeld. Centraal aan de *orla* liggen de drukke **Praias do Pontal, Coroinha** en **da Concha**. Hier mondt de Rio de Contas uit, die u vanaf de kade stroomopwaarts in vissersboten kunt bevaren. Ook raften is mogelijk. De tweede groep is gemakkelijk te bereiken via korte wegen en bestaat uit **Resende** (surfen), **Tririca** (populairste surfstrand), **da Costa** (surfen) en **Ribeira** (riffen en zoetwaterlagune). De derde groep ligt verder en is veel rustiger. De stranden **Prainha, São José, Arruda, Jeribucaçu, Engenhoca, Havaizinho** en **Camboinha** strekken zich uit tot aan de gemeentegrens van Ilhéus. Ze zijn voor een deel bereikbaar per minibus, maar u zou hier eigenlijk moeten lopen (neem een gids!). Het stuk oerwoud tussen Ribeira en Prainha (45 min.) is schitterend. Het laatste strand is trouwens een van de mooiste van Bahia. Wie dit paradijs opzoekt, zal als een Robinson Crusoe voor zichzelf moeten zorgen, want bars en restaurants zijn er nauwelijks.

Internet: www.itacare.com.br (informatie over accommodatie, restaurants, bezienswaardigheden en excursies).

Itacaré Eco Resort: Praia de São José, tel./fax 073-32 51 31 33, www.ier.com.br. Groot, ecologisch hotel op een voormalige cacao*fazenda*, 25 suites, restaurants en bars, surfstrand, sportmogelijkheden en excursies. R$650 (halfpension inbegrepen).

Sage Point: Praia de Tiririca, tel./fax 073-32 51 20 30, www.itacare.com. Rustiek complex met 11 kamers aan het beste surfstrand van Tiririca. Vanaf R$150.

Casarão Amarelo: Av. Castro Alves (Centro), di.–zo. 19–24 uur. Chic restaurant in oude villa met terras, de specialiteit van de Zwitserse kok heet *prato do chef suiço*, kip met rösti en wittewijnsaus. R$30.

Dedo de Moça: Rua Plínio Soares 26 (Centro), tel. 073-32 51 33 72, dag. 19–23 uur (hoogseizoen 16–24 uur, mei gesloten). Fraai ingericht romantisch restaurant met gekleurde lampen en terras, goede service; creatieve internationale (vis)gerechten met Aziatische invloed, bijvoorbeeld *peixe com castanhas* voor R$33.

Uitgaan gebeurt vrijwel alleen in het hoogseizoen, en dan vooral veel feesten in de strandtenten. Het hele jaar geopend is muziekrestaurant Mar e Mel, Praia da Concha, tel. 073-32 51 23 58, dag. 12–24 uur (laagseizoen 16–24 uur), do./za. 20–21 uur *capoeira*-shows, di./do./za. vanaf 21 uur live *forró*. Later op de avond gaan velen naar de havenpromenade, bijvoorbeeld naar discobar Casarão Amarelo. In *cachaçaria* Água Ardente, Rua Lodônio Almeida, kunt u zich onderdompelen in sterkedrank, bossanova en jazz, dag. 18–1 uur (laagseizoen ma./wo./vr.).

Strandwandelingen: Naar alle verder weg gelegen stranden moet u altijd een gids meenemen, bijvoorbeeld via Eco Trip, tel. 073-32 51 21 91, www.ecotrip.com.br. Routes: 1. Pad naar Prainha, vertrek 10 uur, terug 16 uur, R$25; 2. Pad naar Arruda en Jeribucaçu, vertrek 9 uur, terug 16 uur, R$35; 3. Vierstrandenpad (Engenhoca, Havaizinho, Camboinha en Itacarezinho), vertrek 10 uur, terug 16.30 uur, R$40.

Bus: Vanaf het busstation, tel. 073-32 51 22 00, regelmatig bussen naar Ilhéus (*Rota*, tel. 073-32 51 21 81, ongeveer elk uur tot 20 uur, 1,5 uur, R$8). Van Itacaré gaat er 1x per week een rechtstreekse bus naar Salvador (*Águia Branca*, tel. 073-36 34 41 21, alleen zo. 20.45 uur, 9,5 uur, R$65), van Ilhéus naar Salvador echter 3x per dag.

Het palmenstrand van Itacaré

De idyllische gelegen karmelietenkerk Igreja de N. S. do Carmo in Olinda

Het noordoosten

In een oogopslag: Het noordoosten

Tropische kuststeden en eindeloze stranden

Ten noorden van Bahia liggen verscheidene tropische kuststeden, die vooral bekoren vanwege het klimaat en de stranden. Volgens het reistijdschrift *Viagem* zijn hier zeven van de tien mooiste stranden van Brazilië te vinden. Het onder natuurbescherming geplaatste eiland **Fernando de Noronha** is het interessantst in milieuopzicht.

Naast Rio en Bahia zijn de reisbestemmingen aan de kust van het noordoosten al lange tijd zeer in trek. Hier vindt de vakantieganger alles wat de meeste mensen van Brazilië verwachten: palmen, stranden, zeebanket, altijd zon, folkloristische feesten en sympathieke mensen. Dit is de armste en meest achtergebleven regio van het land, maar toch heerst er een positief levensgevoel. De toeristische infrastructuur is voldoende ontwikkeld en maakt zowel een luxevakantie in dure resorts als een avontuurlijke, sportieve of ecovakantie mogelijk.

De bezienswaardigste stad is wel **Fortaleza** met een goede infrastructuur en enorme strandtenten. Een uitstapje naar **Canoa Quebrada** en **Jericoacoara** brengt u in een prachtig duinlandschap. Ook **Natal** wordt veel bezocht vanwege de duinen van Genipabu; een rondrit in een buggy is een onvergetelijke ervaring. De populairste strand- en uitgaanswijk is **Ponta Negra.**

Recife is niet meer zo in, wat komt door het vroegere sekstoerisme. Het niet bijzonder mooie stadsstrand van Boa Viagem wordt wel het 'Copacabana van het noordoosten' genoemd. Een bezoek aan deze streek is vooral interessant vanwege het belendende stadje

Olinda met zijn historische straatjes en oude kerken. Zo'n 70 km ten zuiden van Recife ligt het vakantieparadijs **Porto de Galinhas** met het grootste stuk palmenstrand van Brazilië.

João Pessoa is vooral in trek bij de Brazilianen zelf vanwege de mooie stranden en vele groenstroken. Ook **Maceió** is buiten Brazilië nauwelijks bekend. Dit is een zeer verzorgde stad met fantastische stranden, waar de bezoeker zich in Florida waant.

Een bezoek aan het vriendelijke en weinig toeristische **São Luís,** de stad van de *Festas Juninas*, is zeer aan te raden. De gerestaureerde oude stad is bijzonder gemoedelijk. Enigszins daarbuiten liggen prachtige, uitgestrekte stranden. Vanhier kunt u afreizen naar het 246 km zuidwestelijk gelegen Nationale Park **Lençóis Maranhenses,** een landschap met duinen en meren bij de oceaan.

Tips

De erotische sculpturen van Francisco Brennand (Recife): Het levenswerk van een door erotiek bezeten kunstenaar, die zijn fantasieën in meer dan 2000 beelden tot uitdrukking heeft gebracht (zie blz. 261).

Buggytour com emoçao (Natal): Ga met een buggy jakkeren door de duinen van Genipabu: ze zijn tot 30 m hoog; bij het racen naar beneden denkt u dat uw laatste uur is aangebroken – een onvergetelijk avontuur (zie blz. 279).

Hoogtepunten

8 **Olinda:** Barokjuweel uit de 16e eeuw met veel kerken, musea; bekend om zijn volksfeesten (zie blz. 266).

9 **Natal en Genipabu:** Eindeloos duinenlandschap, dat u kunt verkennen met een crossende buggy of een dromedaris (zie blz. 277).

10 **Fernando de Noronha:** Parel van de Atlantische Oceaan en het duikerseldorado van Brazilië: een onder natuurbescherming vallend eiland met dolfijnen, zeeschildpadden en een rijke onderwaterwereld als trekpleisters (zie blz. 282).

11 **Fortaleza:** De hoofdstad van Cearás met grote stranden en enorme danstenten aan de oceaan en prachtige bestemmingen in de omgeving (zie blz. 288).

Aanbevolen routes

Van Maceió naar de Praia da Pratagy en Barra de Sao Miguel: Met de bus komt u ten noorden van de stad via het vissersdorp Garça Torta bij de schitterende Praia de Pratagy en ten zuiden van de stad via Pontal da Barra en Praia do Francés bij Barra de São Miguel, waar u kunt zwemmen in een rivier (zie blz. 255).

Van Recife naar Porto de Galinhas: Met de bus of de buggy komt u 40 km ten zuiden van Recife bij de mooie stranden van Gaibu en Calhetas en nog 30 km verder in het strandparadijs Porto de Galinhas (zie blz. 264 en blz. 272).

Tours door Nationaal Park Lençóis Maranhenses: Boottochten en wandelingen door het uitgestrektste duinlandschap van Brazilië (zie blz. 303).

Reisplanning

Toeristen bezoeken zelden alleen het noordelijkste deel van het noordoosten en zelfs als ze dat wel doen, zijn er te veel steden om allemaal te verkennen. U hebt minstens een maand nodig om per bus of vliegtuig langs de kust te reizen van de ene belangrijke plaats naar de volgende, inclusief verblijf. Wie een rondreis door heel Brazilië plant, moet toch minstens een bezoek van 3–4 dagen aan een kuststad in deze regio brengen. Om het weer hoeft u zich niet druk te maken – de zon schijnt bijna het hele jaar door.

Maceió

Atlas blz. 26

Maceió ligt op een smalle strook land tussen de Atlantische Oceaan en verscheidene lagunes, vandaar de bijnaam Paraíso das Águas. Hier is geen tekort aan fantastische palmenstranden. Maceió is een nette, schone stad, waar veel leden van de Braziliaanse gegoede burgerij komen. De infrastructuur langs de moderne straten en boulevards is goed ontwikkeld.

Centrum van Maceió

Atlas: blz.. 26, F 2
Maceió (850.000 inwoners), de hoofdstad van Alagoas, is ontstaan nadat hier in 1815 een suikerfabriek werd opgericht. De tot op de dag van vandaag belangrijke suikerproductie (50% van het bruto nationaal product van Alagoas) en de export hebben de havenstad een zekere welvaart gebracht. In het niet erg aantrekkelijke, hectische centrum zijn echter maar weinig historische gebouwen bewaard gebleven.

De oudste kerk is de **Igreja de N. S. do Rosário** (1829), de grootste de **Catedral Metropolitana** (1859). Alleen de **Igreja Bom Jesus dos Martírios** (1881) aan het gelijknamige plein is echt het bekijken waard, vooral vanwege de voorgevel van Portugese *azulejos*. De **Mercado Municipal** in het Parque Rio Branco is interessant. Dit is een markthal met alle denkbare levensmiddelen, kruiden en oliën, waar een zeer volkse sfeer heerst. Ook het aan antropologie en folklore gewijde **Museu Théo Brandão** verdient een bezoek (di.-vr. 9-12 en 14-17, za.-zo. 15-18 uur).

Stranden

De topattractie van het tropische Maceió met een gemiddelde jaartemperatuur tussen 18 en 32 °C wordt gevormd door de palmenstranden en de meren. Het dichtst bij het centrum gelegen strand is de **Praia da Avenida,** dat in de jaren vijftig van de 20e eeuw nog zeer in trek was, tot daar een einde aan werd gemaakt door de toenemende vervuiling van de haven en de lozing van afvalwater. De stranden die nu het drukst worden bezocht, liggen ten noorden daarvan. Het eerste is de **Praia de Pajuçara,** vanwaar u bij eb met een *jangada* naar de 2 km voor de kust gelegen koraal- en zandbank kunt varen om u daar te verfrissen in de ondiepe poelen. Aan het eind van de Pajuçarabaai begint de kleinere **Praia de Sete Coqueiros**, met nauwelijks eet- en drinkgelegenheden, maar wel een kunstnijverheidsmarkt. De volgende stranden, **Ponta Verde** en **Jatiúca,** zijn de mooiste en populairste van de stad. Van het palmenbos dat vroeger zo groot was, is echter niet veel over; daar zijn bars, restaurants en hotels voor in de plaats gekomen.

De nabije omgeving

Atlas: blz. 26, F 2
Voor een rustiger ambiance moet u uitwijken naar de omgeving. Een van de vele bustours in noordelijke richting voert eerst naar **Garça Torta,** een klein vissersdorp op 9 km van Maceió. Dan volgt 4 km verder de **Praia de Pratagy,** die vanwege het beeld van een sirene op een rif ook wel Mirante da Sereia wordt genoemd. Samen met de 20 km noordoostelijk gelegen Sonho Verde en Garça Torta behoort dit tot de landschappelijk mooiste stranden van Alagoas, met een weelderige plantengroei

en door riffen beschermde natuurlijke poelen. Vanwege de kindvriendelijkheid stroomt het hier op zondag vol met gezinnen uit de stad.

Er worden ook bustours van het centrum naar het zuiden aangeboden. Na 4 km komt u in **Pontal da Barra**, het vertrekpunt voor een tocht met een traditionele schoener door de 23 km² grote **Lagoa Mundaú** met het karakteristieke donkere water, langs negen eilanden en met de mogelijkheid om te zwemmen bij Prainha of de Praia Verde. De lagunes van Maceió werken als grote filters van water. Alle rivieren van Alagoas komen hierdoorheen voor ze zich in de oceaan storten, wat de opvallende doorzichtigheid van het zeewater verklaart. Desondanks zijn de zuidelijke stadsstranden zeer vervuild, vooral door de giflozingen van de grootste chemiefabriek van Zuid-Amerika, PCA & Salgema. Dit industriecomplex uit 1977 is voortdurend onderwerp van polemieken en discussie en vanwege de fabriek heeft het toeristische centrum zich verplaatst van het zuiden naar het tegenwoordig welvarende noorden.

Alleen de mooie **Praia do Francés**, 24 km ten zuiden van het centrum, kan zich verheugen in een aanhoudende populariteit. De door palmbossen omzoomde weg ernaartoe langs het Ilha de Santa Rita vol lagunes en rivieren is landschappelijk zeer fraai. U komt langs dorpjes met de voor deze regio karakteristieke lemen hutten in de stijl van de vroegere slavenverblijven. Het prachtige strand bestaat uit een levendig stuk met *pousadas* en bars en uit een rustiger gedeelte. Vroeger werd hier door de Fransen de smokkel van brazielhout georganiseerd, vandaar de naam Praia do Francés. Enkele kilometers verder, in **Barra de São Miguel,** ligt een 9 km lang strand met eenvoudige bars en poelen. Er loopt een riviertje door het dorp met donkerbruin water, dat toch heel schoon is en waarin de lokale bevolking graag gaat zwemmen.

Secretaria de Turismo (Setur): Praia de Pajuçara, ma.-vr. 8-18, za.-zo. 8-20 uur; ook kantoren op de luchthaven en bij het busstation; 24 uur per dag geopend.

Onderweg met de auteur

Bezienswaardigheid

Maceió is helaas geen stad van cultuur, in het centrum is alleen de **Mercado Municipal,** echt een bezoek waard (zie blz. 254).

Stranden

De twee mooiste stadsstranden zijn **Ponta Verde** en **Jatiúca,** die net buiten het centrum liggen, maar zeer levendig zijn met veel bars (zie blz. 254).

Uitstapjes

Een tochtje met een *jangada* is een must. Deze oude **rubberboten** zijn trouwens op zichzelf al een attractie. In de regel vertrekt u van de **Praia de Pajuçara** en vaart naar een zandbank in de oceaan (zie blz. 254). Het stadje **Barra de São Miguel** heeft weliswaar een strand, maar de lokale bevolking geeft er de voorkeur aan om in het weekend een zitbad te nemen in een kleine **rivier** te midden van de weelderige natuur (zie blz. 255 en foto blz. 9).

Jatiúca Resort: Rua Lagoa da Anta 220 (Praia de Jatiúca), tel. 082-33 27 25 55, fax 3 55 21 21, www.hoteljatiuca.com.br. Beste hotel van de stad; 96 smaakvol ingerichte kamers, gelegen aan het strand, tropische ambiance. Reserveren via reisbureaus is doorgaans goedkoper; in het hoogseizoen is het vaak vol. R$350.

Hotel Praia Bonita: Av. Antônio Gouveia 943 (Pajuçara), tel./fax 082-32 31 25 65, www.praiabonita.com.br. Architectonisch in het oog vallend hotel met 20 enigszins kleine kamers (sommige met zicht op de oceaan) aan de strandboulevard. R$300.

Praia Hotel Sete Coqueiros: Av. Dr. Antônio Gouveia 1335 (Pajuçara), tel. 082-32 31 85 83, fax 082-32 31 74 67, www.setecoqueiros.com.br. Groot hotel aan de strandboulevard met 80 kamers die zicht op de oceaan bieden. R$220.

Alagamar Hostel: Rua Pref. A. Arroxelas 327 (Praia de Ponta Verde), tel. 082-32 31 22 46, a.j.alagamar@ofm.com.br. Grote jeugdherberg op 200 m van het strand en niet ver van het centrum, tweepersoonskamers R$50, slaapzaal met 6 bedden R$30 per persoon.

Império dos Camarões: Av. Antônio Gouveia 21 (Praia da Pajuçara), tel. 082-32 31 41 34, 11–24 uur. Mooi gelegen aan het strand, stijlvolle ambiance, goede keuken met zeebanketspecialiteiten voor rond R$50 (genoeg voor 2 personen).
Bar do Pato: Lagoa Maguaba (Massagüeira), tel. 082-32 60 70 48, wo.-za. 10–24, zo.-di. 10–18 uur. Goede schelp- en schaaldieren (krab) en vis *(bacalhau)*, befaamd om de eendgerechten, bijvoorbeeld in biersaus, voor R$20.

Het uitgaansleven is geconcentreerd in Jatiúca (bijvoorbeeld **Cachaçaria Água Doce**, Av. Álvaro Otacílio 3977, dag.) en Stella Maris (bijvoorbeeld **Mai Kai**, Rua Alfredo G. de Mendonça, do.-zo. vanaf 23 uur, dag. livemuziek).

Festas juninas (eind juni): Kleurrijk volksfeest, dat in het hele noordoosten wordt gevierd.
Maceiófeest (nov.): Een van de bruisendste canavalvieringen van Brazilië.
Maceiójazzfestival (nov.): Precies wat de naam belooft.
Iemanjáfestival (8 dec.): Feest ter ere van de zeegodin Iemanjá, Praia de Pajuçara, belangrijk voor de *candomblé*-religie.

Vliegtuig: Luchthaven Zumbi dos Palmares ligt 20 km ten westen van de stad, tel. 082-32 14 40 00, maatschappijen TAM, Varig en BRA, tegenwoordig ook internationale vluchten. Verder met bus *Aeroporto* of de taxi.
Bus: Het busstation ligt in de wijk Feitosa, 4 km ten westen van het centrum, tel. 082-32 21 46 15; verbindingen met onder andere Fortaleza *(Guanabara*, tel. 082-33 26 40 66, dag. 15.15 uur, 18 uur, R$105), João Pessoa (*São Geraldo*, tel. 082-32 23 35 60, di./do./zo., 6 uur, R$40), Natal (*São Geraldo*, tel. zie hierboven, dag. 21.30 uur, 9 uur, R$80), Recife *(Real Alagoas*, tel. 082-33 36 93 36, 12x per dag., 4,5 uur, R$35–45), Salvador *(Bomfim*, tel. 082-33 36 46 29, 4x per dag, 9 uur, R$50–70).

Vissers brengen toeristen met hun ***jangadas*** naar de zandbanken van Maceió

Recife en omgeving

Kaart blz. 259

Recife (1,4 miljoen inwoners) ligt verdeeld over drie eilanden in de rivieren Beberibe en Capibaribe. De stad met 39 bruggen en 50 tamelijk schone kanalen wil graag met Venetië worden vergeleken, want overal wordt reclame gemaakt met de geflatteerde bijnaam Veneza Brasileira. Lange tijd was dit de door buitenlanders meestbezochte stad van het noordoosten van Brazilië, totdat Salvador en Fortaleza hem voorbijstreefden.

Recife

Atlas: blz. 28, F 4
Vroeger gold Recife als het paradijs voor buitenlandse sekstoeristen, totdat de bezorgde vroede vaderen de oude stad lieten restaureren en een ander accent gaven om een nieuw, cultureel en historisch geïnteresseerd publiek te trekken. Dit ging maar ten dele op, want de meeste mensen voelden zich niet zo op hun gemak in de oude havenwijk. De kunst- en muziekscene is weliswaar hoog ontwikkeld en geldt als de meest avant-gardistische van het noordoosten, maar veel nieuwe bars hebben intussen te kampen met een gebrek aan bezoekers.

Nu probeert men de duivel met Beëlzebub uit te drijven en biedt een keer per maand een toeristische spooktocht door de engste hoekjes van de stad, onder het motto 'De geschiedenis anders' (boeken via het toeristenbureau). Dan woelt aan de oever van de Rio Capiberibe de *vira-roupas* de kleren van de wassersvrouwen door elkaar, zwerven in de Rua do Aurora zombies door de oude huizen, mompelt in het Teatro Santa Isabel een dood publiek in stille nachten, krijgt de passant in de Av. Mário Melo een trap van de *perna cabeluda* ('behaard been'), 'eet' in de Av. Conde da Boa Vista de *papa-figo* de levers van kinderen, dwalen vervloekte politici rusteloos rond door de oude paleizen en is het op de begraafplaatsen opeens een dolle boel. Veel van deze legenden hebben te maken met de grachten en de lugubere kaden, die hun oorsprong hebben in de kolonisering door de Hollanders.

Hollanders en Portugezen

De eerste vermelding van het vissersdorp met de naam **Ribeira do Mar dos Arrecifes** (later Recife genoemd) dateert van 12 maart 1537. De kolonisering begon echter pas in 1630 met de bouw van een fort door de Hollanders, die hier dezelfde geografische voorwaarden tegenkwamen als thuis en bovendien een haven op de plaats waar Zuid-Amerika het dichtst bij Europa lag. Het nieuwe bolwerk van de Hollanders in Brazilië werd Maurcéia genoemd naar de stichter, prins Johan Maurits (Mauricio) van Nassau (zie Thema blz. 390), en ontwikkelde zich in de 24 jaar van Hollandse overheersing snel van een dorp tot een kleine stad met 2000 huizen en 8000 inwoners. Tal van bruggen, grachten, forten, openbare gebouwen en paleizen leggen nog getuigenis af van deze tijd. Met de daling van de suikerprijzen op de wereldmarkt probeerden de koloniale heersers hun verlies goed te maken door belastingverhoging, welke provocatie werd bestraft door hen in 1654 uit Brazilië te verdrijven.

Voortaan waren de Portugezen hier heer en meester. De expansie van de havenstad zette zich voort zodat Recife in 1823 officieel tot

Onderweg met de auteur

Bezienswaardigheden in het centrum

De hoogtepunten bij een verkenning van Recife zijn de **Mercado São José,** zowel de hal zelf als de levendige markt, wellicht ook het toeristischer **Casa de Cultura,** maar vooral de bezienswaardigheden in de oude stad, zoals de **Rua do Bom Jesus** met zijn kakelbonte gevels (zie blz. 263).

Twee bijzondere oorden van kunst

Er is veel moois te zien in Recife, maar twee musea alleen zijn eigenlijk de reis erheen al waard. In het **atelier van Francisco Brennand** zijn duizenden erotische aardewerken beelden te zien (zie blz. 261). En in het **Museu do Homem do Nordeste** leert u alles over de suikerwinning, de slavenarbeid, de chique herenhuizen en de folklore (zie blz. 263). Bovendien is een wandeling door de gerestaureerde oude stad zeer de moeite waard (zie blz. 263).

Olinda

De kleine zusterstad van Recife, Olinda, heeft naast Ouro Preto in Minas Gerais de meeste barokke architectuur en kunst van het land te bieden. Een wandeling door het historische centrum van de stad, vaak de **culturele hoofdstad van Brazilië** genoemd, met af en toe schitterend zicht op groene heuvels en de skyline van Recife, is een must (zie blz. 266).

Uitstapjes in de omgeving van Recife

De mooiste natuur en stranden zijn een eindje buiten de stad te vinden. Bijzonder idyllisch is **Calhetas** (zie blz. 264). De badplaats **Porto de Galinhas** ligt verder weg. Nergens anders in Brazilië staan zoveel palmen, een oase waarin het aan geen enkele luxe ontbreekt (zie blz. 272).

stad werd verklaard. Vooral onder de regering van Francisco de Rego Barros (1837–1840) zagen tal van nieuwe bruggen, straten, havens en het Palácio do Governo het licht, en later het neoclassicistische Teatro Santa Isabel (1850). In de 19e en 20e eeuw ten slotte fungeerde het oude centrum van Recife, en in het bijzonder de wijk São José, als belangrijk podium voor intellectuele en politieke bewegingen.

Wandeling door het centrum

Forte das Cinco Pontas

Het uitgangspunt van onze wandeling door het centrum is de belangrijkste **vesting** 1 van Recife, die oorspronkelijk Fort Frederik heette; hier begon tenslotte in 1630 de koloniale geschiedenis van de stad. De stervormige constructie en de afmetingen van het bouwwerk vallen op; het fort bood plaats aan 8000 soldaten. Op de eerste verdieping is het **Museu da Cidade** 2 ingericht, het historisch museum van de stad met tal van foto's en kaarten (ma.–vr. 10–18, za.–zo. 13–17 uur).

Mercado São José

Nadat we het fort hebben verlaten, steken we meteen de hoofdstraat over, lopen 50 m naar rechts, slaan dan links de levendige winkelstraat Rua das Calçadas in en komen bij een ca. 1000 m² groot plein (Praça Dom Vital), waar het een drukte van belang is in de schaduw van de bomen. Direct hiernaast staat de prachtige oude **Mercado São José** 3**,** uit 1875, een van de eerste en mooiste metalen bouwwerken van Brazilië en nu een nationaal monument.

De afzonderlijke bouwelementen werden, geïnspireerd door de markthal van Grenelle en de Hallen van Parijs, vrijwel volledig uit Frankrijk geïmporteerd. Ondanks een verwoestende brand zijn de driedelige structuur en het uit Marseille afkomstige dak nog in oorspronkelijke staat bewaard. Het gebouw dient als vis- en vleesmarkt, met ook talrijke

Recife

COELHOS
BOA VISTA
SANTO ANTÔNIO
RECIFE ANTIGO
Rio Capibaribe
Rio Capibaribe
Parque 13 de Maio
Atlantische Oceaan
Igreja Santa Cruz
Igreja do Santíssimo Sacramento
Juridische Faculteit
Teatro Santa Isabel
Pça. da República
Palácio das Princesas
Palácio da Justiça
Igreja de Sto. Antônio
Igreja São Pedro
Igreja N.S. do Rosário dos Pretos
Av. Dantas Barreto
Av. Conde da Boa Vista
Av. Guararapes
Ponte da Boa Vista
Ponte Coelho Duarte
Ponte Princ. Isabel
Ponte Buarque Coelho
Ponte 12 de Setembro
Pte. Velha
R. dos Coelhos
R. São Gonçalo
R. da Sta. Cruz
R. Gervásio Pires
R. Rosário da Boa
R. Rego Melo
R. Sapiranga
R. Prof. C. Duarte
R. Dr. José Mariano
R. da Glória
R. Velha
R. da Alegria
R. Aragão
R. C. de Abreu
R. do Veras
R. da Conceição
R. da Matriz
R. do Hospício
R. da Imperatriz
R. Martins
R. 7 de Setembro
R. Corredor do Bispo
Av. Oliveira
R. Bispo
C. Ayres
R. do Príncipe
R. Riachuelo
R. Princesa Isabel
R. da Saudade
R. da União
R. da Aurora
R. Mamede Simões
R. João Lira
R. Lambari
R. São João
R. Floriano Peixoto
R. Barão da Vitória
R. Passo da Pátria
R. da Concórdia
R. da Palma
R. Tobias Barreto
R. Mq. do Herval
R. 24 de Maio
R. Frei Caneca
R. das Flores
R. Nova
R. M. de Albuquerque
R. Siqueira
R. Ulhôa Cintra
R. do Sol
R. Frei Henrique
R. do Forte
R. das Águas Verdes
R. do Jardim
R. Pe. Floriano
R. das Calçadas
R. Direita
R. João S. Major
R. Felipe Camarão
R. do Livramento
Rua do Penha
R. Frei V. do Salvador
R. do Fogo
R. Duque de Caxias
R. 1 de Março
R. Imp. Dom Pedro II
Av. Martins de Barros
Av. N. S. do Carmo
R. Estreita do Rosário
R. Coração de Maria
R. de Sta. Rita
R. Padre Munis
R. Antônio Henrique
Tr. do Macedo
R. do Porão
R. Bc. do Barroqui
R. da Praia
Cais da Alfândega
R. Madre Deus
R. da Moeda
R. Mariz e Barros
R. Mq. de Olinda
R. Álvares Cabral
Av. Rio Branco
R. do Apolo
R. da Guia
R. Bom Jesus
R. do Observatório
Av. Barbosa Lima
Praça do Marco Zero
Av. Alfredo Lisboa
0
250
500 m
N

Recife, Boa Viagem

Bezienswaardigheden

1 Forte das Cinco Pontas
2 Museu da Cidade
3 Mercado São José
4 Pátio de São Pedro
5 Casa da Cultura
6 Capela Dourada
7 Atelier Francisco Brennand
8 Ponte Maurício de Nassau
9 Rua do Bom Jesus
10 Sinagoga Kahal Zur Israel
11 Torre Malakoff
12 Museu do Homem do Nordeste
13 Boa Viagem

Accommodatie

1 Recife Palace Hotel
2 Jangadeiro
3 Hotel Aconchego
4 Hotel Boa Viagem
5 Albergue Maracatus do Recife

Eten en drinken

6 Bargaço
7 É
8 Casa de Banhos

kraampjes met kunstnijverheid, die hier goedkoper is dan in de toeristische winkels (ma.-vr. 5.30-18, za.-zo. 5.30-12 uur).

Pátio de São Pedro

Aan de andere kant van het plein lopen we de kleine Travessa do Mercado in, dan rechts de Rua Direita en meteen weer links de Rua São Pedro tot aan de **Pátio de São Pedro** 4, een heel mooi en populair plein, waaraan koloniale bouwwerken staan en ook de **Catedral de São Pedro do Recife** (ma.-vr. 8-11 en 14-16 uur).

Casa da Cultura

Nu lopen we door een steeg naar de hoofdstraat Av. Dantas Barreto, gaan een eind naar links en slaan bij het eerste stoplicht rechts de Rua Tobias Barreto in. Aan het eind daarvan komen we bij het **Casa da Cultura** 5 aan de Rio Capibaribe. Dit imposante Huis van de Cultuur in de vorm van een kruis is tussen 1855 en 1867 gebouwd en diende bijna een eeuw lang als gevangenis. Sinds 1975, na een complete restauratie, zijn in de voormalige cellen tal van winkels met kunstnijverheid en halfedelstenen ondergebracht, verdeeld over drie verdiepingen. De kleurrijke beelden van Baé en de vruchtenlikeur *jenipapo* zijn bijzonder in trek. Op de eerste verdieping van het Casa vindt u een eenvoudig, maar veelgeprezen restaurant, dat een bezoek waard is (ma.-za. 9-19 uur).

Capela Dourada

We verlaten het gebouw aan de andere kant en lopen dan naar rechts langs de oever van de rivier. Ter hoogte van de mooie, blauwe brug Ponte da Boa Vista slaan we rechts af en gaan de Rua Nova in, steken de grote Avenida Dantas Barreto over, lopen rechtdoor over de Praça da Independência tot aan de Rua Imperador Pedro II en daar naar links nog ongeveer 200 m verder tot aan de **Capela Dourada** (nr. 206) 6. De Vergulde Kapel is gebouwd tussen 1696 en 1724 en behoort toe aan de Ordem Terceira de São Francisco do Recife. De lambrisering is bijna volledig overtrokken met bladgoud, iets wat verder alleen in Salvador en Ouro Preto

Tip:
De erotische sculpturen van Francisco Brennand

De erotische beelden van Francisco Brennand waren in 1993 in de Kunsthalle van Berlijn te zien en sindsdien geniet de kunstenaar, die een jaar later de Internationale Gabriela Mistralprijs won, ook in Europa enige faam. Wie er nieuwsgierig naar is geworden, zal nu naar de wijk Várcea van Recife moeten gaan. Daar heeft Francisco Brennand, een van de belangrijkste beeldhouwers van Brazilië, zijn atelier en daar woont hij ook **7**.

Het eerste wat opvalt, is een grote exotische tuin die vol staat met honderden beelden te midden van fonteinen en tropische planten. Naast de tuin staat een voormalige baksteenfabriek met daarin nog veel meer werken. Wie hier niet naartoe wil wandelen, kan enkele van zijn beelden ook vanaf de kustboulevard in de oceaan bewonderen.

Het decoratieve van de beelden doet een vergelijking met Brennands grote voorbeeld Antonio Gaudí opkomen. Zijn thema is bijna altijd de erotiek van het vrouwelijke en het mannelijke lichaam, met een obsessieve benadrukking van de geslachtsdelen. Een dergelijk levenswerk van een door erotiek bezeten kunstenaar, die zijn krachtige fantasieën in meer dan 2000 beelden van aardewerk tot uitdrukking heeft gebracht, is nergens anders ter wereld te vinden.

Zijn filosofie vat hij zelf samen in een paar zinnen: 'Klei is een oorspronkelijk materiaal. Degene die het bewerkt, bevindt zich meteen in de wereld der archetypen, met al hun mythen en symbolen.' (Oficina Cerâmica Francisco Brennand, www.brennand.com.br, Av. Caxangá in de wijk Várzea, 16 km ten westen van het centrum, ma.-do. 8-17, vr. 8-16 uur, toegang R$5; u bereikt het atelier met de taxi of met bus 040 CDU/Várzia en de rest met de taxi).

voorkomt. Ernaast staat het **Museu Franciscano de Arte Sacra** (ma.-vr. 8-11.30 en 14-17 uur, za. 8-11.30 uur).

Oude stad

Nu gaan we 200 m terug over de Rua Imperador Pedro II, slaan links de Rua 1° de Março in, steken de oudste brug van de stad over, de **Ponte Maurício de Nassau** (1643) **8** en komen terecht in het op de oceaan gewonnen deel van de oude stad *(Recife Antigo)*, dat niet lang geleden is gerestaureerd. In het verlengde van de brug ligt de Avenida Marquês de Olinda. Bijna aan het eind van deze straat gaan we enigszins schuin naar links de nog historischer **Rua do Bom Jesus** **9** in, waar de huizen bij het restauratieproject Cores da Cidade (Kleuren van de Stad) kakelbont zijn beschilderd. Hun ontstaansgeschiedenis gaat terug tot de 17e eeuw. In de tijd van de Nederlandse bezetting (1630-1634) heette de straat Rua dos Judeus; hier stichtten Joden die van het Iberisch schiereiland waren verdreven, de eerste Joodse gemeenschap van Brazilië. De **Sinagoga Kahal Zur Israel** **10** (nr. 197) is de eerste synagoge van heel Amerika. Een klein eindje verder, aan de Praça do Arsenal, staat de in 2000 gerestaureerde **Torre Malakoff** **11**, een sterrenwacht uit de 19e eeuw. Vanaf het uitkijkplatform hebt u een mooi zicht op de oude stad (di.-zo. 15-20 uur). Aan het eind van het eiland komt u bij het **Forte do Brum** uit 1629, het oudste bouwwerk van de stad (di.-vr. 9-16, za.-zo. 14-16 uur).

Museu do Homem do Nordeste

Het **Museu do Homen do Nordeste** **12** (Museum van de Mensen van het noordoosten), 10 km ten noordwesten van de oude stad aan de Av. 17 de Agosto 2187 (Casa Forte), behoort tot de interessantste attracties die Recife te bieden heeft. Van de in totaal 12.000 objecten zijn er 4000 onderdeel van een permanente tentoonstelling, die op drie verschillende afdelingen de geschiedenis van de suikerrietteelt, van de

De miljoenenstad Recife
is gebouwd op drie riviereilanden

wooncultuur en van de folklore van het noordoosten van Brazilië behandelt.

In de eerste vleugel van het museum worden behalve het productieproces de vroegere producenten, namelijk de slaven, niet vergeten. Naast hun gereedschap zijn er ook de strafwerktuigen te zien waaronder ze te lijden hadden. In de tweede, aan de wooncultuur gewijde vleugel ziet u tentoongestelde voorwerpen die getuigen van de luxueuze levensstijl der suikerbaronnen. De derde vleugel behandelt folklore en religie. De bezoeker ziet kleurrijke praalwagens, beelden en kleding van Afrikaanse godheden *(orixás)*, speelgoed, beeldjes en dergelijke. Hier komen niet alleen enthousiaste schoolklassen, maar ook toeristen uit alle delen van de wereld (di.-wo., vr. 11–17, do. 8–17, za.-zo. 13–17 uur).

Strandbuurten en stranden

Boa Viagem

Atlas: blz. 28, F 4

Dit stadsdeel **13** is te beschouwen als de nieuwe stad van Recife, waar ook de toeristische infrastructuur geconcentreerd is. Het gelijknamige, 8 km lange strand wordt vaak vergeleken met de Copacabana. De huizen aan de boulevard, de in een boog lopende Avenida en het brede zandstrand vertonen inderdaad grote overeenkomsten, alleen zijn hier minder bars en restaurants dan in Rio. Het strand ligt er goed verzorgd bij en wordt alleen door een flink aantal volley- en voetbalvelden onderbroken. Surfen is overal verboden vanwege de kans op een aanval door een haai, ook zwemmen doen maar weinigen – en dan alleen op plaatsen die door een rif worden beschermd.

Gaibu en Calhetas

Atlas: blz. 28, F 4

Zo'n 40 km ten zuiden van Recife ligt het 3 km lange zandstrand van **Gaibu** met veel kleine bars en restaurants. De rustige oceaan is heel geschikt om in te zwemmen. Het aangrenzende strand van **Calhetas** is minder druk en wordt vaak gerekend tot de mooiste stranden van Brazilië. Het ligt aan een verlaten, kleine baai van slechts 200 m breed met een vissersdorp, een paar eenvoudige strandtenten en een schitterende plantengroei. Het schone oceaanwater is donkerblauw; hier komen vooral duikers en surfers op af. Nog 30 km verder komt u bij **Porto de Galinhas** (zie blz. 272).

Empetur: Informatietel., Engels gesproken: 081-32 32 84 09, www.empetur.com.br. Informatiebureaus op de luchthaven (24 uur per dag), op het busstation (dag. 7–19 uur), in de oude stad/Rua da Guia (dag. 9–23 uur), aan de Praça Boa Viagem (dag. 9–20 uur).

Recife Palace Hotel 1**:** Av. Boa Viagem 4070, tel. 081-40 09 25 00, fax 081-34 64 25 25, www.internacionalpalace lusim.com.br. Een van de beste luxehotels, mooi gelegen aan het strand. R$230.

Jangadeiro 2**:** Av. Boa Viagem 3114, tel. 081-34 65 35 44, fax 081-30 86 50 51, www.jangadeirahotel.com.br. Voortreffelijke prijs-kwaliteitverhouding aan het drukstbezochte deel van het strand. R$150.

Hotel Aconchego 3**:** Rua Felíx de Brito Melo 382 (Boa Viagem), tel. 081-34 64 29 89, fax 081-33 26 80 59, www.hotelaconchego.com.br. Eenvoudig maar schoon complex; binnenplaats, zwembad, veel groen en schilderijen; rustig gelegen, ca. 400 m van het strand. R$115–130 (de maar weinig duurdere kamers van het type A zijn beduidend beter).

Hotel Boa Viagem 4**:** Av. Boa Viagem 5000, tel. 081-33 41 41 44, fax 081-33 41 45 17, hotelboaviagem@bol.com.br. Ruime kamers met veranda en zicht op de oceaan; groot voormalig luxehotel. R$75.

Albergue Maracatus do Recife 5**:** Rua Maria Carolina 185 (Boa Viagem), tel. 081-33 26 12 21. Jeugdherberg met grote slaapzalen (4–8 bedden), gunstig gelegen. R$ 22 per persoon.

Bargaço 6**:** Av. Boa Viagem 670 (Praia de Pina), tel. 081-34 65 18 47, 12–24 uur. Een van de beste visrestaurants van de stad. Stijlvolle ambiance, ook Bahiaanse keuken, bijvoorbeeld *moqueca de camarão* (garnaalschotel met kokos, R$ 50.

É 7**:** Rua Atlântico 147, tel. 081-33 25 93 23, di.–za. 20–1.30 uur. Mooie bistro met de sfeer van een lounge. Krachtige roodtinten, banken en indirecte belichting. Er hangt geen bord met de naam, maar È is te herkennen aan de grote houten schuifdeuren; creatief bereide gerechten, zowel regionaal als Frans en Aziatisch. Rond R$30.

Casa de Banhos 8**:** Arrecifes do Porto (Pernambuco Iate Clube, bij Praia do Pina), tel. 081-30 75 87 76, wo.–za. 11–24, zo. 11–20 uur. In de oceaan, boven een rif, met zicht op de oude stad; vis, schelp- en schaaldieren. Rond R$35.

Sinds de opknapbeurt van *Recife Antigo* hebben hier enkele mooie bars hun deuren geopend. Ook goed: de **Depois Dancing Bar,** Av. Rio Branco 66, livemuziek, publiek vanaf 30 jaar, vr.–za. vanaf 21 uur, R$18. In Pina, de wijk naast Boa Viagem, is **Boratcho** het interessantst, Av. Herculano Bandeira 513, Galeria Joana d'Arc, biertuin, goed gemixte muziek, di.–zo. vanaf 19 uur, elke do. van sept. tot feb. populaire zomerparty's.

Carnaval (feb.i): Langdurigste carnaval ten zuiden van de evenaar, tot aan het einde van de maand. Zaterdag een 5 km lange optocht van het Bloco Galo da Madrugada met veel *trios elétricos* en 1,5 miljoen deelnemers *(Guinness Book of Records)*. Andere feesten op ca. 50 plaatsen, waaronder *Recife Antigo* en Boa Viagem.

Festa do Ániversário da Cidade (12 mrt.): Straatfeest ter herdenking van de stichting van de stad, *Recife Antigo*.

Recifolia (eind okt.): Extra carnaval.

Encontro dos Maracatus (nov.): Festival met *maracatu*-groepen.

Iemanjáfestival (1–8 dec.): Feest ter ere van de zeegodin Iemanjá.

Boottocht op de Rio Capibaribe, tel. 081-34 24 28 45. De catamaran Pours vertrekt elke dag van de haven van *Recife Antigo* en vaart in 2 uur langs vele bezienswaardigheden.

Veneza Water Park: Av. Claudio Gueiros Leite 10050 (Maria Farinha Paulista), tel. 081-34 36 63 63, www.venezawaterpark.com.br. Groot waterpretpark. Volwassenen R$40, kinderen 1–1,40 m R$30, onder 1 m gratis.

Het strand bij Boa Viagem wordt gezien als de 'Copacabana van het noordoosten'

Vliegtuig: Het moderne Aeroporto Internacional do Recife Guararapes, tel. 081-34 64 41 88, ligt 11 km van het centrum; luchthavenbus *Aeroporto* naar Boa Viagem (om de 20 min.) of per taxi (bijvoorbeeld Recife Taxi, tel. 081-34 23 13 13).
Bus: Busstation TIP ligt in Curado, 15 km ten zuidwesten van het centrum, tel. 081-34 52 11 03; verbindingen met onder andere Fortaleza (*Guanabara*, tel. 081-34 52 21 00, 3x per dag, 12 uur, R$80–120), João Pessoa (*Progresso*, tel. 081-34 52 30 79, of *Bonfim*, tot 19.30 uur elk halfuur, 2 uur, R$20), Maceió (*Real Alagoas*, tel. 081-34 52 15 11, 12x per dag, 4,5 uur, R$33-45), Natal (*Progresso*, tel. zie onder, 9x per dag, 4,5 uur, R$45), Salvador (*Itapemirim*, tel. 081-34 52 25 00, dag. 18.45 uur, 12 uur, R$120).
Huurauto: Onder andere Alpi, tel. 081-33 41 25 05, 5 min. van de luchthaven.
Metro: Verbinding tussen *Recife Antigo* en het busstation, dag. 5–23 uur.

8 Olinda

Kaart: blz. 268
Olinda (368.000 inwoners), dat maar 6 km van Recife ligt, telt 22 goed bewaard gebleven kerken, 11 kapellen en talrijke oude villa's met moorse balkons en Portugese *azulejos* – één enkel museum, een openluchtmuseum, dat in 1982 door de Unesco is uitgeroepen tot werelderfgoed en in 2000 de titel 'cultuurhoofdstad van Brazilië' kreeg. Alleen Ouro Preto (Minas Gerais) is hiermee te vergelijken.

Verder heeft deze soms wel het 'Montmartre van Brazilië' genoemde stad, naar de 19e-eeuwse bohemienwijk in Parijs, nog een hele reeks ateliers, galeries en markten te bieden en vinden er folkloristische evenementen plaats, vooral tijdens het Frevocarnaval, dat als het kleurrijkste en creatiefste straatcarnaval van Brazilië wordt beschouwd.

Afbeeldingen van heiligen in het belangrijke Convento de São Francisco in Olinda

Geschiedenis

De eerste hoofdstad van Pernambuco werd in 1537 gesticht door de Portugees Duarte de Coelho. In 1551 kwamen de jezuïeten, in 1577 de franciscanen en in 1580 de karmelieten. Tijdens de bezetting door de Hollanders (1630–1654) werden veel gebouwen platgebrand, maar die zijn later, deels in uitgebreide vorm, weer opgebouwd.

In 1710 ontstond er een gewapend conflict *(Guerra dos Mascates)* met de naburige havenstad Recife, waarbij de suikerbaronnen van Olinda de politieke opmars van de burgerlijke kooplieden *(mascates)* wilden verijdelen. Olinda, dat zonder eigen toegang tot de oceaan economisch in het nadeel was, moest al spoedig ook zijn rol als hoofdstad afstaan aan Recife en zou voortaan alleen nog een uniek monument van vergane glorie zijn.

Kleine wandeling door de stad

U kunt het beste per taxi naar een hoger gelegen punt in de stad gaan, dan hoeft u later alleen maar bergafwaarts te lopen. Ga dus meteen omhoog door de Rua de São Francisco naar de eerste bezienswaardigheden, het **Convento de São Francisco** en de **Igreja N. S. das Neves** 1. Dit geheel uit 1585 is een van de oudste en belangrijkste complexen van de franciscanenorde in Brazilië. Vooral de *azulejos* op de muren van de kerk en op de binnenplaats van het klooster, en de talrijke plafondschilderingen in het schip springen eruit (ma.–vr. 8–12 en 14–17, za. 8–12 uur).

U gaat nog een klein stukje omhoog naar de Rua Bispo Coutinho en ziet algauw de mooi op een heuvel gelegen, sobere jezuietenkerk **N. S. da Graça** (1552) 2. Even later bereikt u de belangrijkste kerk van de stad, de oude **Igreja da Sé** 3 (1537, in 1656 gerestaureerd). Dit lijkt een eenvoudige kerk, maar is wel de zetel van de aartsbisschop van Recife en Olinda (ma.–za. 8–12 en 14–17 uur).

Hierboven, op de **Alto da Sé,** hebt u het mooiste zicht op de zusterstad Recife; bijna niemand houdt hier niet even halt om de verplichte foto te maken. Dit is het meest centrale plein van de *Cidade Alta*, waar de talrijke feesten en festivals plaatsvinden, onder andere elke zondagavond.

Een paar passen verderop ziet u aan de rechterzijde van de straat het voormalige bisschoppelijk paleis met het **Museu de Arte Sacra** 4 (ma.–vr. 9–12.45 uur). U gaat verder rechtdoor en komt na een bocht naar links bij de **Igreja N. S. da Misericórdia** 5 (1540, in 1631 verwoest, vanaf 1654 gerestaureerd) met een fraaie kansel, verguld houtsnijwerk, *azulejos* en kleurrijke plafondschilderingen in laatbarokke stijl (ma.–za. 8–12 en 14–17 uur). Ook hier geniet u van een bijzonder mooi uitzicht op Olinda en Recife.

Loop nu omlaag en ga dan naar rechts de Rua Prudente de Morais in en meteen weer naar rechts de Rua do Amparo in. In het huis op nr. 59 is het **Museu do Mamulengo** 6 ondergebracht, een hoogst interessante tentoonstelling van allerlei geliefde personen uit het poppentheater, de oudste uit de 19e eeuw (di.–zo. 10–17 uur). Dan gaat u weer terug en verder door de Rua 13 de Maio tot aan de oude gevangenis van de Heilige Inquisitie, het huidige **Museu de Arte Contemporânea** 7, een museum voor hedendaagse kunst (di.–vr. 8–12.30, za.–zo. 14–17 uur).

Nu gaat u de eerste straat rechts in tot u aan het eind links de toren van de **Igreja de São Sebastião** 8 ziet. Deze kerk is alleen za. van 17 tot 19 uur geopend voor de mis en vanbuiten niet opvallend mooi. Des te fraaier echter zijn de kleurrijke huizen aan de **Rua 15 de Novembro** 9, waarin u een stukje omhoogloopt voor u rechts afslaat de Rua São Bento in. Daar komt u bij een buitengewoon mooi benedictijnenklooster uit 1582, een van de topattracties van Olinda.

Het **Mosteiro de São Bento** 10 werd, nadat het door de Nederlanders in 1631 in de as was gelegd, in de tweede helft van de 17e eeuw opnieuw opgebouwd; het huidige interieur dateert van de tijd na 1750. De koorkapel wordt beschouwd als een van de mooiste van Brazilië. Vanaf de ingang ziet u aan beide zijden verscheidene muurschilderingen met afbeeldingen van heiligen, die pas in 1908 vanuit het Zuid-Duitse München hierheen zijn vervoerd. De kloosterkerk uit 1761 behoort vanwege de

Olinda

Bezienswaardigheden

1 Igreja N. S. das Neves
2 N. S. da Graça
3 Igreja da Sé
4 Museu de Arte Sacra
5 Igreja N. S. da Misericórdia
6 Museu do Mamulengo
7 Museu de Arte Contemporânea
8 Igreja de São Sebastião
9 Rua 15 de Novembro
10 Mosteiro de São Bento
11 Igreja de Santo Antônio do Carmo

Accommodatie

1 Pousada do Amparo
2 Pousada dos Quatro Cantos
3 Olinda Hostel

Eten en drinken

4 Goya
5 Mourisco

schilderingen en decoraties tot de belangrijkste voorbeelden van de laatbarok in het noordoosten van Brazilië (ma.–zo. 8–10.45 en 13.30–18 uur).

De wandeling nadert haar einde. Nadat u een stukje over de Rua 27 de Janeiro omlaag bent gelopen naar de Praça João Alfredo, gaat u rechts verder door de Avenida da Liberdade en ziet u rechts op een heuveltje de oudste karmelietenkerk van Brazilië, de **Igreja de Santo Antônio do Carmo** 11. De kerk dateert van 1580, maar viel ten offer aan de door de Nederlanders veroorzaakte grote brand en werd in 1720 gerestaureerd. Alleen het altaar uit de 16e eeuw en het renaissanceportaal getuigen nog van het oorspronkelijke ontwerp (ma.–vr. 8–12 en 14–17 uur). Daarna komt u bij de Praça do Carmo en is er een eind gekomen aan de rondwandeling.

Informatiestand: Praça do Carmo, tel. 081-33 05 10 48, www.olinda.pe.gov.br, ma.–vr. 8–12 en 13.30–17 uur.

Pousada do Amparo 1**:** Rua do Amparo 199, tel. 081-34 39 17 49, fax 081-34 29 68 89, www.pousadadoamparo.com.br. Nette koloniale villa uit de 18e eeuw met 11 verzorgde en gezellige kamers, sommige met een panoramisch uitzicht; rijk geornamenteerd met schilderijen en andere kunstwerken, mooie tropische tuin, gerenommeerd restaurant, zwembad, sauna. R$250.
Pousada dos Quatro Cantos 2**:** Rua Prudente de Morais 441, tel./fax 081 34 29 02 20, www.pousada4cantos.com.br. Fraai villacomplex in de oude stad, daterend uit het begin van de 19e eeuw, met artistieke decoratie, 20 gezellige kamers, zwembad, bomen, weids uitzicht, aangename sfeer en Engelssprekend personeel. R$120.
Olinda Hostel 3**:** Rua do Sol 233 (Carmo), tel. 081-34 29 15 92, fax 081-34 39 19 13, www.alberguedeolinda.com.br. Goede jeugdherberg van de HI-keten, gevestigd in een klein koloniaal huis, tuin met hangmatten, zwembad met zonnedek. Tweepersoonskamer R$65 en kamers met 4–6 bedden R$22–28 per persoon.

Goya 4**:** Rua do Amparo 157, tel. 081-34 39 48 75, ma.–za. 17–24, zo. 12–24 uur. Hier eet u heel chic te midden van artistieke objecten. De koks zelf zijn ook kunstenaars en toveren de heerlijkste visgerechten tevoorschijn voor rond R$30.
Mourisco 5**:** Praça João Alfredo 7 (Carmo), tel. 081-34 29 13 90, 12–15 en 19–23 uur. Restaurant op de 1e verdieping, folkloristische ambiance (zelfbediening in de tuin) en een voortreffelijke keuken, zoals *camarão gratinado* (gegratineerde garnalen) voor R$33.

Rua do Amparo: Straat vol galeries in het historische centrum (nr. 215: schilderijen van Peter Bauer, nr. 199: galerie, nr. 159: textielschilderingen, nr. 135: keramiek en schilderkunst).

De kunstscene komt graag in de **Bodega de Véio**, Rua do Amparo 212, ma.–za. 8–23, zo. 9–14 uur (za. straatfeest met livemuziek). Het gaat er volkser aan toe in **Grémio Preto Velho**, Alto da Sé, vr.–zo. 8–2 uur; *maracatu*-ritmen, reggae en samba; prachtig terras met uitzicht. De populairste disco van Olinda is **Virgulino Cachaçaria**, Rua do Sol 319, wo.–zo. vanaf 23 uur. Befaamd zijn de **maneschijnfeesten** *(luar de Olinda)*, elke vr. vanaf 21 uur op de Praça de São Pedro, daarna een optocht met serenades.

Carnaval (feb.): Het bijzonderste carnaval van heel Brazilië. Het is vol tovenarij, folklore en fantasie; u hoort *frevo*- en *maracatu*-ritmen, blaasorkesten, ziet reusachtige poppen van papier-maché bij de Largo de Guadalupe. Kom vooral 's ochtends of 's middags, want 's avonds gaat iedereen naar Recife.

Bus: Het busstation ligt aan de Praça do Carmo, regelmatige busverbindingen van en naar Recife.

Porto de Galinhas

Atlas: blz. 28, F 4
Porto de Galinhas bestaat eigenlijk alleen uit

De fleurige oude stad van Olinda

een strand, maar is in de zomer toch de levendigste plaats aan de zuidkust van Pernambuco, ca. 70 km voor Recife. In het algemeen richt het Braziliaanse massatoerisme zich op andere doelen dan die van de Europese bezoekers, maar in het geval van Porto de Galinhas is er sprake van overlappingen. Hoewel de regio in het hoogseizoen hopeloos vol is, maakt hij toch een attractieve indruk vanwege het landschap, dat veel gelijkenis vertoont met de foto's van paradijselijke oorden in kleurrijke catalogussen.

Het hoofdstrand

Het 4 km lange hoofdstrand wordt beschouwd als een van de mooiste van heel Brazilië. Dit strand met zijn fijne witte zand ligt aan een stuk oceaan met veel riffen voor de kust, zodat het water rustig, schoon en warm is: ideaal om te zwemmen, duiken en vissen. Het enige probleem zijn de haaien, die steeds dichterbij komen en al enkele keren hebben toegeslagen. Een stukje achter het strand wordt de oeverpromenade omzoomd door duizenden palmen, waar de stad om bekendstaat. Tussen palmen gaat, dankzij de bescheiden architectuur nauwelijks merkbaar, een complete infrastructuur schuil met lage hotels en luxerestaurants. Het is hier uitgestrekt, dus velen huren meteen bij aankomst een buggy (liefst met chauffeur) om ook andere stranden en het naburige Nossa Senhora do Ó te kunnen aandoen.

Andere stranden en eilanden

Ten zuiden van Porto de Galinhas, op 40 minuten lopen langs het strand, ligt **Maracaípe**, het prachtige surfstrand van Pernambuco. Vanhier varen *jangadas* naar een klein eiland, waar een bar staat waarin de mensen bij vloed aan hun tafel zitten met hun voeten in het water. In noordelijke richting komt u bij de stranden van Cupe en Gamboa. Een reisje per buggy naar **Praia de Muro Alto** is zeer in trek; op dit vroeger zo verlaten stuk strand staan tegenwoordig tal van *pousadas* en luxeresorts. Een ander populair uitstapje, deze keer per boot, voert naar het **Ilha de Santo Aleixo.** Een absolute must is de traditionele, één uur durende trip per *jangada* naar de voor de kust liggende zandbanken (alleen bij eb of volle maan).

Nossa Senhora do Ó

Atlas: blz. 28, F 4

In Nossa Senhora do Ó staat het markantste symbool van een vervlogen tijd, een door slaven geplante, reusachtige *boabá*-boom met een omtrek van 18 m. Porto de Galinhas was vroeger de officiële en na 1850 de illegale aanvoerhaven voor Afrikaanse slaven in het noordoosten van Brazilië. De aankomst van een nieuwe 'lading' werd geparafeerd met de geheime code *galinhas-d'angola*, wat parelhoen betekent, maar eigenlijk verwees naar de verboden vracht slaven uit Angola. Om die reden kan Porto de Galinhas zowel vertaald worden met Parelhoenhaven als met Slavenhaven.

Veel meer dan deze boom heeft deze regio niet te bieden aan historisch erfgoed, behalve dan de barokke **Igreja e Convento de Santo Cristo** uit 1606 of de kleine, op een heuvel gelegen **Igreja do Outeir**, eveneens uit de 17e eeuw, waar men schijnt te kunnen genieten van de mooiste zonsondergangen van de hele omgeving en ook een fantastisch uitzicht heeft op de kust.

Tourist Info: Rua Esperança/hoek Rua Beijupirá, tel. 081-35 52 17 28, dag. 8–14 en 15–21 uur.

Solar Porto de Galinhas: Praia Porto de Galinhas, tel./fax 081-35 52 12 11, www.solarportodegalinhas.com.br. 42 kamers aan het strand, met palmen en zwembad. R$250.

Hotel Pontal de Ocaporã: Praia do Cupe, tel. 081-35 52 14 00, fax 081-32 24 22 88, www.ocapora.com.br. Groot hotelcomplex aan het mooiste stukje langs de oceaan, 24 kamers, 44 chalets en veel groen. R$230.

Tabapitanga: Pontal do Cupe, tel. 081-35 52 13 21, fax 081-35 52 13 21, www.tabapitanga.com.br. 35 comfortabele bungalows met veranda, 100 m eigen strand, 2000 palmen, zwembad, restaurant, uitstapjes met buggy's en *jangadas*, stadstochten naar Recife en Olinda. R$50–200.

Vissers duwen een traditionele boot op het strand

Pousada Beira Mar: Av. Beira Mar 16, tel./ fax 081-35 52 10 52, www.pousadabeiramar.com .br. 8 kamers, centraal gelegen aan de oceaan. R$ 110.

Beijupirá: Rua Beijupirá, tel. 081-35 52 23 54 (reserveren aangeraden), dag. 12–24 uur. Vrolijk beschilderd interieur, voortreffelijke (vis)gerechten (zoetzuur) voor R$40, ook tafeltjes op de veranda.
La Scarpetta: Rua Beijupirá, tel. 081-35 52 28 45, dag. 18–24 uur. Italiaans restaurant met goede, dunne pizza's uit de steenoven en uitstekende *massas al dente* (pasta) R$17.

's Avonds is er veel te beleven in Porto de Galinhas en omgeving – in ieder geval in het hoogseizoen; informatie vindt u in de lokale krant *Em Voga*. Vaak worden er strandparty's gehouden, vooral in Maracaípe (in Bar do Marcão of in Sounds). De grootste gelegenheid, voor 600 gasten, is **Ponto X,** Rua dos Navegantes 66, di.–za. vanaf 22 uur (hoogseizoen dag.), toegang R$10. Het heetst gaat het eraan toe in de zwoele discobar **Bicho do Mato,** Galeria Caminho da Praia.

De prijzen van alle mogelijke excursies hangen in het toeristenbureau. Het populairst zijn ***jangada*-excursies** en **buggytours.** Ook in trek is de **catamaranvaart** naar het Ilha de Santo Aleixo, een klein eiland met twee eenzame stranden, 5 uur, R$40 per pers. Inlichtingen: Porto Point, tel. 081-35 52 17 10. **Trekking- en boottochten** bij Pé no Mangue, Rua da Esperança 101, www.penomangue.com.

Bus: Het busstation ligt aan het begin van de stad bij het tankstation (5 min. van het centrum), vandaar elk halfuur tot 20 uur bussen naar Maracaípe (terug tot 22.30 uur) en 20x per dag naar Recife, 2 uur, R$8.

João Pessoa

Atlas blz. 28

Het in 1585 gestichte João Pessoa (630.000 inwoners) beroemt zich erop de op twee na oudste stad van Brazilië te zijn. Afgezien van een kerkcomplex en een gerestaureerde binnenstad is er echter weinig ouds te zien. Daar staan echter enkele prachtige stranden en een bijzonder grote rijkdom aan groen (30 m² per inwoner) tegenover. De bewoners noemen hun stad daarom Cidade Jardim (Tuinstad).

'Tuinstad' João Pessoa

Igreja de São Francisco en Convento de Santo Antônio

Atlas: blz. 28, F 4

Dit barokke kerkcomplex is het historisch-architectonische pronkstuk van de stad. Vanaf het Parque Arruda Câmara is het te voet snel bereikbaar. Bij de parkuitgang steekt u de hoofdstraat over, loopt dan rechtdoor, vervolgens vóór de bocht naar rechts een paar meter naar links en dan rechtsaf de hoofdstraat volgen naar de Praça São Francisco rechts. De bouwgeschiedenis van dit **Centro Cultural de São Francisco** begon in 1589, maar duurde bij elkaar ruim 190 jaar. Het klooster werd gedeeltelijk verbouwd om als residentie van de eerste bisschop van Paraíba te dienen. Tegenwoordig is er het **Museu de Arte Sacra e de Arte Popular** ondergebracht. De kerk maakt aan de buitenzijde veel indruk door de architectuur van de voorgevel. Binnenin vallen de plafondschilderingen met hun perspectivische werking in het oog – ze zijn geschilderd met natuurlijke pigmenten, gewonnen uit planten en vruchten. Bijzonder zijn ook de *azulejos* op de muren, en de Capela Dourada, de Gouden Kapel (di.-zo. 9–12 en 14–17 uur).

De parken

Een van de vele groene parken van de stad is het door landschapsarchitect Roberto Burle Marx ontworpen **Parque Sólon de Lucena** midden in het centrum, met een meer, artistieke tuinen en hoge palmen. Wilder en daardoor aantrekkelijker is het 2 km verderop gelegen **Parque Arruda Câmara,** in de volksmond Bica genoemd. Hier vindt u ook een kleine dierentuin met zo'n 300 dieren, alles bij elkaar 60 soorten, waaronder tropische vogels, apen en krokodillen. Een bezienswaardigheid is de **Fonte de Tambiá,** een natuurlijke bron met een 18e-eeuwse fontein, die onder monumentenzorg valt.

De stranden

De uiterst schone stranden behoren tot de bijzonderste attracties van de stad. João Pessoa is de enige grotere kustplaats in Brazilië die geen afvalwater in zee loost. Ook staat er geen lelijke hoogbouw. In de omgeving van de eerste drie straten achter het strand mogen geen huizen worden gebouwd die meer dan drie verdiepingen hoog zijn.

Zelfs de **Praia Tambaú**, het dichtst bij het centrum en het populairste strand van de stad, met veel hotels, bars en restaurants, maakt ondanks de verstedelijking en het enige, nog vóór de invoering van de milieuwetgeving opgetrokken hoge gebouw nog een tamelijk ongerepte indruk De zee hier wordt – evenals bij **Intermares** – vooral gewaardeerd door wind- en kitesurfers.

Na Tambaú volgen naar het noorden toe de eveneens zeer levendige **Praia Manaíra** (voor een deel vervuild) en 3 km verder de **Praia do**

Bessa, die vanwege de koraalriffen vooral door duikers wordt bezocht. Het **Picãozinhorif** met zijn poelen en grote rijkdom aan vis, en de 2 km² grote zandbank **Areia Vermelha** zijn beide per *jangada* te bereiken, evenals de **Praia do Jacaré** (waar u kunt genieten van een prachtige zonsondergang achter de Rio Jacaré).

Ten zuiden van Tambaú vindt u de fraaie, rustige **Praia do Seixas,** waar u vanaf Tambaú in ongeveer twee uur heen kunt lopen (mooie wandeling). De uiterste punt van het strand, Ponta do Seixas genaamd, ligt dichter bij Afrika dan enig ander deel van het Braziliaanse vasteland. De afstand bedraagt hemelsbreed 2250 km en is precies even groot als de afstand van João Pessoa tot São Paulo. Nergens anders in Brazilië gaat de zon zo vroeg op.

Ongeveer 4 km verder komt u op de **Praia da Penha,** een van de aantrekkelijkste stranden van João Pessoa, met een rustige zee, eenvoudige bars onder kokospalmen en een klein vissersdorpje, waar u de schilderachtige Igreja da Penha uit 1854 kunt bewonderen.

João Pessoa is populair bij Braziliaanse toeristen. Een uitzondering is de **Praia Tambaba** (50 km verderop in het district Conde, te bereiken per buggy via de BR-230, dan tot Conde de BR-101 en ten slotte over een zandweg). Dit strand is niet alleen bekend om zijn vegetatie en door riffen beschermde poelen, maar ook omdat er het eerste officiële naaktstrand (1989) van noordoost-Brazilië te vinden is (www.tambaba.com.br).

PBTUR: Av. Almirante Tamandaré 100 (Centro Turístico Tambaú), tel. 08 00-2 81 92 29, www.pbtur.pb.gov.br, dag. 8–18 uur; ook bureaus op de luchthaven (dag. 10–16 uur) en het busstation (dag. 8–18 uur).

Tropical Hotel Tambaú: Av. Almirante Tamandaré 229 (Praia de Tambaú), tel. 083-32 18 19 19, fax 083-32 47 10 70, www.tropicalhotel.com.br. Betonnen gebouw uit 1971 aan het strand, beroemd vanwege de futuristische ronde architectuur, 175 kamers, tuinen en zwembad. R$215 (meer vanwege de naam dan om de kwaliteit).

Onderweg met de auteur

Bezienswaardig in het centrum

Natuurlijk moet u in de 'Tuinstad' een wandeling maken door de twee belangrijkste **parken**. Een aanrader is beslist ook een bezoek aan het **kerk- en kloostercomplex** van de franciscanen (zie blz. 274).

Uitstapje met een *jangada*

Per *jangada* gaat u naar het **Picãozinhorif** en de grote zandbank **Areia Vermelha**. Op de **Ponta do Seixas** bent u dichter bij Afrika dan ergens anders in Brazilië. En op de idyllische **Praia Tambaba** gaan de kleren helemaal uit (zie blz. 275).

Ouro Branco Praia: Av. N.S. dos Navegantes 431 (Tambaú), tel. 083-32 47 10 10, fax 083-32 26 62 74, www.ourobrancohoteis.com.br. Modern, 210 kamers tellend hotel, zeer fraai interieur. R$110–125.

Camping Clube Brasil-PB-01: Praia da Ponta do Seixas, tel. 083-32 51 13 71. Aantrekkelijke, rustige ligging aan het strand. Het hele jaar open. R$19 per persoon.

Mangaí: Av. Gen. Edson Ramalho 696, tel. 083-32 26 16 15, di.–zo. 7–22 uur. Groot zelfbedieningsrestaurant, het eerste in noordoost-Brazilië. Rustiek en folkloristisch ingericht. Lang buffet met meer dan 30 gerechten. R$2,30/100 g.

Picuí Praia: Av. João Mauricio 1395, tel. 083-32 46 33 77, 11–22 uur. Enorm, rustiek restaurant aan het strand met regionale gerechten, bijvoorbeeld *carne do sol*, R$28.

Mercado de Artesanato Paraibano: Av. Sen. Rui Carneiro 241 (Tambaú), tel. 083-32 47 31 35, ma.–za. 9–19, zo. 9-17 uur. In 128 winkels vindt u folkloristische lappenpoppen (*loja* 10), lederwaren, hangmatten, kantwerk en dergelijke. Een van de beste winkels is Filipéia op de bovenverdieping.

Vooral in **Tambaú**, rond de Rua Coração de Jesus en Av. Olinda. Bijvoorbeeld **Empório Café** (bar met trendy muziek, dag. vanaf 19 uur) en **Bebe Blues e Come Jazz** (*bar cultural* met gemengd publiek, di.–za. 19.30–3 uur). Tegenover Hotel Tambaú ligt **Feirinha**, een levendig pleintje met veel bars. In de **oude binnenstad** ontmoet men elkaar in **Café Paraíba**, in en vóór een kleurig, gerestaureerd huizencomplex. De **Jacaré Bar** en het **Aldeia do Rio** liggen aantrekkelijk aan het water van de Rio Paraíba.

São João (eind juni): Groot feestpaviljoen in het Parque Sólon de Lucena; een week lang forrómuziek en -dans.
Festa das Neves (5 aug.): Processie en straatfeest ter ere van de beschermheilige van de stad.
Micaroa (sept.): Extra carnaval.
Festival Nacional de Arte (nov.): Fototentoonstellingen, theater en film. Verder op negen avonden feest met livemuziek. Espaço Cultural José Lins do Rego.

Tochten met een buggy langs de zuidelijke stranden naar Tambaba of in noordelijke richting naar Lucena (te boeken bij plaatselijke reisbureaus en *pousadas*).
Boottochten naar Picãozinho, vanaf Praia de Tambaú (vaarduur 15 min., totaal 2–3 uur, R$25); naar Areia Vermelha, vanaf Praia de Camboinha (vaarduur 5 min., totaal 2,5 uur, R$35); naar het rivierstrand Praia do Jacaré (3 uur, R$25).

Vliegtuig: Het Aeroporto Presidente Castro Pinto ligt 11 km naar het westen, tel. 083-32 32 12 00; het wordt uitgebreid om internationale vluchten te ontvangen. Transfer per bus (elke 20 min.) of per taxi.
Bus: Het busstation *(rodoviária)* ligt aan de Rua Francisco Londres (Varadouro), tel. 083-32 21 96 11. Verbindingen onder meer met Fortaleza *(Nordeste*, tel. 083-32 41 11 70, dag. om 20 uur, 10 uur, R$75), Maceió *(São Geraldo*, tel. 083-32 33 10 71, ma., wo. en vr. om 9.30 uur, 6 uur, R$ 40), Natal *(Nordeste*, tel. zie boven, 8x per dag, 3 uur, R$20–30).

Suikerrietplantage bij João Pessoa

9 Natal en Genipabu

Atlas blz. 28

Natal (750.000 inwoners), de hoofdstad van Rio Grande do Norte, is niet speciaal mooi, maar biedt, naar men zegt, 300 zonnige dagen per jaar, de blauwste hemel, het warmste water, de verkoelendste briesjes en, volgens de NASA, de schoonste lucht van heel Amerika. U kunt er verder genieten van enkele bezienswaardigheden, veel uitgaansleven, fraaie stranden en vooral het beroemde duinlandschap van Genipabu.

Natal

Forte dos Reis Magos

Atlas: blz. 28, F 3

De belangrijkste bezienswaardigheid van de stad is de van verre zichtbare **vesting** (1598, in 1614 herbouwd), gelegen bij de Praia do Forte. Architectonisch geldt de vesting als mooiste van Brazilië, vooral vanwege het stervormige grondplan en de vijf bastions, die het mogelijk maakten de vijand van ten minste twee zijden te beschieten. In de kapel van de vesting celebreerde de jezuïetenpater Gaspar de Saint Perez de eerste mis, op eerste kerstdag 1599. Hieraan heeft de stad zijn naam ontleend – Kerstmis heet in het Portuges *Natal*.

In de vesting wordt het oudste koloniale monument van Brazilië bewaard, de **Marco de Touros** (Eigendomszuil), die in 1501 op de Praia de Touros werd achtergelaten door een Portugese expeditie onder Amerigo Vespucci. Naar verluidt zouden de indianen destijds zo onder de indruk zijn geweest van deze 1,62 m hoge marmeren zuil, dat ze hem wonderdoende krachten toeschreven en splinters ervan verwerkten in geneeskrachtige kruidendrankjes. Bovendien speelde de zuil een rol bij huwelijks- en scheidingsrituelen: om een echtgenoot te vinden bonsden de vrouwen driemaal met hun hoofd tegen de voorkant en liepen er vervolgens driemaal omheen. Bij een scheiding bonsden ze driemaal met hun hoofd tegen de achterkant en liepen er driemaal in tegengestelde richting omheen. Het is interessant om te zien aan welke kant de slijtagesporen het duidelijkst zichtbaar zijn (dag. 8–16.45 uur).

Bovenstad en havenwijk

Andere bezienswaardigheden vindt u in de Bovenstad *(Cidade Alta)*, zoals de barokke **Igreja Santo Antônio** (1766), met een altaar dat rijk versierd is met houtsnijwerk, en het bijbehorende Museu de Arte Sacra. Interessant is ook het **Museu Camâra Cascudo,** dat een grote verzameling fossielen, skeletten en religieuze voorwerpen en verder diverse objecten van de Amazone-indianen toont (di.–vr. 8–11 en 14–17 uur, za. en zo. 13–17 uur).

Het rozekleurige **Centro de Turismo** op Rua Aderbal Figueiredo 980 (in de wijk Petrópolis) wordt druk bezocht. Het was achtereenvolgens een weeshuis, gevangenis en VS-vertegenwoordiging, en nu is het een bezoekerscentrum met 36 kunstnijverheidswinkels, een galerie en een restaurant met uitzicht op de Rio Potengi (dag. 8–19 uur). In het hoogseizoen vinden hier vaak shows, feesten en folkloristische uitvoeringen plaats in de openlucht, en elke donderdagavond vanaf 22 uur dansen toeristen en bewoners er tijdens de traditionele *forró*-nacht (www.forrocomturista.com.br).

De oude havenwijk **Ribeira** is onlangs gedeeltelijk gerestaureerd. In het weekend is dit een populaire buurt om uit te gaan, met veel

Onderweg met de auteur

Bezienswaardig in Natal

Het **Forte dos Reis Magos** is de mooiste vesting van Brazilië (zie blz. 277). In de Bovenstad loont een bezoek aan het **Centro de Turismo,** niet alleen vanwege de kunstnijverheid maar ook vanwege de shows en feesten. De gerestaureerde oude havenwijk **Ribeira** nodigt uit tot een wandeling; vooral de **Rua Chile** is fraai (zie blz. 278).

Stranden en duinen

Zowel overdag als 's avonds is **Ponta Negra** het beste adres, of het nu is om te zwemmen, relaxen, flirten of uit te gaan. De andere kant op ligt **Genipabu.** U moet hier beslist minstens eenmaal in een buggy (met chauffeur) door het duinlandschap scheuren – dat is pure adrenaline (zie blz. 278 en 279).

bars en clubs en een levendige, soms alternatieve ambiance. Langs de **Rua Chile** staan de oudste gebouwen van de stad (uit de 19e eeuw).

Stranden en duinlandschap

De stranden **do Forte**, **do Meio** en **dos Artistas**, die dicht bij de stad liggen, worden minder bezocht dan **Praia Ponta Negra**, die 8 km naar het zuiden ligt (continu bussen en *vans*). De zee is daar schoner en rustiger. Op de achtergrond verrijst het markante, 120 m hoge duin Morro do Careca (Kale Heuvel). De infrastructuur is hier goed ontwikkeld en daarom is deze *praia* een van de populairste *gringo*-stranden van Brazilië geworden. Tussen Ponta Negra en het stadscentrum ligt het **Parque das Dunas**, dat met 1172 m² het op een na grootste stedelijke groengebied van Brazilië is. Drie wandelpaden voeren door het beboste duinlandschap.

Uitstapjes per buggy

Buggytochten zijn bij een vakantie in Natal bijna even verplicht als een bezoek aan het Suikerbrood in Rio de Janeiro. Als u de eendaagse excursie naar het zuiden kiest, komt u uit bij de populaire **Praia da Pipa,** een van de mooiste stranden van Brazilië, en zult u behalve de raketbasis Barreira do Inferno ook nog **Pirangi do Norte** bezoeken, waar de grootste cashew *(cajueiro)* ter wereld staat. Zijn 8400 m² beslaande kroon neemt een ruimte in beslag waar gewoonlijk zeventig van deze bomen in passen. Interessanter en avontuurlijker zijn de buggytochten in noordelijke richting, naar de wereldberoemde duinen van **Genipabu.**

Setur: Rua Mossoró 359 (Petrópolis), Gratis tel. 0800-84 15 16 of 084-32 32 25 00, www.setur.rn.gov.br, ma.–vr. 8–18 uur; ook op de luchthaven (dag. 8–18 uur), op het busstation (ma.–za. 6–21 uur) en in het Centro de Turismo (dag. 8–18 uur).

Novotel Ladeira do Sol: Rua Fabrício Pedrosa 915 (Praia dos Artistas), tel. 084-32 02 11 33, fax 084-32 02 16 88, www.novotelnatal.com.br. Goed onderhouden hotel met 62 kamers, handig gelegen tussen het centrum en de Praia de Ponta Negra. Met aanbod van buggytochten. R$210–290.

Pousada Maria Bonita II: Rua Estrela do Mar (Praia de Ponta Negra), tel./fax 084-32 36 29 41, www.mariabonita2.hpg.com.br. Sympathiek pension met 22 kamers en veranda's aan het mooiste strand van de stad. R$55–65.

Lua Cheia Hostel: Rua Dr. Manoel A.B. de Araújo 500 (Ponta Negra), tel. 084-32 36 36 96, www.luacheia.com.br. Bekend HI-hostel in de stijl van een ridderkasteel, 2 tweepersoonskamers, slaapzalen met 4–6 bedden (R$26–35 per persoon).

Camping Praias Belas: Parnamirim (23 km buiten de stad), tel. 084-32 37 20 06. Met zwembad; 4 km naar het strand van Cotovelo en 7 km naar Ponta Negra. Het hele jaar geopend. R$6 per persoon.

Peixada da Comandre: Rua Dr. José Augusto Bezerra de Medeiros 4 (Praia dos Artistas), tel. 084-32 02 34 11, ma. en wo.–za. 11.30–15.30 en 18.30–22.00 uur, zo. 11.30–16 uur. Goed visrestaurant aan het strand met een prachtig uitzicht. Gezellige sfeer. R$38.

Tip: Buggytocht com emoção

De vraag van de chauffeur of u *com ou sem emoçã* (met of zonder emotie) wilt rijden, heeft beslist geen betrekking op romantische gevoelens, maar alleen op uw zucht naar avontuur en bereidheid risico's te lopen – anders gezegd: op het toerental van de motor. Na een rivier overgestoken te zijn gaat de tocht eerst nog betrekkelijk langzaam over de Praia da Redinha, tot u vlak voor **Genipabu** de eerste grote duinen ziet opduiken. Omdat er geen veiligheidsgordels zijn, moet u zich nu goed vastklampen en vertrouwen op de rijkunst van de lokale chauffeur, die als in een achtbaan nu eens 30 m omhoog en dan weer 30 m omlaag zal gaan racen. Na de oversteek van de Rio Ceará Mirim wordt het bij Pitangui weer wat rustiger, maar er wordt wel van u verwacht dat u boven het Jacumãmeer op een smalle plank gaat staan of zitten en dan 30 m langs het duin omlaagsuist (zandboarden of *skibunda)*. Daarna gaat u lunchen op het strand van Muriú, het eindpunt en de laatste stop voor de terugreis. Wie het in een buggy te snel vindt gaan, kan zich ook op een Spaanse dromedaris over de duinen laten voortwiegen.

Buggytochten: Naar keus richting zuid of noord, ook tochten van een hele dag; in beschermde gebieden alleen met een erkende chauffeur. Talrijke aanbieders; boeken ook mogelijk via de *pousadas*, Tocht naar Genipabu ca. R$200 voor 4 personen (3 uur), naar de Praia da Pipa ca. R$300 (6 uur).

Galo do Alto: Rua Dr. Manoel A.B. de Araújo 142 (Ponta Negra), tel. 084-32 36 23 30, ma.–za. 18–24, zo. 12–24 uur. Boven het strand, aan de uitgaansstraat van Natal. De naam van het restaurant verwijst naar een vis uit deze streek, die hier voor R$36 wordt opgediend (een portie is genoeg voor 2 personen).

Centro de Turismo: Rua Aderbal de Figueiredo 980 (Petrópolis), tel. 084-32 11 61 49, dag. 9–19 uur. Kunstnijverheid (leer en aardewerk); flessen gevuld met verschillende kleuren zand.

Centro de Artesanato: Av. Pres. Café Filho nr. 1160 (Praia dos Artistas), tel. 084-32 02 11 67, dag. 9–22 uur. Aanbod te vergelijken met dat in het Centro de Turismo.

Het uitgaansleven concentreert zich langs de **Alto de Ponta Negra** (8 km), bijvoorbeeld de **Salsa Bar** (Rua Dr. Manoel A.B. de Araújo 176, dag. vanaf 19 uur). Bij de **Praia dos Artistas** ligt de grote discotheek **Chaplin** (Av. Pres. Café Filho 27, do.–za. vanaf 22 uur, toegang R$20; er is ook een openluchtbar, ma.–za. vanaf 17 uur).

Festa do Boi (okt.): Dans en folklore in de stijl van de *Festas Juninas*.

Carnatal (eerste weekend in dec.): Groot, op het carnaval lijkend festival met optochten, bals en kleurige feesten op het water.

Vliegtuig: Het Aeroporto Internacional Augusto Severo ligt 15 km van het stadscentrum, tel. 084-36 44 10 00; transfer met de luchthavenbus *Natal A* tot aan Natal Shopping.

Bus: Het busstation *(rodoviária)* ligt 6 km van het stadscentrum (Cidade da Esperança), tel. 084-32 32 73 10; onder meer verbindingen met Fortaleza *(Nordeste*, tel. 084-32 05 61 61, 6x per dag, 8 uur, R$50–75), João Pessoa *(Nordeste*, tel. zie boven, 8x per dag, 3 uur, R$20), Maceió *(São Geraldo*, tel. 084-32 05 24 28, dag. om 19.45 uur, 10 uur, R$75), Recife *(Progresso*, tel. 084-32 05 37 47, 9x per dag, 5 uur, R$45).

Buggytochten: een van de belangrijkste attracties
in de duinen van Genipabu

10 Fernando de Noronha

Atlas blz. 28

Het ecologisch gezien interessantste eiland van Brazilië is feitelijk de top van een 12 miljoen jaar oude vulkaan, die onder water 4000 m hoog is. Dit duikparadijs, dat vooral door zijn dolfijnen bekend is geworden, bestaat uit een archipel van 21 eilandjes, waarvan het grootste (17 km²) het enige bewoonde is.

Natuurgebied en duikparadijs

Toerisme en ecologie

Atlas: blz. 28, F 2

Nog maar twintig jaar geleden leefden de eilandbewoners vooral van de visvangst, maar inmiddels is bijna iedereen werkzaam in de toeristenindustrie. Er zijn meer dan 110 *pousadas*, 17 restaurants, 14 bars, 18 kunstnijverheidswinkels, 45 autoverhuurbedrijven en drie duikscholen. Met 85.000 bezoekers per jaar is de toevloed zo groot, dat het eiland bijna voor een ecologische ramp staat, en in het hoogseizoen loopt bovendien de water- en energievoorziening gevaar. Een maximum van 2000 personen wordt gezien als nog net niet milieubelastend. Dit aantal wordt echter alleen al overschreden door de 2300 vaste bewoners, die zich merendeels kort geleden hier hebben gevestigd – vaak vroegere toeristen die hier zijn komen wonen.

Ondanks deze drukte is het leven op Noronha echter, vooral in het laagseizoen, nog altijd behoorlijk eenzaam, iets wat tot uitdrukking komt in de bijnaam *Neuronha* (een combinatie van neurose en Noronha). Maar vanwege de euforie van veel van de nieuwe bewoners is inmiddels ook het begrip *Euforonha* ingeburgerd.

Om kennis te maken met het eiland kunt u het beste een geheel verzorgde weekexcursie boeken; dit is beslist ook aan te raden vanwege de vele milieuverplichtingen. Wie toch liever op eigen gelegenheid reist, kan ook ter plaatse een keus maken uit tal van georganiseerde excursies. Het populairst zijn buggytochten over het eiland en ecologische wandelingen. Over het geheel genomen is een bezoek aan het eiland vanwege de prijs van de vlucht en de hoge milieubelastingen een kostbare onderneming. Omdat alles, ook het drinkwater, van het vasteland moet worden aangevoerd, zijn de prijzen van accommodatie en eten en drinken niet bepaald laag.

Het toerisme werd paradoxaal genoeg pas toegestaan, toen het eiland in 1988 gedeeltelijk werd uitgeroepen tot nationaal park. Vóór die tijd diende het eiland vooral niet-ecologische doelen, in samenhang met zijn strategische ligging op 345 km voor de kust.

Spannende geschiedenis

Het eiland werd op 10 augustus 1503 ontdekt door een expeditie van de Portugese koopman Fernando de Noronha, die echter weinig belangstelling toonde voor het eiland. Na 1534 werd het eiland beheerst door Engelsen, Nederlanders en Fransen, maar vanaf 1737 werd het gedomineerd door de Portugezen. Ze stichtten er tien forten, waarvan alleen nog ruïnes over zijn. Soms verborgen zeerovers hun schatten op het eiland, zoals in 1577 de gevreesde Engelse piraat Francis Drake.

In de 18e eeuw werd er een strafkolonie gesticht en in de jaren dertig en veertig van de vorige eeuw stond er een politieke gevangenis.

In de Tweede Wereldoorlog diende de archipel als steunpunt voor de geallieerde luchtmacht en vanaf de jaren zestig was er een observatiepost van NASA-satellieten gevestigd. In 1988 werd het eiland uitgeroepen tot natuurreservaat en in 2001 kwam het op de Werelderfgoedlijst van de Unesco.

Vila dos Remédios

Breng in het hoofddorp van het eiland een bezoek aan de goed bewaard gebleven barokkerk **Igreja dos Remédios** (1772), het imposante overheidsgebouw **Palácio de São Miguel** en de ruïnes van het **Forte dos Remédios** (1737) met zijn oude kanonnen. Het plaatsje biedt de beste toeristische infrastructuur van het eiland en is het geschiktste uitgangspunt voor verkenningstochten.

Stranden

Vanuit Vila dos Remédios zijn de zestien opengestelde stranden van het eiland te voet of met een buggy te bereiken. De lange **Praia da Conceiçã**, dicht bij het plaatsje, is het drukst bezocht; bij vloed komen er bovendien veel surfers naar dit strand. Hier verrijst ook het symbool van het eiland, de 323 m hoge **Morro do Pico**; deze heuvel zou, naar men zegt, de door de goden versteende fallus van een zondige minnaar zijn.

Iets verderop ligt de **Praia do Americano,** het kleinste en intiemste strand van het eiland. Vervolgens komt u, na een stuk met donker gesteente van vulkanische oorsprong, bij de **Praia do Bode** en het belangrijkste surfstrand van het eiland, **Cacimba do Padre.** Dit strand ligt aan de voet van het rotsenpaar **Morro Dois Irmãos,** die vaak met twee borsten worden vergeleken. Het beste uitzicht hierop hebt u vanaf de ruïnes van het fort São Pedro boven het strand van **Boldró**; dit is ook de beste plaats om te genieten van de zonsondergang.

Hierna volgt de mooiste baai van het hele eiland, de **Baía dos Porcos** (Varkensbaai). Deze wordt aan de landzijde beschut door één grote en talrijke kleinere vulkanische rotsformaties en aan de zeezijde door een koraalrif. In het heldere water van de baai krioelt het van de bontgekleurde vissen. Op verschillende plaatsen is zwemmen verboden. Een eind verderop verrijst een 100 m hoge rots, waar u via een ijzeren trap overheen kunt klimmen. U komt dan uit bij de **Baía do Sancho**, een van de mooiste baaien van Brazilië. Bij zonsondergang verzamelen zich hier duizenden vogels in de bomen. En wie duikt wordt onder water begroet door ontelbaar veel vissen.

Onderweg met de auteur

Duikparadijs nummer één

Fernando de Noronha bezit weliswaar niet de grote diversiteit van de zeedierenwereld van de Abrolhos, maar daar staat een beter zicht tegenover (zie blz. 285).

Erotische natuursymboliek

Op het volgens sommigen meest erotische eiland van Brazilië moet u niet verzuimen de **Morro do Pico** (Fallusberg) en het rotsenpaar **Dois Irmãos** (Twee Borsten) van nabij te bekijken (zie blz. 283).

Dolfijnen observeren

Het absolute hoogtepunt van een bezoek aan het eiland is het observeren van de dolfijnen in de **Baía dos Golfinhos.** Elke ochtend komen er honderden naar de baai, wat een betoverend schouwspel oplevert. Kom niet te dichtbij en neem een verrekijker mee (zie blz. 283). Prachtige wandelpaden voeren naar de Dolfijnenbaai, evenals naar de baaien **dos Porcos** en **do Sancho**.

Bekroonde pousada

De **Pousada do Zé Maria** is al meermalen tot de beste van Brazilië verkozen; geen fijnproever zal het bijbehorende restaurant links laten liggen (zie blz. 286).

Dolfijnen

Een kilometer verder komt u bij de grootste bezienswaardigheid van de hele archipel, de Enseada do Carreiro de Pedra, in de volksmond **Baía dos Golfinhos** genoemd vanwege

De archipel van Fernando de Noronha is een paradijs voor duikers en snorkelaars

vele dolfijnen die er voorkomen. Hier is bijna elke dag van zonsopkomst tot in de middag een schouwspel te zien dat uniek is in de Atlantische Oceaan.

Het eerste bericht erover dateert uit het jaar 1506, toen de derde Portugese expeditie het verschijnen van grote aantallen *porcos do mar* (zeevarkens) in de baai in haar rapport vermeldde. In 1736, toen de Fransen er de baas waren, kreeg het eiland de bijnaam Isle Delphine. Honderden, soms zelfs duizenden dolfijnen, meer dan ergens anders ter wereld, komen elk dag in alle vroegte naar de baai om uit te rusten of hun jongen te verzorgen.

Volgens tellingen van de milieudienst IBAMA was het recordaantal 'bezoekers' 3000 dolfijnen op een dag. In de loop van de middag zwemmen ze, op zoek naar voedsel, naar de andere kant van het eiland of naar open zee. Vanaf een uitzichtpunt *(mirante)* op de heuvel bij de baai kunt u met een verrekijker het gedrag van de dolfijnen uitstekend observeren.

Zeeschildpadden

Door het **Projeto Tamar** (dat zijn hoofdkantoor heeft in Praia do Forte, Bahia) worden zowel op Fernando de Noronha als langs de hele kust veel inspanningen verricht om de al 150 miljoen jaar bestaande *tartarugas marinhas* voor uitsterven te behoeden.

Van de 1000 uit het ei gekropen schilpadjes bereikt er slechts één de volwassen leeftijd. De vrouwtjes komen altijd weer terug naar hun geboortestrand om er eieren te leggen; op het eiland speelt zich dat vooral af op de **Praia do Leão.** Het is moeilijk om het verschijnsel te bezichtigen en er gelden veel beperkingen. Zo is de toegang tot het strand van januari tot juni tussen 18 en 6 uur verboden. Door een donatie te geven is het echter mogelijk een schildpad symbolisch te adopteren en een naam te geven.

Paradijs voor duikers

Bleven we tot nu toe vooral boven water, we gaan nu afdalen in de uiterst rijke onderwaterwereld, die als gevolg van de constante watertemperatuur van 26 °C en een zicht van soms wel 50 m Braziliës duikparadijs nummer één is. Bij de Abrolhos (Bahia) is de soortenrijkdom groter, maar het zicht is slechter. Rond Fernando de Noronha komen zo'n 230 vis-, ruim 100 zeewier- en vijftien van de achttien in Brazilië levende koraalsoorten voor.

Er zijn negentien toegestane duiklocaties. Heel populair zijn de **Praia da Atalaia** (alleen bij eb toegestaan, slechts 25 personen tegelijk, verblijfsduur 20 minuten, zonnebrandcrème op de huid verboden) en de **Baía do Sancho.** Het naar het Braziliaanse vasteland gerichte deel van het eiland (Mar de Dentro) biedt tussen april en november tamelijk rustig water en ideale duikomstandigheden; geoefende duikers gaan hier naar de locatie **Corveta Ipiranga V-17**.

Het water bij het andere, naar Afrika gerichte deel van het eiland (Mar de Fora) is onrustiger. Het navigeren is het gemakkelijkst van november tot juli, vooral in februari en maart. Aan die zijde vormen de **Pedras Secas** het eldorado van de zeer professionele duikers. Er wordt niet alleen gedoken vanwege de flora en fauna: rond het eiland zijn meer dan twintig schepen gezonken.

Internet: www.fernandodenoronha.tur.br (onder *'pousadas'* vindt u een grote keus aan lokale accommodatie).
Divisão de Turismo: Palácio S. Miguel, Vila dos Remédios, tel. 081-36 19 13 52, www.noronha.pe.gov.br, ma.-vr. 8-12 en 13-17 uur; infostand op de luchthaven.

Reserveren is noodzakelijk: Het reserveringskantoor ligt aan de Rua Birino s/n (Floresta Nova), tel. 081-36 19 19 35, www.centraldereservasfen.com.br.

Pousada do Zé Maria: Rua Nice Cordeiro 1 (Floresta Velha), tel. 081-36 19 12 58, fax 081-3619 12 58, www.pousadazemaria.com.br. Al verscheidene malen verkozen tot beste *pousada* van heel Brazilië. Zeer comfortabele bungalows die fraai zijn geïntegreerd met het paradijselijke landschap, een idyllisch uitzicht op het symbool van het eiland, de Morro do Pico, groot zwembad, sauna, fitnessruimte en excursieaanbod. R$500.

Pousada Monsieur Rocha: Rua D. Juquinha 139, tel./fax 081-36 19 12 52, www.pousadamrocha.com. 14 comfortabele kamers, centraal gelegen nabij drie stranden. R$250.

Meestal eet men in de *pousada*. Twee aanraders voor fijnproevers zijn:

Zé Maria: Rua Nice Cordeiro 1 (Floresta Velha), tel. 081-36 19 12 58, dag. 12.30–23.30 uur. Beroemd fijnproeversrestaurant van de gelijknamige *pousada* (zie boven). À la carte behalve wo. en za. vanaf 20.30 uur, wanneer de gastheer bij het *Festival Gastronômico* (buffet met 30 gerechten, R$100 per persoon, alleen na telefonische reservering) de geheimen van zijn kookkunst verraadt aan de gasten, die rond een lange tafel verzameld zijn.

Maravilha: BR 363 (Sueste), tel. 081-36 19 00 28 (beslist reserveren!), dag. 20–23 uur. Verfijnd *pousada*-restaurant, harmoniërend met de natuurlijke ambiance van het eiland. Karakteristieke lokale gerechten met een internationale inslag, do. Italiaans, zo. vaste menu's. Ca. R$50.

De avond begint traditiegetrouw in de idyllische **Bar do Capitão** bij het Forte São Pedro do Boldró, waar de bezoekers bij zonsondergang en met de klanken van Ravels *Boléro* op de achtergrond van een cocktail genieten. Later gaat men naar de **Bar Cachorro** op het gelijknamige strand bij Vila dos Remédios; vanaf 22 uur wordt er de *forró* of *pagode* gedanst. Ook de bar **Só Vai Quem Sabe** achter de luchthaven is populair. Hier verbroederen bewoners en toeristen zich tot laat in de nacht.

Boottochten: Een goed bureau is Atalaia, Rua Major Costa 7, Vila do Trinta, tel. 081-36 19 13 28, www.atalaia-noronha.com.br, 7.30-20 uur. Men spreekt Engels.

Surfen: Van december tot maart bereiken de golven vaak een hoogte van 2 m (soms wel 4 m) en er komen daarom veel surfers naar het eiland. Op de Praia da Cacimba do Padre worden internationale surfwedstrijden gehouden.

Duiken: Bijvoorbeeld via Águas Claras, Rua Alameda Boldró, tel. 081-36 19 12 25, fax 081-36 19 17 26, www.aguasclaras-fn.com.br, tocht van een halve dag inclusief uitrusting en een halfuur duiken met leraar vanaf R$210. Andere duikscholen zijn Atlantis Divers (www.atlantisdivers.com.br) en Noronha Divers (www.noronhadivers.com.br).

Wandelen: Naast enkele onofficiële paden zijn er op Fernando de Noronha acht aangewezen wandelroutes. Het mooist zijn de wandelingen naar de baaien dos Porcos, do Sancho en dos Golfinhos, die goed op eigen gelegenheid kunnen worden ondernomen (neem een kaart van het eiland mee).

De *trilhas* (voetpaden) Farol (4,8 km heen en terug), Pontinha-Pedra Alta en Capim-Açu (12 km heen en terug, onderweg vier mooie uitkijkpunten) mogen daarentegen alleen met een door de IBAMA erkende gids worden betreden (gidsen bieden zich aan bij het Centro de Visitantes, Alameda Boldró). Het vulkaangesteente is vaak heet, dus draag dichte schoenen (bijvoorbeeld tennisschoenen). Strandwandelingen zijn vooral bij eb aan te raden. Onderweg zijn er nauwelijks bars te vinden, neem dus genoeg mineraalwater en proviand mee.

Vliegtuig: tel. 081-36 19 13 11, 2 vluchten per dag uit Recife en 2 uit Natal, het beste met luchtvaartmaatschappij *Trip*, tel. 0300-7 89 87 47, www.airtrip.com.br.

Boot: Vanwege de grote afstand wordt de route over zee niet vaak gebruikt. Heel mooi is een zeiltocht met de *Delícia* vanuit Natal. Er zijn vier bedden aan boord; de prijs per dag voor vier personen bedraagt ongeveer R$1200. De eigenaar van het schip is José Martinho, Natal, tel. 084-32 21 47 32.

Prostitutie – bruine huid en groene dollars

Thema

Brazilië is na Thailand een van de belangrijkste bestemmingen van het sekstoerisme. In Copacabana, bij het strand Boa Viagem in Recife, in de wijken Meireles en Iracema in Fortaleza en op de Pelourinho van Salvador valt dat meteen op. Overal waar buitenlanders komen doet zich prostitutie voor, maar de meeste klanten zijn Brazilianen.

Sinds de invoering van een nieuwe, stabiele munt, de *real*, in 1994 zijn buitenlandse toeristen minder begeerd dan vroeger. Er is nauwelijks nog vraag naar de zwakke dollar. Steeds meer vrouwen adverteren in de krant of wachten op straat op Braziliaanse klanten. Ook het aantal *termas* is toegenomen – dat zijn vooral door Brazilianen bezochte sauna's-met-bordeel die 's middags al opengaan en over een vaste groep prostituees en kamers beschikken. Volgens officiële cijfers is er in 927 Braziliaanse steden, die lang niet altijd op toeristische routes liggen, sprake van verboden seksuele exploitatie van minderjarigen. De frequentie van het prostitueebezoek van Braziliaanse mannen is gemiddeld aanzienlijk hoger dan in Europa.

De vrouwen in de bedrijfstak noemen zichzelf *garotas de programa* (meisjes van het programma), neutraler is de aanduiding *prostitutas*, kleinerend is het begrip *putas* (hoeren). De sociale status van prostituees is overigens niet speciaal laag: ze hebben een betrekkelijk onafhankelijk bestaan (er is nauwelijks sprake van pooiers), verdienen vaak een veelvoud van het gemiddelde loon, kunnen zichzelf de beste kleding veroorloven en worden nu en dan uitgenodigd in dure restaurants. Desondanks kiest niemand uit vrije wil voor het werken in de prostitutie. Armoede, gebrek aan opleiding, een ontwrichte gezinssituatie, werkloosheid en bijna altijd de verantwoordelijkheid voor op jeugdige leeftijd gekregen kinderen laten veel jonge vrouwen nauwelijks een andere keus. De beroepsrisico's zijn weliswaar evenals elders in de wereld hoog, maar het gebruik van condooms is inmiddels wijdverbreid en bijna altijd regel. De connectie tussen prostitutie en drugs speelt in Brazilië in vergelijking met Europa een geringe rol. De sterk verslavende heroïne is nauwelijks in omloop, wel daarentegen cocaïne, marihuana *(maconha)* en de laatste tijd ook steeds meer crack. In de door toeristen bezochte nachtclubs van de betere soort zijn echter slechts weinig vrouwen verslaafd. Ook diefstal komt er vrijwel niet voor. Wie zulke gelegenheden bezoekt, moet echter nooit – bijvoorbeeld door te veel alcohol te drinken – zijn zelfcontrole verliezen en later in het hotel of appartement grote geldbedragen zichtbaar laten rondslingeren.

Als er toch iets voorvalt, heeft het geen zin de politie in te schakelen. Meestal komt u dan van de regen in de drup. Onaangename situaties kunnen zich ook voordoen, als de 'vrouw' zich tegen verwachting in als travestiet of transseksueel ontpopt. Grote delen van de tippelzones, in Rio de Janeiro bijvoorbeeld in Lapa en op een bepaald stuk in Copacabana, zijn overwegend het werkterrein van travestieten. Als u daar rondloopt, kan het gebeuren dat u staande wordt gehouden en door obscene aanrakingen wordt afgeleid, terwijl u tegelijkertijd van uw portemonnee wordt beroofd. Vooral bij wie niet bekend is met deze vorm van prostitutie lukt deze truc steeds weer.

11 Fortaleza

Atlas blz. 28

Fortaleza is een van de meestbezochte steden van Brazilië. Toeristen komen vanwege de uitgestrekte stranden met enorme strandbars en het gelijkmatige tropische klimaat, dat het hele jaar door temperaturen tussen 25 °C en 28 °C te bieden heeft. Bovendien kent Fortaleza een levendig uitgaansleven en worden er veel feesten gehouden.

De toeristenwijk Meireles

Kaart: blz. 290
De meeste toeristen hebben hun accommodatie bij de **Praia de Meireles** 1. Na Iracema zijn hier de meeste hotels en restaurants te vinden. Dit deel van de 2,2 miljoen inwoners tellende stad bestaat overwegend uit hoge gebouwen, die de laatste jaren als paddenstoelen uit de grond zijn geschoten. Het geheel ziet er echter niet lelijk uit, dankzij architectonische fantasie en harmonieus kleurgebruik. Het is het meest toeristische deel van de stad en op het strand is het niet bepaald rustig. Desondanks kunt u hier aangenaam zitten op comfortabele houten stoelen, onder grote, schaduwgevende bomen. Ook zijn er enkele strandbars, waar u, met enig geduld, zelfs bediend wordt. Het water is hier echter nauwelijks geschikt om te zwemmen, ook al lijken de Brazilianen zelf daar weinig problemen mee te hebben.

De haven van Mucuripe

Een kleine strandwandeling brengt u vanuit Meireles langs de levendige Avenida Beira Mar bij de **haven van Mucuripe** 2. Onderweg komt u op het strand langs een grote permanente **kunstnijverheidsmarkt**. Vlak voor de haven zijn de bekende *jangada's* te zien, van zeilen voorziene traditionele vissersboten, die de restaurants in deze buurt van verse waar voorzien. Op de nabijgelegen **vismarkt** *(mercado de peixe)* laten de plaatselijke bewoners voor R$6 een pond krab afwegen en die vlak ernaast voor R$3 bakken; aan het eind van de middag zijn alle tafeltjes bezet. In de **vuurtoren** *(farol)* bij het haventje vindt u een klein **museum** over de geschiedenis van de stad, met historische documenten en foto's. Als u de andere kant op loopt, eveneens langs het strand, komt u bij het naburige stadsdeel Iracema, dat een totaal andere aanblik biedt.

De bohèmewijk Iracema

Iracema is een van de oudste stadsdelen van Fortaleza. Tot zo'n honderd jaar geleden woonden er alleen eenvoudige vissers, maar in de jaren twintig van de vorige eeuw bouwden de rijken van de stad hier hun zomervilla's. Veel uit die tijd is bewaard gebleven of gerestaureerd, en tegenwoordig valt de hele wijk onder monumentenzorg. De bewoners klagen echter over een nieuwe achteruitgang van hun wijk, waarin steeds meer louche kroegjes en rendez-voushotels, zogeheten *inferninhos* (kleine hellen), verschijnen. In deze buurt vindt u ook de bekende Pirata Bar, een *forró*-etablissement met gemengd publiek, dat alleen op maandagavond geopend is.

De wijk heeft beslist veel sfeer. Het beste kunt u wat rondslenteren door de nauwe straten, zonder een speciaal doel op het oog te hebben. De straatnamen verwijzen naar de oorspronkelijke indiaanse volken, zoals de Guanacés, de Tabajaras en de Pacajus. Ook Iracema is een indiaanse naam, die herinnert aan de romantische liefde tussen het indiaanse meisje Iracema en de Portugese kolonisator Martim Soares Moreno. Ze werd pas beroemd in 1865 door de belangrijke gelijknamige roman van de Braziliaanse schrijver en politicus José de Alencar. Het standbeeld van de heldin staat evenwel niet hier, maar bij het strand van Mucuripe, in de buurt van de haven.

Ponte dos Ingleses

De belangrijkste attractie van Iracema is de **Ponte dos Ingleses** 3, een lange pier, die voor US$600.000 een volledig nieuw gezicht heeft gekregen (deze pier wordt soms verward met de nabijgelegen **Ponte Metálica**). Op de oude, roestige, ijzeren draagbalken werd tot 130 m in zee een houten vloer aangelegd. Daarop zijn verscheidene kiosken gebouwd en ook zijn er affiches en foto's te zien die betrekking hebben op de geschiedenis van de pier. Deze is in 1925 door een Engels bedrijf als aanlegsteiger gebouwd en kreeg daarom de officiële naam Ponte dos Ingleses. Opmerkelijk is de belichting in drie sterkten: van heel fel aan het begin tot gedempt aan het eind, om de beleving van de zonsopkomst en -ondergang aan die kant niet te verstoren. Rond die momenten is de pier een populair trefpunt voor verliefde stelletjes. Overdag hebt u hier een grandioos uitzicht over de baai van Fortaleza en de Praia de Iracema.

Dragão do Mar

Vanaf Iracema is het slechts vijf minuten lopen naar een reusachtig cultuur- en recreatiecentrum, het **Centro Dragão do Mar de Arte e Cultura** 4, dat veel wordt bezocht door een wat beter gesitueerd lokaal publiek. De naam verwijst naar een in Canoa Quebrada geboren visserszoon, die de strijd om de bevrijding van de slaven in Ceará leidde. Veel bezoekers komen vanwege de bars en restaurants. Aan te raden is het enigszins weggestopte hoekrestaurant **Dragão do Mar** aan de Rua José Avelino (nummer 3). Er zijn verder bioscopen,

Onderweg met de auteur

Bezienswaard

Ook al heeft **Iracema** een iets minder goede naam gekregen, toch moet u er een keer een wandeling maken (zie blz. 288). De wijk heeft veel sfeer, en er zijn niet alleen dubieuze kroegen, maar ook betere etablissementen en goede muziekbars, zoals de alleen op maandagavond geopende **Pirata Bar** (zie blz. 294). Bovendien vindt u er de **Ponte dos Ingleses.** Deze betoverende pier met zijn prachtige uitzicht wordt niet alleen druk bezocht door verliefde stelletjes (zie blz. 289).
Het enorme **Centro Dragão do Mar de Arte e Cultura** heeft zich tot een van de voornaamste attracties van de stad ontwikkeld. Er is veel cultuur te vinden, maar er zijn ook bars en restaurants (zie blz. 289). De belangrijkste culturele bezienswaardigheid van Fortaleza is het **Teatro Alencar** uit 1910, in het centrum (zie blz. 291).

Praia do Futuro

De even buiten de stad gelegen Praia do Futuro is het populairste en schoonste strand van de stad. Het is ook bekend om zijn vele enorme **strandbars,** waar 's avonds half Fortaleza naartoe rijdt om te dansen en van de muziek te genieten (zie blz. 293).

Uit eten gaan, maar waar?

Ga ook eens naar de buurt waar de plaatselijke bewoners eten, het stadsdeel **Varjota**, een eindje van de kust; hier is het voedsel goedkoper en vaak beter, en bovendien is het er heel levendig; 5 minuten per taxi vanaf de Av. Beira Mar (zie blz. 294).

Omgeving

De populairste en beslist zeer aan te raden uitstapjes voeren naar het vroegere hippiedorp **Canoa Quebrada** (zie blz. 295) en naar het duingebied **Jericoacoara** (zie blz. 296). Excursies met gids worden onder meer aangeboden door de eigenaar van de **Pousada Arco Mundial** (zie blz. 293).

Fortaleza

0
100
200 m
N
CENTRO
PRAIA DE IRACEMA
Atlantische Oceaan
Mercado Central
Ponte Metálica
Toeristen-politie
Pça. Coração de Jesus
Pça. da Bandeira
Pça. Cel. Carvalho
Av. Duque de Caxias
R. General Sampaio
R. 24 de Maio
Senador
Barão
Major
Floriano
Facundo
Peixoto
da Assunção
R. E. Borges
R. P. e Silva
R. Pinheiro
Av. Visconde do Rio Branco
R. Visconde d'Eu
R. Major
R. Floriano
R. Gen.
Bezerril
Av. Alberto Nepomuceno
Av. Presidente Castelo Branco
R. Sen. Jaguaribe
R. Caminha
R. Adolfo
Marangupe
R. José Avelino
R. Gerson Gradwol
Beco do Estaleiro
Tr. Vd. Moreira da Rocha
Av. Alm. Tamandaré
R. Bacurité
R. Afonso Viseu
R. Pedro Ângelo
R. Dep. João Lopes
R. Rufino de Alencar
R. São José
Gov. Sampaio
R. Melvin
Visc. Sabóia
Pinto
R. Crato
R. Sobral
R. Cel. Ferraz
R. Almir
25 de Março
Av. Dom Manuel
Rodrigues Junior
Dona Leopoldina
Dom Joaquim
R. Pentecoste
Nogueira
R. Tenente Benévolo
R. Aracoiaba
Av. Mons. Tabosa
R. Alm. Jacegua
R. Dragão do Mar
Sen. Almino
R. dos Cariris
R. dos Potiguaras
R. Tabajaras
R. Tijipió
R. dos Guanaces
R. dos Pacajus
Av. Historiador Raimundo Girão
R. Barroso
Av. Almirante Barroso
Boris
R. Madeira
R. Pinto Madeira
R. Franklin Távora
R. J. da Penha
R. Padre Luís Figueira
Dumont
R. Santos Dumont
R. Barros
Costa Barros
R. Gonçalves
R. João Cordeiro
R. Antônio Augusto
R. Idelfonso Albano
R. Isaac Meyer
R. Barão de Aracati
R. Carlos Vasconcelos
R. Costa Barros
R. Pereira
R. Monbaça
R. Figueiras
R. Acaraí
R. Pe. Pita
R. José Agostinho
R. Padre
R. Deputada Moreira da Rocha
Tenente
Acioli
Ledo
R. Alfredo Prudente
Climério
Longuinho
R. Padre Justino
R. Gonçalves Ledo
R. X. Castro
R. Dragão do Mar
Cordeiro
R. Joaquim Alves
Augusto
Dr. Atualpa Lima
João
Antônio
Idelfonso
Albano
R. Liberato Barroso
R. Pedro I
São Paulo
Pompeu
Senador Alencar
R. Castro e Silva
R. João Moreira
Rio Branco
1
2
3
4
5
6
7
8
9
10

Bezienswaardigheden

- **1** Praia de Meireles
- **2** Haven van Mucuripe
- **3** Ponte dos Ingleses
- **4** Centro Dragão do Mar de Arte e Cultura
- **5** Fortaleza da N.S. da Assunção
- **6** Catedral da Sé
- **7** Centro de Turismo
- **8** Teatro Alencar
- **9** Praça da Ferreira
- **10** Praia do Futuro

Accommodatie

- 1 Hotel Pousada Jardim
- 2 Villa Mayor
- 3 Ibis
- 4 Pousada Europa
- 5 Atalaia Hostel
- 6 Pousada Arco Mundial

Eten en drinken

- 7 Dragão do Mar
- 8 Cantina do Faustino
- 9 Tia Nair
- 10 Coco Bambu

een amfitheater, een planetarium en twee musea. Het ene museum richt zich vooral op volkenkundige objecten en het andere is gewijd aan hedendaagse regionale kunst (di.–vr. 10–18 uur, za. en zo. 10–21 uur).

Verkenning van het centrum

Het stadscentrum laat zich het beste verkennen per taxi of door een rondrit te maken met de cirkelbus (met het opschrift Circular).

Fortaleza da N.S. da Assunção

U kunt uw rondgang bijvoorbeeld beginnen bij dit **fort** **5**. De voorganger was het Nederlandse fort Schoonenborch uit 1649, dat in 1654 door de Portugezen werd ingenomen. Daarna kreeg het zijn huidige naam. Rond het fort kwam later de stad tot ontwikkeling. Het is nog altijd een militair complex en daarom niet te bezichtigen.

Catedral da Sé

Schuin tegenover het fort, aan de Praça da Sé, verrijst de machtige **kathedraal** **6**. De bouw begon in 1930 in neogotische stijl naar een ontwerp van de architect Francis George Maunier, maar het gebouw werd pas in 1978 ingewijd. Voorbeelden waren de Notre-Dame en de Dom van Keulen. De torens zijn 75 m hoog en de kathedraal biedt plaats aan 5000 mensen.

Centro de Turismo

U gaat weer terug naar het fort en loopt of rijdt vandaar naar het **Centro de Turismo** **7** aan de Rua Senador Pompeu, nr. 350. Dit is een soort markthal met talrijke kleine kunstnijverheidswinkels, waar overwegend allerlei producten vervaardigd uit ongebakken en gebakken klei, leer en linnen te koop worden aangeboden. Ook het **toeristenbureau** is in het complex ondergebracht. Op de open binnenplaats is bovendien een eenvoudig restaurant gevestigd (ma.–za. 8–18 uur, zo 8–12 uur).

Teatro Alencar

Van het Centro de Turismo gaat u verder via de drukke winkelstraat Rua Alencar naar de Praça José de Alencar met het **Teatro Alencar** **8**. Deze belangrijkste culturele bezienswaardigheid van Fortaleza werd in 1910 ingewijd en in 1991 na een restauratie opnieuw geopend. Het is een prachtig, uit Schotland geïmporteerd jugendstilgebouw met veel ijzer en kleurrijke glazen vensters. Op een open binnenplaats tussen de foyer en de theaterzaal ligt een tuin, die ontworpen is door de bekende landschapsarchitect Burle Marx (ma.–vr. 8–17, za. 8–11.30 uur).

Winkelcentrum

In de buurt van het theater vindt u het winkelcentrum, dat ondanks talrijke stedenbouwkundige vernieuwingen nog steeds niet erg

CAIXA
otoch
Atacadão
Sodine
E
TELEMAR

fraai is. Op de **Praça da Ferreira** **9**, waarop de bewoners heel trots zijn, zult u tot dezelfde conclusie komen. De charme van een bezoek bestaat vooral uit een wandeling door de rechthoekig op elkaar staande, smalle straten, waarbij u kunt genieten van de levendige, bijna Aziatisch aandoende bedrijvigheid. Er worden vooral textiel en lederwaren aangeboden.

Praia do Futuro

Atlas: blz. 28, F 3

Het zeer fraaie, 8 km lange strand **Praia do Futuro** **10** ligt op enige afstand van de stad, maar is desondanks zeer populair bij de plaatselijke bewoners. De meesten komen niet zozeer vanwege het schone, heldere water, als wel de vele populaire strandbars. Vooral op donderdagavond komt iedereen met de auto hierheen, om uit te gaan en vooral veel kreeft *(caranguejos)* te eten.

Het bijzondere van de *barracas* van **Praia do Futuro** zijn de enorme afmetingen. Een ware mega-*barraca* is de **Atlântida,** waar de bezoeker het idee krijgt in een soort Disneyworld beland te zijn. Jongeren ontmoeten elkaar in de **Croco Beach** of in de **Cuca Legal.** Zeer aan te raden is de niet zo grote bar **Boa Vida,** de vroegere Club Ibiza. 's Avonds zijn er dj's of spelen er percussiegroepen. Meestal komt er dan een *after beach-party* op gang (goede club- en housemuziek), en dat alles tegen redelijke prijzen.

Een vleugje Saint-Tropez is op te snuiven in de **Lounge Beach**. De bezoeker zit hier op zachte ligstoelen, eet sushi's en kijkt naar de zee. Wie nog meer rust en afzondering zoekt, kan bijvoorbeeld naar de strandbar van Hotel Vila Galé gaan.

Setur: Bureaus in het Centro de Turismo (Rua Sen. Pompeu 350, ma.-za. 8–16, zo. 8–12 uur) en op de luchthaven en het busstation, www.turismo.ce.gov.br.
Hotline met toeristeninformatie: 0800-99 15 16 (gratis, in het Engels).

Winkelstraat in het bedrijvige Fortaleza, de op vier na grootste stad van Brazilië

Hotel Pousada Jardim **1**: Rua Ildefonso Albano 950 (Aldeota, dicht bij Iracema), tel./fax 085-32 26 97 11, www.hoteljardim.com.br. Comfortabel en betrouwbaar hotel, 15 kamers, centrale, rustige ligging en een fraaie tuin. De ontwikkelde eigenaar spreekt verschillende talen, waaronder Engels, en verzorgt zijn gasten op een attente en tegelijk niet opdringerige manier. De prijzen van een tweepersoonskamer liggen rond R$120.
Villa Mayor **2**: Rua Visconde de Mauá 151 (Meireles), tel. 085-34 66 19 00, reservas@villamayor.com.br. Gezellig themahotel in de stijl van de 19e eeuw, met een uitgestrekte tuin, een zwembad en een klaterende fontein. R$120.
Ibis **3**: Rua Atualpa Barbosa de Lima 660 (Iracema), tel. 085-32 19 21 21, www.accorhotels.com.br. Eenvoudig maar comfortabel hotel met alle kwaliteiten van de bekende Franse hotelketen. R$80 (zonder ontbijt).
Pousada Europa **4**: Rua José Vilar 143 (Meireles), tel./fax 085-32 48 47 38. Eenvoudig, niet al te groot complex onder Europese leiding, 200 m van het strand. R$75.
Atalaia Hostel **5**: Av. Beira Mar 814 (Iracema), tel. 085-32 19 07 55, www.alberguedajuventudeatalaia.com.br. Uitstekend HI-hostel in een fraaie villa, schone 2 pk R$70 en vierbedsslaapzaal R$30 per persoon.

In de nabije omgeving:
Pousada Arco Mundial **6**: Praia da Taíba, São Gonçalo do Amarante (65 km ten westen van Fortaleza), tel./fax 085-33 15 61 17, www.arcomundial.com. Comfortabele *pousada* met 13 kamers en een grote, goed onderhouden tuin met zwembad. Rustige ligging nabij het strand in een vissersdorp met duinen, een baai met een grot en een lang strand met natuurlijke zwembaden. Restaurant met een rijk aanbod aan regionale en internationale gerechten. De eigenaar is een voormalige globetrotter en biedt een uitgebreid excursiepro-

Hier smaakt het niet alleen de plaatselijke bewoners

Ga ook eens naar de buurt waar de plaatselijke bewoners eten, het stadsdeel **Varjota** een eindje van de kust (5 min. met de taxi van de Av. Beira Mar). Bij de kruising van de straten Frederico Borges en Ana Bilhar vindt u enkele van de populairste restaurants van de stad, zoals het vleesrestaurant **Assis, o Rei da Picanha,** en het visrestaurant **Restô da Tia Rita.** De porties zijn ruim en u eet er goed en goedkoop (R$20–35 voor 2 personen).

gramma (zie onder 'Activiteiten'). Hij regelt ook transfers vanaf de luchthaven en uit Fortaleza (of neem de *Litorânea*-bus in Fortaleza, hoek Av. Imperador/ Rua Castro e Silva, 7x per dag, 1,5 uur). Huurauto's, motor- en fietsverhuur, kitesurfcursussen enzovoort. 2 pk vanaf R$75.

Dragão do Mar [7]: Rua José Avelino 3, tel. 085-32 19 29 54, dag. 12–24 uur, 's middags zelfbediening, vanaf 15.30 uur goede *carne do sol*-gerechten (R$25 voor 2 personen). In het weekend livemuziek.
Een rustig fijnproeversrestaurant in het stadsdeel Varjota is:
Cantina do Faustino [8]: Rua Delmiro Gouveia 1520, di.-vr. 12–15 en 18–24, za. 12–24, zo. 12–17 uur.
Ook in andere wijken kunt u goed eten. Bijvoorbeeld in:
Tia Nair [9]: Rua Ildefonso Albano 68 (Iracema), dag. 11.30–24 uur. Een van de beste visrestaurants van de stad. Ca. R$50.
Coco Bambu [10]: Av. Canuto de Aguiar 1317 (Meireles), zo.-wo. 17–24, do.-za. 17–1 uur. Binnen chic en airconditioned, buiten minder verfijnd en gemoedelijker. Cocktails; goede pizza's uit de houtoven. R$25.

Centro de Turismo: Rua Senador Pompeu 350, ma.-za. 8–17, zo. 8–12 uur. Groot aanbod aan kunstnijverheid in een voormalig huis van bewaring. De prijzen zijn aan de hoge kant.
Feira de Artesanato: Av. Beira Mar (Praia de Meireles), dag. 17.30–23 uur. Kunstnijverheidsmarkt in de openlucht op het strand.
Mercado Central: Av. Alberto Nepomuceno 199 (Centro), ma.-vr. 8–18.30, za. 8–16, zo. 8–12 uur. Kunstnijverheid, souvenirs en betaalbare kleding onder één dak; echt een markt voor koopjesjagers.

Veel van de grote strandbars op de **Praia do Futuro** bieden ook 's avonds livemuziek en worden dan druk bezocht, vooral op donderdagavond. Verder zijn de meeste bars en clubs te vinden in **Meireles** (zoals de openluchtmuziekbar Zug Choperia, Rua Prof. Dias da Rocha 579, ma.-za. 18–3 uur) en **Iracema** (zoals de Zipi Bar, Europa Bar, Bikini Bar en Café Delmar). Hoogtepunt in Iracema is de *forró*-bar **Pirata**, Rua dos Tabajaras 325 (Iracema), tel. 085-32 19 80 30, www.pirata.com.br, alleen ma. 20–5 uur, R$20.

Teatro José de Alencar: Praça José de Alencar (Centro), tel. 085-32 52 23 24. Regelmatig voorstellingen, meestal om 21 uur, kaartjes bij de avondkassa. Meer informatie vindt u in de kranten.

Festivals:
Festas Juninas (juni/juli): Groot festival met folklore uit noordoost-Brazilië.
Fortal (laatste weekend in juli): Extra carnaval (een van de levendigste in noordoost-Brazilië).
Iemanjá Festival (15 aug.): Feest ter ere van Iemanjá, de godin van de zee, op de Praia do Futuro.

Uitstapjes: De Pousada Arco Mundial (zie onder 'Accommodatie' op blz. 293) organiseert excursies per buggy of auto naar onder meer Canoa Quebrada (3 dagen) en Jericoacoara (5 dagen). Beide zijn ook te bereiken met het openbaar vervoer.
Beach Park: Praia Porto das Dunas 2734 (29 km ten zuidoosten van het centrum), tel. 085-40 12 30 00, www.beachpark.com.br. Enorm avonturenbad, veel zwembaden en tot 24 m hoge waterglijbanen; op zondag zeer druk. R$75 persoon.

Vliegtuig: Goedkope vluchten worden aangeboden door BRA en Gol (Gol staat slechts 23 kg bagage en 5 kg handbagage toe – het wordt gewogen!). De Aeroporto Internacional Pinto Martins ligt 6 km ten zuiden van het centrum, tel. 085-34 77 16 67. Transfer per bus, bijvoorbeeld lijn 404 (Aeroporto/ Benfica) naar de Praça José de Alencar in het stadscentrum, of per taxi.
Bus: Het busstation *(rodoviária)* ligt aan de Av. Borges de Melo 1630 (Fátima), tel. 085-31 01 33 97. Verbindingen onder meer met João Pessoa *(Nordeste*, tel. 085-32 56 23 42, 2x per dag, 10 uur, R$100), Natal *(Nordeste*, tel. zie boven, 7x per dag, 8 uur, R$60–120), Recife *(Guanabara*, tel. 085-40 05 19 92, 2–3x per dag, 12 uur, R$85–130).
Huurauto: De beste verhuurder is Localiza, Av. Abolição 2236, tel. 085-34 77 50 50 (Meireles).

Uitstapjes in de omgeving

Canoa Quebrada

Atlas: blz. 28, E 3

Canoa Quebrada (www.portalcanoaquebrada.com.br) bezit een geheel eigen magie en een nostalgische sfeer. In de jaren zeventig van de 20e eeuw was het oord een trefpunt van hippies, drop-outs en rugzaktoeristen uit alle delen van de wereld, die hier een paradijs hadden gecreëerd waar ze bovendien ongestoord hasj konden roken. Er liep namelijk nog geen weg heen en daarom was er ook nog geen politie.

Toen de weg er in 1982 uiteindelijk kwam, werd Canoa Quebrada ook een populaire bestemming voor andere toeristen. Bovendien hielp de Wereldbank bij de opbouw van het plaatsje – alles is nu schoon en goed georganiseerd. Daardoor is het bezoekersprofiel veel gediversifieerder geworden, een proces dat zich ook heeft voorgedaan in Arraial d'Ajuda en Morro de São Paulo. Voor een bezoek uit Fortaleza moet u twee tot drie dagen uittrekken (all-inexcursies worden georganiseerd door de *pousada* Arco Mundial, zie onder 'Accommodatie', blz. 293; u kunt ook de bus nemen: *São Benedito*, tel. 085-34 52 19 80, 4x per dag, 4 uur, R$20; goede *pousadas* zijn Luna Rosa, Latitude en Oasis do Rei).

Dorpskern

Ondanks de goed ontwikkelde infrastructuur met geplaveide promenades, een loopbrug rond het centrum die een fraai uitzicht biedt, veel goede *pousadas*, bars en restaurants, en ook een beginnende onroerendgoedspeculatie is het oorspronkelijke karakter van dit kleine, op een 40 m hoge rode rots gelegen kustplaatsje nog niet geheel verdwenen. Het leven concentreert zich bijna geheel in één straat, de zogenaamde **Broadway,** met winkels, telefoon- en postkantoor en de bushalte. 's Avonds opent een *forró*-club zijn deuren en in de bars is Jimi Hendrix te horen, net als vroeger. Overdag is het hier evenwel veel rustiger.

Duinenstrand

De belangrijkste attractie van Canoa Quebrada is een 13 km lang strand met hoge duinen, fijn wit zand en de groenig glinsterende zee. Het wordt vaak als een van de tien mooiste stranden van Brazilië beschouwd. Het vrolijkst gaat het eraan toe in de bars onder de grote halvemaan met sterren, het door kunstenaars in de rotsen uitgehakte symbool van de flowerpowertijd.

Buggytocht

Een onvergetelijke ervaring is een tocht per buggy (alleen mogelijk bij eb) naar Kaap **Ponta Grossa**, een afstand van 30 km. Niet vaak vindt u op één plek zo veel verschillend gekleurde zand- en gesteentelagen bij elkaar, van geel tot violet. Twaalf kleuren zouden het zijn, maar al naar gelang de tijd van de dag en de licht- en reflectieomstandigheden wisselt het scenario, wat de oorzaak is van het ontstaan van allerlei griezelverhalen. Buggyverhuur bij de Associação de Bugueiros de Canoa Quebrada, tel. 085-34 21 71 75, 4 personen R$120.

De duinen van Jericoacoara

Atlas: blz. 28, D 2

Zo'n 310 km ten noorden van Fortaleza, ongeveer halverwege het traject naar São Luís, komen we alweer bij een van de tien mooiste stranden – ter wereld dit keer, volgens de *Washington Post* – met de indiaanse naam Jericoacoara ('waar de krokodillen slapen'). In 2002 werd de regio uitgeroepen tot **nationaal park**, vooral vanwege het uitgestrekte duinlandschap.

Het gebied is echter zo afgelegen en moeilijk te bereiken, dat u het beste een georganiseerde drie- tot vijfdaagse excursie vanuit Fortaleza kunt maken (bijvoorbeeld via de *pousada* Arco Mundial, zie blz. 293, of via een reisbureau; u kunt ook de bus nemen: *Redenção*, tel. 085-32 56 19 73, 2x per dag, 6 uur, R$38, rijdt naar Jijoca, de aansluitende duinshuttle, 1 uur, is bij de prijs inbegrepen; goede accommodatie bieden Masai Mara en de rustig naast het hoofdduin gelegen *pousada* Vila Kalango).

Als u eenmaal het nog zeer authentieke **vissersdorpje** hebt bereikt, zult u al snel de twee hoofdattracties willen zien: het **30 m hoge duin vlak** bij het dorpsstrand, de Duna do Pôr do Sol, en, na een wandeling van een uur (bij eb), de **Pedra Furada,** een wonderlijke rotsformatie in de zee met een opening, waarachter in juli de prachtig ondergaande zon te zien is. Bijna altijd brengen de gidsen hun klanten ook naar de **Lagoa do Paraíso**, een fraai zoetwatermeer.

's Avonds gaan de bezoekers bij voorkeur naar een goed visrestaurant aan het strand en daarna naar de **Rua do Forró,** de 'Broadway' van de plaatselijke bewoners, met populaire bars en *forró*-etablissementen. Hier en op de zandweg dwarrelt nog altijd veel stof in de lucht, maar ook 'Jeri' wordt elk jaar chiquer.

Het strand bij Canoa Quebrada, ooit een hippieparadijs, heeft tot op heden zijn magie behouden

São Luís en omgeving

Atlas blz. 27

São Luís, de op een eiland gelegen hoofdstad van de deelstaat Maranhão, telt ca. 870.000 inwoners. De stad wordt bij een reis door Brazilië vaak 'vergeten'. Toch heeft hij heel wat te bieden: een fraai historisch centrum, dat sinds 1997 op de Werelderfgoedlijst staat, een rijk, multicultureel erfgoed (Portugees, Afrikaans, Hollands en Frans), mooie, uitgestrekte stranden, grote folkloristische feesten en veel reggae.

Het Athene van Brazilië

Atlas: blz. 27, B 2

Wie een wandeling maakt door het autovrije Historische Centrum *(Centro Histórico)*, met zijn kasseien, zijn straatjes in de vorm van een dambordpatroon, zijn caféterrassen en zijn romantisch door gele lantaarns verlichte pleinen, waant zich eerder in een Zuid-Europees stadje dan in het turbulente Brazilië. Het indrukwekkendst zijn de Portugese koloniale huizen met hun balkons, hun smeedijzeren balustrades, hun gesneden houten deuren en vooral hun van kunstzinnige patronen voorziene blauwe *azulejos*. São Luís was vroeger een rijke stad.

In het jaar 1612 werd op deze plaats in opdracht van de Franse koning Lodewijk XIII – vandaar de naam São Luís – een Franse kolonie gesticht, die later zou uitgroeien tot provinciehoofdstad. Al in 1615 namen de Portugezen het Franse fort in. Voortaan waren ze er de eigenlijke machthebbers, afgezien van een kort Nederlands intermezzo tussen 1641 en 1644. Een culturele en economische bloeitijd beleefde de stad in de 18e en 19e eeuw: de export van suiker en de handel in wol floreerden, waardoor het zogenaamde 'Athene van Brazilië' rond 1850 na Rio, Salvador en Recife de rijkste stad van het land kon worden.

Toen de slavernij echter in 1888 werd afgeschaft, begon een fase van economische achteruitgang, waarvan de tegenwoordig bijna armste deelstaat van Brazilië zich nog niet heeft weten te herstellen. Het architectonische erfgoed is echter grotendeels bewaard gebleven en wordt sinds 1989 ook gerestaureerd. Honderden gebouwen vallen onder monumentenzorg.

Kleine stadswandeling

U kunt beginnen bij het niet zozeer mooiste maar wel centraalste en levendigste plein van de stad, de **Praça de João Lisboa**, met de sobere Igreja do Carmo (1627). Als u de kerk uitkomt ziet u links, in noordelijke richting, de enige winkelstraat van de stad, de Rua Grande. De wandeling gaat echter niet naar links, maar naar rechts. Neem de tweede straat rechts van de kerk.

Nu ziet u direct aan het begin van de Rua do Sol rechts het **Teatro Arthur Azevedo**, van alle Braziliaanse hoofdstedelijke theaters het oudste (1817) dat nog altijd in bedrijf is, en bovendien, na een restauratie, het modernste. De karmelieter monniken wisten indertijd voor elkaar te krijgen, dat de voorgevel van het theater naar de straat was gericht en niet naar de Igreja do Carmo – een wereldse gebouw tegenover een kerk werd beschouwd als een godslastering.

Sla 50 m verderop links af de Rua do Ribeirão in. Na 100 m komt u bij een klein plein, te herkennen aan de blauw-witte beschildering.

De fontein die op het plein staat, de **Fonte do Ribeirão**, werd in 1796 gebouwd om de stad van water te voorzien. De drie van ijzeren roosters voorziene openingen vormen het begin van onderaardse gangen naar het Historische Centrum.

Vanaf het plein ziet reeds u een van de torens van de imposante **Catedral da Sé** (1690–1699), een van de belangrijkste monumenten van de stad, met een prachtig gouden hoofdaltaar (dag. 8–11.30 en 15–18.30 uur). Loop nu een eindje over de Avenida Pedro II. Al na korte tijd ziet u links het **Palácio da Justiça**, tegenover het gebouw van de **Prefeitura Municipal** (het stadhuis), en daarachter aangrenzend het grote **Palácio dos Leões**, de regeringszetel van de deelstaat Maranhão. De neoclassicistische voorgevel stamt uit het jaar 1926. Op de plaats van het paleis stond vroeger het Fort Saint-Louis, het eerste en enige door de Fransen gebouwde fort op het grondgebied van het latere Brazilië.

Geniet enige tijd van het fraaie uitzicht op de zee en sla dan, tegenover het paleis, de Rua Eng. Couto Fernandes in. Vrij snel ziet u aan uw rechterhand de trap van de Beco de Catarina Mina. Als u deze bent afgedaald staat u midden in het Centro Histórico.

Centro Histórico

Het Historische Centrum van Praia Grande, de vroegere Portugese handelswijk vlak bij de haven, is de belangrijkste bezienswaardigheid in São Luís. Nadat u de trap bent afgedaald slaat u links af de **Rua Portugal** in, die ook wel Rua do Trapiche wordt genoemd. Daar staan de grootste en best bewaard gebleven koloniale huizen van de stad met hun karakteristieke *azulejos*.

Links vindt u op nr. 98 het **Casa do Maranhão**, een museum waar u veel te weten komt over de volksfeesten die in de stad worden gehouden (di.–zo. 9–19 uur). Nergens anders worden de *Festas Juninas* zo gevarieerd gevierd als in São Luís. Vooral de *bumba-meu-boi* (ossendans) wordt door de honderd dansgroepen in de stad in talrijke varianten uitgevoerd, zoals *boi-de-matraca, boi-de-orquestra* en *boi-de-zabumba*. Ook de Afri-

Onderweg met de auteur

Het Historische Centrum

Zowel architectonisch als qua sfeer is het *Centro Histórico* de aantrekkelijkste buurt van São Luís. Dit geldt in het bijzonder voor de Rua Portugal, ook wel Rua do Trapiche genoemd, met zijn kunstig versierde *azulejo*-gevels (zie blz. 299).

Stranden

De mooiste stranden liggen op enige afstand van het stadscentrum, langs de Av. Litorânea. Heel aantrekkelijk zijn de **Praia do Calhau**, met zijn grote bars en zijn duinen op de achtergrond, en de vooral op zondag zeer levendige **Praia Olho d'Água** (zie blz. 301).

Reggae en Festas Juninas

São Luís is de Braziliaanse hoofdstad van de reggae, en de beste locatie om reggae te horen is **Bar do Nelson** (zie blz. 302). Nergens anders worden de *Festas Juninas*, de uiterst fantasierijk vormgegeven feesten ter ere van St.-Antonius, St.-Johannes, St.-Petrus en St.-Paulus in de maanden juni en juli, zo grootschalig en met zo veel gevoel voor de bijbehorende rijke tradities gevierd als hier (zie 'Festas Juninas' op blz. 49).

Historisch Alcântara

De regio rond São Luís was vroeger rijk. De beste manier om een tijdreis naar het verleden te maken is door middel van een daguitstapje naar **Alcântara**. Het plaatsje telt slechts tien straten en drie pleinen, maar wel 300 historische gebouwen uit de 17e en 18e eeuw (zie blz. 302).

Duinen, duinen, duinen ...

Het 246 km ten zuidwesten van São Luís liggende Nationale Park **Lençóis Maranhenses** is het gemakkelijkst te bereiken vanuit São Luís. Achter een 80 km lange kuststrook strekt zich een eindeloos duinlandschap uit, met vele meertjes en talloze zeevogels (zie blz. 303).

Een schilder met zijn werk in het historische centrum van São Luís

kaanse invloed is zeer duidelijk herkenbaar, bijvoorbeeld in trommelritmen uit Benin en Ghana, en in dansen als de erotische *tambor de crioula*.

Rechts ziet u een groot huizencomplex bestaande uit ongeveer dertig gerestaureerde vroegere pakhuizen uit de koloniale tijd. Als u bij de eerste hoek naar rechts gaat, komt u na een paar meter bij de ingang van de binnenplaats van dit complex, waar een exotische **markt** wordt gehouden. Loop via hetzelfde steegje terug. Bij de volgende hoek ziet u de bar Antigamente. Deze is vooral op woensdagavond een populair trefpunt, waar de halve stad naartoe komt, met livemuziek (reggae) en dans.

Tegenover de bar ligt een klein, sfeervol plein. Loop er links langs tot aan de Rua do Giz. Aan het eind van deze straat loopt u nog 50 m naar rechts, naar een klein, blauw gebouw uit de 19e eeuw, het **Cafua das Mercês**. Hier verbleven ooit de uit Afrika gehaalde slaven in afwachting van het moment dat ze verkocht werden. Het is waarschijnlijk het enige gebouw in zijn soort dat in Brazilië bewaard is gebleven. Tegenwoordig biedt het onderdak aan het kleine **Museu do Negro**, waar enkele fraaie houten beelden en verder muziekin-

strumenten te zien zijn (ma.-vr. 9-18 uur).

Aan de andere kant van de straat ligt het **Convento das Mercês**, een klooster uit het jaar 1645, waarin tegenwoordig het **Museu Fundação da Memória Republicana** is gehuisvest. Het museum biedt wisselende tentoonstellingen over de geschiedenis van de republiek (klooster: di.-vr. 8-18, za. 8-14 uur; museum: di.-vr. 10-18, za. 10-14 uur). Verlaat het klooster weer via de hoofdingang en loop naar rechts tot het einde van de Rua da Palma. Daar kunt u de **Igreja do Desterro**, de eerste kerk van Maranhão, daterend uit de 17e eeuw, bezichtigen.

De stranden

De stranden van São Luís liggen ver buiten het stadscentrum (stadsbussen van de Praça Deodoro naar Ponta d'Areia, Calhau en Olho d'Água). U komt er via een brug, die het oude centrum verbindt met de nieuwbouwwijken São Francisco en Renascença en de Avenida Litorânea.

Karakteristiek voor de hele regio is dat de stranden er zeer langgerekt en breed zijn. Kleine, knusse baaien zult u er tevergeefs zoeken. Het zeewater is als gevolg van twee rivieren die er uitmonden, troebel bruin gekleurd, maar bijna overal zeer schoon. Nergens anders in Brazilië is het verschil tussen eb en vloed zo groot als hier. De hoogte van de zeespiegel kan met wel 7 m variëren, en zelfs wadlopen is hier mogelijk.

Het dichtstbijgelegen strand, 3,5 km van het stadscentrum en daardoor vervuild en onaantrekkelijk, is de **Ponta d'Areia**. De mooiere stranden liggen verder weg, langs de onlangs gemoderniseerde Avenida Litorânea. Aan te bevelen is vooral de **Praia do Calhau** (8 km van het stadscentrum) met zijn grote bars en zijn duinen op de achtergrond. Op zondagmiddag moet u hier beslist een liveconcert bijwonen, bijvoorbeeld in de bar Luar.

Populair is ook de iets verderop gelegen **Praia Olho d'Água**. Op zondag is het daar nog levendiger dan op Calhau (bijvoorbeeld bij de Barraca Carangueijo). Het publiek is er eenvoudiger, maar desondanks ontbreekt het niet aan auto's, die hier over het berijdbare, harde zand komen aanscheuren. Een absoluut contrast met deze levendige drukte wordt geboden door de zeer sfeervolle en veel minder druk bezochte **Praia do Araçaji**, 19 km van de stad.

i **Setur:** Praça Benedito Leite, tel. 098-32 12 62 11, www.turismo.ma.gov.br, ma.-vr. 8-19, za. en zo. 8-14 uur; ook bureaus op de luchthaven (24 uur) en het busstation (dag. 8-20 uur).

São Luís Park Hotel: Av. Aviscência (Praia do Calhau), tel. 098-21 06 05 05, fax 098-32 35 49 21, www.saoluisparkhotel

.com.br. Beste vijfsterrenresort buiten het centrum (10 minuten), 109 uiterst comfortabele kamers met veranda en een fraai uitzicht op de groene omgeving, een uitgestrekte tropische tuin bij het strand, een enorm zwembadcomplex, talrijke recreatie- en sportfaciliteiten. R$270.

Pousada do Francês: Rua da Saavedra 160 (Centro), tel. 098-32 31 48 44, fax 098-32 32 08 79, pousada@elo.com.br. Historisch stadspaleis met 29 goed onderhouden kamers en een stijlvolle inrichting. Ondanks de centrale ligging zeer rustig. R$125.

Pousada Colonial: Rua Afonso Pena 112, tel./fax 098-32 32 28 34, www.clickcolonial.com.br. Groot koloniaal gebouw in het centrum, 26 kamers. Met een decadente charme. R$95.

Antigamente: Rua da Estrela 220 (centrum), ma.–za. 10–1 uur. Smaakvolle ambiance, tafeltjes buiten onder een grote mangoboom. Goede regionale gerechten, voortreffelijk zeebanket. Ca. R$20.

Varanda: Rua Genesio Rego 185 (Monte Castelo), tel. 098-32 32 84 28, ma.–za. 9–24 uur. Keurig, klein restaurant op enige afstand van de hoofdstraten, met tafeltjes in de openlucht. De specialiteit van het huis is het krabgerecht *arroz de cuxá*, dat toereikend is voor twee of drie personen. R$20.

São Luís is tegenwoordig de Braziliaanse hoofdstad van de reggae en draagt de bijnaam Jamaica Brasileira. Naast enige bars in het historische centrum wordt de **Bar do Nelson** beschouwd als beste reggae-etablissement van het eiland, Av. Litorânea (Calhau), vr. en za. 's avonds. Andere muziekstijlen, zoals *MPB* en *chorinho* (wo.–vr., live) en jazz (za., live) zijn te horen in het **Café do Armazém** aan de Rua da Estrela, op nummer 401, een bar met veel sfeer in een gerestaureerde villa in het historische centrum, tevens restaurant; ma.–wo. 10–23, do. en vr. 10–2, za. 16–2 uur.

Festa do Boi (juni/juli): Nergens worden de **Festas Junínas** zo grootschalig en creatief gevierd als in São Luís. Overal in de stad ziet u dansuitvoeringen en grote feestterreinen.

Marafolía (half okt.): Extra carnaval (Av. Litorânea).

Vliegtuig: De Aeroporto Marechal Cunha Machado ligt bij Tirirical, 13 km ten oosten van het centrum, tel. 098-32 17 61 00, luchtvaartmaatschappijen GOL, BRA, TAM en Varig. Transfer met luchthavenbus *Aeroporto* of *São Cristóvão* naar de Praça Deodoro (35 min.), of per taxi.

Bus: Het busstation *(rodoviária)* ligt 10 km ten oosten van het centrum in Sto. Antônio, tel. 098-32 75 98 86; onder meer verbindingen met Belém *(Transbrasiliana*, tel. 098-32 43 38 44, dag. om 20 uur, 12 uur, R$110), Fortaleza *(Guanabara*, tel. 098-32 43 36 06, 2–3x per dag, 18 uur, R$90), João Pessoa/Natal *(Progresso*, tel. 0300-7 89 33 34, dag. om 12 uur, 26/30 uur, R$140/165), Recife *(Progresso*, tel. zie boven, 2x per dag, 24 uur, R$155).

Uitstapje naar Alcântara

Atlas: blz. 27, B 2

Alcântara ligt op het vasteland, een uur varen van São Luís. De beste manier om er te komen is met de catamaran *Twister* (vaartijden op afspraak; de eigenaar Ferreira is 's ochtends te vinden bij de aanlegsteiger). Het plaatsje telt slechts tien straten en drie pleinen, maar wel 300 historische gebouwen uit de 17e en 18e eeuw.

Het beste kunt u kriskras een wandeling maken door het stadje. De meeste bezienswaardigheden vindt u op de **Praça da Matriz**, waaronder de laatste originele **strafzuil** *(pelourinho)* van Brazilië, het **Palaçio do Imperador**, een stadspaleis dat hier door een rijke familie is gebouwd om de keizer te kunnen ontvangen, en ten slotte het **Museu Histórico** (dag. 8–14 uur).

De culturele rijkdom van de stad is niet toevallig. Alcântara was ooit de hoofdstad van Maranhão en een overslagplaats voor suiker, wol, rijst en zout. De rijkste families van de provincie, sommige met meer dan 8000 slaven, hadden hier hun aristocratische residentie.

Met de afschaffing van de slavernij begon ook hier de economische achteruitgang. Veel gebouwen zijn slechts als ruïne bewaard gebleven. Evenals de bouwvallige hutten getuigen ze van de grote armoede van het stadje. Een groot contrast hiermee vormt het modernste **ruimtevaartcentrum** van heel Latijns-Amerika, in het noorden van Alcântara. Over de ruimtevaartprojecten van Brazilië wordt u geïnformeerd in het **Casa de Cultura Aerospacial** aan de Praça N.S. do Rosário.

Het duinlandschap van Lençóis Maranhenses

Atlas: blz. 27, C 2

Het grootste nationale park van noordoost-Brazilië (gesticht in 1981) ligt 246 km ten zuidwesten van São Luís. Het strekt zich over een lengte van ca. 80 km uit langs de kust en reikt 10 tot 30 km landinwaarts. Met 1550 km² beslaat het zelfs een groter oppervlak dan de agglomeratie van São Paulo.

Het heldere wit van het duinlandschap doet denken aan lakens *(lençóis)*, en hiervan is de naam van de regio afgeleid. In de enige 'woestijn' van Brazilië, met een heet (tot 50 °C), halfnat klimaat regent het evenwel 300-maal zo veel als in de Sahara. Tussen de soms wel 50 m hoge wandelende duinen ontstaan in de regentijd (feb.–mei) talrijke meren en rivieren in blauwgroene en geelbruine kleuren. Alles bloeit op, er verschijnen talrijke vogels en de bezoeker voelt zich als in een unieke showroom van de natuur.

Een bezoek is vooral aan te raden van mei tot september, dus vanaf het einde van de regentijd. De **reis** erheen is het goedkoopst per bus vanuit São Luís naar Barreirinhas (maatschappij *Cisne Branco*, tel. 098-32 43 28 47, 4x per dag, 4 uur, R$22). Een duurder alternatief is het vliegtuig *(Litorânia Táxi Aéreo*, tel. 098-32 17 61 61, ma., wo. en vr. 9 uur, R$190 per vlucht). U moet de nacht doorbrengen in **Barreirinhas**. De volgende morgen kunt u dan per boot via de Rio das Preguiças dieper doordringen in het nationale park.

Na drie tot vier uur bereikt u het vissersdorpje **Caburé** en nog eens 15 minuten later komt u bij het kleine vissersgehucht **Atins**, vlak bij de monding van de Rio das Preguiças. Overal ziet u eindeloze duinen en talrijke meertjes. In de droge tijd, vanaf oktober, drogen de meren echter weer op en de 'lakens' bedekken opnieuw de oasen. Al het leven in het park wordt dan door de wind weggeblazen.

Pousada do Buriti: Rua Inácio Lins (Centro), tel./fax 098-33 49 18 00, www.pousadadoburiti.com.br. 30 ruime kamers, restaurant, aanbod van jeep- en boottochten. R$170.

Pousada do Rio: Rua Cazuza Ramos 700, Barreirinhas, tel. 098-33 49 12 55, fax 098-33 49 00 56, www.pousadadorioma.com.br. 13 schone, airconditioned kamers in kleine dubbelchalets met voortuin. Mooi gelegen op de rivieroever, midden in het groen. Goed ontbijt. Slechts een paar minuten lopen van het centrum. R$100.

Marina Tropical: Av. Beira Rio, Barreirinhas, tel. 098-33 49 11 43, 11–23 uur. Prachtig aan de rivieroever gelegen restaurant, waar u heel mooi buiten kunt zitten. 's Middags zelfbediening. Er is een grote keus aan regionale lekkernijen. Een karakteristieke schotel *carne do sol* kost R$28 (genoeg voor 2 personen).

Boottocht naar Caburé: Diverse aanbieders, bijvoorbeeld Maranhão Turismo, www.maranhaoturismo.com; bureau in Barreirinhas: Av. Principal 718, Centro, tel. 098-33 49 06 18; bureau in São Luís: in hotel São Luís Park, Calhau, tel. 098-32 27 21 36; Engelssprekende gids; vertrek dag. 8.30 uur, terugkomst 16 uur, R$55 per persoon inclusief lunch. Goedkoper is een lijnboot, 3 uur, 1–2x per dag, R$8.

Het door rivieren doorsneden duinlandschap van Lençóis Maranhenses

Ilha de Marajó in de Amazonedelta

Het noorden

In een oogopslag: Het noorden

In de jungle van de Amazone

Ondanks het feit dat dit geologische gebied bijna de helft van het land beslaat, liggen er afgezien van Belém en Manaus weinig grote steden en is het extreem dun bevolkt. De rijkdom zit in de natuur, met de meeste plant- en diersoorten ter wereld. Velen dromen ervan eens in hun leven dit gebied te kunnen doorkruisen.

Te schrijven over het Amazonegebied vereist het gebruik van superlatieven. Ook de Amazone zelf zal in de encyclopedieën niet meer op de tweede plaats komen te staan. Na recente satellietberekeningen blijkt dat hij met 6992 km toch langer is dan de Nijl (6670 km). Vanaf het drielandenpunt Peru – Colombia – Brazilië heet hij eerst Rio Solimões en pas na de samenvloeiing met de Rio Negro bij Manaus verandert de naam in Rio Amazonas. Met de ongeveer duizend zijtakken liggen er in het rivierstelsel totaal 50.000 km aan waterlopen.

De waterrijkste rivier van de wereld is gemiddeld 4 tot 5 km breed. Bij de monding in de buurt van Belém is de delta zelfs 250 km breed. Daar stroomt 85 keer zoveel zoetwater in zee als de Rijn met hoogwaterstand loost. Wat voor bijzonder gevoel moet het geven deze gigantische rivier met een boot te bevaren! Van Bélem naar Manaus is het ca. 3600 km, waarvoor u bijna een week nodig hebt. In de oerwoudhoofdstad Manaus is het levendige gedoe rond de haven een bijzondere ervaring, evenals de grote vismarkt. Maar misschien wel de meeste indruk maakt de enorme schouwburg en het krankzinnige idee waarmee de rubberbaronnen van vroeger hun Caruso's naar het oerwoud wilden lokken. Tegenwoordig is de muziektempel omsingeld door kantoren en woningen, die getuigen van de recente groei van de verder weinig interessante elektronicastad.

Om diep in de natuur te dringen, zou u een boottocht moeten maken of onderdak kunnen zoeken in een oerwoud-*lodge*. Alleen al de bizarre lichtinval en de vele geheimzinnige geluiden uit de dichte jungle zijn opwindend genoeg, ook al ziet u hier lang niet zoveel dieren als in de Pantanal. De fauna imponeert niet zozeer door de hoeveelheid dieren, maar door het aantal soorten. Er zijn 1500 soorten vogels geteld (15% van alle vogelsoorten op de wereld) en 1500 soorten vis (Europa: 60). Op een enkele boom kunnen wel honderd soorten insecten zitten, die samen 80% van de totale dierlijke biomassa uitmaken.

De rijkdom van 'de groene hel' ligt vooral in de flora. Er zouden meer dan 60.000 plantensoorten moeten voorkomen. Op één vierkante kilometer leven meer soorten, dan in heel Europa groeien. In een gigantische opstapeling van wel zes verdiepingen komen meer dan 2500 soorten bomen voor, bekroond door maximaal 60 m lange lianen. In de plas-

sen en meren groeien waterhyacinthen en waterlelies.

Hoogtepunten

12 **Amazonetochten:** Boottochten van enkele uren of dagen vanuit Manaus op de Rio Negro of de Rio Solimões (zie blz. 325) of vanuit een oerwoud-*lodge* (zie blz. 329).

Aanbevolen routes

Rio Negro, Rio Solimões, Encontro das Águas: De meeste touroperators bieden Amazonetochten inclusief overnachtingen, maaltijden en drankjes aan boord of in de *lodge*, evenals uitrusting en een gids. U kunt kiezen uit verschillende vervoermiddelen, zoals de traditionele rivierboot met hangmatten en dagbedden (slaapmatten) of een comfortabeler boot met hutten met airconditioning. Indien gewenst, is bij langere tochten ook een verblijf in een oerwoud-*lodge* inbegrepen (u kunt dus de boot met de *lodge* combineren). De boot en de *lodge* dienen daarbij als thuisbasis en vertrekpunt voor verschillende excursies. Behalve varen op de rivier zijn andere activiteiten mogelijk, zoals kanoën, trektochten, sportvissen, snorkelen, kletteren, een bezoek aan indianen, een cursus medicinale planten, enzovoorts (zie blz. 325–329).

Reisplanning

De meeste toeristen vliegen naar Manaus en verkennen van daaruit de omgeving, vaak ook vanuit in de buurt gelegen *lodges* in het oerwoud. De weinige bezienswaardigheden van Manaus zelf hebt u in een dag bekeken. Afhankelijk van de bestemming en het aantal rivieren duren boottochten vanuit Manaus 1 tot 7 dagen. De ver weg gelegen stad Bélem aan de mondig van de Amazone heeft weliswaar zijn bekoring (evenals het enorme, in de Amazone gelegen eiland Marajó met zijn buffelboerderijen), maar ligt buiten de gebruikelijke reisroutes. De scheepsreis van Belém naar Manuas is een waar avontuur. De reis kost echter veel tijd en is niet erg comfortabel.

Klimaat en reistijd

In het noorden heerst een vochtig-warm equatoriaal klimaat met een gemiddelde jaartemperatuur van 25 °C, zonder grote verschillen tussen de warmste en de koudste maand van het jaar. Het is het deel van het land met de meeste regen, vooral van januari tot april. Er wordt dan veel mist gevormd en er heerst een hoge luchtvochtigheid van 80%. U kunt daarom beter buiten deze periode naar de Amazone reizen.

Indianen

Zo'n 80% van de indianen van Brazilië leeft in het Amazonegebied. Een van de bekendste volken is dat van de Yanomamis, die vooral in de dichtbegroeide bergen bij de grens met Venezuela wonen. Veel Amazone-indianen houden hun traditionele levenswijze in stand: jagen, vissen en voedselverzamelen in het bos. Verschillende indianendorpen kunnen worden bezocht in het kader van de boottochten op de Amazone.

Tips

Festival Folclórico de Parintins: Uniek folkloristisch feest op het Amazone-eiland Tupinambarana (420 km van Manaus), drie dagen eind juni/begin juli. Een combinatie van carnaval en de *bumba-meu-boi*-feesten van het noordoosten (zie blz. 322).

Verblijf in een oerwoud-*lodge*: Steeds meer reizigers stevenen direct af op een van de vele *lodges* bij Manaus, om onmiddellijk in het regenwoud te zijn. Alleen al de reis naar de oerwoudverblijven brengen u in de stemming voor jungleavonturen (zie blz. 329).

Belém en omgeving

Kaart blz. 312

Belém (Bethlehem), de hoofdstad van Pará, ligt slechts één graad ten zuiden van de evenaar aan de Baai van Marajó, de trechter waarin de Rio Tocantins en de Rio do Pará uitmonden, 130 km van de Atlantische Oceaan. De gunstige ligging aan de zuidrand van de Amazonedelta heeft van de stad de belangrijkste plaats van Noord-Brazilië voor tussenhandel gemaakt, vooral in de hoogtijdagen van de rubberindustrie.

Atlas: blz. 30, F2

Rond 1910 beleefde het destijds nog kleine, maar rijke Belém (toen 100.000 inwoners, nu 1,4 miljoen) de grootste bloei. Men had elektriciteit, telefonie en trams en alles deed aan Europa denken. Veel gebouwen uit de belle époque herinneren aan dit glorieuze verleden. Daarnaast werden ook enkele fraaie, prestigieuze bouwwerken neergezet, zoals het Teatro da Paz en het Palácio Antônio Lemos.

Na de crisis in de rubberhandel bleef de stad functioneren als poort naar het binnenland. Al het economische leven en de belangrijkste bezienswaardigheden zijn gericht op het water of de haven. Ook de oude stad, de markt en de belangrijkste kerken liggen in de buurt van de Baía do Guajará.

Wandeling door het centrum

Forte do Presípio

Bij de vesting **Forte do Presípio** **1** aan de Praça Frei Caetano Brandão in de oude stad kunt u genieten van het beste uitzicht op de haven en de markt ernaast. Op deze plaats gingen op 12 januari 1616 de eerste Portugese kolonisatoren aan land, onder leiding van kapitein Francisco Caldeira Castelo Branco. Zij zetten dit eerste gebouw van de stad neer. Met het fort wilde men een halt toeroepen aan de aanvallen van Franse, Engelse en Hollandse piraten en zichzelf verzekeren van een ongestoorde toegang tot het Amazonegebied (di.–vr. 10–18, za./zo. 10–20 uur).

Catedral da Sé

Tegenover het fort verrijst de imponerende witte gevel van de **Catedral da Sé** **2** (1748–1771), het vertrekpunt van de jaarlijkse grote *Procissão do Círio de Nazaré*. In de gecombineerd barokke en neoclassicistische kerk prijken onder andere werken van de schilder Domenico de Angelis (ma. 15–18, di.–vr. 8–12, 14–18, za./zo. 6–11, 17–20.30 uur). Hier is ook het **Museu de Arte Sacra** ondergebracht, met ca. 320 kerkelijke voorwerpen (di.–vr. 13–18, za./zo. 9–13 uur).

Twee musea

Als u de kerk verlaat, komt u over de Praça Dom Pedro II bij twee grote musea. Het **Museu do Estado do Pará** **3** is gevestigd in het Palácio Lauro Sodré uit 1771, waar lange tijd de deelstaatregering van Pará zetelde. Het museum is gewijd aan de geschiedenis van deze staat (Praça Dom Pedro II, tel. 2 19 11 38, di.–vr. 9–17.30 uur). Interessanter is het museum dat er links naast staat, het **Museu da Cidade/Museu de Arte de Belém** **4** in het fraaie Palácio Antônio Lemos (1883). In de luisterrijke zalen worden talloze kunstwerken en documenten uit de geschiedenis van Belém tentoongesteld (Praça Dom Pedro II, tel. 2 19 82 17, di.-vr. 10-18 uur, za./zo. 9-13 uur).

Markthallen

De opvallendste getuigen van de vroegere bloei van de stad zijn de twee grote markthallen aan de haven. Het eerste gebouw met zijn torens is al te zien vanaf het museum. Dit is het voormalige belastingkantoor uit 1688, de **Mercado Ver-o-Peso** **5** ('het gewicht zien'). De hal, waarvan de smeedijzeren draagconstructie uit Engeland werd geïmporteerd, dient tegenwoordig als vismarkt. Daaromheen staan zo'n 2000 kramen met kunstnijverheid, keramiek, typische streekgerechten, vruchten, medicinale planten, kruiden, badzout en nog veel meer. Net zo exotisch als de aangeboden waar is de sfeer van de markt. Die wordt bepaald door de drukke handel van de kooplieden en de vissers, het in- en uitlopen van vele schepen en niet in de laatste plaats door het feit, dat men hier voor de toegangspoort tot het Amazonegebied staat (dag. 6-13 uur, de omliggende marktkramen zijn permanent geopend, bij het invallen van de schemering zijn er veel zakkenrollers!). Prikkelende geuren liggen echter niet iedereen even goed.

In een kleinere hal, die enigszins verstopt ligt achter een kleine toegang tot een galerij aan de overkant van de straat, is de **vleesmarkt** ondergebracht. Ook hier is de ijzeren constructie uit Engeland afkomstig.

Havenpromenade

Een 540 m lange promenade over de kaden van de haven voert langs de **Estação das Docas** **6**. Dit zijn drie in 2000 verbouwde pakhuizen met 33 etablissementen, waar 's avonds de halve stad zit. Er zijn veel goede cafés (bijvoorbeeld Amazon Beers) en restaurants (bijvoorbeeld Lá em Casa), maar ook winkels en een theater. Aan de steiger voor de pakhuizen liggen boten afgemeerd die excursies in de omgeving verzorgen.

De grootste attractie is het mobiele podium met levende muziek, dat langs de hele promenade gaat en van overal is te zien. Het prijzenswaardige revitaliseringsproject is geïnspireerd op soortgelijke initiatieven in New York, San Francisco en Buenos Aires (di.-do. 10-1, vr.-zo. 9-3 uur).

Onderweg met de auteur

Havensfeer

In Belém is het niet zozeer de stad die boeit, als de **haven** en de drukke handel op de **steigers**. Vanuit het **Forte do Presípio** krijgt u een sfeervol beeld van het geheel. Vergeet niet een kijkje te nemen op de 540 m lange **havenpromenade** met de verbouwde pakhuizen (Estação das Docas), waarin en waarvoor 's avonds de halve stad zit (zie blz. 311).

Markthal

De ca. 2000 kramen in de **Mercado Ver-o-Peso** leveren een beeld op, waarnaar u zelfs in Azië zou moeten zoeken. Ook de geuren en geluiden doen niet onder voor de markten daar. Hier rond te dwalen is wellicht een hoogtepunt van een bezoek aan Belém (zie blz. 311).

Teatro da Paz

Het belangrijkste historische en architectonische **monument** van de stad is weliswaar niet te vergelijken met de schouwburg in Manaus, maar toch zeker de moeite waard (zie blz. 312).

Buffeleiland Marajó

Wie rekent er nou op buffels in Brazilië? Op Marajó leven er honderdduizenden. De **boerderijen** zijn te bezichtigen en u kunt er vaak overnachten. Trouwens, buffelvlees en -kaas zijn niet te versmaden. Verder vindt u hier veel getuigenissen van de precolumbiaanse beschaving van de **Marajó-indianen** (zie blz. 315).

Igreja das Mercês

In de Travessa Frutuosa Guimarães, hoek Rua 15 de Novembro, staat de interessante kloosterkerk **Igreja de N.S. das Mercês** **7**. Deze stamt uit 1640, maar werd in de 18e eeuw verbouwd, waarschijnlijk onder leiding van de Italiaanse architect Antonio Landi (ma.-za. 7-11, 15-18.30 uur).

Belém

Teatro da Paz

De Avenida Presidente Vargas in de buurt van de kerk verbindt de oude met de nieuwe stad *(Cidade Nova)*. Het is de belangrijkste zakenstraat van Belém en leidt naar de Praça da República, het centrum van de nieuwe stad. Aan een zijde van het plein staat het robuuste, neoclassicistische **Teatro da Paz** 8 uit 1878. Buiten imponeren de marmeren Griekse zuilen, binnen de grote spiegels en kroonluchters van Venetiaans kristal. Tijdens de hoogtijdagen van de rubberindustrie vonden hier belangrijke opvoeringen van internationale allure plaats. Dit theater is na het Teatro Amazonas in Manaus het op een na belangrijkste pronkstuk uit de bloei van de rubbercultuur (Rua do Paz, tel. 091-32 24 75 09, rondleidingen di.–vr. 6x per dag, za.-ochtend 3x; vanaf 21 uur regelmatig toneel- en dansvoorstellingen en concerten, voor pro-

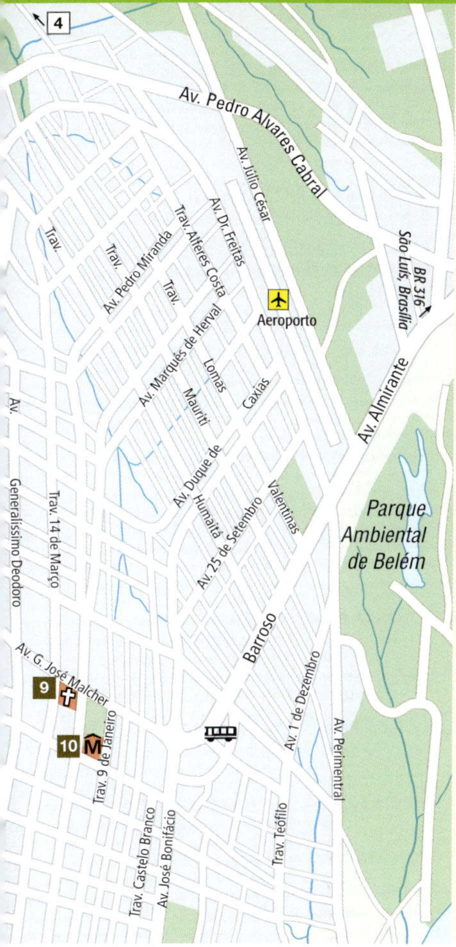

Bezienswaardigheden

1 Forte do Presípio
2 Catedral da Sé
3 Museu do Estado do Pará
4 Museu da Cidade/Museu de Arte de Belém
5 Mercado Ver-o-Peso
6 Estação das Docas
7 Igreja de N.S. das Mercês
8 Teatro da Paz
9 Basílica de N.S. de Nazaré
10 Museu Paraense Emílio Goeldi

Accommodatie

1 Belém Hilton
2 Regente
3 Zoghbi Apart Hotel
4 Hotel Parque dos Igarapés

Eten en drinken

5 Estação das Docas
6 Lá em Casa/O Outro/Ver o pesinho

gramma zie de krant *O Liberal*, kaarten aan de kassa).

Basílica de N.S. de Nazaré

Achter het theater buigt de Avenida Nazaré af, waaraan een stukje verder de **Basílica de N.S. de Nazaré** 9 ligt. Het machtige neoromaanse bouwwerk (1909-1923) werd gemaakt naar voorbeeld van de Romeinse St.-Paulus buiten de Muren en staat op de plaats waar in 1700 een beeld van de Heilige Maagd van Nazaré werd gevonden (dag. 8-11.30, 15-18 uur).

Jaarlijks wordt op de tweede zondag in oktober ter harer ere de beroemde **processie do Círio de Nazaré** gehouden. Aan het grootste religieuze feest van Brazilië, dat een traditie van tweehonderd jaar kent, doen 1,8 miljoen pelgrims mee. De gelovigen lopen bij deze feestelijke optocht van de Catedral da Sé over de Boulevard Castilho França (haven en

Mercado Ver-o-Peso), de Avenida Presidente Vergas en de Avenida Nazaré naar de Basílica (5 km). De geschiedenis van de processie wordt belicht in het **Museu do Círio** (naast de Basílica).

Museu Paraense Emílio Goeldi

Ook aan de Avenida Nazaré ligt het **Museu Paraense Emílio Goeldi** 10. Het natuurhistorisch museum van Belém is in 1866 gesticht door natuuronderzoeker Domingos Soares Ferreira Pena en werd in 1900 uitgebreid door Emílio Goeldi. Het is in zijn soort uniek voor het Amazonegebied. Behalve talrijke archeologische objecten en voorwerpen van indiaanse origine, herbergt het een zoölogisch-botanische tuin, die helaas niet zo goed is onderhouden (Av. Magalhães Barata 376, di.–zo. 9–17 uur).

Belémtur: Av. Gov. José Malcher 257 (Nazaré), tel. 091-32 82 48 52, www.belemtur.com.br, ma.–vr. 8–12, 14–18 uur.
Paratur: Praça Waldemar Henrique, hoek Av. Assis de Vasconselos, tel. 091-32 23 21 30, www.paratur.pa.gov.br, ma.–vr. 8–14 uur. Deskundige en behulpzame toeristeninformatie voor de hele deelstaat Pará; in het weekend ook een kiosk op de luchthaven en bij de Estação das Docas.

Belém Hilton 1**:** Av. Pres. Vargas 882 (Praça da República), tel. 091-40 06 70 00, fax 091-32 25 29 42, www.hilton.com. Beste hotel van de stad. 362 relatief kleine kamers, centrale ligging ('s nachts oppassen!), populair café met terras op straat. R$500 (veel goedkoper via reisbureaus).
Regente 2**:** Av. Gov. José Malcher 485 (Nazaré), tel. 091-32 41 12 22, fax 091-31 81 50 05, www.hotelregente.com.br. Vooralsnog keurig, maar langzaam verouderend middenklassehotel met 188 fraaie en rustige kamers (vanaf de bovenste verdieping uitzicht over de stad); groot zwembad, restaurant en reisbureau; nog net centraal gelegen. R$160.
Zoghbi Apart Hotel 3**:** Rua Ferreira Cantão 100 (Centro), tel./fax 091-32 41 18 00, www.zoghbi.com.br. Centraal driesterrenhotel uit 1998 met 54 appartementen, altijd gezellig druk aan de bar en in het restaurant. R$115.
Hotel Parque dos Igarapés 4**:** Conjunto Satélite WE 12 Nr. 1000 (Coqueiro), tel./fax 091-32 48 17 18, www.parquedosigarapes.com.br. Grote, rustieke chalets, 18 km buiten de stad in een tropisch park, veel mogelijkheden voor sport en recreatie. R$100.

Estação das Docas 5**:** Aan de nieuwe promenade aan de haven staat het ene restaurant naast het andere.
Lá em Casa/O Outro/Ver o pesinho 6**:** Av. Gov. José Malcher 247 (Nazaré), tel. 091-32 23 12 12 (in het weekend reserveren), dag. 12–15, 19–24 uur. Drie traditionele restaurants in één huis, goed om de keuken van de Amazone te proberen (*pirarucú* en meerval, vissoep, eend in manioksaus; een *menú Paraense* kost R$35 voor 1 en R$60 voor 2 pers.).

Estação das Docas: Vele cafés en een mobiel podium met livemuziek.
African Bar: Praça Kennedy, tel. 091-32 41 10 85, vr.–zo. vanaf 22.30 uur. Populaire, grote dansgelegenheid in het centrum waar muziek wordt gemaakt, smaakvolle inrichting, gedeeltelijk buiten. R$15.

Boottochten: Valeverde, aan het einde van de Estação das Docas, tel. 091-32 12 33 88, di.–zo. 10–22.30 uur; in de Rua Alcindo Cacela 104, tel. 091-32 12 33 88, ma.–vr. 9–18 uur, en op het vliegveld, www.valeverdeturismo.com.br. Korte tochten bij zonsondergang of halvedagtochten naar Ilha dos Papagaios (huizen op palen van *cablocos*, mensen met Europees en indiaans bloed).
Uitstapjes naar Ilha do Mosqueiro: Valeverde, zie boven. Belangrijkste recreatiegebied van Belém. Op het 70 km verder gelegen eiland ligt een twintigtal prachtige zoetwaterstranden.
Uitstapje naar Ilha de Marajó: Valeverde, zie boven. Georganiseerde excursies, vanaf 2 dagen, incl. hoteltransfers, overtocht, verblijf en ontbijt voor R$200 p.p. (zie voor informatie over Marajó blz. 315).
Surfen: Sinds kort gebruiken professionele

De Mercado Ver-o-Peso is de grootste vismarkt van Belém

surfers het springtij, dat tweemaal per maand afhankelijk van de stand van de maan (en de zon) tegen de rivierstroom ingaat en dan een 5 m hoge getijdengolf *(pororoca)* opwekt.

Vliegtuig: Het Aeroporto Internacional Val de Cans ligt 12 km van het centrum, tel. 091-32 10 60 00. Dag. vluchten naar de grote steden van Brazilië. Transfer met bus 638 naar Av. Pres. Vargas of per taxi.
Bus: Het busstation ligt 3 km ten westen van het centrum aan de Praça do Operário (blz. Brás), tel. 091-32 66 26 25; veel stadsbussen hebben hier hun eindpunt; interlokale verbindingen met *Transbrasiliana* naar Brasília (3x per dag, 34 uur, R$190), Rio de Janeiro (dag. 15 uur, 50 uur, R$270), Belo Horizonte (45 uur, R$230), São Luís (dag. 20 uur, 13 uur, R$85) en São Paulo (dag. 10 uur, 48 uur, R$255).
Boot: De vertrektijden van de schepen naar Ilha de Marajó en Manaus wisselen voortdurend; informeer bij de reisbureaus of de maatschappij; voor langere afstanden van de eenvoudigste schepen moet u zich vroegtijdig van een goede plaats verzekeren.

Oerwoudeiland Marajó

Atlas: blz. 30, F2
Een langer, maar absoluut aanbevolen ecologisch uitstapje (zes uur per boot), is een bezoek aan het oerwoudeiland Marajó, waarvoor u minstens twee dagen moet uittrekken. De reisbureaus in Belém bieden voordelige allinprogramma's met transfer, verblijf en een bezoek aan buffelboerderijen, meestal in de buurt van de hoofdstad Souré of Salvaterra (zie blz. 316).

Het eiland Marajó, tussen de Amazone, de Rio Tocatins en de Atlantische Oceaan, is het grootste riviereiland ter wereld en heeft een oppervlakte zo groot als België. De indianen noemen het vanwege zijn ligging ook wel 'zeebreker'. De tijd is hier stil blijven staan. Gebruikelijke vervoermiddelen zijn de kano en de buffel. De nog grotendeels ongerepte vegetatie, die met de Pantanal vergeleken kan worden, bestaat in het westelijke deel uit tropisch regenwoud en in het oostelijke deel uit grassavannen. De laatste worden in de regentijd van januari tot juni regelmatig overstroomd.

Geneeskrachtige planten en extracten uit het regenwoud – marktkraam in Belém

Buffelboerderijen

Het eiland staat bekend om de teelt van waterbuffels. Er leven hier meer buffels dan mensen (600.000 tegenover 250.000). Waarschijnlijk zijn de dieren afkomstig van een gestrand schip, dat onderweg was naar Frans-Guyana. Een bezoek aan een van de boerderijen of het bekijken van kuddes badende buffels is intussen opgenomen in de standaard toeristische programma's. Dat geldt ook voor een *carne-do-sol*-maaltijd van buffelvlees en het proeven van buffelkaas. Behalve buffels leven op het eiland duizenden soorten vogels (onder andere reigers, toekans en parkieten), en kunt u er krokodillen, apen, tapirs, reuzenschildpadden en jaguars waarnemen.

Museu do Marajó

Marajó staat ook bekend om de aandacht voor het culturele erfgoed van de precolumbiaanse beschaving van de Marajó-indianen (5e–14e eeuw), de oudste en verst ontwikkelde cultuur van het Amazonebekken. De meeste restanten van de oude lemen hutten en het kunstig beschilderde aardewerk zijn gevonden rond het Lago Arari ten westen van Souré. De hedendaagse nakomelingen van de Marajó's kleden zich soms nog als vroeger en presenteren dan traditionele dansen als de *carimbó* en de *lundú*. De regio is echter moeilijk bereikbaar. Het is eenvoudiger het Museu do Marajó in Cachoeira do Arari op te zoeken. De oudste geëxposeerde voorwerpen dateren uit 980 v.Chr., de jongste uit de 18e eeuw.

Stranden

Stranden zijn er ook op Marajó, bijvoorbeeld die van **Araruna** en **Pesqueiro**, beide in de buurt van Souré. Araruna wordt gezien als een van de mooiste. Bij vloed botsen het zoete water van de rivier en het zoute water van de oceaan op elkaar, wat een fascinerend schouwspel oplevert.

Excursies: Valeverde, in Belém aan het einde van de Estação das Docas, zie Boottochten blz. 314. Uitstapje naar het eiland Marajó van 2 dagen, incl. transfers, overtocht, hotel, ontbijt en bezoek aan een buffelboerderij voor R$200 p.p.

Ontbossing op zijn Braziliaans

Thema

Zo'n 17% van het oorspronkelijke Amazonewoud, meer dan de oppervlakte van Frankrijk, is al gekapt. Tot 2004 vielen elk uur zevenhonderd bomen om en werd de atmosfeer jaarlijks belast met 200 miljoen ton CO_2, die vrijkwam bij het afbranden – de gevolgen voor het klimaat zijn bekend. Internationale protesten haalden weinig uit. Pas in 2005 kwam er een kentering, waarover zelfs Greenpeace enthousiast was.

De kaalslag begon in de jaren zestig van de vorige eeuw, toen het toenmalige militaire bewind de landbouw en veeteelt stimuleerde. Groei tot elke prijs was het devies en milieubescherming was nog een onbekend woord. Het buitenland hielp enthousiast mee. Zo betaalde de Duitse Kredietmaatschappij voor Wederopbouw 130 miljoen dollar voor een project voor ertsontginning in de Serra dos Carajás in Pará. Met geld van de Wereldbank werd onder andere de ontsluiting, dat wil zeggen de verwoesting, van Rondônia gefinancierd. Bij zijn aantreden als president van de Wereldbank betuigde James Wolfensohn zijn spijt over de aangerichte schade. Ook grote projecten in de wegenbouw (Transamazônica, Perimetral Norte) droegen bij aan de verstoring, omdat ze de toegang tot ontoegankelijke oerwouddelen vergemakkelijkten.

Na het aftreden van de militairen in 1985 hadden internationale protesten meer succes, maar na 1995 leidde de toegenomen binnen- en buitenlandse vraag naar tropisch hardhout en vlees tot een verdere verslechtering. 1999 was het jaar van het ontbossingsrecord, gevolgd door de periode augustus 2003–augustus 2004. Ongeveer 2500 bedrijven, vaak in het buitenland gevestigd, nemen deel aan de overwegend illegale houtkap. Een derde van het hout gaat naar het buitenland, vooral naar de Verenigde Staten, gevolgd door Japan en Europa. Ook de meeste winst vloeit naar het buitenland. Van de eindopbrengst ziet het producerende land nog geen 40%. Voor de export van vlees geldt hetzelfde verhaal.

Een omslag in de groei van de ontbossing kwam pas in 2005. Ten opzichte van het vorige jaar werd een opvallende teruggang van 31% geregistreerd, die grotendeels was bewerkstelligd door een strengere milieuwetgeving van de regering. Hoop kan ook worden geput uit een nieuwe wet uit 2006, die ook door Greenpeace juichend is begroet, waarin het niet-verstorende (particuliere) gebruik van de openbare bossen is geregeld *(Lei de Gestão Florestal)*.

Een probleem is echter het toezicht. Milieu-instantie Ibama leidt permanent aan geld- en personeelsgebrek. In het gehele Amazonegebied beschikt zij over slechts 2000 inspecteurs. Maar zelfs daar, waar wordt gecontroleerd en stevige boetes worden uitgedeeld, ontlopen de grote veehouders, die voor 80% van de ontbossing verantwoordelijk zijn, regelmatig hun schuld door corruptie. Bovendien is 30% van het oerwoud in particuliere handen en valt niet onder overheidsregels.

Toch gloort er hoop. Steeds meer mensen zijn zich ervan bewust, dat het ware winstpotentieel van de Amazonewouden niet in de hout- en vleeshandel zit, maar in de medicijnen. Misschien redt de farmaceutische industrie op een dag dit grootste laboratorium van de aarde.

Manaus

Kaart blz. 321

Wie naar Manaus reist in de hoop een bloeiende exotische junglemetropool aan te treffen, komt snel van een koude kermis thuis. Alleen de haven en het wereldberoemde theater zijn interessant. Toch kunnen Amazonereizigers niet om de stad heen: dit is het uitgangspunt voor excursies naar de 'groene hel' en voor de oerwoud-*lodges*.

Atlas: blz. 29/30, C/D2

Rubber, de belangrijke grondstof voor de Noord-Amerikaanse en Europese auto-industrie, was aanvankelijk alleen te vinden in het oerwoud rondom Manaus. In 1906 kwam daaraan een einde, toen concurrent Maleisië in het strijdperk trad. Niet veel later was het gedaan met de rijkdom. Een van de welvarendste steden ter wereld, destijds het 'Parijs van de tropen' genoemd, was al snel verwikkeld in een doodsstrijd. In Manaus gingen meteen de elektrische lichten uit en werden de oude olielampen weer tevoorschijn gehaald.

In 1967 kwam weliswaar een economische opleving (in de nieuw gestichte vrijhandelszone, de *zona franca*, vestigden zich vanwege de belastingvoordelen allerlei bedrijven uit de hele wereld, die van de voormalige rubbermetropool een grote hightechindustriestad van 1,6 miljoen inwoners maakten), maar mooier en aantrekkelijker werd de stad daardoor niet. Veel oude koloniale huizen moesten wijken voor moderne kantoren, de historische straatjes veranderden in steriele winkel- en voetgangerszones, elektronicazaken verdrongen het gemengde aanbod van artikelen in het centrum en het toegenomen goederenvervoer verstopte de wegen. Lawaai en hectiek tekenen het leven van alledag. Ook de bevolkingsexplosie heeft een negatieve uitwerking. Veel mensen wonen in armenwijken aan de rand van de stad of in primitieve paalwoningen aan de rivier.

Het centrum

Theater

De belangrijkste getuige van de bloei van de in 1870 begonnen rubberindustrie is het **Teatro Amazonas** 1. Na het einde van die bloei in 1906 was ook de grote tijd van het theater voorbij. Tijdens de Tweede Wereldoorlog werd de schouwburg gebruikt als opslag voor benzine en banden en op het podium werd gevoetbald.

In 1990 werd het theater (1884–1896) – stilistisch een ratjetoe van barok, renaissance, neoclassicisme, jugendstil en Oosterse invloeden – uitvoerig gerestaureerd. Het is een unieke, totaal Europese luxetempel, rijkelijk voorzien van Italiaans marmer, Franse decoraties, Schotse koepels, tegels uit Lotharingen, Engels smeedijzer, Braziliaans hardhout en zevenhonderd stoelen van rood fluweel.

In 1996 trad de Spaanse tenor José Carreras op en wekte daarbij herinneringen aan de gloriedagen van weleer. Toen Luciano Pavarotti een jaar eerder op de poorten van het theater klopte, wilde de portier hem eerst niet binnenlaten. Pas na een auditie mocht de onbekende gast naar binnen om voor de lege stoelen een kleine aria te schallen (Praça São Sebastião, tel. 092-36 22 24 20, rondleidingen in het Engels ma.-za. 9–21 uur, R$10).

De haven

Aan de **Porto Flutuante** 2, de door Engelse ingenieurs gebouwde, drijvende kade van 1313 m lang, liggen talrijke boten voor anker. Wie door de lucht naar Manaus is gekomen en hier voor het eerst de Rio Negro ziet, zal denken dat hij aan een haven aan zee staat, zo ver is de andere oever. Iets dergelijks zult u ervaren bij een bezoek aan het strand van Ponta Negra, 18 km verderop, waarheen zondags de inwoners van Manaus gaan.

In de buurt van de haven staat nog het oude tolhuis **Alfândega** 3 uit 1906 en in de Rua dos Barés 46 de interessante **Mercado Municipal Adolpho Lisboa** 4. De markthal uit 1882 valt onder monumentenzorg. Het ijzeren geraamte werd gemaakt door Gustave Eiffel in Parijs en de gekleurde ramen zijn nagemaakt van de Parijse Hallen. Net zo bezienswaardig als de constructie is de markt zelf. In drie hallen worden vlees, groente, fruit, geneeskrachtige kruiden en vooral prachtexemplaren van riviervissen uit de Rio Negro verkocht (ma.–za. 7–18, zo. 7–12 uur).

Ten slotte kunt u het **Palácio Rio Negro** 5 bezichtigen. Vroeger was dit de residentie van de Duitse rubbermagnaat Waldemar Scholz, tegenwoordig zetelt er de regering van de staat Amazonas (Av. Sete de Setembro 1546, tel. 092-6 22 28 80).

Musea

Het **Museu do Índio** 6 in de Rua Duque de Caxias 356 in het centrum toont 1590 voorwerpen uit het gebied Alto Rio Negro, voornamelijk keramiek, klederdracht en jachtwapens. In de museumwinkel zijn indiaanse producten te koop (ma.–vr. 8.30–11.30, 14–16.30, za. 8.30–11.30 uur, R$6).

De geschiedenis van de inwoners van Amazonas en hun economische activiteiten worden inzichtelijk gemaakt in het **Museu do Homem do Norte** 7 in de Av. 7 de Setembro 1385. Interessant zijn de toelichtingen op het caffeïnehoudende zaadje guarana, rubber en jute (ma.–vr. 8–12, 13–17 uur, R$3).

Zo'n 15 km ten oosten van de stad ligt het **Museu de Ciências Naturais da Amazônia** 8, een natuurhistorisch museum met veel vlinders, insecten en vissen uit dit gebied (Colônia Cachoeira Grande, ma.–za. 9–12, 14–17 uur, R$10).

Onderweg met de auteur

Teatro Amazonas

De grootste attractie van Manaus staat niet, zoals u misschien verwachtte, in het oerwoud. U hebt wat fantasie nodig om een passend decor voor deze waanzinnige **oerwoudopera** voor te stellen. De architectuur van het prachtige gebouw is echter van een grote schoonheid en het interieur ademt een Europese luxe (zie blz. 318).

De haven

Honderden mensen die waren in- en uitladen, krioelen in de haven van Manaus rond oude, felgekleurde rivierschepen. Het gaat er levendig en bedrijvig aan toe, en toch ook gelaten en haast verveeld (zie blz. 318–319). Een schreeuwerige sfeer heerst daarentegen op de **Mercado Municipal**, waar uw bezoek begeleid wordt door een kakafonie van geluiden. U hebt uw tijd nodig, om alle geheimzinnige waren en geuren van de talloze kraampjes en stalletjes op de markt te identificeren (zie blz. 319).

i **Manaustur:** Av. 7 de Setembro 157 (Centro), tel. 092-36 22 49 86, ma.–vr. 8–18 uur; tevens een kiosk op de Praça Tenreiro Aranha, tel. 092-32 33 03 08.
Amazonastur: Kiosk op de luchthaven, dag. 7–23 uur, www.visitamazonas.gov.br (in het Engels).
Internet: www.amazonasguia.com.br; www.portalamazonia.com, www.sec.am.gov.br.

Tropical Manaus Eco Resort 1: Av. Coronel Peixeira 1320 (18 km ten noorden van het centrum), tel. 092-21 23 50 00, fax 092-21 23 31 50, www.tropicalhotel. com.br. Mooiste complex van Manaus, 601 kamers met koloniale inrichting, park en kleine dierentuin, bij het populaire strand van Ponta Negra. R$500.
Best Western Lord Manaus 2: Rua Marcílio

In het Teatro Amazonas traden ook Carreras en Pavarotti op

Dias 217 (Centro), tel. 092-36 22 28 44, fax 092-36 22 25 76, www.lordmanaus.com.br. Centraal gelegen middenklassehotel uit 1959 met 102 kamers. R$200.

Lider Hotel 3: Av. 7 de Setembro 827 (Centro), tel. 092-36 21 97 00, fax 092-36 21 97 46, www.liderhotelmanaus.com.br. Keurig middenklassehotel met 60 comfortabele kamers op centrale locatie. R$150.

Canto da Peixada 4: Rua Emílio Moreira 1677 (Praça 14 de Janeiro), tel. 092-32 34 30 21, ma.-za. 11.30-15.30, 18.30-23.30 uur. Visrestaurant, waar u absoluut de *tambaqui* gekookt of van de grill moet proberen. Dit is een riviervis met een zeer fijne smaak, die zich uitsluitend voedt met planten. R$40 (voldoende voor 2 pers.).

Churrascaria Búfalo 5: Rua Joaquim Nabuco 628 A (Centro), tel. 092-36 33 37 73, ma.-za. 11-15, 18-24, zo. 11-15.45 uur. Beste adres voor heel veel vlees van het spit *(rodízio* – eet zoveel u wilt), ook veel vleselijks op de schilderijen aan de wand. Vaste prijs 's middags R$40, 's avonds slechts R$28.

Ponta Negra: Aan de oever van de rivier in de buurt van Tropical Manaus Eco Resort (zie boven), komt 's avonds de bevolking van de stad samen. Veel gezellige cafés en dansgelegenheden.

Fellice: Ongeveer 25 min. buiten de stad in het Distrito Industrial (bekend bij elke taxichauffeur) ligt de oudste bierbrouwerij van Brazilië. Een Italiaanse monnik met de naam Fellice zou omstreeks 1590 het bierrecept van de Duitse brouwer Weihenstephan naar het oerwoud hebben meegenomen en daar een brouwerij zijn begonnen. Trefpunt voor de middenklasse met levende muziek, dans en geestige reuzenstripfiguren, die het door bier bepaalde monnikenleven tonen.

Teatro Amazonas: Praça São Sebastião (Centro), tel. 092-36 22 24 20. Toneel, dans, concerten en opera, apr.-mei Festival de Ópera, voor programma zie dagbladen, kaarten aan de kassa.

Feesten/evenementen

Festival Folclórico do Amazonas (2e helft juni): Folklorefeest in het Centro Cultural.

Manaus

Bezienswaardigheden

1. Teatro Amazonas
2. Porto Flutuante
3. Alfândega
4. Mercado Municipal Adolpho Lisboa
5. Palácio Rio Negro
6. Museu do Índio
7. Museu do Homem do Norte
8. Museu de Ciências Naturais da Amazônia

Accommodatie

1. Tropical Manaus Eco Resort
2. Best Western Lord Manaus
3. Lider Hotel

Eten en drinken

4. Canto da Peixada
5. Churrascaria Búfalo

Tip: Festival Folclórico de Parintins

Dit feest is uniek in Brazilië. Sinds tientallen jaren wordt op het **Amazone-eiland Tupinambarana,** 420 km ten oosten van Manaus, op drie dagen tegen het einde van juni/begin juli een fascinerend folkloristisch feest gevierd. Ondanks zijn ongewone karakter bleef het spektakel lang onopgemerkt en pas sinds de jaren negentig is het een toeristische attractie geworden. Het gaat om een combinatie van carnaval, *bumba-meu-boi*-feesten uit het noordoosten (zie blz. 49) en indiaanse gebruiken en dansen.

Jaarlijks komen er zo'n 90.000 bezoekers naar **Parintins** – evenveel mensen als er inwoners van deze stad zijn. In het moderne Bumbódromostadion kunnen 35.000 kijkers de kleurrijke en opvallende optocht van de twee concurrerende (carnavals)verenigingen *(blocos)* gadeslaan. In steeds drie uur trekken er tweemaal 4000 mensen langs. De fanatieke aanhangers hebben gescheiden plaatsen en het is verboden de tegenstander uit te fluiten. De *bloco Boi Garantido* is te herkennen aan rode en de *bloco Boi Caprichoso* aan blauwe kostuums. De indiaanse groepen dragen in plaats van kleurige gewaden vaak ook veren en hoofdtooien. Het is een zinnenprikkelend spektakel, dat het tegen ieder ander perfect caranavalsfeest kan opnemen.

Informatie: www.parintins.com.

Te bereiken: Vanuit Manaus per vliegtuig (dag. met *Rico,* 50 min., vanaf R$550) of per boot (25x per dag, heen 15 uur, terug 27 uur, weinig comfortabele, maar spannende tocht, R$80–120).

Accommodatie: ter plaatse slechts 10 hotels, waaronder vooral Amazon River (tel. 092-35 33 63 03, www.amazonriverhotel.com.br) en Avenida (tel. 092-35 33 11 58, fax 092-35 33 17 74) zijn aanbevolen.

Restaurants: Veel gelegenheden in de Av. Amazonas.

São Pedro (29 juni): Scheepsprocessie op de Amazone.

Boottochten en oerwoudexcursies: Er zijn erg veel aanbieders op dit gebied in de stad, zie Amazonetochten blz. 328.

Cruises: 3-, 4- of 7-daagse tochten op de Rio Amazonas, Rio Negro en de Rio Solimões, aanbieders zie blz. 329.

Vliegtuig: Het Aeroporto Internacional Eduardo Gomes ligt 15 km ten noorden van het centrum, tel. 092-36 52 12 10; transfer met bus 306 (Aeroporto–Centro) voor R$2, taxi's kosten ca. R$50 (iets verder weg van de taxistandplaats is het goedkoper).

Bus: Empresa Municipal de Transportes Urbanos, Rua Recife 8 (6 km ten noorden van het centrum), tel. 092-32 36 27 32. Niet veel langeafstandsbussen; naar Manaus komt men per vliegtuig of per schip.

Stadsbus: Het lokale busstation ligt aan de Praça da Matriz (bij de kathedraal), vandaar bussen naar onder andere de Praia da Ponta Negra.

Boot: Vrijwel alle passagiersschepen *(gaiolas)* meren af bij de Porto Flutuante, de drijvende kade. Kaartjes zijn aldaar te koop bij de ingang. Er staat ook een kleine, dagelijks van 7 tot 18 uur geopende informatiekiosk (verder geen informatieborden over vertrektijden; wel dagelijks in de lokale krant *A Crítica*). Meer informatie bij het Departamento da Marina Mercante, Av. Eduardo Ribeiro 520. Er zijn verschillende trajecten (bijvoorbeeld naar Tabatinga, Porto Velho of Parintins), maar de belangrijkste verbinding is die met Belém, ma./wo./vr. om 17 uur, 2,5 dagen/nachten, met hangmat R$250.

Passagiersschip in Manaus

SCANIA
Seja Bem Vindo Portela Pinheiro
III
PAC

12 Amazonetochten

Atlas blz. 29/30

Meestal begint het avontuur op de Amazone in de haven van Manaus, de stad die al midden in het oerwoud ligt. Aan de drijvende kade liggen vele schepen te wachten, om op een van de twee hoofdrivieren of een van de ontelbare zijtakken dieper in de jungle door te dringen. Wie langer op de Rio Amazonas wil doorbrengen, kan zich al inschepen bij Belém en vandaar de lange reis naar Manaus ondernemen.

Per schip van Belém naar Manaus

Atlas: blz. 30, D/E/F2

Wie genoeg tijd heeft en de afstand Belém-Manaus niet per vliegtuig wil overbruggen, kan in Belém een boot nemen, het voornaamste transportmiddel in het Amazonegebied. Er is geen gebrek aan particuliere lijnen, of het nu gaat om een veerboot *(balsa)*, rivierstoomboot *(gaiolá)*, of een zware Amazonecatamaran (zie blz. 325).

Wie per schip reist, moet wel rekening houden met enkele ongemakken. Men houdt zich niet altijd aan de dienstregeling en de vertrektijden veranderen geregeld. Er moet worden gelet op laagwaterstanden en op de springvloed die twee keer in de maand tegen de stroom in gaat als gevolg van de stand van de maan (en de zon). Deze getijdengolf *(pororoca)* kan 5 m hoog worden en kleine boten doen kapseizen. In de regentijd (december-mei) beletten weggespoelde boomstammen het manoeuvreren. Wanneer ze tegen de boeg botsen, kunnen de passagiers uit hun hangmat vallen. Daar komen de in deze tijd altijd hinderlijke muggen bij, hoewel die zich voornamelijk aan de oever ophouden. Al met al is de reis in een eenvoudige, meestal overvolle en in sanitair opzicht niet geweldige boot niet bepaald comfortabel te noemen, vooral bij de drukkende hitte. Ook van de natuur ziet u minder dan u denkt.

Op de Rio Amazonas

Slechts zelden is de Rio Amazonas op dit traject minder dan 5 km breed. Als de schepen in het midden varen, zijn de oevers haast niet te zien. De interessante stukken liggen bij Breves, kort na Belém, waar u door een smal getijdenkanaal vaart, en bij Obidos, vlak na Santarém, waar de rivier slechts 2,5 km breed is. Om de tegenstroom te ontwijken, varen veel schepen hier dichter langs de kant. Daar zijn regelmatig kleine paalwoningen te zien. Niet zelden komen er kinderen in houten kano's dichterbij en klimmen voor eventjes aan boord. Ook indianen in boomstamkano's varen vaak een stukje mee, in de hoop kleding of geld te ontvangen. Er duiken krokodillen op en er vliegen papagaaien en felgekleurde reuzenvlinders.

Santarém

Atlas: blz. 30, E2

Ongeveer halverwege, 1369 km na Belém, leggen vrijwel alle schepen aan voor een tussenstop van twee uur of langer in Santarém. De stad, die in 1661 door jezuïeten werd gesticht, dankt zijn bloei aan de haven bij de samenloop van de Rio Tapajó met de Rio Amazonas *(Encontro das Águas)*. Hier mengt het heldere blauwgroene water van de Tapajó met de bruingrijze Amazone. Sommige boten varen een stuk de Tapajó op en stellen hun passagiers in de gelegenheid een bad te nemen aan een van de heerlijke stranden.

De tegenwoordige industriestad Santarém (277.000 inwoners) is een van de oudste nederzettingen in het Amazonebekken. Het stadsbeeld wordt gedomineerd door vele oude rubberbomen, tekenen van vergane glorie uit de bloeitijd van de rubberhandel. In de jaren twintig van de vorige eeuw werd 200 km naar het zuiden de eerste rubberplantage van het Amazonegebied aangelegd, die naar zijn oprichter Henry Ford ook wel Forlândia wordt genoemd. Tegenwoordig leeft de stad behalve van rubber en goudbewerking, van hout, textiel en veeteelt. Interessant is vooral het **Museu dos Tapajós** met ca. 3000 voorwerpen van aardewerk en andere ambachtelijke producten van Tapajó-, Tapuio- en Munducuru-indianen.

Na Santarém zijn de boten meestal leger, omdat de nog altijd talrijke goudgravers aan land zijn gegaan. Nu is het nog 'maar' 2202 km naar Manaus. Het grootste natuurspektakel op dit deel van de rivier is de samenvloeiing van de zwartblauwe Rio Negro met de leemgele Rio Solimões (*Encontro das Águas*), slechts 20 km voor het eindpunt.

Amazonetocht: Amazon Star Turismo, Rua Henrique Gurjão 236 (Reduto), Belém, tel. 091-32 41 86 24, vaart 2x per maand met de NM *Santarém* in 5 nachten van Belém naar Manaus. De eerste klas beschikt over 11 hutten voor 2 pers. (R$712,50 p.p.) en vier suites (duurder), een bar en een restaurant, alles met airconditioning. Goedkoper zijn de hangmatten op het dek. Vertrek op di. om 17 uur, aankomst op zo., tijd afhankelijk van getijden en stromingen.

Amazonetochten vanuit Manaus

Atlas: blz. 29, C2

Wie een excursie op de Amazone gaat maken, moet van tevoren de verwachting bijstellen in de omgeving van Manaus veel dieren tegen te komen. De delen van Zuid-Amerika waar veel dieren leven, liggen ver weg aan de rand van het regenwoud, in de bergen van de Andes, in de savannen bij de Orinoco en vooral in de Pantanal (zie blz. 344). Daar zijn de de omstandigheden gunstiger en is meer voedsel, ook vanwege de hogere neerslag. Dat er in het Amazonegebied toch meer dieren leven dan in welk ander samenhangend natuurgebied ter wereld, ligt aan de gigantische omvang.

De fauna is dus niet goed te zien en heeft bovendien vaak gedekte kleuren. De inheemse gidsen zijn echter meesters in het lokken van dieren. 's Nachts speuren ze over de rivieren met zaklantaarns, tot talrijke rode kaaimanogen oplichten en er vele vissen in de boot springen. In de vroege morgen steken ze een hand in het water, slaan er krachtig mee op en neer en onmiddellijk hapt de lange, smalle bek met flinke rijen tanden van een roze dolfijn naar de vermeende buit. Vaak ziet u ook de rug van een zwarte rivierdolfijn elegant opspringen uit het donkere water. Minder vertrouwenwekkend zijn de piranha's met hun messcherpe tanden. Onder deskundig leiding

Onderweg met de auteur

Oerwoud kijken

Van Manaus vaart u de **Rio Negro** of de **Rio Solimões** op, of gaat u naar de 20 km verder gelegen **Encontro das Águas** (zie blz. 324). Nog beter is het, deze en andere bestemmingen te verkennen vanuit een oerwoud*lodge* (zie blz. 329). Een goede, inheemse gids is ontzettend belangrijk, omdat die weet hoe je dieren moet lokken en ook even een kaaiman in de boot kan tillen.

Geheimzinnige duisternis

Bij een **nachtelijke boottocht** voelt u de jungle nog dichterbij. Raadselachtige geluiden uit het donkere woud doen iedereen huiveren. Door lampen gelokt, duiken er op veel plaatsen rode ogen uit het water op, die toebehoren aan overal op de loer liggende kaaimannen. Ook springen er overheerlijke zoetwatervissen aan boord, die u de volgende dag in uw lodge zou kunnen laten bereiden (zie blz. 329).

De Amazone stroomt heel erg traag

krijgt u ook zwarte brulapen te zien (die helemaal niet brullen), reuzenluiaards, enorme groene boomleguanen, allerlei soorten vogels (veel felgekleurde ijsvogels, minder vaak ara's en toekans), reuzenvlinders, af en toe gifslangen (minder dan in het Middellandse Zeegebied), maar wel legioenen mieren en muggen.

Bestemmingen

De meeste riviertochten gaan naar een van drie verschillende gebieden in de buurt van Manaus. Ze varen of de Rio Negro op, of de Rio Solimões. De derde mogelijkheid is naar de 20 km verderop gelegen **Encontro das Águas.** Hier komen de verschillend gekleurde rivieren samen, zonder dat het water mengt. Geel, vier graden kouder Solimõeswater stuit op bijna zwart water uit de Rio Negro, dat vier graden warmer is. Door het temperatuurverschil en de verschillende stroomsnelheden blijven beide rivieren zo'n 20 km haarscherp gescheiden naast elkaar stromen en vormen een duidelijk herkenbare scheidslijn.

Verderop in de Rio Negro stuit u op de **Anavilhanasarchipel**, met 400 eilanden in een 90 km lang net van waterlopen en meren. De waterrijkdom van dit ecosysteem trekt vele dieren aan, die verder heel zeldzaam zijn. In de regentijd of met hoogwater komen er toekans, reigers, kaaimannen en schildpadden, daarna ook jaguars, poema's en tapirs.

Ongeveer 250 km, ofwel 12 uur varen, van Manaus, ligt het **Parque Nacional do Jaú**, het grootste bosreservaat van Zuid-Amerika met een relatief rijke dierenwereld. De verste bestemming (vanuit Manaus 750 km de Rio Negro op) is vooral aantrekkelijk voor enthousiaste bergbeklimmers. Daar ligt namelijk de hoogste berg van Brazilië, de 3014 m hoge **Pico da Neblina**, in het gelijknamige nationale park.

Boottochten en oerwoudexcursies: In Manaus zijn er heel veel aanbieders van excursies. U kunt beter niet reserveren bij een van de verkopers op straat. De geregistreerde bureaus zijn betrouwbaarder en vaak ook goedkoper.
Swallows and Amazons Tours, Rua Quintino Bocaiuva 189, Andar 1, Sala 11, CEP 69 005-110

Indiaans team bij het Peladãovoetbaltoernooi in Manaus

Tip: Verblijf in een oerwoud-*lodge*

U ziet ze steeds meer en ze zijn steeds gewilder, de comfortabele, vaak drijvende of op palen gebouwde ecologische *lodge*s midden in het oerwoud. Ze bieden onderdak, cursussen en rondleidingen door de natuur. Het grootste en bekendste complex is de **Ariaú Amazon Tower** (4 uur varen/60 km van Manaus aan een zijtak van de Rio Negro, Lago Ariaú, Iranduba, tel. 092-21 21 50 00, fax 092-32 33 56 15, www.ariau.tur.br. 271 kamers. 2 pk voor 2 dagen/1 nacht R$1500). Bekende gasten in het verleden waren onder anderen Roman Polanski, Kevin Costner, Jacques Cousteau, Olivia Newton-John en Helmut Kohl. De acht houten woontorens zijn door een 8 km lang en tot 15 m hoog plankier met elkaar verbonden. Daarnaast is er een 35 m hoge Tarzanboomhut en een 40 m hoge uitkijktoren. De op boomhoogte aan het water aangelegde *lodge* heeft als voordeel, dat u van vlakbij naar dieren kunt kijken, voornamelijk apen, die dichtbij komen om zich van het ontbijtbuffet te bedienen. Het omringende regenwoud is gemakkelijk toegankelijk via een ander plankier.

Wat goedkoper is de drijvende **Amazon Eco Lodge**, een van de meest beproefde (uit 1982) rondom Manaus (Lago do Juma, Autazes, reserveren via Nature Safaris, tel. 092-36 56 60 33, fax 092-36 56 61 01, www.naturesafaris .com.br. 16 kamers, 2 pk voor 4 dagen/3nachten – minumumverblijf – R$2200). De *lodge* ligt vier uur per boot of minibus van Manaus aan de oever van de Rio Juma. Er is slechts gedeeltelijk elektrisch licht, maar daar staan een goede service en een verzorgde omgeving tegenover.

Speciaal aanbevolen is de **Pousada Amazonas** in de buurt van Ariaú Amazon Tower, die qua prijs-kwaliteitverhouding niet is te verslaan (Lago Ariaú, Iranduba, korte boottocht uit Manaus op de Rio Negro, tel. 092-32 45 12 36, kantoor in Manaus: Rua Silva Ramos 861, tel. 092-32 31 10 21, fax 092-32 34 37 05, www. pousadaamazonia.com.br. 2 pk voor 2 dagen/ 1nacht R$850). De houten, op hoge palen gebouwde bungalows zijn heel gezellig ingericht. Ze beschikken alle over een balkon met uitzicht op het oerwoud. De *pousada* is niet zo overvol en wordt voor het grootste deel bezocht door Brazilianen. De gids spreekt gebroken Duits. Het personeel is uiterst vriendelijk, het eten uitgebreid. Er worden diverse excursies per boot aangeboden (onder andere naar een eiland in de Rio Negro met een fantastisch zandstrand), evenals een bezoek aan een dorp van Sahu-Ape-indianen, met een voordracht van de medicijnvrouw, zang en dans.

Alle oerwoud-*lodge*s organiseren **nachtelijke boottochten** op de Amazone, waarbij ervaren gidsen kaaimannen en vissen proberen te lokken. Een onvergetelijke ervaring!

Manaus (Centro), tel./fax 092-36 22 12 46, www.swallowsandamazonstours.com. Tocht van 6 uur naar de *Encontro das Águas* (ca. R$100, incl. hoteltransfer), riviertochten op de Rio Negro of de Rio Solimões en boottochten naar de Anavilhasarchipel, 's nachts 4 uur (R$200 p.p.) of combinatie van 2 dagen en 1 nacht (R$500 p.p.).

Green Planet Tours, Rua 10 de Julho 481 (Centro), tel. 092-32 32 13 98, www.planettours .com.br. Alle gangbare tochten net als Swallows and Amazons Tours (zie boven). Prijsvoorbeeld: 4 dagen oerwoud met Engelssprekende gids, verblijf in *lodge* met volpension, ca. R$500 p.p.

Selvatur, tel. 092-36 42 87 77, www.selvatur .com.br. Alle gangbare tochten (zie boven).

Cruises: Iberostar, www.iberostar.com. Sinds 2006 kunt u met de *Grand Amazon* van Iberostar vanuit Manaus 3-, 4- of 7-daagse tochten op de Rio Amazonas, Rio Negro en Rio Solimões maken, 3 nachten vanaf R$2000 p.p. in een 2 pers.-hut.

Lezen: *Kannibalen in Rio* van Ineke Holtwijk

Wat is Brazilië? Exotisch, vreemd, ondoordringbaar, louter indianen? Of is er meer? En hoe zien wij, Europeanen, de Brazilianen? Hoe zien zij ons? In het boek *Kannibalen in Rio* zoekt journalist/schrijfster Ineke Holtwijk de antwoorden. 'Brazilië overrompelt. Het is een land waarin je je houvast verliest.'

Caboco Capibora, hoofdpersoon in *Viva o povo brasileiro* ('Leve het Braziliaanse volk', vertaald als *Brazilië, Brazilië*) van João Ubaldo Ribeiro, at graag Hollanders. In het begin had hij geen verschil gemaakt tussen Hollanders en andere vreemdelingen die hij onder gunstige omstandigheden vond, maar na zijn eerste Vlaming kreeg Capibora de smaak te pakken. De Vlaming was een beetje flauw en het vlees wat bleekjes en zoetig, maar heel teer en zacht. Je kon er van alles van bereiden. Bij de gedachte aan sommige Portugezen en Spanjaarden die hij vroeger had gegeten, vooral paters en ambtenaren van de Kroon, werd hij misselijk. Hij herinnerde zich de zweetgeur en de hardnekkige stank.

De schrijver heeft een donkere, doorleefde stem aan de telefoon.

'Ik kan je niets over het kannibalisme zeggen. Ik weet daar niets van.' Maar hij is Braziliaan en dus kan hij geen nee zeggen. En zo beland ik op een ochtend achter een whisky met veel ijs. João Ubaldo zit al uren achter de whisky en de computer. Hij begint om vijf uur 's ochtends te werken, weet ik uit de krant. In een kale huiskamer liggen echtgenote en zoon op de bank naar een film te kijken. Af en toe worden er boodschapppen door het trapgat getoeterd naar pa, die boven naast de open terrasdeuren werkt aan een zoveelste Braziliaanse utopia. 'Het is een eiland dat bijna de hele baai bij Salvador in beslag neemt, grijnst hij. Op het beeldscherm ontploffen sterren.

De Grote Schrijver, zeer belezen en een Shakespeare-kenner, ziet eruit als een vrolijke versie van Günter Grass. Hij is geen man van grote waarheden, waarschuwt hij. Hij kan evenmin antwoord geven op de waaroms. Hij zit in korte broek en slippers achter zijn met papieren volgebouwde tafel en lacht verlegen.

Alles wat mij bevreemdt in Brazilië, vindt hij gewoon. Wat je liefhebt, stel je niet ter discussie. Zou het dat zijn, denk ik. Hij houdt ervan op zijn slippers 's morgens vroeg brood bij de bakker te halen en met zijn vrienden bier te drinken op straat. 'Ballingschap zou de ergste straf zijn die ze voor me kunnen bedenken.'

Hij zou voor geen geld Europeaan willen zijn. 'Jullie hebben geen horizon. Het is de perfecte maatschappij, maar er is niets meer te ontdekken. Jullie praten over Fellini. Wij zijn Fellini. Jullie hebben geld, mooie meisjes en bloemen, maar alles is in een crisis. De film is in een crisis, het theater is in een crisis en jullie romances zijn masturbaties bij films. Jullie zitten in jullie huizen en zien bijna nooit de zon, want het is zes maanden per jaar winter. Een keer per week pak je je vrouw. En je discussieert over internet, de belastingvoet en misschien Sarajevo. En je denkt na over welke behoefte je nog kunt vervullen.'

Hij wil niet lullig zijn of mij beledigen, want eigenlijk vindt hij mij al een beetje aardig, maar hij 'kakt' op Europeanen. 'Ze begrijpen niets van Brazilië.' Na zijn boek *Sorisso do logarto* ('Glimlach van de hagedis') schreef

Thema

zo'n 'mentale debiel', zo'n 'stomme feministe' in de Verenigde Staten dat ze 'dit niet helemaal had verwacht van een Latijns-Amerikaanse auteur.' Hij kakt daarop. Het moet zeker exotisch zijn, en een beetje García Márquez. 'Het liefst zouden jullie willen dat we allemaal indianen zijn. Magisch realisme? Ook zo'n verzinsel van Europeanen. Dat je hier taxi's, flats en moderne dans hebt, begrijpen jullie niet. En dat een schrijver over existentiële twijfels schrijft, helemaal niet. Als daar bij jullie in Joegoslavië of hoe jullie dat tegenwoordig ook noemen, een bende mensen de straat oversteekt en aan de overkant iedereen uitmoordt, moeten we natie zeggen. Ieder vlekje bij jullie is een natie. Maar wij zijn Latijns-Amerika. Volken van indianen en negers zijn opeens stammen. Jullie praten over negritude. Me reet negritude. Hier verkochten negers negers. Want de ene neger vond de andere net zo anders als Duitsers Belgen. Maar dat gaat jullie voorstellingsvermogen ver te boven.'

Brazilië overrompelt. Het is een land waarin je je houvast verliest, breng ik op.

Hij zucht diep en neemt nog een slok van zijn whisky. 'Als jij een Braziliaan was, ik bedoel een Hollander opgegeten door een Braziliaan, bij voorkeur door mij, zou je zo niet denken. Dit land,' vervolgt hij, 'stijgt ver boven jullie fantasie uit. Jullie begrijpen niet dat je hier zes uur in een vliegtuig kunt zitten en nog het land niet uit bent. Dat iedereen nog steeds dezelfde taal spreekt, want bij jullie steek je de straat over en ben je in een ander land. We zijn zogenaamd ongelukkig want we begrijpen niet dat als je een zaadje hebt je daarvoor moet zorgen en dat er dan een boom uit groeit. Maar weet je, hier spuug je en groeit er vanzelf wat. Niemand houdt dit land tegen. Dit land beweegt vanzelf, groeit en jullie begrijpen niet hoe. Hier heb je geen geld, maar ook geen crisis. Alles valt hier nog te ontdekken. We zijn het vraagteken van de wereld. We zijn een historische ervaring waar jullie geen weet van hebben. We hadden slavernij. Toch heb je hier geen racisme zoals in de Verenigde Staten. Brazilië is het front van menselijkheid in de wereld. Het is een unieke ervaring.'

Abrupt houdt de woordenstroom op. De schrijver maakt een gebaar dat ik kan vertrekken. Dan herinnert hij zich iets. Hij werkt zich langs de stapels boeken, trapt op mijn tenen, balanceert op de rand van het trapgat en is dan bij de boekenkast beland. Hij legt een dik, bruin boek in mijn schoot. Een drie eeuwen oude encyclopedie van planten en beesten uit het onbekende tropische Brazilië. Een vroege poging van Europeanen om de 'unieke ervaring' in kaart te brengen. Hij kijkt me stralend aan. 'Mooi he?'

Ineke Holtwijk (1955) was ruim vijftien jaar correspondent Zuid-Amerika voor onder meer de Volkskrant, het NOS-journaal, Elsevier en de Gemeenschappelijke Persdienst. Ze woonde jarenlang in Rio de Janeiro. In 1995 verscheen Kannibalen in Rio, *de weerslag van haar ontdekkingstocht door Brazilië, die werd onderscheiden met het Gouden Ezelsoor voor het beste literaire debuut. Verder schreef ze onder meer* Heimwee naar de Horizon, *een bundel reisverhalen over Zuid-Amerika, en de internationaal bekroonde jeugdroman* Engelen van het Asfalt *over een straatkind in Rio de Janeiro. In 2006 publiceerde ze* Rooksignalen, *het verhaal over de recente ontdekking en het moeizame aanpassingsproces van elf primitieve Amazone-indianen aan de moderne samenleving.*

Waterlelies (Victoria regia) in de Pantanal

Het midden-westen

In een oogopslag: Het middenwesten

Dierrijke wildernis en een futuristische hoofdstad

Het middenwesten beslaat de drie deelstaten Mato Grosso (MT), Mato Grosso do Sul (MS) en Goiás (GO). Het landschap bestaat vooral uit golvende hoogvlakten. Een van de weinige uitzonderingen wordt gevormd door de veel lager gelegen Pantanal. Het Plateau van Mato Grosso is de waterscheiding tussen het Amazonebekken en het stroomgebied van de Rio Paraná en Rio Paraguay: de rivieren in de regio lopen óf de ene óf de andere kant op.

Midden in de wildernis werd tussen 1958 en 1960 de nieuwe hoofdstad **Brasília** opgetrokken, met contouren in de vorm van een vliegtuig. Toeristen bewonderen hier vooral de Regeringswijk met het Nationaal Congres, de ministeries en het presidentieel paleis. Al deze gebouwen zijn ontworpen door de beroemde architect Oscar Niemeyer; het landschap is vormgegeven door Burle Marx.

Ten westen van Brasília ligt een van de fascinerendste natuurgebieden van Brazilië, de **Pantanal.** Dit drasland is het grootste vochtige savannegebied ter wereld. Wie zich vooral voor de Braziliaanse fauna interesseert, kan beter niet het Amazonegebied bezoeken, maar de Pantanal – u ziet nergens zoveel dieren als hier. De Pantanal bestaat uit een noordelijk en een zuidelijk deel. Het zuiden telt meer dieren en is beter ontsloten, maar is ook drukker en duurder. Niet ver ervandaan ligt het kleine ecoparadijs Bonito. Het noorden (met Cuiabá als uitgangspunt) is authentieker, rustiger en goedkoper. Op een afstand van 67 km ten noordoosten van Cuiabá ligt het Nationale Park Chapada dos Guimarães, een rotsachtige hoogvlakte met kloven, grotten, rivieren en watervallen.

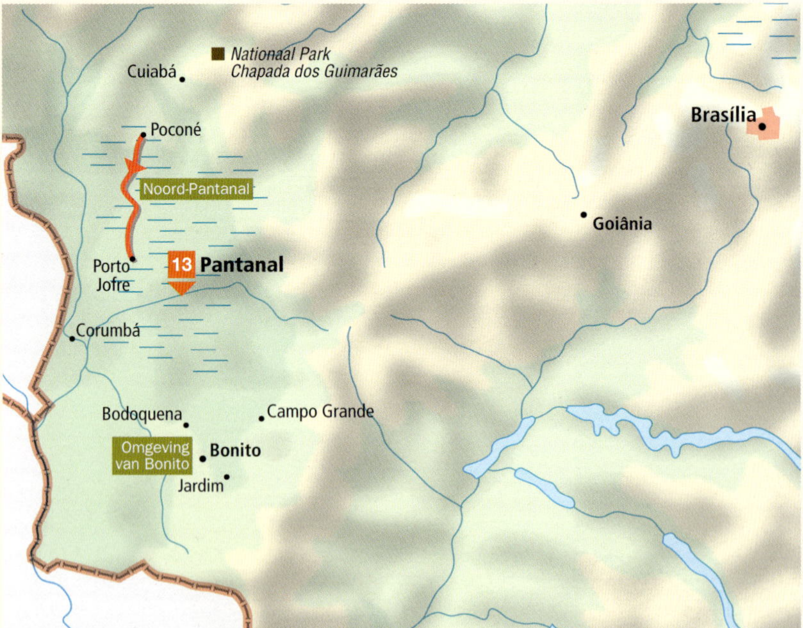

Hoogtepunt

13 **Pantanal:** Grootste vochtige savanne ter wereld, met unieke fauna (zie blz. 344).

Aanbevolen tochten

Noord-Pantanal: Het plaatsje Poconé (bij Cuiabá) is het belangrijkste uitgangspunt voor tochten door de noordelijke Pantanal. Hier begint ook de Transpantaneira – de langste weg door het moerasgebied. Oorspronkelijk was het de bedoeling dat de weg de hele Pantanal zou doorsnijden, iets wat de regio ecologisch zeer zou hebben aangetast. Het ambitieuze project bleef echter letterlijk steken in de modder. De Transpantaneira eindigt nu na 160 km bij het vissersgehucht Porto Jofre, midden in de wildernis. Ook werd het grootste deel van de weg niet afgebouwd, zodat een rit over dit traject met zijn meer dan honderd gammele houten bruggen nu een avontuur op zich vormt. De beste aanbieder van deze tocht is Pantanal-Tours (zie blz. 347).

Omgeving van Bonito: Dit landschappelijk uiterst fascinerende gebied met grotten, rivieren en watervallen ten zuiden van de Pantanal is de laatste jaren een eldorado van het ecotoerisme geworden. De regio strekt zich uit rond de plaatsjes Bonito, Bodoquena en Jardim, die op zich weinig aantrekkelijk zijn, maar wel een complete toeristische infrastructuur bieden en als uitgangspunt voor excursies dienen. Wie de regio op eigen gelegenheid wil verkennen heeft een huurauto nodig. Veel bestemmingen mogen overigens alleen onder begeleiding van een gids bezocht worden. In Bonito bieden zich overal gidsen aan. Bovendien vindt u hier talrijke reisbureaus die excursies met gids aanbieden (zie blz. 351).

Reisplanning

Slechts weinig Braziliëgangers bezoeken de hoofdstad Brasília. Wie echter geïnteresseerd is in moderne architectuur en de gebouwen van Oscar Niemeyer, moet voor een uitstapje naar Brasília minstens twee dagen uittrekken. De Pantanal staat veel vaker op het programma, vooral bij wie graag veel dieren wil zien (in het Amazonegebied gaat het meer om de flora). Voor dit avontuur hebt u zeker een aantal dagen nodig.

Klimaat en reisperiode

In het hoog gelegen Brasília (1100 m) kan het in de Braziliaanse winter onaangenaam koud worden (rond 10 °C), terwijl 's zomers tropische temperaturen mogelijk zijn. In de lager gelegen Pantanal is de afwisseling tussen een koele droge tijd (mei–okt.) en een warme regentijd (nov.–apr.) kenmerkend. De beste periode voor een bezoek aan de Pantanal is vooral de overgang van de regentijd naar de droge tijd, dus in april en mei. In deze maanden kunnen zowel dieren- als plantenliefhebbers hun hart ophalen. In de droge tijd (mei–okt.) ziet u bij een bezoek aan Pantanal weliswaar zeer veel dieren, maar daar staat tegenover dat de planten verdord zijn. In de regentijd (nov.–apr.) zijn er minder dieren te zien (maar nog altijd genoeg), maar het plantenleven staat in die periode in volle bloei. In de Braziliaanse winter (juni–aug.) kunnen de temperaturen in de Pantanal door een koude wind uit Patagonië tot 10 °C dalen, maar meestal wordt het hier niet kouder dan 20 °C. In de Braziliaanse zomer (dec.–maart) wordt het in dit gebied snel broeierig warm (tot 40 °C). Het regent dan elke dag en de lucht is vol muggen.

Tip

Duiken in een glasheldere waterwereld: De turquoise rivieren rond Bonito vormen een waar paradijs voor zwemmers en snorkelaars. Onderaardse meren in grotten nodigen uit tot onvergetelijke duikexcursies (zie blz. 353).

Brasília

Kaart
blz. 340

Brasília is onder de nieuw gebouwde hoofdsteden in de wereld uniek: een ongewoon, gewaagd en geweldig kunstwerk. Architect Oscar Niemeyer (zie blz. 52), die aanzienlijk heeft bijgedragen aan het ontwerp, heeft vaak gezegd: 'Of de paleizen van Brasília u nu bevallen of niet, u zult nooit kunnen volhouden dat u iets dergelijks eerder hebt gezien.'

Atlas: blz. 25, A 3

Toen de planoloog Lúcio Costa de plaatselijke omstandigheden van het nog geheel ongerepte landschap bestudeerde en zich afvroeg hoe in dit niemandsland de modernste hoofdstad van de wereld eruit zou moeten zien, ontstond onbedoeld een futuristisch aandoend grondplan dat doet denken aan de vorm van een vliegtuig, met twee licht naar achteren gebogen vleugels, van voren en opzij geflankeerd door een groot kunstmatig meer.

De stad is verdeeld in duidelijk van elkaar afgegrensde *setores* (sectoren) met elk een eigen functie: bestuur, werken, wonen en overnachten (hotels). De sectoren zijn ruim opgezet en onderverdeeld in *quadras* of *superquadras* en die weer in *blocos* (blokken). In plaats van straatnamen zijn er meestal verwarrende cijfer- en lettercombinaties. Nergens anders ter wereld is zo veel planologische rationaliteit en futuristische doelmatigheid te vinden. De leidende gedachte van de door het modernisme beïnvloede ontwerpers was een verbinding te creëren tussen enerzijds het praktische en anderzijds het democratische en natuurlijke.

Geschiedenis

De militairen hielden aanvankelijk niet van de op 21 april 1960 ingewijde Cidade da Esperança (Stad van de Hoop). Deze was immers enkele jaren voor de staatsgreep voortgekomen uit ideeën over een rationele en egalitaire maatschappij en voorzien van het stempel van de jaren vijftig, een tijd van open discussies en experimentele architectonische concepten. De Franse schrijver en minister van Cultuur André Malraux had overigens naar aanleiding van de bouw van deze moderne modelstad opgemerkt, dat het verbazend was, hoe zo'n gigantische klus mogelijk was onder een democratische regering; zoiets was, zo meende hij, gewoonlijk alleen onder een dictatuur voorstelbaar. Inderdaad waren er enorme problemen te overwinnen en ontmoette het project veel kritiek. De voorgeschiedenis besloeg een periode van meer dan een eeuw.

Het idee om de hoofdstad te verplaatsen van de kust naar het binnenland en daarmee tegelijk te breken met de tradities van de koloniale tijd, dook voor het eerst op in 1789, het jaar van de Franse Revolutie. Aanhangers van de onafhankelijkheidsbeweging van Minas Gerais riepen de stad São João del Rei in hun staat uit tot hoofdstad. In 1823 deed de invloedrijke politicus José Bonifácio het voorstel de toekomstige nieuwe hoofdstad meer naar het geografische centrum van het land te verplaatsen en hem 'Brasília' te noemen. Al in 1877 stelde de historicus en diplomaat Francisco Adolfo de Varnhagen bijna exact de latere locatie op een centrale hoogvlakte voor. In artikel 3 van de eerste grondwet van Brazilië, uit het jaar 1891, was de bepaling opgenomen dat de toekomstige hoofdstad ooit moest worden gesticht op de Planalto Central, ergens op een oppervlak van 14.400 km². Een

Onderweg met de auteur

Accommodatie

De meeste hotels in Brasília zijn gelijkvormige, rationele utiliteitsgebouwen. Een prijzenswaardige uitzondering is het prachtige complex van het **Blue Tree Park Hotel**, in de buurt van het presidentiële paleis (zie blz. 342).

Uitkijkpunten

Brasília heeft de vorm van een vliegtuig. Om een goed overzicht te krijgen is het aan te raden om bij het begin van uw bezichtiging de **Televisietoren** *(Torre de TV)* te beklimmen (zie blz. 338) en na afloop nogmaals een blik over de stad te werpen vanaf de **Ermida Dom Bosco** (zie blz. 340).

De Regeringswijk

Hier moet u niets overslaan – bijna alle bezienswaardigheden van de stad liggen in deze wijk. In dit boek is een rondgang beschreven (zie blz. 338). Een verplicht programmapunt is de bezichtiging van het **Congresso Nacional** inclusief de ondergrondse kantoorruimten. En vergeet niet uw adresboekje mee te nemen, dan kunt u de grote ansichtkaart die u cadeau krijgt, direct beschrijven en in de enige brievenbus deponeren die een gratis verzending naar de hele wereld garandeert (zie blz. 338).

De lichten van de stad

Vanwege de bezoektijden zult u de bezienswaardigheden van de Regeringswijk vooral overdag gaan bekijken, maar het is aan te raden om er ook een keer **'s avonds** heen te gaan om te genieten van de fraaie en grootschalige straatverlichting en de vele lichtjes van de kantoren. De sfeer is dan heel bijzonder (zie foto op blz. 339).

Gezellige drukte

Ondanks de verlichting is de Regeringswijk 's avonds 'dood'. Het gonst daarentegen van leven in de zogeheten *superquadras*, vooral in **114 SW** en **108 W.** Het zijn eigenlijk woonblokken, die wel wat weg hebben van de voorsteden uit het vroegere Oostblok, maar u vindt hier ook talrijke goede restaurants (zie Restaurants, blz. 342).

jaar later werd het gebied opgemeten. Vijf jaar later had de Italiaanse priester Dom Bosco het 'visioen', dat op die plaats het Terra Prometida (Beloofde Land) zou ontstaan. Vervolgens gebeurde er echter, afgezien van een eerstesteenlegging in 1922, lange tijd niets.

Pas in 1956 besloot de nieuwe president Juscelino Kubitschek de stad werkelijk te bouwen, om zich daarmee een plaats in de geschiedenis te verwerven. Sinds 1981 staat er midden op de centrale as (Eixo Monumental) een aan hem gewijd monument met museum, het beroemde Memorial JK. Drie belangrijke kunstenaars drukten hun creatieve stempel op de stad: planoloog Lúcio Costa, landschapsontwerper Roberto Burle Marx en architect Oscar Niemeyer. Aan Lúcio Costa dankt de stad zijn futuristische grondplan in de vorm van een vliegtuig, aan Burle Marx de parken en aan Oscar Niemeyer de gebouwen.

De bouwwerkzaamheden, waarbij 30.000 arbeiders betrokken waren, begonnen in 1957. Alle benodigdheden werden per luchtbrug aangevoerd. Al na duizend dagen, op 21 april 1960, werd de stad ingewijd. Oorspronkelijk was hij voor hoogstens 500.000 mensen bedoeld (verwacht voor 2000), maar inmiddels wonen er al 2,3 miljoen personen. Veel bewoners zijn afkomstig uit Goiás en het arme noordoosten, en ze leven onder ellendige omstandigheden in de voorsteden. De criminaliteit is sterk toegenomen. Qua aantallen geweldsdelicten met dodelijke afloop neemt de stad op de nationale ranglijst de vijfde plaats in. Hoewel Brasília het hoogste gemiddelde inkomen per hoofd van de bevolking heeft van heel Latijns-Amerika, is de inkomensverdeling er uiterst ongelijk. Ook in dit opzicht, en niet alleen als hoofdstad, vertegenwoordigt Brasília het hedendaagse Brazilië. Desondanks werd de stad in 1987 door de Unesco op de Werelderfgoedlijst geplaatst.

De Regeringswijk

Uitzicht vanuit het westen

Voordat u uw bezichtiging begint, is het aan te raden Brasília van bovenaf te bekijken. Op het 75 m hoge uitkijkplatform van de **Torre de Televisão** **1** (Televisietoren) krijgt u een fantastisch overzicht over de hele Regeringswijk. De toren staat midden op de centrale as (Eixo Monumental), tussen de noordelijke en zuidelijke 'vleugel', en is met 224 m het hoogste bouwwerk van Brasília (ma. 14–18, di.–zo. 9–18 uur). Van de helikopterlandingsstrip aan de voet van de toren vertrekken heilkopters voor rondvluchten over de stad. Rond de toren wordt elk weekend de Feira da Torre gehouden, de populairste kunstnijverheidsmarkt van Brasília.

Catedral Metropolitana

Onderweg van de Televisietoren naar de Esplanada dos Ministérios ziet u al snel aan uw rechterhand de moderne **Catedral Metropolitana** **2**. Deze kerk, die door Oscar Niemeyer is ontworpen, werd na twaalf bouwjaren pas in 1967 ingewijd. Architectonisch ongewoon zijn het cirkelvormige grondplan van het kerkschip en de kleurige ramen in de koepel, waar veel natuurlijk licht doorheen kan vallen. Dit opmerkelijke lichtgebruik verklaart de ontwerper aldus: 'Ik wilde een kathedraal scheppen die anders was dan de andere, de donkere kathedralen, die direct aan de zonde doen denken.' Onder de vele kunstwerken in de kerk vallen drie zwevende engelen op, die het werk zijn van Alfredo Ceschiatti (dag. 8–18 uur; ondergrondse toegang; bezichtiging in korte broek is verboden, ook korte rokken worden afgekeurd).

Ministeries

Aan de **Esplanada dos Ministérios** **3** liggen zeventien identieke regeringsgebouwen. Het **Palácio do Itamaraty**, het Ministerie van Buitenlandse zaken in de buurt van de kathedraal, wijkt er architectonisch vanaf. Het wordt omgeven door een kunstmatig meer en een tuin. Het interieur imponeert door een van de grootste zalen zonder steunpilaren ter wereld. De spectaculaire lichtinval zorgt voor een heel bijzondere sfeer. In de zalen waant u zich in een uniek kunstmuseum, met werken van Pedro Américo *(O grito do Ipiranga)*, Candido Portinari, Franz Weissmann en vele anderen (www.itamaraty.gov.br, goede Engelstalige rondleidingen, ma., wo. en vr. 15–17, za. en zo. 10–14 uur). Aan de andere kant van de Esplanada staat een tweede architectonisch afwijkend gebouw, het **Palácio da Justiça**, het Ministerie van Justitie.

Congresso Nacional

Al van verre zijn de contouren zichtbaar van het **Congresso Nacional** **4**, dat eigenlijk uit twee delen bestaat: de Senado Federal (Senaat) en de Câmara dos Deputados (Huis van Afgevaardigden). Oscar Niemeyer beschouwt dit gebouwencomplex als zijn eigenlijke meesterwerk. Hij maakt hier zijn architectonische ideeën heel goed zichtbaar. De bolle en holle lijnen en het utopische element van de 'vliegende schotel' belichamen zijn houding tegenover enerzijds de rigide Bauhausarchitectuur en anderzijds de rationalistische postmoderne bouwstijl.

In het complex zijn talrijke kunstwerken en kostbaarheden te zien: *azulejos* van Athos Bulcão, een muurschildering van Di Cavalcanti, een engelfiguur en een vrouwenbeeld van Alfredo Ceschiatti, een olieverfschilderij van Jacques Madvol, lithografieën van Maria Bononi, gravures van Rossini Perez, zitmeubels van Le Corbusier, tapijten uit Perzië, wintertuinen van Burle Marx en nog veel meer. Heel fascinerend zijn de vele ondergrondse kantoorruimten, die door het indirecte daglicht de indruk van atriums maken.

Elke bezoeker krijgt een grote ansichtkaart, die – als hij in de brievenbus aldaar wordt gedeponeerd – gratis naar de hele wereld verstuurd kan worden (www.camara.gov.br, www.senado.gov.br, ma.–vr. 9.30–16.30, za. en

Een zee van lichtjes: Brasília bij avond

zo. 9–13 uur, elk uur een rondleiding in het Portugees, toegang gratis).

Praça dos Três Poderes

Aan de **Praça dos Três Poderes** 5, het Plein van de Drie Machten, heeft Oscar Niemeyer naast het Congresso Nacional als zetel van de wetgevende macht ook een plaats gegeven aan de twee andere machten. De uitvoerende macht, de regering, huist in het **Palácio do Planalto,** (www.presidencia.gov.br, zo. 9.30–13 uur). Aan de overkant van het plein staat het gebouw van de **Supremo Tribunal Federal** (het Hooggerechtshof), de rechterlijke macht (www.stf.gov.br, zo. 10–15.30 uur).

Midden tussen deze gebouwen ligt het **Centro Cultural Três Poderes**. Het omvat het Panteão da Pátria Tancredo Neves, een gedenkplaats ter ere van ex-president Tancredo Neves, en een stadsmuseum met foto's en documenten. In het souterrain vindt u de Espaço Lucio Costa, met een interessante, 179 m² grote maquette van Brasília (di.–vr. 9–17.30, za. en zo. 10–17.30 uur).

Op het plein staan ook nog twee 8 m hoge bronzen beelden van Bruno Giorgi (Os Candangos), die de bouwers en eerste bewoners van de stad symboliseren. Achter het Panteão rijst een 150 m hoge vlaggenmast op naar de hemel, met de grootste nationale vlag ter wereld (20 x 14,3 m), een waarlijk majesteitelijke aanblik.

Palácio da Alvorada

Om bij het **Palácio da Alvorada** 6, het presidentiële paleis met de veelzeggende naam Paleis van de Dageraad, te komen kunt u het beste een taxi nemen. Dit gebouw, dat als eerste in Brasília in 1958 in gebruik werd genomen, dient als privéresidentie van de president. De sfeer is op zijn mooist aan het eind van de middag, als de stralen van de ondergaande zon worden weerkaatst door de beroemde zuilen in de glazen gevel en het water van het meer. Het 110 m lange en 30 m brede paleis werd door Oscar Niemeyer ontworpen naar voorbeeld van de oude koloniale villa's met hun grote zalen. Het interieur is grootschalig, ruim opgezet, spaarzaam gemeubileerd en transparant, en overal is uitzicht op de tuinen en kunstmatige meren rond het paleis (wo. vanaf 15 uur, alleen toegankelijk in het kader van een rondleiding).

Desondanks lijkt het oordeel van André

Brasília

Bezienswaardigheden

1 Torre de Televisão (Televisietoren)
2 Catedral Metropolitana
3 Esplanada dos Ministérios
4 Congresso Nacional
5 Praça dos Três Poderes
6 Palácio da Alvorada
7 Ermida Dom Bosco
8 Parque da Cidade
9 Jardim Botânico
10 Parque Nacional de Brasília
11 Parque Nacional da Chapada dos Veadeiros

Accommodatie

1 Blue Tree Park
2 Naoum Plaza
3 Nacional
4 Byblos
5 Brasília Hostel

Eten en drinken

6 O Convento
7 Porcão
8 Bargaço

Malraux (zie blz. 336), die het paleis na de Griekse tempels het belangrijkste werk van de wereldarchitectuur vond, wat overdreven. Van de presidenten voelden alleen Fernando Henrique Cardoso en de stichter Kubitschek zich er thuis. Collor woonde er nooit, evenmin als generaal Figueiredo. Figueiredo's voorganger Geisel noemde het paleis een zweetbad (pas in 2006 kwam er een airconditioning) en zijn vrouw vergeleek het met een aquarium. Sarney kreeg er aanvallen van allergie, en anderen voelden zich er als in een verlaten luxehotel.

Uitzicht vanuit het oosten

Ter afsluiting van een rondgang door Brasília is het aan te raden even door te rijden naar de **Ermida Dom Bosco** 7, een heuvel met uitkijkpunt. Het uitzicht over de Regeringswijk is even fascinerend als vanaf de televisietoren, maar nu de andere kant op. De heuvel ligt niet ver van het presidentieel paleis. De rit erheen voert over de mooie brug **Ponte JK.** De Italiaanse heilige Dom Bosco, de schutspatroon van Brasília, zou in 1883 op de heuvel een visioen hebben gehad van de toekomstige ligging van de stad (dag. 7–22 uur).

Stadsparken

Brasília is zeer rijk aan groenvoorzieningen. Het centraalste park is het bij de Televisietoren beginnende **Parque da Cidade** 8. Het is ontworpen door Burle Marx, beslaat 420 ha en biedt diverse sport-, recreatie- en amusementscomplexen, en bovendien enkele restaurants. Het is populair bij gezinnen met kinderen (dag. 6–24 uur).

In de minder centraal gelegen **Jardim Botânico** 9 kunt u langs een 800 m lang pad ten zuiden van het Lago do Paranoá ruim 200 Cerradoplantensoorten (met naambordjes) leren kennen (di.-zo. 8.30–17.30 uur). De schrale Cerradovegetatie is kenmerkend voor de 1172 m hoog gelegen regio rond Brasília. De begroeiing van dit savanneachtige landschap wordt gekenmerkt door lage, scheefgegroeide boom- en heestersoorten, die een dikke bast, leerachtige bladeren en een ondergrondse stam bezitten en daardoor goed beschermd zijn tegen de frequente branden.

Parken buiten de stad

In het grote, 10 km buiten de stad liggende **Parque Nacional de Brasília** 10 ziet u zowel veel Cerradoplanten als ook talrijke dieren die in deze vegetatie leven. Daartoe behoort onder meer de reuzenmiereneter, die hier rijkelijk termietenheuvels vindt en zich met zijn tot

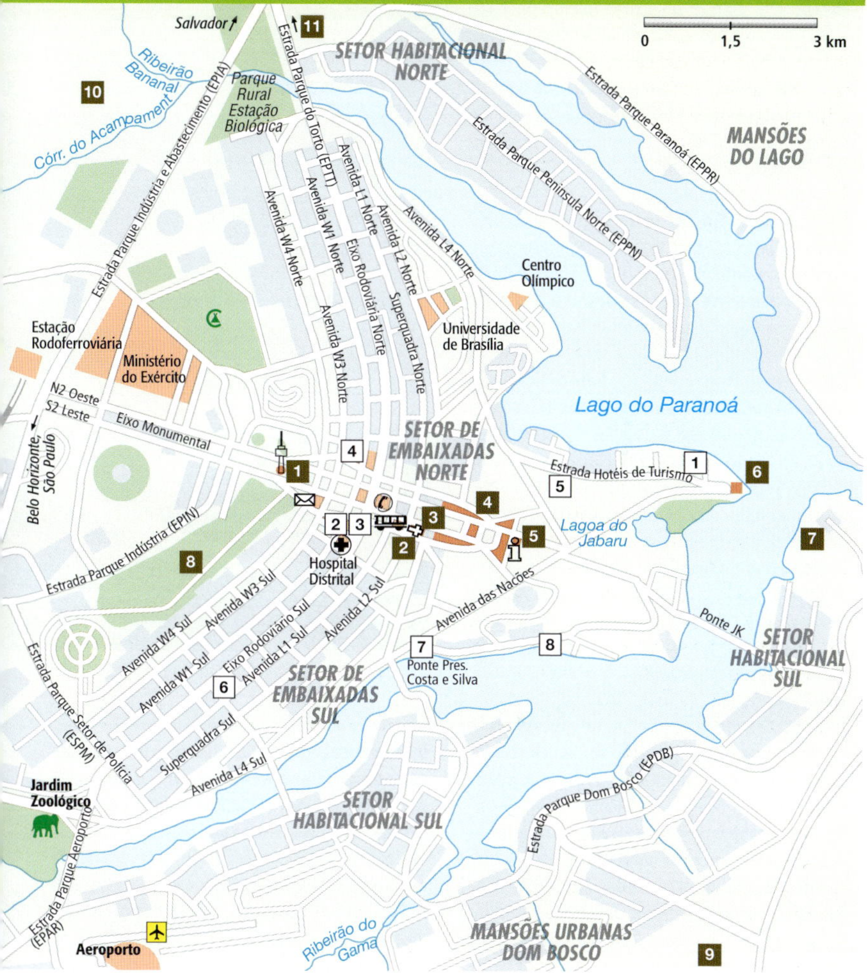

40 cm lange tong nu eens aan deze dan weer aan die kolonie te goed doet. Ook leven hier veel gordeldieren, verre verwanten van de miereneter. Talrijk zijn ook de vogelsoorten die hier vertegenwoordigd zijn, vooral roofvogels, zoals de aplomadovalk en de savannebuizerd. Opvallend zijn de tot 70 cm grote seriema's, kraanvogelachtigen, die meestal paarsgewijs rondstappen en op trompetgeschetter lijkende kreten uitstoten. Ook de grote nandoe, die niet kan vliegen, komt hier voor. Een bijzondere attractie van het park, en in het droge, hete klimaat van Brasília zeer welkom, zijn twee grote, door minerale bronnen gevoede openluchtzwembaden (di.–zo. 8–16 uur, R$4).

Bijna 200 km ten noorden van Brasília ligt het **Parque Nacional da Chapada dos Veadeiros** **11**. Dit 60.000 ha grote nationale park strekt zich uit op een hoogvlakte, die deel uitmaakt van de waterscheiding tussen de Amazone, Rio Paraná en Rio São Francisco (vanuit Brasília te bereiken via de BR 020 naar Alto Paraíso de Goiás, daarna 36 km onverharde weg naar Vila de São Jorge).

Airport Tourist Center: Dag. 7–20 uur (goede folders en plattegronden); andere toeristenbureaus bij het JK Memorial, de Televisietoren en de Praça dos Três Poderes; www.brasiliaturismo.gov.br.

Blue Tree Park **1**: Setor Hoteleiro Norte, trecho 1, Lago Norte, tel. 061-34 24 70 00, fax 061-34 24 70 01, www.bluetree.com.br. De beste accommodatie in Brasília. Op een rood ruimteschip lijkend zakenhotel met uitzicht op het presidentiële paleis. Prachtig complex met artistieke architectuur en een enorm zwembad. R$340.
Naoum Plaza **2**: Setor Hoteleiro Sul, quadra 5, bloco H/I, tel. 061-33 22 45 45, fax 061-33 22 49 49, www.naoumplaza.com.br. Zeer elegant, 190 kamers. R$260.
Nacional **3**: Setor Hoteleiro Sul, quadra 1, bloco A, tel. 061-33 21 75 75, fax 061-33 23 57 92, www.hotelnacional.com.br. Luxehotel uit 1960 met 346 comfortabele kamers en suites. R$200.
Byblos **4**: Setor Hoteleiro Norte, quadra 3, bloco E, tel. 3 26 15 70, fax 3 26 36 15. Ouder middenklassenhotel met 40 kamers. R$150.
Brasília Hostel **5**: Setor de Áreas Isoladas Norte, quadra 2, lote 2, tel. 061-33 23 65 38, www.hostel.org.br. Goed onderhouden HI-jeugdherberg met 20 kamers, in een mooi, groot complex. Bus 143 vanaf de Rodoviária. 2 pk R$65, slaapzaal R$32 per persoon.

Veel goede restaurants zijn te vinden in de *superquadras* 114 SW en 108 W. Een aantal van de beste restaurants van de stad hebben hun deuren geopend in een passage tussen de hotels Kubitschek en Manhattan, Setor Hoteleiro Norte, quadra 2. Andere tips zijn:

O Convento **6**: Asa Sul, quadra 208/209, tel. 061-34 43 31 04 (reserveren!), di.–za. 12–15.30, 20–24, zo. 12–16 uur. Restaurant in de stijl van een klooster, waarin 'monniken' Braziliaanse en internationale gerechten serveren. Op de achtergrond klinken gregoriaanse gezangen. Curieus maar toch interessant. R$30–65.
Porcão **7**: SCES, trecho 02, conjunto 35, parte restaurantes 3, tel. 061-32 23 20 02, dag. 11.30–24 uur. Lokaal filiaal van de landelijke *churrascaria*-keten, die als een van de beste van Brazilië geldt. Voor een vaste prijs van R$58 kunt u onbeperkt vlees eten.
Bargaço **8**: SHIS, quadra 10, Pontão do Lago Sul, tel. 061-33 64 60 91, dag. 12–24 uur. Chic restaurant, gespecialiseerd in zeebanket en de Bahiakeuken. Idyllisch aan de meeroever gelegen. R$60 (voor 2 personen).

Congresso Nacional met Huis van Afgevaardigden en Senaat

Aniversário da Cidade (21 april): Verjaardag van de stad, met show op de Esplanada dos Ministérios, muziekuitvoeringen, Feira de Música Independente (in het Teatro Nacional) en andere culturele evenementen. Ook de dag van de eerstesteenlegging, 7 september, wordt gevierd.

Vliegtuig: Het Aeroporto Internacional ligt 17 km ten westen van de stad, tel. 061-33 64 90 00. Het ligt op de route Rio/São Paulo–Manaus (gewoonlijk is er een tussenlanding). Er zijn geen directe internationale vluchten. Meermaals per dag vluchten naar alle Braziliaanse deelstaathoofdsteden. In de winkelpassage bij Hotel Nacional vindt u kantoren van KLM, Air France, British Airways, Gol, TAM en Varig. Transfer met de luchthavenbus *Aeroporto-Rodoviária* (6.40–23 uur elke 20 minuten), anders per taxi (ca. R$40).
Bus: Het langeafstandsbusstation *(rodoferroviária)* ligt aan het westelijke eind van de Eixo Monumental, vanaf het plaatselijke busstation bereikbaar met bus 131. Verbindingen onder meer met Belo Horizonte *(Itapemirim*, tel. 0800-7 89 20 20, 4x per dag, 15 uur, R$70), Rio de Janeiro *(Itapemirim*, tel. zie boven, 4x per dag, 18 uur, R$100), Salvador *(Real Expresso*, tel. 061-33 61 18 76, 2x per dag, 18 uur, R$100), São Paulo *(Real Expresso*, tel. zie boven, 6x per dag, 12 uur, R$80).
Huurauto: Onder meer Localiza, Hertz, Avis en Unidas zijn vertegenwoordigd (soms ook op de luchthaven). Localiza is het beste.

13 De Pantanal

Kaart blz. 350

De Pantanal is het grootste vochtige savannegebied ter wereld. Nergens anders in Brazilië kunnen zo veel dieren worden waargenomen als hier. Het wemelt van de kaaimannen in de rivieren en poelen, en ook de vogelwereld is rijk vertegenwoordigd. De Pantanal is te bereiken vanuit drie aan de rand liggende grote steden. Afhankelijk van het seizoen, dus regentijd of droge tijd, gaat u per boot of jeep dieper de wildernis in. In de Pantanal is accommodatie te vinden in *fazendas* en *lodges*.

De bewoners houden niet erg van de Pantanal, het grootste moerasgebied ter wereld met de grootste concentratie waarneembare dieren in Brazilië. Als zij het voor het zeggen hadden, dan lieten ze de hele *bicharada*, de hele beestenbende, rustig verder uitsterven. Maar het de laatste tijd sterk toegenomen ecotoerisme uit de hele wereld (zo'n 300.000 bezoekers per jaar) maakt dat ook de Brazilianen de Pantanal steeds meer zijn gaan waarderen, ook al komen ze hier zelf vooral om te vissen.

De Pantanal strekt zich uit over een gebied van ongeveer 230.000 km² (bijna de oppervlakte van Roemenië) in de zuidwestelijke deelstaten Mato Grosso en Mato Grosso do Sul, bij de grens met Paraguay. De naam is afgeleid van het Portugese woord *pântano*, dat moeras of drasland betekent. De term klopt niet helemaal, want het is hier alleen moerassig of overstroomd gedurende de regentijd (nov.–apr.), als de Rio Paraguay, die hier weinig verval kent, en zijn zijrivieren – met een totale lengte van 4000 km – het hele gebied overstromen. Dan zoeken veel dieren gezamenlijk hun toevlucht op de weinige droge stukjes land *(cordilheiras)*, zelfs als ze elkaars vijand zijn, zoals reigers, kaaimannen, waterzwijnen, herten en apen. In de droge tijd (mei–okt.) daarentegen verzamelen de dieren zich in groten getale rond de weinige drinkplaatsen, waardoor ze zeer goed te observeren zijn. In oktober drogen soms ook de laatste poelen op, waardoor piranha's, anaconda's en kaaimannen op een akelige manier aan hun eind komen. Het waterniveau van de Rio Negro kan zover zakken, dat boten hier en daar voortgeduwd moeten worden.

De grootste dierentuin van Amerika

De oorzaak van de unieke soortenrijkdom in de Pantanal is gelegen in de relatieve nabijheid van heel verschillende biotopen, wat een regelrechte massamigratie van dieren uit de buurregio's heeft veroorzaakt. Boomsoorten uit de Cerrado in het zuiden, droge planten uit de Caatinga en Amazonevegetatie in het noorden – er zijn nauwelijks soorten die uit de Pantanal zelf stammen, ook omdat het om een betrekkelijk jong natuurgebied gaat, dat lang geleden door de zee bedekt was (daarop duiden de resten van versteende schelpen, die steeds weer in de rode klei worden aangetroffen).

De belangrijkste attractie van de Pantanal bestaat uit de brilkaaimannen *(jacarés)*, die wel 2,5 m lang kunnen worden. Ondanks de vele stropers, die vooral in de jaren zeventig en tachtig ongeveer een miljoen dieren per jaar doodden, bevolken tegenwoordig nog ca. 35 miljoen kaaimannen de rivieren en meren. Het natte element is ook de leefomgeving van de op bevers lijkende waterzwijnen *(capivaras)*, die met hun gewicht van soms wel 50 kg de grootste knaagdieren ter wereld zijn. Daartussendoor kronkelen respect afdwingende, tot 10 m lange reuzenanaconda's *(sucuris)*, die overigens niet giftig zijn. Heel wat gevaarlijker zijn de vele piranha's, die zich als gevolg van de geleidelijke uitroeiing van hun grootste vijanden, de kaaimannen, ongehinderd hebben kunnen vermeerderen en en nu een bedreiging vormen voor de visstand. De meeste schade richten ze aan als er van oktober tot november kilometers lange scholen vis stroomopwaarts trekken om te paaien. Maar ook vissers dragen bij aan de aantasting van de visstand, als ze fijnmazige netten gebruiken en vissen die niet geschikt zijn om te eten laten creperen. Desondanks leven er nog altijd ca. 230 vissoorten.

De rijkdom aan dieren op land doet in niets onder voor die in het water. Vaak te zien zijn de zwarte brulaap *(bugio-preto)*, het moerashert *(veado-galheiro* of *cervo-dopantanal)*, neusberen *(quatis)*, agressieve navelzwijnen *(pekaris)* en reuzenotters *(ariranhas)*, en minder vaak miereneters, tapirs, jaguars en poema's. Het indrukwekkendst is evenwel de vogelwereld, met ca. 650 verschillende soorten. Opvallend is de in groepen levende *tuiuiú* (ook *jabirú* of jabiroe genoemd), de grootste ooievaar ter wereld, die gemakkelijk te herkennen is aan de rode band om zijn nek. Andere ooievaars die hier voorkomen zijn de magoeari en de kleinere kaalkopooievaar. Ook leven er nandoes, met 1,70 m de grootste vogels van Brazilië, monniksparkieten en ijsvogels. Het noorden van de Pantanal is het leefgebied van de hyacintara *(arara-azul-grande)*, die met 1 m lengte de grootste papegaai ter wereld is.

Onderweg met de auteur

Beste reisperiode

Er is niet zoiets als de perfecte maand. De Pantanal heeft zowel in de regentijd als in de natte tijd zijn bekoring – afhankelijk van of u zich meer voor **planten** of voor **dieren** interesseert (zie blz. 335)

De beste gidsen

In het zuiden van de Pantanal komen meer dieren voor, maar daar staat tegenover dat in het noorden de in de Pantanal geboren gids **Pedro Paulo Dias da Silva** voor het reisbureau **Pantanal-Tours** excursies door de wildernis leidt. De ervaren natuurgids vindt in enkele minuten wat u wilt zien. De namen van de meeste soorten planten en dieren kent hij inmiddels ook in het Engels. Pantanal-Tours heeft nog meer Engelssprekende gidsen in dienst (zie blz. 349).

Met de jeep onderweg

Een groot voordeel van het noorden is de **Transpantaneira**, die kaarsrecht door de wildernis loopt. Alleen al een rit over deze 'weg' is een avontuur. Ook is de noordelijke Pantanal ecologisch intacter en is er geen sprake van massatoerisme, zoals in het zuiden (zie blz. 348).

Bedreigingen

Zonder het ecotoerisme zou er binnenkort misschien niets meer over zijn van de natuurlijke rijkdommen van de Pantanal. Heel wat toeristen echter, vooral uit Brazilië en de buurlanden, dragen eveneens in aanzienlijke mate bij aan de milieuverstoring. Er worden waarschuwingsschoten gelost om de vogels uit hun schuilplaatsen op te jagen, en er worden plastic tassen achtergelaten, die niet alleen een aantasting van het landschap betekenen, maar ook al heel wat dieren de verstikkingsdood hebben bezorgd. Respect voor de natuur is bij de meeste inwoners van Latijns-Amerika niet erg ontwikkeld en zelden meer dan een modieuze houding.

Nog bedreigender zijn echter de substantiele materiële belangen die meespelen, vooral die van de fazenda-eigenaars en stropers. Lange tijd vonden er ondanks zeer strenge verboden regelrechte massaslachtingen van kaaimannen plaats – één enkele stroper kon in één nacht wel 200 dieren doden. De kostbare huiden werden illegaal naar Europa en Noord-Amerika gebracht en daar als fokproduct ingevoerd, om het geweten van de kopers niet al te zeer te belasten. Sinds enige tijd is er sprake van wettelijk toegestane kaaimanfokkerijen, een prijzenswaardige poging om de ongebreidelde stroperij in te dammen. Maar als u in een restaurant in Campo Grande of Ciuabá kaaimanvlees bestelt, weet u niet altijd precies wat de herkomst is.

Aan de uitroeiing van talrijke diersoorten is ook bijgedragen door tienduizenden goud- en diamantzoekers *(garimpeiros)*, die sinds de jaren zeventig naar de regio zijn gekomen en de beddingen van de Rio Paraguay en São Lourenço met giftig kwikzilver hebben verontreinigd. De besmetting van vissen en vogels in het gebied overschrijdt reeds de tolerantiegrens van 0,5 mg per kg, die door de Wereldgezondheidsorganisatie is vastgesteld. Daarnaast worden de rivieren verontreinigd door giftig afvalwater afkomstig uit de alcoholfabrieken en de naburige grote steden, evenals uit de grote toeristenhotels die op de oevers zijn gebouwd.

Ten slotte heeft – naast de toenemende veeteelt – de door de overheid bevorderde teelt van soja, Braziliës op twee na belangrijkste exportproduct, een steeds grotere verstoring van de oorspronkelijke vegetatie tot gevolg. Satellietfoto's uit 2004 laten zien dat toen reeds 17% van de bomen in de Pantanal was omgehakt. Als het in dit tempo doorgaat, zal er al in 2050 geen boom meer groeien. Dat daardoor ook de leefgebieden van tal van diersoorten verdwijnen behoeft nauwelijks toelichting.

Tochten door de Pantanal

Uitgangspunt voor een bezoek aan de Pantanal is óf een van de zuidelijke steden Corumbá of Campo Grande, óf Cuiabá in het noorden. Het zuidelijke deel van de vochtige savanne biedt iets meer dieren en een beter ontwikkelde infrastructuur, maar het noordelijke deel is ongerepter, rustiger en goedkoper. De drie steden zijn alle bereikbaar per langeafstandsbus of vliegtuig. Vergeet niet kleding in gedekte kleuren en een middel tegen muggen

Waterzwijnen zijn uitstekende zwemmers

Een brilkaaiman ligt op de loer in het troebele water

mee te brengen. In de Pantanal zelf rijden vrijwel geen bussen; in de regentijd is de reiziger meestal op boten aangewezen. Een plaatselijke gids is absoluut onmisbaar – u moet de slogan *No Pantanal siga o Pantaneiro* (Volg in de Pantanal de Pantanalbewoner) beslist in serieuze overweging nemen.

Uitgangspunt Cuiabá (noorden)

Cuiabá 1 (525.000 inwoners), de hoofdstad van Mato Grosso, is de poort naar de noordelijke Pantanal. De stad zelf is niet bijzonder. Hij ligt aan de oever van de gelijknamige rivier en kwam in 1717–1730 tot ontwikkeling als gevolg van de toevloed van goudzoekers. Nog steeds is iets bespeurbaar van de flair van toen. De enige bezienswaardigheid is de Igreja Bom Jesus dos Passos, boven de stad. De toeristische infrastructuur is bescheiden. Er zijn echter enkele comfortabele hotels, visrestaurants en goede winkelmogelijkheden. De kleine luchthaven in de voorstad Várzea Grande (10 km) biedt souvenirwinkels en autoverhuurbedrijven.

Op een afstand van 8 km van Cuiabá ligt vlak bij de weg het **geodetische middelpunt van Zuid-Amerika** *(ponto geodésico)*. Vanaf het hoge rotsplateau hebt u uitzicht over een eindeloos lijkende vlakte met grote en kleine meren, bossen en groepjes bomen, en voorts kudden vee en boerderijen – een werkelijk grandioos panorama.

67 km ten noordoosten van Cuiabá ligt het in 1989 gestichte, 33.000 ha grote **Nationale Park Chapada dos Guimarães** 2. Op het hoogste punt van het park hebt u een prachtig uitzicht over een uitgestrekt landschap vol kloven, die opvallen door hun roodgekleurde rotswanden. De lucht is koel en helder en u kunt hier eindelijk weer eens diep ademhalen. Langs de wegen ziet u uilen, in het lage struikgewas van de hoogvlakte herten en in de lucht arapaartjes. Zeer populair zijn uitstapjes naar de talrijke watervallen, in het bijzonder naar de zeven watervallen van de Rio Sete de Setembro, vaak in combinatie met een verfrissend bad. De streek is echter toeristisch niet erg goed ontsloten en de weg is slecht aangegeven. Een bezoek is alleen aan te raden met een gids (zie Pantanal-Tours, blz. 349).

Via een geasfalteerde, geheel voltooide weg

Een van de talrijke gammele houten bruggen in de Pantanal

bereikt u **Poconé** 3 (ca. 30.000 inwoners), 90 km ten zuidwesten van Cuiabá. In dit aardige plaatsje wonen gastvrije, vriendelijke mensen, die graag feestvieren. Bij de vele folkloristische festiviteiten worden vaak regionale lekkernijen opgediend, zoals *pacu*, een zoetwatervis uit de Pantanal, of piranha's met maniok en rijst. Poconé is ook een heel geschikt uitgangspunt om te gaan vissen in de Rio Cuiabá of in de Rio Piraim en Rio Pixaim.

Ook begint in Poconé de tot diep in de Pantanal doordringende **Transpantaneira**. Slechts 2 km zijn geasfalteerd, daarna gaat de weg over in een 140 km lang, rood, onverhard traject tot aan Porto Jofre. De weg, die is aangelegd door het Braziliaanse leger, loopt kaarsrecht door het drasgebied. Tijdens de rit moet u ca. 100 wankele houten bruggen oversteken, waarbij de loszittende planken vaak eerst op de juiste afstand van elkaar gelegd moeten worden. Soms moeten er ook nog kaaimannen worden weggejaagd, die op het warme hout zijn gaan liggen. Er zijn ook andere dieren te zien, zoals waterzwijnen, reigers en otters – in de droge tijd vooral rond de overgebleven poelen en in de regentijd op de weinige droge stukjes land die zijn overgebleven of zelfs op de weg, die echter hier en daar ook onder water kan staan.

... in Cuibá:
Sedtur: Praça da República 131, tel. 065-36 13 93 00, www.sedtur.mt.gov.br, ma.–vr. 8–12, 14–18 uur; er is ook een bureau op de luchthaven.
Internet: www.pantanal-pocone.net.

... in Cuibá:
Hotel Deville Cuiabá: Av. Isaac Póvoas 1000, tel. 065-33 19 30 00, fax 065-33 19 32 01, www.deville.com.br. Een van de beste hotels van de stad, met 147 kamers. R$170.
Fazenda Mato Grosso: Rua Antônio Dorileo 1100 (Coxipó), tel. 065-33 15 12 00, fax 065-36 61 12 76, www.hotelmatogrosso.com.br. Schitterend gelegen *fazenda* met 53 kamers, 7 km ten zuiden van de stad. Ondanks de naam nog in stedelijk gebied, maar met veel groen. Ook met meer en zwembad. R$120.
***Pousadas* en *fazendas*:** Op de website www.pantanal-pocone.net vindt u beschrijvingen en foto's van de *pousadas* Rio Clarinho, Curicaca, Rio Claro, Santa Tereza, Piuval, Pouso Alegre, Canto do Arancua, Carandá, Camalote, Baguari enzovoort.

... in Cuibá:
Cacalo Peixaria: Av. Lavapés 203 (Sta. Rosa), tel. 065-36 26 17 78, dag. 11–15.30, ma.–vr. ook 18.30–22 uur. Traditioneel etablissement met rustieke uitstraling. Het beschikt over honderd tafeltjes, zowel binnen als buiten. Voor R$28 kunt u hier onbeperkt vis en zeevruchten eten *(rodízio)*.

Pantanalexcursies: Pantanal-Tours, tel. 030-56 82 17 90, fax 030-56 82 17 91, www.pantanal-pocone.net. Aan te bevelen reisbureau, dat excursies organiseert in de noordelijke Pantanal en de omgeving. De tochten worden per groep gepland en zijn inclusief accommodatie in *fazendas*, deskundige, Engelssprekende gidsen en nieuwe, van airconditioning voorziene auto's.

... in Cuibá:
Vliegtuig: De Aeroporto Marechal Rondon ligt 8 km ten zuiden van het centrum, tel. 065-36 14 25 00; transfer per taxi of bus (opschrift Jardim Marajuara, Cohabacanela of Imperial), halte tegenover Hotel Las Velas bij de luchthaven.
Bus: Het busstation *(rodoviária)* ligt in het stadsdeel Alvorada, 3 km ten noorden van het centrum, tel. 065-36 21 36 29; te bereiken per bus *(Bispo*, elke 20 min., 6–24 uur, rijtijd 15 min.). Bussen onder meer naar Brasília *(Expresso São Luís*, tel. 065-36 21 29 04, 5x per dag, 20 uur, R$90), São Paulo *(Expresso São Luís*, tel. zie boven, 7x per dag, 26 uur, R$150), Campo Grande *(Expresso São Luís*, tel. zie boven, 8x per dag, 10 uur, R$60), Chapada dos Guimarães *(Expresso Rubi*, tel. 065-36 21 17 64, 12x per dag, 2 uur, R$5).

De Pantanal

0
50
100 km
Bauxi
Jangada
P.N. da Chapada dos Guimarães
Chapada dos Guimarães
893 m
Planalto do Mato Grosso
Cuiabá
Várzea Grande
Campo Verde
Primavera do Leste
E.E. Serra de Araras
Paraguay
Caceres
Jauru
Sto. Antônio do Leverger
Jaciara
Poconé
Porto Cercado
Cuiabá
Barão de Melgaço
MATO GROSSO
Rondonópolis
Peixe
Gomes
Pixaim
Alegre
Porto Jofre
São Lourenco
Piquiri
L. Uberaba
L. Gaiba
P.N. Do Pantanal Mato-Grossense
Sonora
640 m
L. Mandiré
BOLIVIA
Corixao
Taquari
MATO GROSSO DO SUL
Taquari
Coxim
Pto. Suarez
Corumbá
Rio Verde de Mato Grosso
Coxim
Nhecolândia
Porto da Manga
Sete Quedas
Passo do Lontra
Negro
Paraguay
Campuã
Capim Verde
Guaicurus
Bandeirante
São Simão
Miranda
Miranda
Tabaco
Aquidauana
Passo da Julia
Aquidauana
Campo Grande
649 m
Bodoquena
Nabileque
Aquidabã
PARAGUAY
Baia das Garças
708 m
Sa. da Bodoquena
Bonito
Sirolandia
606 m
Serra de Maracajú
Anhandui
Pto. Murtinho
Maracajú
BR 163
BR 174
BR 070
BR 364
MT 060
BR 262
MS 325
MS 243
MS 195
MS 339
MS 345
BR 419
BR 060
MS 162
BR 267
1
2
3
4
5
6
7

Uitgangspunt Campo Grande (zuiden)

Campo Grande 4 (734.000 inwoners) bezit geen belangrijke bezienswaardigheden, behalve het Museu Dom Bosco, Rua Barão do Rio Branco 1843. U ziet er ca. 5000 objecten van de Bororo-, Carajá-, Xavantes- en Moro-indianen, en verder meer dan 2000 opgezette vogels en zoogdieren (vooral uit de Pantanal) en ca. 12.000 schelpen uit de hele wereld (ma.–vr. 8–18, za. 8–17, zo. 12–18 uur). Bij het 76 km verderop liggende **Aquidauana** 5 kunt u vóór uw verkenning van de Pantanal enkele indianendorpen bezoeken (Limão Verde, Corrego Seco, Galdeias, Imbirussu, Morrinho, Lagoinha, Água Branca, Ipegue en Bananal).

Zeer aantrekkelijk is het 174 km van Aquidauana en 250 km ten zuidwesten van Campo Grande gelegen **Bonito** 6 (18.000 inwoners). Het plaatsje ligt weliswaar een eind buiten de Pantanal, maar is beslist een uitstapje waard. Door de vele kleine rivieren, zoals de Rio Sucuri en Rio Olho D'Água, is de regio een waar paradijs voor duikers en sportvissers (zie blz. 353). De mooiste accommodatie in Bonito wordt geboden door het Zagaia Eco-Resort (zie verderop).

Centro de Informações turísticas e culturais: Morada do Baís/Av. Noroeste 5140, Campo Grande, tel. 067-33 24 58 30, di.–za. 8–19, zo. 9–12 uur; ook bureaus op de luchthaven en het busstation.

... in Campo Grande:
Novotel Campo Grande: Av. Mato Grosso 5555 (Jd. Copacabana), tel. 067-33 26 11 77, fax 067-33 26 66 33, www.accor hotels.com.br. Een van de beste hotels in de stad, uit 1998. 96 kamers, restaurant, bar, zwembad, sportfaciliteiten. R$230.
Indaiá Park Hotel: Av. Afonso Pena 354, (Amambaí), tel./fax 067-33 12 94 00, www.indaiahotel.com.br. Comfortabel middenklassenhotel uit 1988 met 135 kamers, restaurant en zwembad. R$140.
... in Bonito:
Zagaia Eco-Resort: Rodovia Bonito-Três Morros, km 0, tel. 067-32 55 12 80, fax 067-32 55 17 10, www.zagaia.com.br. In 1997 geopend, 100 appartementen/chalets, 58 ha groen, sport- en recreatiefaciliteiten. R$350 (halfpension).
... aan de Rio Negro:
Barra Mansa: 250 km ten noorden van Campo Grande, in de mooie omgeving van de Rio Negro, tel. 067-33 25 68 07, fax 067-33 83 50 88, www.hotelbarramansa.com.br. 4 overnachtingen in 2 pk (volpension) inclusief tochten met gids, R$2800.
Fazenda Rio Negro: 250 km ten noorden van Campo Grande, tel. 067-33 26 00 02, fax 067-33 26 87 37, www.fazendarionegro.com. br. 2 pk R$600 per nacht (volpension) inclusief tochten met gids.

... in Campo Grande:
Fogo Caipira: Rua José Antônio Pereira 145 (Centro), tel. 067-33 24 16 41, di.–vr. 11–14, 19–23, za. 11–24, zo. 11–16 uur. Goede streekgerechten, R$20–70 (vers bereid, u moet ca. 30 minuten wachten), aangename ambiance, achter in een mooie tuin.

... in Campo Grande:
Casa do Artesão: Av. Calógeras 2050, tel. 067-33 83 26 33, ma.–vr. 8–18, za. en zo. 8–12 uur. Kunstnijverheidsmarkt met indiaanse keramiek, houtsnijwerk en sterkedrank uit de regio.

... in Campo Grande:
Pantanalexcursies: Brazil Eco Vip, Av. Via Park 885 (Vivendas do Bosque), tel./fax 067-33 26 41 00, www.brazilecovip.com.br. Excursies door de Pantanal en naar Bonito, accommodatie, transfers, gidsen.
... in Bonito:
Excursies: Brasil Bonito, Rua Cel. Pilad Rebuá 679, tel. 067-32 55 19 31, www.brasilbonito .tur.br. Wandelingen en georganiseerde excursies naar grotten, bronnen en natuurparken rond Bonito.
Muito Bonito Turismo, Rua Cel. Pilad Rebuá 1444, tel. 067-32 55 16 45, www.muitobonito .com.br. Grote keus aan excursies rond Bonito. Bij het reisbureau hoort een *pousada*.

... in Campo Grande:
Vliegtuig: Het Aeroporto Internacional de Campo Grande ligt 7 km ten westen van het centrum, tel. 067-33 68 60 93; Gol biedt de voordeligste vluchten, verder TAM en Varig (dag. enkele verbindingen met São Paulo); transfer naar het centrum alleen per taxi, de bus rijdt alleen naar het busstation.
Bus: Het busstation *(rodoviária)* ligt op Rua Joaquim Nabuco 200 (Amambaí), tel. 067-33 83 16 78. Verbindingen onder meer met Corumbá *(Andorinha*, tel. 067-33 82 36 99, 7x per dag, 6 uur, R$50), Cuiabá *(Andorinha*, tel. zie boven, 5x per dag, 10 uur, R$65), Foz do Iguaçu (18 uur), Rio de Janeiro/São Paulo *(Andorinha*, tel. zie boven, 4x per dag, Rio 22 uur/São Paulo 14 uur, R$125/95).
Huurauto: Onder meer Unidas (op de luchthaven), tel. 067-33 68 61 20.

Uitgangspunt Corumbá (westen)

De havenstad **Corumbá** 7 (ca. 100.000 inwoners) ligt aan de Rio Paraguay, aan de grens met Bolivia. Rond 1840 lag hier de grootste rivierhaven ter wereld, tot de spoorweg kwam en alles in verval raakte. Afgezien van twee forten (Forte Coimbra en Forte Junqueira) uit de koloniale tijd is hier vrijwel niets interessants te zien.

Bezoekers nemen hier meestal deel aan een georganiseerde excursie, die tot in de **Nhecolândia**-regio in het hart van de Pantanal voert. Talrijke gidsen met jeep bieden zich aan als u arriveert, maar veiligheidshalve is een boeking via een reisbureau (bijvoorbeeld Pantour, zie verderop) aan te raden. Tochten van een dag zijn nauwelijks lonend, omdat u dan niet ver genoeg in de soortenrijke centrale gebieden kunt doordringen. Er wordt meestal overnacht in eenvoudige *fazendas*.

Setur: Rua Manoel Cavassa 275 (ten zuiden van de kade, op de bovenverdieping van een mooi oud gebouw), tel. 067-32 31 28 86, ma.-vr. 14-18 uur.
Internet: www.corumba.com.br (informatie, stadsplattegrond, tips voor hengelaars).

Nacional Palace: Rua América 936, tel./fax 067-32 34 60 00, www.hnacioal.com.br. Goed, comfortabel hotel, 100 kamers, ruime suites voor gezinnen en kleine groepen. Centrale ligging. R$150.
Gold Fish: Av. Rio Branco 2599, tel./fax 067-32 31 51 06, www.candeias.com.br. Relatief centraal, mooi aan de rivier gelegen, 84 kamers, programma voor hengelaars. R$140.

Peixaria do Lulu: Rua D. Aquino Correia 700, tel. 067-32 32 21 42, ma.-za. 11-15, 18-23, zo. 11-16 uur. Groot restaurant; visgerechten uit de regio (R$20-28).
Do Gaúcho: Rua Frei Mariano 879, tel. 067-32 31 52 20, dag. 11-24 uur. Grote, rustieke *rodízio-churrascaria*, Vaste prijs R$18.

Pantanaltochten: Pantour, Rua Frei Mariano 1013, tel. 067-32 31 20 00, fax 067-32 31 60 06, www.pantour.com.br. Tochten door de Pantanal. Duikexcursies in de zijrivieren van de Rio Paraguay; weekendaanbiedingen voor minstens 4 personen inclusief accommodatie, maaltijden, boot en uitrusting.

Vliegtuig: Het Aeroporto Internacional, 3 km ten noorden van het centrum, wordt ma.-vr. 1x per dag aangedaan door TAM, tel. 067-32 32 22 80.
Bus: Busstation aan de Rua Porto Carrero, 20 min. van het centrum aan de zuidrand van de stad. Verbindingen *(Andorinha*, tel. 067-32 31 20 33) met Campo Grande (11x per dag, 6 uur, R$55), Cuiabá (dag. om 11.30 uur, 14 uur, R$110), Rio de Janeiro (dag. om 11.30 uur, 26 uur, R$160), São Paulo (dag. om 11.30 en 18 uur, 22 uur, R$130).
Huurauto: Localiza, Rua Cabral 2064 (vóór de luchthaven, hoek Rua Rocha), tel. 067-32 31 60 00, www.localiza.com.br, ma.-vr. 9-17, za. 9-12 uur.

Tip: Duiken in een glasheldere waterwereld

In de afgelopen tien jaar heeft **Bonito** (zie ook blz. 351) zich ontwikkeld tot een van de populairste trefpunten van duikers en snorkelaars in Brazilië. Een uitgestrekt net van rivieren met kristalhelder water, waarin duizenden vissen zwemmen, nodigt uit tot kilometerslange snorkeltochten, terwijl het grote aantal grotten met onderaardse meren de bezoeker verlokken tot langdurige duikexcursies. De helderheid van het water en de geologische bijzonderheden van het landschap rond Bonito vinden hun oorsprong in het kalkrijke gesteente aan de voet van de Serra da Bodoquena.

De belangrijkste attractie (20 km van Bonito) is de beroemde, 156 m diepe **Gruta do Lago Azul** (Grot van het Blauwe Meer). Om bij het onderaardse meer te komen moet u een trap met 294 treden afdalen. Wie tussen 15 december en 15 januari in de buurt is, kan 's ochtends tussen 8 en 9 uur een heel bijzonder schouwspel bijwonen: een krachtige bundel zonlicht valt door de opening van de grot naar binnen en verleent het water een oplichtend blauwe kleur. Ook het Aquário Natural en de rivieren Sucuri, Peixe, Formoso en da Prata zijn aan te raden om te duiken en snorkelen.

Via kronkelende paden door het oerwoud zijn talrijke watervallen te bereiken, bijvoorbeeld in de Río Aquidabã en Río Peixe en bij de Boca da Onça. In het **Parque das Cachoeiras** voert een wandeling langs zes fotogenieke watervallen.

In de regio rond Bonito is veel aandacht voor milieubescherming – het grote aantal voorschriften en verboden stoort bijna het natuurgenot. U mag niet zomaar in een rivier springen, het aantal bezoekers is beperkt en overal moet u verplicht gebruikmaken van een gids. Talrijke reisbureaus bieden georganiseerde excursies aan (zie blz. 351). Meestal zijn snorkel- en duikuitrusting bij de prijs inbegrepen. De beste tijd voor een bezoek is de maand juli, als er veel water in de rivieren staat.

Wie in de rivieren rond Bonito snorkelt, krijgt veel te zien

De Ponte Hercilo Luz verbindt het centrum van
Florianópolis met het Ilha de Santa Catarina

Het zuiden

In een oogopslag: Het zuiden

Net Europa

Zuid-Brazilië omvat de deelstaten Rio Grande do Sul, Santa Catarina en Paraná. Het landschap doet denken aan Centraal-Europa en bestaat uit heuvels, dalen, rivieren, bossen en weiden. Ook het klimaat doet Centraal-Europees aan: in de winter kan er zelfs sneeuw vallen. Vrijwel niemand komt hierheen voor een strandvakantie, de aantrekkingskracht ligt op een ander vlak.

Vanwege het unieke natuurspektakel van de krachtigste waterval ter wereld is **Foz do Iguaçu** de drukst bezochte stad van het zuiden. Ook het nationale park, het vogelpark en het stuwmeer zijn indrukwekkend. Voor dit alles hebt u aan twee dagen genoeg. Het 986 km verder gelegen Porto Alegre is alleen een bezoek waard voor wie van plan is tochtjes in de omgeving te maken naar wijnoorden, bloemensteden en nationale parken.

De mooiste stad van Zuid-Brazilië is **Florianópolis**, dat gedeeltelijk op een eiland ligt en wordt gekenmerkt door veel groen en 42 stranden. Aantrekkelijke badplaatsen in de omgeving zijn **Laguna** en **Garopaba**. Daarentegen is **Balneário Camboriú** in het hoogseizoen veel te vol. Niet ver van Florianópolis liggen **Blumenau**, **Pomerode** en **Joinville**, de bekendste 'Duitse' steden van Brazilië, waar jaarlijks een Oktoberfest als in München wordt gehouden.

Meer naar het noorden en in het binnenland ligt **Curitiba**, Braziliës toonaangevende voorbeeldstad op het gebied van milieubescherming. Er zijn fraaie parken, een goed onderhouden centrum en een modern systeem voor openbaar vervoer. Maak vanhier een dagtocht met de oude bergtrein naar het koloniale stadje **Morretes**. Vanuit het aan de kust gelegen stadje Paranaguá varen boten naar het

Ilha do Mel. Op dit kleine eiland zijn geen auto's en geen wegen. U verblijft er in bescheiden *pousadas*, kunt contact maken met de vissers en tot rust komen.

Hoogtepunten

14 **Foz do Iguaçu:** De krachtigste waterval van de wereld op het zuidelijke drielandenpunt (zie blz. 358–365).

15 **Florianópolis:** Mooie kuststad, spannend gelegen op een eiland (zie blz. 378–383).

Aanbevolen routes

Rota Romântica: Wie de Romantische Route door de elf verschillende stadjes neemt, heeft het gevoel door het Zwarte Woud in Zuid-Duitsland te toeren. De mooiste steden langs de route zijn Canela en Gramado (zie blz. 371–373).

Wijnsteden: De 'tocht die naar uw hoofd stijgt' (met wijnproeverijen en wijnfeesten) leidt door de voornaamste wijnstreek van het land, ca. 120 km van Porto Alegre. De regio heet Vale dos Vinhedos en de route voert naar de plaatsen Bento Gonçalves en Garibaldi (zie blz. 374–376).

Van Curitiba naar Morretes: De treinreis biedt spectaculaire vergezichten op het land (zie Tip blz. 398).

Reisplanning

Wie in Brazilië iets zoekt, wat niet aan (Centraal-)Europa doet denken, kan het zuiden van dit land beter mijden. Een uitzondering daarop vormen uiteraard de watervallen van Foz do Iguaçu. Vrijwel niemand laat zich dit gigantische vertoon van natuurgeweld ontgaan. U hebt echter genoeg aan twee dagen om hier alles te bekijken. Wie juist het Europese in Brazilië zoekt, gaat twee dagen naar bijvoorbeeld Blumenau of Curitiba. De deelstaat Santa Catarina in het noorden van Zuid-Brazilië heeft veel te bieden op het gebied van sportief en avontuurlijk toerisme (zie Tip blz. 382).

Tips

's Avonds vlees en een biertje: Wie in Porto Alegre verblijft, kan hier een van de bijzonder goede *churrascarias* bezoeken en daarna wat drinken bij Brouwerij-café Dado Bier (zie blz. 369).

Sportief en avontuurlijk toerisme: Ideale omstandigheden en volop mogelijkheden zijn te vinden in de deelstaat Santa Catarina (zie blz. 382).

Dagtocht met het bergspoor naar Morretes: Een duizelingwekkend avontuur met fantastisch uitzicht (zie blz. 398).

Klimaat en reistijd

Het zuiden van het land heeft een vochtig, subtropisch klimaat, dat enigszins lijkt op de subtropische delen van Europa. De neerslag is hier weliswaar gelijkmatig over de maanden verdeeld, maar de jaargetijden zijn veel uitgesprokener dan in de rest van Brazilië. In de Braziliaanse winter kan de temperatuur tot onder het vriespunt dalen en het kan sneeuwen, vooral in het uiterste zuiden bij Porto Alegre en in de hoger gelegen regio's en steden (zoals bijvoorbeeld Curitiba).

De meeste accommodatie beschikt over open haard, maar niet over centrale verwarming, zodat u in de winter warme kleren moet inpakken. In het algemeen zal een warmte zoekende Europeaan deze tijd van het jaar mijden. In de zomer loopt de temperatuur echter op tot 40 °C, waardoor ook een strandvakantie tot de mogelijkheden behoort. De stranden in het zuiden zijn wel minder aantrekkelijk dan die in het zuidoosten en noordoosten. In enkele grote steden, zoals Porto Alegre, kan het daarnaast behoorlijk drukkend zijn. In het voor- en najaar is er sprake van een gematigd overgangsklimaat.

Foz do Iguaçu

Kaart blz. 360

Alles is gigantisch in Foz do Iguaçu – de krachtigste waterval van de wereld, de grootste waterkrachtcentrale en een uitgestrekt nationaal park. Ook de van het toerisme levende stad van 249.000 inwoners, die buiten het natuurspektakel weinig te bieden heeft, vestigt een record: de bezoekersaantallen van enkele miljoenen per jaar, waarvan de helft uit het buitenland, worden slechts overtroffen door die van Rio de Janeiro.

14 Rondom de Cataratas do Iguaçu

Atlas: blz. 5, A3

De meeste reizigers komen echter noch voor een overnachting, noch voor het natuurschoon naar Foz do Iguaçu. De enige interesse van de *camelôs* is de doorreis naar Paraguay, om daar zo veel mogelijk goedkope spulletjes aan te schaffen en dan zo snel mogelijk terug te keren naar een van de ontelbare straatstalletjes in Rio de Janeiro of São Paulo en daar de handel te verkopen, altijd voortgedreven door angst voor de douane en koelbloedige zakkenrollers. En dat terwijl de 552 m lange grensbrug tussen Cuidad de Este in Paraguay en Foz do Iguaçu in Brazilië nog wel de veelzeggende naam **Brug der Vriendschap** 1 draagt. Dagelijks steken 30.000 arme handelaren de brug over, bepakt en bezakt met buidels, tassen en rugzakken.

De Braziliaanse kant

Er liggen slechts negentien *cataratas* (watervallen) aan de Braziliaanse kant 2 (www.cataratasdoiguacu.com.br, informatie in vijf talen, toegang R$20). Het voordeel is echter dat u hier een veel beter overzicht over het geheel hebt. De Brazilianen zeggen: 'Argentinië heeft het podium, maar wij hebben het voorrecht het stuk te kunnen zien.' Een 1 km lange weg met schitterende panorama's voert zo dicht langs het 120 miljoen jaar oude schouwspel, dat de bezoekers nauwelijks gevrijwaard blijven van een koude douche. U hebt hier zicht op de 2700 m brede kloof en tientallen watervallen. De grootste wordt **Garganta do Diablo** (Duivelsmuil) genoemd. Het water stort hier 90 m naar beneden. (Ter vergelijking: de Niagara Falls in Noord-Amerika storten 47 m omlaag en zijn 1300 m breed.)

De Argentijnse kant

Een kijkje aan de **Argentijnse kant** 3 is een must (informatie: tel. 00 54-0 37 57-42 07 22, www.iguazuargentina.com; paspoort niet vergeten). Er zijn meer plankenpaden en uitkijkpunten dan aan de Braziliaanse kant, zowel beneden als boven aan de watervallen. Via een 1,2 km lang pad onderlangs komt u zo dichtbij, dat u het neerkletterende water van de Garganto do Diablo haast kunt aanraken. Het lichtste pad, 650 m zonder treden, voert bovenlangs en stelt u in de gelegenheid vlak bij de plaats waar het water naar beneden stort te komen. Tussen de twee paden loopt een smalspoor. Er worden ook boottochten aangeboden, die goedkoper zijn dan aan Braziliaanse zijde (zie Activiteiten, blz. 363).

Waarheid en verzinsel

Voordat de watervallen in 1542 werden 'ontdekt' door de Spanjaard Don Alvarez Nuñez, waren er al talrijke indiaanse legenden met deze bijzondere plaats verbonden. In de taal van de oorspronkelijke bewoners betekent *iguaçú* hetzelfde als *água grande* ('groot water') en was het verbonden met een beeld van groot gevaar. Volgens het geloof van de Cainganguesindianen zou een vertwijfelde god hier adem hebben geschept. De mooie indiaanse Naipi is beloofd aan M'Boy, de zoon van de god Tupã. Op de dag van de bruiloft slaat de jonge krijger Tarobá met de bruid op de vlucht. In zijn woede en vertwijfeling begraaft M'Boy zich tot zijn hoofd in de aarde. Met het aanspannen van de spieren van zijn slangvormige lichaam doet hij de aarde zodanig bewegen, dat er een enorme kuil ontstaat. Hierin stort het water van een rivier die daarvoor heel rustig voortkabbelde. De kano van het voortvluchtige liefdespaar gaat in de vloed tenonder, Tarobá verandert in een palm aan de kant van de Rio Iguaçu en Naipi in een grote rots, die voor eeuwig door de waterval wordt afgeschermd.

De wetenschappelijke verklaring is intussen behoorlijk ontnuchterend: tijdens het krijt zetten lavastromen een tot 1600 m dikke basaltlaag af op het oude gesteente. Deze nieuwe laag was opvallend sterk gekloofd en werd ook opvallend snel door het water weggeërodeerd, zodat er een cascadewaterval kon ontstaan.

Onderweg met de auteur

Cataratas do Iguaçu

De Iguaçu ontspringt bij Curitiba en heeft bij de watervallen *(cataratas)* al 1320 km achter de rug. Afhankelijk van het jaargetijde zijn het 150 tot 275 watervallen, en 300 tot 6500 m³/s, die van een hoogte van 40 tot 90 m onder donderend geraas in de diepte storten en door hun nevel voortdurend regenbogen tevoorschijn toveren. Met hoogwater lijken de watervallen te versmelten tot een enkele stortvloed (zie blz. 358).

De Argentijnse kant van de watervallen

Lange tijd was het niet de moeite de grens met Argentinië over te steken, tot daar een wijdvertakt net van plankenpaden en uitkijkpunten werd aangelegd. Ook kunt u er het neerstorten van het water van bovenaf bekijken en zijn de boottochten er goedkoper (zie blz. 358).

Parken

Sinds het **nationale park** nieuw leven is ingeblazen en gemakkelijk verkend kan worden in een dubbeldekker, is het bekijken ervan absoluut de moeite waard. Bovendien kunt u in Restaurant Espaço Porto Canoas lunchen met uitzicht op de *cataratas* (zie blz. 361). Ook het uitgebreide **Vogelpark** is heel aantrekkelijk (zie blz. 361).

Nachtelijke verlichting

Wie twee dagen de tijd heeft in Foz do Iguaçu, kan ook een uitstapje maken naar het **stuwmeer**. Een bijzonder alternatief voor een normale dagtocht is een excursie bij nacht: 519 schijnwerpers belichten het neerstortende water op de klanken van klassieke muziek (zie blz. 361).

Macuco Safari

De niet bepaald goedkope safaritocht (zie Activiteiten, blz. 364) van **Macuco Safari** 4 is betrekkelijk comfortabel en duurt niet al te lang (1 uur en 45 min.). Daardoor is het een populaire mogelijkheid om de natuur en de watervallen met nog meer adrenaline dan anders te beleven. Het idee komt van een Amerikaan die van Chicago naar Foz do Iguaçu verhuisde. Als wegbereider voor het *turismo ecológico* kreeg hij een concessie voor een deel van het park, waar hij nu zijn safari's organiseert.

Het begint aan de Rodovia das Cataratas KM 25. Daar vertrekt een elektrisch aangedreven wagen voor een ritje van 3 km door het oerwoud, waarbij regelmatig kort wordt gestopt voor een toelichting op de flora en fauna. Daarna klautert u 600 m over stenen treden naar beneden, tot aan de oever van de Rio Iguaçu. Daar ontdoet u zich van alles wat niet nat mag worden, stapt in een rubberboot voor twintig personen en vaart kriskras en

Foz do Iguaçu

plankgas (met twee motoren van elk 200 pk) vlak langs de watervallen en uiteindelijk midden in het oorverdovende geraas. Omdat iedereen kletsnat en doorweekt is en het dus vlug koud krijgt, gaat de terugvaart razendsnel. Een aanbevolen aanvulling of een alternatief dat drie keer zo goedkoop is, is een boottocht naar de waterval aan de Argentijnse kant.

Nationaal Park Iguaçu

De weg naar de *cataratas* leidt door het **Parque Nacional do Iguaçu** 5, een subtropisch regenwoud dat onder natuurbescherming valt. Het werd gesticht in 1939 en strekt zich aan Braziliaanse kant uit over een oppervlakte van 185.000 ha. In Argentinië komt daar nog 55.000 ha bij. Afgezien van de weelderige vegetatie van palmen en pijnbomen met 2000 soorten planten, heeft het park een rijke **fauna** te bieden.

Er leven 348 soorten vogels (waaronder toekans), waarvan vele met uitsterven worden bedreigd, plus reuzenvlinders, vele apen en neusberen, waterzwijnen, wilde zwijnen en zelfs wilde jaguars. Van de laatste zijn er nog zo'n dertig. Als ze niet worden bedreigd, vallen ze geen mensen aan, maar de roedels wilde zwijnen worden terecht gevreesd (ga dan ook niet zonder gids op pad).

Het nationale park heeft een periode van neergang achter de rug, maar is in 2000 tegen een bedrag van 30 miljoen dollar opgeknapt. De daarvoor verantwoordelijke particuliere organisatie Cataratas do Iguaçu kreeg als tegenprestatie een gebruikerslicentie voor vijftien jaar. Deze deal bleek lonend. Terwijl vroeger de meeste bezoekers van Foz do Iguaçu alleen de watervallen bekeken, maken nu zo'n miljoen mensen per jaar ook een langere rondgang door het park.

Vanaf het nieuwe **Bezoekerscentrum** *(Centro de Visitantes)* vertrekken met korte intervallen speciale milieuvriendelijke en met diermotieven beschilderde **dubbeldekkers**. De bussen zijn heel comfortabel, voorzien van airconditioning en er wordt informatie gegeven in drie talen (Portugees, Spaans en Engels). De rit gaat over de *Trilha das Cataratas*, langs de kassa's van het nieuwe avonturenpark Campo de Desafios (Rodovia das Cataratas KM 27, zie Activiteiten, blz. 364). Daarna gaat het verder naar de *Espaço Naipi*, waar een hoge lift naar een panoramadek staat. Ernaast ligt Restaurant Espaço Porto Canoas, waar u kunt lunchen met uitzicht op de watervallen. In plaats van met de bus kunt u het park ook lopend of op de fiets verkennen. Eigen auto's zijn verboden (tel. 045-35 21 44 00, dag. 9–17 uur, Europeanen betalen R$20).

Vogelpark

Buitengewoon aan te raden is een bezoek aan het **Parque das Aves** 6 aan de Rodovia das Cataratas KM 11 (15 km van het centrum). Het vogelpark ligt slechts 500 m van de ingang van het nationale park en is heel goed te combineren met het andere uitstapje. Er leven hier 900 vogels van 160 soorten. In het ruim opgezette park, dat u in twee uur kunt doorlopen, worden flora en fauna op borden toegelicht. Vanaf een geasfalteerd pad ziet u eerst veel vogels in grote kooien. Later volgen buitenverblijven, waarin gescheiden van elkaar zowel vogels uit Nationaal Park Iguaçu *(viveiros da floresta)*, als ook uit de Pantanal, Nieuw-Guinea en Noord-Australië zijn te zien. In aparte verblijven worden daarnaast kaaimannen, slangen, schildpadden en vlinders gehouden. Het is daardoor bijna een echte dierentuin, maar dan een met het eerbiedwaardige doel om met uitsterven bedreigde diersoorten te tonen en te beschermen. Voorbeelden daarvan zijn ara's en nandoes (tel. 045-35 29 82 82, www.parquedasaves.com.br, dag. 8.30–17.30 uur, R$25).

Waterkrachtcentrale en stuwmeer van Itaipu

De Usina Hidrelétrica da Itaipu Binacional 7, een gemeenschappelijk project van Brazilië en Paraguay, wordt gevoed door een 1400 km² groot **stuwmeer** (Lago de Itaipu) en wekt door het grotere waterreservoir meer energie op dan de nieuwe Chinese centrale met zijn grotere capaciteit. Itaipu dekt meer dan een kwart van het totale Braziliaanse, en 95% van het Paraguayaanse energieverbruik.

Bouwgeschiedenis

De centrale is gebouwd tussen 1975 en 1984. De keuze voor deze plaats is beïnvloed door de bijzonder gunstige omstandigheden van de waterval. De Rio Paraná komt uit Minas Gerais en vormt bij Foz do Iguaçu de grens tussen Brazilië en Paraguay. De rivier uit de hoogvlakte levert de energie voor de grootste waterkrachtcentrale van de wereld.

De bouwkosten bedroegen 18 miljard dollar, van het gebruikte cement hadden 210 Maracanãstadions gebouwd kunnen worden en het staal heeft een gewicht van 380 Eiffeltorens. Alles hier is gigantisch: de stuwdam met een hoogte van 196 m en een lengte van 8 km, de 390 m brede 'schuimspaan', die 62.200 m³

De centrale van Itaipu is de grootste ter wereld

water per seconde doorlaat (veertig keer zoveel als de *cataratas*), en de ca. 120 m hoge nevelkoepel, die deze grandioze kunstmatige waterval weet te vormen.

De prijs voor het milieu

Zulk gigantisme, typerend voor het denken van de militaire junta, heeft natuurlijk zijn offers gevergd, bijvoorbeeld het verlies van de **Sete Quedas de Guaíra** (Zeven Watervallen van Guaíra), ooit een frequent beeld op ansichtkaarten van de Rio Paraná. Critici hebben destijds de bouw van kleinere, decentrale krachtcentrales met minder belasting voor het milieu bepleit. De huidige Braziliaanse directeur-generaal van de centrale, Jorge Samek, nam als student deel aan protestacties tegen het stuwmeer.

In een interview in 2004 noemt hij het project niettemin uiterst succesvol, ook in ecologisch opzicht. Met de kunstmatige stranden (Santa Terezinha en Bairro de Três Lagoas) en de vele mogelijkheden voor watersporten is hier een nieuw vakantieparadijs ontstaan. Nu wil Samek rondom het meer ook nog 'tuinen aanleggen als in het Franse Versailles'.

Bezichtiging

Een bezichtiging van de centrale begint bij het Bezoekerscentrum *(Centro de Visitantes)*, Av. Tancredo Neves 6702, tel. 045-35 20 69 77, www.itaipu.gov.br, ma.–za. om 8/9/10/14/15/16 uur, duur 1,5 uur, toegang gratis. Eerst wordt een documentaire van een kwartier getoond, daarna gaat u per bus naar twee uitkijkpunten *(central, vertedouro)* waar u de stuwdam goed kunt zien. Tijdens de rit krijgt u toelichting in drie talen (Portugees, Spaans en Engels).

Een heel bijzonder alternatief is de **Nighttour**. Het vallende water wordt belicht door 519 schijnwerpers, waarbij klassieke muziek weerklinkt (uitsluitend vr./za., 20.30 uur, duur 30 min., R$6). Bij de centrale is ook een **Ecologisch Museum**, waar de flora en de fauna van de regio worden getoond, maar ook veel informatie wordt gegeven over water en energie (Ecomuseu de Itaipu, tel. 045-35 20 58 16, di.–za. 8.30–11.30 en 14–17.30, zo. 14–17.30 uur, toegang gratis).

Secretaria de Turismo: Praça Getúlio Vargas, tel. 045-35 21 14 55, www.iguassu.tur.br, dag. 7–23 uur; ook kantoren op het vliegveld (dag. 10–1 uur) en bij het *rodoviária* (busstation).

Let op: In Foz do Iguaçu, dus aan de Braziliaanse kant van de waterval, zijn genoeg hotels, zodat het niet nodig is uit te wijken naar de Argentijnse zijde. In bijvoorbeeld het Sheraton aldaar klagen vooral de Europese gasten over de luidruchtige Argentijnse groepen toeristen, die klaarblijkelijk niet tot de meest attente behoren.

Tropical das Cataratas: Parque Nacional do Iguaçu, tel. 045-21 02 70 00, fax 045-45 35 22 17, www.tropicalhotel.com.br. Groot complex uit 1958 met 300 kamers, het enige in de buurt van de watervallen. In enkele kamers ziet u ze fragmentarisch, maar horen kunt u ze overal. Overwegend bezocht door kapitaalkrachtige gasten uit Europa, meestal volgeboekt. Voor reserveringen op het laatste moment een agent gebruiken. Vanaf R$750.

Bourbon Iguassu Golf & Resort: Rodovia das Cataratas 6845, tel. 045-35 29 99 99, fax 045-35 29 8888, www.bourbon.com.br. Mooi complex uit 1997 in een groot park met 70 kamers en 4 huisjes, tevens golfbaan. R$300 incl. halfpension.

Hotel Florença: Rod. das Cataratas, 8,5 km ten zuidoosten van het centrum, tel. 045-35 29 77 55, fax 045-35 29 88 77, www.hotelflorenca.com. 64 kamers, modern hotel in aantrekkelijke laagbouw. R$160.

Hostel Paudimar Campestre (HI): Rodovia das Cataratas, KM 12,5, tel. 045-35 29 60 61, www.paudimar.com.br. Voornaamste trefpunt voor rugzaktoeristen; 2 pk R$60, slaapzaal R$25; breed opgezet met zwembad, bar, voetbalveld en kampeerterrein; dicht bij de luchthaven en de watervallen; bij twee overnachtingen betaalt het hotel R$10 van de taxikosten van het busstation.

Camping Clube do Brasil: Avenida das Cataratas KM 17, tel. 045-35 23 85 99, www.campingclube.com.br. Beschaduwd grasveld naast het bezoekerscentrum van het nationale park. R$15 p.p.

Búfalo Branco: Rua Eng. Rebouças 530, tel. 045-35 23 97 44, dag. 12–23.30 uur. Beste *churrascaria* van de stad *(rodízio)*, middelgroot, aan de muren landschapsfoto's van de regio. Vaste prijs R$40.

Sushi Hokkai: Rua Marechal Deodoro 550, dag. 18–24 uur. Beste sushirestaurant van de stad. Ca. R$40.

Uitgaansmogelijkheden vindt u vooral in de **Av. Jorge Schimmelpfennig**, bijvoorbeeld de **Capitão Bar** op nr. 288 (voor cocktails aan het begin van de avond), de dansgelegenheid **Alquimia** (jong publiek) of op nr. 450 **Disco Club Tass** (met dansvloer en shows, vr./za. vanaf 23 uur).

Argentijnse kant: Aan Braziliaanse zijde zijn alle bezienswaardigheden gemakkelijk zelf te vinden, maar omdat u voor een bezoek aan Argentinië te maken krijgt met grensformaliteiten, is het misschien handiger u daarvoor aan te sluiten bij een georganiseerde excursie. Deze zijn te boeken via uw hotel. Boottochten zijn een derde van de prijs in Brazilië! Bijvoorbeeld via Iguazu Jungle Explorer, tel. 00 54-0 37 57-42 16 96.

Macuco Safari: tel./fax 045-35 74 42 44, www.macucosafari.com.br, ma.-zo. 9–17.30 uur, vertrek elke 10 min., tickets binnen het nationale park bij de tweede halte van de toeristenbus. R$160 p.p.

Avontuurlijke sporten: In het Campo de Desafios zijn er mogelijkheden voor *rapel* (abseilen), raften, *escalada* (rotsklimmen), *arvorismo* (hangbruggen tussen bomen) en *tirolesa* (aan een katrol naar beneden glijden); Rodovia das Cataratas KM 27 (in de buurt van Macuco Safari), tel. 045-35 29 60 40, www.campodedesafios.com.br. Elke activiteit ca. R$80 p.p., pakket met 3 activiteiten ca. R$200 p.p., paden *(trilhas)* R$105–135; incl. instructies in het Engels en benodigde uitrusting.

Helikoptervluchten: Helisul, bij de waterval, tel. 045-35 29 74 74, dag. 9–18 uur. Vanwege geluidsoverlast mogen de helikopters niet meer zo laag vliegen, zodat u de *cataratas* niet meer van heel erg dichtbij kunt zien. Toch is een vlucht nog zeer aan te raden. De goedkoopste en meest gewilde vlucht (watervallen en nationaal park) duurt 10 min. en kost R$150 p.p. (minimaal 3 pers.).

Vliegtuig: Het Aeroporto Internacional ligt 15 km van de stad op de weg naar de Braziliaanse kant van de watervallen, tel. 045-35 21 42 00; transfer van de luchthaven naar de stad in vliegveldbus *Centro* (om de 20 à 30 min.) of per taxi (ca. R$40).

Bus: Het busstation (*rodoviária*) ligt 4 km ten noordoosten van het centrum, tel. 045-35 22 25 90; verbindingen met onder andere Curitiba *(Pluma*, tel. 045-35 22 20 50, 7–9x per dag, reistijd 9 uur, R$70–90), Florianópolis (onder andere *Pluma*, tel. zie boven, 3x per dag 's avonds, reistijd 14 uur, R$100–160), Porto Alegre *(Unesul*, tel. 045-35 22 20 70, 4x per dag, reistijd 16 uur, R$110), Rio de Janeiro (onder andere *Pluma*, tel. zie boven, 3x per dag, reistijd 22 uur, R$150) en São Paulo (onder andere *Pluma*, tel. zie boven, 3x per dag, reistijd 15 uur, R$110–160).

De grootste watervallen van de wereld: de Cataratas do Iguaçu

Porto Alegre en omgeving

Kaart blz. 368

Wie naar Porto Alegre reist, wordt zelden aangetrokken door de bezienswaardigheden van de stad. Zowel klimatologisch als cultureel is er nauwelijks een onderscheid met dat wat u al uit Europa kent. Ook in Brazilië wordt de stad niet als toeristisch hoogtepunt beschouwd. Toch is een bezoek de moeite waard voor wie hier tochten in de omgeving wil maken.

Porto Alegre

Atlas: blz. 3/4, C–D4
De hoofdstad van Rio Grande do Sul (1,4 miljoen inwoners) in het hart van het land van de gaucho's tracht zich uit alle macht als zelfstandige toeristische bestemming te profileren. Aan gewaagde vergelijkingen met San Francisco en de Golden Bate Bridge is geen gebrek. De stad wordt zelfs een geschenk van de **Rio Guaíba** genoemd, net als Egypte een geschenk van de Nijl zou zijn. Toch komen er meer zakenlieden dan toeristen, aangezien Porto Alegre centraal in de **Mercosur** ligt, de economische gemeenschap van Zuid-Amerika. Er vonden hier ook belangrijke politieke bijeenkomsten plaats, zoals verscheidene keren het **World Social Forum**, de tegenhanger van de top van de Wereldhandelsorganisatie. Er woont hier een voor Brazilië tamelijk grote populatie intellectuelen en studenten. Nergens in het land wordt meer gelezen. In november wordt hier jaarlijks de belangrijkste **boekenbeurs** van Brazilië gehouden. Dat de bevolking van Porto Alegre kritisch politiek bewust is, komt omdat ze openstaat ten opzichte van de wereld.

De eerste **immigranten**, zestig echtparen uit de Azoren, kwamen hier in 1752 aan en stichtten aan de monding van de Rio Guaíba hun Porto Alegre (Vrolijke Haven). Na 1820 kwamen er veel Duitsers en Italianen te wonen en nu leven er mensen uit 51 landen.

Tussen centrum en rivier

Het centrum is gemakkelijk lopend te verkennen. Een aantrekkelijk alternatief is de **Linha Turismo**. De dubbeldekker met open bovendek rijdt langs alle bezienswaardigheden, inclusief de paar die wat verder weg liggen (toelichting in het Engels, vertrek in de *Cidade Baixa*, Trav. do Carmo 84, tel. 051-32 12 34 64, di–zo., 5x per dag, 1,5 uur, R$8).

Catedral Metropolitana

In de buurt van de hotels in de Rua Colonel Fernando Machado verrijst de machtige **kathedraal** **1**. Hij werd tussen 1929 en 1986 neergezet naar voorbeeld van Italiaanse bouwwerken uit de renaissance. De kerk maakt echter buiten meer indruk dan binnen. De koepel van wit marmer heeft een doorsnede van 18 m, de spits eindigt 74 m boven de grond en de beide torens hebben een hoogte van 50 m. Aan de voorgevel prijken drie kleurige mozaïeken, die in de werkplaatsen van het Vaticaan zijn vervaardigd (ma.-za. 8–19 uur).

Regeringspaleis

Direct naast de kathedraal staat het **Palácio Piratini** **2**, de luisterrijke ontvangst- en vergaderzalen van de regering van de deelstaat. Het paleis is gebouwd tussen 1896 en 1921 en is binnen rijk aan Italiaans marmer uit Carrara, kristallen kroonluchters uit Tsjechië,

Onderweg met de auteur

Porto Alegre
Het hoogtepunt van de hier beschreven stadswandeling is de oude gasfabriek. Het is een bijzondere ervaring op het dakterras een borrel te drinken (zie blz. 369). Zoek 's avonds een van de uitstekende *churrascarias* in de stad op, tenslotte bent u hier in het land van de veehoudende gaucho's (zie Tip blz. 369).

De omgeving verkennen
Huur eens een auto. Zo niet, dan kunt u met de bus naar Gramado en vandaar met een georganiseerde trip zowel de wijnsteden als de nationale parken bezoeken.

Bloemensteden
In **Canela** en **Gramado** groeien niet alleen hortensia's, maar zijn ook vele prachtige parken en vijvers, verschillende ongewone musea (onder andere het Stoommachine- en het Oldtimermuseum), een kasteel uit 1551 en een hele wereld op miniatuurformaat. Ten slotte wordt in Gramado het belangrijkste filmfestival van Brazilië gehouden (zie blz. 371–373).

Wijnsteden
Een uitstapje naar **Bento Gonçalves** lest het verlangen naar een goed glas wijn. Het wijnhuis Vinícula Casa Valduga beschikt over de oudste wijnstokken van Brazilië. Na het proeven kunt u in de *pousada* die bij het wijnhuis hoort blijven slapen (zie blz. 374–375). Daarna neemt u in het stadje **Garibaldi** een *champanhe* van Peterlongo of Chandon. Velen drinken ook een glas op de terugweg in de oude stoomtrein Maria Fumaça (zie blz. 375–376).

Ravijnen
Aan de rand van de **Cânion do Itaimbezinho** kunt u 720 m omlaag kijken. Op een bepaalde plaats zijn zelfs beide uiteinden van de 6 km lange kloof zien. Bij de nog grotere **Cânion de Fortaleza** is een blik in de diepte echt duizelingwekkend. Daarnaast hebt u er een weids uitzicht over de oceaan. Een uitstapje naar de nationale parken met de ravijnen kunt u beter niet op eigen houtje ondernemen. Sluit u liever aan bij een georganiseerde tocht onder begeleiding (zie blz. 376–377).

trappenhuizen uit Frankrijk en kostbare Louis XV-meubelen uit Buenos Aires. In de grote zaal, die op Versailles is geïnspireerd, vertellen achttien schilderijen van Aldo Locatelli de bekende legende van Negrinho do Pastoreio, in de zaal ernaast documenteert een groot werk van dezelfde schilder de koloniale geschiedenis van Rio Grande do Sul (ma.-vr. 9–11.30 en 14–17.30 uur).

Theater, musea en cultureel centrum
Na de bezichtiging van het paleis steekt u het plein over. Aan de lage kant links staat het **Teatro São Pedro** 3, dat in 1858 in Portugese barok werd opgetrokken. Binnen hangt een kroonluchter van 600 kg (di.-vr. 12–19, za./zo. 16–19 uur). Rechts naast de schouwburg gaat de Rua General Câmera. Loop deze af naar de Praça da Alfandega, de museumstraat van Porto Alegro (toegang gratis).

Daar ligt het **Museu de Arte do Rio Grande do Sul** 4, met schilderijen van onder anderen Di Cavalcanti en Candido Portinari (di.-zo. 10–19 uur). In het oude postkantoor uit 1914 ernaast is het **Memorial do Rio Grande do Sul** 5 ondergebracht, met 50.000 voorwerpen die de geschiedenis van de staat belichten (di.-zo. 10–18 uur). Een huis verder staat het door de bank gesponsorde culturele centrum **Santander Cultural** 6. Hier worden belangrijke exposities gehouden, concerten gegeven en zit een filmhuis. In de kelder huist een stijlvolle cafetaria (www.santandercultural.com.br, ma.-vr. 10–19, za./zo. 11–19 uur).

Porto Alegre

Bezienswaardigheden

1. Catedral Metropolitana
2. Palácio Piratini
3. Teatro São Pedro
4. Museu de Arte do Rio Grande do Sul
5. Memorial do Rio Grande do Sul
6. Santander Cultural
7. Usina do Gasômetro
8. Morro de Santa Teresa

Accommodatie

1. Sheraton Hotel
2. Plaza Catedral
3. Ponte de Pedra

Eten en drinken

4. Churrascaria Galpão Crioulo
5. Churrascaria Na Brasa

Tip: 's Avonds vlees en een biertje

Porto Alegre is beroemd om zijn uitstekende ***churrascarias***. Dat is te danken aan de plaatselijke liefde voor vlees van de veehouders op de pampa rond de stad. Deze gaucho's hebben de gewoonten voortdurende bittere thee *(chimarrão)* te slurpen en *churrasco* te eten, laarzen, broeken met wijde pijpen, een rode halsdoek en een cowboyhoed met een riem om de kin te dragen en met een lasso te zwaaien.

Vroeger werden de veedrijvers, vaak ook veedieven, nogal eens bespottelijk gemaakt. Sinds ze zich in de 19e eeuw verdienstelijk wisten te maken als eigenlijke verdedigers van de Braziliaanse grond tegen Argentijnse en Uruguyaanse aanvallen, worden ze in het hele land gewaardeerd. In de stad zijn ze zelden te zien, maar de kleding van de obers in de toeristische churrascaria Galpão Crioulo bijvoorbeeld, geeft wel een indruk van hun uiterlijke kenmerken.

Na het eten komt het drinken. De tweede aanrader heeft hierop betrekking, of liever gezegd op het 'Duitse' bier in het bijzonder populaire café **Dado Bier** (zie blz. 370), tevens de naam van de van Duitsers afstammende eigenaar Eduardo Bier. 'Ik ben Bier,' stelt hij zich voor en wijst trots op de verwerkelijking van zijn jongensdroom, de combinatie van een kleine brouwerij met een restaurant, een terras, een bar en een discotheek. Elke avond vermaken zo'n 2000 gasten, de meeste uit de middenklasse, zich te midden van de wonderlijke combinatie van new wave, hightech, muren van natuursteen en plaatjes van de Alpen.

Haven

Zo'n 200 m verder stuit u op de hoofdtoegang tot de **haven**. Van hieruit kunt u met de *Cisne Branco* een boottocht op de Rio Guaíba maken. Grotere vrachtschepen zijn slechts zelden te zien, de bloeitijd van de grootste binnenzeehaven van Brazilië ligt reeds lang achter de rug. Het vrije uitzicht wordtbelemmerd door een muur van bijna 3 km lang en 3 m hoog, die in 1971 is neergezet ter bescherming tegen overstromingen. Tot nu toe heeft hij zijn nut nog niet hoeven te bewijzen.

Gasfabriek

Als u langs de muur een eind naar links gaat, komt u al spoedig bij de **Usina do Gasômetro** 7 uit 1928 met zijn 117 m hoge schoorsteenpijp. De oude gasfabriek is in 1974 buiten bedrijf gesteld en werd in 1995 verbouwd tot een zeer populair cultureel centrum. Dit ligt aan de oever van de rivier en trekt in de zomer grote scharen bezoekers, alsof er daar een strand zou zijn. Heel bijzonder is de borrel die u bij zonsondergang op het dakterras kunt drinken (di.-zo. 9-21 uur). Hier komen graag paartjes, terwijl aan de in het water drijvende Bar Flutuante de innige relaties nog opgebouwd moeten worden (dag. 9-24 uur). Ook voor de gasfabriek beginnen boottochten op de Rio Guaíba (vertrektijden ter plaatse navragen).

Uitkijkpunt

Ter afsluiting van de wandeling neemt u ergens aan de promenade, bijvoorbeeld bij de gasfabriek, een taxi, waarmee u een paar kilometer langs het fraaie Parque Harmonia rijdt, tot de **Morro de Santa Teresa** 8. Op deze heuvel kunt u genieten van het mooiste panorama over de stad en de rivier, wat vooral bij zonsondergang een sfeervol beeld oplevert.

i **Toeristeninformatie:** Gratis hotline 0800-51 76 86 (Engels gesproken), www.portoalegre.rs.gov.br/turismo (ook in het Engels); kantoren op de luchthaven (dag. 7.30-23.45 uur), in het busstation *(rodoviária)* (dag. 7-22 uur), bij de Usina do Gasômetro (di-zo. 9-18 uur), op de Mercado Público (ma.-za. 9-18 uur) en in de *Cidade Baixa* bij het kantoor van de Linha Turismo, Trav. do Carmo 84 (dag. 8.30–18 uur).

Sheraton Hotel 1: Rua Olavo Barreto Viana 18 (Moinhos de Vento), tel. 051-21 21 60 00, fax 051-21 21 60 10, www.sheraton-poa.com.br. Beste hotel van de stad, 173 thematische suites, dicht bij de chique wijk Calçada da Fama, waar onder andere veel cafés liggen. Vanaf R$440.

Plaza Catedral 2: Rua Fernando Machado 741, tel. en fax 051-32 25 15 79, www.plazacatedral.com.br. 28 aantrekkelijke kamers met veranda, centraal bij de kathedraal. R$110.

Ponte de Pedra 3: Rua Fernando Machado 828, tel. 051-32 26 21 88, fax 051-30 61 32 08. Klein hotel met 24 kamers, centrale ligging bij de kathedraal, buiten onopvallend, maar binnen mooi en rustig. R$80.

Churrascaria Galpão Crioulo 4: Av. Loureiro da Silva (Parque da Harmonia), tel. 32 26 81 94, 11.30–15.30 en 19–24 uur. Goede *churrascaria* waar u mag eten zoveel u wilt (*rodízio*), rustieke stijl, muzikaal en folkloristisch programma, beetje toeristisch. Vaste prijs R$28 p.p.

Churrascaria Na Brasa 5: Rua Ramiro Barcelos 389 (Floresta), dag. 11.30–15 en 19–14 uur. Populairste *rodíziochurrascaria* van de stad, meer dan 25 soorten vlees, groot buffet. Vaste prijs R$28 p.p.

Sieraden van schubben: Een beroemde regionale specialiteit. Een samenwerkingsverband van 24 vrouwen hergebruikt de schubben van vissen om er modieuze accessoires van te maken; deze worden intussen in heel Brazilië verkocht en zelfs uitgevoerd naar het buitenland.

Mercado Público: Praça 15 de Novembro (bij de haven), ma.-za. 7.30–19.30 uur. Traditionele markt van de lokale bevolking: levensmiddelen, producten van leer en wol, paardrijbenodigdheden, enzovoorts; heerlijk niet-toeristisch.

Het uitgaansleven is geconcentreerd in de wijken **Moinhos de Vento** en **Calçada da Fama** (Z Café, Rua Padre Chages 314; Dado Pub, Rua Fernando Gomes 80; Cherry Blues Pub, Rua Marquês do Herval 52) en in de **Cidade Baixa** (Consulado Café, Rua Lima e Silva 989; Pingüim, Rua Lima e Silva 507; Ossip, Rua da República 677).

Een heel bijzonder adres is Dado Bier: Rua Túlio de Rose (tegenover Shopping Iguatemi), tel. 051-33 78 30 00, www.dadobier. com.br, di–zo. vanaf 19.30 uur restaurant, vanaf 22 uur ook disco, toegang R$12 (zie blz. 369).

Porto Verão Alegre (jan./feb.): Theaterfestival met allerlei groepen uit heel Brazilië.

N.S. dos Navegantes (2 feb.): Rivierprocessie ter ere van de beschermheilige van de zeelieden.

Semana de Porto Alegre (laatste week mrt.): Feest voor de stichting van de stad (26 mrt.) met muziek, folklore en marktkraampjes.

Porto Alegre em Cena (sept.): Internationaal theaterfestival (twee weken) in schouwburgen en op straat (dans, muziek, toneel, workshops).

Boottocht: Met de *Cisne Branco*, Av. Mauá 1050, tel. 051-32 24 52 22, www.barcocisnebranco.com.br. Vertrek achter de toegangspoort tot de haven, di.–vr. 10.30/15/16.30 uur; za./zo. 10.30/15/16.30/ 18 uur; 1 uur, R$12 p.p. Vergelijkbare rondvaartboten vanaf de kade van de Usina do Gasômetro.

Vliegtuig: Het Aeroporto Internacional Salgado Filho ligt 6 km ten noorden van het centrum, tel. 051-33 58 20 00, transfer met de metro of de taxi.

Bus: Het *rodoviária* ligt één metrostation van de markt, tel. 051-32 10 01 01, tickets tel. 051-32 86 82 30, www.rodoviaria-poa.com.br.

Bestemmingen binnen Rio Grande do Sul: Bento Gonçalves (*Vento*, tel. 051-32 86 82 30, 15x per dag, 2–3 uur, R$20–25), Canela/Gramado (*Citral*, tel. 0800-99 14 41, elk uur tussen 6.30 en 20 uur, 2 uur, R$22), Torres (*Unesul*, tel. 051-32 28 00 29, elke 1 à 2 uur tussen 7.30 en 20 uur, 3 uur, R$28).

Bestemmingen buiten Rio Grande do Sul: Bu-

Alleen in de wijken Moinhos de Vento en Calçada da Fama is 's nachts wat te beleven

enos Aires (*Pluma*, tel. 051-32 24 92 91, dag. 17 uur, reistijd 18 uur, R$180), Curitiba (onder andere *Pluma*, tel. zie boven, 4x per dag, 12 uur, R$70–120), Florianópolis (onder andere *Santo Anjo*, tel. 051-32 25 65 00, 4–5x per dag, 6,5 uur, R$50–100), Foz do Iguaçu (*Unesul*, tel. zie boven, 4x per dag, 13 uur, R$95).

Huurauto's: Aanbevolen voor uitstapjes naar de omringende wijn- en bloemensteden, de wegen zijn hier beter dan in de rest van Brazilië. Een betrouwbare firma is Localiza, Rua Carlos Gomes 190 (Moinho de Ventos), tel. 051-33 28 18 74 /33 28 26 99/33 28 43 83 (ook een kantoor op het vliegveld); verder zijn er filialen van onder andere Hertz en Unidas.

Metro: Vijftien stations tot in de nabije omgeving; het vliegveld en het busstation zijn ideaal aangesloten.

Uitstapjes in de omgeving

De bloemensteden aan de Rota Romântica

Atlas: blz. 3/4, C–D3

De hoogvlakte Serra Gaúcha beslaat een derde van Rio Grande do Sul. Langs de Romantische Route, die door elf stadjes leidt, liggen plaatsen die sterk aan Centraal-Europa doen denken. Het mooiste is het in Canela en Gramado, plaatsen die vanwege de kweek van hortensia's ook wel 'bloemensteden' worden genoemd.

Gramado

Atlas: blz. 4, D3

Dit plaatsje van 32.000 inwoners vertoont een combinatie van Duitse degelijkheid met Italiaanse spontaniteit. Alles is perfect georganiseerd en toch speels. In het centrum ligt op een terrein van 3000 m² een hele **wereld op miniatuurformaat** *(0 Minimundo)* met meer

Maisveld in de Serra Gaúcha

dan honderd natuurgetrouwe replica's (24 keer verkleind) van Europese kastelen (zoals Neuschwanstein), typische huizen en dorpen, spoorwegen, een vliegveld (dat van het Argentijnse Bariloche), werven, zweefbanen, de gasfabriek van Porto Alegre en nog veel meer; tevens een kinderpark en een poppenhuis (Rua Horácio Cardoso 291, tel. 054-32 86 13 34, www.minimundo.com.br, dag. 13–17 uur, R$12).

Andere attracties zijn het 72 km² grote **Parque Knorr** met de Aldeia do Papai Noel (Dorp van de Kerstman), het schitterende **Lago Negro** (Zwarte Meer) en het **Lago Joaquina Rita Bier** met een klein eiland in het midden (9–17 uur).

De belangrijkste culturele gebeurtenis is het **Festival de Cinema Latino e Brasileiro**, het grootste filmfestival van Brazilië met ca. 150 voorstellingen. De beste films krijgen de Braziliaanse Oscars *(Kikito's)* toegekend. Er komen vele sterren en sterretjes, die u kunt aantreffen op de gala-avonden in Hotel Serrano (1 week in 1e helft aug., hoofdpaviljoen: Palácio dos Festivais, Centro, informatie: tel. 054-32 86 95 44).

Een ander groot spektakel is **Natal Luz**. Dit is de oudste kerstshow van Brazilië. Het festival met vuurwerk, licht- en geluidseffecten en lange optochten trekt jaarlijks duizenden bezoekers. Er is op de wereld niets vergelijkbaars te vinden (half nov. tot half jan., Lago Joaquina Rita Bier).

Zo'n 20 km verderop ligt in Três Coroas een Tibetaanse **boeddhistische tempel**, de Chagdud Khadro Ling.

Gramado is een uitstekende uitvalsbasis voor andere regio's in de Serra Gaúcha (zie Activiteiten, blz. 373).

Tussen Gramado en Canela

Vlak voorbij Gramado ligt het **Museo do Automóvel**, bijgenaamd Hollywood Dream Cars. U kunt hier 27 goed onderhouden oldtimers en 15 Harley Davidsonmotoren zien, Av. das Hortênsias 4151, tel. 054-32 86 45 15, 9–19 uur, R$14. Verder op de weg komt u langs een van de grootste attracties van deze streek, de **Mundo a Vapor** (Stoommachinemuseum). Met een klein treintje rijdt u naar binnen, waar talrijke stoommachines en miniaturen van fabrieken die werkten op stoomkracht staan opgesteld, van kleine locomotieven tot steenbakkerijen; daarnaast Europese kastelen (Av. D. Luiz Guanella 1177, tel. 054-32 82 11 25, do.–di. 9.15–17 uur, R$12).

Canela

Atlas: blz. 4, D3

Canela (38.000 inwoners) ligt slechts 8 km van Gramado. Na een korte bezichtiging van het stadje met inbegrip van de interessante **Igreja Matriz de N.S. de Lourdes** (Catedral de Peda), in 1953 gebouwd in de stijl van de Engelse gotiek, haasten de meesten zich naar de diverse parken in de buurt. Op weg daarheen komt u langs het **Castelinho do Caracole** (1913–1915), een van de eerste huizen van de stad. Het werd zonder gebruik van spijkers in elkaar gezet met balken van dennenhout en herbergt een klein museum over de Duitse kolonialisatie (dag. 9–13 en 14.20–17.40 uur).

Het 8 km van de stad gelegen **Parque do Caracole** is een verrukkelijk natuurpark met een rijke flora en fauna (onder andere araucaria's, vele soorten vogels, gordeldieren en wilde zwijnen). Er loopt een wandelpad van krap een uur door het hele park. In het midden ligt een 131 m hoge waterval, de **Cascara do Caracole**. Via de 927 treden kunt u helemaal naar beneden afdalen (R$10, panoramalift R$5). Slechts 500 m verder ligt het **Parque Florents Encantada**. Een ritje met de stoeltjeslift biedt uitzicht op de waterval (dag. 9–17 uur, R$10). Zo'n 15 km van Canela ligt dan nog het **Parque da Ferradura**, met een ravijn van 420 m diep.

... in Gramado:

Hotel Serrano: Av. das Hortênsias 1480, tel. 054-32 86 13 32, fax 054-32 95 80 40, www.hotelserrano.com.br. Beste adres van de stad, heerlijk zwembad met uitzicht op Gramado. R$320.

Hotel das Hortênsias: Rua Bela Vista 83 (Parque Knorr), tel. 054-32 86 10 57, fax 054-32 86 31 38, www.hoteldashortensias.com.br. 16 kamers, aantrekkelijke omgeving met mooi uitzicht, doet denken aan een hotel in de Alpen. Vanaf R$120 (als u er meer dan een nacht blijft).

... in Canela:

Laje de Pedra: Rua das Flores 222, tel. 054-32 82 43 00, fax 054-32 82 44 00, www.lajedepedra.com.br. 250 kamers in een fraai parklandschap met fantastisch uitzicht. Vanaf R$210.

Alpes Verdes: Rua Gilda Tanello Bolognese 1001 (3 km ten zuiden van het centrum), tel./fax 054-32 82 11 62, www.alpesverdes.com. 5 2 pk's en 4 chalets, op de hoogste berg van Canela in een groen park, zeer rustig. Vanaf R$110.

... in Gramado:

Gasthaus Edelweiß: Rua da Carriérie 1119 (Lago Negro), tel. 054-32 86 18 61, dag. 12–15 en 19–23 uur. Rustieke sfeer, mooie wintertuin, degelijke Duitse en Zwitserse kost, ook forellen en voortreffelijke fondues, bijvoorbeeld kaasfondue voor 2 pers. R$64, *rodízio* R$86.

Le Petit Clos: Rua Demétrio Pereira dos Santos 599 (bij het Lago Negro), tel. 054 32 86 19 36, 19–24 uur. Klein en verleidelijk met kaarsen op tafel. Ook hier is de specialiteit fondue, bijvoorbeeld met kaas R$75 voor 2 pers.

... in Canela

Olimpia: Av. Osvaldo Aranha 456, di–zo. 11–15 en 19.30–23 uur. Stijlvol kelderrestaurant, 's middags zelfbediening, 's avonds à la carte. Ca. R$25.

... in Gramado:

De stad is het beste vertrekpunt voor een bezoek aan de wijnsteden en de nationale parken. Reisbureau **Rota Sul** (Av. Borges de Medeiros 2889, tel. 054-32 95 13 00, www.rotasul.com) biedt georganiseerde excursies naar de wijngebieden met de stoomtrein Maria Fumaça (R$70), dagtochten naar de Itaimbezinhokloof (R$65) en stadsbezichtigingen van Gramado en Canela (40 R$).

... in Canela

Deze plaats en zijn omgeving zijn ideaal voor natuurliefhebbers en fans van ecologisch en avontuurlijk toerisme. Een van de beste aanbieders is **Atitude Ecologia & Turismo**, Av. Osvaldo Aranha, tel. 054-32 82 63 05, www.atitude.tur.br. Mogelijkheden voor wandelen,

Door de stadspoort van Gramado rijdt u naar de miniatuurwereld O Minimundo

paardrijden, trektochten maken, mountainbiken, raften en bungeejumpen; ook een tocht naar de Itaimbezinhokloof staat op het programma.

... in Gramado:
Bus: Het busstation ligt in de Av. Borges de Medeiros 2100, tel. 054-32 86 13 02; elk uur van 6.15 tot 19.15 uur een bus naar Porto Alegre (*Citral*, tel. 0800-99 14 41, 2 uur, R$22). Tussen Gramado en Canela rijden van 6.40 tot 23 uur regelmatig lokale bussen (*Circular*, overdag om de 20 min., 's avonds minder vaak, reistijd 15 min., R$2).

... in Canela:
Bus: Het *rodoviária*, tel. 054-32 82 13 75, wordt aangedaan door bussen van *Citra*, bijvoorbeeld naar Porto Alegre (elk uur tussen 6 en 19 uur, R$22). Naar de parken rond Canela kunt u alleen op eigen gelegenheid komen met betrekkelijk dure taxi's. Georganiseerde tochten zijn vaak goedkoper.

Wijnsteden

Braziliaanse wijnen horen niet tot de beste ter wereld, maar enkele merken, zoals Miolo, zijn toch het noemen waard. In 1875 begonnen Italiaanse immigranten in Rio Grande do Sul met de wijnbouw. Tegenwoordig wordt 90% van alle Braziliaanse wijnen in deze streek geproduceerd. De korte 'tocht, die naar uw hoofd stijgt' leidt naar Bento Gonçalves en Garibaldi in de regio Vale dos Vinhedos (www.valedosvinhedos.com.br).

Bento Gonçalves

Atlas: blz. 3, C3
Het stadje met 100.000 inwoners ligt 130 km van Porto Alegre. Elk uur vertrekt daar een bus (zie Verkeer blz. 370), maar u kunt ook een auto huren. Wie zonder auto is, kan ook van Porto Alegre met de bus naar Gramado gaan en zich daar aansluiten bij een excursie naar de wijnsteden en nationale parken.

Bento Gonçalves is de belangrijkste wijnstad van Brazilië. Behalve 90 grote wijnkelders zijn er vele familiebedrijven, waaraan een bezoek niet alleen sfeervoller is, maar ook vaak beter kwaliteit oplevert. De oudste wijnstokken van het land zijn in het bezit van Vinícula Casa Valduga. U wordt persoonlijk rondgeleid door een telg van de oude Italiaanse familie en gestimuleerd een en ander te proeven (6 km ten zuiden van het centrum, tel. 054-21 05 31 22, www.casavalduga.com.br, dag. 9–17 uur, rondleiding elk uur 's morgens en 's middags, R$5–15 p.p., incl. proeven).

Wie daarbij te diep in het glaasje kijkt, kan zich gelijk inschrijven bij de *pousada* van het huis (**Pousada Casa Valduga:** tel./fax 054-34 53 11 54, www.casavalduga.com.br, verschillende gastenverblijven van rustiek tot modern, fraai midden in de natuur, tevens restaurant. Vanaf R$180).

Vlak in de buurt ligt de grootste plaatselijke curiositeit, de **Capela N.S. das Neves**. Bij gebrek aan water gebruikte men bij de bouw voor de aanmaak van mortel in plaats van water honderden liters wijn.

Wie meer wil weten over hoe wijn wordt gemaakt, kan de grote **Cooperativa Vinícola Aurora** bezichtigen. Het gehele proces wordt toegelicht met audiovisuele middelen en geproefd wordt er natuurlijk ook (Rua Olavo Bilac 500, Cidade Alta, tel. 054-34 55 20 00, www.vinicolaaurora.com.br, ma.–za. 8.15–18, zo. 8.30–11.30 uur, regelmatig rondleidingen, toegang gratis). Het hoogtepunt van de lokale wijncultuur is het jaarlijkse **nationale wijnfeest** in het Parque da Fenavinho (eind jan./begin feb.).

Van Bento Gonçalves naar Garibaldi

Atlas: blz. 3, C3

Voor dit uitstapje zou u ten minste op de heenweg de **Maria Fumaça** moeten nemen, een stoomlocomotief uit 1941. Tijdens de rit worden wijn en kaas uitgedeeld en muzikanten trekken van wagon naar wagon (vanaf het Estação Ferroviária, reserveren tel. 054-34 55 27 88 of www.mfumaca.com.br, wo./za. 9 en 14 uur, tijdens hoogtijdagen extra ritten, 2,5

De Braziliaanse wijnbouw is te danken aan Italiaanse immigranten uit de 19e eeuw

uur, R$40 incl. wijnproeven en terugreis per bus).

In Garibaldi wordt de meeste mousserende witte wijn van Brazilië geproduceerd – 70% van de lokale economie is afhankelijk van de *champanhe*, die begon toen de familie **Peterlongo** zich hier in 1913 vestigde (Rua Manoel Peterlongo 216, tel. 054-34 62 13 55, bezichtiging met rondleiding en wijnproeven dag. 9–17 uur, toegang gratis).

Het andere belangrijke merk van de streek is **Chandon**. Ook dit huis is te bezichtigen, wat eveneens kostenloos is (RST-470 5 km richting Bento Gonçalves, tel. 054-34 62 24 99, ma.-vr. 8–11.30 en 13–16.30 uur, za. 9.30–14.30 uur, met rondleiding en wijnproeven, toegang gratis).

Aparados da Serra en Serra Geral

Atlas: blz. 4, E3

Op de grens van Rio Grande do Sul en Santa Catarina liggen in de buurt van het badplaatsje Torres twee nationale parken, waarvan de grootste attractie de spectaculaire ravijnen zijn. De kloven zijn ontstaan tijdens enorme aardbevingen en daaropvolgende lavastromen van ongeveer 13 miljoen jaar geleden.

Georganiseerde trips

Een bezoek aan deze streek is niet zonder problemen. In de winter kan er veel sneeuw liggen, in de zomer kan dichte mist het zicht belemmeren en plotselinge hoosbuien doen de dalen soms overstromen. Bijzonder gevaarlijk zijn ook de slangen, die vooral in de warmere delen van het jaar veelvuldig aanwezig zijn. De wandelpaden do Cotovelo en Rio do Boi in Nationaal Park Aparados da Serra zijn uitsluitend toegankelijk onder begeleiding van een gids.

Om deze redenen, en omdat de weg erheen moeilijk is, is het aan te raden deel te nemen aan een georganiseerde groepsreis. Zo kunt u meedoen met een excursie van **Rota Sul** in Gramado (Avenida Borges de Medeiros 2889, tel. 054-32 95 13 00, www.rotasul.com; dagtocht naar de **Cânion do Itaimbezinho** R$65 p.p.).

De ravijnen

Atlas: blz. 4, E3

De canyon **Faxinal** is door zijn zeer dichte begroeiing slecht te zien en wordt daarom weinig bezocht. De twee ravijnen **Três Irmãos** en **Malacara** zijn vooral geschikt voor ervaren bergbeklimmers. De interessantste en beroemdste canyons zijn **Itaimbezinho** en **Fortaleza**. De eerste is met 720 m weliswaar niet het diepste ravijn, maar hij is op verschillende punten wel het beste waarneembaar. Op een

Door de Serra Geral slingert een schitterende bergweg

bepaalde plaats in de bocht kunt u zelfs de twee uiteinden van de 6 km lange kloof zien.

Boven aan de kloof groeien nog araucariabossen *(pinherais)*. Zo nu en dan is ook de zeldzame roodbrilamazone te zien, een 30 tot 40 cm grote papegaai met lichtgroene veren en een karakteristiek rood masker rond de ogen.

De **Cânion de Fortaleza** ten slotte is de grootste kloof van allemaal en biedt bovenop zowel een weids panorama tot aan de oceaan, als een duizelingwekkende aanblik in de afgrond.

Baden in Torres

Atlas: blz. 4, E3

Als de gids en het klimaat het toestaan, kunt u nog een kleine omweg naar Torres ('torens') maken, de populairste badplaats van Rio Grande do Sul. De naam slaat op de drie basaltrotsen op het strand, die bekendstaan als Guarita, Torre Sul en Torre do Meio. De laatste kan worden beklommen en biedt dan een mooi uitzicht op de stad. De stranden heten van noord naar zuid: Praia dos Molhes (bij de Rio Mampitiba), Praia Grande (promenade met veel cafés), Prainha (klein, sympathiek), Praia da Cal (geschikt om te surfen) en Itapeva (rustig, met enkele duinen).

Florianópolis en Ilha de Santa Catarina

Kaart blz. 380

Florianópolis is de mooiste stad van Zuid-Brazilië, die vanwege de gelijkenis met Florida ook wel *Floripa* wordt genoemd. Ondanks een inwonertal van 332.000 doet de hoofdstad van Santa Catarina nogal provinciaals aan. De stad ligt zowel op het vasteland als op een eiland voor de kust, delen die zijn verbonden door twee grote bruggen.

15 Florianópolis

Atlas: blz. 4, F1

De **Ponte Hercílio Luz** (zie blz. 354), die tussen 1922 en 1926 werd gebouwd, is een van de symbolen van de stad. Met een lengte van 819 m en twee 75 m hoge torens is hij de grootste hangbrug van Brazilië. Tot het einde van de jaren zeventig was deze brug de enige verbinding tussen het vasteland en het eiland. Nu wordt er niet meer over gereden en is het **Ilha de Santa Catarina** bereikbaar via een nieuwe, 500 m lange brug. Het eiland is 18 km breed en 54 km lang. De groene heuvels, die voor 40% onder natuurbescherming vallen, de vele meren en de 42 stranden maken het tot een waar paradijs, waar elk industrieterrein verboden is. 's Zomers kan het hier wel vol en luidruchtig worden, als er massa's toeristen uit Argentinië en Zuid-Brazilië neerstrijken. Aan invasies is het eiland echter gewend. Zijn koloniale geschiedenis doet als geen andere streek in Brazilië denken aan een avonturenfilm met actie en geweld.

Bandeirantes, piraten en immigranten uit de Azoren

Het door Carijó-indianen bevolkte eiland werd weliswaar al ontdekt in 1503 – door de Portugese zeeman Gonçalo Coelho –, maar de kolonialisatie begon pas rond 1675. De *bandeirante* Francisco Dias Velho uit Santos (SP) vestigde zich met zijn vrouw, drie dochters, twee zonen, verdere familie, twee pastoors en vijfhonderd indianen op het eiland. Aanvankelijk verliep alles zonder spanningen. Als eerste werd natuurlijk een kerkje gebouwd – tegenwoordig staat op die plaats de Catedral de Florianópolis – daarna zette men huizen neer en begon het land te verbouwen.

Maar het eiland was al langer een toevluchtsoord voor piraten. Toen een Corsicaans piratenschip onder commando van Robert Lewis met een rijke zilverbuit uit Peru in **Canasvieiras** voor anker ging, lukte het Dias Velho nog de onwelkome gasten te verrassen en de hele lading buit te maken. De gruwelijke wraak liet echter niet lang op zich wachten. Een jaar later kwam dezelfde Corsicaan terug, vermoordde Dias Velho, verkrachtte de drie dochters en bemachtigde de hem ontnomen zilverschat. Begrijpelijk, dat de rest van de familie Dias Velho het eiland verliet, maar in de andere 27 huizen ging het leven verder. Dat gold ook voor de oorspronkelijke indiaanse inwoners en de naar het eiland verbannen gestraften.

De eigenlijke ontwikkeling van Florianópolis begon pas goed met een groots aangepakte campagne voor landverhuizing. Tussen 1747 en 1756 kwamen op bevel van de Portugese Kroon meer dan 5000 bewoners van de overbevolkte en door natuurrampen geplaagde Azoren op Ilha de Santa Catarina te wonen. De eerste immigranten vestigden zich in de buurt van de kerk, de tegenwoordige Rua dos Ilhéus. Hun werk bestond aanvankelijk uit de bouw van vier, nog altijd te bezichtigen vestingen (Fortaleza de Santa Cruz, de São José da Ponta Grossa, de Santana en de

Santa Antônio dos Ratones), om het eiland tegen aanvallen van Spaanse en Hollandse piraten te beschermen. Maar al snel drukten ze onmiskenbaar hun eigen stempel op het eiland wat betreft cultuur, zeden en gebruiken. Dat blijkt nog duidelijk uit de architectuur van het plaatsjes Santo Antonio de Lisboa en Ribeirão da Ilha.

Een zaterdag in het centrum

U kunt natuurlijk altijd een wandeling door **Florianópolis** 1 maken, maar in deze stad is zaterdag daarvoor echt de beste dag. Op die dag is alles open en zijn er straatfeesten. Dat biedt een goede mogelijkheid om een bezoek aan de culturele hoogtepunten te combineren met de trefpunten van de bevolking. Zonder dat iemand dat ooit zo heeft bedoeld of georganiseerd, is de zaterdag sinds enkele jaren een feestdag, en wel van 's morgens vroeg tot 's avonds laat. Er is zelfs een bepaalde volgorde in de trefpunten ontstaan.

Praça 15 de Novembro

's Morgens gaat iedereen naar dit plein, waar in het midden een enorme vijgenboom staat, die in 1891 werd geplant. De kunstnijverheidsmarkt daar is een van de belangrijkste toeristische attracties in het centrum. Aan het plein staat het **Palácio Cruz e Souza** uit 1770, dat opvalt door zijn roze pleisterwerk. Tot 1984 zetelde hier de regering van Santa Catarina. De naam van het paleis is een hommage aan de dichter João da Cruz e Souza, die in 1861 uit slaven werd geboren en zich ontwikkelde tot een van de belangrijkste symbolisten van Brazilië. Hij was een voorvechter van de afschaffing van de slavernij. Ernaast staat het **Museu Histórico de Santa Catarina**. Hier zijn meubilair en persoonlijke bezittingen van voormalige gouverneurs te zien (di.–vr. 10–18, za./zo. 10–16 uur).

De aangrenzende **Catedral Metropolitana** uit 1773 is minder mooi en door de talrijke bouwkundige toevoegingen een voorbeeld van stilistische willekeur.

Onderweg met de auteur

Mercado Público

Wie op zaterdag door het centrum kuiert, zal vast en zeker 's middags samen met de inwoners in hun mooie **markthal** het weekend vieren, net als in Bahia (zie blz. 379).

Noorden en zuiden van het eiland

De stranden in het noorden worden druk bezocht, maar zijn niet erg aantrekkelijk. De mooiste plaats van het noorden is het fantastische **resort Costão do Santinho**, die als het beste van Brazilië wordt beschouwd (zie blz. 381).

Het zuiden is veel rustiger en biedt mogelijkheden voor 'zacht' toerisme. Hier kunt u het beste intrekken in de oudste ecologische pousada van het land, Sitio dos Tucanos (zie blz. 381). Er zijn hier heerlijke wandelpaden door de natuur, oude grotschilderingen, walvisobservatieposten en prachtige, idyllische stranden en baaien (zie blz. 381).

De lekkerste oesters

Wie in Florianópolis uit eten gaat, moet **oesters** nemen. Nergens in Brazilië zijn er zo veel en zijn ze zo lekker. Verschillende restaurants zijn erin gespecialiseerd (zie blz. 381).

Markthalfeest

Tegen de middag laat u de bevolking op het grootste plein van het centrum achter u, loopt een stukje terug door de verkeersluwe Rua Felipe Schmidt, de grootste winkelstraat van de stad, en gaat dan linksaf naar de oude **Mercado Público**, een typische markthal in koloniale stijl uit 1898. Er zijn tafels en stoelen neergezet en 144 kleine winkeltjes, of boxen, bieden kunstnijverheid, kleding, culinaire hapjes en gekoeld bier te koop aan (tip: box 32).

Naast levende samba hoort u de muzikale klanken van deze regio en kunt u bij gelegenheid de volksdans *boi-de-mamão* bijwonen, de zuidelijke versie van de *bumba-meu-*

boi uit het noordoosten. Er komen hier zeker duizend mensen zingen, dansen en flirten, een bewijs dat ook de als gereserveerd bekendstaande Zuid-Brazilianen uitgelaten feest kunnen vieren (ma.–vr. 9–22, za. 9–16 uur).

De voornaamste stranden van het eiland

Ilha de Santa Catarina, vanwege zijn aantrekkingskracht ook wel *Ilha da Magia* genoemd, is met 412 km² een van de grootste eilanden van Brazilië. Van de meer dan veertig stranden op het eiland zijn de volgende drie, die alle op de noordpunt liggen, het beste ontsloten, maar niet noodzakelijkerwijs de mooiste.

Het 3 km lange strand van **Canasvieiras** 2 heeft de beste infrastructuur en zit 's zomers stampvol. De zee is er vlak, met weinig golven, maar net als overal in Florianópolis is er niet veel tropische flair. U ziet er geen palmen en levende muziek is verboden. Naast Canasvieiras ligt **Jurerê** 3 met een 4,5 km lang strand, dat lijkt op dat ernaast.

Ondanks de ook hier massaal aanwezige Argentijnen gaat er iets rustiger aan toe in **Ingleses** 4, waarvan de naam slaat op een ooit gestrand Engels schip. In plaats van in een hotel of *pousada* kunt u hier ook een onderkomen zoeken in een bungalow of appartement. Het tamelijk smalle strand heeft een lengte van 5,2 km, met op de achtergrond een hoge duin.

Eilandexcursies

Bij de voornaamste stranden worden excursies over het eiland aangeboden. Hoofddoel is de idyllische lagune **Lagoa da Conceição** 5. Daarna worden het onder surfers geliefde strand van **Joaquina** *(Joaca)* 6 aangedaan, in het zuiden van het eiland de **Morro das Pedras** 7 met zijn onstuimige branding en het archaïsche vissersdorp **Armação** 8 met zijn eigenaardige kleine kerk uit 1772. Op de terugweg ten slotte, bezoekt u de twee aan de landzijde van het eiland gelegen eerste dorpen van immigranten uit de Azoren **Ribeirão da Ilha** 9 en **Santo Antonio de Lisboa** 10. De kleine rijtjeshuizen en de kerken zijn zeer karakteristiek. In Santo Antonio hebt u bovendien het mooiste uitzicht op de Baai van Florianópolis, het silhouet van de Avenida Beira Mar en de lichtjes van de Ponte Hercílio Luz, het herkenningsteken van het Magische Eiland.

Natuurschoon in het zuiden

In tegenstelling tot het massatoerisme in het noorden van het eiland, heeft het authentiekere zuiden een individueel, 'zacht' toerisme te bieden. Niet voor niets staat hier de **eerste ecologische *pousada*** (Pousada Sitio dos Tucanos). Hier en daar komen de bergen tot aan de zee, verscholen stranden en watervallen zijn uitsluitend te voet te bereiken en eeuwenoude wandelpaden voeren door prachtige, beschermde natuurgebieden. De ruim 4000 jaar oude **rotstekeningen** op het kleine **Ilha do Campeche** 11 behoren evengoed tot de attracties, als de **walvissen** die tussen juni en oktober vanuit een observatiepost te bekijken zijn. Aantrekkelijk zijn de stranden van **Campeche** 12 en **Armação** 13. De mooiste en meest idyllische gehuchten op Santa Catarina zijn **Pântano do Sul** 14 en **Lagoinha do Leste** 15.

Internet: www.guiafloripa.com.br.
Setur: Hotline met informatie tel. 048-32 71 70 00; kantoor in het *rodoviária*, tel. 048-32 12 31 27, dag. 8–12 en 14–18 uur (hoogseizoen dag. 8–22 uur).

Appartementen: Op het eiland worden regelmatig particuliere appartementen en huisjes voor gunstige prijzen aangeboden, vooral in het noorden bij Ingleses en Canasvieiras.

Costão do Santinho: Vereador Onildo Lemos 2505, tel. 048-32 61 10 00, fax 048-32 61 12 36, www.costao.com.br. Volgens het reistijdschrift *Viagem* al jaren het beste resort van Brazilië. Wellness, yoga, gymnastiek, hydrotherapie, sportvelden, mountainbiketrail, klimwand, schaatsbaan, grote zwembaden, bioscoop en diverse bars. In het noorden van het eiland aan de Praia do Santinho, omringd door duinen en 750.000 m² beschermd regenwoud. 600 eenheden, zowel appartementen als bungalows. Vanaf R$600 (incl. halfpension).

Pousada Sitio dos Tucanos: Rua Rozalia Paulina Ferreira 2776, Costra de Dentro (in het zuiden van het eiland), tel./fax 048-32 37 50 84, www.pousadasitiodostucanos.com. Ecologische *pousada*, in de bergen met uitzicht op de oceaan, ideaal voor wie rust zoekt, hartelijke sfeer. R$120.

Canasvieiras Praia: Rua Hipólito Gregório Pereira 700 (Praia de Canasvieiras), tel./fax 048-32 66 13 10, www.canasvieiraspraiahotel.com.br. 55 kamers, modern en fraai gebouwd klein hotel. R$120.

Ibis: Av. Rio Branco 37, tel. 048-32 16 00 00, www.accorhotels.com.br. Weer een prijs-kwaliteittopper van de in heel Brazilië succesvolle keten Accor. Vanaf R$95.

Hostel Ilha de Santa Catarina: Rua Duarte Schutell 227, tel. 048-32 25 37 81, albergues floripa@uol.com.br. Verzorgd en schoon HI-hostel aan de rand van de binnenstad, 2 pk R$50, slaapzaal R$22 p.p., beddengoed en handdoeken extra.

In Florianópolis worden de meeste oesters gevangen van Brazilië. Deze zeevruchten zijn hier altijd vers.

Ostradamus: Rodovia Baldicero Filomeno 7640, tel. 048-33 37 57 11, di.-za. 12–22, zo. 12–18 uur (hoogseizoen dag.). Voor een aanzienlijke R$170 kunt u onbeperkt enorme oesters eten, tijdens het donderdagse festival op dertig manieren klaargemaakt. Uiteraard zijn er ook andere schaal- en schelpdieren en vis. Prachtig gelegen met tafeltjes op een steiger in zee.

Confraria das Artes: Rua João Pacheco da Costa 31 (Lagoa da Conceição), tel. 048-32 32 85 12, 16–24 uur. Oorspronkelijkste restaurant van de stad, in 2004 geopend, niet alleen restaurant, maar ook antiekhandel, boetiek en lounge met dj en cd's, historische muren, folkloristisch gekleurd meubilair. Gerechten R$30–40.

La Locanda della Tortorella: Estr. Geral da Joaquina 755 (Lagoa da Conceição), tel. 048-32 32 53 25, do.-za. 20–24, zo. 12–16 uur. Tussen de 200 jaar oude muren van een gerestaureerde fabriek vermengt de geschiedenis zich met de moderne tijd en de kunst. Zelfs op enkele gerechten zijn motieven van werken van Jeroen Bosch of Picasso te herkennen. De risotto à la Pablo Picasso met zeevruchten

Tip: Sportief en avontuurlijk toerisme

De zuidelijke deelstaat Santa Catarina biedt uitstekende mogelijkheden voor natuurvriendelijk en sportief ecotoerisme. Wat **watersporten** betreft, biedt de 500 km lange kust met zijn rustige baaien gunstige omstandigheden om te zeilen, surfen of windsurfen. Een paradijs voor duikers is het Reserva Biológica Marinha do Arvoredo in de buurt van Florianópolis.

Van juni tot november kunt u voor veel delen van de kust **walvissen** *(baleias franca* of zuidkapers) zien zwemmen. Op veel plaatsen kun u deltavliegen en mountainbiken. In het binnenland, een gebied met veel dalen, rivieren en watervallen te midden van een overvloedige natuur, kunt u behalve wandelen en fietsen ook **extremere sporten** kiezen, als abseilen *(rapel)*, rotsklimmen *(cascada)*, *canyoning* en raften. De Rio Itajaí-Açu is een van de beste rivieren in Brazilië voor wildwatervaren in een kano.

Bergen met pieken van 2000 m trekken bergbeklimmers, wandelaars en ruiters. U kunt ook onderdak zoeken in ***fazenda*-hotels**, die ecologische uitstapjes en activiteiten organiseren. Een geschikt reisbureau in Florianópolis om een en ander te boeken is Adrenailha (zie Activiteiten, blz. 382).

kost R$40, voor R$28 mag u zelf opscheppen van het pastabuffet.

Macarronada Italiana: Av. Rubens de Arruda Ramos 2458 (Beira-Mar Norte), tel. 048 32 23 26 66, www.macarronada.com.br, dag. 11–1 uur. Een van de drukst bezochte Italiaanse restaurants van de stad. R$30.

De meeste uitgaansgelegenheden van Florianópolis zitten aan de **Beira-Mar Norte**, een deel van de Avenida Atlântica, en op het eiland aan de **Lagoa da Conceição** (bijvoorbeeld Latitude 27, Rua Jornalista Manoel de Menezes 565, di–zo. vanaf 20 uur; Drakkar, Av. Afonso Delambert Neto 607, di–zo. vanaf 19 uur; John Bull Pub, Av. das Rendeiras 1046, wo.–za. 21.30–4 uur; Lagoon, Av. das Rendeiras 2016). Anders dan andere is de **Confraria das Artes**, zie Restaurants, blz. 381.

Semana de Florianópolis (2e helft mrt.): Folkloristisch feest met veel muziek en dans.

Festa da Taínha (2e helft juni tot begin juli): Volksfeest rond de vis als basis van de regionale keuken, met dans (onder andere *boi-de-mamão)* en muzikale shows.

Het eiland heeft veel mogelijkheden voor natuurvriendelijk toerisme, ecologische activiteiten en avontuurlijke sporten. Een voor alle gevallen geschikt reisbureau is **Adrenailha**, Rua das Gaivotas 610, Praia dos Ingleses, tel. 048-32 69 79 50, www.adrenailha.com.br (kletteren, raften, surfen, wandelen, windsurfen, enzovoorts). Andere activiteiten zijn:

Deltavliegen: Good Fly, tel. 048-99 72 29 64, www.voolivre-sc.com.br. U vliegt in een tandem over de Praia Mole.

Zeiltochten: Veel reizigers zeilen graag naar het Ilha de Anhatomirim langs de Baia Norte en twee kleinere eilanden, vertrek bij de Hercílio Luzbrug of op het strand van Canasvieiras, reserveren: Agência Scuna Sul, tel. 048-32 25 18 06, R$30 p.p.

Duiken: De beste gebieden liggen bij de oostelijk gelegen eilanden, vooral bij Arvoredo, Deserta, Calhau de São Pedro, Xavier, Campeche, Três Irmãs en Moleques. Informatie: Acquanauta, tel. 048-32 66 11 37 en Sea Drivers, tel. 048-32 84 15 35.

Windsurfen: Een populair gebied is de Lagoa da Conceição, een goede windsurfschool is Open Winds, Av. das Rendeiras 1672, tel. 048-32 32 44 43, www.openwinds. com.br.

Vliegtuig: Het Aeroporto Hercílio Luz ligt 11 km ten zuiden van het centrum op het eiland, tel. 048-32 36 14 26. De voordeligste vluchten biedt *Gol*. Transfer naar het centrum van Florianópolis in de vliegveldbus (tot 24 uur elk kwartier, opschrift Correador Sudoeste) of per taxi.

De markthal van Florianópolis

Bus: Het *rodoviária* Rita Maria ligt vlak bij de binnenstad, tel. 048-32 12 31 00. Verbindingen met verschillende plaatsen, waaronder Blumenau (onder andere *Catarinense*, tel. 048-32 22 22 60, elke 1 à 2 uur van 8 tot 22 uur, 2,5 uur, R$28), Curitiba (*Catarinense*, tel. zie boven, elke 2 uur van 5.15 tot 1.15 uur, 4 uur, R$30), Foz do Iguaçu (onder andere *Pluma*, tel. 048-32 23 17 09, dag. 15 en 18 uur, reistijd 15–17 uur, R$ 85–110), Porto Alegre (onder andere *Eucatur*, tel. 048-39 01 16 30, 3x per dag, 6,5 uur, R$45–65), Rio de Janeiro (onder andere *Itapemirim*, tel. 048-32 23 36 97, dag. 14 uur, reistijd 18 uur, R$110–160), São Paulo (onder andere *Auto Viação 1001*, tel. 048-32 23 77 66, overdag en 's avonds, 11 uur, R$70–120).

Busverbindingen met de kustplaatsen van Santa Catarina: Van de Terminal Urbano do Aterro da Baia-Sul onder andere naar Balneário Camboriú (onder andere *Catarinense*, tel. 0800-47 04 70, elk uur, reistijd 1,5 uur, R$18), Garopaba (*Paulo Tur*, tel. 048-32 44 27 77, elke 1 à 2 uur van 6.20 tot 22.30 uur, 2 uur, R$15), Laguna (*Santo Anjo*, tot 8x per dag, reistijd 2 uur, R$20).

Stadsbussen: Met de meerrittenkaart *Passe Rápido Turista* bespaart u geld. Hij kost R$10 en is bij elk station verkrijgbaar.

Huurauto's: Vanwege de omvang van het eiland is het aan te raden een auto te huren, bijvoorbeeld bij Avis, tel. 048-32 36 14 26 (kantoor op het vliegveld) of Hertz, tel. 048-32 36 99 55 (kantoor op het vliegveld).

Omgeving van Florianópolis

Atlas blz. 4, 7

In de omgeving van Florianópolis liggen nog enkele kleinere badplaatsen. Het levendigste is Balneário Camboriú, iets rustiger is Garopaba. In Laguna vindt u behalve stranden ook historische monumenten, die te maken hebben met het koppel Anita en Giuseppe Garibaldi. Het stadje Blumenau in het binnenland is een flinke Duitse kolonie.

Laguna

Atlas: blz. 4, F2

Deze plaats met 49.000 inwoners ligt 121 km (twee uur met de bus) ten zuiden van Florianópolis. De naam heeft betrekking op de drie lagunen in de buurt. Toen de Spanjaarden en Portugezen in 1494 met het Verdrag van Tordesillas overeenstemming bereikten over de opdeling van de toekomstige koloniën, markeerde Laguna het zuidelijkste Portugese punt op het nieuwe continent.

De 'grenssteen' op de Praça de Tordesillas is nog altijd te zien. De Portugezen hielden zich later echter niet aan de overeenkomst en namen het in 1676 gestichte Laguna als uitvalsbasis voor de verovering van het westelijker en zuidelijker gelegen Rio Grande do Sul.

Dankzij zijn kennelijke strategische belang is Laguna rijkelijk voorzien van historische bouwwerken (zo'n 600 interessante gebouwen), die tegenwoordig onder monumentenzorg vallen. De belangrijkste is de **Igreja Santo Antônio dos Anjos** uit 1696 aan de Praça Vidal Ramos, die aan de beschermheilige van de stad is gewijd. Het barokke hoogaltaar is Florentijns van aard. De plafondschildering uit 1856 is van de hand van Victor Meirelles, een schilder die ver buiten de grenzen van Santa Catarina bekend is en wordt gewaardeerd.

Naast de kerk staat het **Casa de Anita Garibaldi** uit 1711, waar u objecten uit haar tijd kunt zien (dag. 8–18 uur). Het huis herinnert aan de 19e-eeuwse liefdesgeschiedenis tussen de Italiaanse vrijheidsstrijder Giuseppe Garibaldi en Ana Maria de Jesus Ribeiro (na haar huwelijk Anita Garibaldi). Dat doet ook het **Museu de Anita Garibaldi** (in een gebouw uit 1747) aan de Praça República Juliana (dag. 8–18 uur). Op dit plein werd in 1839 de República Catarense uitgeroepen, een al na vier maanden mislukte poging Laguna en Santa Catarina los te weken van het keizerrijk. Na een ruim honderd dagen durende oorlog, de zogeheten Guerra dos Farrapos, was de opstand neergeslagen.

Wie Laguna van boven wil bekijken, kan een uitstapje maken per veerboot (10 min.) vanaf de Rua da Balsa naar de oude **Farol de Santa Marta** (1891). Dit is de grootste vuurtoren van Zuid-Amerika. De op twee na krachtigste lichtstraal ter wereld reikt 92 km ver. Boven in de 29 m hoge toren hebt u een fraai uitzicht op de stranden Farol, Ciguna en Cardoso. Nog verder weg kunt u kijken op de **Morro da Gloria** vlak bij de stad. Met 126 m is dit het hoogste punt van Laguna.

Van de twaalf **stranden** is Mar Grosso het meest stads en het drukste. Het heeft ook de beste toeristische infrastructuur. Mooier zijn Itapirúba (12 km lang, met duinen), Praia do Gi (6 km lang, veel bezocht door jongeren en surfers; vlak bij uitkijkpunt Ponta do Gi, aldaar een beroemde rots, de Pedra do Frade) en Praia do Iró (heel geschikt om te duiken en te vissen).

Garopaba

Atlas: blz. 4, F2

Slechts 28 km ten noorden van Laguna en 96 km ten zuiden van Florianópolis (vandaar twee uur per bus) ligt **Garopaba**, dat afhankelijk van het seizoen meer of minder klein is. De naam gaat terug op het samengestelde begrip *y-gara-paba* uit de taal van de Carijó-indianen en betekent letterlijk 'veel water, veel vis, veel bergen'. In de 17e eeuw was het een nederzetting van immigranten uit de Azoren, later een vissersdorp. De toeristische opmars van Garopaba begon met de hippies en rugzaktoeristen van de jaren zeventig en is sindsdien niet meer gestopt.

Van de voormalige idylle is tegenwoordig, in ieder geval in het hoogseizoen, weinig meer over. Het inwonertal van 13.000 neemt dan met een veelvoud toe. Alleen de oude dorpskern met de kleine koloniale kerk heeft nog iets oorspronkelijks, maar de vele restaurants en cafés daaromheen maken van het oord een druk uitgaanscentrum.

Stranden

Garopaba beschikt over vele mooie stranden. Van noord naar zuid zijn dat achtereenvolgens: de afgelegen Praia da Gamboa (verlaten vanwege de moeilijke bereikbaarheid, bovendien zijn er gevaarlijke ondieptes en stromingen), Praia do Siriú (5 km bij de Rio Siriú, veel vis), Praia de Garopaba (levendig stadsstrand, veel cafés, restaurants en *pousadas*), Praia da Vigia/Prainha (100 m lang, rustig), Praia do Silveira (vanwege de hoge golven een van de beste surfstranden van Santa Catarina), Praia da Ferrugem (dat 's avonds hét uitgaanscentrum voor de jeugd is), Praia da Barra (met een onder monumentenzorg vallend voormalig graf van Carijó-indianen), Praia do Ouidor (1 km lang, hoge golven, gevaarlijke ondieptes) en Praia Vermelha (schitterend).

Ten slotte komt u 18 km voorbij Garopaba bij de Praia do Rosa. Het slechts 2 km lange strand is een van de mooiste van Zuid-Brazilië en ligt bekoorlijk ingeklemd tussen groene bergen en lagunes.

Onderweg met de auteur

Laguna

Dit is de plaats om een boek over Giuseppe Garibaldi te lezen. Hij woonde lange tijd in Laguna en beminde de hier opgegroeide Ana Maria de Jesus Ribeiro, na haar huwelijk Anita Garibaldi. Overal in het plaatsje stuit u op getuigenissen van dit revolutionaire paar (zie blz. 384).

Garopaba

Deze plaats is vooral aantrekkelijk voor surfers en jongeren die van actie en uitgaan houden. Iets buiten de stad ligt een van de mooiste stranden van het zuiden, maar meestal is het water te koud om te zwemmen (zie blz. 385).

Balneário Camboriú

Het 'Copacabana van het zuiden' is 's zomers een dolle kermis. Wie daaraan wil ontsnappen, rijdt een stuk verder tot de verlaten Praia dos Amores en zoekt onderdak in de charmante Pousada Felíssimo, een romantisch toevluchtsoord voor jonggehuwden. In de stad zelf is vooral een ritje met de kabelbaan gewild. Het gehele project heet Parque Unipraias en verbindt ecologisch en avontuurlijk toerisme met een bezoek aan het beste strand van de stad (zie blz. 385).

Blumenau

Drink een glas op de gezelligheid! De grotendeels van Duitsers afstammende bevolking viert in oktober het op een na grootste bierfeest van de wereld (zie blz. 388).

Balneário Camboriú

Atlas: blz. 4, F1

Zo'n 84 km ten noorden van Florianópolis (1,5 uur met de bus) ligt het partyeldorado van het zuiden. Voor velen is één blik op de bonte zee van felgekleurde parasols zonder een gaatje ertussen genoeg om zo snel mogelijk rechtsomkeert te maken. Anderen komen juist ieder jaar terug voor een vakantie als op Tenerife of Mallorca. In het hoogseizoen amuseren zich

hier 2 miljoen bezoekers, van wie er velen uit Argentinië komen.
De meest toeristische badplaats van Zuid-Brazilië werd pas gesticht in 1964, maar is explosief gegroeid en telt tegenwoordig meer dan 90.000 inwoners. De skyline bij het hoofdstrand geeft zelfs de indruk van een miljoenenstad. In een poging Rio te beconcurreren, is ook hier een Christusbeeld opgericht. Het heet **Cristo Luz**, is 33 m hoog en wordt 's avonds verlicht (gratis vervoer vanuit het centrum, 10–1 uur, R$5 overdag, R$12 's avonds).
Vrijwel alle activiteiten concentreren zich aan de **Avenida Atlântica**, ofwel **Beira-Mar**, een gebogen, 7 km lange hoofdweg met moderne flatgebouwen, hotelketens, bars, discoclubs, restaurants, winkels en boetieks. Veel doet denken aan de Copacabana, maar het is moderner, vol bebouwd en drukker. 's Zomers gaan alle remmen los. Wie tumult, contacten en uitgaansleven zoekt, komt hier volledig aan zijn trekken. Langs de boulevard ligt ook het grote strand, dat in het seizoen altijd propvol is. Deze **Praia Central** is echter maar smal, de grond is hard en donker en het zeewater verdacht troebel. Dag en nacht rijdt een **toeristenbus** heen en weer *(bondindinho)*, elk kwartier vanaf Barra Sul via de Av. Atlântica, Pontal Norte, Av. Brasil en Via Gastronômica).

Parque Unipraias

Zeer in trek is een ritje met de tamelijk nieuwe kabelbaan. Deze vertrekt bij de Praia de Barra Sul aan de Av. Atlântica 6006 (tel. 047-33 67 04 93, www.unipraias.com.br, 9.30–18 uur, R$20 retour/3,2 km, onderweg uitstappen mogelijk). De eerste halte is het **Estação Mata Atlântica**. Bij dit station kunt u wandelen naar uitkijkpunten en een **Parque de Aventuras**, waar u onder andere aan *arvorismo* (boomsport) kunt doen (12 verschillende activiteiten, R$20/uur). Daarna rijden de

Naast overvolle stranden zijn er in de buurt van Florianópolis ook rustige duinen

cabines door naar het **Estação Laranjeiras**. Het bijbehorende strand ligt in een betoverende kleine baai en wordt omgeven door Atlantisch regenwoud. De rustige zee is hier schoon en helder groen en geknipt om te zwemmen, vissen en duiken. Behalve enkele bars en restaurants ligt hier ook een camping.

Andere stranden

De volgende stranden, **Taquaras** en **Taquarinhas**, zijn net zo aantrekkelijk wat de omgeving betreft, maar vanwege de hoge golven minder geschikt om te zwemmen. Daarachter ligt de **Praia do Pinho**, het eerste officieel erkende naaktstrand in Brazilië, met rustig en schoon water, een restaurant en twee campings. Ook de stranden **Estaleiro** en **Estaleirinho** liggen mooi, maar hebben wel een sterke golfslag. In noordelijke richting, vlak voor de grens met Itajaí, is de verlaten **Praia dos Amores** het aantrekkelijkste strand. Wie zich hier wil terugtrekken, kan zijn intrek nemen in de charmante *pousada* Felíssimo (www.pousadafelissimo.com.br).

Blumenau

Kaart: blz. 388, **Atlas:** blz. 7, A4
In 2,5 uur met de bus bent u in het meest Duitse stukje van Brazilië. Ongeveer 40% van de 240.000 inwoners is van Duitse afkomst. Zonder te overdrijven kan worden gezegd dat er nergens ter wereld – met inbegrip van Duitsland zelf – zo wordt vastgehouden aan Germaanse tradities, met als hoogtepunt het beroemde Oktoberfest.

Op de officiële website (www.blumenau.sc.gov.br) wordt reclame gemaakt met het oude vaderland. De weinige 'Duitse' vakwerkhuizen, en vooral het **Prefeitura Municipal** (stadhuis) **1**, staan op elke ansichtkaart en ook het **Castelinho do Turismo** **2** ontbreekt daarop niet. De restaurants serveren zuurkool met varkenspoot, gevulde eend met rode kool en apfelstrudel, en bij het Oktoberfest spelen de kapellen van ruim dertig schietverenigingen muziek om bij te dansen. Niet zelden hoort men Duitse uitdrukkingen als *Prosit!* De inkomsten uit bier van de slimme stadsbestuurders zijn in elk geval opgelopen.

Het begin ...

Alles is moeizaam begonnen. Op 2 september 1850 arriveerde een groep van zeventien pioniers om het het land te koloniseren, dat de regering had toegekend aan de Duitse apotheker Hermann Bruno Otto Blumenau uit Hassefelde. Zijn oude woning in de Alameda Duque de Caxias 78, met daarin het voormalige meubilair, is te bezichtigen. Het heet nu **Museu da Familia Colonial** **3** (di.–vr. 8–12 en 13.30–17.30, za. 9–13 en 14.30–16.30, zo. 9–12 uur).

De Duitse pioniers waren zo fatsoenlijk, dat ze vanaf het begin afzagen van de toen nog gebruikelijke inzet van slaven. Een reiziger met slaven was ten hoogste 24 uur welkom in Blumenau. Dertig jaar later kreeg het plaatsje stadsrechten en tegelijkertijd deed het eerste, maar voorlopig enige weefgetouw zijn intrede.

Tegenwoordig ...

Momenteel heeft Blumenau het op een na grootste textielpark van Brazilië. Een andere belangrijke tak van industrie is de vervaardiging van kristal, een product dat u bij een wandeling door de voornaamste winkelstraat Rua XV de Novembro steeds weer tegenkomt. In Salto Weissbach, 9 km verder, staat in de Rua Rudolf Roedel 147 het **Museu do Cristal**, waar lokale glasblazers demonstraties geven, informatie over de verschillende soorten kristal wordt verstrekt en verkoop plaatsvindt (ma.–za. 9–18 uur). Blumenau heeft een van de hoogste levensstandaards van Brazilië. Trots wijzen de inwoners op de verhouding van twee inwoners op een auto. Ook op cultureel en wetenschappelijk gebied kan men zich op de borst kloppen: de stad beschikt over een schouwburg (Teatro Carlos Gomes), twee musea, een universiteit, een grote bibliotheek en het beste kamerorkest van Brazilië.

Oktoberfest

Zakelijk Blumenau deed echter pas echt van zich spreken door zijn grote Oktoberfest, dat

Blumenau

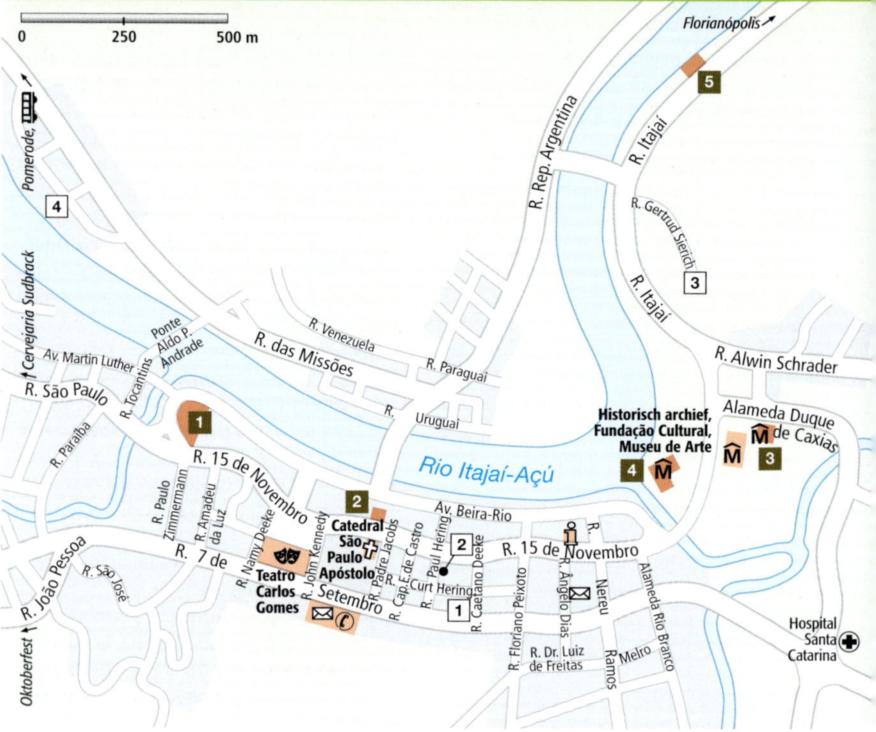

is uitgegroeid tot een van de grootste volksfeesten van Brazilië. De gigantische commercialisering van Duitse klederdracht, volksliederen en bierpulcultuur had echter wel eerst twee grote overstromingen nodig (1983 en 1984), die zowel de stad als de stadskas vrijwel ruïneerden. Een enorm bierfeest als in München moest uitkomst brengen. 'Wat konden de Blumenauers doen, om de bittere pil van de tweemaal bijna verwoeste stad weg te slikken? Welnu, ze dachten aan een groot feest! Zo ontstond het Oktoberfest.' In het eerste jaar vloeide er al gelijk 103.000 l bier, tegenwoordig is dat al 500.000 l. Daarbij worden 28.000 borden zuurkool met varkenskluif gegeten. Tijdens het grootste Duitse feest in Zuid-Amerika, met ca. 1 miljoen bezoekers, worden jaarlijks enkele miljoenen dollars omgezet. Er wordt veelvuldig gebruikgemaakt van kennis die is opgedaan in München en wederzijdse delegaties bezoeken en overleggen met elkaar.

Zo worden er bijvoorbeeld verschillende blaasorkesten ingevlogen uit Duitsland, om samen met de dertig lokale muziekverenigingen de stad zeventien dagen lang elke morgen op alle strategische punten wakker te tetteren. De traditionele bierwagen deelt bij het ontbijt en 's avonds gratis bier uit. Daarna gaat iedereen naar de vijf grote paviljoens waar de meeste feestelijkheden plaatsvinden. Een hoogtepunt van het feest is de wedstrijd tussen de 'meterdrinkers'. Wie het eerste – zonder te stoppen – zijn lange bierglas leegt, heeft gewonnen. Een dronken deelnemer lichtte een tipje van de sluier: 'Hier vergeet

Bezienswaardigheden

- 1 Prefeitura Municipal
- 2 Castelinho do Turismo
- 3 Museu da Familia Colonial
- 4 Museu da Cerveja
- 5 Museu Ecológico Fritz Müller

Accommodatie

- [1] Hotel Plaza
- [2] Hotel Ibis

Eten en drinken

- [3] Restaurante Frohsinn
- [4] Rancho do Urso

men alles. We drinken, tot we omvallen, en slapen, tot we dorst hebben.'

Wie hier niet op het juiste moment kan zijn, kan in elk geval in het **Museu da Cerveja** 4 naast de Biergarten aan de Praça Hercílio Luz van alles te weten komen over het voor Blumenau zo zegenrijke bier.

Natuur

Milieubewustzijn wordt met grote letters geschreven in het groene dal van Blumenau, wat naar men zegt te danken is aan een van de eerste kolonisten (en medewerker van Charles Darwin), Fritz Müller. In zijn oude huis in de Rua Itajaí 2195 (buitenwijk) is tegenwoordig het **Museu Ecológico Fritz Müller** 5 gevestigd. U ziet er een van de grootste verzamelingen insecten van de wereld (ma.-vr. 8-11.30 en 13.30-17.30 uur).

In het 15 km verder gelegen **Ecológico-Spitzkopfpark** leiden gemakkelijk begaanbare wandelpaden naar drie watervallen en een top met een mooi uitzicht op het dal (dag. 7-18 uur). Ook in het 21 km verder gelegen **Ecológico-Artexpark** kunt u heerlijk wandelen (ingang: Fábrica Artex, Rua Progresso 150, ma.-vr.).

'Duitse' buursteden

In een prachtig heuvellandschap zo'n 32 km van Blumenau ligt het 22.000 inwoners tellende **Pomerode**, dat vanaf 1861 werd bevolkt door immigranten uit Pommeren. De concurrentie met Blumenau is groot. Ook hier wordt een bierfeest georganiseerd *(Festival Pomerano)*, er zijn meer vakwerkhuizen en het percentage mensen dat Duits spreekt, blond haar en blauwe ogen heeft, is hoger dan in het bekendere Blumenau. Duits is hier zelfs een schoolvak. U kunt het stadje bekijken vanuit een paardenkoets *(charrete)*. Uiteraard spreekt de gids behalve Portugees ook Duits.

Als laatse van de drie Duitse steden moet **Joinville** worden genoemd, dat werd bevolkt door immigranten uit Hamburg en Zwitserland. Ook hier kan een bierfeest niet ontbreken. In oktober komen ca. 300.000 drinkebroers naar het *Feira National do Chope (Fena Chope)*. Afgezien van de stadspoort herinnert verder weinig aan de Europese voorouders, behalve dan dat alles in dit stadje schoon, opgeruimd, correct en goed georganiseerd is.

Internet: www.blumenau.com.br.
Toeristeninformatie: Rua 15 de Novembro 420, tel. 047-33 26, dag. 9-21uur.

Hotel Plaza [1]**:** Rua 7 de Setembro 818, tel. 047-32 31 70 00, www.plazahoteis.com.br. Beste adres van de stad uit 1976, zeer centraal gelegen. R$170.
Hotel Ibis [2]**:** Rua Paul Hering 67, tel. 047-32 31 47 00, www.accorhotels.com.br. Modern en netjes, centrale ligging in de binnenstad, 2 pk R$90, optioneel ontbijt R$10.

Restaurante Frohsinn [3]**:** Rua Gertrud Sierich 940 (1 km ten noorden van het centrum), dag. 11.30-0.30 uur. Groot restaurant in rustieke stijl, Duitse en internationale keuken, prachtig uitzicht op de stad, 's avonds pianomuziek, R$30-50 p.p.
Rancho do Urso [4]**:** Rua Buenos Aires 275 (Ponta Aguda), ma.-za. 19-23 uur. Romantisch café-restaurant.

Maurits van Nassau, de Braziliaan

Van 1630 tot 1654 was Noordoost-Brazilië een Hollandse kolonie. Het ging de Hollanders vooral om de lucratieve suikerproductie, de import van kostbaar brazielhout en de handel in West-Afrikaanse slaven. Door de hitte, het moeilijk begaanbare landschap en felle slagen met mensen-etende indianen was het Hollandse bewind echter niet erg succesvol.

Recife is het hart van de Hollandse historie in Brazilië. De stad was lang het voornaamste bolwerk van de veroveraars uit de Lage Landen, die de eerste jaren vooral een spoor van vernielingen achterlieten. Dat veranderde in 1637, toen de WIC Johan Maurits van Nassau, een achterneef van Willem van Oranje, als gouverneur naar Nederlands-Brazilië stuurde. Hij had zijn sporen verdiend in de oorlog met de Spanjaarden en kreeg de opdracht om Nieuw-Holland, zoals het veroverde gebied was gaan heten, uit te bouwen en daarbij ook de hoofdstad Salvador in te nemen.

Maurits was behalve een uitstekend militair ook intellectueel zeer ontwikkeld. Hij studeerde aan de universiteiten van Bazel en Genève en had grote interesse in natuur, wetenschap en kunst. In zijn gevolg nam hij schilders, architecten, artsen, cartografen en sterrenkundigen mee. Zo vergezelden de schilders Frans Post en Albert Eckhout hem. Zij waren de eersten die het Braziliaanse landschap, het leven en de bevolking vastlegden en verslag deden van de heldendaden van hun mecenas. Het grootste deel van het Braziliaanse werk van Post is te zien in het Ricardo Brennand Instituut in Recife, dat van Eckhout in het Nationaal Museum van Kopenhagen.

Maurits was ook slim. In tegenstelling tot zijn voorgangers en ook opvolgers vond hij dat een koloniale mogendheid het beste af was met een goede relatie met de oorspronkelijke bewoners. Hij stelde veel in het werk om de lokale bevolking voor zich te winnen. Zo sprak hij recht zonder aanziens des persoons, liet een grote mate van gewetens- en godsdienstvrijheid toe, zorgde voor goede sanitaire en medische voorzieningen, bouwde bruggen, dijken, een botanische tuin en dierentuin en schonk hij Brazilië zijn eerste sterrenkundig instituut.

Het Forte das Cinco Pontas (zie blz. 258), op de grens van de wijken São Jose en Santo Antonio in Recife, was in 1630 een van de eerste verdedigingswerken van de Nederlanders. Het fort doet nu dienst als museum van de stad Recife en als theater. Er is goed te zien hoe de grote, logge Hollanders het in de guerillaoorlog in de moeilijk begaanbare Braziliaanse binnenlanden en de heuvels buiten de stad veelvuldig moesten afleggen tegen de veel kleinere, behendiger lokale krijgers en de Portugezen, de oorspronkelijke kolonisatoren van Brazilië. Zij kenden het gebied beter en waren beter bestand tegen de immense hitte dan de Bataven, zoals de Nederlanders in Brazilië worden genoemd. Ook op het zo'n 45 km ten noorden van Recife gelegen eiland Itamaracá (Forte Orange), in Natal (Forte dos Reis Magos, destijds Fort Keulen genaamd) en in Fortaleza (Fort Schooneborch) zijn nog goed bewaarde overblijfselen van Hollandse forten te zien.

Het stratenplan van het oude centrum van Recife, gevormd door de wijken São Jose, Santo Antonio en Recife Antigo, is een tastbare erfenis van Maurits. Hier liet hij een nieuwe stad aanleggen, Mauritsstad, ontwor-

Thema

pen door zijn vriend en architect Pieter Post, de oudere broer van schilder Frans. Post, die ook het Haagse woonhuis van Maurits (het museum Mauritshuis) en Paleis Huis ten Bosch bouwde, tekende de stad zoals hij nu nog steeds is, met grote pleinen, brede lanen en de daarachter liggende smallere straten. Van de bebouwing zelf is in de loop der jaren weinig overgebleven, al zijn hier en daar nog wel de door de Hollanders in Brazilië geïntroduceerde schuine daken (tegen de sneeuw die natuurlijk nooit viel ...) met rode dakpannen zichtbaar. Op het uiterste puntje van Santo Antonio bouwde Maurits een van zijn twee paleizen, Villa Vrijburg, en liet hij een park aanleggen dat ook nu nog een heerlijk rustpunt is in hectisch oud-Recife. Vrijburg was het hoofdverblijf van Maurits en de administratieve zetel van Nieuw-Holland. Op de ruïnes is nu het Palacio do Governo gevestigd, het regeringsgebouw van de deelstaat Pernambuco. Ertegenover kijkt een bronzen beeld van Maurits uit over dat wat eens zijn paleis was.

Vraag een Braziliaans kind van rond de tien naar het verhaal over de Vliegende Koe en hij of zij vertelt grijnzend een anekdote die verbonden is aan de Ponte Mauricio de Nassau, de brug tussen Santo Antonio en Recife Antigo. Maurits bouwde hier in 1643 de eerste brug in Brazilië. Om de bouwkosten terug te verdienen introduceerde hij nog een primeur: tolgeld. Wie de brug over wilde, moest twee stuivers betalen, soldaten de helft. De prijs voor een door ossen voortgedreven kar met handelswaar bedroeg zeven stuivers. Brug en tolgeld waren een bron van scepsis bij de bevolking. Om die te overwinnen, beloofde Maurits op de openingsdag een koe door de lucht te laten vliegen. Dat wilden de mensen uiteraard wel zien en het volk liep massaal uit. Natuurlijk vloog er niet een echte koe door de lucht, maar een met stro en lappen opgezet beest, bungelend aan een touw. Het volk nam de grap sportief op en de brug werd een succes. De originele, uit vijftien stenen en tien houten pilaren bestaande verbinding is inmiddels uiteraard vergaan en vervangen door beton. Twee plaquettes aan weerszijden herinneren aan het werk van Maurits en de Vliegende Koe, een verhaal dat in Brazilië nog altijd onderdeel uitmaakt van de geschiedenislessen.

Iets over de brug ligt de Rua do Bom Jesus, de voormalige Jodenstraat en het economisch hart van Mauritsstad. Op de vlucht voor de Spaanse Inquisitie vonden veel Joden hier een veilig heenkomen vanwege het liberale, godsdienstvrije bewind van Maurits en stichtten ze een bloeiend handelscentrum. Maurits stelde hen ook in staat in 1637 een synagoge te bouwen, de eerste van Noord- en Zuid-Amerika. Enkele jaren geleden is de synagoge Kahal zur Israel (zie blz. 263) gerenoveerd. Er is nu ook een museum gevestigd over de Joodse geschiedenis.

Brazilië denkt nog altijd met liefde terug aan de tijd van Maurits van Nassau, als een periode van bloei, rust en voorspoed. Het woord *maurizinho* wordt gebruikt als koosnaampje voor iemand die er goed uitziet, van goede komaf en welgemanierd is. Toch duurde het bewind van Maurits de Braziliaan slechts zeven jaar. Zijn liberale en zorgzame beleid, flamboyante levensstijl, paleizen en liefde voor de schone kunsten kostten veel geld. Bovendien slaagde hij er niet in zijn belangrijkste militaire opdracht te vervullen: het innemen van Salvador. In 1644 riep de WIC hem terug. Daarna ging het bergafwaarts met Hollands-Brazilië. Door slechte organisatie, geldgebrek en muiterij bij de troepen moesten de Hollanders in 1654 capituleren en de kolonie weer afstaan aan Portugal.

Curitiba

Kaart blz. 394

Veel Europeanen kennen de naam van deze stad uit de pers. Met succes wordt de mare verkondigd dat hier een stuk Europa of 'eerste wereld' in het verder achtergebleven Brazilië ligt. Daarom komen er vele bezoekers uit het buitenland, zij het uit nieuwsgierigheid, zij het uit heimwee. Sommigen zijn opgetogen, anderen teleurgesteld. Maar u moet ook niet in de stad blijven. Een bergtrein overbrugt kloven en rijdt langs afgronden; rust vindt u op het kleine eiland Ilha do Mel.

Een voorbeeld op milieugebied?

Atlas: blz. 7, A3

Er is hier geen strand, er staan geen palmen en de zon schijnt niet eeuwig. De hoofdstad van Paraná (1,6 miljoen inwoners) heeft zijn aantrekkingskracht te danken aan zijn faam als ecologische voorbeeldstad. Internationale onderscheidingen lijken dit te bevestigen, maar sommige inwoners spreken van een grote politieke leugen.

Keurige stad

De eerste aanblik doet onmiddellijk denken aan de goed onderhouden steden in het vlakke Noordwest-Europa. Er zijn voetgangerszones, talrijke fietspaden, vele groengordels en parken en een recyclesysteem, dat in 1991 zelfs een prijs van de Verenigde Naties heeft gewonnen. In de rest van Brazilië zult u dergelijke voorzieningen moeten zoeken. De planologische veranderingen kwamen na een reusachtige bevolkingsgroei, die de stad in een verkeerstechnische en ecologische val dreigden te storten.

Voorbeeldstad of politieke leugen

Curitiba werd in 1693 gesticht door goudzoekers. In de 18e eeuw kwamen er vele veehouders bij en vanaf 1887 stroomden de immigranten uit Italië, Polen en Duitsland toe. Maar tot 1940 leefden er niet meer dan 140.000 mensen. Pas de daaropvolgende razendsnelle industrialisering (ijzer, chemie, houtbewerking en voedingsmiddelen) deed de bevolking in vijftig jaar met het tienvoudige toenemen – een Braziliaans record. Toen de stadsontwikkeling daardoor in een kritieke fase terechtkwam, begon men naar buitenlandse voorbeelden te kijken, om ten minste het centrum een eigentijds aanzien te geven.

Sommige inwoners zien echter in dit alles een grootscheepse marketingcampagne van de stadsbestuurders, aangevoerd door de politici Rafael Greca en Jaime Lerner. Een inwoner van Curitiba zegt kritisch: 'Voorbeeldstad? Niks daarvan, en ecologisch nog minder! Luchtvervuiling, watervervuiling en bodemverontreiniging zijn hier in Curitiba net zo veelvuldig aanwezig als in andere steden van Brazilië ... Waterzuiveringsinstallaties zijn er ook al niet, rioolwater wordt eenvoudig geloosd in de rivieren en water moet altijd gezuiverd worden tot drinkwater. Daarom is er vaak gebrek aan water in Curitiba, ondanks de vele regen. En daarom zijn ook de rivieren en beken die door de parken stromen allemaal vervuild.'

Zeker is, dat niet alle milieuproblemen in Curitiba zijn opgelost, maar de hele wereld kijkt toe, zodat de stad is gedwongen de propaganda om te zetten in daden.

Instandhouding van tradities

Boven elke kritiek verheven is de aandacht voor culturele tradities. Vooral het erfgoed van de Europese immigranten wordt gekoesterd en is duidelijk aanwezig in architectuur, folklore, toegepaste kunst en gastronomie.

De Italiaanse invloed is het beste zichtbaar in het levendige stadsdeel **Santa Felicidade**, maar er zijn ook veel Duitse, Poolse, Japanse en Portugese restaurants. Uniek voor Brazilië wat betreft het koesteren van tradities, is het **Folklore Festival Paraná**, dat jaarlijks in de tweede helft van augustus de buitenlandse culturele groepen verenigt en door vele toeristen wordt bezocht.

Stadsbezichtiging per bus

Sinds 1994 organiseert de gemeente de **Linha turismo**, een 2,5 uur durende rondrit in speciale witte, met pictogrammen van de diverse bestemmingen beschilderde bussen *(jardineira)*. Ze vertrekken van dinsdag tot zondag om het halfuur tussen 9 en 17.30 uur van de **Praça Tiradentes** **1**. U stapt gewoon in en betaalt in de bus (R$15). Het vertrekpunt is een plein met een bijzondere historische betekenis: hier werd op 29 maart 1693 de stad Curitiba gesticht. In een klein park staan gerestaureerde oude straatlantaarns, daarachter verheft zich de machtige **Catedral Basílica Menor de N.S. da Luz** **2**. Alleen de busterminal doet afbreuk aan het fraaie historische tafereel.

Verspreid over een afstand van 44 km staan 25 bezienswaardigheden, die echter in aantal en volgorde kunnen wisselen (kijk voor de actuele route op www.viaje.curitiba.pr.gov.br). Tijdens de rit wordt door de luidspreker informatie gegeven, maar het Engels is helaas slecht te verstaan. U kunt bij elke halte uitstappen (maximaal drie keer) en een halfuur later de volgende bus pakken.

Hieronder volgt een overzicht van de boeiendste punten (de meeste hiervan liggen aan de *Linha jardineira)* plus aanwijzingen, waar u het beste kunt uitstappen. Wie hier in december is, kan ook een ritje maken met de *Linha natal.* Een in kerstsfeer gebrachte bus rijdt 's avonds langs de parken en door de mooist verlichte straten van de stad, die met Gramado wedijvert om de titel van kersthoofdstad van Brazilië.

Onderweg met de auteur

Boeiende rondrit met de Linha Turismo

In Rio werkt het niet, maar in Curitiba daarentegen is de door de gemeente op poten gezette **rondrit per bus** een groot succes. Vanaf de Praça Tiradentes kunt u niet alleen eenvoudig en snel, maar ook bijzonder goedkoop in één dag alle bezienswaardigheden van de stad leren kennen. Stap in elk geval uit bij de **Ópera de Arame**, bij het door de legendarische architect zelf ontworpen **Museu Oscar Niemeyer** en bij de **Universidade Livre do Meio Ambiente**, die midden in een park ligt (zie blz. 393–396).

Honingeiland

Zo heet het echt, het onder natuurbescherming vallende **Ilha do Mel.** Op het 2785 ha grote eiland zou u zich heerlijk kunnen ontspannen, als er maar geen muggen waren. Gelukkig kwellen deze plaaggeesten de argeloze vakantieganger alleen in november en december. De vegetatie van het eiland is nog geheel oorspronkelijk en zeer weelderig en er zijn geen auto's. Bovendien ligt er 27 km aan stranden en zijn er het **Fortaleza de N.S. dos Prazeres**, een belangrijke oude vesting, en de **Gruta Encantada**, een 'betoverde' grot (zie blz. 399–401).

Oude stad en populaire wijk

In de kleine **Oude Stad** *(Parte Histórica)* staan nog de meeste bouwwerken uit de 19e eeuw, die overwegend door Duitse kolonisten zijn neergezet. Dit is ook de buurt waar het uitgaansleven van Curitiba zich afspeelt, met vele cafés, restaurants en biertuinen. Het centrum hiervan is de **Largo da Ordem** onder de gelijknamige **Igreja da Ordem** **3**. Hier in de buurt ligt het interessantste voetgangersge-

Curitiba

bied van de stad, de **Rua das Flores** (Bloemenstraat). In 1972 was dit de eerste straat van Brazilië die gereserveerd werd voor voetgangers.

Op zondagmiddag is een bezoekje aan de kunstnijverheidsmarkt de moeite waard. Het op een na populairste trefpunt van Curitiba, na de Largo da Ordem in de oude stad, is de **Rua 24 Horas**. Dit is geen straat, maar een passage van glas en staal van 120 m lang en 12 m hoog, met winkels, cafés, restaurants en levende muziek.

Niet ver van de oude stad staan de legendarische **Ruínas de São Francisco**, waar onderaardse gangen gelopen moeten hebben die door piraten werden gebruikt. Het **Portal Italiano** markeert de ingang naar het Italiaanse stadsdeel **Santa Felicidade**. De wijk, die in 1878 ontstond, wordt gekenmerkt door zijn architectuur en de zeer gewaardeerde culinaire kwaliteiten.

Bezienswaardigheden

1 Praça Tiradentes
2 Catedral Basílica Menor de N.S. da Luz
3 Igreja da Ordem
4 Pedreira
5 Ópera de Arame
6 Teatro Guaíra
7 Teatro Paiol
8 Museu Paranaense
9 Museu Oscar Niemeyer
10 Passeio Público
11 Parque Barigüi
12 Bosque do Papa
13 Parque São Lourenço
14 Bosque Alemão
15 Bosque Gutierrez
16 Parque Tanguá
17 Parque Tingüi
18 Universidade Livre do Meio Ambiente
19 Jardim Botânico
20 Torre das Mercês

Accommodatie

1 Pestana Hotel
2 Grand Hotel Rayon
3 Centro Europeu Tourist
4 Hotel Ibis

Eten en drinken

5 Schwarzwald
6 Estrela da Terra

Theaters en musea

In het Parque das Pedreiras staan zowel de Ópera de Arame als de Pedreira Paulo Leminski, twee theaters midden in een park van 108.000 m². Het **Pedreira** 4, dat genoemd is naar de bekendste schrijver en dichter van Curitiba, is een openluchttheater en concertpodium voor 70.000 toeschouwers. De **Ópera de Arame** 5 uit 1992 is dankzij de transparante glas- en staalbouw en zijn idyllische ligging midden in een meertje omringd door groen, een van de spannendste bezienswaardigheden van de stad. In april is de opera een van de podia voor het theaterfestival van Curitiba (2400 zitplaatsen). Afgezien daarvan worden er weinig voorstellingen gegeven, ook omdat de akoestiek te wensen overlaat (di.–zo. 8–22 uur).

Het **Teatro Guaíra** 6 is een van de grootste theaters van Zuid-Amerika en de wieg van het Ballett Teatro Guaíra, een van de beste balletgezelschappen van Brazilië. Op zondagmorgen zijn er gratis symfonieconcerten. Als u de stad uitgaat komt u voorbij het Centro de Convenções op een terrein voor tentoonstellingen en evenementen bij het **Teatro Paiol** 7, een tot circustheater omgebouwde ronde kruitkamer uit 1874, die in 2005 en 2006 uitgebreid is gerestaureerd.

Het **Museu Paranaense** 8 (Museum van Paraná) aan de Praça Generoso Marques toont behalve archeologische vondsten ook objecten die in etnologisch opzicht interessant zijn, zoals gebruiksvoorwerpen van Guarani- en Caiganguesindianen (di.–vr. 9.30–17.30, za./zo. 10–16 uur).

Het **Museu Oscar Niemeyer** 9 is de nieuwste attractie van de stad. Het werd in 2003 geopend en is ontworpen door de beroemde architect zelf. Het bestaat uit twee complexen. Het oudste, uit 1960, was voorheen een kantoor van de gemeente, het andere deel werd nieuw gebouwd in de vorm van een oog. Dit *olho* is ook vanbinnen zeer interessant en herbergt onder andere een kleine tentoonstelling over Niemeyer. Het is dus ook de moeite waard om hier uit de bus te stappen (di–zo. 10–20 uur).

Parken, tuinen en bossen

De **Passeio Público** 10 is de oude botanische tuin uit de 19e eeuw. In de tuin ligt een kleine dierentuin, een vijver waarop u kunt waterfietsen en een restaurant, dat in vroegere tijden functioneerde als ontmoetingspunt voor schrijvers en journalisten. Recreëren kunt u in het **Parque Barigüi** 11. Dit is het grootste van de in totaal zestien parken van Curitiba en is het weekend gezellig druk (dag. 8–18 uur). Het **Bosque do Papa** 12, het Bos van de

Het in 2003 geopende deel van het Oscar Niemeyermuseum heeft de vorm van een oog

Paus, werd bekend door een bezoek van paus Johannes Paulus II na de openingsplechtigheden in 1980. Het kleinste, maar prettigste park is tegelijkertijd een monument voor Poolse immigranten. Rust en idylle zijn ook te vinden in het mooi aan een meer gelegen **Parque São Lourenço** 13. In een verlaten fabriek werd hier het creatieve centrum van Curitiba neergezet.

In het **Bosque Alemão** 14, dat herinnert aan de Duitse immigratiegolf van 1833, loopt een Gebroeders Grimmpad, staat een concertzaal genaamd Bachoratorium en kunt u een Filosofentoren beklimmen, waarop u een mooi uitzicht hebt (dag. 9–17 uur). In een ander bos, het **Bosque Gutierrez** 15, is een monument voor de vermoorde milieuactivist Chico Mendes te vinden. Ten slotte zijn nog interessant het **Parque Tanguá** 16, een in 1996 geopend recreatiepark aan de Rio Barigui, en het **Parque Tingüi** 17. Dit laatste herinnert aan de oorspronkelijke bewoners van deze streek, de Tingüis van het volk der Guarani-indianen (di–zo. 8–17 uur).

Een andere halte die de moeite waard is om uit te stappen, ligt bij de **Universidade Livre do Meio Ambiente** 18. De milieu-universiteit ligt midden in een park aan een vijver. Op de punt van het gebouw is een uitkijkpunt. De kleuren van de spiraalvormige houten constructie verwijzen naar de vier elementen aarde, water, lucht en vuur en trachten die te verenigen. De universiteit werd in 1993 opgericht om onderzoek te doen naar milieubesparende ontwikkelingsprojecten.

De **Jardim Botânico** 19 werd in 1991 aangelegd naar Frans voorbeeld. Het eerste dat opvalt is de prachtige kas van glas en staal, een replica van het Crystal Palace in Londen (dag. 6–20 uur).

Uitkijkpunt

Indien u een goed overzicht over de stad wilt krijgen, kunt u de **Torre das Mercês** 20 beklimmen. Met 95 m is dit het hoogste punt van het op een hoogvlakte gelegen Curitiba. De toren werd in 1991 geopend als zendmast en ontvanger voor de in Brazilië uiterst populaire mobiele telefoon *(celular)*, maar ontwikkelde zich tegelijkertijd tot toeristische attractie. Dat laatste is duidelijk te merken aan de lange rij wachtenden voor de veel te kleine lift.

Postos de Informação Turística: Vliegveld (dag. 7-23 uur), *rodoferroviária* (station) (ma.-vr. 8–18, za. 8–14 uur), Rua 24 Horas (ma.-vr. 8–24, za./zo. 8–22 uur); centraal informatienummer 041-33 52 80 00, www.viaje.curitiba.pr.gov.br.

Pestana Hotel 1**:** Rua Comendador Araújo 499 (Batel), tel. 041-30 17 99 00, www.pestana.com. Topadres met fantastische kamers, spa met uitzicht op de stad en groot zwembad. R$260.

Grand Hotel Rayon 2**:** Rua Visc. de Nacar 1424, tel. 041-21 08 11 00, reserveren tel. 0800-41 88 99, www.rayon.com.br. 136 kamers, een van de beste hotels van de stad met grote kamers. R$250.

Centro Europeu Tourist 3**:** Praça General Osório 61, tel./fax 041-33 22 00 99, www.centroeuropeu.com.br/hotel. Voordelige mogelijkheid op een centrale locatie, 48 kamers. R$90.

Hotel Ibis 4**:** Rua Mateus Leme 358, tel. 041-33 24 04 69, fax 041-33 23 34 04, www.accorhotels.com.br. Alweer een hotel van de succesvolle budgetketen Accor; kleine kamers, maar modern en goedkoop. R$69–79.

Schwarzwald 5**:** Largo da Ordem 63 (Setor Histórico), tel. 041-32 23 25 85, dag. 11–2 uur. Rustiek, biertuin, veel gasten van Duitse afkomst, sinds 1979 een instituut in de oude stad, goede Duitse keuken. Ca. R$25.

Estrela da Terra 6**:** Rua Jaime Reis 176 (Centro), tel. 041-32 22 50 07, di–zo. 11.30–15 uur. Goede optie voor lunch, regionale keuken, zowel zelfbediening als menu's. R$25 p.p.

Feira de Artesanato: Kunstnijverheidsmarkt op de Largo da Ordem/ Praça Garibaldi in de *Setor Histórico*, zo. 9–14 uur.

Oficina de Música (jan.): Muziekfeest op verschillende plaatsen, vertolkers van Música Popular Brasileira en andere Zuid-Amerikaanse stijlen.

Festival de Teatro (2e helft mrt.): 11 dagen modern toneel in verschillende theaters en op pleinen en straten.

Festival Paraná (2e helft aug.): Folkloristisch feest met dans en muziek.

Natal (vanaf begin dec.): Verschillende grote kerstfeesten met koralen in de Rua XV, programma op www.natalcuritiba.com.br.

Vliegtuig: Het Aeroporto Afonso Pena is voor verre bestemmingen en ligt 17 km ten zuidoosten van het centrum, tel. 041-33 81 15 15. Transfer met vliegveldbus *Aeroporto Executivo* (elke 20 min., 6–23.30 uur, R$7) of per taxi (R$85).

Vanaf het vliegveld van Bacacheri (6 km ten westen van het centrum) vliegt u naar bestemmingen dichtbij, tel. 041-32 56 14 41.

Bus: Bus- en spoorwegstation zijn samengegaan in het *rodoferroviária* aan de rand van het centrum, tel. 41-33 20 30 00; verbindingen bijvoorbeeld naar Foz do Iguaçu (onder andere *Catarinense*, tel. 0300-1 47 04 70, 8x per dag, reistijd 10 uur, R$75–160), Florianópolis (*Catarinense*, tel. zie boven, elke 1 à 2 uur van 5.15 tot 1.15 uur, 4–5 uur, R$35–50), Porto Alegre (onder andere *Pluma*, tel. 0300-7 89 13 00, 2x per dag, 11 uur, R$70–120), Rio de Janeiro *(Penha*, 3x per dag, 13 uur, R$85–140).

Huurauto's: Localiza, tel. 041-32 53 03 30; Interlocadora, tel. 041-33 81 13 70.

Stadsbussen: Er zijn veel buslijnen. Afgezien van de *Linha Turismo* kunt u bijvoorbeeld de *Circular Centro* nemen, die echter alleen in het centrum rondrijdt (niet in het weekend).

Tip: Dagtocht met het bergspoor naar Morretes

Het 73 km van Curitiba gelegen Morretes (15.275 inwoners) is een charmant oud koloniaal stadje, dat de moeite van een kort bezoek waard is – maar de werkelijke attractie is de even mooie als duizelingwekkende tocht met een bergtreintje, de Serra Verde Express (2,5 uur). De spoorbaan is destijds doorgetrokken tot Paranaguá (110 km). Het traject werd geopend door keizer Pedro II en wordt beschouwd als een met bloed betaald meesterstukje. Bij de aanleg tussen 1880 en 1885 lieten ongeveer 5000 mannen door ongevallen, slangen- en insectenbeten het leven. De meeste arbeiders, die waren aangelokt door de hoge lonen, gaven het al na enkele weken op. Er moesten 420 baanvakken worden aangelegd, 13 tunnels gegraven en 41 bruggen en viaducten geconstrueerd. De oude trein, met twintig wagons voor elk vijftig personen, is niet minder avontuurlijk dan het traject zelf.

Na twintig minuten wordt de stedelijke omgeving ingeruild voor de Serra do Mar. De rit over steile hellingen vlak langs de afgrond beneemt u niet zelden de adem, maar het fantastische uitzicht op de natuur doet u snel iedere beklemming vergeten. Over de heuvels strekt zich een weelderig bostapijt uit, rijk aan tropische boomsoorten en kleurig bloeiende planten. Door de dalen kronkelen beekjes, van de rotsen kletteren watervallen, zoals de bijzonder prachtige Cascata do Véu da Noiva, en in de verte verheffen zich de Montanhas do Marumbi, met pieken tot 1539 m. De trein stopt op verschillende plaatsen waar het uitzicht heel bijzonder is, onder andere bij de Garganta do Inferno op 700 m hoogte en het Santuário de N.S. do Cadeado.

De enige pech die u kunt hebben (en die regelmatig voorkomt), is dat het vrije zicht wordt belemmerd door laag tussen de bergen hangende mist, vooral op het hoogste punt van het traject (955 m), of wolken van waterdamp uit lage punten, bijvoorbeeld onder het 58 m hoge São Joãoviaduct.

Zodra u bergafwaarts gaat, nadert u Morretes. In het kleine stadje aan de Rio Nhundiaquara, met zijn bont beschilderde huizen kunt u een beetje rondlopen en dan ergens een *barreado* proberen, een pittig lokaal vleesgerecht (bereidingstijd 12 uur). Voor de terugweg naar Curitiba kunt u beter de niet alleen snellere, maar ook goedkopere bus nemen vanaf *rodoviária* Morretes (R$12).

Een andere optie (uitsluitend in het weekend en op feestdagen) is verder rijden naar Paranaguá (waar veerboten naar Ilha do Mel vertrekken). Het kustplaatsje (127.000 inwoners) is het oudste van de deelstaat (17e eeuw) en beschikt ook over de oudste kerk, de Catedral Basílica N.S. do Rosário uit 1741. Het interessante kleine historische centrum begint aan de boulevard langs de kust, de Rua da Praia. Vandaar bereikt u gemakkelijk het Museu de Arqueologia e Etnologia. Vlak daarachter ligt de interessante levensmiddelenmarkt Mercado Municipal do Café, met ertegenover de gezellige kunstnijverheidsmarkt Mercado do Artesanato.

Tickets/vertrek: Estação Rodoferroviária, tel. 041-33 23 40 07, www.serraverdeexpress.com.br, ma.–za. 7–18.30, zo. 7–12 uur. Er zijn twee soorten treinen: de dagelijks om 8.15 uur vertrekkende **gewone trein** (*trem*) met drie klassen: *economic* (R$25, geen service), *touristic* (R$45, met service en informatie in het Portugees) en *executive* (R$70, met service en Engelssprekende treinbegeleider) en de dagelijks om 9.15 uur vertrekkende luxere **Litorinatrein** met airconditioning, bar, tweetalige gidsen en panoramavensters (R$110). De gewone trein rijdt in het weekend en op feestdagen verder naar **Paranaguá** (1 uur). Daar kunt u zich laten overzetten naar het **Ilha do Mel**.

De regio Vila Velha met bizar gevormde rotsen ligt in de buurt van Curitiba

Uitstapjes in de omgeving

Ilha do Mel (Honingeiland)

Atlas: blz. 7, B3

Het is werkelijk zoet, het van een weelderige vegetatie en 27 km strand voorziene Ilha do Mel. Wie bijvoorbeeld eerst in Curitiba was, mag zich best een paar dagen ontspanning op Ilha do Mel veroorloven – tenminste, zo lang het er nog is, want het eiland zinkt langzaam in zee en zou wel eens spoedig in twee delen gesplitst kunnen zijn. De infrastructuur van het eiland is bepaald bescheiden te noemen, er zijn slechts eenvoudige *pousadas*, vaak bij vissers in huis. Anders kunt u terecht met een tent.

Het eiland is **beschermd natuurgebied**, slechts 200 van de in totaal 2785 ha mogen worden betreden. Er zijn geen auto's en geen wegen, slechts paden *(trilhas)* voor wandelaars en fietsers. Sinds de komst van elektriciteit (1988) is het **toerisme** enorm toegenomen. Jaarlijks arriveren zo'n 20.000 niet altijd even milieubewuste bezoekers, voornamelijk uit Argentinië, die van het eiland een ware vuilnisbelt maken. De natuur neemt echter onbarmhartig wraak: in november en december kwelt een bijzonder agressieve en voor vrijwel elk gif immune **dazensoort** *(mutuca)* de argeloze vakantiegangers.

Wie drie dagen heeft, kan gemakkelijk het hele eiland bekijken. Het noordelijke deel met het fort is in een dag te zien, de stranden bij Nova Brasília nemen ook een dag en de derde dag bezoekt u het zuiden met zijn geheimzinnige grot.

Een vesting in het noorden

Uw eerste uitstapje is dus naar het noorden om het fort te bekijken. Het **Fortaleza de N.S.**

dos Prazeres is een van de grootste vestingen van Brazilië en valt onder monumentenzorg. Het werd tussen 1766 en 1770 door slaven gebouwd op initiatief van de Portugese koning Dom João V ter verdediging van de Baai van Paranaguá. Het is diverse keren gerestaureerd.

Het fort is gedeeltelijk ingebouwd in de rotsen eromheen. Opmerkelijk zijn het portaal met de twee maskers en ornamenten en het arsenaal met kanonnen uit verschillende eeuwen. U bereikt de vesting te voet over een pad van 4 km langs twee even fraaie als verlaten stranden. Vlak voordat u bij de vesting bent, kunt u pauzeren in een van de twee oudste *pousada*-restaurants van het eiland, **Dona Quinota** of **Recanto da Fortaleza** ernaast. De **Praia da Fortaleza** is een van de drukste stranden en kent fijn zand en een vlakke zee.

Stranden bij het dorp

De tweede dag kunt u in de buurt van het dorp blijven en naar de twee stranden gaan die tot de mooiste van het eiland gerekend mogen worden. De gezellige **Praia do Farol** dankt zijn naam aan de 60 m hoge vuurtoren, de **Farol das Conchas**. Deze werd in 1870 neergezet op gezag van de baron van Cotegibe, de toenmalige minister van Marine. Voor de bouw werden onderdelen uit Glasgow geïmporteerd. De vuurtoren is nog altijd in gebruik. Het andere strand, de **Praia Grande**, is rustiger, al is het het grootste strand van het eiland. Het heeft de vorm van een hoefijzer en trekt vanwege de 3 m hoge golven vooral surfers aan.

Een betoverde grot

De derde dag dringt u dieper door in het **zuiden** van het eiland. Eén route loopt langs de zee, langs de Praia do Miguel (verlaten rotsstrand, gevaarlijke maalstroom), de Morro do Sabão (deltavliegen) en de Praia de Fora (veel begroeiing, favoriete kampeerplaats). De andere weg is de **Caminho do Belo**, een wandelpad dat gedeeltelijk door het beschermde schaduwrijke bos voert. Beide wegen leiden naar de **Gruta Encantada**, de 'betoverde grot' op het gelijknamige strand. Volgens de verhalen leven er nog altijd sirenen die reizigers aanlokken, waardoor de vissers schromen er 's nachts langs te varen. Overdag zijn er veel bergbeklimmers, die de voorkant van de rots waarin de grot ligt willen bedwingen. Uiteindelijk komt u bij **Prainhas**, het visitekaartje van het eiland, waar iedereen elkaar weer tegenkomt en op vrijdagavond de forró wordt gedanst.

Pousada Praia do Farol: Praia de Nova Brasília, tel./fax 041-34 26 80 14, www.praiadofarol.com.br. 11 kamers, centraal bij het hoofddorp Nova Brasília, eenvoudig-rustiek met veel groen, heel fraai strand bij de Conchasvuurtoren. R$100.
Pousada Dona Quinota: Praia da Fortaleza, tel./fax 041-34 23 61 76, www.donaquinota.com.br. 16 kamers, op slechts 30 m van het strand. R$100.
Camping: Talloze kleine kampeerterreinen, vooral aan de Praia dos Encantados.

Veel *pousadas* hebben een restaurant, waar ook niet-gasten welkom zijn. Aan de Praia das Encantadas zijn vooral de eetzalen van de *pousadas* **Fim da Trilha** en **Zorro** aan te raden. De favoriete gelegenheid bij de vuurtoren is **Restaurante Mar e Sol**, dag. 11–22 uur, goed en goedkoop.

Bus: Van Curitiba rijden 5x per dag bussen van maatschappij *Graciosa* (2 uur, R$20) naar Pontal do Sul-haven, in het weekend en op feestdagen kunt u ook de bergtrein naar Paranaguá nemen. In Pontal do Sul of in Paranaguá pakt u een boot naar Nova Brasília.
Boot: De lijn *Abaline*, tel. 041-34 55 26 16, onderhoudt diensten vanuit zowel Pontal do Sul (in het laagseizoen elk uur, in het hoogseizoen elk halfuur 7.30–19 uur, 30 min., R$6 plus R$4 opslag), als vanuit Paranaguá (eerst naar Nova Brasília en dan naar Encantadas, slechts 2–3x per dag, 's morgens, tussen de middag en 's middags, 2 uur, per vaart R$11).

Op het Ilha do Mel bij Prainhas

Register

Register

Register

Literatuurverantwoording

blz. 107, uit: Stefan Zweig, *Brasilien – Ein Land der Zukunft*, Insel-Verlag, Frankfurt a. M., 1983, 2e druk. 1995, blz. 172
blz. 244, uit: Jorge Amado, *Gabriela*, Elsevier, Amsterdam, 1985, blz. 11, 51–53, 152–154
blz. 330, uit: Ineke Holtwijk, *Kannibalen in Rio, impressies uit Brazilië*, Prometheus, Amsterdam 1996, blz. 23–25

29 / 30
VENEZUELA
SURINAME
FRANS-GUYANA
COLOMBIA
Boa Vista
GUYANA
Macapá
Belém
São Luís
Manaus
Amazonas
Santarém
Amazonebekken
Teresina
Marabá
Porto Velho
Rio Branco
PERU
Cuiabá
Brasília
17 / 18
19 / 20
21 / 22
Goiânia
BOLIVIA
9 / 10
11 / 12
13 / 14
Campo Grande
Belo Horizonte
Iguaçu
Nova Iguaça
Campinas
PARAGUAY
Rio
CHILI
5 / 6
7 / 8
São Paulo
Ilha Grande
Ilhabela
Cascavel
Curitiba
Grote Oceaan
3 / 4
Florianópolis
ARGENTINIË
1 / 2
Santa Maria
Porto Alegre
Bagé
URUGUAY
Rio Grande

Legenda

- Autoweg/snelweg
- Nationale weg met wegnummer (BR 101)
- Provinciale weg met wegnummer (MS 157)
- Panamericana (PAN AM)
- Secundaire weg
- Onverharde weg
- Ongenummerde weg
- Weg in aanleg
- Verboden voor gemotoriseerd verkeer
- Tunnel
- Spoorweg
- Veer, bootverbinding
- Landsgrens
- Provinciegrens
- Nationaal Park; natuurpark
- Indianenreservaat
- Moeras
- Haven, aanlegplaats
- Internationale luchthaven
- Nationale luchthaven
- Grensovergang
- Bezienswaardigheid
- Archeologische vindplaats
- Klooster; kerk
- Vesting; vestingruïne
- Monument
- Zendmast; vuurtoren
- Strand
- Waterval
- Grot
- Bergtop; bergpas
- Camping

Atlas Brazilië

A
B
C
1
2
3
4
Manuel Viana
Passo Novo
Alegrete
Jacaquá
Loreto
S. Vicente do Sul
Cacequi
Umbu
São Pedro do Sul
Boca do Monte
SANTA MARIA
Itaara
Dilermando de Aguiar
Santa Flora
Vila Bela
Lajeado Grande
Harmonia
Catimbau
Saicã
A. Sodré
Caverá
Tiaraçu
Passo da Guarda
Coxilha de Santana
Rosário do Sul
São Gabriel
Cerrito d'Ouro
Vacacaí
Santa Margarida do Sul
Vila Nova
Caçapava do Sul
Campo Seco
São José
Pampeiro
Suspiro
Ibaré
Lavras do Sul
Santana do Livramento
Rivera
Dom Pedrito
Torquato Severo
Masoller
Mataojo
Tranqueras
Ataques
Três Vendas
José Otávio
Palmas
BAGÉ
Hulha Negra
Laureles
Candiota
Cerrillaca
Minas de Corrales
Cuchilla del Hospital
Vichadero
Colônia Nova
Pedra Alta
Tacuarembo
Aceguá
Tambores
Ansina
Piedra Sola
Las Toscas
Centurion
R. Yaguarón
URUGUAY
R. Negro
Melo
Arachania
Achar
Fraile Muerto
Arbolito
Est. Km 329
Repr. del Río Negro
San Jorge
Paso de los Toros
Verdun
Tupambaé
Plácido Rosas
Rincón
Vergara
Blanquillo
Cerro Chato
Treinta y Tres
General Enrique Martinez
Pueblo del Carmen
Sarandi
Cebollatí
BR 290
BR 293
BR 158
BR 153
BR 392
BR 287
RS 241
PAN AM

1

1 cm = 23 km 1 : 2.300.000

0 25 km 50 km

Porto Alegre, Florianopolis, Passo Fundo

1 cm = 23 km
1 : 2.300.000
0 25 km 50 km
D
6
E
7
F
1
2
3
4
Lebon Régis
Sta. Cecília
Campo
Salete
Taió
Ibirama
Pres. Getúlio
Ascurra
Indaial
BLUMENAU
Gaspar
ITAJAÍ
Balneário Camboriú
Barra
Camboriú
Itapema
Bombinhas
Perequê
Porto Belo
Morrinhos
Canto Grande
Apiúna
Guabiruba
Brusque
Botuvera
Claraíba
Nova Trento
Tijucas
Ens. de Tijucas
São João Batista
Gov. Celso Ramos
Areião
Major Gercino
Canasvieiras
Biguaçu
S. Pedro de Alcântara
Angelina
FLORIANÓPOLIS
Barra
São José
Palhoça
I. de Sta. Catarina
Águas Mornas
Santo Amaro
Quecaba
Rancho Queimado
P. E. Praia de Fora
Pântano do Sul
Três Barras
da Serra do
Tabuleiro
Pinheira
Guarda do Embaú
São Bonifácio
Paulo Lopes
Garopaba
Palhocinha
Araçatuba
Praia do Rosa
São Martinho
Nova Brasília
Pta. de Imbituba
Imbituba
Vila Nova
Imaruí
Itapirubá
Capivari de Baixo
Lagoa do Mirim
Bentos
Laguna
Barra
Farol de Santa Marta
Cabo de Santa Marta
Santa Marta
Fraiburgo
Monte Carlo
Brunópolis
Curitibanos
São Cristóvão do Sul
Rio do Oeste
Rio do Sul
Aurora
Pres. Nereu
Branco do Trombudo
Trombudo Central
Agrolândia
Atalanta
Ituporanga
Vidal Ramos
Vargem
Ponte Alta
Otacílio Costa
São José do Cerrito
Petrolândia
Alfredo Wagner
Anita Garibaldi
Correia Pinto
Bocaino do Sul
Bom Retiro
Índios
LAGES
Campo Belo do Sul
Capão Alto
Morro Campo do Padre
1800 m
Canoas
Painel
Águas Brancas
Anitápolis
Urupema
Urubici
Santa Rosa de Lima
São José
Aiure
Rio Fortuna
Santa Izabel
P.N. de São Joaquim
Grão Pará
Pericó
Braço do Norte
São Ludgero
Gravatal
Orleans
Estremo
São Joaquim
São Sebastião do Arvoredo
Bom Jardim da Serra
Guatá
Lauro Muller
Pedras Grandes
Tubarão
Alto da Serra
Vacaria
Treviso
Urussanga
Treze de Maio
Siderópolis
Cocal do Sul
Jaguaruna
Itaimbezinho
Bom Jesus
Silveira
CRICIÚMA
Içara
Morro da Fumaça
Rio Maina
Cazuza Ferreira
Chapada
São José dos Ausentes
Morro Grande
Forquilhinha
Campo Bom
Faxinal
Campestre da Serra
São Bernardo
Meleiro
Rincão
Barra Velha
Jaquirana
Timbé do Sul
Maracajá
Hercílio Luz
São Marcos
Turvo
Araranguá
Morro dos Conventos
Criúva
Alziro Ramos
Osvaldo Kroeff
Balneário Arroio do Silva
Ermo
Seca
Lajeado Grande
Cambará do Sul
Jacinto Machado
Sanga da Toca
Ana Rech
Santa Rosa do Sul
Sombrio
P. N. da Serra Geral
Praia Grande
Vila Conceição
Balneário Gaivota
Cânion de Itaimbezinho
Lagoa Sombrio
Caxias do Sul
Caracol
São João do Sul
Tainhas
P. N. Aparados da Serra
Eletra
Aratinga
Vila São João
Passo de Torres
Canela
Torres
Nova Petrópolis
Gramado
Morro Azul
Três Cachoeiras
São Francisco de Paula
Itati
Arroio do Sal
Dois Irmãos
Coroas
Igrejinha
Três Forquilhas
Lagoa Itapera
Sapiranga
Barra do Ouro
Terra de Areia
Curumim
Taquara
Parobé
Morro Alto
Arroio Teixeira
Riolante
Maquiné
Capão Novo
NOVO HAMBURGO
Lagoa dos Quadros
São Leopoldo
Santo Antônio da Patrulha
Capão da Canoa
Sapucaia do Sul
Xangri-Lá
Glorinha
Lagoa Pinguela
Gravataí
Atlântida do Sul
Osório
Santa Teresinha
Lagoa dos Barros
Imbé
Alvorada
Tramandaí
Viamão
Capão da Porteira
Passo de Areia
PORTO ALEGRE
Águas Claras
Capivari do Sul
Cidreira
Pinhal
Itapuã
Palmares do Sul
Quintão
Frei Sebastião
Ponta das Desertas
Bacopari
Lagoa dos Patos
Solidão
Doutor Edgardo Pereira Velho
Atlantische Oceaan
BR 116
BR 470
BR 282
BR 285
BR 101
BR 290
SC 401
4

A
B
C
10
1
2
3
4
Pto.Cai
Porto Camargo
Herculândia
Tapira
Cidade Gaúcha
S. Car do Iva
Tamboa
Icaraíma
Douradina
Ivaté
Rondon
Vila Alta
Nova Olímpia
S. Tomé
Itaquiraí
P. N. da Ilha Grande
Tacuru
Iguatemi
Maria Helena
Cianorte
Esperança Nova
UMUARAMA
Tapejara
R. Iguatemi
Eldorado
Pérola
Jacareí
Morumbi
Cruzeiro d'Oeste
Tuneiras do Oeste
Araruna
Japorã
Cafezal do Sul
Mundo Novo
Altônia
Pérobal
ce Quedas
Mariluz
Nova Brasília
Moreira Sales
Salto de Guaíra
Iporã
Alto Piquiri
Janiópolis
Farol
Francisco Alves
rpus Christi
Guaíra
Terra Roxa
Brasilândia do Sul
Paulistânia
Boa Esperança
La Paloma
Formosa do Este
Goioerê
Katueté
Dr. Oliveira Castro
Palotina
Quarto Centenário
Juranda
Assis Chateaubriand
Mam
Alvar Nuñez Cabeza de Vaca
Mercedes
Jesuítas
Maripá
Cândido Rondon
Quatro Pontes
Ubiratã
Campina da Lagoa
Porto Mendes
Vila Nova
Nova Aurora
Pato Bragado
Bragentina
Toledo
Iguatu
Nova Can
Cafelândia
Altamira do Par
Ouro Verde do Oeste
Corbélia
Lar
Braganey
San Alberto
S. Helena
Diamante do Oeste
S. Pedro do Iguaçu
S. João do Oeste
Itaquyry
Repr.
CASCAVEL
Campo Bonito
Porto Indio
Vera Cruz do Oeste
Guaraniaçu
de
Missal
Céu Azul
Rio do Salto
Ibema
Mato Queimado
Itaipu
Matelândia
Catanduvas
Va. Lara
S. Miguel do Iguaçu
Medianeira
Juvinópolis
Hernandarias
Sta. Terezinha de Itaipu
Serranópolis do Iguaçu
Três Barras do Paraná
Quedas do Iguaçu
P.N. do Iguaçu
Cap. Leônidas Marques
Repr. Salto Os
R. Iguaçu
Cuidad del Este
FOZ DO IGUAÇU
Capanema
Nova Prata do Iguaçu
Dois Vizinhos
Saudade do Iguaçu
P.N. del Iguazú
Planalto
Cataratas do Iguaçu
Realeza
Salto do Lontra
São João
Pérola d'Oeste
Sta. Isabel d' Oeste
Ampére
Chopinzinho
Sto. Antônio do Sudoeste
Fco. Beltrão
Itapejara d' Oeste
Pto. Esperanza
Manfrinópolis
Flor da Serra do Sul
Vitorino
Pato Bra
Bernardo de Irigoyen
ARGENTINIË
Dionísio Cerqueira
Palma Sola
S. Lourenço d'Oeste
Campo Erê
Galvão
Julio D. Otano
Eldorado
São José do Cedro
Novo Horizonte
São Domingos
Anchieta
Saltinho
S. Pedro
Irati
Ip
S. Miguel d'Oeste
Maravilha
Modelo
Sierra de Misiones
Natálio
Cel. Freitas
Pinhalzinho
Nova Itaberaba
Cunha Porã
Xa
Iporã do Oeste
Caibi
São Carlos
Xav
CHAPECÓ
P
A
R
A
G
U
A
Y

3

1 cm = 23 km 1 : 2.300.000

0 25 km 50 km

Curitiba, São Paulo

1 cm = 23 km 1 : 2.300.000
0 25 km 50 km

A
B
C
1
2
3
4
17
Albuquerque
Porto Morrinho
Passo do Lontra
Tupacereta
Barra Mansa
Porto Esperança
Buraco das Piranhas
Morro do Azeite
Fazenda Rio Negra
R. Aquidauana
Rio Paraguai
Forte Coimbra
R. Taboco
Faz. Taboco
R. Nabileque
São Simão
Bodoquena
Porto Bush
Pantanal de Nabileque
Miranda
Agachi
Taunay
Cera
Aquidauana
Anastácio
Passo de Júlia
Bodoquena
Lalima
Rio Taquaruçu
Naitaca
Campo dos Índios
Morraria do Sul
Serra da Bodoquena
Vinte e Um
Jabuti
Pitangueiras
Gruta do Mimoso
Rio do Peixe
Parque das Cachoeiras
P. N. da Serra da Bodoquena
R. Miranda
Fuerte Olimpo
Nioaque
Baía das Garças
Bonito
Gruta do Lago Azul
Aquario Natural
Rio Sucurí
Jardim
Guia Lopes da Laguna
Serra de Maracaju
Pto. Murtinho
Margarida
Boqueirão
Vista Alegre
Cabeceira do Apa
Caracol
Bela Vista
Bela Vista Norte
Antônio João
Campestre
Colônia Cachoeira
Valle-mi
R. Apa
San Carlos
Puerto la Victoria
R. Paraguay
Parque Nacional Serranía San Luís
Ponta Porã
Pedro Juan Caballero
P. N. Cerro Cora
Sanga Puitã
Puerto Pinasco
P A R A G U A Y
Estancia Trementina
Yby Yaú
Estancia San Carlos
Vila Marques
R. Aquidabán
Capitan Baldo

D
E
F
18
1
2
3
4
11
5
MATO GROSSO DO SUL
Camapuã
Fala Verdade
Baianópolis
Corguinho
Rochedo
Jacobina
Bandeirantes
Bom Fim
Jatobá
Jaraguari
Ponte do Rio Verde
R. Verde
R. Pardo
lândia
Colônia Nova
R. Aquidauana
Pedro Celestino
CAMPO GRANDE
Palmeiras
Terenos
outanga
Colônia Cascavel
Dois Irmãos do Buriti
Quebra Coco
Ribas do Rio Pardo
Mutum
Água
Mimoso
Sidrolândia
Anhanduí
Capão Seco
Rib. Lontra
Sta. Rita do Prado
Nova Alvorada do Sul
R. Ivinheima
Prudêncio Thomaz
Maracaju
Casa Verde
Rio Brilhante
Carumbé
Piraporã
Montese
Itaporã
Bocajá
Porto Vilma
Itaum
Jango
Douradina
Angélica
Nova Andradina
Anaurilâ
Placa do Abadio
Indápolis
DOURADOS
Fátima de Sul
Deodápolis
Ivinhema
Bataiporã
Usina Hidreléctrica Sérgio Motta
Glória de Dourados
Vila Amandina
Vincentina
Jateí
Porto S. José
Caarapã
Cristalina
Taquarussu
Rosana
Laguna Caarapã
Café Porã
Nova América
Novo Horizonte do Sul
Porto S. José
Porto S. José
Caarapo
Sete Placas
Nova Lon
Porto Rico
São Pedro do Paraná
Campanário
Porto Peroba
Sta. Cruz de Monte Castelo
Loanda
Juti
Porto Felicidade
Secador
Sta. Isabel do Ivaí
Santa Mônica
Naviraí
Querência do Norte
Amambai
Pto.Caiúa
Herculândia
Douradina
BR 060
BR 163
BR 262
BR 080
BR 267
BR 463
MS 395

Três Lagoas, São José do Rio Preto, Londrina

1 cm = 23 km 1 : 2.300.000
0 25 km 50 km

A
B
C
1
2
3
4
21
12
8
Zelândia
Verissimo
UBERABA
Ponte Alta
Peirópolis
Conceição das Alagoas
Água Comprida
Delta
Igarapava
Aramina
Miguelópolis
Buritizal
Sacramento
Conquista
Rifaina
Jeriquara
Pedregulho
Aparecida do Salto
Ituverava
Guará
Ipuã
Cristais Paulista
Claraval
Ribeirão Corrente
Franca
S. Joaquim da Barra
São José da Bela Vista
Restinga
Morro Agudo
Orlândia
Nuporanga
Sales Oliveira
Terra Roxa
Viradouro
Pitangueiras
Patrocínio Paulista
Usina Esmeril
Capetinga
Itirapuã
S. Tomás de Aquino
S. Sebastião do Paraíso
Batatais
Jardinópolis
Pontal
Sertãozinho
RIBEIRÃO PRETO
Altinópolis
Sto. Antônio da Alegria
Serrana
Jaboticabal
Dumont
Serra Azul
Cravinhos
Pradópolis
Guariba
Guatapara
São Simão
Sta. Rosa de Viterbo
Mococa
Rincão
Luís Antônio
Sta. Rita do Passa Quatro
Tambaú
Américo Brasiliense
Araraquara
Casa Branca
Pto. Ferreira
Sta. Cruz das Palmeiras
Guarapiranga
Descalvado
Pirassununga
Ibaté
Ribeirão Bonito
S. CARLOS
Dourado
Brotas
Leme
Conchal
R. CLARO
Araras
Moji-Guaçu
Moji Mirim
Itapira
Repr. de Barra Bonita
S. Pedro
LIMEIRA
Artur Nogueira
Cosmópolis
Jaguariúna
AMERICANA
Amparo
PIRACICABA
Anhembi
Paulínia
Sumaré
CAMPINAS
Capivari
Conchas
Laranja Paulista
Valinhos
Indaiatuba
Vinhedo
Itatiba
Bofete
Pereiras
Tietê
Cerquilho
Porangaba
Boituva
Salto
JUNDIAÍ
Itu
Cabreúva
Tatuí
Santana de
Araxá
Argenita
Estalagem
Campos Altos
Partinha
Córrego Danta
Tapiraí
Tapira
Bambuí
Desemboque
Medeiros
São João Batista
São Roque de Minas
Iguatama
Cachoeira Casca d'Anta
P.N. da Serra da Canastra
Delfinópolis
Vargem Bonita
Doresópolis
Pains
Piumhi
Ibiraci
Cássia
Ponte Alta
Rep. de Peixoto
R. Grande
R. S. Francisco
S. J. Batista do Glória
Capitólio
Represa de Furnas
Passos
Furnas
Pratápolis
Itaú de Minas
S. José da Barra
Guapé
Fortaleza de Minas
Alpinópolis
Bom Jesus da Penha
Jacuí
Carmo do Rio Claro
S. Pedro da União
Nova Resende
Mte. Santo de Minas
Conceição da Aparecida
Campo do
Guaxupé
Alterosa
Monte Belo
Muzambinho
Alfenas
S. José do Rio Prado
S. Seb. da Grama
Divisa Nova
Poços de Caldas
Botelhos
Campestre
Machado
Vargem Gde. do Sul
Poço Fundo
S. João de Boa Vista
Caldas
Aguaí
Sta. Rita de Caldas
S. João da Mata
Cordislândia
Sto. Antônio do Jardim
Andradas
Espírito Sto. do Pinhal
Ouro Fino
Pouso Alegre
Jacutinga
Borda da Mata
Bueno Brandão
Cachoeira de Minas
Socorro
Cambuí
Paraisópolis
Gonçalves
Bragança Paulista
Morungaba
Monteiro Lobato
Joanópolis
Piracaia
Nazaré Paulista
Atibaia
S. JOSÉ D. CAMPOS
Caçapava
Mairiporã
Sta. Isabel
JACAREÍ
BR 262
BR 050
SP 330
SP 345
SP 334
SP 351
MG 050
SP 326
SP 255
SP 350
SP 225
SP 340
SP 310
SP 065
SP 075
BR 381
BR 354

1 cm = 23 km
1 : 2.300.000
0
25 km
50 km
D
E
F
22
15
1
2
3
4
14
do Indaiá
Ribeiro
Bom Despacho
Pitangui
Onça de Pitángui
Gruta Rei do Mato
Gruta da Lapinha
Jabuticatu
Pedro Leopoldo
RIB. DAS NEVES
Vespasiano
BELO HORIZONTE
Sta. Luzia
Itabira
João Monlevade
Luz
Moema
Nova Serrana
Pará de Minas
Esmeraldas
CONTAGEM
BETIM
Sabará
Caeté
S. Gonçalo do Rio Abaixo
Lagoa da Prata
Araújos
Sto. Antônia do Monte
Itaúna
Ibirité
Igarapé
Nova Lima
Sta. Bárbera
Rio Piracicaba
Catas Altas
Alvinópol
DIVINÓPOLIS
P. Natural do Caraça
Itatiaiuçu
Brumadinho
Fonseca
Arcos
Itabirito
Moeda
Ouro Prêto
Antônio Pereira
Acaiaca
Formiga
Itapecerica
Itaguara
Cláudio
Belo Vale
Mariana
Carmo de Mata
Congonhas
Jeceaba
Ouro Branco
Camacho
S. Francisco de Paula
Oliveira
Passa Tempo
Itaverava
Piranga
Candeias
Entre Rios de Minas
Queluzita
Conselheiro Lafaiete
Morro do Ferro
Cristais
Campo Belo
São Tiago
S. Ant. do Amparo
Resende Costa
Cristiano Otoni
Rio Espera
Brás Pires
Aguanil
Bom Sucésso
Lagoa Dourada
Cipotânea
Boa Esperança
Carandaí
Sen. Firm
Perdões
Ressaquinha
Alto Rio Doce
Dores do Turvo
Ibituruna
S. João del Rei
Tiradentes
Santana da Vargem
Lavras
Nazareno
Barroso
Marcês
Repr. Itutinga
Itutinga
BARBACENA
Rio Pomba
Três Pontas
Madre de Deus de Minas
Luminárias
Antônio Carlos
Santos Dumont
Tabule
Carrancas
Ibertioga
Varginha
S. Bento Abade
R. Novo
Rio No
Três Corações
S. Tomé das Letras
Minduri
Santana do Garambéu
P. E. de Ibitippca
Bias Fortes
Cel. Pacheco
Gonçalo Sapucaí
S. Vicente de Minas
Andrelândia
Pedro Teixeira
JUIZ DE FORA
Bica
Cambuquira
Cruzília
Conceição do Ibitipoca
Campanha
Lambari
Serranos
Seritinga
Lima Duarte
Simão Pereira
Caxambu
Aiuruoca
Bom Jardim de Minas
Sta. Bárbera do Monte Verde
Carmo de Minas
São Lourenço
Liberdade
Rio Preto
Três Rios
Pedralva
Pouso Alto
Sta. Rita Sapucaí
Cristina
Bocaina de Minas
Sta. Isabel do Preto
Rio das Flores
Paraíba
Itamonte
Valença
Cavaru
Areal
Quatis
N. Sra. do Amparo
Conservatória
Passa Quatro
P.N. de Itatiaia
Pto. Real
Itajubá
Resende
VOLTA REDONDA
Vassouras
Avelar
Itaipava
Cruzeiro
Itatiaia
Barro do Piraí
Miguel Pereira
P.N. da Serra dos Órgãos
S. José do Barreiro
Queluz
Areias
BARRA MANSA
Mendes
Piquete
Silveiras
Paracambi
Res. Biol. do Tinguá
PETRÓPOLIS
Campos do Jordão
Lorena
Cachoeira Paulista
Barraio Bom Jesus
Japeri
Magé
Guaratinguetá
Bananal
Queimados
Barro dos Macacos
Rio Claro
S. JOÃO D. MERITI
Antônio Pinhal
Seropédica
N. IGUAÇU
Rocinha
Campos de Cunha
NILÓPOLIS
P.N. da Serra da Bocaina
Itaguaí
Pindamonhangaba
Itacuruça
Campo Grande
Madureira
TAUBATÉ
Mangaratiba
NITER
Guaratiba
Angra dos Reis
RIO DE JANEIRO
Lagoinha
Cunha
Viea do Abraão
S. Luis do Paraitinga
Parati
B. da Ilha Grande
Ilha Grande
Praia de Lopes Mendes
Atlantische Oceaan
Costa Verde
Serra da Mantiqueira

A
B
C
1
2
3
4
23
14
do Paraíso
Cel. Fabrici
IPATINGA
Iapu
Dom Cavati
Alvarenga
Itueta
Santa Rita do Itueto
Aimorés
Baixo Guandu
Itabira
João Monlevade
Timóteo
Inhapim
Ubaporanga
São Sebastian da Anta
Pocrane
Imbé de Minas
Mundo Novo de Minas
Ibituba
Jaguaraçu
P. Florestal do Rio Doce
Gonçalo
Nova Era
Dionísio
S. Domingos da Prata
Bom Jesus do Galho
Caratinga
Ipanema
Conceição de Ipanema
Mutum
ESPÍRITO SANTO
Itarana
Rio Piracicaba
Catas Altas
Alvinópolis
São José do Goiabal
Sta. Bárbera do Leste
Santa Rita de Minas
S. José do Mantimento
Sobreiro
Chalé
Afonso Cláudio
Raul Soares
Vermelho Novo
Fonseca
D. Silvério
R. Doce
Simonésia
Santana do Manhuaçu
Caputira
S. Pedro dos Ferros
Lajinha
Piracema
Antônio Pereira
Acaiaca
Rio Casca
Barra Longa
Matipó
Realeza
Manhuaçu
Pequiá
Ibatiba
Venda Nova do Imigrante
Mariana
Urucânia
Abre Campo
Ponte Nova
Manhumirim
P. N. do Caparaó
Lúna do Castelo
Conceição do Castelo
Aracê
Jequeri
Sericita
Alto Jequitiba
Orizânia
Amparo da Sera
Pedra Bonita
Piranga
Porto Firme
Pedro do Anta
Divino
Ibitirama
P. E. da Cachoeira da Fumaça
Muniz Freire
Teixeiras
Araponga
Castelo
Viçosa
Canaã
Fervedouro
Carangola
Dores do Rio Preto
Vargem Alta
Brás Pires
Alegre
Coimbra
Ervália
Sen. Firmino
Miradouró
Guaçuí
Jerônimo Monteiro
CACHOEIRO DE ITAPEMIRIM
Dores do Turvo
Visconde do Rio Branco
Tombos
Rio Novo do Sul
Porciúncula
Atílio Vivacqua
Piúma
Guiricemá
Rosal
Muqui
S. José do Calçado
Ubá
Muriaê
B. Jesus do Itabapoana
Itapemirim
Mimosa do Sul
Marataízes
Marcês
Guidoval
Pres. Kennedy
Rio Pomba
Piraúba
Miraí
Laje do Muriaé
Itaperuna
Ponte de Itabapoana
Tabuleiro
Cataguases
Laranjal
S. José de Ubá
Neves
Morro de Coco
Itabapoana
Pomba
Miracema
R. Novo
Descoberto
Italva
S. Francisco de Itabapoana
Buena
Rio Novo
S. Antônio de Pádua
S. João Nepomuceno
S. Joaquim
Cel. Pacheco
Leopoldina
Cambuci
Cardoso Moreira
Guaxindiba
Aperibé
Travessão
Gargaú
JUIZ DE FORA
Bicas
Pirapetinga
Itaocara
Atafona
Guarará
S. Sebastião do Paraíba
São Fidélis
S. João da Barra
Mar de Espanha
Grussaí
Além-Paraíba
Ibitioca
CAMPOS DOS GOITACAZES
Cantagalo
Sta. Maria Magdalena
Ponta Grossa dos Fidalgos
Tocos
Três Rios
Sapucaia
Cordeiro
Macuco
Conceição de Macabu
Dores de Macabu
Lagoa Feia
Sto. Amaro de Campos
Sumidouro
Cabo de São Tomé
Paraíba
S. José do Vale do Rio Preto
Bom Jardim
Trajano de Morais
Quissamã
Farol de S. Tomé
Areal
Barra do Furado
Cavaru
Bom Sucesso
Avelar
Itaipava
Campanha
Nova Friburgo
Carapebus
P. N. da Restinga de Jurubatiba
Sana
Cabiúnas
P.N. da Serra dos Órgãos
Teresópolis
R. Macaé
Barra de Macaé
Macaé
Guapimirim
Rio Dourado
Cachoeiras de Macacu
PETRÓPOLIS
Casimiro de Abreu
Rio de Ostras
Magé
Barra de São João
S. João
Res. Biol. de Poço das Antas
S. JOÃO DE MERITI
Rio Bonito
Silva Jardim
Itaboraí
S. Vicente de Paula
Búzios
SÃO GONÇALO
Praia Ferradurinha
Iguaba Grande
NITERÓI
Maricá
Bacaxá
S. Pedro da Aldeia
Araruama
Cabo Frio
RIO DE JANEIRO
Saquarema
Arraial do Cabo

D
E
F
24
Ângelo Frechiani
Rio B
Marilândia
Linhares
Colatina
Povoação
Jacupemba
Regência
Guaraná
João Neiva
Pta. da Regência
Res. Biol. de Comboios
Ibiraçu
Aracruz
Santa Teresa
Fundão
Coqueiral
Sta. Maria de Jebitá
Santa Cruz
Nova Almeida
anta Leopoldina
Serra
Jacaraípe
CARIACICA
Domingos Martins
VITÓRIA
Viana
Praia da Costa
Vila Velha
Mal. Floriano
Barra do Jucu
Araçatiba
Praia Ponta da Fruta
Alfredo Chaves
BR 101
Guarapari
Meaípe
Anchieta
Atlantische Oceaan
1
2
3
4

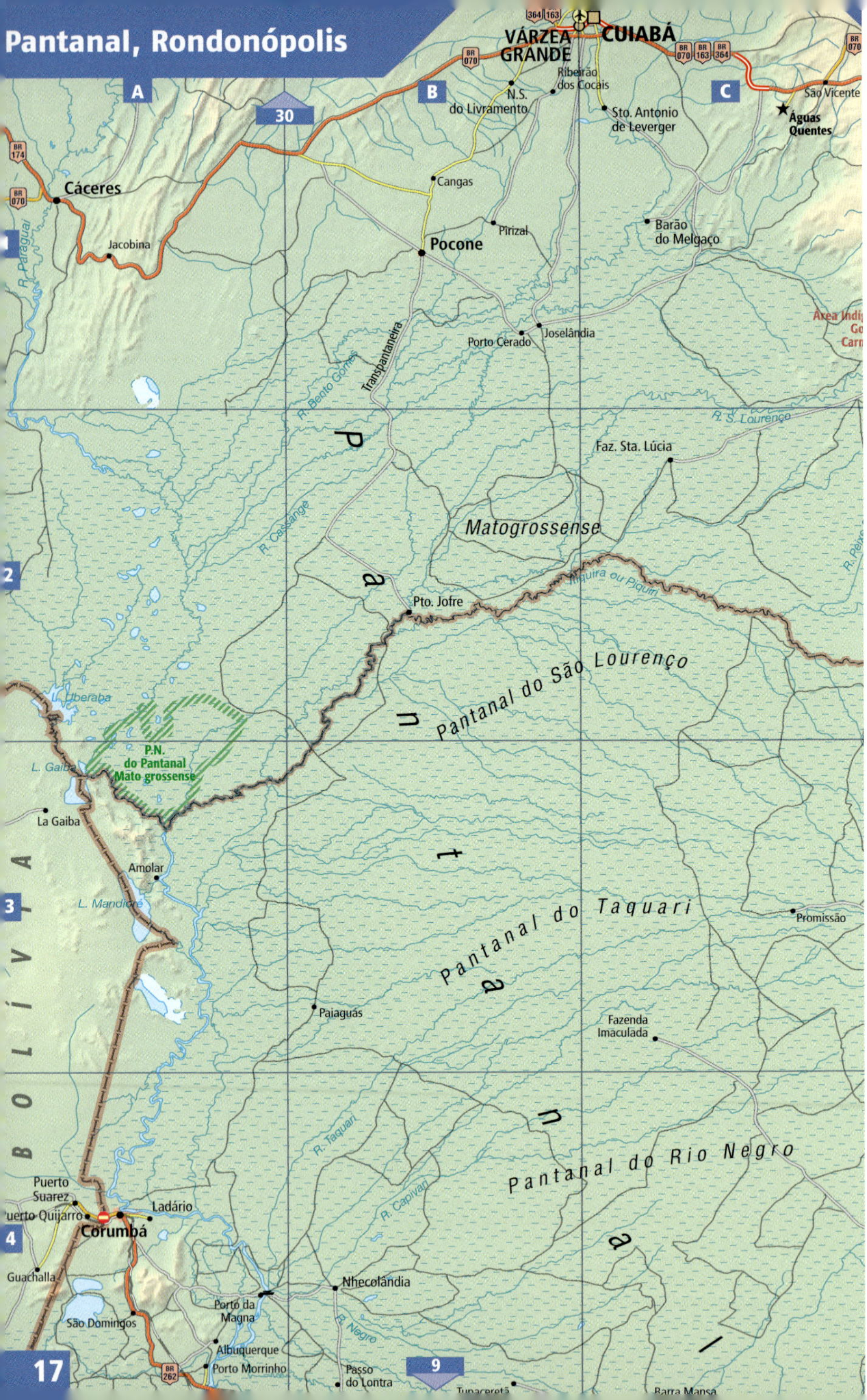
VÁRZEA GRANDE
CUIABÁ
364
163
BR 070
BR 070
BR 163
BR 364
BR 070
A
B
C
30
Ribeirão dos Cocais
N.S. do Livramento
Sto. Antonio de Leverger
São Vicente
Águas Quentes
BR 174
BR 070
Cáceres
Jacobina
R. Paraguai
Cangas
Pirizal
Pocone
Barão do Melgaço
Transpantaneira
Porto Cerado
Joselândia
Área Indí
R. Bento Gomes
R. S. Lourenço
Faz. Sta. Lúcia
P
Matogrossense
R. Cassange
R. Peixe
a
Pto. Jofre
Itiquira ou Piquiri
Pantanal do São Lourenço
n
L. Uberaba
P.N. do Pantanal Mato grossense
L. Gaiba
La Gaiba
t
Amolar
L. Mandioré
Promissão
Pantanal do Taquari
B O L Í V I A
a
Paiaguás
Fazenda Imaculada
R. Taquari
n
Pantanal do Rio Negro
R. Capivari
Puerto Suarez
Puerto Quijarro
Corumbá
Ladário
a
Guachalla
Nhecolândia
Porto da Magna
São Domingos
R. Negro
l
Albuquerque
Porto Morrinho
BR 262
Passo do Lontra
9
Barra Mansa
1
2
3
4

D
E
F
30
Pombas
Poxoréo
São Pedro da Cipa
Jaciara
Irenópolis
Juscimeira
Aparecida do Leste
Paraíso do Leste
Tesouro
Santa Elvira
Jarudore
Naboreiro
São Lourenço de Fátima
Guiratinga
Vale Rico
Toriparu
Alcantilado
Diamantino
Ribeirãozinho
Pauso Alto
R. Diamantino
RONDONÓPOLIS
Três Pontes
Vila Paulista
S. José do Povo
Nova Cantanduva
Nova Galiléia
Pedra Preta
Cafelândia do Leste
Ponte Branca
Araguainha
Nova Araçatuba
Alto Garças
Anhumas
São José do Planalto
R. Araguaia
Ponte de Pedra
Itiquira
Santa Rita do Araguaia
Alto Araguaia
Ouro Branco do Sul
R. Correntes
Sonora
R. Ariranha
Alto Taquari
Portão 1
Buriti
MATO GROSSO DO SUL
Placa dos Mineiros
Pedro Gomes
P. N. das Emas
Fazenda Baús
Portão 2
R. Taquari
Bolicho Seco
Capela
Alcinópolis
R. Jauru
Coxim
Silviolândia
São Romão
Pouso Frio
Costa Rica
Jauru
Faz. Buritizal
Alegria
Figueirão
Rio Verde de Mato Grosso
Sete Quedas
Rio Negrinho
Juscelândia
Pontinha do Coxo
Paraíso
Alto Sucuriú
Perdigão
São Gabriel do Oeste
Rio Negro
Ponte Vermelha
Camapuã
Fala Verdade
10
R. Verde
BR 163
BR 364
BR 060
MT 130
MT 100
19
1
2
3
4

A
B
C
30
18
11
2
3
4
Pontal do Araguaia
Barra do Garças
Montes Claros de Goiás
Novo Brasil
BR 158
Bacilândia
R. Claro
R. Caiapó
Bom Jardim de Goiás
Torixoréu
Baliza
Diorama
Jaupaci
Fazenda Nova
R. Diamantino
Israelândia
GO 060
Arenópolis
Diamantino
Ribeirãozinho
Piranhas
Iporá
Messianópolis
Pauso Alto
Amorinópolis
Ivolândia
R. Peixe
R. Bonito
Cachoeira de Goiás
Ponte Branca
Doverlândia
Araguainha
Palestina de Goiás
Caiapônia
Campolândia
R. Caiapó
R. Araguaia
Serra das Divisões ou de Santa Marta
BR 158
GOIÁS
Santa Rita do Araguaia
Portelândia
BR 364
Montividiu
Estância
Perolândia
Mineiros
Rio Verde
R. Verde
GO 050
BR 364
Jataí
BR 060
BR 452
Portão 1
R. Doce
Naveslândia
P. N. das Emas
R. Claro
R. Jacuba
BR 158
BR 364
Portão 2
Aparecida do Rio Doce
Serranópolis
Bolicho Seco
Capela
Chapadão do Céu
R. Verde
Itumirim
Caçu
BR 158
Pouso Frio
GO 050
Costa Rica
Cachoeira Alta
Chapadão do Sul
Itarumã
R. Aporé
Aporé
Paranaiguara
BR 060
Paraíso
R. Corrente
Itajá
Cassilândia
Lagoa Santa
Ávore Grande
R. Aporé
R. Paranaíba
Alto Sucuriú
Nova Jales
Tamandaré
Cachoeira
Olaria do Angico
Velhacaria
Raimundo
BR 158
Morangas
MS 240
Porto Alencastro

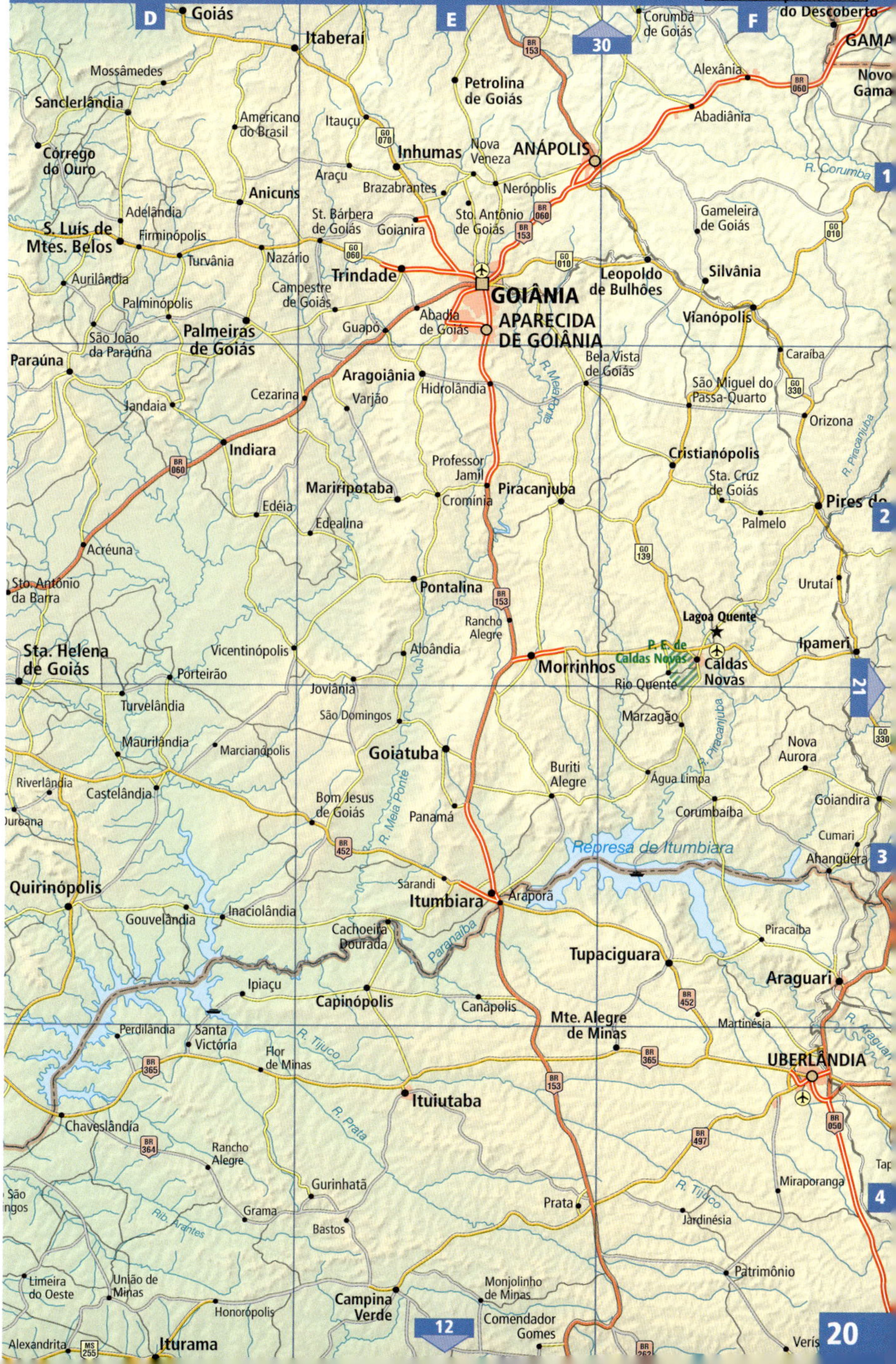
D
E
F
30
1
2
3
4
21
12
Goiás
Itaberaí
Corumbá de Goiás
do Descoberto
GAMA
Novo Gama
Alexânia
Abadiânia
Mossâmedes
Sanclerlândia
Petrolina de Goiás
Americano do Brasil
Itauçu
Córrego do Ouro
Inhumas
Nova Veneza
ANÁPOLIS
R. Corumbá
Araçu
Anicuns
Brazabrantes
Nerópolis
Gameleira de Goiás
Adelândia
S. Luís de Mtes. Belos
Firminópolis
St. Bárbara de Goiás
Goianira
Sto. Antônio de Goiás
Turvânia
Nazário
Trindade
Leopoldo de Bulhões
Silvânia
Aurilândia
Campestre de Goiás
GOIÂNIA
Palminópolis
Abadia de Goiás
APARECIDA DE GOIÂNIA
Vianópolis
São João da Paraúna
Palmeiras de Goiás
Guapó
Paraúna
Caraíba
Bela Vista de Goiás
Aragoiânia
Cezarina
Varjão
Hidrolândia
São Miguel do Passa-Quarto
Jandaia
R. Meia Ponte
Orizona
Indiara
R. Piracanjuba
Cristianópolis
Professor Jamil
Sta. Cruz de Goiás
Mairipotaba
Piracanjuba
Pires do
Edéia
Cromínia
Palmelo
Edealina
Acréuna
Urutaí
Sto. Antônio da Barra
Pontalina
Rancho Alegre
Lagoa Quente
Sta. Helena de Goiás
Vicentinópolis
Aloândia
P. E. de Caldas Novas
Ipameri
Porteirão
Morrinhos
Caldas Novas
Joviânia
Rio Quente
Turvelândia
São Domingos
Marzagão
Maurilândia
Marcianópolis
Goiatuba
Nova Aurora
Buriti Alegre
Riverlândia
Castelândia
Água Limpa
Goiandira
Duroana
Bom Jesus de Goiás
Panamá
Corumbaíba
R. Meia Ponte
Cumari
Represa de Itumbiara
Anhangüera
Quirinópolis
Sarandi
Itumbiara
Araporã
Gouvelândia
Inaciolândia
Cachoeira Dourada
Piracaíba
Paranaíba
Tupaciguara
Araguari
Ipiaçu
Capinópolis
Canápolis
Perdilândia
Santa Vitória
Mte. Alegre de Minas
Martinésia
R. Araguari
Flor de Minas
R. Tijuco
UBERLÂNDIA
Ituiutaba
Chaveslândia
R. Prata
Rancho Alegre
Tap
Miraporanga
São ngos
Gurinhatã
R. Tijuco
Grama
Prata
Jardinésia
Rib. Arantes
Bastos
Patrimônio
Limeira do Oeste
União de Minas
Monjolinho de Minas
Campina Verde
Honorópolis
Comendador Gomes
Alexandrita
Iturama
Veríssimo
BR 153
BR 060
GO 070
GO 060
GO 010
GO 330
GO 139
BR 452
BR 365
BR 364
BR 497
BR 050
MS 255

Brasília, Paracatu, Montes Claros

D
E
F
25
23
14
1
2
3
4
S. Francisco
Lontra
Janaúba
São João da Ponte
Japonvar
Quem-Quem
Urucuia
Pintópolis
Luislândia
Patis
S. Pedro da Garça
Icaraí de Minas
R. Urucuia
Brasília de Minas
Mirabela
Ubaí
S. Ramão
Capitão Enéas
Fernão Dias
Campo Azul
Boa Vista das Palmas
São João do Pacuí
Alvação
Barrocão
Ponte dos Ciganos
Francisco Sá
Ponto Chique
Sta. Fé de Minas
Cachoeira do Manteiga
Coração de Jesus
R. Paracatu
MONTES CLAROS
São João da Lagoa
Juramento
Ibiaí
Lagoa dos Patos
Guaraciama
Paredão de Minas
R. Jequitaí
Claro dos Poções
Bocaiúva
Itacambira
Guaicuí
Jequitaí
Pirapora
Francisco Dumont
Engenheiro Navarro
Terra Branca
R. das Velhas
Olhos d'Água
Várzea da Palma
Planalto de Minas
P. N. das Sempre-Vivas
Joaquim Felício
Sen. Mourão
Lassance
Rio São Francisco
Luislândia do Oeste
Buenópolis
Curimataí
Inhaí
S. Gonçalo do Rio Preto
Canoeiros
Couto de Magelhães de Minas
R. Abaeté
Felício dos Santos
Três Marias
Andrequicé
Contria
Santo Hipólito
Conselheiro Mata
Guinda
Diamantina
Repr.
Corinto
Monjolos
Serr Azul de Minas
Buritizinho
Senhora da Glória
Gouveia
S. Gonçalo do Rio das Pedras
Três
Morada Nova de Minas
Datas
Canastrão
Materlân
Morro da Garça
São José do Buriti
Serro
R. Andaiá
Felixlândia
Pres. Juscelino
Pres. Kubitschek
Maria
Curvelo
Biquinhas
Alvorada de Minas
Frei Orlando
Paineiras
Congonhas do Norte
Santana de Pirapama
R. Paraopeba
Conceição do Mato Dentro
Cedro do Abaeté
Gruta de Maniqué
Cordisburgo
Dom Joaquim
Abaeté
Cachoeira do Tabuleiro
Angueretá
Pompeu
Araçai
Morro do Pilar
Quartel de S. João
Quartel General
R. S. Francisco
Santana do Riacho
Jequitibá
Martinho Campos
Paraopeba
Cardeal Mota
P. N. da Serra do Cipó
Passabem
Papagaios
Maravilhas
Dores do Indaiá
Sete Lagoas
Engenho do Ribeiro
Almeida
Gruta Rei do Mato
Jabuticatubas
Gruta da
BR 122
BR 135
BR 251
BR 365
BR 451
BR 367
BR 496
BR 040
BR 259

Gov. Valadares, Almenara, Itamaraju, São Mateus

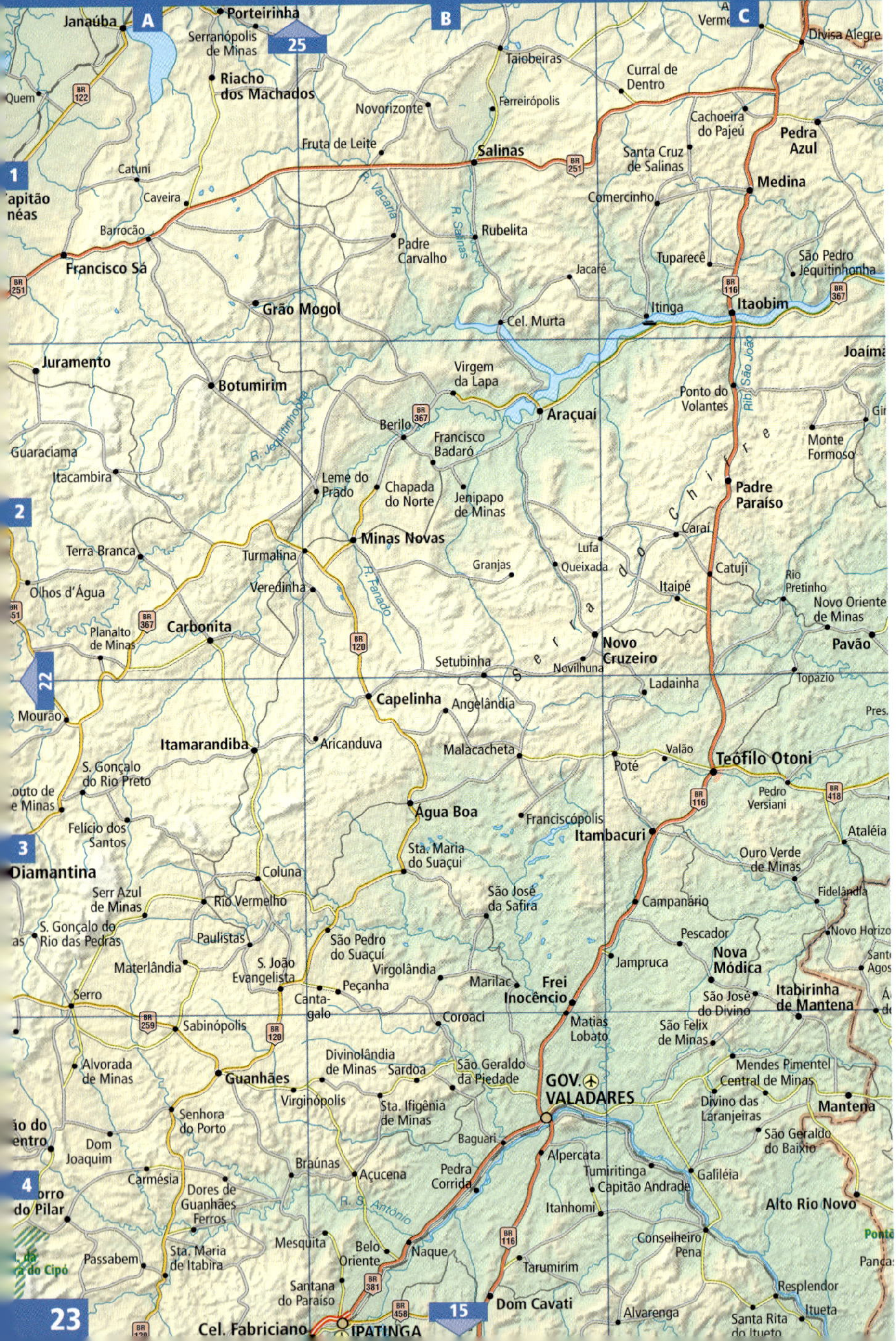

D
E
F
26
1
2
3
4
16
Divisópolis
Mata Verde
Maiquinique
Itarantim
Potiragua
Mascote
Canavieiras
Bandeira
Jordânia
Sta. Maria Eterna
Ouricana
Pedra Grande
Caiubi
Itapebi
Boca do Córrego
Belmonte
R. Jequitinhonha
Salto da Divisa
BR 367
BR 101
Almenara
Jacinto
Itagimirim
Mojiquiçaba
Barrolândia
Santo Antônio
Santo André
Santa Cruz Cabrália
Rubim
Eunápolis
Pta. Grande
Jequitinhonha
S. Antônio do Jacinto
Porto Seguro
R. Buranhém
Buranhém
Itabela
P.N. do Pau Brasil
Arraial d'Ajuda
Rio do Prado
Felisburgo
Guaratinga
Trancoso
Monte Pascoal
Fronteira dos Vales
Cajuíta
Vila do Outeiro
Dois de Abril
Jucuruçu
Sta. Helena de Minas
Nova Alegria
R. Jucuruçu
Monte Pascoal
Caraíva
Batinga
Águas Formosas
P.N. de Monte Pascoal
Pta. de Corumbaú
Machacalis
Itamaraju
Crisólita
Itanhém
Vereda
Barra do Caí
S. José do Prado
Guarani
Umburatina
Ibirajá
P.N. do Descobrimento
Cumuruxatiba
São Pedro
Rio Itanhém
Medeiros Neto
Prado
Nova Lídice
Rio Pampã
Teixeira de Freitas
Carlos Chagas
Lajedão
Alcobaça
R. Itanhém
Recife das Timbebas
Ibirapuã
BR 418
Serra dos Aimorés
Caravelas
Ponta da Baleia
Nanuque
Ilha Caravelas
Ibiranhém
Helvécia
Argolo
Itabatã
Taquaras
Nova Viçosa
P.N. Marinho dos Abrolhos
Mucurici
Ponto Belo
R. Peruípe
Montanha
Cotaxé
R. Mucuri
Mucuri
Itamira
Vinhático
São João do Sobrado
Res. Biológica Córrego Grande
Res. Biológica do Córrego do Veado
Ecoporanga
Pedro Canário
Riacho Doce
Pinheiros
Itaúnas
Itauninhas
Praia de Itaúnas
Boa Esperança
Atlantische Oceaan
Nova Venécia
Conceição da Barra
Barra de São Francisco
Vila Pavão
Rio São Mateus
São Mateus
Nestor Gomes
Guriri
Águia Branca
Vila Valério
Jaguaré
Res. Biológica de Sooretama
Barra Nova
São Gabriel da Palha
Praia de Uruçuquara
Tiradentes
S. Domingos do Norte
Com. Rafael
Pontal do Ipiranga
Gov. Lindenberg
Sooretama
Ângelo Frechiani
Rio Bananal
Linhares

A
B
C
27
1
2
3
4
30
20
21
22
Kreós
Guaraí
Sa. dosEstrondo
Miranorte
Tocantinia
Área Indígena Xerentes
Paraíso do Tocantins
Palmas
Taquaraçu
Tocantins
Sono
Balsas
Sa. do Penitente
Tasso Fragoso
Parnaíba
Alto Parnaíba
Chapada das Mangabeiras
Gilbués
Corrente
Eliseu Martins
Canto do Buriti
P I A U Í
P.N. Serra da Capivara
Cristino Castro
Sa. do Uruçuí
Sa. Bom Jesus da Gurguéia
S. Raimundo Nonato
Sa. Vermelha
Sa. do Tabatinga
T O C A N T I N S
Serra Geral
Santa Rosa
Serra Negra
Formosa do Rio Preto
Preto
Santa Rita de Cássia
Sa. do Boqueirão
Xique-Xique
Barra
Gurupi
Mandel Alves
Natividade
Dianópolis
Sa. das Figuras
Riachão das Neves
Peixe
Luís Eduardo Magalhães
Barreiras
Grande
Igarité
Sa. da Assuruá
1263 m
Paramirim
Alvorada
Palm
Serra Geral de Goiás
Javi
Ibotirama
Chapada
Oliveira dos Brejinhos
B A H I A
Tocantins
Campos Belos
Porangatu
Sa. Dourada
Minaçu
Mara Rosa
1145 m
Barragem de Serra da Mesa
Cavalcante
P.N. da Chapada dos Veadeiros
Serra Geral do Paraná
Paraná
Bom Jesus da Lapa
Formoso
Sta. Maria da Vitória
Pico das Almas 1850 m
1129 m
Codemin
Niquelândia
Alto Paraíso de Goiás
Posse
Sa. do Ramalho
Uruaçu
Alvorada do Norte
Carinhanha
Caetité
Morro Alto 1678 m
1341 m
Padre Bernardo
1240 m
Manga
Verde
Morro do Chapéu 1500 m
Itacarambi
São Francisco
P.N. De Grande Sertão Veredas
Sobradinho
Formosa
Planaltina
Taguatinga
BRASÍLIA
Cabeceiras
Arinos
Januária
Bama
Luziânia
Anápolis
São Francisco
Urucaia
Janaúba
GOIÂNIA
Unaí
Chapada do Tapiocanga
1233
Cristalina
Boqueirão
MINAS GERAIS
Salinas
Francisco Sá
Paracatu
São Francisco
Corumbá
São Marcos
Paracatu
Montes Claros
Itaobim
Sa. do Catumi
Jequitinhonha
Araçuaí
Caldas Novas
Pirapora
Sa. dos Pilões
João Pinheiro
Sa. do Cabral
1300
Turmalina
Catalão
Paranaíba
Luislândia do Oeste
Três Marias
Teófilo Otoni
Araguari
Uberlândia
Patos de Minas
Represa Três Marias
Sa. Negra
P. de Itamine
153
020
135
242
349
430
030
122
070
060
251
050
040
365
496
367
452
116

1 cm = 65 km 1 : 6.500.000

0 100 km 200 km

A
B
C
1
2
3
4
Soure
S. Caetano de Odivelas
Aldogoal
Salinópolis
Salvaterra
Vigia
Maracanã
Ajuruteua
Igarapé-Açú
Bragança
Augusto Correa
Castanhal
Capanema
Ananindeua
BELÉM
Sta. Maria do Pará
Sta. Luzia do Pará
Irituia
Boa Vista do Gurupi
Acará
Concordia do Pará
Gurupi
Tomé-Acu
Área Indígena do Rio Guamá
Ipixuna
Paragominas
010
Reserva Biológica Gurupi
Sa. do Tiracambi
Pindaré
Dom Eliseu
Rondon do Pará
Sa. do Gurupi
Acailândia
30
Imperatriz
Área Indígena Cricati
230
Área Indígena Apriaje
Tocantinópolis
Porto Franco
Estreito
153
Araguaína
Carolina
Riachão
Tocantins
Área Indígena Kreós
Área Indígena Xerentes
Sono
Balsas
Cururupu
Cedral
Mirinzal
Sta. Helena
Alcântara
Pinheiro
SÃO LUÍS
Paço do Lumiar
Anil
Icatu
Itapecuru
Santa Inês
Santa Luzia
222
Buriticupu
Bacabal
MARANHÃO
Mearim
Miranda do Norte
Peritoró
Codó
Presidente Dutra
226
135
Grajaú
Sa. Negra
Sa. da Cinta
Colinas
Paraibano
São Domingos
Fortaleza dos Nogueiras
Entrocamento
Represa de Boa Espera
Uruçuí
Balsas
Sa. do Grado Bravo
Parnaíba
Sa. do Penitente
Tasso Fragoso
Eliseu Martins
Alto Parnaíba
Cristino Castro
Sa. do Uruçuí
Chapada das Mangabeiras
Gilbués
Sa. Vermelha
PIAUÍ
P.N. dos Lençóis Maranhenses
Primeira Cruz
Barreirinhas
Ilha do Caju
Ilha Grande
Tutóia
Parnaíba
Luís Correia
Buriti dos Lopes
Vargem Grande
Santa Quitéria do Maranhão
Chapadinha
343
P.N. de Sete Cidades
Barras
Miguel Alves
Piripiri
Caxias
Campo Maior
TERESINA
Altos
Sa. Valentim
Castelo do Piauí
S. Miguel do Tapuio
Amarante
316
Canindé
Floriano
Jerumenha
Oeiras
Sa. da Batista
Picos
Jaicós
Simplício Mendes
407
Paulistana
Canto do Buriti
P.N. Serra da Capivara
Sa. Bom Jesus da Gurguéia
S. Raimundo Nonato
Casa Nova
235
Remanso
Represa de Sobradinho
Sento Sé
25

D
E
F
1
2
3
4
Atlantische Oceaan
Camocim
Jericoacoara
Acaraú
Itarema
Jijoca
Mundaú
Trairi
Lagoinha
Paracuru
Meruoca
Tianguá
Sobral
Itapipoca
Cumbuco
Ubajara
P.N. de Ubajara
Caucaia
FORTALEZA
Praia do Futuro
Maracanaú
Aquiraz
Pacatuba
Caponga
Cascavel
Beberibe
Varjota
Santa Quitéria
Canindé
Sa. de Baturité
Sa. da Ibiapaba
Nova Russas
Madalena
Aracati
Canoa Quebrada
Crateús
Boa Viagem
Quixadá
Russas
Morada Nova
Sa. Grande
Sa. dos Cariris Novos
CEARÁ
Mossoró
Macau
Galinhos
São Bento do Norte
RIO GRANDE DO NORTE
São Miguel do Gostoso
Touros
João Câmara
Maracajaú
Tauá
Apodi
Assu
Ipanguaçu
Campo Grande
Ceará-Mirim
Genipabu
Redinha
NATAL
Macaíba
Parnamirim
Búzios
Goianinha
Tibau do Sul
Praia da Pipa
Canguaretama
Iguatu
Icó
Jucurutu
Currais Novos
Caicó
Alexandria
Piranhas
Campos Sales
Sousa
Pombal
Cajazeiras
Baía Formosa
Barra de Camaratuba
Baía da Traição
Chapada do Araripe
Crato
Juazeiro do Norte
Patos
Mamanguape
Araripina
Milagres
PARAÍBA
Sa. dos Cariris Velhos
Sa. da Borborema
Campina Grande
Cabedelo
Sta. Rita
João Pessoa
Jacumã
Ouricuri
Chapada da Borborema
Sa. Dois Irmãos
Lagoa
Salgueiro
Serra Talhada
Goiana
Pitimbu
Itamaracá
1123
Toritama
Limoeiro
Igarassu
Nova Jerusalém
Paulista
Olinda
Ibó
Belém de S. Francisco
Arcoverde
Gravatá
RECIFE
PERNAMBUCO
Pesqueira
Caruaru
Bezerros
Vitória de Sto. Antão
Cabo de Sto. Agostinho
Gaibu
Nossa Senhora do Ó
Porto de Galinhas
Petrolina
Represa de Itaparica
Garanhuns
Palmares
Tamandaré
Juazeiro
Paulo Afonso
Palmeira
União dos Palmares
Barreiros
R.B. Atol das Rocas
Atol das Rocas
P.N. Marinho de Fernando de Noronha
Ilha Fernando de Noronha
222
402
116
122
304
020
406
116
304
226
427
104
230
316
230
101
361
122
116
412
316
232
104
118
122
428
232
316
110
424
316
101
235

26

Amazonebekken, Manaus, Porto Velho, Belém, Brasília